权威·前沿·原创

皮书系列为
"十二五""十三五""十四五"时期国家重点出版物出版专项规划项目

BLUE BOOK

智库成果出版与传播平台

医疗器械蓝皮书

BLUE BOOK OF MEDICAL DEVICE INDUSTRY

中国医疗器械行业数据报告（2024）
设备编

ANNUAL REPORT ON THE DATA OF MEDICAL DEVICE INDUSTRY IN CHINA (2024)

Medical Device

主　编／金　东　张璐璐　陈　爽
副主编／栾笑笑　张　雷　隋东明　顾　伟　张　应

社会科学文献出版社
SOCIAL SCIENCES ACADEMIC PRESS (CHINA)

图书在版编目（CIP）数据

中国医疗器械行业数据报告 . 2024. 设备编／金东，
张璐璐，陈爽主编 . --北京：社会科学文献出版社，
2024.6
（医疗器械蓝皮书）
ISBN 978-7-5228-3635-5

Ⅰ.①中… Ⅱ.①金… ②张… ③陈… Ⅲ.①医疗器
械-制造工业-经济发展-研究报告-中国-2024 Ⅳ.
①F426.7

中国国家版本馆 CIP 数据核字（2024）第 093602 号

医疗器械蓝皮书
中国医疗器械行业数据报告（2024）（设备编）

主　　编／金　东　张璐璐　陈　爽
副 主 编／栾笑笑　张　雷　隋东明　顾　伟　张　应

出 版 人／冀祥德
组稿编辑／任文武
责任编辑／高振华
责任印制／王京美

出　　版／社会科学文献出版社·生态文明分社（010）59367143
　　　　　地址：北京市北三环中路甲 29 号院华龙大厦　邮编：100029
　　　　　网址：www.ssap.com.cn
发　　行／社会科学文献出版社（010）59367028
印　　装／三河市东方印刷有限公司

规　　格／开　本：787mm×1092mm　1/16
　　　　　印　张：25.5　字　数：381 千字
版　　次／2024 年 6 月第 1 版　2024 年 6 月第 1 次印刷
书　　号／ISBN 978-7-5228-3635-5
定　　价／389.00 元（全二册）

读者服务电话：4008918866

设备编编委会

郭　雪　吉林大学第一医院物资保障供应部秘书

黄二亮　广州医科大学附属妇女儿童医疗中心设备
科科长

贾博奇　北京大学第三医院医学工程处管理助理研
究员

贾会卿　吉林大学第一医院物资保障供应部副主任

李健宁　吉林大学第一医院物资保障供应部科员

李　帅　北京大学第三医院医学工程处管理实习研
究员

李维嘉　复旦大学附属华山医院装备科副科长

李心蕊　天津市中西医结合医院南开医院物资科科
长、设备科科长

李　兴　北京大学第一医院医学装备处工程师

李永波　吉林大学第一医院物资保障供应部科员

李玉峰　北京大学第一医院医学装备处工程师

刘　聪　吉林大学第一医院物资保障供应部科员

刘　浏　北京大学第三医院医学工程处设备管理科
设备采购主管

刘　杨　上海健康医学院医疗器械学院教师、外事
秘书

刘振临　北京大学第三医院医学工程处设备管理科
科长

彭俊彦　复旦大学附属华山医院招投标办公室副主任

王东旭　北京大学第三医院医学工程处初级工程师

王梦盈　上海交通大学医学院附属瑞金医院资产管
理处科员

王心培　北京大学第一医院医学装备处研究实习员

吴天岐　吉林大学第一医院物资保障供应部工程师

徐　英　复旦大学附属华山医院装备科科助

闫亭亭　北京大学第一医院医学装备处组长

俞　岚　昆明医科大学第一附属医院资产管理部主任

郁苏娟　北京大学第三医院医学工程处工程师

袁　欣　上海交通大学医学院附属瑞金医院资产管理处科员

赵峪笛　吉林大学第一医院物资保障供应部科员

张曼晖　解放军总医院第七医学中心疾病预防控制科研究实习员

周　阳　上海市胸科医院/上海交通大学医学院附属胸科医院采购中心出入库专员、设备耗材档案管理专员

参与撰写者（按姓氏首字母排序）

陈永潮　崔丽君　崔雨宁　黎金婵　李　佩

林伟强　刘　婷　刘　莹　孟令成　宋有星

王　艳　肖鸿展　杨　霁　朱丽君

主要编撰者简介

主　编

金　东　清华大学国家卓越工程师学院创新领军工程博士，《中国医疗设备》杂志社法人、社长，首都医科大学生物医学工程学院临床工程学学系副主任。中国药品监督管理研究会医疗器械监管研究专业委员会副主委兼秘书长、中国老年保健协会副会长兼老年医学分会会长、中国研究型医院学会临床工程专业委员会副主委、中国非公立医疗机构协会临床工程分会会长、北京医师协会临床医学工程师分会副会长兼总干事、中华医学会医学工程学分会常委、北京智慧医疗技术创新联盟理事长。负责《中国医疗设备》和《中国医药》两本国家级科技核心期刊，以及一本在美出版发行的英文SCI遴选期刊 *Global Clinical Engineering Journal*（国际临床工程联盟的会刊）。组建并负责中国初级卫生保健基金会健康中国医学公益基金。连续4年作为课题牵头单位的课题负责人，承担国家药品监督管理局重点课题"中国医疗器械关键核心技术和关键零配件现状调研"。2018年至今，参与8项科技部国家重点专项。

张璐璐　北京大学第一医院学生党总支副书记。中华医学会北京医学会医学工程分会常委，中国医师协会临床工程师分会全国委员，北京市卫生经济学会财经人才建设专委会副主委，中国医学装备协会理事、管理分会常委、临床工程学分会常委、应用与评价分会委员、电生理分会常委、复用分会常委、采购分会常委。国务院参事室医学装备管理专家。获中国卫生经济学会第 22 期优秀课题二等奖、第 23 期优秀课题一等奖。2018 年 12 月创立"工蚁汇"医工学习培训平台，在北京地区开展医工培训。横向课题：主持 7 项、联合主持 2 项、参与 10 项；北京市科委纵向课题：主持 1 项。获国家卫生健康委医院管理研究所卓越奖等。

陈　爽　复旦大学附属华山医院宝山分院副院长。中华医学会医学工程学分会常委、中国医师协会临床工程师分会常委、上海市医学会临床医学工程分会主委、上海市医师协会临床工程师分会副会长、中国放射学会肌骨专业委员会副主委、上海市放射学会委员兼秘书、国家自然科学基金评委。长期从事临床医学工程技术和医学影像诊断技术研究，在医工交叉、AI 辅助诊断技术、大型放射设备和生命支持系统的全生命周期管理、生物材料力学、医疗设备成本效益分析、生物医学融合技术等领域处于领先地位。

副主编

栾笑笑　北京大学第三医院医学工程处副处长。北京医学会医学工程分会委员，《中国医疗设备》杂志社编辑委员会（北京）秘书长，北京医师协会临床医学工程师分会理事、中国医学装备协会临床工程学分会委员、中国医院协会医学工程管理专业委员会委员。从事医疗器械技术评估与管理工作。参与多项科研、管理项目，海淀创新转化基金项目，以及"国家卫生计生委事业单位国有资产配置管理研究"、"大型医用设备使用效率评估"、"综合新技术应用　创新智能化医疗服务"、"产业基础能力提升战略研究"。参与科技部"十四五"重大专项，即"国产创新放疗设备应用示范研究"。发表 SCI 1 篇、中文核心 14 篇，如《中国医学装备发展状况与趋势》《国产、进口 CT 硬件参数与性能研究》《品管圈在提升医院大型放疗设备使用率中的应用研究》。

张　雷　复旦大学附属华山医院装备科副科长。中华医学会临床工程分会委员、中国医师协会临床工程师分会第二届委员会医用材料技术管理学组委员、上海医学会临床医学工程专科分会第六届委员、上海生物医学工程学会委员、上海市医学会临床医学工程专科分会耗材组组长、中国医药教育协会临床智能分会常务委员。重点研究医院医联体医疗器械供应链及物流管理，在研基于"互联网+"的医用耗材供应链信息化管控软件、医疗器械国际供应链管理软件等，近年来在人工智能管控医疗器械等方面也有不凡的建树，以主要负责人（排名第二）承担上海经信委"基于脑脊液多学组的人工智能辅助诊断在中枢神经系统疾病的应用"（项目金额4400万元）等省部级攻关课题。

隋东明 吉林大学第一医院物资保障供应部主任。中华医学会医学工程学分会委员、中国医院协会医学工程专业委员会常委、中国医学装备协会医学装备技术保障专业委员会常委、中国医学装备协会采购与管理专家委员会专家委员、中国医学装备协会管理分会医学与工程技术转化应用学组委员、中国医学装备协会心律失常技术分会委员、中国生物医学工程学会临床医学工程分会委员、《中国医疗设备》杂志社编辑委员会（吉林）副主编。在医院临床科室管理、采购预算及招标管理、物流仓储库存管理、医学设备安全使用与管理、医工结合成果转化以及国有资产管理等相关方面具有全面的管理经验。

顾 伟 上海市胸科医院/上海交通大学医学院附属胸科医院采购中心主任。上海市中西医结合学会医学工程专业委员会候任主委、上海交通大学医学院医学装备管理专业委员会副主委、中国医学装备协会采购分会常委、中国医学装备协会心胸外科装备与技术分会常委、上海市医院协会医学装备管理专业委员会委员、上海市医学会临床医学工程分会委员。在医用耗材的精细化管理、现代医院管理制度下的采管分离模式探索与实践、医用耗材供应商评价体系的建设等方面有一定研究。主持并完成了"医用耗材的SPD项目建设""检验科体外诊断试剂（IVD）第三方物流配送项目建设"等项目。作为项目主要研究人员参与临床创新、成果转化等项目，获得软件著作证书3项、实用新型专利证书1项。

张　应　上海交通大学医学院附属瑞金医院资产管理处处长。上海市医学会临床医学工程分会影像技术组组长、上海市中西医结合学会医学工程专业委员会委员、中国医师协会临床工程师分会医用材料技术管理组委员、上海市政府采购评审专家。从事医院医学装备工作多年，熟悉医院医疗设备管理的知识，能运用扎实的专业技术和管理水平发挥全院医疗设备效能，了解国内外医疗设备领域最新技术现状、信息和发展趋势。

序　言

据统计，2023 年我国医疗器械产业仍然保持了高速增长态势，市场规模首次突破万亿元，同比增长 12%，居全球第二位，为我国逐步由医疗器械大国迈向医疗器械强国奠定了扎实的基础，而科学、客观、全面收集和系统、深入分析医疗器械行业数据将积极促进医疗器械可持续、高质量发展。

作为《中国医疗器械行业发展报告》的姊妹篇，由《中国医疗设备》杂志社社长金东等主编的《中国医疗器械行业数据报告》迎来了 2024 年卷，借鉴前三部调研、分析的经验，编者基于各相关主管部门公开发布的年报和相关数据等，汇总了 2023 年我国医疗设备和医用耗材备案注册审批及产品数据；对 2023 年医疗器械不良事件监测、医疗器械上市后监督抽验情况进行了分析；结合全国 32 个省（自治区、直辖市）近 3000 家医疗机构 1.8 万余名中国医疗设备行业数据研究员问卷调研，对有源手术器械等 24 类医院在用医疗设备的市场保有率、售后及维修服务、采购推荐及满意度和重要度等，内窥镜 8 类设备的中标情况，以及非血管介入治疗等 12 类医保高值和基础卫生材料等 5 类医保低值医用耗材的市场数据进行汇总和全面分析。编者基于中国医疗器械关键核心技术和关键零配件现状调研重点研究项目，对超声刀刀头、球管等 9 条产品线关键核心技术及关键零配件做了深入调研分析。基于相关公开数据，同时结合医疗器械生产、经营、使用及监管的热点，对医疗设备和医用耗材重点产品的进出口情况、远程医疗发展驱动及现状、在用医疗设备全生命周期管理、基于真实数据的医疗器械临床评价、医用耗材带量采购现状及管理、医疗器械唯一标识实现医用耗材信息化

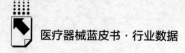

管理的现状等进行了深入分析。

　　《中国医疗器械行业数据报告》有别于一般的年度行业分析报告，或CT等单一相关领域的业绩报告，或相关媒体的"行业大盘点"，或某一类产品年度排行榜等，既有客观、真实和全面的第一手数据，又有深入分析。在内容上充分体现"全"和"实"，在数据上充分体现"真"和"全"，在分析上充分体现"深"和"透"，研究紧扣热点，突出体现指导性。《中国医疗器械行业数据报告》既可供医疗器械科学监管和决策（包括注册审批、招标采购、规范使用等）等部门参考，又可供医疗器械研发、生产、经营企业战略调整时使用，还可为医疗机构采购和使用医疗器械提供借鉴。愿广大读者继续关注和支持《中国医疗器械行业数据报告》，并积极加入《中国医疗器械行业数据报告》写作团队，让我们共同努力，让该蓝皮书更好地服务于医疗器械产业高质量发展。

余新华

二〇二四年二月十四日

前　言

　　《中国医疗器械行业数据报告（2024）》，经过主编和副主编近一年的策划、调研、编撰，即将出版发行。正如 2023 年版前言中所述，在辽阔的行业平台上，我们需要精心研究，一步一个脚印，计每一组数据、每一份报告都经得起推敲。

　　在本报告调研编撰过程中，编委会沿用了《中国医疗设备》杂志社历年积累的市场调研数据，增加了杂志社在承担国家重点课题时创建的新方法、新内容。同时，本报告引用了国家药品监督管理局发布的权威数据、中国海关总署公布的贸易数据以及公开渠道统计的招投标等基础数据，继续保持了"科学性与严谨性""信息化与数字化""重在实践与应用"的特点。

　　《中国医疗器械行业数据报告（2024）》共分为上、下两册，分别为《设备编》和《耗材编》。

　　《设备编》包括 6 个部分，分别为总报告、注册审批篇、设备市场篇、国际贸易篇、行业政策篇、医疗设备数据应用管理篇，共 12 篇研究报告。注册审批篇就我国医疗设备行业审批申报与产品数据进行了分析；设备市场篇就中国医疗器械关键核心技术和关键零配件的现状、中国医疗设备行业数据调研及医疗设备招投标情况做了论述；国际贸易篇就我国医疗设备重点商品进出口贸易情况做了分析；行业政策篇就我国大型医用设备配置管理政策与趋势进行了分析；医疗设备数据应用管理篇对紧密型医联体建设背景下医疗设备管理模式、智慧医院医疗设备全生命周期管理系统构建、"互联网+"模式下我国远程医疗发展驱动及现状、可穿戴设备在疾病监测预警中的应用与进展、真实世界数据质量评估概念框架概述及应用 5 个重点方面做了分析。

《耗材编》包括 6 个部分,分别为耗材注册审批篇、耗材市场篇、耗材国际贸易篇、耗材行业政策篇、耗材数据应用管理篇以及附录,共 13 篇研究报告。注册审批篇对我国医用耗材审批申报与主要产品做了分析;耗材市场篇对我国医用耗材市场品类做了分析;耗材国际贸易篇对我国医用耗材重点商品进出口贸易、全球医用耗材部分商品进出口贸易做了分析;耗材行业政策篇对医用耗材带量采购政策实施现状做了分析;耗材数据应用管理篇就公立医院绩效考核背景下重点高值耗材管控、医保飞行检查与医用耗材常态化监管实践、医用耗材临床使用环节精益化管理、智慧供应链在医用耗材管理中的应用、医疗器械唯一标识(UDI)实施后医用耗材信息化管理的现状 5 个重点方面做了论述。附录基于医疗设备行业监管,对 2023 年医疗器械不良事件监测与医疗器械上市后监督抽检情况进行了分析。

我国的医疗科技发展日新月异。由于调研工作具有时限性特征,本报告中的数据难免有所疏漏,我们诚挚地敬请各位读者提出宝贵的意见和建议,携手共进,共同打造大数据分析技术高地。

我们更是传承者和创新者,未来可期。

王宝亭　金　东　余新华

二〇二四年二月十三日

摘　要

　　本报告立足于中国医疗器械行业的发展历程与背景，分析了 2023 年我国医疗器械的注册、审批、行业监管、市场配置、招投标数据、进出口贸易等数据，以及热点医疗设备、医用耗材管理、临床应用与发展现状。通过对市场的调研与多方数据的深入分析，用翔实的数据和图表真实反映医疗器械行业的现状，为医疗行业的管理、企业和临床机构决策、临床医学工程的研究提供参考。

　　全书详细分析了 21 类主流医疗器械的注册审批数据、当年国家级监督抽检数据及医疗器械不良事件情况、24 类细分医疗设备的市场满意度调研数据、8 大类医疗设备的招投标数据、12 类医保高值医用耗材和 5 类医保低值医用耗材市场品类数据、全国各地及贸易伙伴医疗器械进出口数据，解读了 12 项热门医疗器械热点技术及政策，为临床应用提供数据支撑，以期为我国医疗器械行业的发展提供参考。

　　关键词： 医疗设备　医用耗材　行业数据　临床应用

目 录 ▷

Ⅰ 总报告

Ⅱ 注册审批篇

Ⅲ 设备市场篇

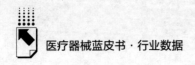
IV　国际贸易篇

V　行业政策篇

VI　医疗设备数据应用管理篇

皮书数据库阅读**使用指南**

总 报 告

B.1

2023年我国医疗设备审批
与产品数据分析报告

王宝亭[*]

摘　要： 医疗设备是医疗卫生和健康事业的基础。"十四五"期间，我国医疗设备产业实现快速发展，医疗器械监管改革深入推进，创新、质量、效率持续提升，医疗设备产业迈向基础高级化、产业链现代化。2023年，人工智能、自然语言处理等科学技术飞速发展，带动各类创新医疗设备、新型医用耗材、智慧医用软件等加速涌现，高端医疗器械技术不断突破，国内医疗设备产业步入了高端化、创新化发展的新进程。

关键词： 医疗器械　政策环境　注册审批数据　创新医疗器械　市场结构

---

* 王宝亭，中国药品监督管理研究会副会长。

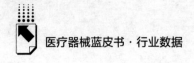

一　医疗器械政策环境持续向好

2023 年，我国医疗器械相关监管部门不断深化改革，进一步推动政策体系优化，为国内医疗器械发展营造了良好的政策环境，针对创新医疗器械、国产高端医疗器械的政策红利也在加速释放，主要体现在以下几个方面。

（一）产业发展远期规划清晰明确

2023 年，国务院审议通过《医疗装备产业高质量发展行动计划（2023-2025 年）》（以下简称《计划》），提出要着力提高医药工业和医疗装备产业韧性和现代化水平，增强高端药品、关键技术和原辅料等的供给能力，加快补齐我国高端医疗装备短板。《计划》高度重视国产医疗装备的推广应用，完善相关支持政策，促进国产医疗装备迭代升级。在人才培养方面，提出要加大医工交叉复合型人才培养力度，支持高校与企业联合培养一批医疗装备领域领军人才。

（二）重要基础性制度加快完善

医疗器械种类繁多，产品线庞杂，分类管理制度一直是医疗器械监管的重要基础性制度。近年来，我国医疗器械分类管理改革不断推进，管理制度与运行机制持续完善，《医疗器械分类规则》修订启动，《医疗器械分类目录》动态调整常态化，推动监管效能有力提升和产业发展。2023 年，国家药监局发布《国家药监局关于进一步加强和完善医疗器械分类管理工作的意见》，明确了优化分类管理组织体系、完善分类管理制度体系、提升分类管理效率、提升分类管理能力、提高分类管理服务水平、强化分类实施监督六大重点任务，并从组织领导、工作机制和宣传引导三个方面提出了保障措施。

（三）审评审批服务提质增效

近年来，国家药监局持续深化药品医疗器械的审评审批制度改革，医疗器械审评的受理量、审批量持续增长。2023年全年第二类和第三类医疗器械产品首次注册审评批准15551个，其中创新医疗器械61个，涵盖高值耗材、医用设备、体外诊断试剂等领域，涉及美敦力、华科精准、联影医疗、腾讯医疗等企业，多个产品为国内甚至全球首创产品。此外，各地市也针对医疗器械审评审批服务提质增效出台相关政策，北京市药监局印发了《医疗器械创新服务提质增效行动方案（2023-2025年）》，上海市药监局印发了《加强重心前移持续优化医疗器械注册指导服务行动方案（2023-2024年）》等，用服务型监管推动医疗器械研发成果转化和产品上市，有效促进了医疗器械产业高质量发展。

（四）经营质量管理持续规范

在医疗器械经营方面，国家药监局为加强医疗器械经营质量管理，规范医疗器械经营行为，促进行业规范发展，保障公众用械安全有效，2023年修订了《医疗器械经营质量管理规范》，新增"质量管理体系建立与改进"章节，并针对自动售械机质量管理、多仓协同管理、直调运营质量管理、临床确认后销售产品管理等医疗器械发展新业态、经营新方式，提出了合规要求与方法指导，有效划定了医疗器械企业质量管理体系建设的底线，为企业持续改进优化经营行为与提高质量管理能力和自身竞争力指明了目标方向。

二 2023年中国医疗器械注册审批情况

近年来，随着现代科学技术的不断发展和应用，我国医疗器械行业发展快速，新技术、新产品、新材料、新业态不断涌现，国产替代进程稳步推进，主要呈现医疗器械注册及备案数连年增长、产品结构不断优化、医疗器械国产化规模持续扩大等鲜明特点。

参考2017年版《医疗器械分类目录》的"一级类别"和"二级类别"，本报告将医疗器械划分为设备和耗材两大类。设备类主要包括治疗设备、手术设备、监护设备、诊断设备、分析设备、测量设备等有源器械；少部分为无源器械，如病床等。耗材类主要包括一次性器械、手术器械、附件、配套用部件等无源器械；少部分为有源器械，如有源植入器械等。

（一）医疗器械注册及备案数增速放缓

根据国家药监局及各省（自治区、直辖市）药监局数据统计，近5年我国医疗器械注册及备案数量持续增长，截至2023年底，达到327906件，同比增长10.69%，较过去3年增速有所放缓。从首次注册情况来看，2023年我国共批准医疗器械首次注册产品15551件，同比下降2.23%，数量减少了355件。其中，2023年第二类医疗器械产品首次注册13198件，同比下降3.92%；第三类医疗器械产品首次注册2353件，同比增长8.48%。

（二）医疗器械产品结构持续优化

从产品结构来看，截至2023年底，第一类医疗器械产品累计备案198583件，同比增长12.53%，较2022年增速（20.24%）放缓；第二类医疗器械产品累计注册106779件，同比增长8.26%，较2022年增速（4.27%）提高近4个百分点；第三类医疗器械产品累计注册22544件，同比增长6.65%，较2022年增速（-3.46%）提高10.11个百分点。第二类和第三类医疗器械产品注册数量合计占比达到39.44%，我国高端医疗器械产品结构进一步优化。[①]

（三）医疗器械产品注册国产占比持续扩大

近5年来，我国医疗器械产品境内备案及注册比例逐年提高，截至2023年底，达到91.41%，同比增长0.92个百分点。其中，第二类、第三类医疗器械产品境内注册比例分别为91.52%、66.06%，较2022年均有所增长，且第二类医疗器械产品同比增长较快。在首次注册产品中，2023年

---

① 数据由众成数科统计整理。

第二类、第三类医疗器械产品境内注册比例分别为 97.89%、85.30%，较 2022 年比例均有所提高，且第三类同比提高较快。[①]

三　创新医疗器械上市情况

创新医疗器械特别审查程序是为了保障医疗器械的安全、有效，鼓励医疗器械的研发与创新，促进医疗器械新技术的推广和应用，推动医疗器械产业发展，并根据《医疗器械监督管理条例》《医疗器械注册管理办法》《体外诊断试剂注册管理办法》等法规和规章而制定的。2023 年创新医疗器械陆续实现了多项"卡脖子"技术突破。

（一）创新医疗器械数量再创新高

2014 年至 2023 年底国家药监局已批准 250 件创新医疗器械上市，每年批准产品数量整体呈上升趋势。2023 年国家药监局新批准第三类创新医疗器械产品 61 件，同比增长 10.91%，单年获批数量创历史新高。

2023 年，国家药监局新批准上市的创新医疗器械涵盖手术机器人、医用软件、人工器官、支架、假体等领域，覆盖心血管、神经、肿瘤、骨科、消化等多个临床领域。从治疗领域来看，心血管相关创新医疗器械 16 件、骨科相关创新医疗器械 9 件、眼科相关创新医疗器械 3 件、体外诊断试剂创新医疗器械 2 件，此外还有血透、放射治疗等相关医用软件以及胶原蛋白溶液等产品。多数创新医疗器械针对临床上的难治性或高发病率的疾病，如肿瘤、药物难治性癫痫、缺血性脑卒中、阵发性房颤等，为患者提供了新的治疗方案选择，有助于延长患者的生存时间和改善生活质量。

（二）首创医疗器械填补国内空白

创新医疗器械中有多个国内甚至全球首创的医疗器械陆续获批上市，不

[①]　数据由众成数科统计整理。

断填补我国相关领域空白，实现了多项"卡脖子"技术的突破。例如，具有自主知识产权的国内首创产品——血液透析尿素清除率计算软件，性能指标达到国际先进水平；用于泌尿外科腹腔镜手术操作的国内首个内窥镜单孔手术系统——腹腔内窥镜单孔手术系统，有效填补了国内空白；中科极化医疗的磁共振成像系统是我国首款可用于肺部气体成像的 MRI；Rapid Medical 的颅内取栓支架与国内外已上市同类产品相比，其可控膨胀技术为国际首创；国产首台可变角、双探头、通用型 SPECT/CT 一体机——单光子发射及 X 射线计算机断层成像系统，不仅填补了国内空白，而且各项性能指标达到国际先进水平；罗森博特的骨盆骨折复位手术导航定位系统是国内首个采用机器人技术实现骨盆骨折闭合复位的手术导航定位系统；锦江电子医疗的心脏脉冲电场消融仪是国内首个心脏脉冲电场消融类产品。此外，国内首创产品还包括穿刺手术导航定位系统、膝关节置换手术导航定位系统、医用电子直线加速器、球囊型冷冻消融导管、冷冻消融设备等。

四 我国医疗器械市场与资本情况

近年来，中国医疗器械市场规模持续扩大，除了市场扩容、技术升级以及政策支持等因素驱动，产业资本也带来了强大的助力。医疗器械产业具有投资金额大、回收周期长、研发风险高和投资收益不确定等特点，资本的高效赋能有力地支撑了企业迅速成长、壮大。

（一）医疗器械产业市场发展呈现较强的韧性与活力

现阶段，我国医疗器械市场规模保持快速增长态势。根据国家药品监督管理局南方医药经济研究所的数据，2023 年我国医疗器械生产企业营业收入为 13100 亿元，市场规模稳居全球第二位，医疗器械行业在对外贸易不畅、需求回落等不利因素影响下，仍展现强大的韧性与活力。从细分领域看，根据我国 A 股医疗器械上市企业营收统计，2023 年前三季度体外诊断（含试剂、设备以及医学服务等）领域企业营收同比下降超过 50%，低值耗材领域企业营收同比下降超过10%，医疗设备领域企业营收则继续保持15%左右的增长态势，医疗器械细分领域发展分化明显。在产业高质量发展的需要和要求下，中国医疗器械产业将实现从"有规模的增长"到"有质量的增长"的转变。

（二）产业资本仍是医疗器械发展的重要动力

在创投市场方面，受二级市场退出渠道不通畅、集中带量采购政策等因素影响，2023年医疗器械创投市场融资事件约为380起，同比下降41.38%；已公开的融资金额超过187.16亿元，同比下降30.4%。然而，从整个医疗健康领域来看，医疗器械表现优于其他领域，2023年融资事件数占比、融资金额占比分别为40%和32%，同比分别上升20个百分点、16个百分点。从研发生产企业投融资细分领域看，体外诊断、高值耗材以及治疗器械成为热门融资赛道。其中，在披露金额的融资事件中，深圳市真迈生物科技有限公司完成4亿元人民币C轮融资，为2023年国内体外诊断领域最大融资事件；上海以心医疗器械有限公司完成近1亿美元C轮融资，为2023年国内高值耗材领域最大融资事件；瑞龙诺赋（上海）医疗科技有限公司完成近2亿元人民币Pre-B+轮融资，为2023年国内治疗器械领域最大融资事件。截至2023年底，获得C轮及以上融资轮次的国内医疗器械企业数量达到263家，其是未来登陆资本市场的主要"后备军"。

在首次公开募股（简称IPO）方面，2023年国内医疗器械IPO企业为6家，截至2023年底医疗器械上市企业累计达到172家。自2011年起，医疗器械企业上市活跃度逐渐上升，2020~2022年国内医疗器械行业迎来上市热潮，3年间上市企业合计数量占总数的比重超过50%。2023年，随着医疗行业购销规范化整治工作的开展，以及疫情后部分需求的回落，监管部门对医疗健康企业IPO的合法合规性提出更严格的要求。在经历投资热潮之后，医疗器械行业投资实现理性回归，决策速度明显放缓，2023年医疗器械IPO企业数量同比下降76.92%。

在产业资本的助力下，国内医疗器械涌现了一批龙头企业和领军企业。

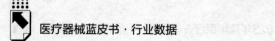

从上市企业看，根据 Medical Design & Outsourcing 发布的《2023 年全球医疗器械公司百强榜》，有 2 家中国医疗器械企业进入榜单，分别为迈瑞医疗（第 27 名）和上海微创（第 77 名），国产医疗器械正式挺进全球 30 强，逐渐角逐国际市场。未来产业与资本的深度融合将持续为国内医疗器械发展带来强劲动能。

在未来的 5 年甚至更长一段时间里，我国医疗器械行业将继续保持快速发展态势，行业平均增速将高于一般行业，高端医疗器械国产化将进一步提速，部分领域"卡脖子"问题将得到逐步解决，实现高端医疗器械自主可控，更好地满足新时代人民群众对高质量医疗器械的需求。

注册审批篇 ⫸

B.2
2023年我国医疗设备行业审批
申报与产品数据分析报告*

周 勇 林伟强 肖鸿展**

摘 要： 2023年，国家药监局持续深化医疗器械审评审批制度改革，创新产品持续涌现，高质量发展加速推进；强化第二类产品注册、第一类产品备案和临床试验管理；持续推进分类管理改革，管理制度与运行机制不断完善，分类规则与分类目录适时修订，监管效能有力提升，产业得到发展。2023年，国家及各省（自治区、直辖市）药品监督管理局共计批准进口第一类医疗设备首次备案共53项，进口第二类医疗设备首次注册共111项，进口第三类医疗设备首次注册共80项；境内第一类医疗设备首次备案共2009项，境内第二类医疗设备首次注册共3393项，境内第三类医疗设备首

---

* 本报告中产品审批注册数据均来源于国家药监局"医疗器械查询"数据库，数据统计时间范围为2023年1月1日至2023年12月31日，统计截止时间为2024年1月8日。因数据库的持续更新，本报告的结果与国家药监局2024年2月公布的"2023年度医疗器械注册工作报告"中披露的产品审批注册数量统计结果会存在细微差异。资料来源：国家药监局、各省（自治区、直辖市）药监局产品注册信息。
** 周勇，广州众成大数据科技有限公司董事长兼总经理；林伟强，广州众成大数据科技有限公司数据治理部副经理；肖鸿展，广州众成大数据科技有限公司数据管理专员。

次注册共 409 项。2023 年，境内第三类医疗设备首次注册批准数量有所上升，境内第二类和进口第二类医疗设备首次注册批准数量下降幅度较大，进口第三类医疗设备首次注册批准数量下降幅度较小。

关键词： 医疗设备注册　医疗设备备案　产业创新　国产化

一　医疗设备审批批准整体情况

随着医疗器械企业技术进步及配套产业链的成熟，以及医改、分级诊疗、扶持国产设备等国家政策的推动，医疗器械产品需求持续增长，未来十年仍是中国医疗器械行业快速发展的黄金时期。[①] 中共中央办公厅、国务院办公厅 2017 年发布的《关于深化审评审批制度改革鼓励药品医疗器械创新的意见》（厅字〔2017〕42 号）以及 2021 年施行的《医疗器械监督管理条例》（2021 修订版），不仅要求保证医疗器械的安全、有效，还提出促进医疗器械产业发展，将鼓励行业创新发展提升至国家战略层面，对我国医疗器械的审批工作有着深远而长足的影响。[②] 医疗设备产品是现代医疗器械产业中的主流产品，在产业发展中起着主导和引领作用。现代医疗设备产品的核心技术融入了大量科学技术成就和产物，结合了数字化和计算机化的基本特征，其发展水平已成为衡量一个国家综合经济技术水平的重要指标。[③]

2023 年，国家及各省（自治区、直辖市）药品监督管理局共计批准境内第一类医疗设备首次备案 2009 项，进口第一类医疗设备首次备案 53 项；境内第二类医疗设备首次注册共 3393 项，进口第二类医疗设备首次注册共 111 项；境内第三类医疗设备首次注册共 409 项，进口第三类医疗设备首次

---

① 张海军：《坚持创新驱动　推动民族医疗产业发展》，《中国科技产业》2021 年第 2 期。
② 张保磊等：《医疗器械产业高质量发展措施研究》，《中国仪器仪表》2023 年第 1 期。
③ 吴祈耀：《我国医疗仪器产业发展现状与未来》，《现代科学仪器》2006 年第 4 期。

注册共 80 项。

从趋势分析，相较 2022 年，2023 年第一类医疗设备首次备案数量和第三类医疗设备首次注册数量呈上升趋势，其中第一类医疗设备首次备案数量同比上升 14.68%，第三类医疗设备首次注册数量同比上升 8.91%；而第二类医疗设备首次注册数量有所下降，同比下降 13.50%（见图 1）。

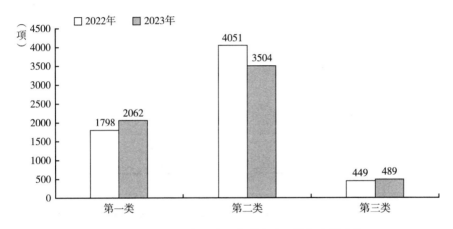

图 1　2022 年、2023 年医疗设备首次注册及备案批准情况

从第二类、第三类医疗设备首次注册情况分析，2023 年境内第二类医疗设备注册产品中，首次注册 3393 项；境内第三类医疗设备注册产品中，首次注册 409 项。进口第二类医疗设备注册产品中，首次注册 111 项；进口第三类医疗设备注册产品中，首次注册 80 项（见图 2）。

从类别分析，2023 年第二类医疗设备首次注册 3504 项，占医疗设备首次注册的 57.87%；第三类医疗设备首次注册 489 项，占医疗设备首次注册的 8.08%。其中，境内第二类医疗设备首次注册 3393 项，占第二类医疗设备首次注册的 96.83%；进口第二类医疗设备首次注册 111 项，占第二类医疗设备首次注册的 3.17%。境内第三类医疗设备首次注册 409 项，占第三类医疗设备首次注册的 83.64%；进口第三类医疗设备首次注册 80 项，占第三类医疗设备首次注册的 16.36%。从医疗设备管理类别角度分析可知，境内第二类医疗设备占比显著高于进口第二类医疗设备占比，境内第三类医疗设备占比亦远高于进口第三类医疗设备占比。

从趋势分析，2023 年境内第三类医疗设备首次注册批准数量有所增长，同比增长 12.05%。与 2022 年相比，2023 年境内及进口第二类医疗设备首次注册数量均有所下降；2023 年进口第三类医疗设备首次注册数量也少量下降（见图 2）。

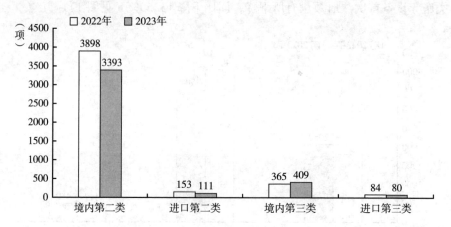

图 2　2022 年、2023 年境内、进口第二类、第三类医疗设备首次注册批准情况

二　进口第三类医疗设备注册批准情况

1. 进口第三类医疗设备注册整体情况

2023 年我国进口第三类医疗设备首次注册共 80 项（见表 1）。

表 1　2022 年、2023 年进口第三类医疗设备首次注册审批数量情况

单位：项

年份	2022	2023
数量	84	80

2. 进口第三类医疗设备首次注册分析

第三类医疗器械包含植入人体，用于支持、维持生命，同时可能对人体具有潜在危险的医疗器械，其安全性和有效性必须受到严格控制。第三类医疗设备由国家药品监督管理局审评审批。[①] 对进口第三类医疗设备首次注册情况进行分析时，以国家药品监督管理局2022～2023年发布的批准注册医疗器械产品公告中的注册产品目录为依据，包含港澳台数据。

（1）月度审批情况

2023年国家药品监督管理局批准进口第三类医疗设备首次注册月度分布如图3所示。

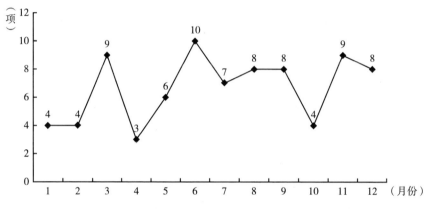

图3　2023年进口第三类医疗设备首次注册月度分布

（2）品类分布分析

第一，注册产品类别。根据医疗设备产品结构的特征，所有产品被划分为有源医疗器械、无源医疗器械和医用独立软件三大类。从结构特征分析，2023年首次注册的80项进口第三类医疗设备产品中，有源医疗器械78项，占比为97.50%；无源医疗器械2项，占比为2.50%。有源医疗器械仍是首次注册第三类医疗设备产品的最大组成部分，占比超90%。

从月度数据分析，有源医疗器械首次注册数量波动较大，而无源医疗器械由于首次注册数量较少，基本无变动（见图4）。

---

① 许伟：《从我国医疗器械注册现状看医疗器械产业的创新之道》，《中国药物警戒》2011年第5期。

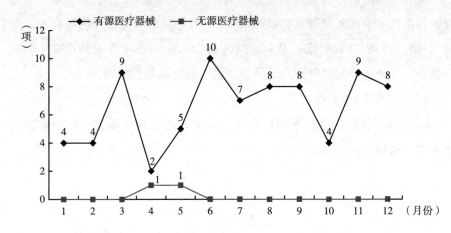

图4　2023年不同注册类别进口第三类医疗设备首次注册月度分布

第二，分类目录产品类别。根据新版《医疗器械分类目录》，医疗设备被划分为21个不同类型的子目录，形成一整套分类体系。按照新版《医疗器械分类目录》对批准注册的164项产品的分类编码进行逐一分类，将其归入相应分类子目录。

从总体情况分析，2023年进口第三类医疗设备首次注册数量占比居前3位的类别分别是有源手术器械（35.00%）、医用成像器械（21.25%）、医用诊查和监护器械（7.50%），以及输血、透析和体外循环器械（7.50%）。

从趋势分析，2022～2023年有源手术器械首次注册占比上升幅度较大，在2023年超越医用成像器械成为第一；医用成像器械首次注册占比虽有下降，但仍超20%，居第二位。此外，输血、透析和体外循环器械首次注册占比由2022年的0上升到2023年的7.50%，居第三位。2022～2023年，放射治疗器械，呼吸、麻醉和急救器械，有源植入器械，无源植入器械，临床检验器械首次注册占比亦有小幅提升。同一报告期内，物理治疗器械，注输、护理和防护器械，眼科器械，医用软件以及妇产科、辅助生殖和避孕器械首次注册占比均有所下降（见表2）。

表2 2022年、2023年首次注册进口第三类医疗设备分类目录产品类别情况

单位：项，%

分类目录	2022年		2023年		总计	
	数量	占比	数量	占比	数量	占比
01 有源手术器械	21	25.00	28	35.00	49	29.88
05 放射治疗器械	1	1.19	3	3.75	4	2.44
06 医用成像器械	29	34.52	17	21.25	46	28.05
07 医用诊查和监护器械	6	7.14	6	7.50	12	7.32
08 呼吸、麻醉和急救器械	2	2.38	2	2.50	4	2.44
09 物理治疗器械	9	10.71	4	5.00	13	7.93
10 输血、透析和体外循环器械	0	0	6	7.50	6	3.66
12 有源植入器械	0	0	1	1.25	1	0.61
13 无源植入器械	0	0	1	1.25	1	0.61
14 注输、护理和防护器械	6	7.14	3	3.75	9	5.49
16 眼科器械	6	7.14	4	5.00	10	6.10
18 妇产科、辅助生殖和避孕器械	1	1.19	0	0	1	0.61
21 医用软件	1	1.19	0	0	1	0.61
22 临床检验器械	2	2.38	5	6.25	7	4.27

（3）国家地区分析

2023年首次注册的80项进口第三类医疗设备共来自18个国家和地区（见表3）。

表3 2022年、2023年首次注册进口第三类医疗设备国家和地区分布情况

单位：项，%

国家/地区	2022年		2023年		总计	
	数量	占比	数量	占比	数量	占比
美国	35	41.67	31	38.75	66	40.24
德国	17	20.24	18	22.50	35	21.34
日本	5	5.95	4	5.00	9	5.49
法国	3	3.57	5	6.25	8	4.88
韩国	4	4.76	3	3.75	7	4.27
以色列	3	3.57	3	3.75	6	3.66

续表

国家/地区	2022 年		2023 年		总计	
	数量	占比	数量	占比	数量	占比
意大利	5	5.95	1	1.25	6	3.66
荷兰	5	5.95	1	1.25	6	3.66
英国	1	1.19	3	3.75	4	2.44
瑞典	1	1.19	2	2.50	3	1.83
加拿大	1	1.19	2	2.50	3	1.83
比利时	1	1.19	1	1.25	2	1.22
斯洛文尼亚	0	0	1	1.25	1	0.61
瑞士	0	0	1	1.25	1	0.61
新加坡	0	0	1	1.25	1	0.61
奥地利	0	0	1	1.25	1	0.61
爱尔兰	0	0	1	1.25	1	0.61
西班牙	0	0	1	1.25	1	0.61
塞尔维亚	1	1.19	0	0	1	0.61
中国台湾	1	1.19	0	0	1	0.61
芬兰	1	1.19	0	0	1	0.61

2023 年，进口第三类医疗设备首次注册数量位于前五的国家和地区分别为美国、德国、法国、日本、韩国和以色列（二者并列第五），大多数为发达国家。其中，美国、德国稳居前两位，其进口第三类医疗设备首次注册数量之和占首次注册产品总数的 60% 以上，是进口第三类医疗设备的主要来源。从总体上看，2023 年从美国进口第三类医疗设备首次注册数量占比为 38.75%，从德国进口第三类医疗设备首次注册数量占比 22.50%。

从趋势分析，从美国进口第三类医疗设备首次注册数量由 2022 年的 35 项下降到 2023 年的 31 项；从德国进口第三类医疗设备首次注册数量由 2022 年的 17 项上升到 2023 年的 18 项。此外，与 2022 年相比，2023 年从意大利、荷兰进口第三类医疗设备首次注册数量及比例均有明显下降，从法国、英国、瑞典和加拿大进口第三类医疗设备首次注册数量及比例则有所上升。2022 年无从斯洛文尼亚、瑞士、新加坡、奥地利、爱尔兰和西班牙进口第三类医疗设备首次注册，而在 2023 年均有 1 项设备首次注册。

三 进口第二类医疗设备注册批准情况

1. 进口第二类医疗设备首次注册整体情况

2023 年我国进口第二类医疗设备共注册 111 项（见表 4）。

表4　2022 年、2023 年进口第二类医疗设备首次注册审批数量情况

单位：项

年份	2022	2023
数量	153	111

2. 进口第二类医疗设备首次注册分析

对进口第二类医疗设备首次注册情况进行分析时，以国家药品监督管理局 2022～2023 年发布的批准注册医疗器械产品公告中的注册产品目录为依据，包含港澳台数据。

（1）月度审批情况

2023 年国家药品监督管理局批准进口第二类医疗设备首次注册月度分布如图 5 所示。

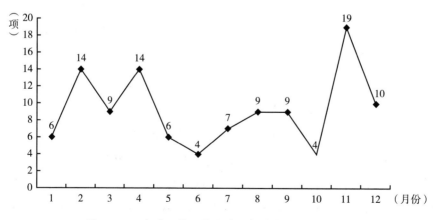

图5　2023 年进口第二类医疗设备首次注册月度分布

（2）品类分布分析

第一，注册产品类别。根据医疗设备产品结构的特征，将其划分为有源医疗器械、无源医疗器械和医用独立软件三大类。从结构特征分析，2023年进口第二类医疗设备首次注册的111项产品中，有源医疗器械97项，占比为87.39%；无源医疗器械8项，占比为7.21%；医用独立软件6项，占比为5.41%。

从月度数据分析，有源医疗器械首次注册数量波动较大，并在2023年11月达到峰值。无源医疗器械、医用独立软件每月首次注册数量相对稳定（见图6）。

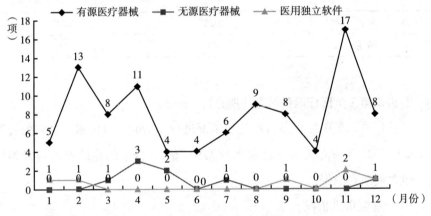

图6　2023年不同注册类别进口第二类医疗设备首次注册月度分布

第二，分类目录产品类别。从总体情况分析，2023年进口第二类医疗设备首次注册产品占比居前三位的类别分别是医用成像器械（27.03%）、眼科器械（10.81%）和临床检验器械（10.81%）。首次注册产品数量占比超5%的还包括口腔科器械、医用诊查和监护器械、物理治疗器械、医用软件四大类，属于占比较高的类别。

从趋势分析，2022~2023年，医用成像器械医疗设备首次注册数量有所下降，但占比有所上升，由2022年的25.49%提升至2023年的27.03%，连续2年首次注册占比位列第一；2023年眼科器械、口腔科器械首次注册数量均较2022年有所增长，其中口腔科器械由2022年的5项增至2023年的9项（见表5）。

表5　2022年、2023年首次注册进口第二类医疗设备分类目录产品类别情况

单位：项，%

分类目录	2022年		2023年		总计	
	数量	占比	数量	占比	数量	占比
01 有源手术器械	5	3.27	4	3.60	9	3.41
03 神经和心血管手术器械	1	0.65	0	0	1	0.38
04 骨科手术器械	4	2.61	3	2.70	7	2.65
05 放射治疗器械	9	5.88	2	1.80	11	4.17
06 医用成像器械	39	25.49	30	27.03	69	26.14
07 医用诊查和监护器械	11	7.19	9	8.11	20	7.58
08 呼吸、麻醉和急救器械	4	2.61	3	2.70	7	2.65
09 物理治疗器械	11	7.19	8	7.21	19	7.20
10 输血、透析和体外循环器械	0	0	1	0.90	1	0.38
11 医疗器械消毒灭菌器械	2	1.31	2	1.80	4	1.52
12 有源植入器械	0	0	1	0.90	1	0.38
14 注输、护理和防护器械	6	3.92	3	2.70	9	3.41
15 患者承载器械	5	3.27	3	2.70	8	3.03
16 眼科器械	10	6.54	12	10.81	22	8.33
17 口腔科器械	5	3.27	9	8.11	14	5.30
18 妇产科、辅助生殖和避孕器械	8	5.23	1	0.90	9	3.41
19 医用康复器械	3	1.96	2	1.80	5	1.89
21 医用软件	6	3.92	6	5.41	12	4.55
22 临床检验器械	24	15.69	12	10.81	36	13.64

（3）国家地区分析

2023年，我国首次注册的111项进口第二类医疗设备共来自19个国家和地区（见表6）。

表6　2022年、2023年首次注册进口第二类医疗设备国家和地区分布情况

单位：项，%

国家/地区	2022年		2023年		总计	
	数量	占比	数量	占比	数量	占比
德国	34	22.22	18	16.22	52	19.70
美国	27	17.65	24	21.62	51	19.32

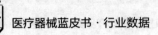

续表

国家/地区	2022 年		2023 年		总计	
	数量	占比	数量	占比	数量	占比
日本	21	13.73	22	19.82	43	16.29
韩国	15	9.80	12	10.81	27	10.23
英国	9	5.88	3	2.70	12	4.55
瑞士	7	4.58	4	3.60	11	4.17
法国	6	3.92	4	3.60	10	3.79
中国台湾	4	2.61	4	3.60	8	3.03
意大利	3	1.96	4	3.60	7	2.65
瑞典	2	1.31	4	3.60	6	2.27
以色列	4	2.61	2	1.80	6	2.27
丹麦	3	1.96	2	1.80	5	1.89
捷克	4	2.61	1	0.90	5	1.89
澳大利亚	4	2.61	0	0	4	1.52
加拿大	2	1.31	1	0.90	3	1.14
新加坡	0	0	2	1.80	2	0.76
奥地利	1	0.65	1	0.90	2	0.76
挪威	1	0.65	1	0.90	2	0.76
立陶宛	2	1.31	0	0	2	0.76
荷兰	0	0	1	0.90	1	0.38
斯洛伐克	0	0	1	0.90	1	0.38
芬兰	1	0.65	0	0	1	0.38
比利时	1	0.65	0	0	1	0.38
爱尔兰	1	0.65	0	0	1	0.38
匈牙利	1	0.65	0	0	1	0.38

2023 年，进口第二类医疗设备首次注册数量位于前四的国家和地区分别为美国、日本、德国、韩国，其产品数量之和占 68.47%，是进口第二类医疗设备的主要来源。其中，从美国进口第二类医疗设备首次注册占比 21.62%，从日本进口第二类医疗设备首次注册占比 19.82%，从德国进口第二类医疗设备首次注册占比 16.22%，从韩国进口第二类医疗设备首次注册占比 10.81%。

从趋势分析，2022~2023年，进口第二类医疗设备首次注册产品总数呈下降的趋势。其中，2023年从德国进口第二类医疗设备首次注册占比与2022年相比有所下降，由2022年的22.22%降至2023年的16.22%。从美国、日本等国家进口第二类医疗设备首次注册占比明显上升。从新加坡进口第二类医疗设备在2022年无首次注册，而在2023年有两项首次注册，占比1.80%。

四　境内第三类医疗设备注册批准情况

1. 境内第三类医疗设备首次注册整体情况

2023年我国境内第三类医疗设备共首次注册409项（见表7）。

表7　2022年、2023年境内第三类医疗设备首次注册审批数量情况

单位：项

年份	2022	2023
数量	365	409

2. 境内第三类医疗设备首次注册分析

对境内第三类医疗设备首次注册情况进行分析时，以国家药品监督管理局2022~2023年发布的批准注册医疗器械产品公告中的注册产品目录为依据，包含港澳台数据。

（1）月度审批情况

2023年国家药品监督管理局批准境内第三类医疗设备首次注册月度分布如图7所示。

（2）品类分布分析

第一，注册产品类别。从结构特征分析，2023年境内第三类医疗设备首次注册的409项产品中，有源医疗器械360项，占比为88.02%；无源医疗器械8项，占比为1.96%；医用独立软件41项，占比为10.02%。有源医疗器械是境内第三类医疗设备首次注册产品中的最大组成部分，医用独立软件次之，二者共占总量的98.04%，无源医疗器械相对较少。

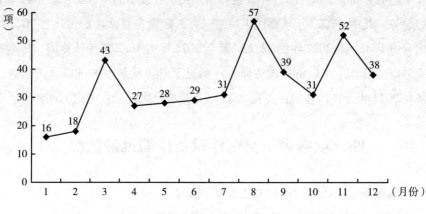

图7　2023 年境内第三类医疗设备首次注册月度分布

　　从月度数据分析，有源医疗器械各月首次注册数量波动较大，无源医疗器械、医用独立软件首次注册数量则相对稳定。有源医疗器械首次注册数量于 2023 年 8 月激增并达到 2023 年单月首次注册数量峰值（见图8）。

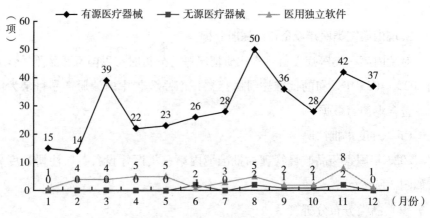

图8　2022 年、2023 年不同注册类别境内第三类医疗设备首次注册月度分布

　　第二，分类目录产品类别。从总体情况分析，2023 年境内第三类医疗设备首次注册占比居前 3 位的分别是有源手术器械（28.36%）、医用成像器械（24.21%）、临床检验器械（10.76%）。首次注册产品占比超 5% 的还包括呼吸、麻醉和急救器械，医用软件，医用诊查和监护器械三大类，属于占比相对较高的类别，其余类别相对较少。

从趋势分析，2022~2023年，有源手术器械首次注册数量呈明显增长趋势，从2022年的72项增至2023年的116项；呼吸、麻醉和急救器械以及临床检验器械数量增长也比较明显，分别由2022年的24项和31项增至42项和44项。此外，医用成像器械数量下降明显，从2022年的140项降至2023年的99项（见表8）。

表8 2022年、2023年首次注册境内第三类医疗设备分类目录产品类别情况

单位：项，%

分类目录	2022年		2023年		总计	
	数量	占比	数量	占比	数量	占比
01 有源手术器械	72	19.73	116	28.36	188	24.29
05 放射治疗器械	13	3.56	9	2.20	22	2.84
06 医用成像器械	140	38.36	99	24.21	239	30.88
07 医用诊查和监护器械	16	4.38	23	5.62	39	5.04
08 呼吸、麻醉和急救器械	24	6.58	42	10.27	66	8.53
09 物理治疗器械	12	3.29	7	1.71	19	2.45
10 输血、透析和体外循环器械	5	1.37	9	2.20	14	1.81
12 有源植入器械	0	0	1	0.24	1	0.13
14 注输、护理和防护器械	15	4.11	16	3.91	31	4.01
16 眼科器械	1	0.27	2	0.49	3	0.39
21 医用软件	36	9.86	41	10.02	77	9.95
22 临床检验器械	31	8.49	44	10.76	75	9.69

（3）省（自治区、直辖市）分析

2023年，我国获批的409项境内第三类医疗设备首次注册产品共来自20个省（自治区、直辖市）（见表9）。

从总体趋势分析，江苏省、天津市、湖北省、河北省等10个省第三类医疗设备首次注册占比均有所上升，其中2022年甘肃省第三类医疗设备首次注册数量为0，2023年实现了零突破，首次注册1项。

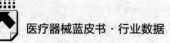

表9 2022年、2023年首次注册境内第三类医疗设备省（自治区、直辖市）分布情况

单位：项，%

省份	2022年		2023年		总计	
	数量	占比	数量	占比	数量	占比
江苏省	74	20.27	84	20.54	158	20.41
广东省	75	20.55	73	17.85	148	19.12
北京市	56	15.34	59	14.43	115	14.86
上海市	43	11.78	45	11.00	88	11.37
浙江省	30	8.22	40	9.78	70	9.04
山东省	16	4.38	11	2.69	27	3.49
安徽省	9	2.47	17	4.16	26	3.36
天津市	9	2.47	16	3.91	25	3.23
湖北省	5	1.37	11	2.69	16	2.07
陕西省	9	2.47	6	1.47	15	1.94
辽宁省	3	0.82	11	2.69	14	1.81
重庆市	7	1.92	7	1.71	14	1.81
四川省	9	2.47	3	0.73	12	1.55
河北省	3	0.82	7	1.71	10	1.29
福建省	5	1.37	4	0.98	9	1.16
河南省	4	1.10	4	0.98	8	1.03
湖南省	1	0.27	7	1.71	8	1.03
广西壮族自治区	3	0.82	1	0.24	4	0.52
吉林省	1	0.27	2	0.49	3	0.39
甘肃省	0	0.00	1	0.24	1	0.13
山西省	1	0.27	0	0	1	0.13
内蒙古自治区	1	0.27	0	0	1	0.13
江西省	1	0.27	0	0	1	0.13

五 境内第二类医疗设备注册批准情况

2023年，各省（自治区、直辖市）药品监管部门共计批准境内第二类医疗设备首次注册3393项（见表10）。

表10　2022年、2023年境内第二类医疗设备首次注册批准情况

单位：项

年份	首次注册
2022	3898
2023	3393

　　从各省（自治区、直辖市）情况来看，广东省2022~2023年连续2年境内第二类医疗设备首次注册总量居全国第一位，江苏省和湖南省分别稳居第二位和第三位。2023年，湖南省境内第二类医疗设备首次注册产品数量同比下降幅度较大；四川省同比增长幅度较大（见表11、图9）。

表11　2022年、2023年境内第二类医疗设备首次注册批准情况
省（自治区、直辖市）分布情况

单位：项

省份	2022年	2023年	省份	2022年	2023年
广东省	966	811	江西省	79	52
江苏省	522	489	辽宁省	39	48
湖南省	587	343	陕西省	43	30
浙江省	219	239	山西省	14	28
河南省	168	193	吉林省	45	23
山东省	187	186	福建省	24	23
北京市	146	168	海南省	6	21
上海市	101	125	黑龙江省	5	9
湖北省	106	112	云南省	4	6
四川省	47	92	甘肃省	5	5
河北省	142	81	贵州省	9	4
天津市	107	81	西藏自治区	0	2
广西壮族自治区	168	80	青海省	0	2
重庆市	73	72	宁夏回族自治区	2	1
安徽省	80	67	内蒙古自治区	4	0

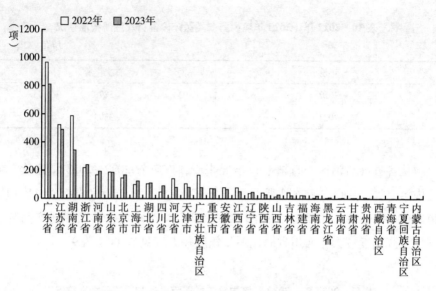

图9　2022年、2023年境内第二类医疗设备首次注册省份分布

六　第一类医疗设备首次备案审批情况

《医疗器械监督管理条例》规定，第一类医疗器械采用产品备案管理方式。2022~2023年境内第一类医疗设备首次备案批准数量有所增长，2023年首次备案批准数量同比增长15.46%，而进口第一类医疗设备首次备案批准数量同比略有下降（见图10）。

七　第二类、第三类医疗设备创新审批情况

医疗器械行业是一个多学科交叉、知识密集、资金密集型的高技术产业，创新是发展和生存的关键。[①] 中国医疗器械行业以创新驱动发展，不断推出新技术、新产品和新服务。同时，也在智能化、数字化方面积极探索，

---

① 孙晓妍、姚俊：《医疗器械行业运行发展现状及应对策略的研究》，《质量与市场》2022年第2期。

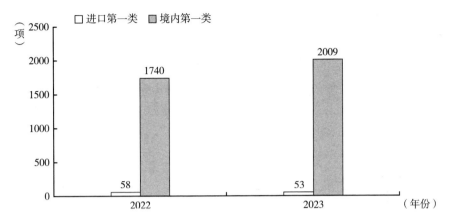

图10　2022年、2023年第一类医疗设备首次备案批准数量

推动行业创新发展。科技创新才能提升医疗器械产业竞争力。[①] 根据《创新医疗器械特别审批程序（试行）》，我国医疗器械创新审批是为了保障医疗器械的安全、有效，是鼓励医疗器械的研究与创新、促进医疗器械新技术的推广和应用、推动建立医疗器械产业发展的特殊审批通道。

从总体情况分析，2023年全国通过创新审批通道获准上市的医疗设备产品共计50项。从管理类别看，第三类医疗设备产品36项、第二类医疗设备产品14项（见表12）。

表12　2022年、2023年全国第二类、第三类通过创新审批通道获准上市的医疗设备信息

年份	注册企业	产品名称	管理类别
2023	上海联影医疗科技股份有限公司	放射治疗计划软件	Ⅲ
	上海微创电生理医疗科技股份有限公司	冷冻消融设备	Ⅲ
	上海微创电生理医疗科技股份有限公司	球囊型冷冻消融导管	Ⅲ
	腾讯医疗健康（深圳）有限公司	结肠息肉电子内窥镜图像辅助检测软件	Ⅲ

① 乔丽华：《科技创新是提高我国医疗器械产业在全球经济一体化条件下竞争力的关键》，《中国医学装备》2008年第12期。

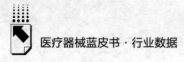

续表

年份	注册企业	产品名称	管理类别
	Conavi Medical Inc.	血管内成像设备	Ⅲ
	Conavi Medical Inc.	一次性使用血管内成像导管	Ⅲ
	Corindus Inc.	冠状动脉介入手术控制系统	Ⅲ
	Corindus Inc.	一次性使用冠状动脉介入手术控制系统附件	Ⅲ
	华科精准（北京）医疗科技有限公司	磁共振监测半导体激光治疗设备	Ⅲ
	华科精准（北京）医疗科技有限公司	一次性使用激光光纤套件	Ⅲ
	无锡帕母医疗技术有限公司	一次性使用环形肺动脉射频消融导管	Ⅲ
	博动医学影像科技（上海）有限公司	冠状动脉CT血流储备分数计算软件	Ⅲ
	MEDTRONIC MINIMED	混合闭环胰岛素输注系统	Ⅲ
	北京英福美信息科技股份有限公司	血液透析尿素清除率计算软件	Ⅲ
	武汉楚精灵医疗科技有限公司	肠息肉电子下消化道内窥镜图像辅助检测软件	Ⅲ
2023	北京术锐技术有限公司	腹腔内窥镜单孔手术系统	Ⅲ
	西安大医集团股份有限公司	医用电子直线加速器	Ⅲ
	北京天智航医疗科技股份有限公司	膝关节置换手术导航定位系统	Ⅲ
	上海美杰医疗科技有限公司	多模态肿瘤治疗系统	Ⅲ
	深圳市慧康精密仪器有限公司	冲击波治疗仪	Ⅲ
	深圳市科曼医疗设备有限公司	病人监护仪	Ⅲ
	武汉中科极化医疗科技有限公司	磁共振成像系统	Ⅲ
	Zap Surgical Systems，Inc.	头颈部X射线立体定向放射外科治疗系统	Ⅲ
	Varian Medical Systems Particle Therapy GmbH & Co. KG	质子治疗系统（1）	Ⅲ
	Varian Medical Systems Particle Therapy GmbH & Co. KG	质子治疗系统（2）	Ⅲ
	北京永新医疗设备有限公司	单光子发射及X射线计算机断层成像系统	Ⅲ
	Siemens Healthcare GmbH	X射线计算机体层摄影设备	Ⅲ
	深圳市精锋医疗科技有限公司	腹腔内窥镜单孔手术系统	Ⅲ

续表

年份	注册企业	产品名称	管理类别
2023	苏州润迈德医疗科技有限公司	冠状动脉功能测量系统	Ⅲ
	北京长木谷医疗科技有限公司	关节置换手术模拟软件	Ⅲ
	真健康（北京）医疗科技有限公司	穿刺手术导航定位系统	Ⅲ
	杭州柳叶刀机器人有限公司	髋关节置换手术导航定位系统	Ⅲ
	康沣生物科技（上海）股份有限公司	冷冻消融设备	Ⅲ
	康沣生物科技（上海）股份有限公司	球囊型冷冻消融导管	Ⅲ
	北京罗森博特科技有限公司	骨盆骨折复位手术导航定位系统	Ⅲ
	兰州科近泰基新技术有限责任公司	碳离子治疗系统	Ⅲ
	中科尚易健康科技（北京）有限公司	经络调理仪	Ⅱ
	山东新华医疗器械股份有限公司	环氧乙烷灭菌器	Ⅱ
	北京捷立德口腔医疗设备有限公司	口腔内窥镜	Ⅱ
	深圳市韶音科技有限公司	骨导式助听器	Ⅱ
	青岛市三凯医学科技有限公司	全自动碘元素分析仪	Ⅱ
	杭州承诺医疗科技有限公司	穿戴式经皮胫神经刺激器	Ⅱ
	长沙海润生物技术有限公司	负压创面治疗仪	Ⅱ
	成都艾伟孚生物科技有限公司	时差培养箱	Ⅱ
	北京济声科技有限公司	空间听力计	Ⅱ
	什维新智医疗科技（上海）有限公司	乳腺超声图像分析软件	Ⅱ
	威海威高激光医疗设备股份有限公司	尿道膀胱镜及附件	Ⅱ
	南京沃福曼医疗科技有限公司	血管内光学干涉断层成像系统	Ⅱ
	长沙清雷科技有限公司	睡眠呼吸监测系统	Ⅱ
	南京九川科学技术有限公司	数字显微仪	Ⅱ
2022	北京品驰医疗设备有限公司	脊髓神经刺激测试电极	Ⅲ
	北京品驰医疗设备有限公司	患者程控充电器	Ⅲ
	上海联影智能医疗科技有限公司	颅内出血CT影像辅助分诊软件	Ⅲ
	深圳市精锋医疗科技有限公司	腹腔内窥镜手术系统	Ⅲ
	腾讯医疗健康（深圳）有限公司	慢性青光眼样视神经病变眼底图像辅助诊断软件	Ⅲ
	强联智创（北京）科技有限公司	颅内动脉瘤手术计划软件	Ⅲ
	北京品驰医疗设备有限公司	植入式脑深部电刺激延伸导线套件	Ⅲ

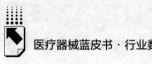

续表

年份	注册企业	产品名称	管理类别
	北京品驰医疗设备有限公司	双通道可充电植入式脑深部电刺激脉冲发生器套件	III
	北京品驰医疗设备有限公司	植入式脑深部电刺激电极导线套件	III
	北京品驰医疗设备有限公司	双通道植入式脑深部电刺激脉冲发生器套件	III
	苏州康多机器人有限公司	腹腔内窥镜手术系统	III
	微创(上海)医疗机器人有限公司	胸腹腔内窥镜手术系统	III
	宁波胜杰康生物科技有限公司	一次性使用冷冻消融球囊导管	III
	北京华科创智健康科技股份有限公司	消化道内窥镜用超声诊断设备	III
	上海安翰医疗技术有限公司	消化道振动胶囊系统	III
	上海爱声生物医疗科技有限公司	一次性使用血管内超声诊断导管	III
	深圳开立生物医疗科技股份有限公司	血管内超声诊断设备	III
	全景恒升(北京)科学技术有限公司	血管内成像设备	III
2022	西安大医集团股份有限公司	伽马射束立体定向放射治疗系统	III
	北京品驰医疗设备有限公司	植入式可充电脊髓神经刺激器	III
	北京品驰医疗设备有限公司	植入式脊髓神经刺激器	III
	北京品驰医疗设备有限公司	植入式脊髓神经刺激电极(1)	III
	北京品驰医疗设备有限公司	植入式脊髓神经刺激电极(2)	III
	北京品驰医疗设备有限公司	植入式脊髓神经刺激延伸导线	III
	杭州键嘉机器人有限公司	关节置换手术导航定位系统	III
	佛山瑞加图医疗科技有限公司	移动式头颈磁共振成像系统	III
	上海艾普强粒子设备有限公司	质子治疗系统	III
	鑫高益医疗设备股份有限公司	磁共振成像系统	III
	华科精准(北京)医疗科技有限公司	神经外科手术导航定位系统	III
	成都微识医疗设备有限公司	肠息肉电子结肠内窥镜图像辅助检测软件	III
	北京朗视仪器有限公司	耳鼻喉双源锥形束计算机体层摄影设备	III
	苏州微创畅行机器人有限公司	膝关节置换手术导航定位系统	III
	深圳北芯生命科技有限公司	一次性使用血管内超声诊断导管	III
	深圳北芯生命科技有限公司	血管内超声诊断仪	III

续表

年份	注册企业	产品名称	管理类别
2022	骨圣元化机器人(深圳)有限公司	关节置换手术导航定位系统	Ⅲ
	上海联影医疗科技股份有限公司	磁共振成像系统	Ⅲ
	上海联影医疗科技股份有限公司	医用血管造影 X 射线机	Ⅲ
	青岛海泰新光科技股份有限公司	共聚焦显微影像仪	Ⅱ
	杭州谱聚医疗科技有限公司	液相色谱串联质谱系统	Ⅱ
	浙江达美生物技术有限公司	脑卒中风险辅助筛查软件	Ⅱ
	山东新华医疗器械股份有限公司	多舱式脉动真空清洗消毒器	Ⅱ
	杭州大力神医疗器械有限公司	经皮暨穴位治疗仪	Ⅱ
	抚州宝林科技有限公司	眼球运动训练机	Ⅱ
	北京数字精准医疗科技有限公司	近红外荧光成像系统	Ⅱ
	赛德生物科技(山东)有限责任公司	甲状旁腺检测仪	Ⅱ
	成都宜乐芯生物科技有限公司	全自动流式荧光发光免疫分析仪	Ⅱ
	赛诺微医疗科技(浙江)有限公司	3D 电子胸腹腔镜	Ⅱ
	杭州诺驰生命科学有限公司	心磁图仪	Ⅱ
	济南瞳星智能科技有限公司	眼周经穴电脉冲治疗仪	Ⅱ
	山东新华医疗器械股份有限公司	蒸汽甲醛灭菌器	Ⅱ
	惠州市先赞科技有限公司	一次性使用电子上消化道成像导管	Ⅱ
	惠州市先赞科技有限公司	一次性使用电子下消化道成像导管	Ⅱ
	深圳市摩尔雾化健康医疗科技有限公司	医用网式雾化器系统	Ⅱ
	湖南卓誉科技有限公司	医用分子筛中心制氧系统	Ⅱ
	湖南品信生物工程有限公司	病理切片扫描影像分析系统	Ⅱ

从地区分析，2023 年全国各地累计有 27 项医疗设备产品通过国家级创新审批通道获准上市，排在前三的地区分别为北京市、上海市和广东省，进入国家级创新审批通道的产品数量分别为 9 项、7 项和 4 项（见图 11）。

八　第二类、第三类医疗设备优先审批情况

2016 年 10 月 25 日，国家食品药品监督管理总局发布《医疗器械优先审批程序》，于 2017 年 1 月 1 日起施行。根据《医疗器械优先审批程序》，对下列医

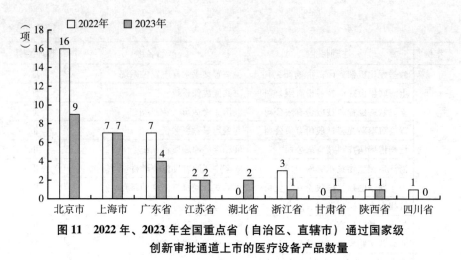

图11　2022年、2023年全国重点省（自治区、直辖市）通过国家级
创新审批通道上市的医疗设备产品数量

疗器械实施优先审批：一是诊断或治疗罕见病、恶性肿瘤且具有明显临床优势
的医疗器械，诊断或治疗老年人特有和多发疾病且尚无有效诊断或治疗手段的
医疗器械，专用于儿童且具有明显临床优势的医疗器械；二是列入国家科技重
大专项或国家重点研发计划的医疗器械。此外，将根据各方面情况和意见，组织
专家审查后，确定对"其他应当优先审批的医疗器械"予以优先审批。2022年、
2023年全国通过优先审批通道获准上市的第二类、第三类医疗设备如表13所示。

从总体情况分析，2023年全国通过优先审批通道获准上市的医疗设备
产品共计25项。从管理类别看，第三类医疗设备产品1项、第二类医疗设
备产品24项。

表13　2022年、2023年全国通过优先审批通道获准上市的第二类、第三类医疗设备信息

年份	注册企业	产品名称	管理类别
2023	XVIVO Perfusion AB	肺脏灌注系统 XVIVO Perfusion System	Ⅲ
	天津美瑞特医疗科技有限公司	流式细胞仪（1）	Ⅱ
	天津美瑞特医疗科技有限公司	流式细胞仪（2）	Ⅱ
	天津市同业科技发展有限公司	卵母细胞采集仪	Ⅱ
	汕头市超声仪器研究所股份有限公司	全数字彩色多普勒超声诊断系统	Ⅱ
	天津瑞奇外科器械股份有限公司	一次性使用电动式腔镜直线型切割吻合器及钉仓	Ⅱ

续表

年份	注册企业	产品名称	管理类别
2023	汕头市超声仪器研究所股份有限公司	便携式数字化X射线摄影系统	II
	重庆中诺恒康生物科技有限公司	一次性使用脊柱外科照明光纤	II
	深圳迈瑞生物医疗电子股份有限公司	全自动尿液分析系统（1）	II
	深圳迈瑞生物医疗电子股份有限公司	全自动尿液分析系统（2）	II
	深圳迈瑞生物医疗电子股份有限公司	全自动尿液分析系统（3）	II
	深圳迈瑞生物医疗电子股份有限公司	全自动干化学尿液分析仪	II
	中元汇吉生物技术股份有限公司	荧光免疫层析分析仪	II
	博睿康科技（常州）股份有限公司	经颅电刺激仪	II
	依脉人工智能医疗科技（天津）有限公司	医用红外热像诊断仪	II
	重庆南方数控设备股份有限公司	血液流变动态分析仪	II
	连云港佑源医药设备制造有限公司	多舱减压沸腾清洗消毒器	II
	武汉市科迈康科技有限公司	指夹式脉搏血氧仪（1）	II
	武汉璟泓科技股份有限公司	指夹式脉搏血氧仪（2）	II
	中元汇吉生物技术股份有限公司	全自动凝血分析仪	II
	华氧医疗科技（大连）有限公司	便携式医用供氧器	II
	辽宁嘉音医疗科技有限公司	超顺磁均相免疫分析仪	II
	中酶华诺生物科（天津）有限公司	血液透析用制水设备	II
	东软医疗系统股份有限公司	肺部CT影像处理软件	II
	中元汇吉生物技术股份有限公司	全自动凝血分析仪	II
2022	上海联影医疗科技股份有限公司	X射线计算机体层摄影设备	III
	Shockwave Medical, Inc.	一次性使用冠脉血管内冲击波导管 Shockwave Coronary Intravascular Lithotripsy（IVL）Catheter	III
	Uptake Medical B.V.	热蒸汽治疗设备 Inter Vapor Generator	III
	明峰医疗系统股份有限公司	X射线计算机体层摄影设备	III
	上海联影医疗科技股份有限公司	正电子发射/X射线计算机断层成像系统	III
	东西分析仪器（天津）有限公司	飞行时间质谱仪	II
	汕头市超声仪器研究所股份有限公司	全数字掌上式彩色多普勒超声显像仪	II
	安徽钡锶创新科技有限公司	椎间孔镜	II
	安徽科大讯飞医疗信息技术有限公司	耳内式助听器	II
	华为终端有限公司	腕部单导心电采集器	III
	天津市同明伟业医疗器械有限责任公司	弱视治疗仪	III

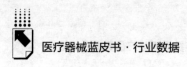

续表

年份	注册企业	产品名称	管理类别
2022	天津迈达医学科技股份有限公司	膀胱超声扫描仪	Ⅲ
	民康医疗科技（天津）有限公司	尿酸测试仪	Ⅲ
	重庆普门创生物技术有限公司	全自动化学发光免疫分析仪	Ⅲ
	重庆西山科技股份有限公司	腹腔内窥镜	Ⅱ
	重庆中元汇吉生物技术有限公司	全自动血液细胞分析仪	Ⅱ
	广州市达瑞生物技术股份有限公司	液相色谱串联质谱系统	Ⅱ
	天津海明医疗用品有限公司	医用升温毯	Ⅱ
	青岛雅世医疗器械有限公司	红外额温计	Ⅱ
	合肥天一生物技术研究所有限责任公司	维生素检测仪	Ⅱ
	济南中科瑞正生物科技有限公司	流式细胞仪	Ⅱ
	天津优视眼科技术有限公司	激光光纤指示仪	Ⅱ
	天津国科医工科技发展有限公司	荧光玻片自动扫描成像系统	Ⅱ
	深圳市新产业生物医学工程股份有限公司	全自动化学发光免疫分析仪	Ⅱ
	深圳市新产业生物医学工程股份有限公司	全自动生化分析仪	Ⅱ
	安徽通灵仿生科技有限公司	无创心排量监测仪	Ⅱ
	重庆德川医疗器械有限公司	电动腔镜切割吻合器及组件	Ⅱ
	上海询康数字科技有限公司	远程心电监测诊断管理服务平台软件	Ⅱ
	天津迈达医学科技股份有限公司	皮肤超声生物显微镜	Ⅱ
	天津瑞奇外科器械股份有限公司	一次性使用超声高频外科集成系统超声刀头	Ⅱ
	重庆优乃特医疗器械有限责任公司	多段式电磁感应起立床	Ⅱ
	天津远景科技服务有限公司	冠脉造影图像处理软件	Ⅱ
	天津瑞奇外科器械股份有限公司	一次性使用电动式腔镜直线型切割吻合器及钉仓	Ⅱ
	汕头市超声仪器研究所股份有限公司	全数字彩色多普勒超声诊断系统	Ⅱ
	重庆天海医疗设备有限公司	荧光显微图像分析仪	Ⅱ
	天津远景科技服务有限公司	冠脉CT图像处理软件	Ⅱ
	深圳迈瑞生物医疗电子股份有限公司	全自动生化分析仪	Ⅱ
	江苏百宁盈创医疗科技有限公司	超声刀头	Ⅱ
	重庆贝奥新视野医疗设备有限公司	眼科光学生物测量仪	Ⅱ
	南京伟思医疗科技股份有限公司	磁刺激仪	Ⅱ

续表

年份	注册企业	产品名称	管理类别
2022	深圳迈瑞生物医疗电子股份有限公司	4K 三维内窥镜荧光摄像系统	Ⅱ
	深圳迈瑞生物医疗电子股份有限公司	医用内窥镜冷光源	Ⅱ
	南京麦澜德医疗科技股份有限公司	高频评估电灼仪	Ⅱ
	深圳市金迈得医疗科技有限公司	色素浓度图分析仪	Ⅱ
	中元汇吉生物技术股份有限公司	全自动生化分析仪	Ⅱ
	抚顺微能生物科技有限公司	碳素光治疗仪	Ⅱ

从地区分析，2023 年暂无国产医疗设备产品通过国家级优先审批通道获准上市（见图 12）。

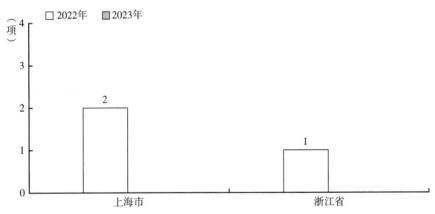

图 12　2022 年、2023 年全国重点省（自治区、直辖市）通过国家级优先审批通道上市的医疗设备产品数量

九　品类分析

1. 有源手术器械

有源手术器械是指以手术治疗为目的与有源相关的医疗器械，包括超声、激光、高频/射频、微波、冷冻、冲击波、手术导航及控制系统、手术照明设备、内窥镜手术用有源设备等医疗器械。

（1）产品数量

根据国家药监局、各省（自治区、直辖市）药监局及市场监管局公开数据统计，2023年，全国有源手术器械（设备部分）首次注册及备案产品共计299项，其中国产产品264项、进口产品35项（见表14）。

表14　2022年、2023年全国有源手术器械（设备部分）首次注册及备案数量分布

单位：项

类型	国产		进口	
	2022年	2023年	2022年	2023年
Ⅰ类	235	28	23	3
Ⅱ类	160	120	5	4
Ⅲ类	72	116	21	28
共计	467	264	49	35

2022~2023年，全国有源手术器械（设备部分）Ⅱ类、Ⅲ类产品首次注册数量稳步增长。2023年，全国有源手术器械（设备部分）Ⅱ类、Ⅲ类产品首次注册数量共计268项，其中国产产品236项、进口产品32项（见图13）。

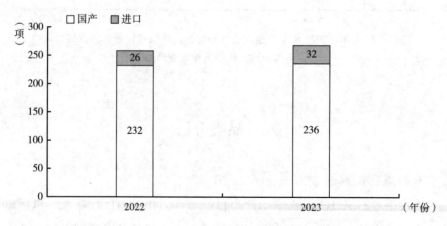

**图13　2022年、2023年全国有源手术器械（设备部分）Ⅱ类、
Ⅲ类产品首次注册数量变化**

从有源手术器械（设备部分）Ⅱ类、Ⅲ类产品首次注册趋势看，国产Ⅲ类及进口Ⅲ类产品首次注册数量均有所增加；国产Ⅱ类产品首次注册数量下降幅度较大；进口Ⅲ类产品首次注册数量较为稳定（见图14）。

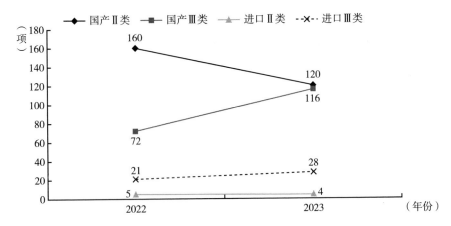

图14 2022~2023年全国有源手术器械（设备部分）Ⅱ类、Ⅲ类产品首次注册数量趋势

（2）产品分布

2023年，我国有源手术器械（设备部分）进口产品首次注册及备案共计35项，其中自美国和德国进口的产品分别为17项和5项，两者之和占总体的62.86%（见图15）。

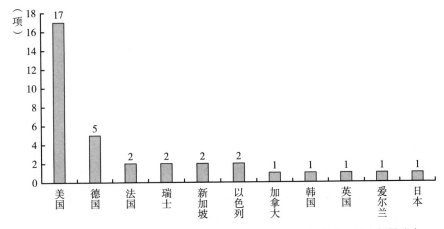

图15 2023年全国有源手术器械（设备部分）首次注册及备案进口国家数量分布

2023 年，我国有源手术器械（设备部分）首次注册及备案国产产品共计 264 项，其中自江苏省产出的产品共计 70 项，全国排名第一；其后山东省和上海市同为 26 项产品，并列第二（见表 15）。

表 15　2023 年全国有源手术器械（设备部分）首次注册及备案国产产品
各省（自治区、直辖市）数量分布

单位：项

省（自治区、直辖市）	产品数量	省（自治区、直辖市）	产品数量
江苏省	70	湖北省	9
山东省	26	海南省	8
上海市	26	广西壮族自治区	4
广东省	24	福建省	4
北京市	19	四川省	3
浙江省	18	山西省	2
湖南省	15	陕西省	1
天津市	12	黑龙江省	1
安徽省	11	河北省	1
重庆市	10		

（3）产品国产化率

2023 年，我国有源手术器械（设备部分）有效二级产品类别共计 26 个，其中共有 21 个二级产品类别国产化率超过 50%，其中高频/射频用电极及导管、超声手术设备附件、电动吻合器等 13 个二级产品类别国产化率超过 70%（见表 16）。

2. 无源手术器械

无源手术器械是指通用刀、剪、钳等各类无源手术医疗器械，不包括神经和心血管手术器械、骨科手术器械、眼科器械、口腔科器械、妇产科、辅助生殖和避孕器械。

表16　2023年全国有源手术器械（设备部分）有效二级产品类别国产化率

单位：%

二级产品类别	国产化率	二级产品类别	国产化率
高频/射频用电极及导管	100.0	冷冻消融针及导管	70.0
超声手术设备附件	92.0	乳腺旋切活检系统及附件	66.7
电动吻合器	91.5	手术导航系统	63.4
手术辅助照明灯	89.0	冷冻手术设备	62.5
手术无影灯	87.7	手术动力系统	60.7
微波手术设备	85.0	激光手术设备	59.1
冲击波碎石机	80.5	高强度超声治疗设备	55.6
内窥镜手术用有源设备	77.1	射频消融设备用灌注泵	54.5
超声手术设备	75.3	射频消融设备	50.0
手术控制系统	75.0	氩保护气凝设备	40.0
医用激光光纤	73.6	手术定位系统	40.0
高频手术设备	71.7	分离控制盒	30.0
取、植皮设备	70.6	水刀	20.0

（1）产品数量

根据国家药监局、各省（自治区、直辖市）药监局及市场监管局公开数据统计，2023年，全国无源手术器械（设备部分）首次注册及备案产品共计1项，其中国产产品1项、进口产品0项（见表17）。

表17　2022年、2023年全国无源手术器械（设备部分）首次注册及备案数量分布

单位：项

类型	国产		进口	
	2022年	2023年	2022年	2023年
Ⅰ类	3	0	0	0
Ⅱ类	5	1	4	0
Ⅲ类	1	0	2	0
共计	9	1	6	0

（2）产品分布

2023 年，我国无源手术器械（设备部分）首次注册及备案无进口产品，国产产品共计 1 项，来自江苏省（见表 18）。

表 18　2023 年全国无源手术器械（设备部分）首次注册及备案国产产品各省（自治区、直辖市）数量分布

单位：项

省（自治区、直辖市）	产品数量
江苏省	1

（3）产品国产化率

2023 年，我国无源手术器械（设备部分）有效二级产品类别共计 2 个，均已实现国产替代（见表 19）。

表 19　2023 年全国无源手术器械（设备部分）有效二级产品类别国产化率

单位：%

二级产品类别	国产化率
冲吸器	100
内窥镜用取石器械	100

3. 神经和心血管手术器械

神经和心血管手术器械包括神经外科手术器械、胸腔心血管手术器械和心血管介入器械。

（1）产品数量

根据国家药监局、各省（自治区、直辖市）药监局及市场监管局公开数据统计，2023 年，全国神经和心血管手术器械（设备部分）首次注册及备案产品共计 17 项，全部为国产产品（见表 20）。

表20　2022年、2023年全国神经和心血管手术器械（设备部分）
首次注册及备案数量分布

单位：项

类型	国产		进口	
	2022年	2023年	2022年	2023年
Ⅰ类	19	2	0	0
Ⅱ类	7	15	1	0
Ⅲ类	0	0	0	0
共计	26	17	1	0

从首次注册数量情况分析，2022~2023年全国神经和心血管手术器械（设备部分）国产产品首次注册数量呈现上升趋势。2023年全国神经和心血管手术器械（设备部分）Ⅱ类、Ⅲ类产品共计15项，均是国产产品（见图16）。

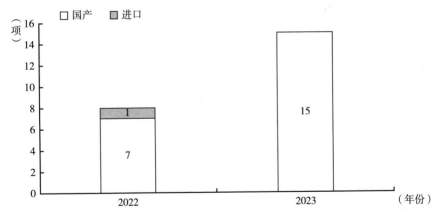

图16　2022年、2023年全国神经和心血管手术器械（设备部分）
首次注册数量变化

从Ⅱ类、Ⅲ类产品首次注册趋势看，2022~2023年，神经和心血管手术器械（设备部分）国产Ⅱ类产品明显上升，同比增速达114.29%；进口Ⅱ类产品由于首次注册数量较少，比较稳定。国产及进口Ⅲ类产品在统计周期内无首次注册数据。从管理类别分析，国产Ⅱ类产品首次注册数量占比显著高于其他类别（见图17）。

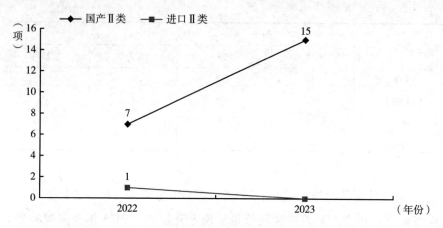

图17 2022~2023年全国神经和心血管手术器械（设备部分）
Ⅱ类产品首次注册数量趋势

（2）产品分布

2023年，我国神经和心血管手术器械（设备部分）首次注册及备案无进口产品，国产产品共计17项，其中广东省以6项位列全国第一，湖北省、上海市、广西壮族自治区均为2项，并列第二，四者之和占全国总量的70.59%（见表21）。

表21 2023年全国神经和心血管手术器械（设备部分）首次注册及
备案国产产品各省（自治区、直辖市）数量分布

单位：项

省（自治区、直辖市）	产品数量	省（自治区、直辖市）	产品数量
广东省	6	山东省	1
湖北省	2	四川省	1
上海市	2	吉林省	1
广西壮族自治区	2	浙江省	1
安徽省	1		

（3）产品国产化率

2023年，我国神经和心血管手术器械（设备部分）有效二级产品类别共计1个，该产品国产化率超过80%（见表22）。

表22　2023年全国神经和心血管手术器械（设备部分）有效二级产品类别国产化率

单位：%

二级产品类别	国产化率
球囊扩张导管用球囊充压装置	81.6

4. 骨科手术器械

骨科手术器械是指骨科手术术中、术后及与临床骨科相关的各类手术器械及相关辅助器械，不包括骨科手术后以康复为目的的康复器具，也不包括用于颈椎、腰椎患者减压牵引治疗及缓解椎间压力的牵引床（椅）、牵引治疗仪、颈部牵引器、腰部牵引器等类器械。

（1）产品数量

根据国家药监局、各省（自治区、直辖市）药监局及市场监管局公开数据统计，2023年，全国骨科手术器械（设备部分）首次注册及备案产品共计46项，其中国产产品43项、进口产品3项（见表23）。

表23　2022年、2023年全国骨科手术器械（设备部分）首次注册及备案数量分布

单位：项

类型	国产		进口	
	2022年	2023年	2022年	2023年
Ⅰ类	234	34	6	0
Ⅱ类	9	9	4	3
Ⅲ类	0	0	0	0
共计	243	43	10	3

从首次注册数量情况分析，2022~2023年全国骨科手术器械（设备部分）首次注册数量较为稳定。2023年全国骨科手术器械医疗设备Ⅱ类、Ⅲ

类产品首次注册数量共计 12 项，其中国产产品 9 项、进口产品 3 项（见图 18）。

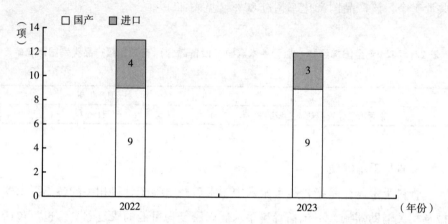

图 18　2022～2023 年全国骨科手术器械（设备部分）首次注册数量变化

从 Ⅱ 类、Ⅲ 类产品首次注册趋势看，2022～2023 年，骨科手术器械（设备部分）国产及进口 Ⅱ 类产品首次注册数量较为稳定，国产及进口 Ⅲ 类产品在统计周期内无首次注册数据。从管理类别分析，骨科手术器械（设备部分）国产 Ⅱ 类首次注册数量占比远高于其他类别（见图 19）。

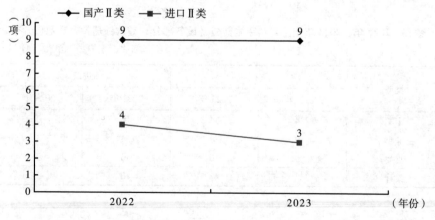

图 19　2022～2023 年全国骨科手术器械（设备部分）Ⅱ 类产品首次注册数量趋势

（2）产品分布

2023年，我国骨科手术器械（设备部分）首次注册及备案进口产品共计3项，分别来自美国、韩国和瑞士（见图20）。

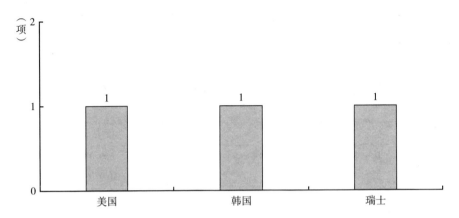

**图20　2023年全国骨科手术器械（设备部分）首次注册及备案
进口国家产品数量分布**

2023年，我国骨科手术器械（设备部分）首次注册及备案国产产品共计43项，其中产自河北省的产品共计14项，全国排名第一；其后山东省和江苏省分别以7项和6项产品居第二位和第三位（见表24）。

**表24　2023年全国骨科手术器械（设备部分）首次注册及备案国产产品
各省（自治区、直辖市）数量分布**

单位：项

省（自治区、直辖市）	产品数量	省（自治区、直辖市）	产品数量
河北省	14	安徽省	1
山东省	7	江西省	1
江苏省	6	湖北省	1
上海市	3	贵州省	1
浙江省	3	北京市	1
云南省	1	广东省	1
天津市	1	福建省	1
河南省	1		

（3）产品国产化率

2023 年，我国骨科手术器械（设备部分）有效二级产品类别共计 9 个，其中共有 7 个二级产品类别国产化率超过 50%，其中，包括骨科牵引床及配件、植入物塑形用钳、探针在内的 5 类二级产品均已实现国产替代（见表 25）。

表 25　2023 年全国骨科手术器械（设备部分）有效二级产品类别国产化率

单位：%

二级产品类别	国产化率
骨科牵引床及配件	100.0
植入物塑形用钳	100.0
芯钻	100.0
探针	100.0
注射推进装置	100.0
石膏切割器具	81.8
骨科动力手术设备	68.0
石膏锯	50.0
椎间盘旋切器械	50.0

5. 放射治疗器械

放射治疗器械是指放射治疗类医疗器械。

（1）产品数量

根据国家药监局、各省（自治区、直辖市）药监局及市场监管局公开数据统计，2023 年，全国放射治疗器械（设备部分）首次注册及备案产品共计 22 项，其中国产产品 17 项、进口产品 5 项（见表 26）。

从首次注册数量情况分析，2022~2023 年全国放射治疗器械（设备部分）首次注册数量呈下降趋势。2023 年全国放射治疗器械（设备部分）Ⅱ类、Ⅲ类产品首次注册数量共计 19 项，其中国产产品 14 项、进口产品 5 项（见图 21）。

表 26　2022 年、2023 年全国放射治疗器械（设备部分）首次注册及备案数量分布

单位：项

类型	国产		进口	
	2022 年	2023 年	2022 年	2023 年
Ⅰ类	313	3	35	0
Ⅱ类	8	5	9	2
Ⅲ类	13	9	1	3
共计	334	17	45	5

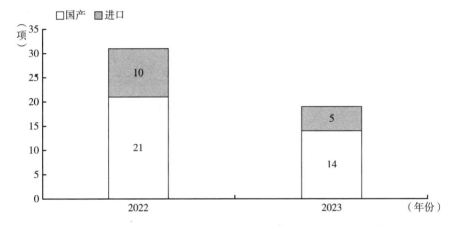

图 21　2022 年、2023 年全国放射治疗器械（设备部分）首次注册数量变化

从Ⅱ类、Ⅲ类产品首次注册趋势看，2022~2023 年，放射治疗器械（设备部分）国产Ⅱ类、国产Ⅲ类及进口Ⅱ类产品首次注册数量均呈下降趋势，进口Ⅲ类产品首次注册数量略有上升。从管理类别看，放射治疗器械（设备部分）各类别产品首次注册数量占比差距较小，国产Ⅲ类产品具有微弱优势（见图 22）。

（2）产品分布

2023 年，我国放射治疗器械（设备部分）首次注册及备案进口产品共计 5 项，其中有 2 项来自美国、2 项来自德国、1 项来自瑞典（见图 23）。

2023 年，我国放射治疗器械（设备部分）首次注册及备案国产产品共计 17 项，其中自广东省和山东省产出的产品均为 3 项，两省排名并列全国第一；自陕西省和江苏省产出的产品均为 2 项，两省并列第二（见表 27）。

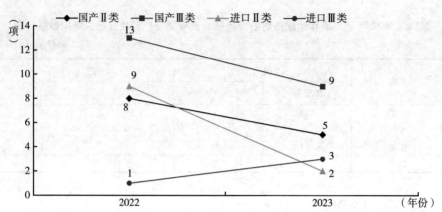

图22　2022~2023年全国放射治疗器械（设备部分）Ⅱ类、Ⅲ类产品首次注册数量趋势

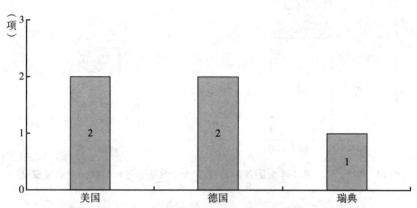

图23　2023年全国放射治疗器械（设备部分）首次注册及
备案进口国家产品数量分布

表27　2023年全国放射治疗器械（设备部分）首次注册及备案国产产品
各省（自治区、直辖市）数量分布

单位：项

省（自治区、直辖市）	产品数量	省（自治区、直辖市）	产品数量
广东省	3	天津市	1
山东省	3	甘肃省	1
陕西省	2	河南省	1
江苏省	2	江西省	1
湖南省	1	辽宁省	1
上海市	1		

（3）产品国产化率

2023 年，我国放射治疗器械（设备部分）有效二级产品类别共计 17 个，其中共有 9 个二级产品类别国产化率超过 50.0%。此外，电磁定位系统、超声影像引导系统、呼吸门控系统 3 类产品国产数量均为 0（见表 28）。

表 28　2023 年全国放射治疗器械（设备部分）有效二级产品类别国产化率

单位：%

二级产品类别	国产化率
放射治疗患者用固定装置	88.4
伽马射束远距离治疗机	88.2
放射治疗用 X 射线图像引导系统	87.5
放射治疗模拟系统	85.7
医用电子加速器	69.2
医用轻离子治疗系统	60.0
准直限束装置	57.1
放射治疗激光定位系统	57.1
光学定位引导系统	57.1
近距离后装治疗设备	50.0
放射性粒籽防护植入器	50.0
放射治疗患者摆位系统	33.3
医用 X 射线治疗设备	33.3
射线束扫描测量系统	23.1
呼吸门控系统	0
电磁定位系统	0
超声影像引导系统	0

6. 医用成像器械

医用成像器械是指医用成像类医疗器械，主要包括 X 射线、超声、放射性核素、核磁共振和光学等成像医疗器械，不包括眼科、妇产科等临床专科中的成像医疗器械。

（1）产品数量

根据国家药监局、各省（自治区、直辖市）药监局及市场监管局公开

数据统计，2023 年，全国医用成像器械（设备部分）首次注册及备案产品共计 892 项，其中国产产品 838 项、进口产品 54 项（见表 29）。

表 29　2022 年、2023 年全国医用成像器械（设备部分）首次注册及备案数量分布

单位：项

类型	国产		进口	
	2022 年	2023 年	2022 年	2023 年
Ⅰ类	1488	153	93	7
Ⅱ类	634	586	39	30
Ⅲ类	140	99	29	17
共计	2262	838	161	54

从首次注册情况分析，2022~2023 年，全国医用成像器械（设备部分）首次注册数量呈下降趋势。2023 年全国医用成像器械（设备部分）Ⅱ类、Ⅲ类产品首次注册数量共计 732 项，其中国产产品 685 项、进口产品 47 项（见图 24）。

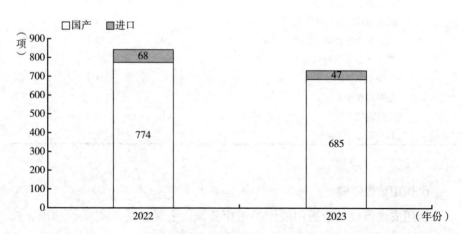

图 24　2022 年、2023 年全国医用成像器械（设备部分）首次注册数量变化

从Ⅱ类、Ⅲ类产品首次注册趋势看，相较 2022 年，2023 年医用成像器械（设备部分）国产及进口Ⅱ类、Ⅲ类产品首次注册数量均呈下降趋势。

从管理类别分析，医用成像器械（设备部分）国产Ⅱ类产品首次注册数量及占比远高于其他类别（见图25）。

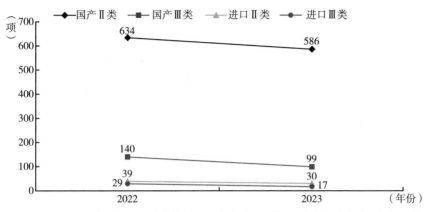

图25 2022~2023年全国医用成像器械（设备部分）Ⅱ类、Ⅲ类产品首次注册数量趋势

（2）产品分布

2023年，我国医用成像器械（设备部分）首次注册及备案进口产品共计54项，其中自日本、德国和美国进口的产品分别为14项、13项、10项，三者之和占总体的68.52%（见图26）。

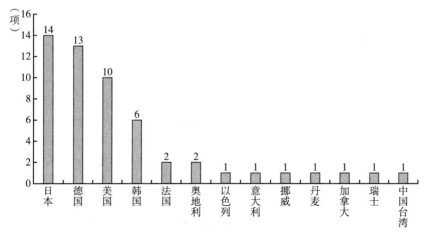

**图26 2023年全国医用成像器械（设备部分）首次注册及
备案进口国家或地区产品数量分布**

注：港澳台在海关进出口统计口径中属关境外，故进口统计中包括港澳台。

2023 年，我国医用成像器械（设备部分）首次注册及备案国产产品共计 838 项，其中自广东省产出的产品共计 179 项，全国排名第一；其后江苏省和山东省分别以 136 项和 80 项产品居第二位和第三位（见表 30）。

表 30　2023 年全国医用成像器械（设备部分）首次注册及备案国产产品各省（自治区、直辖市）数量分布

单位：项

省（自治区、直辖市）	产品数量	省（自治区、直辖市）	产品数量
广东省	179	四川省	15
江苏省	136	江西省	14
山东省	80	广西壮族自治区	12
浙江省	73	重庆市	10
上海市	67	河北省	6
北京市	62	吉林省	4
湖南省	48	陕西省	4
辽宁省	29	山西省	2
安徽省	30	新疆维吾尔自治区	1
河南省	27	青海省	1
湖北省	20	海南省	2
天津市	16		

（3）产品国产化率

2023 年，我国医用成像器械（设备部分）有效二级产品类别共计 72 个，其中共有 62 个二级产品类别国产化率超过 50.0%，其中，包括车载 X 射线机、携带式 X 射线机在内的 20 类二级产品均已实现国产替代。此外，内窥镜气囊控制器和自动给药系统等 3 类产品国产化率为 0（见表 31）。

7. 医用诊察和监护器械

医用诊察和监护器械是指医用诊察和监护器械及诊察和监护过程中配套使用的医疗器械，不包括眼科器械、口腔科器械等临床专科使用的诊察器械和医用成像器械。

表31　2023年全国医用成像器械（设备部分）有效二级产品类别国产化率

单位：%

二级产品类别	国产化率	二级产品类别	国产化率
胶片扫描仪	100.0	超导型磁共振成像系统	85.1
超声探头	100.0	内窥镜摄像系统	84.1
车载X射线机	100.0	X射线计算机体层摄影设备（CT）	82.4
胃肠X射线检查用品	100.0	移动式C形、G形、O形臂X射线机	82.0
常导型磁共振成像系统	100.0	内窥镜用冷光源	81.0
内窥镜咬口、套管	100.0	光相干断层成像系统（非眼科）	78.9
微循环显微镜	100.0	胶囊式内窥镜系统	78.9
透视X射线机	100.0	医用光学放大器具	78.2
医用射线防护用具	100.0	乳腺X射线机	77.4
伽马照相机	100.0	X射线胶片自动洗片机	76.9
携带式X射线机	100.0	穿刺定位引导装置	75.0
永磁型磁共振成像系统	100.0	内窥镜送气装置	72.0
超声耦合垫	100.0	正电子发射及X射线计算机断层成像系统	70.2
透视荧光屏	100.0	电子内窥镜	70.1
超声耦合剂	100.0	X射线摄影用影像板成像装置（CR）	69.2
红外线乳腺诊断仪	100.0	超声脉冲波成像设备	68.3
胶片观察装置	100.0	X射线探测器、X射线探测器及其影像系统	68.2
取片机	100.0		
磁共振辅助刺激系统	100.0	手术显微镜（非眼科）	67.9
X射线高压发生器	100.0	正电子发射及磁共振成像系统	66.7
医用射线防护装置	98.1	泌尿X射线机	66.7
悬吊支撑装置	94.7	正电子发射断层成像设备	66.7
图像显示处理工作站	94.2	光学内窥镜	64.6
医用图像打印机	93.8	电凝切割内窥镜	62.5
摄影X射线机	93.6	造影剂注射装置	62.2
红外热像仪	92.5	口腔X射线机	60.8
X射线摄影患者支撑装置	91.5	单光子发射计算机断层成像设备	58.3
超声回波多普勒成像设备	90.0	X射线骨密度仪	58.1
电子内窥镜图像处理器	89.7	影像板	55.6
磁共振造影注射装置	87.5	内窥镜冲洗吸引器	55.0
透视摄影X射线机	86.7	X射线摄影暗盒	50.0
X射线管组件	86.7	锝气体发生器	50.0
X射线管	86.1		

续表

二级产品类别	国产化率	二级产品类别	国产化率
内窥镜膨腔泵	41.7	X 射线影像增强器、X 射线影像增强器电视系统	9.1
血管造影 X 射线机	40.0		
单光子发射及 X 射线计算机断层成像系统	18.8	内窥镜插入形状观测系统	0
		内窥镜气囊控制器	0
超声电子内窥镜	18.2	自动给药系统	0

（1）产品数量

根据国家药监局、各省（自治区、直辖市）药监局及市场监管局公开数据统计，2023 年，全国医用诊察和监护器械（设备部分）首次注册及备案产品共计 450 项，其中国产产品 430 项、进口产品 20 项（见表 32）。

表 32　2022 年、2023 年全国医用诊察和监护器械（设备部分）
首次注册及备案数量分布

单位：项

类型	国产		进口	
	2022 年	2023 年	2022 年	2023 年
Ⅰ类	283	68	49	5
Ⅱ类	450	339	11	9
Ⅲ类	16	23	6	6
共计	749	430	66	20

从首次注册情况分析，2022~2023 年全国医用诊察和监护器械（设备部分）首次注册数量呈下降趋势。2023 年全国医用诊察和监护器械（设备部分）Ⅱ类、Ⅲ类产品首次注册数量共计 377 项，其中国产产品 362 项、进口产品 15 项（见图 27）。

从Ⅱ类、Ⅲ类产品首次注册趋势分析，2022~2023 年，医用诊察和监护器械（设备部分）国产Ⅱ类产品首次注册数量下降幅度较大，同比下降 24.67%。同一报告期内，国产Ⅲ类及进口Ⅱ类、Ⅲ类产品数量相对稳定。从管理类别分析，医用诊察和监护器械（设备部分）国产Ⅱ类首次注册数量及占比显著高于其他类别（见图 28）。

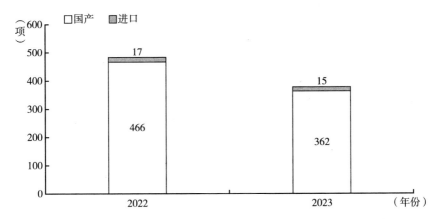

图 27　2022~2023 年全国医用诊察和监护器械（设备部分）首次注册数量变化

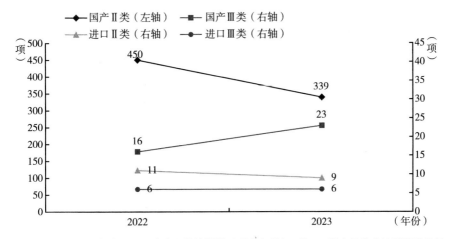

图 28　2022~2023 年全国医用诊察和监护器械（设备部分）Ⅱ类、Ⅲ类产品首次注册数量趋势

（2）产品分布

2023 年，我国医用诊察和监护器械（设备部分）首次注册及备案进口产品共计 20 项，其中自德国和美国进口的产品分别为 8 项、7 项，两者之和占总体的 75.00%（见图 29）。

2023 年，我国医用诊察和监护器械（设备部分）首次注册及备案国产产品共计 430 项，其中自广东省产出的产品共计 127 项，全国排名第一；其后江苏省和湖南省分别以 58 项和 40 项产品居第二位和第三位（见表 33）。

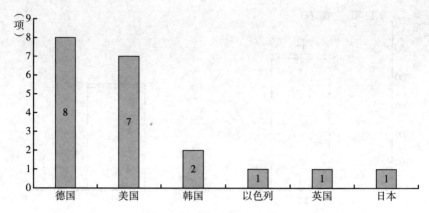

**图 29　2023 年全国医用诊察和监护器械（设备部分）首次注册及
备案进口国家产品数量分布**

**表 33　2023 年全国医用诊察和监护器械（设备部分）首次注册及
备案国产产品各省（自治区、直辖市）数量分布**

单位：项

省（自治区、直辖市）	产品数量	省（自治区、直辖市）	产品数量
广东省	127	天津市	10
江苏省	58	安徽省	9
湖南省	40	广西壮族自治区	5
浙江省	28	陕西省	4
北京市	22	福建省	3
上海市	21	黑龙江省	3
山东省	18	吉林省	3
河南省	16	辽宁省	2
四川省	14	新疆维吾尔自治区	1
湖北省	14	海南省	1
重庆市	11	山西省	1
江西省	11	甘肃省	1
河北省	7		

（3）产品国产化率

2023 年，我国医用诊察和监护器械（设备部分）有效二级产品类别共计48个，其中共有38个二级产品类别国产化率超过50.0%，其中，包括呼吸热量监测设备、电声门图仪等在内的8类二级产品均已实现国产替代。此外，伽马射线探测装置、脑磁图设备等3类产品国产数量均为0（见表34）。

表34 2023年全国医用诊察和监护器械（设备部分）有效二级产品类别国产化率

单位：%

二级产品类别	国产化率	二级产品类别	国产化率
言语障碍测量设备	100.0	肺功能测试设备	77.9
有创血压传感器	100.0	平衡测试设备	77.8
肾及甲状腺功能测量设备	100.0	超声人体组织测量设备	77.6
电声门图仪	100.0	表面检查灯	77.2
呼吸热量监测设备	100.0	动态血糖/葡萄糖监测设备	76.5
脉搏血氧传感器	100.0	无创血流分析设备	75.7
眼震电图设备	100.0	血管内皮功能测试设备	75.0
远程监护设备	100.0	神经监护设备	75.0
体温测量设备	99.0	生理参数诱发诊断设备	73.0
中央监护系统	96.9	超声多普勒血流分析设备	72.0
无创血压测量设备	94.9	睡眠呼吸监测设备	65.2
遥测监护设备	94.4	酸碱度检测设备	62.5
心电测量、分析设备	93.9	血管硬度测量设备	54.5
单一气体检测器	93.2	耳声发射仪	54.5
体表色素测量设备	93.1	电导分析仪	50.0
听诊器	91.1	气道过敏反应测试设备	50.0
五官科检查镜	90.9	听力计	50.0
脉搏血氧测量设备	90.1	呼吸压力测量设备	50.0
病人监护设备	88.8	心脏电生理标测设备	48.0
泌尿、消化动力学测量、分析设备	87.8	鼻阻力测量设备	33.3
心血管功能检测设备	85.7	耳声阻抗测量仪	22.2
气体测定设备	84.6	伽马射线探测装置	0
呼气流量测量设备	80.0	有创颅内压设备	0
人体阻抗测量、分析设备	78.2	脑磁图设备	0

8. 呼吸、麻醉和急救器械

呼吸、麻醉和急救器械是指呼吸、麻醉和急救以及相关辅助器械。

（1）产品数量

根据国家药监局、各省（自治区、直辖市）药监局及市场监管局公开数据统计，2023 年，全国呼吸、麻醉和急救器械（设备部分）首次注册及备案产品共计 331 项，其中国产产品 326 项、进口产品 5 项（见表 35）。

表 35　2022 年、2023 年全国呼吸、麻醉和急救器械（设备部分）
首次注册及备案数量分布

单位：项

类型	国产		进口	
	2022 年	2023 年	2022 年	2023 年
Ⅰ类	541	36	9	0
Ⅱ类	263	248	4	3
Ⅲ类	24	42	2	2
共计	828	326	15	5

从首次注册数量情况分析，2022～2023 年全国呼吸、麻醉和急救器械（设备部分）首次注册数量比较稳定。2023 年全国呼吸、麻醉和急救器械（设备部分）Ⅱ类、Ⅲ类产品首次注册数量共计 295 项，其中国产产品 290 项、进口产品 5 项（见图 30）。

从Ⅱ类、Ⅲ类产品首次注册趋势看，相比 2022 年，2023 年呼吸、麻醉和急救器械（设备部分）国产Ⅲ类产品首次注册数量出现明显增长，同比增长 75%；国产Ⅱ类产品首次注册数量有所下降，进口Ⅱ类、Ⅲ类产品首次注册数量相对稳定。从管理类别分析，呼吸、麻醉和急救器械（设备部分）国产Ⅱ类的首次注册数量远多于其他类别（见图 31）。

（2）产品分布

2023 年，我国呼吸、麻醉和急救器械（设备部分）首次注册及备案进口产品共计 5 项，其中有 2 项来自美国、2 项来自瑞典、1 项来自瑞士（见图 32）。

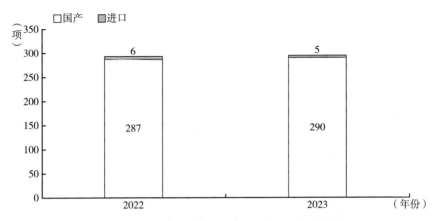

**图30 2022~2023年全国呼吸、麻醉和急救器械
（设备部分）首次注册数量变化**

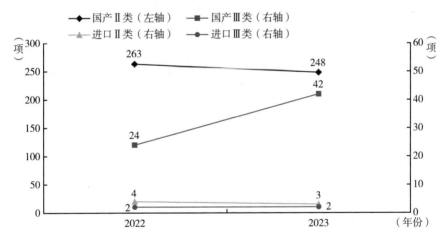

**图31 2022~2023年全国呼吸、麻醉和急救器械（设备部分）
Ⅱ类、Ⅲ类产品首次注册数量趋势**

    2023年，我国呼吸、麻醉和急救器械（设备部分）首次注册及备案国产产品共计326项，其中自广东省产出的产品共计94项，全国排名第一；其后江苏省和浙江省分别以61项和27项产品居第二位和第三位（见表36）。

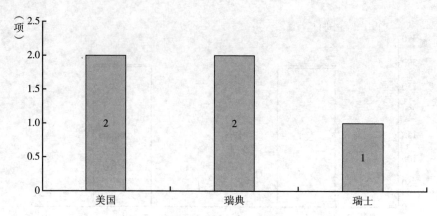

图32　2023年全国呼吸、麻醉和急救器械（设备部分）
首次注册及备案进口国家产品数量分布

表36　2023年全国呼吸、麻醉和急救器械（设备部分）首次注册
及备案国产产品各省（自治区、直辖市）数量分布

单位：项

省（自治区、直辖市）	产品数量	省（自治区、直辖市）	产品数量
广东省	94	广西壮族自治区	5
江苏省	61	重庆市	5
浙江省	27	安徽省	4
湖南省	21	福建省	4
河南省	20	海南省	4
山东省	17	江西省	3
河北省	13	甘肃省	2
北京市	6	西藏自治区	2
辽宁省	10	云南省	2
天津市	8	吉林省	1
四川省	5	陕西省	1
湖北省	5	青海省	1
上海市	5		

（3）产品国产化率

2023年，我国呼吸、麻醉和急救器械（设备部分）有效二级产品类别

共计34个，其中共有30个二级产品类别国产化率超过50.0%，其中，包括氧气发生器、麻醉气体净化传递和收集系统等在内的6类二级产品均已实现国产替代。此外，高频呼吸机和呼吸系统过滤器2类产品国产数量均为0（见表37）。

表37　2023年全国呼吸、麻醉和急救器械（设备部分）有效二级产品类别国产化率

单位：%

二级产品类别	国产化率	二级产品类别	国产化率
氧气发生器	100.0	心肺复苏设备	85.3
二氧化碳吸收器（含二氧化碳吸收剂）	100.0	医用呼吸道湿化器	82.7
医用压缩气体供应系统	100.0	人工复苏器（简易呼吸器）	82.6
医用膜分离制氧机	100.0	麻醉机	82.2
供氧、排氧器	100.0	气动急救复苏器	80.0
麻醉气体净化传递和收集系统	100.0	麻醉蒸发器	73.3
氧气吸入器	99.6	吸入镇痛装置	71.4
医用分子筛制氧系统	99.1	睡眠呼吸暂停治疗设备	68.5
医用分子筛制氧机	97.8	婴儿辐射保暖台	68.4
雾化设备/雾化装置	96.9	婴儿培养箱	63.0
呼吸训练器	96.7	治疗呼吸机（生命支持）	59.7
医用气体报警系统	96.4	急救和转运用呼吸机	58.5
气管插管用喉镜	96.0	体外除颤设备	55.4
医用气体汇流排	96.0	除颤电极	33.3
医用空气压缩机	95.4	家用呼吸机（生命支持）	25.0
医用气体混合器	90.0	高频呼吸机	0
家用呼吸支持设备（非生命支持）	85.3	呼吸系统过滤器	0

9. 物理治疗器械

物理治疗器械是指采用电、热、光、力、磁、声以及不能归入以上范畴的其他物理治疗器械，不包括手术类的器械以及属于其他专科专用的物理治疗器械。

（1）产品数量

根据国家药监局、各省（自治区、直辖市）药监局及市场监管局公开

数据统计，2023 年，全国物理治疗器械（设备部分）首次注册及备案产品共计 490 项，其中国产产品 478 项、进口产品 12 项（见表 38）。

表 38　2022 年、2023 年全国物理治疗器械（设备部分）首次注册及备案数量分布

单位：项

类型	国产		进口	
	2022 年	2023 年	2022 年	2023 年
Ⅰ类	134	15	3	0
Ⅱ类	537	456	11	8
Ⅲ类	12	7	9	4
共计	683	478	23	12

从首次注册情况看，2023 年全国物理治疗器械（设备部分）首次注册数量较 2022 年有所下降。2023 年全国物理治疗器械（设备部分）Ⅱ类、Ⅲ类产品首次注册数量共计 475 项，其中国产产品 463 项、进口产品 12 项（见图 33）。

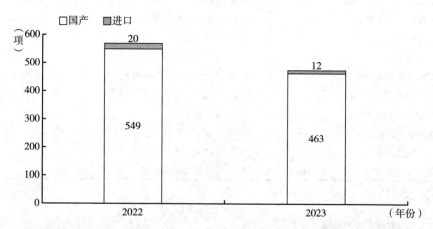

图 33　2022 年、2023 年全国物理治疗器械（设备部分）首次注册数量变化

从Ⅱ类、Ⅲ类产品首次注册趋势看，2022～2023 年，物理治疗器械（设备部分）国产Ⅱ类产品首次注册数量有所下降，国产Ⅲ类及进口Ⅱ类、Ⅲ类产品首次注册数量变化幅度较小。从管理类别分析，物理治疗器械（设备部分）国产Ⅱ类产品首次注册数量显著多于其他类别（见图 34）。

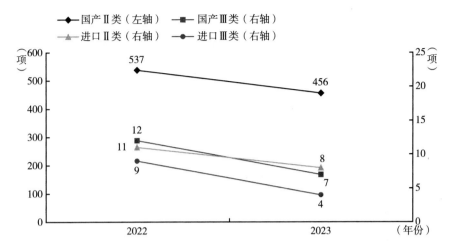

图34 2022～2023年全国物理治疗器械（设备部分）
Ⅱ类、Ⅲ类产品首次注册数量趋势

（2）产品分布

2023年，我国物理治疗器械（设备部分）首次注册及备案进口产品共计12项，其中进口自韩国、日本的产品均为3项，并列第一，二者之和占总体的50.00%（见图35）。

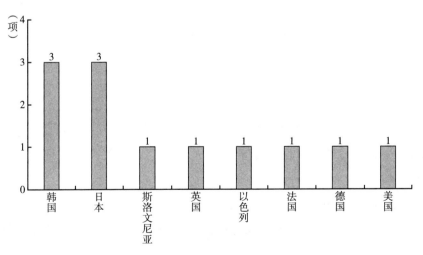

图35 2023年全国物理治疗器械（设备部分）首次注册及
备案进口国家产品数量分布

2023 年，我国物理治疗器械（设备部分）首次注册及备案国产产品共计 478 项，其中自广东省产出的产品共计 92 项，全国排名第一；其后，河南省和江苏省分别以 83 项和 67 项产品居第二位和第三位（见表 39）。

表 39　2023 年全国物理治疗器械（设备部分）首次注册及
备案国产产品各省（自治区、直辖市）数量分布

单位：项

省（自治区、直辖市）	产品数量	省（自治区、直辖市）	产品数量
广东省	92	吉林省	6
河南省	83	天津市	5
江苏省	67	陕西省	5
湖南省	65	江西省	5
广西壮族自治区	31	四川省	5
湖北省	24	海南省	4
河北省	17	重庆市	4
山东省	20	辽宁省	4
山西省	12	上海市	2
浙江省	11	贵州省	1
安徽省	7	黑龙江省	1
北京市	6	甘肃省	1

（3）产品国产化率

2023 年，我国物理治疗器械（设备部分）有效二级产品类别共计 35 个，其中共有 34 个二级产品类别国产化率超 50.0%，其中，包括光动力治疗设备、光动力激光治疗设备等在内的 11 类二级产品均已实现国产替代（见表 40）。

10.输血、透析和体外循环器械

输血、透析和体外循环器械是指临床用于输血、透析和心肺转流领域的医疗器械。

表 40　2023 年全国物理治疗器械（设备部分）有效二级产品类别国产化率

单位：%

二级产品类别	国产化率	二级产品类别	国产化率
光动力治疗设备	100.0	肠道水疗机	94.7
医用氧舱	100.0	牵引治疗设备	93.8
气囊式体外反搏装置	100.0	超声治疗设备	93.8
毫米波治疗设备	100.0	强脉冲光治疗设备	93.0
烧烫伤浸浴装置	100.0	紫外治疗设备	92.3
静电贴敷器具	100.0	物理降温设备	91.8
神经和肌肉刺激器用电极	100.0	加压治疗设备	90.5
光动力激光治疗设备	100.0	短波治疗仪	89.8
药物导入设备	100.0	热传导治疗设备	88.2
静磁场治疗器具	100.0	微波治疗设备	87.9
牵引器具	100.0	蓝光治疗设备	86.7
红光治疗设备	98.7	射频热疗设备	85.7
动磁场治疗设备	98.2	冲击波治疗设备	79.6
负压（振动）治疗设备	97.8	臭氧治疗设备	78.4
生物反馈治疗设备	97.7	射频治疗(非消融)设备	73.3
热辐射治疗设备	97.3	激光治疗设备	71.4
低中频治疗设备	95.9	直流电治疗设备	50.0
电位治疗设备	95.2		

（1）产品数量

根据国家药监局、各省（自治区、直辖市）药监局及市场监管局公开数据统计，2023 年，全国输血、透析和体外循环器械（设备部分）首次注册及备案产品共计 34 项，其中国产产品 27 项、进口产品 7 项（见表 41）。

表 41　2022 年、2023 年全国输血、透析和体外循环器械（设备部分）
首次注册及备案数量分布

类型	国产		进口	
	2022 年	2023 年	2022 年	2023 年
Ⅰ类	9	0	0	0
Ⅱ类	5	18	0	1
Ⅲ类	5	9	0	6
共计	19	27	0	7

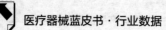
从首次注册数量情况分析，2023 年全国输血、透析和体外循环器械
（设备部分）首次注册数量相较 2022 年有明显上升。2023 年全国输血、透
析和体外循环器械（设备部分）Ⅱ类、Ⅲ类产品首次注册数量共计 34 项，
其中有 27 国产产品、7 项进口产品（见图 36）。

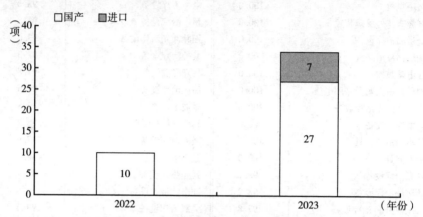

图 36　2022~2023 年全国输血、透析和体外循环器械（设备部分）首次注册数量变化

从Ⅱ类、Ⅲ类产品首次注册趋势看，2022~2023 年，输血、透析和体外
循环器械（设备部分）国产Ⅱ类、Ⅲ类以及进口Ⅲ类首次注册产品数量均
有所上升；进口Ⅱ类首次注册产品数量相对比较稳定。与其他类别相比，国
产Ⅲ类首次注册数量占比较高（见图 37）。

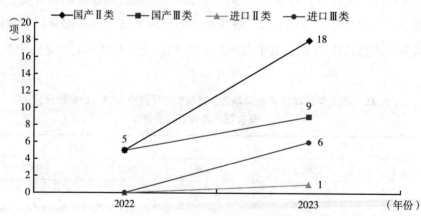

**图 37　2022~2023 年全国输血、透析和体外循环器械（设备部分）
Ⅱ类、Ⅲ类产品首次注册数量趋势**

（2）产品分布

2023 年，我国输血、透析和体外循环器械（设备部分）首次注册及备案进口产品共计 7 项，其中自德国和美国进口的产品数量均为 2 项，两者之和占总体的 57.14%（见图 38）。

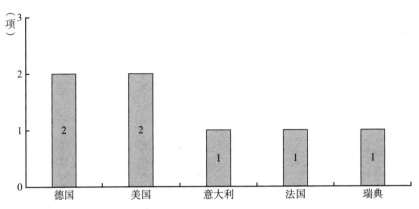

图 38　2023 年全国输血、透析和体外循环器械（设备部分）
首次注册及备案进口国家产品数量分布

2023 年，我国输血、透析和体外循环器械（设备部分）首次注册及备案国产产品共计 27 项，其中自江苏省产出的产品共计 7 项，全国排名第一；其后广东省和山东省分别以 6 项和 3 项列第二位、第三位（见表 42）。

表 42　2023 年全国输血、透析和体外循环器械（设备部分）首次注册
及备案国产产品各省（自治区、直辖市）数量分布

单位：项

省（自治区、直辖市）	产品数量	省（自治区、直辖市）	产品数量
江苏省	7	北京市	1
广东省	6	江西省	1
山东省	3	上海市	1
湖北省	2	河南省	1
陕西省	2	四川省	1
天津市	1	浙江省	1

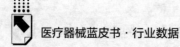

（3）产品国产化率

2023 年，我国输血、透析和体外循环器械（设备部分）有效二级产品类别共计 19 个，其中共有 11 个二级产品类别国产化率超过 50.0%。其中，包括腹水超滤浓缩回输设备、血浆病毒灭活设备等在内的 4 类二级产品均已实现国产替代。此外，血脂分离设备产品国产数量为 0（见表 43）。

表 43　2023 年全国输血、透析和体外循环器械（设备部分）有效二级产品类别国产化率

单位：%

二级产品类别	国产化率	二级产品类别	国产化率
血液灌流设备	100.0	血液透析设备	56.7
腹膜透析辅助设备	100.0	体外心肺支持用升温仪	50.0
血浆病毒灭活设备	100.0	自体血液回收设备	50.0
腹水超滤浓缩回输设备	100.0	连续性血液净化设备	45.0
腹膜透析设备	88.9	体外心肺支持辅助系统	42.9
血液辐照设备	80.0	热交换设备	33.3
血液透析辅助设备	79.1	心肺转流监测设备	25.0
血液融化设备	78.9	心肺转流用泵	25.0
血细胞处理设备	60.0	血脂分离设备	0
血液成分分离设备	58.8		

11. 医疗器械消毒灭菌器械

医疗器械消毒灭菌器械是指非接触人体的、用于医疗器械消毒灭菌的医疗器械，不包括以"无源医疗器械或部件+化学消毒剂"为组合形式的专用消毒器械。

（1）产品数量

根据国家药监局、各省（自治区、直辖市）药监局及市场监管局公开数据统计，2023 年，全国医疗器械消毒灭菌器械（设备部分）首次注册及备案产品共计 97 项，其中国产产品 94 项、进口产品 3 项（见表 44）。

表 44　2022~2023 年全国医疗器械消毒灭菌器械（设备部分）
首次注册及备案数分布

单位：项

类型	国产		进口	
	2022 年	2023 年	2022 年	2023 年
Ⅰ类	416	41	24	1
Ⅱ类	44	53	2	2
Ⅲ类	0	0	0	0
共计	460	94	26	3

从首次注册数量情况分析，2022~2023 年，全国医疗器械消毒灭菌器械
（设备部分）首次注册数量呈上升趋势。2023 年全国医疗器械消毒灭菌器械
（设备部分）Ⅱ类、Ⅲ类产品首次注册数量共计 55 项，其中国产产品 53
项、进口产品 2 项（见图 39）。

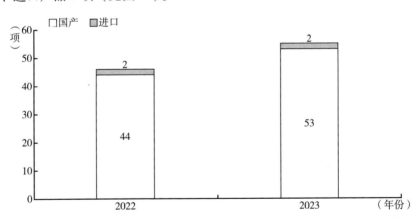

图 39　2022~2023 年全国医疗器械消毒灭菌器械（设备部分）首次注册数量变化

从Ⅱ类、Ⅲ类产品首次注册趋势看，2022~2023 年，医疗器械消毒灭菌
器械（设备部分）国产Ⅱ类产品首次注册数量呈上升趋势；进口Ⅱ类产品
首次注册数量比较稳定。同一报告期内，进口Ⅲ类和国产Ⅲ类产品无首次注
册数据。从管理类别分析，医疗器械消毒灭菌器械（设备部分）国产Ⅱ类
产品首次注册数量占比优势显著（见图 40）。

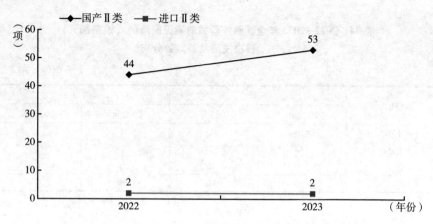

图40 2022~2023年全国医疗器械消毒灭菌器械（设备部分）
II类产品首次注册数量趋势

（2）产品分布

2023年，我国医疗器械消毒灭菌器械（设备部分）首次注册及备案进口
产品共计3项，其中有2项进口自意大利、有1项进口自日本（见图41）。

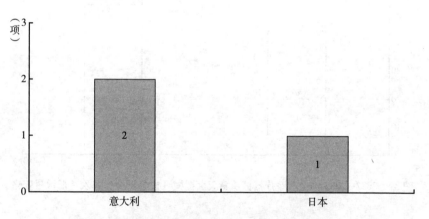

图41 2023年全国医疗器械消毒灭菌器械（设备部分）
首次注册及备案进口国家产品数量分布

2023年，我国医疗器械消毒灭菌器械（设备部分）首次注册及备案国
产产品共计94项，其中自江苏省和山东省产出的产品均为17项，并列第
一；河南省以14项产品居第二位（见表45）。

表45　2023年全国医疗器械消毒灭菌器械（设备部分）首次注册及
备案国产产品各省（自治区、直辖市）数量分布

单位：项

省（自治区、直辖市）	产品数量	省（自治区、直辖市）	产品数量
江苏省	17	辽宁省	3
山东省	17	安徽省	2
河南省	14	湖北省	2
广东省	11	湖南省	2
浙江省	7	重庆市	2
上海市	6	福建省	2
四川省	4	陕西省	1
北京市	3	山西省	1

（3）产品国产化率

2023年，我国医疗器械消毒灭菌器械（设备部分）有效二级产品类别共计14个，国产化率均超过50.0%。其中，包括紫外线消毒器、煮沸消毒器等在内的7类二级产品均已实现国产替代（见表46）。

表46　2023年全国医疗器械消毒灭菌器械（设备部分）有效二级产品类别国产化率

单位：%

二级产品类别	国产化率	二级产品类别	国产化率
热辐射灭菌器	100.0	环氧乙烷灭菌器	95.8
蒸汽消毒器	100.0	医用清洗器	94.0
紫外线消毒器	100.0	酸性氧化电位水生成器	91.7
煮沸消毒器	100.0	压力蒸汽灭菌器	88.7
热空气灭菌器	100.0	清洗消毒器	79.8
其他化学消毒灭菌器	100.0	过氧化氢灭菌器	70.6
臭氧消毒器	100.0	甲醛灭菌器	66.7

12. 注输、护理和防护器械

注输、护理和防护器械包括注射器械，穿刺器械，输液器械，止血器

具，非血管内导（插）管与配套用体外器械，清洗、灌洗、吸引、给药器械，外科敷料（材料），创面敷料，包扎敷料，造口器械，疤痕护理用品等以护理为主要目的器械（主要在医院普通病房内使用），还包括医护人员防护用品、手术室感染控制用品等控制病毒传播的医疗器械。

本子目录不包括输血器、血袋等输血器械（归入 10 子目录）和血样采集器械（归入 22 子目录），也不包括石膏绷带等骨科病房固定肢体的器械（归入 04 子目录）、妇产科护理（如阴道护理）用品（归入 18 子目录）等只在专科病房中使用的护理器械，还不包括医用弹力袜等物理治疗器械（归入 09 子目录）和防压疮垫等患者承载器械（归入 15 子目录）。

（1）产品数量

根据国家药监局、各省（自治区、直辖市）药监局及市场监管局公开数据统计，2023 年，全国注输、护理和防护器械（设备部分）首次注册及备案产品共计 169 项，其中国产产品 162 项、进口产品 7 项（见表 47）。

表 47　2022~2023 年全国注输、护理和防护器械（设备部分）
首次注册及备案数量分布

单位：项

类型	国产		进口	
	2022 年	2023 年	2022 年	2023 年
Ⅰ类	296	7	8	1
Ⅱ类	192	139	6	3
Ⅲ类	15	16	6	3
共计	503	162	20	7

从首次注册数量情况分析，相较 2022 年，2023 年全国注输、护理和防护器械（设备部分）首次注册数量呈下降趋势。2023 年全国注输、护理和防护器械（设备部分）Ⅱ类、Ⅲ类产品首次注册数量共计 161 项，其中国产产品 155 项、进口产品 6 项，国产产品首次注册数量占绝对优势（见图 42）。

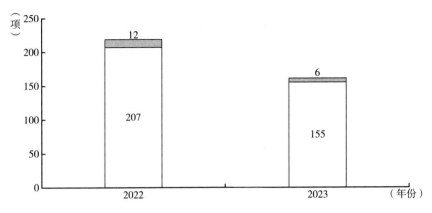

图42　2022~2023年全国注输、护理和防护器械
（设备部分）首次注册数量变化

　　从Ⅱ类、Ⅲ类产品首次注册趋势看，2022~2023年，注输、护理和防护器械（设备部分）国产Ⅱ类产品首次注册数量有所下降，同比下降27.60%。同一报告期内，国产Ⅲ类产品及进口Ⅱ类、Ⅲ类产品首次注册数量相对稳定。从管理类别分析，注输、护理和防护器械（设备部分）国产Ⅱ类产品首次注册数量占比显著高于其他类别产品（见图43）。

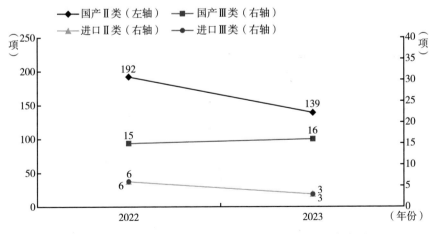

图43　2022~2023年全国注输、护理和防护器械（设备部分）
Ⅱ类、Ⅲ类产品首次注册数量趋势

（2）产品分布

2023 年，我国注输、护理和防护器械（设备部分）首次注册及备案进口产品共计 7 项，其中自美国和英国进口的产品分别为 3 项和 2 项，自德国和加拿大进口的产品均为 1 项（见图 44）。

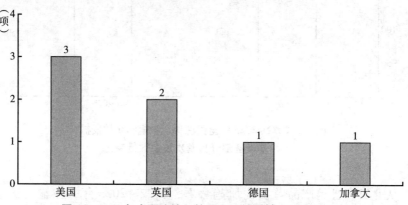

图 44 2023 年全国注输、护理和防护器械（设备部分）
首次注册及备案进口国家产品数量分布

2023 年，我国注输、护理和防护器械（设备部分）首次注册及备案国产产品共计 162 项，其中自广东省产出的产品共计 40 项，全国排名第一；其后江苏省和北京市分别以 30 项和 16 项产品居第二位和第三位（见表 48）。

表 48 2023 年全国注输、护理和防护器械（设备部分）首次注册及
备案国产产品各省（自治区、直辖市）数量分布

单位：项

省（自治区、直辖市）	产品数量	省（自治区、直辖市）	产品数量
广东省	40	湖北省	5
江苏省	30	四川省	2
北京市	16	安徽省	2
浙江省	14	陕西省	1
湖南省	11	辽宁省	1
河北省	9	天津市	1
山东省	8	海南省	1
上海市	7	福建省	1
河南省	6	广西壮族自治区	1
江西省	5	重庆市	1

（3）产品国产化率

2023年，我国注输、护理和防护器械（设备部分）有效二级产品类别共计25个，其中共有24个二级产品类别国产化率超过50.0%。其中，包括海水鼻腔清洗液、洁净屏等在内的8类二级产品均已实现国产替代（见表49）。

表49　2023年全国注输、护理和防护器械（设备部分）有效二级产品类别国产化率

单位：%

二级产品类别	国产化率	二级产品类别	国产化率
海水鼻腔清洗液	100.0	输液泵	93.5
鼻部护理器械	100.0	肠营养泵	93.2
药液用转移、配药器具	100.0	医用人工驱动吸引器械	90.7
洁净屏	100.0	有源止血器	88.6
灌肠器	100.0	笔式注射器	88.3
医用中心吸引系统	100.0	输液辅助电子设备	88.2
抗鼻腔过敏凝胶(不含药)	100.0	非血管内导管充盈装置	86.2
输液信息采集系统	100.0	以负压源或压力源为动力吸引器械	86.2
真空负压机	97.3	医用电动吸引器械	85.7
血管显像设备	97.1	胰岛素泵	76.2
冲洗器械	96.6	无菌接管机	71.4
注射泵	96.5	负压引流器及组件	50.0
注射器辅助推动装置	95.0		

13. 患者承载器械

患者承载器械包括手术台、诊疗台、医用病床、患者位置固定辅助器械、患者转运器械以及防压疮（褥疮）垫。

（1）产品数量

根据国家药监局、各省（自治区、直辖市）药监局及市场监管局公开数据统计，2023年，全国患者承载器械（设备部分）首次注册及备案产品共计780项，其中国产产品776项、进口产品4项（见表50）。

表50   2022~2023年全国患者承载器械（设备部分）首次注册及备案数量分布

单位：项

类型	国产		进口	
	2022年	2023年	2022年	2023年
Ⅰ类	6486	685	128	1
Ⅱ类	99	91	5	3
Ⅲ类	0	0	0	0
共计	6585	776	133	4

从首次注册数量情况分析，2022~2023年，全国患者承载器械（设备部分）首次注册数量略有下降。2023年全国患者承载器械（设备部分）Ⅱ类、Ⅲ类产品首次注册数量共计94项，其中国产产品91项、进口产品3项（见图45）。

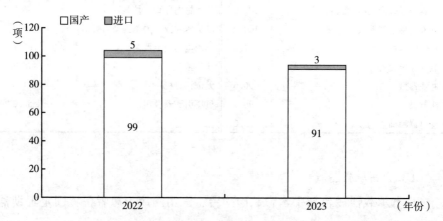

图45   2022~2023年全国患者承载器械（设备部分）首次注册数量变化

从Ⅱ类产品首次注册趋势看，2022~2023年，患者承载器械（设备部分）国产及进口Ⅱ类产品首次注册数量均略有下降。从管理类别分析，患者承载器械（设备部分）国产产品首次注册及数量占比具有明显优势（见图46）。由于全国患者承载器械（设备部分）不存在Ⅲ类产品，故不做分析。

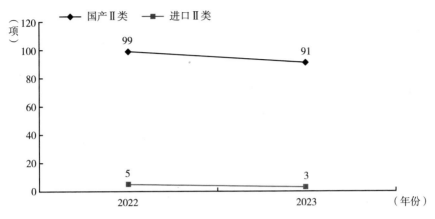

图46　2022~2023年全国患者承载器械（设备部分）
Ⅱ类产品首次注册数量趋势

（2）产品分布

2023年，我国患者承载器械（设备部分）首次注册及备案进口产品共计4项，分别来自捷克、德国、荷兰和瑞典（见图47）。

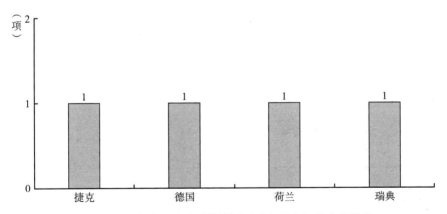

图47　2023年全国患者承载器械（设备部分）首次注册及
备案进口国家产品数量分布

2023年，我国患者承载器械（设备部分）首次注册及备案国产产品共计776项，其中自河北省产出的产品共计225项，全国排名第一；其后山东省和江苏省分别以138项和113项产品居第二位和第三位（见表51）。

表51　2023 年全国患者承载器械（设备部分）首次注册及
备案国产产品各省（自治区、直辖市）数量分布

单位：项

省（自治区、直辖市）	产品数量	省（自治区、直辖市）	产品数量
河北省	225	江西省	8
山东省	138	黑龙江省	7
江苏省	113	云南省	7
广东省	90	重庆市	7
河南省	27	福建省	6
湖南省	25	辽宁省	6
浙江省	21	天津市	6
上海市	20	贵州省	4
湖北省	16	吉林省	3
四川省	11	山西省	3
北京市	10	甘肃省	2
安徽省	10	新疆维吾尔自治区	1
广西壮族自治区	9	陕西省	1

（3）产品国产化率

2023 年，我国患者承载器械（设备部分）有效二级产品类别共计 16 个，国产化率全部超过 50.0%。其中患者运送隔离器械产品已实现国产替代（见表 52）。

表52　2023 年全国患者承载器械（设备部分）有效二级产品类别国产化率

单位：%

二级产品类别	国产化率	二级产品类别	国产化率
患者运送隔离器械	100.0	电动防压疮（褥疮）垫	95.0
手动病床	99.8	电动病床	94.2
手动诊疗台及诊疗椅	99.7	其他转移器械	94.0
医用婴儿床	98.8	电动诊疗台及诊疗椅	90.0
简易转移器械	97.9	电动推车、担架等器械	88.5
手动手术台(机械)	97.3	手动手术台(液压)	80.0
手动推车、担架等器械	96.5	电动手术台(液压、机械、气动等)	77.3
手动防压疮（褥疮）垫	96.0	电动患者手术位置固定辅助器械	66.7

14. 眼科器械

眼科器械是指眼科诊察、手术、治疗、防护所使用的各类眼科器械及相关辅助器械，不包括眼科康复训练类器械。

（1）产品数量

根据国家药监局、各省（自治区、直辖市）药监局及市场监管局公开数据统计，2023年，全国眼科器械（设备部分）首次注册及备案产品共计125项，其中国产产品107项、进口产品18项（见表53）。

表53　2022年、2023年全国眼科器械（设备部分）首次注册及备案数量分布

单位：项

类型	国产		进口	
	2022年	2023年	2022年	2023年
Ⅰ类	264	49	27	2
Ⅱ类	93	56	10	12
Ⅲ类	1	2	6	4
共计	358	107	43	18

从首次注册数量情况分析，2023年全国眼科器械（设备部分）首次注册数量较2022年有所下降。2023年全国眼科器械（设备部分）Ⅱ类、Ⅲ类产品首次注册数量共计74项，其中国产产品58项、进口产品16项（见图48）。

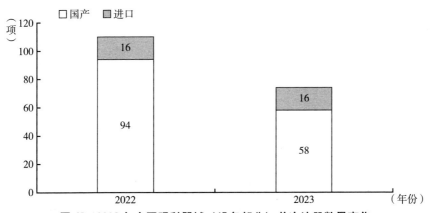

图48　2023年全国眼科器械（设备部分）首次注册数量变化

从Ⅱ类、Ⅲ类产品首次注册趋势看，相较 2022 年，2023 年眼科器械（设备部分）国产Ⅱ类产品首次注册数量明显下降。2022~2023 年，国产Ⅲ类产品以及进口Ⅱ类、Ⅲ类产品首次注册数量均保持相对稳定。从管理类别分析，眼科器械（设备部分）国产Ⅱ类首次注册数量占比较高（见图49）。

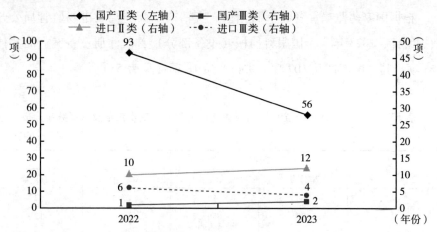

图49　2022~2023 年全国眼科器械（设备部分）Ⅱ类、Ⅲ类产品首次注册数量趋势

（2）产品分布

2023 年，我国眼科器械（设备部分）首次注册及备案进口产品共计 18 项，其中自日本、德国和美国进口的产品分别为 4 项、3 项和 3 项，三者之和占总体的 55.56%（见图50）。

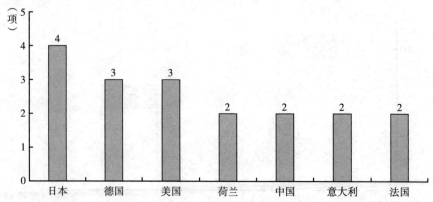

图50　2023 年全国眼科器械（设备部分）首次注册及备案进口国家产品数量分布

2023 年，我国眼科器械（设备部分）首次注册及备案国产产品共计 107 项，其中自广东省和浙江省产出的产品数量均为 16 项，并列全国第一（见表 54）。

表 54　2023 年全国眼科器械（设备部分）首次注册及备案
国产产品各省（自治区、直辖市）数量分布

单位：项

省（自治区、直辖市）	产品数量	省（自治区、直辖市）	产品数量
广东省	16	山西省	3
浙江省	16	吉林省	2
江苏省	15	河北省	1
湖南省	12	上海市	1
山东省	8	海南省	1
重庆市	7	广西壮族自治区	1
天津市	6	四川省	1
湖北省	6	江西省	1
北京市	5	云南省	1
河南省	4		

（3）产品国产化率

2023 年，我国眼科器械（设备部分）有效二级产品类别共计 28 个，其中共有 15 个二级产品类别国产化率超过 50.0%。其中，包括眼底造影机、助视器在内的 5 类二级产品均已实现国产替代。此外，角膜共焦显微镜、角膜测厚仪 2 类产品国产数量均为 0（见表 55）。

15. 口腔科器械

口腔科器械是指口腔科用设备、器具、口腔科材料等医疗器械。不包括口腔科治疗用激光、内窥镜、显微镜、射线类医疗器械。

表 55　2023 年全国眼科器械（设备部分）有效二级产品类别国产化率

单位：%

二级产品类别	国产化率	二级产品类别	国产化率
眼底造影机	100.0	直接检眼镜	56.2
助视器	100.0	角膜地形图仪	50.0
眼科冷冻治疗设备	100.0	其他眼科治疗和手术设备	43.5
视觉治疗设备	100.0	眼科内窥镜及附件	33.3
干眼检测仪	100.0	间接检眼镜	33.3
验光设备和器具	85.9	眼压计	30.8
裂隙灯显微镜	72.5	眼前节测量诊断系统	25.0
视功能检查设备和器具	71.6	角膜内皮细胞显微镜	20.0
眼用照相机	69.3	眼科激光治疗设备	17.3
眼科治疗和手术辅助器具	69.3	眼科诊断辅助器具	16.7
眼组织深度测量仪	68.0	眼科激光诊断设备	16.7
眼用穿刺器	66.7	眼科超声手术设备	13.6
眼科超声诊断设备	66.7	角膜测厚仪	0
光学相干断层扫描仪	58.1	角膜共焦显微镜	0

（1）产品数量

根据国家药监局、各省（自治区、直辖市）药监局及市场监管局公开数据统计，2023 年，全国口腔科器械（设备部分）首次注册及备案产品共计 269 项，其中国产产品 247 项、进口产品 22 项（见表 56）。

表 56　2022 年、2023 年全国口腔科器械（设备部分）首次注册及备案数量分布

单位：项

类型	国产		进口	
	2022 年	2023 年	2022 年	2023 年
Ⅰ类	609	111	84	13
Ⅱ类	152	136	5	9
Ⅲ类	0	0	0	0
共计	761	247	89	22

从首次注册数量情况看，相较2022年，2023年全国口腔科器械（设备部分）首次注册数量略有下降。2023年，全国口腔科器械（设备部分）Ⅱ类、Ⅲ类产品首次注册数量共计145项，其中国产产品136项、进口产品9项（见图51）。

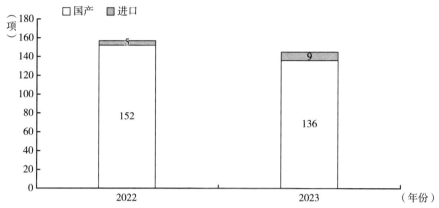

图51　2022~2023年全国口腔科器械（设备部分）首次注册数量变化

从Ⅱ类、Ⅲ类产品首次注册趋势分析，2022~2023年，口腔科器械（设备部分）国产Ⅱ类产品首次注册数量呈下降趋势，进口Ⅱ类产品首次注册数量有所上升。从管理类别看，口腔科器械（设备部分）国产Ⅱ类产品首次注册数量及占比远高于其他类别（见图52）。同一报告期内，国产Ⅲ类和进口Ⅲ类产品无首次注册数量。

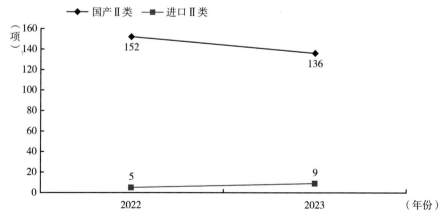

图52　2022~2023年全国口腔科器械（设备部分）Ⅱ类产品首次注册数量趋势

（2）产品分布

2023年，我国口腔科器械（设备部分）首次注册及备案进口产品共计22项，其中自韩国和巴基斯坦进口的产品均为4项，二者之和占总体的36.36%（见图53）。

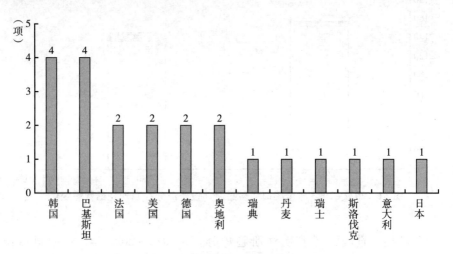

图53 2023年全国口腔科器械（设备部分）首次注册及备案进口国家产品数量分布

2023年，我国口腔科器械（设备部分）首次注册及备案国产产品共计247项，其中自广东省产出的产品共计118项，全国排名第一；其后江苏省和广西壮族自治区分别以29项和21项产品居第二位和第三位（见表57）。

（3）产品国产化率

2023年，我国口腔科器械（设备部分）有效二级产品类别共计23个，其中共有20个二级产品类别国产化率超过50.0%。其中，口腔综合治疗设备配件、牙周袋探测设备等4类产品均已实现国产替代。此外，材料输送器具、龋齿探测设备等3类产品国产数量为0（见表58）。

16.妇产科、辅助生殖和避孕器械

妇产科、辅助生殖和避孕器械是指专用于妇产科、计划生育和辅助生殖的医疗器械。

表57　2023年全国口腔科器械（设备部分）首次注册及备案国产产品
各省（自治区、直辖市）数量分布

单位：项

省（自治区、直辖市）	产品数量	省（自治区、直辖市）	产品数量
广东省	118	湖南省	3
江苏省	29	福建省	3
广西壮族自治区	21	北京市	2
四川省	13	天津市	2
浙江省	13	新疆维吾尔自治区	2
河南省	10	重庆市	1
山东省	9	江西省	1
上海市	8	山西省	1
湖北省	5	安徽省	1
河北省	4	陕西省	1

表58　2023年全国口腔科器械（设备部分）有效二级产品类别国产化率

单位：%

二级产品类别	国产化率	二级产品类别	国产化率
口腔综合治疗设备配件	100.0	银汞合金调合器	77.8
牙髓活力测试设备	100.0	固化设备	76.1
牙科锉	100.0	口腔照明设备	75.9
牙周袋探测设备	100.0	牙科治疗机	73.9
正畸材料处理器械	97.6	牙科手机及附件	73.9
口腔正负压设备	94.5	口腔麻醉推注设备	66.7
牙齿漂白设备及配套用漂白剂	93.3	口腔用骨粉制备设备	62.5
打磨抛光清洁器具	91.7	种植用设备	57.9
牙科用椅	89.9	材料输送器具	0
口腔洁治清洗设备及附件	85.3	龋齿探测设备	0
根管治疗设备	83.7	口腔成像辅助器具	0
口腔成像设备	80.4		

（1）产品数量

根据国家药监局、各省（自治区、直辖市）药监局及市场监管局公开

数据统计，2023 年，全国妇产科、辅助生殖和避孕器械（设备部分）首次注册及备案产品共计 105 项，其中国产产品 104 项、进口产品 1 项（见表 59）。

表59 2022 年、2023 年全国妇产科、辅助生殖和避孕器械
各类医疗设备首次注册及备案数量分布

单位：项

类型	国产		进口	
	2022 年	2023 年	2022 年	2023 年
Ⅰ类	639	43	3	0
Ⅱ类	54	61	8	1
Ⅲ类	0	0	1	0
共计	693	104	12	1

从首次注册数量情况分析，2022~2023 年，全国妇产科、辅助生殖和避孕器械（设备部分）首次注册数量较稳定。2023 年全国妇产科、辅助生殖和避孕器械（设备部分）Ⅱ类、Ⅲ类产品首次注册数量共计 62 项，其中国产产品 61 项、进口产品 1 项（见图 54）。

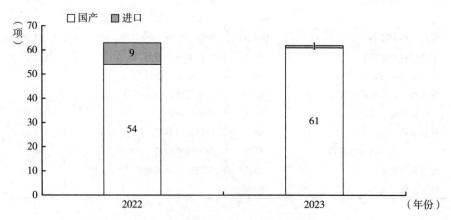

图54 2022~2023 年全国妇产科、辅助生殖和避孕器械
（设备部分）首次注册数量变化

从Ⅱ类、Ⅲ类产品首次注册趋势看，2022~2023年，妇产科、辅助生殖和避孕器械（设备部分）国产Ⅱ类产品首次注册数量呈上升趋势；进口Ⅱ类产品首次注册数量有所下降；进口Ⅲ类产品首次注册数量相对稳定。从管理类别分析，妇产科、辅助生殖和避孕器械（设备部分）国产Ⅱ类产品首次注册数量及占比远高于其他类别（见图55）。

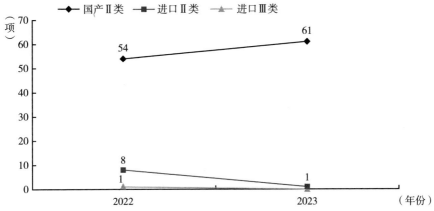

图55　2022~2023年全国妇产科、辅助生殖和避孕器械（设备部分）Ⅱ类、Ⅲ类产品首次注册数量趋势

（2）产品分布

2023年，我国妇产科、辅助生殖和避孕器械（设备部分）首次注册及备案进口产品共计1项，来自日本（见图56）。

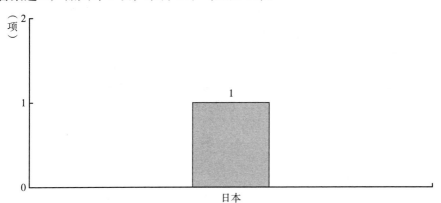

图56　2023年全国妇产科、辅助生殖和避孕器械（设备部分）首次注册及备案进口国家产品数量分布

2023年，我国妇产科、辅助生殖和避孕器械（设备部分）首次注册及备案国产产品共计104项，其中自山东省产出的产品共计21项，全国排名第一；其后广东省和江苏省均为19项，并列第二（见表60）。

表60　2023年全国妇产科、辅助生殖和避孕器械（设备部分）首次注册及备案国产产品各省（自治区、直辖市）数量分布

单位：项

省（自治区、直辖市）	产品数量	省（自治区、直辖市）	产品数量
山东省	21	浙江省	3
广东省	19	陕西省	2
江苏省	19	安徽省	2
河北省	10	江西省	2
湖南省	8	天津市	1
湖北省	5	辽宁省	1
河南省	4	云南省	1
黑龙江省	1	重庆市	1
北京市	2	上海市	1
四川省	3		

（3）产品国产化率

2023年，我国妇产科、辅助生殖和避孕器械（设备部分）有效二级产品类别共计13个，国产化率均已超过50.0%。其中，超声多普勒胎儿心率设备、妇科超声诊断设备等5类产品均已实现国产替代（见表61）。

表61　2023年全国妇产科、辅助生殖和避孕器械（设备部分）有效二级产品类别国产化率

单位：%

二级产品类别	国产化率
超声多普勒胎儿心率设备	100.0
子宫输卵管造影、输卵管通液器械	100.0
妇科超声诊断设备	100.0

二级产品类别	国产化率
阴道洗涤器/给药器	100.0
宫腔负压吸引设备及附件	100.0
妇科手术/检查床	98.4
产床	96.9
妇科物理治疗器械	96.5
超声多普勒胎儿监护设备	95.6
阴道镜	92.1
助产器械	91.7
妇科内窥镜	72.8
辅助生殖专用仪器	53.7

17. 医用康复器械

医用康复器械是指医用康复器械类医疗器械，主要包括认知言语视听障碍康复设备、运动康复训练器械、助行器械、矫形固定器械，不包括骨科用器械。

（1）产品数量

根据国家药监局、各省（自治区、直辖市）药监局及市场监管局公开数据统计，2023 年，全国医用康复器械（设备部分）首次注册及备案产品共计 354 项，其中国产产品 352 项、进口产品 2 项（见表 62）。

表 62 2022 年、2023 年全国医用康复器械（设备部分）首次注册及备案数量分布

单位：项

类型	国产		进口	
	2022 年	2023 年	2022 年	2023 年
Ⅰ类	2295	144	21	0
Ⅱ类	226	208	3	2
Ⅲ类	0	0	0	0
共计	2521	352	24	2

从首次注册数量情况分析,2022~2023 年,全国医用康复器械(设备部分)首次注册数量有所下降。2023 年全国医用康复器械(设备部分)Ⅱ类、Ⅲ类产品首次注册数量共计 210 项,其中国产产品 208 项、进口产品 2 项(见图 57)。

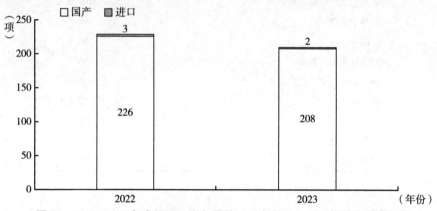

图 57　2022~2023 年全国医用康复器械(设备部分)首次注册数量变化

从Ⅱ类产品首次注册趋势看,2022~2023 年,医用康复器械(设备部分)国产Ⅱ类首次注册产品数量有所下降;进口Ⅱ类首次注册产品数量相对稳定。从管理类别分析,医用康复器械(设备部分)国产Ⅱ类产品首次注册数量占比显著高于Ⅱ类进口产品(见图 58)。医用康复器械(设备部分)暂无Ⅲ类产品,不做分析。

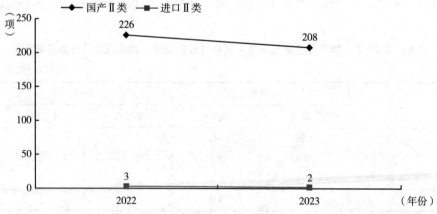

图 58　2022~2023 年全国医用康复器械(设备部分)Ⅱ类产品首次注册数量趋势

（2）产品分布

2023 年，我国医用康复器械（设备部分）首次注册及备案进口产品共计 2 项，自英国和美国进口的产品各为 1 项（见图 59）。

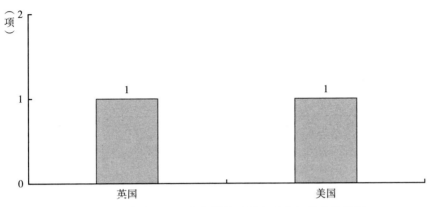

图 59　2023 年全国医用康复器械（设备部分）首次注册及备案进口国家产品数量分布

2023 年，我国医用康复器械（设备部分）首次注册及备案国产产品共计 352 项，其中自广东省产出的产品共计 78 项，全国排名第一；其后江苏省和河南省分别以 70 项和 43 项分别列第二位、第三位（见表 63）。

表 63　2023 年全国医用康复器械（设备部分）首次注册及备案国产产品各省（自治区、直辖市）数量分布

单位：项

省（自治区、直辖市）	产品数量	省（自治区、直辖市）	产品数量
广东省	78	安徽省	6
江苏省	70	陕西省	5
河南省	43	吉林省	5
湖南省	27	福建省	5
浙江省	24	重庆市	4
河北省	22	山西省	4
山东省	17	四川省	3
上海市	10	甘肃省	3
湖北省	9	广西壮族自治区	1
北京市	8	辽宁省	1
天津市	7		

（3）产品国产化率

2023 年，我国医用康复器械（设备部分）有效二级产品类别共计 17 个，其中共有 16 个二级产品类别国产化率超过 50.0%。其中，包括认知障碍康复设备、言语障碍康复设备等在内的 6 类二级产品均已实现国产替代。此外，真耳测试仪产品国产数量为 0（见表 64）。

表 64　2023 年全国医用康复器械（设备部分）有效二级产品类别国产化率

单位：%

二级产品类别	国产化率	二级产品类别	国产化率
助讲器	100.0	矫形器	98.5
视觉康复设备	100.0	助听器	98.4
认知障碍康复设备	100.0	关节训练设备	97.5
言语障碍康复设备	100.0	医用轮椅车	96.5
舌肌康复训练器	100.0	步态训练设备	91.5
听觉康复设备	100.0	平衡训练设备	90.6
盆底肌肉训练设备	99.5	振动训练设备	85.7
康复训练床	99.2	真耳测试仪	0
辅助行走站立器械	98.9		

18. 中医器械

中医器械是指基于中医医理的医疗器械，包括中医诊断设备、中医治疗设备以及中医器具，不包括中医独立软件。

（1）产品数量

根据国家药监局、各省（自治区、直辖市）药监局及市场监管局公开数据统计，2023 年，全国中医器械（设备部分）首次注册及备案产品共计 174 项，全部为国产产品（见表 65）。

从首次注册数量情况分析，2022～2023 年，全国中医器械（设备部分）首次注册数量有所下降。2023 年全国中医器械（设备部分）首次注册数量共计 96 项，均为国产Ⅱ类产品（见图 60）。

表65 2022年、2023年全国中医器械（设备部分）首次注册及备案数量分布

单位：项

类型	国产		进口	
	2022年	2023年	2022年	2023年
Ⅰ类	994	78	3	0
Ⅱ类	114	96	0	0
Ⅲ类	0	0	0	0
共计	1108	174	3	0

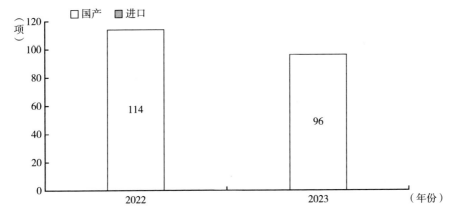

图60 2022年、2023年全国中医器械（设备部分）首次注册数量变化

从Ⅱ类产品首次注册趋势看，2022～2023年，中医器械（设备部分）国产Ⅱ类产品首次注册数量有所下降，同比下降15.79%。同一报告期内，国产Ⅲ类产品和进口Ⅱ类、Ⅲ类产品首次注册数量均为0。从产地角度分析，国产产品首次注册数量占比优势明显（见图61）。

（2）产品分布

2023年，我国中医器械（设备部分）首次注册及备案国产产品共计174项，其中自河南省产出的产品共计27项，全国排名第一；其后山东省和广东省分别以23项和22项产品居第二位和第三位（见表66）。

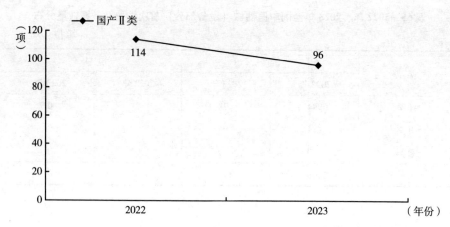

图 61　2022~2023 年全国中医器械（设备部分）Ⅱ类产品首次注册数量趋势

表 66　2023 年全国中医器械（设备部分）首次注册及备案国产产品
各省（自治区、直辖市）数量分布

单位：项

省（自治区、直辖市）	产品数量	省（自治区、直辖市）	产品数量
河南省	27	四川省	4
山东省	23	浙江省	4
广东省	22	吉林省	4
湖北省	17	广西壮族自治区	3
湖南省	17	贵州省	2
江苏省	7	福建省	2
河北省	7	黑龙江省	2
天津市	6	辽宁省	2
山西省	6	江西省	2
重庆市	5	新疆维吾尔自治区	1
陕西省	5	北京市	1
安徽省	4	宁夏回族自治区	1

（3）产品国产化率

2023 年，我国中医器械（设备部分）有效二级产品类别共计 12 个，其中共有 10 个二级产品类别已实现国产替代（见表 67）。

表 67　2023 年全国中医器械（设备部分）有效二级产品类别国产化率

单位：%

二级产品类别	国产化率	二级产品类别	国产化率
熏蒸治疗设备	100.0	拔罐设备	100.0
穴位电刺激设备	100.0	穴位激光刺激设备	100.0
脉诊设备	100.0	灸疗设备	100.0
温针治疗设备	100.0	望诊设备	100.0
灸疗器具	100.0	刮痧器具	99.7
穴位阻抗检测设备	100.0	拔罐器具	99.7

19. 医用软件

医用软件包括治疗计划软件、影像处理软件、数据处理软件、决策支持软件、体外诊断软件以及其他软件。

（1）产品数量

根据国家药监局、各省（自治区、直辖市）药监局及市场监管局公开数据统计，2023 年，全国医用软件（设备部分）首次注册及备案产品共计346 项，其中国产产品 340 项、进口产品 6 项（见表 68）。

表 68　2022 年、2023 年全国医用软件（设备部分）首次注册及备案数量分布

单位：项

类型	国产		进口	
	2022 年	2023 年	2022 年	2023 年
Ⅰ类	1	0	0	0
Ⅱ类	297	299	6	6
Ⅲ类	31	41	1	0
共计	329	340	7	6

从首次注册数量情况分析，2022～2023 年，全国医用软件（设备部分）首次注册数量相对稳定。2023 年全国医用软件（设备部分）Ⅱ类、Ⅲ类产品首次注册数量共计 346 项，其中国产产品 340 项、进口产品 6 项（见图 62）。

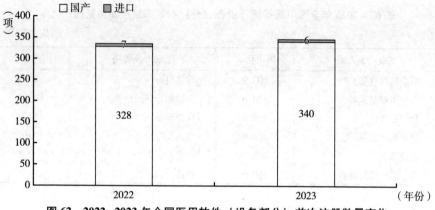

图62　2022~2023年全国医用软件（设备部分）首次注册数量变化

从Ⅱ类、Ⅲ类产品首次注册看，2022~2023年，医用软件（设备部分）国产Ⅲ类产品首次注册数量有所上升，2023年国产Ⅲ类产品首次注册数量同比增长32.26%；国产Ⅱ类产品以及进口Ⅱ类、Ⅲ类产品首次注册数量相对稳定。从管理类别分析，医用软件（设备部分）国产Ⅱ类产品首次注册数量占比远高于其他类别（见图63）。

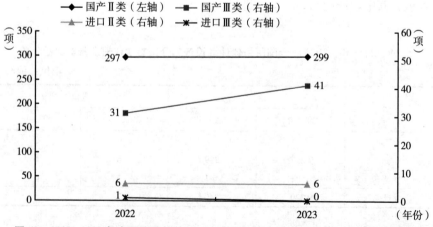

图63　2022~2023年全国医用软件（设备部分）Ⅱ类、Ⅲ类产品首次注册数量趋势

（2）产品分布

2023年，我国医用软件（设备部分）首次注册及备案进口产品共计6

项，其中自美国和德国进口的产品均为 2 项，自韩国和日本进口的产品均为 1 项（见图 64）。

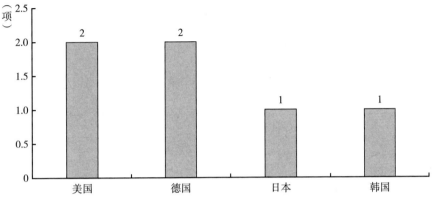

图 64　2023 年全国医用软件（设备部分）首次注册及备案进口国家产品数量分布

2023 年，我国医用软件（设备部分）首次注册及备案国产产品共计 340 项，其中自湖南省产出的产品共计 56 项，全国排名第一；其后广东省和北京市分别以 47 项和 42 项产品居第二位和第三位（见表 69）。

表 69　2023 年全国医用软件（设备部分）国产产品首次注册及备案各省（自治区、直辖市）数量分布

单位：项

省（自治区、直辖市）	产品数量	省（自治区、直辖市）	产品数量
湖南省	56	广西壮族自治区	5
广东省	47	安徽省	5
北京市	42	河南省	4
浙江省	39	福建省	4
江苏省	38	辽宁省	4
上海市	25	重庆市	4
湖北省	18	云南省	4
四川省	10	陕西省	3
天津市	8	黑龙江省	2
山东省	7	海南省	1
江西省	7	山西省	1
河北省	6		

（3）产品国产化率

2023 年，我国医用软件（设备部分）有效二级产品类别共计 13 个，其中共有 11 个二级产品类别国产化率超 50.0%。其中，中医诊疗软件实现国产替代（见表 70）。

表 70　2023 年全国医用软件（设备部分）有效二级产品类别国产化率

单位：%

二级产品类别	国产化率	二级产品类别	国产化率
中医诊疗软件	100.0	医学影像处理软件	87.3
康复训练软件	98.6	医学显微影像分析软件	86.4
医学影像存储与传输系统软件	95.3	放射治疗辅助软件	76.9
计算机辅助诊断/分析软件	92.4	放射治疗计划系统软件	58.6
生理信号处理软件	91.6	药物计算软件	50.0
筛查、分析软件	91.6	手术计划软件	46.2
监护软件	87.9		

20. 临床检验器械

临床检验器械是指用于临床检验实验室的设备、仪器、辅助设备和器具及医用低温存储设备，不包括体外诊断试剂。

（1）产品数量

根据国家药监局、各省（自治区、直辖市）药监局及市场监管局公开数据统计，2023 年，全国临床检验器械（设备部分）首次注册及备案产品共计 1050 项，其中国产产品 1013 项、进口产品 37 项（见表 71）。

从首次注册数量情况分析，2022~2023 年，全国临床检验器械（设备部分）首次注册数量有所下降。2023 年，全国临床检验器械（设备部分）Ⅱ类、Ⅲ类产品首次注册数量共计 518 项，其中国产产品 501 项、进口产品 17 项（见图 65）。

表71 2022年、2023年全国临床检验器械（设备部分）首次注册及备案数量分布

单位：项

类型	国产		进口	
	2022年	2023年	2022年	2023年
Ⅰ类	3499	512	455	20
Ⅱ类	554	457	24	12
Ⅲ类	36	44	2	5
共计	4089	1013	481	37

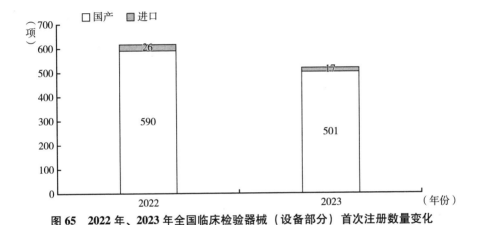

图65 2022年、2023年全国临床检验器械（设备部分）首次注册数量变化

从Ⅱ类、Ⅲ类产品首次注册趋势看，2022~2023年，国产及进口Ⅱ类产品首次注册数量明显下降；国产及进口Ⅲ类产品首次注册数量则呈上升趋势（见图66）。

（2）产品分布

2023年，我国临床检验器械（设备部分）首次注册及备案进口产品共计37项，其中自美国进口的产品为9项，自意大利和德国进口的产品分别为6项和5项，三者之和占总体的54.05%（见图67）。

2023年，我国临床检验器械（设备部分）首次注册及备案国产产品共计1013项，其中自广东省产出的产品共计197项，全国排名第一；其后江苏省和湖南省分别以150项和135项产品居第二位和第三位（见表72）。

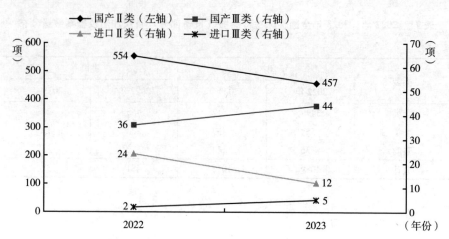

**图66　2022~2023年全国临床检验器械（设备部分）Ⅱ类、
Ⅲ类产品首次注册数量趋势**

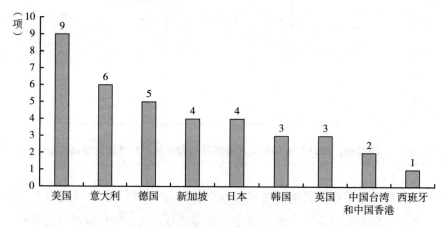

**图67　2023年全国临床检验器械（设备部分）首次注册及
备案进口国家或地区产品数量分布**

注：港澳台在海关进出口统计口径中属关境外，故进口统计中包括港澳台。

（3）产品国产化率

2023年，我国临床检验器械（设备部分）有效二级产品类别共计76个，其中共有70个二级产品类别国产化率超50.0%。其中，包括生殖道分泌物分析仪器、核酸分子杂交仪器在内的13类二级产品类别实现国产替代。此外，电解质血气检测电极产品国产数量为0（见表73）。

表72　2023年全国临床检验器械（设备部分）首次注册及备案国产产品各省（自治区、直辖市）数量分布

单位：项

省（自治区、直辖市）	产品数量	省（自治区、直辖市）	产品数量
广东省	197	天津市	18
江苏省	150	河南省	14
湖南省	135	河北省	13
山东省	83	江西省	11
北京市	81	广西壮族自治区	10
浙江省	79	吉林省	7
湖北省	53	陕西省	7
上海市	53	辽宁省	4
重庆市	28	云南省	3
四川省	25	山西省	2
安徽省	20	贵州省	2
福建省	18		

表73　2023年全国临床检验器械（设备部分）有效二级产品类别国产化率

单位：%

二级产品类别	国产化率	二级产品类别	国产化率
生殖道分泌物分析仪器	100.0	粪便分析前处理仪器	96.9
核酸分子杂交仪器	100.0	生物安全柜	96.3
流式细胞术样本裂解仪	100.0	电解质分析仪器	96.0
血流变分析仪器	100.0	核酸扩增仪器	95.7
其他体液分析仪器	100.0	细胞过滤分选仪器	95.7
厌氧培养系统	100.0	尿液分析系统	94.3
放射性层析扫描装置	100.0	核酸提取纯化仪	94.0
液体闪烁计数器	100.0	免疫散射浊度分析仪器	93.9
细菌内毒素/真菌葡聚糖检测仪器	100.0	荧光免疫分析仪器	93.8
激光采血仪	100.0	孵育器	93.4
放射免疫γ计数器	100.0	图像分析仪器	93.2
微量元素分析仪器	100.0	图像扫描仪器	93.1
洁净工作台	100.0	免疫层析分析仪器	93.0
粪便分析仪器	97.2	精子分析仪器	92.9

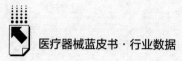
续表

二级产品类别	国产化率	二级产品类别	国产化率
干化学尿液分析仪器	92.8	尿液有形成分分析仪器	79.5
样本处理系统	92.6	核酸扩增分析仪器	79.5
化学发光免疫分析仪器	91.7	质谱检测系统	78.3
生物芯片分析仪器	90.4	电泳仪器	76.8
低温储存设备	89.3	微生物样本前处理仪器	76.7
洗板机	89.3	红细胞沉降仪器	75.0
基因测序仪器	89.3	医用培养/恒温箱	73.1
血细胞和液基细胞分析前样本处理仪器	88.3	微生物鉴定药敏分析仪器	72.5
		血细胞形态分析仪器	71.4
医用离心机	87.3	血小板分析仪器	68.8
病理分析前样本处理仪器	87.1	微生物比浊仪器	68.4
医用光学显微镜	86.8	sanger 测序仪器	66.7
生化分析仪器	86.4	微生物鉴定仪器(非质谱)	66.7
循环肿瘤细胞分析仪器	85.7	电解质血气分析仪器	64.7
流式细胞分析仪器	85.7	微生物药敏培养监测仪器	60.0
幽门螺旋杆菌分析仪器	85.7	渗透压测定仪器	60.0
免疫印迹仪器	84.4	生化免疫分析仪器	57.9
自动加样系统	83.3	酶联免疫分析仪器	55.6
微生物质谱鉴定仪器	82.4	血小板振荡器	50.0
血细胞分析仪器	82.3	流式点阵仪器	50.0
液相色谱分析仪器	82.1	血型分析仪器	48.3
凝血分析仪器	81.4	间接免疫荧光分析仪器	33.3
血糖及血糖相关参数分析仪器	80.6	血气分析仪器	17.6
微生物培养监测仪器	80.6	电解质血气检测电极	0
免疫分析一体机	79.5		

设备市场篇

B.3
中国医疗器械关键核心技术
和关键零配件现状调研三期课题研究报告

金东 廖洪恩 张旭*

摘 要： 在国际形势严峻，给全球公共卫生与健康安全带来巨大压力的情况下，为确保我国医疗器械，特别是与公共卫生安全相关的关键核心技术及关键零配件，实现最大限度的自主可控，亟须通过数据调研，深入一线摸清现状，明确高端医疗器械科技攻关方向，保障国家医疗安全和人民

* 金东，《中国医疗设备》杂志社法人、社长，首都医科大学生物医学工程学院临床工程学学系副主任。中国药品监督管理研究会医疗器械监管研究专业委员会副主委兼秘书长、中国老年保健协会副会长兼老年医学分会会长、中国研究型医院学会临床工程专业委员会副主委、中国非公立医疗机构协会临床工程分会会长、北京医师协会临床医学工程师分会副会长兼总干事、中华医学会医学工程学会常委、北京智慧医疗技术创新联盟理事长；廖洪恩，上海交通大学讲席教授、生物医学工程学院院长，清华大学医学院终身教授，国家级高层次人才计划入选者，微创诊疗与三维影像领域专家，国际医学生物工程联合会亚太区共同主席、亚洲计算机辅助外科学会理事长，国家自然科学基金国家重大科研仪器研制项目、国家重点研发计划重点专项等项目负责人；张旭，首都医科大学生物医学工程学院教授，博士生导师，教育部生物医学工程类专业教学指导委员会委员，中国研究型医院学会临床工程专业委员会主委，中国药品监督管理研究会医疗器械监管研究专业委员会副主委。

群众的生命健康。2021 年国家药品监督管理局将"中国医疗器械关键核心技术和关键零配件现状调研"列为国家药监局重点研究课题，并于2022~2023 年开展二期、三期课题持续研究。2023 年三期课题已完成超声刀刀头、球管等 9 条产品线关键核心技术及关键零配件的深入调研分析，为国家医疗器械的战略布局，特别是为国家药监局、国家发改委、工信部、科技部、国家卫健委、国家医保局共同牵头，组织重点联合攻关，解决高端医疗器械"卡脖子"问题，提供科学、准确、实时的数据支撑与决策参考。

关键词： 关键核心技术　关键零配件　医疗器械质量安全

一　课题调研情况综述

（一）调研背景概况

1. 行业发展现状

医疗器械产业作为生物工程、电子信息和医学影像等高新技术领域复合交叉的知识密集型、资金密集型产业，长期以来一直保持良好增长势头，2023 年全球医疗器械技术市场价值超过 6000 亿美元，预计未来 5 年复合年增长率将超过 7%。

我国医疗器械产业已迈入"产业变革期""黄金发展期"，高端医疗器械研发生产形势喜人，创新医疗器械产品加速涌现，国产替代路径日渐明晰，医疗器械行业作为国家战略性新兴产业，未来影响力将进一步扩大。

但不可忽视的是，当前我国医疗器械行业还存在"高端弱""龙头少""靠进口"等问题，业内企业与发达国家人才集中、技术先进、资金雄厚的大型医疗器械制造企业还存在一定差距，高端医疗器械市场份额的 60%~

80%被外资企业占据，关键核心技术、关键零配件受制于人的尴尬局面尚未扭转，部分重点领域还随时面临"卡脖子"风险。

2. 相关政策背景

习近平总书记曾多次强调，要集中力量开展关键核心技术攻关，突破技术装备瓶颈，加快解决一批药品、医疗器械、医用设备、疫苗等领域的"卡脖子"问题，实现高端医疗装备自主可控。

近年来，医疗器械集中带量采购、"两票制"等方针政策多管齐下、稳步推进，有效加速了产业集聚发展、质量提升和研发创新。

《中共中央关于制定国民经济和社会发展第十四个五年规划和二〇三五年远景目标的建议》① 对"坚持创新驱动发展"做出了重要部署，提出要"打好关键核心技术攻坚战"。

2021 年 12 月，《"十四五"医疗装备产业发展规划》② 发布，对推动我国医疗器械特别是高端医疗器械发展、解决高端医疗器械"卡脖子"问题做出长远规划。

2023 年 8 月，国务院审议通过《医疗装备产业高质量发展行动计划（2023-2025 年）》③，提出要着力提高医药工业和医疗装备产业韧性和现代化水平，增强高端药品、关键技术和原辅料等供给能力，加快补齐我国高端医疗装备短板。

（二）调研目的意义

本次调研的目的及意义主要有以下四个方面。

一是弥补了我国尚无全面、系统、分产品线的，临床与工程及研发相结合的，专家严格按专业分组的，持续的调研。

---

① 《中共中央关于制定国民经济和社会发展第十四个五年规划和二〇三五年远景目标的建议》，https：//www.gov.cn/zhengce/2020-11/03/content_ 5556991. htm。

② 《十部门关于印发〈"十四五"医疗装备产业发展规划〉的通知》，https：//www.miit.gov.cn/zwgk/zcwj/wjfb/tz/art/2021/art_ bdf13793dc7744d3bf21ed8be28b69b4. html。

③ 《李强主持召开国务院常务会议　审议通过〈医药工业高质量发展行动计划（2023-2025 年）〉等》，https：//www.gov.cn/yaowen/liebiao/202308/content_ 6900133. htm。

二是掌握全球特别是关系公共卫生安全等的重要医疗器械的关键核心技术及关键零配件的真实一手数据，了解其供应链组成，摸清研发生产的技术能力分布。

三是通过好医工 App 等科学专业的调研数据分析工具对调研结果进行挖掘，发现当前我国医疗器械产业发展存在的短板，分出轻重缓急，找到攻坚突破口，促进我国高端医疗器械的自主研发生产。

四是通过调研为国家医疗器械的战略布局，特别是为国家药监局、国家发改委、工信部、科技部、国家卫健委、国家医保局共同牵头，组织重点联合攻关，出台政策，提供科学、准确、实时的数据支撑，为提高我国高端医疗器械市场竞争力、实现行业高质量发展做出积极贡献。

（三）调研成果摘要

课题组 2021 年[①]针对医院在用的 CT 类、核磁类及人工智能类 3 条产品线，2022 年针对超声影像类、监护类、检验设备类、口腔设备类、麻醉类、腔镜类、血液净化类、核医学类、DSA 类、放疗类、康复类 11 条产品线，2023 年针对球管类、超声刀刀头类、医用机器人类、DR 类、乳腺机类、高频手术设备类（不含电刀）、心脏电生理类、医用激光类、可穿戴设备类 9 条产品线，共计 23 条产品线设备的关键核心技术和关键零配件开展调研。

表 1　我国高端医疗器械"关键核心技术及关键零配件"分布情况

单位：家，项

期数	编号	产品线	参与企业数量	关键核心技术数量	关键零配件数量
一期课题	1	CT 类	9	12	22
	2	核磁类	6	10	8
	3	人工智能类	7	25	1

---

① 张旭、金东、王艳等：《中国医疗器械关键核心技术和关键零配件现状研究报告（CT、核磁、人工智能产品线）》，《中国食品药品监管》2022 年第 9 期。

续表

期数	编号	产品线	参与企业数量	关键核心技术数量	关键零配件数量
二期课题	1	超声影像类	5	18	14
	2	监护类	4	16	5
	3	检验设备类	3	6	3
	4	口腔设备类	6	7	5
	5	麻醉类	4	4	4
	6	腔镜类	5	18	11
	7	血液净化类	3	8	1
	8	核医学类	10	19	9
	9	DSA 类	9	10	4
	10	放疗类	5	3	3
	11	康复类	4	5	2
三期课题	1	球管类	4	3	4
	2	超声刀刀头类	5	6	1
	3	医用机器人类	7	7	0
	4	DR 类	7	5	2
	5	乳腺机类	5	7	0
	6	高频手术设备类(不含电刀)	4	1	0
	7	心脏电生理类	9	9	5
	8	医用激光类	4	3	5
	9	可穿戴设备类	4	3	2
合计			129	205	111

资料来源：中国药品监督管理研究会"中国医疗器械关键核心技术和关键零配件现状调研三期课题"。

表 2 2021~2023 年课题调研评审成果汇总

单位：项

编号	产品线	关键核心技术				关键零配件			
		国内完全自主	国内部分自主	国内不能自主	总计	国内完全自主	国内部分自主	国内不能自主	总计
1	CT 组	7	2	3	12	7	8	7	22
2	核磁组	6	3	1	10	7	0	1	8
3	人工智能组	23	2	0	25	1	0	0	1
4	超声影像类	17	0	1	18	10	0	4	14

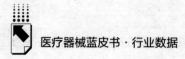
续表

编号	产品线	关键核心技术				关键零配件			
		国内完全自主	国内部分自主	国内不能自主	总计	国内完全自主	国内部分自主	国内不能自主	总计
5	监护类	13	0	3	16	3	0	2	5
6	检验设备类	6	0	0	6	3	0	0	3
7	口腔设备类	4	3	0	7	2	3	0	5
8	麻醉类	1	2	1	4	1	2	1	4
9	腔镜类	8	10	0	18	11	0	0	11
10	血液净化类	4	0	4	8	0	0	1	1
11	核医学类	13	2	4	19	4	0	5	9
12	DSA 类	4	1	5	10	4	0	0	4
13	放疗类	1	0	2	3	3	0	0	3
14	康复类	5	0	0	5	2	0	0	2
15	球管类	2	1	0	3	4	0	0	4
16	超声刀刀头类	6	0	0	6	1	0	0	1
17	医用机器人类	7	0	0	7	0	0	0	0
18	DR 类	5	0	0	5	1	0	1	2
19	乳腺机类	2	1	4	7	0	0	0	0
20	高频手术设备类（不含电刀）	0	0	1	1	0	0	0	0
21	心脏电生理类	6	2	1	9	3	0	2	5
22	医用激光类	2	1	0	3	5	0	0	5
23	可穿戴设备类	2	1	0	3	1	1	0	2
	合计	144	31	30	205	73	14	24	111

资料来源：中国药品监督管理研究会"中国医疗器械关键核心技术和关键零配件现状调研三期课题"。

二 调研创新点概述

本次调研是一项聚焦"关键核心技术和关键零配件"的全面、系统、分产品线的，临床与工程与研发相结合的，专家严格按专业分组的，持续完善的调研。

（一）评价体系创新：精准定义"关键与核心"

课题组经过深入的调查、研究、讨论，最终确定了"关键与核心"的准确定义。从临床维度（权重40%）、工程维度（权重30%）、研发维度（权重20%）、市场维度（权重10%）4个维度紧紧把握"关键与核心"的本质特征，统一每条产品线调研的评价标准。

表3　课题调研"关键与核心"评审维度

维度	"关键与核心"定义	"关键与核心"具体细则
临床维度（权重40%）	临床诊断治疗中不可或缺程度【分七级，单选】	开拓治疗的新领域(5分) 开拓诊断的新领域(4.5分) 提高临床诊断治疗质量(4分) 提高临床诊断治疗效率(3.5分) 降低临床使用成本(3分) 降低临床操作难度(2分) 提升临床诊断治疗安全(1分)
工程维度（权重30%）	具有填补性、颠覆性、革命性、创新性的技术(配件)包括软件和硬件【分五级，单选】	填补性技术(配件)，填补临床诊断治疗空白(5分) 颠覆性技术(配件)，导致被颠覆者完全淘汰(4分) 革命性技术(配件)，全面提升诊断治疗的质量和效率(3分) 创新性技术(配件)，降低生产制造成本(2分) 创新性技术(配件)，推动临床科研进步(1分)
研发维度（权重20%）	实现该技术(配件)的软件和硬件的稳定性和耐用性，重点针对产品的材料先进性、制造工艺难度、精密加工水平、耐用性、稳定性、安全性等方面的综合评价(按照医疗设备报废平均年限8年计算)【分五级，单选】	8年内很少损耗/发生故障(5分) 平均4年更换/故障一次(4分) 平均2年更换/故障一次(3分) 平均1年更换/故障一次(2分) 平均1年更换/故障两次(1分)
市场维度（权重10%）	技术市场地位【分五级，单选】	国际领先(5分) 独家进口替代(4分) 进口替代(3分) 性价比行业最优(2分) 促进市场竞争，推动价格下降(1分)

资料来源：中国药品监督管理研究会"中国医疗器械关键核心技术和关键零配件现状调研三期课题"。

（二）专家体系创新：重点在专家严格专业对口

为高质量完成课题任务，由中国药品监督管理研究会医疗器械监管研究专业委员会、《中国医疗设备》杂志社、清华大学医学院、首都医科大学生物医学工程学院、中国研究型医院学会临床工程专业委员会联合组建"医疗器械关键核心技术专家库"。

专家库严格按临床专业分组，每条产品线均包括临床专家组、医工专家组和研发专家组。其中，临床专家组由 1 名医院临床专家担任组长；医工专家组由 1 名医学工程专家担任组长，组员由医院医工专家、高校及科研机构专家组成；研发专家组由该产品线排名前 10 的企业的技术总监、零配件企业的研发人员组成。每个专家组不少于 10 人，预期形成不少于 3000 人的严格按产品线、专业分组的专家群体。

为保障关键核心技术及关键零配件评审专家专业对口，课题组设计权重体系，从专业吻合度、产品线吻合度、专业实效性与专业时长、专业影响力、评审专业度等维度，采用分部赋分+权重调整的方法，借助"好医工"线上评审系统动态调整每位专家的评审权重。

表 4 评审专家权重主要指标一览

指标维度	关键核心技术及关键零配件评审专家权重指标	对应权重得分规则（100 票制）
专业吻合度（权重30%）	所在科室相符程度	按照专家基础信息与产品线匹配度的高、中、低、不匹配、不清楚分别赋7.5 票、5 票、3 票、0 票、1 票
	研究专业相符程度	
	研究部位相符程度	
	研究病种相符程度	
产品线吻合度（权重30%）	对申报的该关键核心技术/零配件的了解程度及使用情况	经常使用该技术/含该零配件的设备，并且熟练掌握（30 票）
		不经常使用该技术/含该零配件的设备，但非常了解（25 票）
		没使用过该技术/含该零配件的设备，但非常了解（20 票）
		没使用过该技术/含该零配件的设备，但有一定了解（10 票）
		听说过该技术/含该零配件的设备，但不了解（5 票）
		对该技术/含该零配件的设备完全不了解（0 票）

续表

指标维度	关键核心技术及关键零配件评审专家权重指标	对应权重得分规则(100票制)
专业实效性与专业时长(权重15%)	在本专业的工作起始时间(返聘时间计入工作时间)	以10年为基础5票,每增加1年,增加0.5票;不够10年,每少1年,扣减0.5票,本题最高得15票;若退休,根据退休时长每退休1年,得票递减1票,最低减到0票
	是否退休	举例:如果工作20年,相当于得5+0.5×10＝10票;如果工作20年,退休5年,则得(5+0.5×10)-5＝5票
专业影响力(权重20%)	在专业完全匹配的学会、协会担任的学会职务	评审专家在以下协会或学会中任委员、常委、副主委、主委的分别赋分:中华医学会或中国药品监督管理研究会(6票、10票、14票、20票),中国医师协会(4票、8票、12票、16票),中国医院学会或中国研究型医院学会(4票、6票、8票、12票)
评审专业度(权重5%)	评审工作的完成质量	按照专家填写的信息完整程度、问卷填写的完整程度、是否提出宝贵建议等,赋0~2票
	评审工作的完成时间	按照专家是否在规定时间内完成评审工作,赋0~1票
	评审工作的组织能力	按照专家是否推荐发展评审专家队伍、能否组织大家共同完成调研活动,赋0~2票

资料来源:中国药品监督管理研究会"中国医疗器械关键核心技术和关键零配件现状调研三期课题"。

(三)调研工具创新:独创"好医工"高效调研系统

为提高课题调研效率,课题组独家开发"好医工"App,目前已有297万余位医生下载使用,占全国医生的65%;5.6万医工人员下载使用,占全国医院设备科人员的92%以上,共覆盖1.67万余家医院。

随着产品线越来越多、专家库越来越大,组织线下评审的难度与费用也成倍增加。借助"好医工"App可以完成线上的课题评审,问卷在"好医工"App手机端和PC端与医疗器械关键核心技术专家库的数据直接对接,完成调研与评审。调研的全部数据均直接录入数据库服务器,利用独创的AI智能技术,完成自动清洗、分析,实时得出调查结果。实现低成本、高效率、可持续、安全可靠的调研。

（四）调研体系创新：历时15年打造数据调研体系

一是实现最高样本覆盖率。课题调研结合《中国医疗设备》杂志社连续13年行业数据研究经验，实现了最大样本覆盖，完成了持续、稳定、高覆盖率（10%以上）、专业对口、行业协同的数据调研。

二是固定专业人群填写问卷。由于问卷调研问题专业性非常强，非专业人士很难填写，所以课题组调研借助《中国医疗设备》杂志社历时15年建立的覆盖8000余家医院的1.8万余名中国医疗设备行业数据研究员体系，以及"五级"结构体系（总社—省级编委会—市级编委会—医院级培训中心—行业数据研究员），推动医院固定的中国医疗设备行业研究员填写问卷，有效保证了调研问卷的填写质量。

三是行业协同。医院、卫健委、食药监部门、高校和企业共同参与调研问卷的设计、填写、使用、完善。各大主流媒体争相报道，各省（自治区、直辖市）医疗机构招标采用，是目前中国最具影响力的第三方医疗器械权威调研项目。

四是行业认同。调研数据被各地医疗主管部门、总后、医院招标采用，《健康报》连续12年封底整版转载，课题组编写的《中国医疗器械行业数据报告》被各大主流媒体争相报道，是目前中国最具影响力的第三方医疗器械调研报告。

（五）调研方法创新：专业统计方法构建科学模型

一是使用调查分析法。本次调研的信息收集采取线上问卷调查方式，通过异常数据识别、数据降噪、关键特征提取、降维、聚类分析等方式实现数据结构化。再综合定性、定量等因素影响，运用描述性统计分析、层次决策分析等方法，最终形成调研分析报告。

二是使用文献分析法。基于文献、引文和共引关系，以及专利数据检索、标引和多维度技术的统计分析，开展医疗装备应用及工程技术热点分析及国内外产品技术差距分析研究，使用专业科学的方法开展文本挖掘。最终根据研究结果合理分析，并咨询行业专家意见和建议，高效完成调查问卷编制、调研报告撰写等工作。

三是使用统计推断法。本次课题将重点放在临床应用性价值和市场价值研究上，通过数据库应用方法、统计分析方法等工具手段深入挖掘数据信息，除了分析传统指标，还重点关注临床价值、技术评价、技术成熟度、工程评价、创新价值、技术应用成本、推广难度、操作效率（操作简便性）等，结合 K-S 检验、方差分析（ANOVA）、独立样本 t 检验等科学统计分析方法，使得整体评价数据模型科学性与专业性更高，实现了合理创新、重点明确。

三 分产品线调研结果分析

（一）球管类

1. 调研结果概述

（1）球管类关键核心技术

课题组共调研了我国球管类设备市场中的 3 家关键核心技术相关企业，包含 2 家内资企业、1 家外商独资企业。各企业共申报 3 项先进技术，球管类组专家打分各指标采用加权平均法后得出的结果为 5 分制，经专家组评审一致认定为"中国医疗器械关键核心技术和关键零配件"的有 3 项（见表 5）。

从上榜结果看，各项关键核心技术中知识产权国内自主同时具备自主生产能力（完全自主型）的有 2 项，知识产权或生产能力实现国内部分自主（部分自主型）的有 1 项。

表 5 球管类专家组评审入选关键核心技术清单

编号	技术名称	申报企业
1	液态金属轴承在 CT 球管中的应用	北京智束科技有限公司
2	医用诊断 X 射线管、医用 CT 用 X 射线管组件	电科睿视技术(北京)有限公司
3	液态金属轴承	科罗诺司医疗器械(上海)有限公司

资料来源：中国药品监督管理研究会"中国医疗器械关键核心技术和关键零配件现状调研三期课题"。

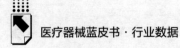

（2）球管类关键零配件

课题组共调研了我国球管类设备市场中的4家关键零配件相关企业，包含3家内资企业、1家外商独资企业。各企业共申报4项先进零配件，球管组专家打分指标采用加权平均法后得出的结果为5分制，经专家组评审一致认定为"中国医疗器械关键核心技术和关键零配件"的有4项（见表6）。

从上榜结果看，各项关键零配件均属于知识产权国内自主同时具备自主生产能力（完全自主型）。

表6　球管类专家组评审入选关键零配件清单

编号	零配件名称	申报企业
1	医用 CT 用 X 射线管组件	北京智束科技有限公司
2	医用诊断 X 射线管组件	科罗诺司医疗器械(上海)有限公司
3	医用诊断旋转阳极 X 射线管组件	麦默真空技术无锡有限公司
4	高热容量 CT 球管	昆山医源医疗技术有限公司

资料来源：中国药品监督管理研究会"中国医疗器械关键核心技术和关键零配件现状调研三期课题"。

2.调研结果分析

调研结果显示，现如今国内 CT 球管发展已经完成了从"0"到"1"的突破，各大 CT 球管制造商从影像更清晰、成像更快、功率更大、工作更可靠上着手，将工艺、材料与模式都进行了创新。

（1）工艺创新

近年来迅速发展的液态金属轴承、阳极直接冷却技术对球管的使用寿命做到了革命式的改善。对于 CT 球管来说，热量管理非常重要。球管产生的能量中，仅 1% 用于产生 X 射线，其余 99% 转化成了热量，而液态金属轴承很好地改善了球管的散热问题。本次调研显示，部分国内 CT 球管制造商如北京智束科技有限公司、科罗诺司医疗器械（上海）有限公司、电科睿视和昆山医源医疗技术有限公司就该方向进行了深入探索。

北京智束科技有限公司立足于液态金属轴承核心部件自主研发，建立了从设计、材料、加工、装配到可靠性测试等环节的完整设计研发体系，完成了具有自主知识产权的国内首只液态金属轴承部件以及相应的 CT 球管，并推出了 ZS 系列 CT 球管产品；科罗诺司医疗器械（上海）有限公司 240mm 靶盘造就了业界最高物理热容量，能够满足医院全天候高通量的检查需求，目前基于其生产的 AU240 已获批上市，这也意味着国产 8MHU 球管真正意义上实现了量产，其新兴技术如玻璃绝缘技术、电场飞焦技术、束流切断技术、磁场飞焦技术在国内球管设计中也实现"0"突破；电科睿视技术（北京）有限公司研制的阳极靶热容量同样达到了 8MHU，经测试能够满足工程应用，其动态飞焦点技术、多焦点灯丝设计及制造工艺更是解决了灯丝定型问题，并研制了高精度装配装置；昆山医源医疗技术有限公司经过 10 年的潜心研发，突破技术封锁，形成了 2.0MHU、3.5MHU、4.0MHU、5.3MHU、6.3MHU、8.0MHU 等系列全型号布局。综上，国产 CT 球管在技术上已逐步实现从"跟跑者"到"领跑者"的跨越。

（2）材料创新

金属陶瓷管制成的金属外壳正逐渐代替传统的玻璃外壳，这一改变既增大了外壳强度，又提升了真空密封性。此外，金属外壳接地可以捕获杂散电子，能有效避免打火及裂纹产生。同时，用陶瓷作为电极支座，可以提高绝缘性能。因此，金属陶瓷管不仅有更长的寿命，还可将灯丝加热到较高温度，以提高球管的负荷能力。

科罗诺司生产了国内第一支单端金属陶瓷球管——AU240，金属壳接地可以捕获杂散电子，减少无用辐射，提高了 X 射线品质；还具有更高的球管冷却效率，能承受更大的重力加速度。此外，如智束科技、思柯拉特、昆山医源等国内企业皆在材料上进行自我革新，利用各类金属管芯代替玻璃管芯。

（3）模式创新

以飞利浦 Dunlee 球管为例，这家影像设备上游供应商已不局限于为客户提供单一影像设备零部件，而是以提供绝大部分影像链服务为基础，根据客户需求及客户影像设备特点，为其定制个性化 CT 影像、MR 影像及 X 光成像解决方案。通过该模式，该企业将进一步拓宽中国市场。

目前，我国已初步形成了专业门类齐全、产业链条完整、产品结构不断优化的高端医疗设备产业体系，基本满足了国内医疗健康事业发展的需要，在高端医疗器械核心部件上也有所突破。国产CT球管的发展将推动国产CT性能的提高，未来定会在国际市场上占据一席之地。

（二）超声刀刀头类

1.调研结果概述

课题组共调研了我国超声刀刀头类设备市场中的5家关键核心技术和关键零配件相关企业，包含2家内资企业、2家中外合资企业、1家外商独资企业。各企业共申报6项先进技术、1项先进零配件，超声刀刀头组专家打分各指标采用加权平均法后得出的结果为5分制，经专家组评审一致认定为"中国医疗器械关键核心技术和关键零配件"的情况如表7所示，各项关键核心技术和关键零配件均为国内自主知识产权，同时具备自主生产能力（完全自主型）。

表7　超声刀刀头类专家组评审入选关键核心技术和关键零配件清单

编号	名称	申报企业	类别
1	自适应组织技术	赛诺微医疗科技(浙江)有限公司	关键核心技术
2	高速频率追踪技术	赛诺微医疗科技(浙江)有限公司	
3	超声软组织切割止血手术设备	以诺康医疗科技(苏州)有限公司	
4	中心杆设计弧形超声外科手术刀头	天津瑞奇外科器械股份有限公司	
5	超声刀刀头及核心技术	深圳迈瑞生物医疗电子股份有限公司	
6	外科超声刀头及控制系统的一体化设计	杭州康基医疗器械有限公司	
7	以诺康超声刀刀头及以诺康换能器	以诺康医疗科技(苏州)有限公司	关键零配件

资料来源：中国药品监督管理研究会"中国医疗器械关键核心技术和关键零配件现状调研三期课题"。

2.调研结果分析

从综合得分可以看出，超声刀刀头类关键核心技术和关键零配件相关企业最高得分为 3.59 分，最低得分为 3.18 分，各企业产品间的差距不大，基本处于同一水平，但各企业呈现的关键核心技术或关键零配件一方面代表着自身的优势所在，另一方面体现了超声刀行业的发展动态。

赛诺微医疗科技（浙江）有限公司的高速频率追踪技术可以锁定当前刀头与压电陶瓷的谐振频率，实现切割/凝闭功能的最大效力；其自适应组织技术可在术中根据组织特性和切割进程的不同实时调整能力输出，实现高效切凝。

以诺康医疗科技（苏州）有限公司专攻核心元器件与材料研发能力、智能化算法能力、精密加工制造能力、临床需求理解与工程化能力等多重技术壁垒，通过高级运算法则在使用期间监测器械，使主机感知患者组织变化，并做出实时智能反馈。

天津瑞奇外科器械股份有限公司的中心杆设计弧形超声外科手术刀头具有高效的组织游离效率和稳定的血管闭合效果，并拓展腔镜手术视野；其第二代 iTS 智能组织自适应技术采用多参数早期识别智能算法，实现智能钳口保护，在空激发时，会发出第二种提示声，有效保护钳口垫片，提升耐用性。

深圳迈瑞生物医疗电子股份有限公司的超声刀波导杆仿真设计及精细刀尖设计突破了专利壁垒，实现精细分离，正向设计波导杆，匹配换能器，实现切凝稳定。

杭州康基医疗器械有限公司的超声换能器采用弯曲振动和 Helmholtz 槽融合形成多模耦合设计，具有结构简单、工艺可靠、电声效率高、发热低、热平衡好的优点。

（三）医用机器人类

1. 调研结果概述

课题组共调研了我国医用机器人类设备市场中的 7 家关键核心技术相关企业，包含 2 家内资企业、5 家中外合资企业。各企业共申报 7 项先进技术，医用机器人组专家打分各指标采用加权平均法后得出的结果为 5 分制，经专家组评审一致认定为"中国医疗器械关键核心技术和关键零配件"的情况如表8所示，各项核心技术均为国内自主知识产权，同时具备自主生产能力（完全自主型）。

表8　医用机器人类专家组评审入选关键核心技术清单

编号	名称	申报企业	类别
1	腹腔内窥镜手术系统	上海微创医疗机器人(集团)股份有限公司	
2	腹腔内窥镜单孔手术系统	北京术锐机器人股份有限公司	
3	CT-X片多模态图像融合技术	杭州三坛医疗科技有限公司	
4	机器人辅助髋膝关节置换手术	苏州微创畅行机器人有限公司	关键核心技术
5	骨科手术导航定位系统	北京天智航医疗科技股份有限公司	
6	机器人辅助关节置换技术	杭州键嘉医疗科技股份有限公司	
7	关节置换手术辅助机器人	骨圣元化机器人(深圳)有限公司	

资料来源：中国药品监督管理研究会"中国医疗器械关键核心技术和关键零配件现状调研三期课题"。

2. 调研结果分析

上海微创医疗机器人（集团）股份有限公司所生产的腹腔内窥镜手术系统以0.03的优势领先于第二名北京术锐机器人股份有限公司所生产的腹腔内窥镜单孔手术系统。在临床应用上，上海微创所生产的设备具备多孔及单孔内镜手术的分体式结构，可根据术式需要，灵活配置机器人系统，在保证疗效的前提下，在减少创伤和缩短手术时间方面效果更显著。

在关键核心零配件上，上海微创所配置的器械具备更高的自由度，同时具备力感知与反馈组件，可实现三维力的量化感知，使术者判断组织性状和器械到达的运动边界，同时配置术者在位实时防护感知技术，可通过头灯检测、松手检测、脚踏检测方式判断术者是否处于正常的操作状态。

在应用市场上，上海微创于2022年1月最早获得可用于泌尿外科的医疗器械许可证，截至2023年底全国装机量为8台，装机量除达芬奇手术机器人外，远胜于其他竞品，故理所应当得分最高。

北京术锐机器人股份有限公司所生产的腹腔内窥镜单孔手术系统比多孔

腔镜腔镜手术机器人具备更小的出血量、更小的手术创伤、更短的手术时间的优势。在关键核心技术方面，术锐机器人所配套的器械采用独家"面向连续体机构的形变驱控技术"，使器械操作范围更广、操作更加灵活。术锐机器人手术系统已于 2023 年 6 月获批用于泌尿外科手术，因此位居第二。

其余机器人虽具备关键核心技术，但可能在临床维度、研发维度、工程维度和市场维度等稍有欠缺，故经过医用专家组评审时，分数稍微低于前两者。

（四）DR 类

1. 调研结果概述

（1）DR 类关键核心技术

课题组共调研了我国 DR 类设备市场中的 5 家关键核心技术相关企业，各企业共申报 9 项先进技术，DR 组专家打分各指标采用加权平均法后得出的结果为 5 分制，经专家组评审一致认定为"中国医疗器械关键核心技术和关键零配件"的有以下 5 项（见表 9）。从上榜结果看，各项核心技术均为国内自主知识产权，同时具备自主生产能力（完全自主型）。

表 9　DR 类专家组评审入选关键核心技术清单

编号	技术名称	申报企业
1	全幅 DR	北京万东医疗科技股份有限公司
2	超智能滤线栅技术（SIG）、高级双能摄影技术（SDE）	东软医疗系统股份有限公司
3	uVision 智能天眼摆位技术	上海联影医疗科技股份有限公司
4	鹰眼智能辅助摆位系统	通用电气医疗系统贸易发展（上海）有限公司
5	自动胸腔准直技术	西门子医疗医疗系统有限公司

资料来源：中国药品监督管理研究会"中国医疗器械关键核心技术和关键零配件现状调研三期课题"。

（2）DR 类关键零配件

课题组共调研了我国 DR 类设备市场中的 2 家关键零配件相关企业，各企业共申报 3 项先进零配件，DR 组专家打分指标采用加权平均法后得出的结果为 5 分制，经专家组评审一致认定为"中国医疗器械关键核心技术和关键零配件"的有以下 2 项（见表 10）。从上榜结果看，各项关键零配件属于国内自主知识产权同时具备自主生产能力（完全自主型）的有 1 项，不能自主的有 1 项。

表 10 　 DR 类专家组评审入选关键零配件清单

编号	零配件名称	申报企业
1	DR 球管	飞利浦（中国）投资有限公司
2	100 微米动态平板探测器	深圳安科高技术股份有限公司

资料来源：中国药品监督管理研究会"中国医疗器械关键核心技术和关键零配件现状调研三期课题"。

2. 调研结果分析

本次调研中，东软医疗系统股份有限公司的超智能滤线栅技术（SIG）和高级双能摄影技术（SDE）表现较为突出。由于人体组织在不同能量下有不同的显示效果，双能图像具有更高的图像质量、空间分辨率及密度分辨率，能去除肺部骨组织和软组织对病灶的遮挡，使得该技术既可满足儿童 X 线检查的法律法规要求，也达到相同剂量图像质量更优，满足临床诊断要求，其临床应用的优势包括可提高检出钙化的敏感性和准确性、提高肺结节的检出率、提高对边缘型气胸提高检查敏感度、容易辨认骨性结构间组织显示、运用减影技术辅助定位等。

此外，深圳安科高技术股份有限公司的 100 微米动态平板探测器在评审中也有较高得分，也是在满足儿童胸部检查法律规定的前提下，实现了图像满足诊断要求的同时降低剂量。由于胸部组织病灶受到肋骨和肺组织相互影响，不易分辨，该技术有效去除了组织的遮挡，提高了诊断准确性。

北京万东医疗科技股份有限公司的全幅 DR 是通过特殊机械结构及宽幅探测器实现人不转、机器转的负重位三维成像功能，在采集时间及成像视野上均得到大幅改善，有效减少图像伪影，可为临床真实有效地辨别病理特征提供有效影像信息，解决了目前 CT 及 MR 无法完成负重成像的问题。

（五）乳腺机类

1. 调研结果概述

课题组共调研了我国乳腺机类设备市场中的 5 家关键核心技术相关企业，各企业共申报 10 项先进技术，乳腺机组专家打分各指标采用加权平均法后得出的结果为 5 分制，经专家组评审一致认定为"中国医疗器械关键核心技术和关键零配件"的有 7 项（见表 11）。从上榜结果看，各项核心技术中国内自主知识产权同时具备自主生产能力（完全自主型）的有 2 项，知识产权或生产能力实现国内部分自主（部分自主型）的有 1 项，知识产权或生产能力国内不能自主（不能自主型）的有 4 项。

表 11　乳腺机类专家组评审入选关键核心技术清单

编号	技术名称	申报企业
1	MBIR 高级多模型高阶迭代断层技术	广州伟确医疗设备有限公司
2	乳腺机球管平板 C 形臂机架前后倾斜三维运动技术	广州伟确医疗设备有限公司
3	低剂量数字乳腺断层 X 射线成像技术	上海联影医疗科技股份有限公司
4	50°广角断层乳腺 X 线摄影技术	上海西门子医疗器械有限公司
5	广角断层引导下的一体化穿刺	上海西门子医疗器械有限公司
6	乳腺三维层析(DBT)成像技术	深圳安科高技术股份有限公司
7	CESM 乳腺 X 线对比增强成像技术	通用电气医疗系统贸易发展(上海)有限公司

资料来源：中国药品监督管理研究会"中国医疗器械关键核心技术和关键零配件现状调研三期课题"。

2. 调研结果分析

本次调研中，上海联影医疗科技股份有限公司的低剂量数字乳腺断层 X 射线成像技术较受专家认可，该技术可以在短暂的扫描过程中从不同角度获得乳房的影像，可将这些独立的影像重建成一系列高分辨率的断层影像，单独显示或以连续播放的形式动态显示。相对于传统的二维乳腺摄影技术，重建后的三维断层摄影的真正优势就在于能够通过断层影像帮助使用医师真实地观察乳房内部，而不受组织重叠的影响，能够提高诊断率、降低召回率。

广州伟确医疗设备有限公司的 MBIR 高级多模型高阶迭代断层技术在专家评审得分上的表现也较为出色，该技术也是基于数字乳腺断层摄影合成（DBT）重建算法，以从不同角度采集的一组 16 位灰度二维乳腺摄影投影图像作为输入，并已对暗减、增益和缺陷进行了校正；重建算法应返回由多个 16 位图像组成的乳房重建图集，每个重建的断层合成平面各一个，这组图像将使放射医生能够做出更精准有效的诊断决策，重建图像分辨率高、抗噪能力强。

（六）高频手术设备类（不含电刀）

1. 行业发展现状及问题

高频手术设备是指利用高频电流对组织进行切割、凝固、止血、烧灼等操作的医疗器械。该类设备具有创伤小、出血少、恢复快等优点，在临床上广泛应用于普外科、妇产科、泌尿外科、骨科、耳鼻喉科、眼科等。

按照国家药监局的医疗器械分类目录，高频手术设备主要包括高频电刀、高频手术器、双极电凝固器、双极电凝器、高频手术系统、高频电外科手术系统、等离子手术设备、高频电灼仪。本次调研范围不包含高频电刀。

按照功能类型进行划分，主要分为单一类型高频手术设备、综合类多功能高频电刀、复合型电外科设备。单一类型高频手术设备是特别为临床单一学科使用目的而专业设计的，精度要求高，电流和电压波形特殊。单极高频电刀具有单极模式下的纯切、混切、电凝等功能。双极电凝器的双极电凝是通过双极尖端向机体组织提供高频电流，产生热效应，使双极镊子两端之间的组织或血管脱水而凝固，从而达到止血的目的，常用于精细化治疗的神经外科和血管外科以及整形外科。电灼器为单极电灼，如专用于妇科宫颈糜烂电烫设备和皮肤科电灼设备等。内窥镜专用高频发生器具有纯切、混切、单极电凝等功能，主要用于腹腔镜。多功能高频美容仪具有点凝、点灼、超高频电灼等功能。眼科专用电凝仪的精细程度较高，通过设置合适的电压和精确调节功能使产生的火花变得非常细小，避免影响周围组织。

综合类多功能高频电刀适用于各类外科手术，属于手术室基本配置设备，通常具有 2 种使用模式和 3 种常用应用方式。单极模式主要含单极纯切、单极混切（多种混合比）、单极电凝。双极模式主要含双极电凝、双极电切。

复合型电外科设备指以高频电刀为主的技术组合产品。例如，高频电刀与氩气喷射技术结合形成了高频氩气刀，应用于弥漫性出血可以达到快速有效的作用。将高频电刀、氩气发生器、超声手术刀等组合在一起形成工作站，发展成为一个手术能量平台，手术中可以根据不同的手术需求使用不同的电外科器械，实现各种切割和止血目的。

目前市场中高频手术设备仍然是以进口产品为主。国内生产厂家同质化较为严重，最主要的区别是工作频率不同，以及配用的手术电极/刀头设计不同。

高频手术设备行业发展的主要驱动力包括以下几个方面。

①医疗技术的进步，高频手术设备在手术操作中具有明显的优势，越来越多的临床医生对高频手术设备提出了更高的要求。

②人口老龄化和慢性病发病率的上升，人们对健康的追求越来越高，导致手术需求的增加。

③新技术的开发，近年来，高频手术设备领域的新技术不断涌现，如射频电刀、超声刀等，这些新技术具有更好的性能和安全性，将推动高频手术设备市场的增长。

④国家政策的支持，国家出台了一系列政策支持医疗器械行业发展，为高频手术设备行业提供了良好的政策环境。

高频手术设备行业发展过程中存在的主要问题包括以下几个。

①产品同质化严重，高频手术设备行业竞争激烈，产品同质化现象严重，导致市场竞争力不足。

②技术创新不足，高频手术设备技术发展相对缓慢，与国际先进水平相比还有一定差距。

③质量安全问题，高频手术设备关系患者的生命安全，但行业内存在质

量安全问题。

④高端产品市场占有率低，高端高频手术设备技术含量高、成本高，导致其市场占有率较低。

⑤监管力度有待加大，高频手术设备是医疗器械的重要组成部分，其质量安全直接关系患者的生命安全。因此，加大对高频手术设备的监管力度，确保其质量安全，具有重要意义。

2. 调研结果分析

2023年，四川省人民医院、江苏省人民医院、陆军特色医学中心共同牵头，组织国内8家医疗机构30余位临床、医工专家共同开展本子课题调研。

参与本次调研的企业及相关技术有以下几个。

①爱尔博（上海）医疗器械有限公司提供的含有EndoCUT的高频手术设备。

②成都美创医疗科技股份有限公司提供的低温等离子技术。

③上海沪通电子有限公司提供的氩气刀技术。

④四川捷祥医疗器械有限公司的大血管闭合系统、盐水下双极等离子技术。

经专家审评认为，"含有EndoCUT的高频手术设备"符合医疗器械关键核心技术相关要求。其余技术属于国产替代，不建议纳入关键核心技术。

德国爱尔博（Erbe）品牌的EndoCUT技术是近年来在高频手术设备领域兴起的一项新技术。其创新点在于将高效切割与智能控制系统相结合，具有创伤小、出血少、术后恢复快等优点。

首先，EndoCUT技术的最大创新之处在于它结合了高频切割和高频缝合，在手术中使术者只需要踩电切踏板就可以实现切割和凝血的步骤，加上智能的控制系统，使手术器械能够在微创手术中实现更快、更精准的切割。为了适应不同术者的习惯，该技术增加了3个可以调节的参数（效果、切割宽度、间隔时间），适应不同场景、不同医生的使用习惯。这一技术的出现，显著提高了手术效率和安全性，降低了医生手术中的操作难度，减少了患者术后并发症的风险。

其次，爱尔博的 EndoCUT 技术借助智能控制系统，通过引入传感器技术和算法，能够实时监测手术进程，为医生提供精确的操控反馈，动态监测器械与组织接触的阻抗，实时地输出需要的能量，使手术过程更加流畅、精确。

EndoCUT 技术的应用对高频手术设备行业的监管、技术进步等方面具有一定的推动作用。在监管方面，EndoCUT 技术的应用提醒行业，需要更多关注高频手术设备的安全性。监管部门因此需要加强对高频手术设备能量输出质量的监管，确保产品的安全性和有效性。

在技术进步方面，EndoCUT 技术的应用提醒行业，高频手术设备需要结合临床需求，朝简化临床操作的方向发展；需要引入最新的技术和材料，提升产品的性能和功能。企业需要加大对类 EndoCUT 技术的研究力度，开发出更高性能、更安全的类 EndoCUT 产品。

具体来说，EndoCUT 技术的应用对高频手术设备行业具有以下几个方面的推动作用。

①推动行业向微创化发展。EndoCUT 技术具有创伤小、出血少、术后恢复快等优点，符合微创手术的发展趋势。EndoCUT 技术的应用将推动高频手术设备行业向微创化发展。

②推动行业向智能化发展。EndoCUT 技术采用了智能化控制技术，能够根据手术情况自动调节输出功率，提高手术的安全性和精准性。EndoCUT 技术的应用将推动高频手术设备行业向智能化发展。

③推动行业向个性化发展。EndoCUT 技术能够根据手术情况进行灵活的操作，满足不同患者的需求。EndoCUT 技术的应用将推动高频手术设备行业向个性化发展。

总而言之，EndoCUT 技术是高频手术设备领域的一项创新技术，具有广阔的应用前景。类 EndoCUT 技术的应用将推动高频手术设备行业的转型升级，促进行业向微创化、智能化、个性化发展。

（七）心脏电生理类

1. 调研结果概述

（1）心脏电生理类关键核心技术

课题组共调研了我国心脏电生理类设备市场中的 8 家关键核心技术相关企业，各企业共申报 9 项先进技术，心脏电生理组专家打分各指标采用加权平均法后得出的结果为 5 分制，经专家组评审一致认定为"中国医疗器械关键核心技术和关键零配件"的有 9 项（见表 12）。从上榜结果看，各项核心技术中知识产权国内自主同时具备自主生产能力（完全自主型）的有 6 项，知识产权国内部分自主（部分自主型）的有 2 项，国内不具备知识产权、不具备自主生产能力的（不能自主型）有 1 项。

表 12　心脏电生理类专家组评审入选关键核心技术清单

编号	技术名称	申报企业
1	基于低能量低心肌损伤的双相方波体外除颤技术	西安瑞新康达医疗科技有限公司
2	CARTO 3 电生理导航系统	强生（上海）医疗器材有限公司
3	磁电双定位技术	上海微创电生理医疗科技股份有限公司
4	压力监测技术	上海微创电生理医疗科技股份有限公司
5	植介入医用聚氨酯	宁波贝昂生物材料有限公司
6	冷冻消融系统	心诺普医疗技术（北京）有限公司
7	三维介电标测成像技术	剑虎医疗科技（苏州）有限公司
8	冷冻球囊房颤消融术	美敦力（上海）管理有限公司
9	心脏脉冲电场消融技术	上海安钛克医疗科技有限公司

资料来源：中国药品监督管理研究会"中国医疗器械关键核心技术和关键零配件现状调研三期课题"。

（2）心脏电生理类关键零配件

课题组共调研了我国心脏电生理类设备市场中的 3 家关键零配件相关企业，各企业共申报 5 项先进零配件，心脏电生理组专家打分指标采用加权平均法后得出的结果为 5 分制，经专家组评审一致认定为"中国医疗器械关键核心技术和关键零配件"的有 5 项（见表 13）。从上榜结果看，各项关键零配件属于国内自主知识产权同时具备自主生产能力（完全自主型）的有 3 项、不能自主的有 2 项。

表 13　心脏电生理类专家组评审入选关键零配件清单

编号	零配件名称	申报企业
1	QDOT Micro 一次性使用压力监测射频消融导管	强生（上海）医疗器材有限公司
2	房间隔穿刺导丝	心诺普医疗技术（北京）有限公司
3	一次性使用磁电定位压力监测消融导管	雅培医疗用品（上海）有限公司
4	十级可控弯标测导管	心诺普医疗技术（北京）有限公司
5	Navigo 可控弯导引鞘	心诺普医疗技术（北京）有限公司

资料来源：中国药品监督管理研究会"中国医疗器械关键核心技术和关键零配件现状调研三期课题"。

2. 调研结果分析

本次课题评审中的心脏电生理类关键核心技术呈现三大创新点。

第一，有较丰富的应用场景。比如得分最高的"基于低能量低心肌损伤的双相方波体外除颤技术"，专注于在院内与院前的 ALS、BLS 等急救环境下提供包括恶性室性心律失常复律在内的系统解决方案，以低能量除颤技术为先导，自主研发出国际领先的 120 焦耳"低能量双相方波"除颤技术。该技术可有效减少心肌损伤，提高除颤愈后效果，并大幅提升高阻抗病人除颤成功率，可同时满足国家公共卫生安全和临床急需，能够填补临床诊断和治疗空白。

第二，被评企业围绕全球主流方向积极布局核心技术，为未来的审评审批提供参考。比如微创电生理申报的"磁电双定位技术"和"压力监测技术"，都是三维标测系统中的核心技术，有利于推动国内从二维向三维技术的提升；上海安钛克的"心脏脉冲电场消融技术"现在被公认为全球消融技术的新方向，目前仅欧盟有包括波科在内的 3 款产品获批，美国和中国尚无产品获批。

第三，部分技术为临床提供整合解决方案。比如强生的"CARTO 3 电生理导航系统"，基于磁电双定位原理提高手术精度，充分整合影像模块和丰富的信息资源，提供详细的诊断依据，也有多种产品选择应对多种手术流程，同时兼容广泛的电生理诊疗设备。

本次课题评审中的心脏电生理类关键零配件呈现以下两个创新点。

第一，部分产品填补国内诊疗的空白市场。如强生的"一次性使用压力监测射频消融导管"于 2020 年获得 CE 认证，2022 年获得 FDA 批准，2023 年获得 NMPA 批准正式上市。该导管为症状性的药物难治性、阵发性房颤治疗（AFib）带来全新的创新解决方案，填补了国内诊疗市场的空白。2023 年 11 月 2 日的《心血管电生理学杂志》公布了使用 QDOT 微导管的临床数据，显示该产品对 AFib 的控制得到改善。Q-FFICIENCY（临床名称）评估了导管在阵发性 AFib 患者中的安全性和 12 个月疗效，研究发现 AFib 的控制和 AFib 症状的缓解分别改善了 99% 和 93.1%。与此同时，87.9% 的患者的生活质量出现了有意义的临床改善。

第二，部分产品实现了较好的技术优化和进口替代。心诺普的房间隔穿刺导丝、十级可控弯标测导管及 Navigo 可控弯导引鞘均入选。其中，心诺普房间隔穿刺导丝是基于机械穿刺原理（海外代表性厂商雅培）开发，创新一体式房间隔穿刺技术，能带来性能提升和价格降低；心诺普十级可控弯标测导管基于心脏解剖机构和临床痛点，在管体材料、结构设计等方面针对传统产品进行全新升级，可以提升诊断治疗和效率；Navigo 可控弯导引鞘也是国内首个突破复杂高分子材料批量化生产"卡脖子"工艺的鞘管管体。

（八）医用激光类

1. 调研结果概述

（1）医用激光类关键核心技术

课题组共调研了我国医用激光类设备市场中的 3 家关键核心技术相关企业，各企业共申报 3 项先进技术，医用激光组专家打分各指标采用加权平均法后得出的结果为 5 分制，经专家组评审一致认定为"中国医疗器械关键核心技术和关键零配件"的有 3 项（见表 14）。从上榜结果看，各项核心技术中知识产权国内自主同时具备自主生产能力（完全自主型）的有 2 项，知识产权国内部分自主（部分自主型）的有 1 项。

表 14　医用激光类专家组评审入选关键核心技术清单

编号	技术名称	申报企业
1	高能激光康复和手术技术	锋迈(厦门)半导体科技有限公司
2	具有 IGBT 技术的超大功率医用钬激光治疗机	无锡市大华激光设备有限公司
3	钬激光手术设备的高频性能、降噪技术	爱科凯能科技(北京)股份有限公司

资料来源：中国药品监督管理研究会"中国医疗器械关键核心技术和关键零配件现状调研三期课题"。

（2）医用激光类关键零配件

课题组共调研了我国医用激光类设备市场中的 2 家关键零配件相关企业，各企业共申报 5 项先进零配件，医用激光组专家打分指标采用加权平均法后得出的结果为 5 分制，经专家组评审一致认定为"中国医疗器械关键核心技术和关键零配件"的有以下 5 项（见表 15）。从上榜结果看，各项关键零配件均属于国内自主知识产权，同时具备自主生产能力（完全自主型）。

表 15　医用激光类专家组评审入选关键零配件清单

编号	零配件名称	申报企业
1	一种半导体的蓝紫激光手术系统	锋迈(厦门)半导体科技有限公司
2	自由星™掺铒光纤激光治疗机	上海瑞柯恩激光技术有限公司
3	锋瑞®掺铒光纤激光治疗机	上海瑞柯恩激光技术有限公司
4	优路®掺铒光纤激光治疗机	上海瑞柯恩激光技术有限公司
5	Ho:YAG 激光治疗机	上海瑞柯恩激光技术有限公司

资料来源：中国药品监督管理研究会"中国医疗器械关键核心技术和关键零配件现状调研三期课题"。

2. 调研结果分析

本次课题评审中，锋迈（厦门）半导体科技有限公司的高能激光康复和手术技术在关键核心技术专家评审中得分最高。该技术基于公司自研自产的高能激光器，可实现半导体激光的高能量光纤输出，适用于激光手术、深层组织康复和激光内窥镜照明等。其中，高能半导体激光康复技术主要用于消炎、镇痛和促伤口愈合，在临床治疗应用上具有非常广泛的应用；高能半导体激光手术技术主要用于口腔、耳鼻喉、肿瘤等手术消融。

锋迈（厦门）半导体科技有限公司的一种半导体的蓝紫激光手术系统在关键零配件专家评审中得分最高。该产品可产生 430nm 左右波长的蓝紫激光，由多组低功率的发光单元合束或耦合成高功率的蓝蓝紫激光的发光结构，合束或耦合后的蓝蓝紫激光功率达到 5.3W~32W，提高了对具有血红蛋白的生物组织进行手术的切割效率。

此外，上海瑞柯恩激光技术有限公司在本次评审中申报多项关键零配件，以掺铥光纤激光治疗机为主，技术优势包括以下几个方面。

①采用全光纤的光学结构设计，以提高整机激光输出功率及稳定性，更好地满足临床需求。

②采用连续、脉冲和脉冲串多种工作方式运行，能够适应各类泌尿系结石的粉碎，能实现高效率的原位碎石，同时也能进行泌尿系膀胱肿瘤的切割，兼顾软硬组织的处理。

③10 倍以上的高峰值功率，突破设备平均功率的限制，在低温升的安全环境下实现高效的碎石治疗。

④采用独特耦合专利技术，提高耦合效率及激光的输出功率，特别是耦合至细光纤的最大传输功率，200 光纤的传输无影响。

⑤采用智能化的风冷技术，使治疗机的工作状态、输出功率更为稳定可靠。

⑥智能化、人性化的嵌入型控制方式，操作软件学习曲线短，易学易用，便于医护人员快速掌握。采用微电脑设定和选择参数，数字式显示工作状态，具备安全自检、自锁和紧急终止装置，操作方便，性能安全可靠。

（九）可穿戴设备类

1. 调研结果概述

（1）可穿戴设备类关键核心技术

课题组共调研了我国可穿戴设备类设备市场中的 3 家关键核心技术相关企业，各企业共申报 3 项先进技术，可穿戴设备组专家打分各指标采用加权平均法后得出的结果为 5 分制，经专家组评审一致认定为"中国医疗器械关键核心技术和关键零配件"的有 3 项（见表 16）。从上榜结果看，各项核心技术中知识产权国内自主同时具备自主生产能力（完全自主型）的有 2 项，知识产权国内部分自主的有 1 项。

表 16　可穿戴设备类专家组评审入选关键核心技术清单

编号	技术名称	申报企业
1	多模多参数健康传感器微弱信号检测技术	深圳市汇顶科技股份有限公司
2	非接触心律呼吸监测关键技术	广州中科新知科技有限公司
3	舒心元虚拟现实(VR)慢性疼痛管理系统	深圳市万景数字有限公司

资料来源：中国药品监督管理研究会"中国医疗器械关键核心技术和关键零配件现状调研三期课题"。

（2）可穿戴设备类关键零配件

课题组共调研了我国可穿戴设备类设备市场中的 2 家关键零配件相关企业，各企业共申报 2 项先进零配件，可穿戴设备组专家打分指标采用加权平均法后得出的结果为 5 分制，经专家组评审一致认定为"中国医疗器械关键核心技术和关键零配件"的有 2 项（见表 17）。从上榜结果看，各项关键零配件属于国内自主知识产权同时具备自主生产能力（完全自主型）的有 1 项、部分自主的有 1 项。

2. 调研结果分析

（1）多模多参数健康传感器微弱信号检测技术

关键核心技术中，多模多参数健康传感器微弱信号检测技术得分最高。

表17 可穿戴设备类专家组评审入选关键零配件清单

编号	零配件名称	申报企业
1	多模多参数健康传感器	深圳市汇顶科技股份有限公司
2	动态心电记录仪	深圳旭宏医疗科技有限公司

资料来源：中国药品监督管理研究会"中国医疗器械关键核心技术和关键零配件现状调研三期课题"。

汇顶科技的GH3300应用了多模多参数健康传感器微弱信号检测技术和多模多参数健康传感器。健康传感器在2.6mm×2.6mm的超小封装尺寸上，集成多通道PPG、AC/DC双模式ECG、高精度生物阻抗测量（Bio-Z），实现心率、心率变异性、血氧饱和度、心电图（ECG）、身体成分（BIA）、皮肤电活动（EDA）、温度等多类体征监测。同时，该设备支持多达16路独立LED驱动通道，配合4路独立高精度RX通道，以较低功耗实现最多64路光路设计，大幅提升信号采集的丰富性和准确性，助力可穿戴设备实现更灵活的光路布局。汇顶科技的GH3300包括PPG测量模块、高输入阻抗和低噪声ECG信号链路、高精度BIA测量和高性能EDA信号采集链路三大模块。

目前，健康传感芯片普遍存在高耗电、功能单精度不足以及易受肤色与运动伪影等行业痛点，而国内以低端功能单一的心率传感器为主，限制了多参数人体健康检测的进一步应用。汇顶科技利用多年在健康传感器领域的深耕所形成光学系统设计、光电检测技术基础与经验，使用更先进的40nm工艺制程和先进的VSM神经网络深度学习算法，实现低功耗支持长续航，以及人体微弱信号的高精度检测，将PPG、ECG、BIA和EDA功能高度集成到一个芯片，实现高性能的生理参数采集和检测，具体体现在以下三个方面。一是高性能PPG检测模块，并支持灵活的光路设计，实现高SNR的PPG信号链路。二是高性能ECG检测模块，配备AC/DC双模T作，实现高输入阻抗、低噪声ECG信号链路。三是高性能生物阻抗测量模块，同时支持2线法和4线法测量及不同频率激励，实现高精度BA测量和高性能EDA

信号采集链路。

（2）多模多参数健康传感器

关键零配件中，多模多参数健康传感器得分最高。

动态心电记录仪通过放置在患者体表的一次性使用心电电极，采用Ⅱ导联的方式对患者进行单通道心电信号采集，为临床诊断心律失常提供数据。

旭宏医疗的电子皮肤拥有自主知识产权的水凝胶和金属传导体系、独有的高分子聚乙烯柔性纳米打孔材料、针对特殊材料独有的堆叠工艺生产控制技术、多种专业形态贴片适合不同临床及康复诊疗需求。该电子皮肤拥有四大特点。一是亲肤防过敏性，已通过苏州大学卫生与环境技术研究所的生物防过敏检测验证。二是纳米可拉伸变形140%，便于适应不同体型、不同部位，不受形变影响。三是透气性。四是卓越的防水性能和抗干扰能力，具备IP67级别的防水功能，并能在运动中有效抵抗干扰，保持稳定性能。

旭宏医疗自研的纳米技术电子皮肤能以近乎"无感"的体验融入佩戴者的生活，良好的透气性与厚度、低于0.3微米的附着让人感觉不到"心电监测设备"的存在，而实时的全天长程心电图监测能全面地采集到佩戴者的心电、脑电、肌电等数据，健康自检、呼吸暂停综合征辅助诊断以及心律失常自检、术后慢病管理都可以在一个个非常轻薄的可穿戴设备与大数据中心以及专家系统配合之下完成。这有助于在院外使用最经济便捷的手段，最大限度地发现更多的潜在心脏病患者，给出合理的转诊及管理建议，并且使用比传统设备更便捷，不受时间、空间、患者状态限制的产品，识别出潜在的心脏危险，给医生提供更充分的诊断证据。

B.4
2023年中国医疗设备行业数据调研分析

金 东*

摘 要： 由《中国医疗设备》杂志社牵头开展的"2023年度中国医疗设备行业数据调查"活动经过为期一年的问卷调研，共回收由4107名临床工程从业人员填写的13928份问卷，有效样本覆盖2858家医院，覆盖二级以上医院2202家，其中三级1209家、二级993家，二级以上医院覆盖率达到15.59%。本文以该活动为基础，使用市场保有率、满意度、净推荐值、意向复购率等多个指标，从24类医疗设备品牌配置情况，设备的市场保有率、售后服务情况、维修保养服务情况、采购推荐等维度，深入分析我国医疗设备的配置及使用现状，并按照医院分级、地区分省等对数据结果进行了详细挖掘，主要采用描述性统计的方式对调研结果进行归纳展示，阐述了医疗设备各品牌发展状况，为行业健康发展提供了真实有效的数据支撑。

关键词： 行业数据调研 医院配置 售后服务

一 中国医疗设备行业数据调研项目介绍

"中国医疗设备行业数据调研"活动由《中国医疗设备》杂志社牵头，

---

* 金东，《中国医疗设备》杂志社法人、社长，首都医科大学生物医学工程学学院临床工程学系副主任。中国药品监督管理研究会医疗器械监管研究专业委员会副主委兼秘书长、中国老年保健协会副会长兼老年医学分会会长、中国研究型医院学会临床工程专业委员会副主委、中国非公立医疗机构协会临床工程分会会长、北京医师协会临床医学工程师分会副会长兼总干事、中华医学会医学工程学分会常委、北京智慧医疗技术创新联盟理事长。

联合中国药品监督管理研究会、中国研究型医院学会临床工程专业委员会、中国非公立医疗机构协会临床工程分会、首都医科大学生物医学工程学院、中国技术交易所、北京智慧医疗技术创新联盟共同举办。

"中国医疗设备行业数据调研"自2010年开展至2024年已走过14年的征程。14年来备受各级政府、医院、卫生机构、招标采购部门、企业和媒体的高度关注。每年为医疗行业提供第一手的调研数据报告,帮助政府相关部门、医院、企业客观、全面地了解在用设备的一线真实情况,了解使用单位对医疗产品的综合满意度,引导企业规范服务行为、提高产品及服务质量。[①]

经过多年经验累积,"中国医疗设备行业数据调研"活动建立了完善的行业研究员系统,由医院固定的临床工程从业人员填写,是国内医疗设备有史以来数据调研体系最健全、医院调研覆盖率最高、所有问卷均可溯源的学术调研项目。2010~2024年14年共回收问卷109562份(见图1)。

图1 2010~2023年中国医疗设备行业数据调研问卷回收情况

资料来源:《中国医疗设备》杂志社中国医疗设备行业数据调研。

---

① 《促行业发声,让数据说话——第七届中国医疗设备行业数据发布大会在京盛大召开》,《中国医疗设备》2017年第4期,第170页。

（一）中国医疗设备行业数据调研优势

"中国医疗设备行业数据调研"体系历时 16 年的搭建，成为目前国内唯一的医疗器械行业数据调研体系，优势如下。

第一，最大样本覆盖的第三方调研体系。调研连续进行 14 年，2023 年的调研由 2858 家医院的 4107 名研究员填写 13928 份问卷，二级以上医院调研覆盖率达 15.59%。

第二，专业人员填写调研问卷。组建涵盖 1.8 万多名研究员的"中国医疗设备行业数据研究员"体系，固定且稳定的医院专业人员是保证调研质量的重要前提，这 1.8 万多名研究员覆盖全国 8000 多家医院。

第三，独立的问卷填写系统。在好医工 App、好医工 PC 端完成调研问卷填写，数据直接录入服务器，自动进行筛选并实时得出分析结果。

第四，行业协同。医院、卫健委、药监局和企业共同参与调研问卷的设计、填写、使用、完善。

第五，行业认同。调研数据被各地医疗主管部门、医院等招标采用，《健康报》连续 12 年封底整版转载，各大主流媒体争相报道，是目前中国最具影响力的第三方医疗器械调研体系。

（二）中国医疗设备行业数据调研的设计及方法

1. 数据调研的设计思路

数据调研活动的主要目的是通过对医疗机构在用医疗设备的统计，经过科学分析，反哺行业发展。调查对象为医疗机构，分为两类，一类是设备管理部门，该部门负责医疗设备保障管理工作，能够反馈医院的设备配置情况及厂家提供售后服务情况；另一类是临床及医技等设备使用部门，这些部门的医护人员对各厂家的售后服务也有直接接触，可以直接反馈厂家的服务。数据调查包括 6 个维度，调研问卷涉及指标多达 30 余项。

数据调研采用 Delphi 法制定中国医疗设备行业数据及售后服务调研问卷。由放射诊断专家、医学工程专家及统计学专家组成专家小组，考虑整个医疗设备使用及售后服务流程涉及的指标，制定初步调研问卷，然后结合专家咨询、座谈、试答的方式对问卷进行优化，经多轮意见收集和反馈后，确认问卷内容。每年联合医院设备使用科室以及医疗设备企业人员举办行业数据研讨会，根据实际工作需要对问卷进行调整和完善。

效度一般指问卷的有效性和准确性，即测量工具能够准确测出所需测量事物的程度。效度通常分为内容效度、准则效度和结构效度三种类型。本项目采用结构效度分析（指测量结果体现的某种结构与测值之间的对应程度），采用 KMO 值来判断问卷效度是否合理，判断标准如表 1 所示。

表 1　结构效度判定准则

KMO 系数	KMO>0.9	0.7<KMO≤0.9	0.6<KMO≤0.7	KMO≤0.6
结构效度	非常好	较好	尚可	较差,不可用

对 2018~2023 年行业数据及售后服务调研影像类设备问卷设计的科学性进行评估，所得效度检验结果如表 2 所示。根据检验结果，结合判定标准，这 6 年问卷检验 KMO 值均大于 0.9，故问卷的结构设置是有效可用的（见表 2）。

表 2　2017~2023 年影像类设备问卷效度检验结果

年份	KMO 值	年份	KMO 值
2018	0.963	2021	0.977
2019	0.968	2022	0.975
2020	0.973	2023	0.975

资料来源：《中国医疗设备》杂志社中国医疗设备行业数据调研。

信度主要指问卷数据是否精准，即采用同样的方法对同一对象重复测量时所得结果的一致性程度。其分析方法主要有重测信度法、复本信度法、分半信度法和内部一致性信度法。本项目采用内部一致性信度法，判定标准如表 3 所示。

表3　信度检验标准

α 系数	α ≥ 0.9	0.8 ≤ α < 0.9	0.7 ≤ α < 0.8	α < 0.7
一致性信度	很高	可以接受	有一定参考价值	数据不可用

对2018~2023年行业数据及售后服务调研影像类设备数据的信度进行评估，所得信度检验结果如表6所示。根据检验结果，结合判定标准，这6年数据信度检验α值均大于0.9，故调研的数据信度较高，结果有效（见表4）。

表4　2018~2023年影像类设备数据信度检验结果

年份	α 值	年份	α 值
2018	0.960	2021	0.969
2019	0.964	2022	0.966
2020	0.968	2023	0.967

资料来源：《中国医疗设备》杂志社中国医疗设备行业数据调研。

2. 数据调研的品类划分

2023年根据医院医疗设备配置情况，将医院在用设备分为五大类，分别为数字诊疗装备、急救与生命支持类设备、腔镜类设备、手术室设备、实验室设备。

在五大类设备中细分了24类，具体情况如表5所示。

表5　中国医疗设备行业数据调研细分子类

大类	细分子类
数字诊疗装备	CT类、磁共振MRI类、血管造影机DSA类、X射线类、超声影像类、直线加速器类、核医学类、伽马刀类
急救与生命支持类设备	监护类、呼吸类、输注泵类、血液净化类、康复类
腔镜类设备	软式内窥镜类、硬式内窥镜类
手术室设备	麻醉类、电刀-超声刀等医用刀类、灯床塔等手术室设备类、医用激光类、供应室及手术室消毒类、手术显微镜类
实验室设备	检验设备类、病理类、急诊检验类

资料来源：《中国医疗设备》杂志社中国医疗设备行业数据调研。

3. 数据调研的内容设计

"中国医疗设备行业数据调研"主要调研医疗设备的配置、售后服务、设备维护保养以及使用故障情况，分别从产品质量、维修质量、服务价格、服务效率、培训体系、服务态度6个维度进行调研。

调研问卷从基本的安装、维修、备件的提供，到定期维护、系统升级，再到人员培训等，涉及指标达30多个，并逐年进行完善和调整（见表6）。

表6　2023年度调研问卷

指标	评价内容	评价结果
基础信息	1. 品牌(请选择医院在用的厂家)	填空
	2. 型号(请选择医院在用的型号)	填空
	3. 设备数量(请填写该类设备品牌所有设备数量)	填空
	4. 有创呼吸类设备数量(请填写该类设备品牌所有设备数量)	填空
	5. 购买保修的设备数量(包含在保设备和出保设备)	填空
产品质量	6. 对产品可靠性的满意度(故障率低、性能稳定)	★★★★★
	7. 对产品易用性的满意度(操作简便)	★★★★★
维修质量	8. 对基本维修资料(维修手册、维修图纸、操作手册、技术参数、专用维修工具等)开放程度的满意度	★★★★★
	9. 开放维修诊断数据接口及故障代码的满意度	★★★★★
	10. 对工程师维修水平的满意度	★★★★★
	11. 对维修/保养后，企业提供的维保记录和检测报告的满意度	★★★★★
	12. 保修期内是否定期按照合同或《维修手册》的要求，提供维护保养	是/否
	13. 对保修期内所更换备件质量的满意度	★★★★★
	14. 对厂家提供的周期性质量检测服务的满意度	★★★★★
	15. 对厂家提供的预防性维护服务的满意度	★★★★★
	16. 对厂家工程师主动合理的非维修性拜访或巡检服务的满意度	★★★★★
服务价格	17. 对厂家工程师工时费用的满意度	★★★★★
	18. 对厂家配件价格的满意度	★★★★★
	19. 维修付款方式	先修后付款/先付款后修
服务效率	20. 对厂家的到货安装服务是否严格按照合同约定的整体满意度(原厂授权代理商等同原厂)	★★★★★
	21. 对配件到货速度的满意度	★★★★★
	22. 对厂家工程师维修响应(电话响应和现场响应)、维修效率的满意度	★★★★★
	23. 对厂家800/400报修电话或报修平台服务的满意度	★★★★★

续表

指标	评价内容	评价结果
培训体系	24. 对设备科人员提供无附加条件的线下培训的满意度	★★★★★
	25. 对合同规定的培训条款履约情况的满意度	
	26. 对厂家提供的线上教育、科研合作成果转化方面的满意度	★★★★★
服务态度	27. 对厂家工程师服务态度的满意度	★★★★★
	28. 对厂家解决客户投诉的处理效率与效果的满意度	★★★★★
	29. 周末节假日工程师是否提供上门维修服务	是/否
其他	30. 公司售后服务的总体满意度	★★★★★
	31. 您愿意推荐该品牌给其他同行	1~10 分
	32. 您是否愿意再次购买使用该品牌设备？原因	是/否
	33. 我院该品牌设备，平均每台每年硬性故障次数(故障次数/台/年,硬性故障为硬件损坏而产生的故障,此类故障一般情况下需要替换或维修硬件)	填空
	34. 我院该品牌设备，平均每台每年软性故障次数(故障次数/台/年,软性故障为环境不当、操作不当、设计或架构原因而产生的故障,此类故障一般情况下不需要更换硬件)	填空
	35. 如您对该品牌服务不满,请选择原因	(1)售后服务问题 (2)合同问题 (3)质量问题 (4)虚假宣传问题 (5)安全问题 (6)其他问题
	36. 您还想了解该品牌的哪些情况	(1)维保所需的材料(密码、图纸等) (2)新产品、新技术 (3)设备参数 (4)维保培训 (5)设备及配件价格 (6)其他

资料来源：《中国医疗设备》杂志社中国医疗设备行业数据调研。

4. 数据调研指标介绍

（1）市场保有率

主要调研医院在用设备的配置情况，根据医院在用设备中各品牌设备数量所占比例计算得出。

（2）满意度

主要采用了专家权重及台件权重的方法。调研问卷设置了 18～21 个数量不等的打分题，设备使用者对这些问题的关注程度并不相同，故设置专家权重以平衡各指标的重要程度。专家权重是通过专家赋权法来确定的，从全国各地区选取多位医疗设备使用及管理专家对售后服务评价指标重要程度进行打分，以此来确定各指标重要程度的权重高低。

另外，因为医院等级、规模、服务对象不同，所以不同医院在医疗设备的配置数量上也有很大差别，这对设备服务评估有较大影响。为体现装机量是影响满意度的重要因子，减轻由装机量差距引起的片面权重倾斜，采用装机量的平方根作为权重因子，设置了台件权重。

结合专家权重和台件权重，采用加权平均法得到设备售后服务满意度，加权平均值的计算方法如下。

利用指标权重得到每个评价者对设备的综合评价情况，计算方法如下：

$$\bar{x}_i = \omega_1 x_{1i} + \omega_2 x_{2i} + \cdots + \omega_n x_{ni}$$

其中，$\bar{x}_i$ 是指第 i 个评价者的评价得分，ω_n 为第 n 个指标的权重，x_{ni} 为第 i 个评价者在第 n 个指标上的评价打分。

然后结合台件权重，得到同一类型设备中所有评价者的综合分值，计算方法如下：

$$\bar{\bar{x}} = \mu_1 \bar{x}_1 + \mu_2 \bar{x}_2 + \cdots + \mu_n \bar{x}_i$$

其中，$\bar{\bar{x}}$ 为综合评价分值，μ_n 第 n 个评价者台件权重。

（3）六维综合满意度

从产品质量、维修质量、服务价格、服务效率、培训体系、服务态度 6 个维度来综合评价各品牌的表现。根据六维综合满意度，可以看出各品牌在每个方面服务的优劣，维持好的方面，着重提升欠缺的方面，有的放矢，更加有效地提升整体售后服务质量。

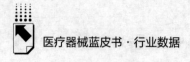

（4）核心环节竞争力

医院专家对调研的全部问题进行重要度评价，得出各个问题的权重，将医院最关心的4个问题称为核心环节，各企业在这4个问题上得到的满意度就是其核心环节竞争力。核心环节问题是医院最为看重的问题，也是对满意度影响最大的问题。满意度越高，企业在该核心环节上的竞争力越强。

（5）维保履行率

维保履行率展示了在保修期内厂家定期按医院需求提供维护保养的情况。维保履行率越高，企业在保修期内按医院需求对医院设备提供维护保养的比例越高。

（6）维修付款方式

维修付款方式是指企业提供售后维修时，选择"先修后付款"的比例。这个指标值越高，越能体现企业更加注重客户需求，以客户满意为先。

（7）无间断服务

无间断服务是指企业在周末、节假日提供上门维修服务的比例。指标值越高，说明企业无间断售后服务越好。

（8）净推荐值

主要为计量客户向其他人推荐某个品牌设备可能性的指数。计算方法为推荐者的比例减去贬低者的比例。计算方法为：净推荐值（NPS）＝（推荐者数÷总样本数）×100％－（贬损者数÷总样本数）×100％

（9）意向复购率

客户愿意再次购买该品牌设备的比例，是在体验过该品牌设备之后做出的选择。

（10）四分图模型

主要通过调研列出与设备服务相关的所有指标，对每个指标设重要度和满意度两个属性，根据客户对该指标的重要度及满意度的打分，将影响企业满意度的各因素归入四个象限内，可按归类结果对这些因素分别处理（见图2）。

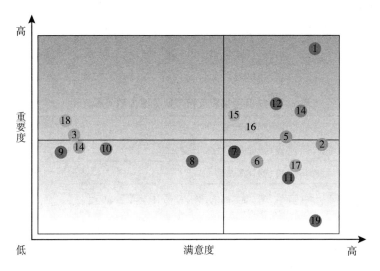

图2 满意度和重要度四分

资料来源：《中国医疗设备》杂志社中国医疗设备行业数据调研。

第一象限为优势区，该区域指标均为高重要度、高满意度。本区域内的指标是运营管理的主要关注点，该区域内指标越多，说明企业的整体服务水平越高，客户满意度越高。

第二象限为修补区，该区域指标为高重要度、低满意度。本区域内指标均为重要指标，但是企业在这方面做得不够，客户满意度低。所以该区域内的指标是企业服务的短板，企业需重点关注，亟须改善提高。

第三象限为机会区，该区域内的指标均为低重要度、低满意度。本区域内的指标是设备运营的次要关注点，本区域内的指标重要度较低，客户的满意度和关注度也较低，企业可根据实际条件适当调整本区域内的指标投入。

第四象限为维持区，该区域内指标为低重要度、高满意度。本区域内指标是设备运营的次要关注点，客户虽然关注度低但是较为满意，所以该区域内指标需要企业继续保持。

满意度和重要度模型四分图内编号释义详见表7和表8（CT类、磁共

振 MRI 类、血管造影机 DSA 类、X 射线类、超声影像类、核医学类、直线
加速器类、伽马刀类释义参照表 7，康复类释义参照表 8，其余产品线设备
释义参照表 9）。

表 7　满意度和重要度模型四分图内编号释义 1

编号	释义	备注
1	对产品可靠性的满意度(故障率低、性能稳定)	
2	对产品易用性的满意度(操作简便)	
3	对基本维修资料(维修手册、维修图纸、操作手册、技术参数、专用维修工具等)开放程度的满意度	仅适用于数字诊疗设备
4	开放维修诊断数据接口及故障代码的满意度	仅适用于数字诊疗设备
5	对工程师维修水平的满意度	
6	对维修/保养后,企业提供的维保记录和检测报告的满意度	
7	对保修期内所更换备件质量的满意度	
8	对厂家提供的周期性质量检测服务的满意度	仅适用于数字诊疗设备
9	对厂家提供的预防性维护服务的满意度	
10	对厂家工程师主动合理的非维修性拜访或巡检服务的满意度	
11	对厂家工程师工时费用的满意度	
12	对厂家配件价格的满意度	
13	对厂家的到货安装服务是否严格按照合同约定的整体满意度(原厂授权代理商等同原厂)	
14	对配件到货速度的满意度	
15	对厂家工程师维修响应(电话响应和现场响应)、维修效率的满意度	
16	对厂家 800/400 报修电话或报修平台服务的满意度	仅适用于数字诊疗设备
17	对设备科人员提供无附加条件的线下培训的满意度	
18	对合同规定的培训条款履约情况的满意度	
19	对厂家提供的线上教育、科研合作成果转化方面的满意度	
20	对厂家工程师服务态度的满意度	
21	对厂家解决客户投诉的处理效率与效果的满意度	

资料来源:《中国医疗设备》杂志社中国医疗设备行业数据调研。

表8 满意度和重要度模型四分图内编号释义2

编号	释义	备注
1	对产品可靠性的满意度(故障率低、性能稳定)	
2	对产品易用性的满意度(操作简便)	
3	对工程师维修水平的满意度	
4	对维修/保养后,企业提供的维保记录和检测报告的满意度	
5	对保修期内所更换备件质量的满意度	
6	对厂家提供的周期性质量检测服务的满意度	
7	对厂家提供的预防性维护服务的满意度	
8	对厂家工程师主动合理的非维修性拜访或巡检服务的满意度	
9	对厂家工程师工时费用的满意度	
10	对厂家配件价格的满意度	
11	对厂家的到货安装服务是否严格按照合同约定的整体满意度(原厂授权代理商等同原厂)	
12	对配件到货速度的满意度	
13	对厂家工程师维修响应(电话响应和现场响应)、维修效率的满意度	
14	对厂家800/400报修电话或报修平台服务的满意度	
15	对设备科人员提供无附加条件的线下培训的满意度	
16	对合同规定的培训条款履约情况的满意度	
17	对厂家提供的线上教育、科研合作成果转化方面的满意度	
18	对厂家工程师服务态度的满意度	
19	对厂家解决客户投诉的处理效率与效果的满意度	

资料来源:《中国医疗设备》杂志社中国医疗设备行业数据调研。

表9 满意度和重要度模型四分图内编号释义3

编号	释义	备注
1	对产品可靠性的满意度(故障率低、性能稳定)	
2	对产品易用性的满意度(操作简便)	
3	对工程师维修水平的满意度	
4	对维修/保养后,企业提供的维保记录和检测报告的满意度	
5	对保修期内所更换备件质量的满意度	

续表

编号	释义	备注
6	对厂家提供的周期性质量检测服务的满意度	
7	对厂家提供的预防性维护服务的满意度	
8	对厂家工程师主动合理的非维修性拜访或巡检服务的满意度	
9	对厂家工程师工时费用的满意度	
10	对厂家配件价格的满意度	
11	对厂家的到货安装服务是否严格按照合同约定的整体满意度（原厂授权代理商等同原厂）	
12	对配件到货速度的满意度	
13	对厂家工程师维修响应（电话响应和现场响应）、维修效率的满意度	
14	对厂家800/400报修电话或报修平台服务的满意度	
15	对设备科人员提供无附加条件的线下培训的满意度	
16	对合同规定的培训条款履约情况的满意度	
17	对厂家工程师服务态度的满意度	
18	对厂家解决客户投诉的处理效率与效果的满意度	

资料来源：《中国医疗设备》杂志社中国医疗设备行业数据调研。

二 2023年数据调研的实施情况

2023年数据调研活动自2023年3月底开始至2023年12月底结束，经过积极号召、科学组织，问卷覆盖全国32个省份的临床工程相关从业人员，从调研机构回收的问卷数量达13928份，覆盖全国2858家医疗机构，其中三级医院1209家、二级医院993家、其他医疗机构656家。（见图3）。

2023年"中国医疗设备行业数据调研"情况，将在本章第三部分详细介绍。未来项目组将调整各省份的医院问卷回收数量，增加二级医院及基层医院的问卷回收，使数据调研活动更科学、更具有公信力。

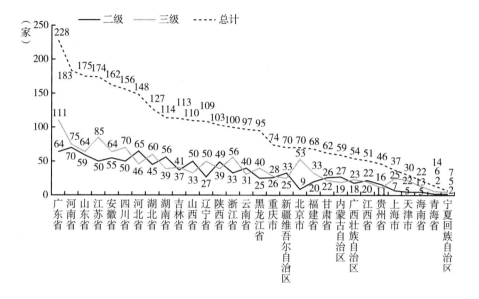

图3　二级以上医院参与医疗设备行业数据调研的省份分布情况

资料来源:《中国医疗设备》杂志社中国医疗设备行业数据调研。

三　2023年医疗设备市场分析

（一）CT类设备整体市场数据分析

1. CT类设备主要品牌整体市场及分级市场保有率

我国CT类设备市场以进口品牌为主，2023年全国CT类设备中，主要品牌整体市场及分级市场保有率情况（按照2023年保有率不低于1%的品牌排名顺序展示，以下同）如表10所示。其他品牌包括岛津、明峰医疗、赛诺威盛、日立、博爵、朗润医疗、开影医疗、新华医疗、宽腾开普、上海电气康达医疗器械集团股份有限公司、NEUROLOGICA等。

表10 2023 年全国 CT 类设备主要品牌保有率

单位：%

序号	品牌名称	整体保有率	三级医院保有率	二级医院保有率
1	GE	30.49	32.60	27.92
2	西门子	22.99	25.54	17.19
3	飞利浦	16.21	18.36	11.04
4	东软医疗	13.32	7.94	23.50
5	联影	9.30	8.65	11.67
6	佳能	3.38	3.19	3.94
7	安科	3.34	2.45	4.57

资料来源：《中国医疗设备》杂志社中国医疗设备行业数据调研。

2. CT 类设备主要品牌售后服务现状分析

（1）2023 年 CT 类设备主要品牌售后服务满意度

2023 年，在全国 CT 类设备主要且市场保有率不低于 10.00% 的品牌中，GE 的满意度为 4.28，西门子的满意度为 4.36，飞利浦的满意度为 4.26，东软医疗的满意度为 4.38。保有率在 1.00% 和 10.00% 之间的品牌中，联影的满意度为 4.33，佳能的满意度为 4.25，安科的满意度为 4.66。全国 CT 类设备主要品牌分医院等级售后服务满意度详见表11。

表11 2023 年全国 CT 类设备主要品牌售后服务满意度

序号	品牌名称	售后服务满意度	三级医院售后服务满意度	二级医院售后服务满意度
1	GE	4.28	4.34	4.12
2	西门子	4.36	4.38	4.32
3	飞利浦	4.26	4.26	4.22
4	东软医疗	4.38	4.40	4.34
5	联影	4.33	4.38	4.18
6	佳能	4.25	4.28	4.11
7	安科	4.66	4.64	4.65

资料来源：《中国医疗设备》杂志社中国医疗设备行业数据调研。

（2）2023年全国CT类设备主要品牌核心环节竞争力

2023年，在全国CT类设备中，设备使用及管理人员最关注的四个品牌核心环节竞争力的情况如图4所示。

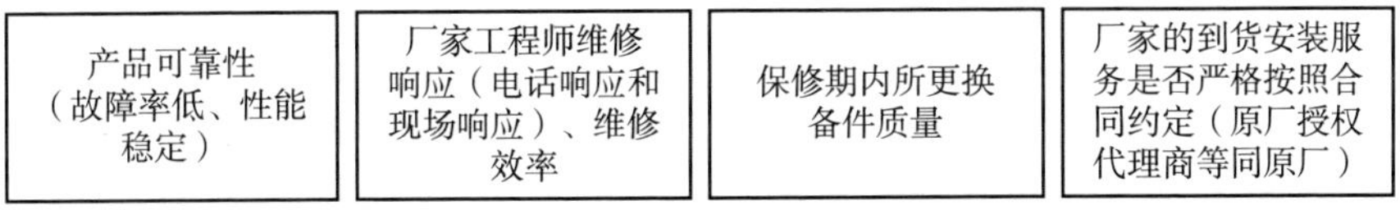

产品可靠性（故障率低、性能稳定）	厂家工程师维修响应（电话响应和现场响应）、维修效率	保修期内所更换备件质量	厂家的到货安装服务是否严格按照合同约定（原厂授权代理商等同原厂）

图4 2023年全国CT类设备主要品牌核心环节竞争力

资料来源：《中国医疗设备》杂志社中国医疗设备行业数据调研。

从整体来看，医院对CT类设备售后服务中最为关注的方面是产品质量、维修质量和服务效率。其中，对产品质量（产品可靠性）最为看重；厂家工程师维修响应（电话响应和现场响应）、维修效率，厂家的到货安装服务是否严格按照合同约定这两项指标反映了服务效率；保修期内所更换备件质量这一指标反映了维修质量。

（3）2023年全国CT类设备六维综合满意度

2023年，从全国CT类设备六维综合满意度评价中可以看出，服务态度和服务效率为满意度分值最高的维度。维修质量在这6个维度中满意度分值最低（见表12）。

表12 2023年全国CT类设备六维综合满意度

产品质量	维修质量	服务价格	服务效率	培训体系	服务态度
4.48	3.74	3.89	4.53	4.09	4.53

资料来源：《中国医疗设备》杂志社中国医疗设备行业数据调研。

3. CT类设备维修保养服务情况分析

在2023年全国CT类设备中，主要品牌维修保养服务情况如表13所示（按照2023年保有率不低于1%的品牌排名顺序展示，以下同）。

表 13　2023 年全国 CT 类设备主要品牌维修保养服务情况

单位：%

序号	品牌名称	维保履行率	先修后付款所占比例	无间断服务情况
1	GE	98.72	82.37	98.02
2	西门子	98.53	84.87	97.89
3	飞利浦	97.80	85.02	93.96
4	东软医疗	99.47	91.59	99.20
5	联影	97.71	91.59	97.71
6	佳能	98.42	86.84	94.21
7	安科	93.62	87.23	88.30

资料来源：《中国医疗设备》杂志社中国医疗设备行业数据调研。

4. CT 类设备采购推荐情况

在 2023 年全国 CT 类设备中，主要品牌采购推荐情况如表 14 所示。

表 14　2023 年全国 CT 类设备主要品牌设备采购推荐情况

单位：%

序号	品牌名称	净推荐值	意向复购率
1	GE	44.59	81.06
2	西门子	53.33	84.28
3	飞利浦	40.58	80.00
4	东软医疗	52.51	83.21
5	联影	54.49	84.10
6	佳能	30.43	76.52
7	安科	48.53	81.32

资料来源：《中国医疗设备》杂志社中国医疗设备行业数据调研。

5. CT 类设备满意度和重要度分析

在 2023 年全国 CT 类设备中，满意度和重要度四分如图 5 所示（各指标序号释义详见表 7）。

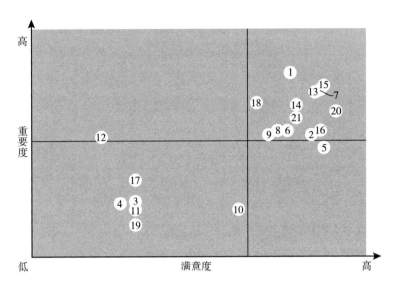

图5　2023年全国CT类设备满意度和重要度四分

资料来源：《中国医疗设备》杂志社中国医疗设备行业数据调研。

（二）磁共振MRI类设备市场数据分析

1.磁共振MRI类设备整体市场及分级市场保有率

我国磁共振MRI类设备市场以进口品牌为主，2023年全国磁共振MRI类设备中，主要品牌整体市场及分级市场保有率情况（按照2023年保有率排名且不低于1%的品牌排名顺序展示，以下同）如表15所示。其他品牌包括朗润医疗、万东、百胜、鑫高益、贝斯达、上海电气康达医疗器械集团股份有限公司、日立、明峰医疗、稀宝博为、布鲁克等。

表15　2023年全国磁共振MRI类设备主要品牌保有率

单位：%

序号	品牌名称	整体保有率	三级医院保有率	二级医院保有率
1	西门子	32.78	36.39	25.86
2	GE	26.36	31.16	15.49
3	飞利浦	17.34	19.20	14.17

续表

序号	品牌名称	整体保有率	三级医院保有率	二级医院保有率
4	东软医疗	8.86	2.35	21.09
5	联影	7.16	6.02	9.88
6	安科	1.77	0.19	4.94
7	奥泰	1.77	2.35	—
8	佳能	1.23	1.03	1.98
9	其他	2.73	1.32	6.59

资料来源:《中国医疗设备》杂志社中国医疗设备行业数据调研。

2. 磁共振 MRI 类设备售后服务现状分析

(1) 2023 年磁共振 MRI 类设备主要品牌售后服务满意度

2023 年,在全国磁共振 MRI 类设备市场保有率不低于 10.00% 的品牌中,西门子的满意度为 4.30,GE 的满意度为 4.27,飞利浦的满意度为 4.31。保有率在 1.00% 和 10.00% 之间的品牌中,东软医疗的满意度为 4.19,联影的满意度为 4.42,安科的满意度为 4.25,奥泰的满意度为 3.93,佳能的满意度为 4.59。全国磁共振 MRI 类设备主要品牌分医院等级售后服务满意度详见表 16。

表 16 2023 年全国磁共振 MRI 类设备主要品牌售后服务满意度

序号	品牌名称	售后服务满意度	三级医院服务满意度	二级医院服务满意度
1	西门子	4.30	4.34	4.15
2	GE	4.27	4.30	4.20
3	飞利浦	4.31	4.35	4.15
4	东软医疗	4.19	4.23	4.17
5	联影	4.42	4.46	4.35
6	安科	4.25	4.41	4.35
7	奥泰	3.93	4.00	—
8	佳能	4.59	4.69	4.39

资料来源:《中国医疗设备》杂志社中国医疗设备行业数据调研。

（2）2023年全国磁共振MRI类设备主要品牌核心环节竞争力

2023年，在全国磁共振MRI类设备中，设备使用及管理人员最关注的四个品牌核心环节竞争力的情况如图6所示。

产品可靠性（故障率低、性能稳定）	厂家工程师维修响应（电话响应和现场响应）、维修效率	保修期内所更换备件质量	厂家的到货安装服务是否严格按照合同约定（原厂授权代理商等同原厂）

图6 2023年全国磁共振MRI类设备主要品牌核心环节竞争力

资料来源：《中国医疗设备》杂志社中国医疗设备行业数据调研。

从整体来看，医院对磁共振MRI类设备售后服务中最为关注的方面是产品质量、维修质量和服务效率。其中，对产品质量（产品可靠性）最为看重；厂家工程师维修响应（电话响应和现场响应）、维修效率，厂家的到货安装服务是否严格按照合同约定这两项指标反映了服务效率；保修期内所更换备件质量这一指标反映了维修质量。

（3）2023年全国磁共振MRI类设备六维综合满意度

2023年，从全国磁共振MRI类设备六维综合满意度评价中可以看出，服务态度、服务效率为满意度分值最高的维度。维修质量在这6个维度中满意度分值最低（见表17）。

表17 2023年全国磁共振MRI类设备六维综合满意度

产品质量	维修质量	服务价格	服务效率	培训体系	服务态度
4.42	3.71	3.94	4.45	4.08	4.45

资料来源：《中国医疗设备》杂志社中国医疗设备行业数据调研。

3.磁共振MRI类设备维修保养服务情况分析

在2023年全国磁共振MRI类设备中，主要品牌维修保养服务情况如表18所示。

表18　2023年全国磁共振MRI类设备主要品牌维修保养服务情况

单位：%

序号	品牌名称	维保履行率	先修后付款所占比例	无间断服务情况
1	西门子	98.86	83.90	97.59
2	GE	97.41	85.36	96.25
3	飞利浦	96.66	84.99	97.44
4	东软医疗	98.41	96.92	96.92
5	联影	99.05	88.57	98.33
6	安科	97.94	69.23	92.31
7	奥泰	73.08	73.08	34.62
8	佳能	97.90	88.89	96.24

资料来源：《中国医疗设备》杂志社中国医疗设备行业数据调研。

4. 磁共振MRI类设备采购推荐情况

在2023年全国磁共振MRI类设备中，主要品牌采购推荐情况如表19所示。

表19　2023年全国磁共振MRI类设备主要品牌设备采购推荐情况

单位：%

序号	品牌名称	净推荐值	意向复购率
1	西门子	52.22	83.92
2	GE	44.07	81.30
3	飞利浦	49.51	82.09
4	东软医疗	52.94	84.02
5	联影	53.76	84.95
6	安科	25.93	76.67
7	奥泰	—	50.00
8	佳能	11.76	85.88

资料来源：《中国医疗设备》杂志社中国医疗设备行业数据调研。

5. 磁共振MRI类设备满意度和重要度分析

在2023年全国磁共振MRI类设备中，满意度和重要度四分如图7所示（各指标序号释义详见表7）。

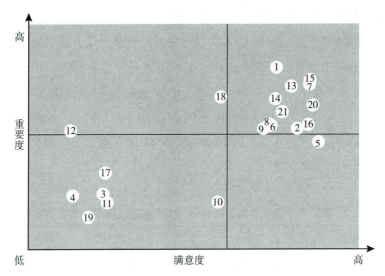

图7 2023 年全国磁共振 MRI 类设备满意度和重要度四分

资料来源:《中国医疗设备》杂志社中国医疗设备行业数据调研。

(三)血管造影机 DSA 类设备市场数据分析

1. 血管造影机 DSA 类设备整体市场及分级市场保有率

我国血管造影机 DSA 类设备市场以进口品牌为主,2023 年全国血管造影机 DSA 类设备中,主要品牌整体市场及分级市场保有率情况(按照 2023 年保有率排名且不低于 1% 的品牌排名顺序展示,以下同)如表 20 所示。其他品牌包括万东、岛津、乐普医疗等。

表 20 2023 年全国血管造影机 DSA 类设备主要品牌保有率

单位:%

序号	品牌名称	整体保有率	三级医院保有率	二级医院保有率
1	飞利浦	40.41	43.10	25.64
2	西门子	25.53	26.75	19.49
3	GE	21.64	21.72	23.08
4	东软医疗	8.54	5.76	21.54
5	佳能	2.18	1.67	5.13
6	其他	1.70	0.99	5.13

资料来源:《中国医疗设备》杂志社中国医疗设备行业数据调研。

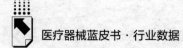

2. 血管造影机 DSA 类设备售后服务现状分析

（1）2023 年血管造影机 DSA 类设备主要品牌售后服务满意度

2023 年，在全国血管造影机 DSA 类设备市场保有率不低于 10.00% 的品牌中，飞利浦的满意度为 4.39，西门子的满意度为 4.31，GE 的满意度为 4.33。保有率在 1.00% 和 10.00% 之间的品牌中，东软医疗的满意度为 4.46，佳能的满意度为 4.28。全国血管造影机 DSA 类设备主要品牌分医院等级售后服务满意度如表 21 所示。

表 21　2023 年全国血管造影机 DSA 类设备主要品牌售后服务满意度

序号	品牌名称	售后服务满意度	三级医院售后服务满意度	二级医院售后服务满意度
1	飞利浦	4.39	4.42	4.21
2	西门子	4.31	4.33	4.17
3	GE	4.33	4.37	4.19
4	东软医疗	4.46	4.43	4.52
5	佳能	4.28	4.14	4.51

资料来源：《中国医疗设备》杂志社中国医疗设备行业数据调研。

（2）2023 年全国血管造影机 DSA 类设备主要品牌核心环节竞争力

2023 年，在全国血管造影机 DSA 类设备中，设备使用及管理人员最关注的四个品牌核心环节竞争力的情况如图 8 所示。

产品可靠性（故障率低、性能稳定）	厂家工程师维修响应（电话响应和现场响应）、维修效率	保修期内所更换备件质量	厂家的到货安装服务是否严格按照合同约定（原厂授权代理商等同原厂）

图 8　2023 年全国血管造影机 DSA 类设备主要品牌核心环节竞争力

资料来源：《中国医疗设备》杂志社中国医疗设备行业数据调研。

从整体来看，医院对管造影机 DSA 类设备售后服务中最为关注的方面是产品质量、维修质量和服务效率。其中，对产品质量（产品可靠性）最为看重；厂家工程师维修响应（电话响应和现场响应）、维修效率，厂家的到货安装服务是否严格按照合同约定这两项指标反映了服务效率；保修期内所更换备件质量这一指标反映了维修质量。

（3）2023年全国血管造影机DSA类设备六维综合满意度

2023年，从全国血管造影机DSA类设备六维综合满意度评价中可以看出，服务效率维度为满意度分值最高的维度。维修质量在这6个维度中满意度分值最低（见表22）。

表22 2023年全国血管造影机DSA类设备六维综合满意度

产品质量	维修质量	服务价格	服务效率	培训体系	服务态度
4.52	3.77	3.99	4.53	4.13	4.49

资料来源：《中国医疗设备》杂志社中国医疗设备行业数据调研。

3. 血管造影机DSA类设备维修保养服务情况分析

在2023年全国血管造影机DSA类设备中，主要品牌维修保养服务情况如表23所示。

表23 2023年全国血管造影机DSA类设备主要品牌维修保养服务情况

单位：%

序号	品牌名称	维保履行率	先修后付款所占比例	无间断服务情况
1	飞利浦	98.70	87.50	98.63
2	西门子	97.15	85.42	97.78
3	GE	98.88	87.25	97.05
4	东软医疗	94.31	89.89	92.42
5	佳能	96.30	77.78	97.72

资料来源：《中国医疗设备》杂志社中国医疗设备行业数据调研。

4. 血管造影机DSA类设备采购推荐情况

在2023年全国血管造影机DSA类设备中，主要品牌采购推荐情况如表24所示。

表24　2023年全国血管造影机DSA类设备主要品牌设备采购推荐情况

单位：%

序号	品牌名称	净推荐值	意向复购率
1	飞利浦	59.31	85.90
2	西门子	55.72	84.68
3	GE	44.31	80.06
4	东软医疗	50.50	87.62
5	佳能	42.86	78.10

资料来源：《中国医疗设备》杂志社中国医疗设备行业数据调研。

5. 血管造影机DSA类设备满意度和重要度分析

在2023年全国血管造影机DSA类设备中，满意度和重要度四分如图9所示（各指标序号释义详见表7）。

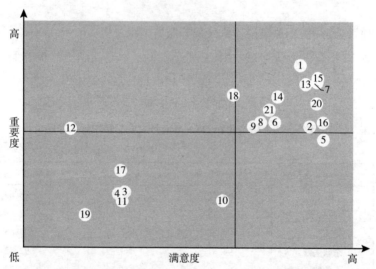

图9　2023年全国血管造影机DSA类设备满意度和重要度四分

资料来源：《中国医疗设备》杂志社中国医疗设备行业数据调研。

（四）X射线类设备市场数据分析

1. X射线类设备整体市场及分级市场保有率

我国X射线类设备市场以进口品牌为主，2023年全国X射线类设备品类中，主要品牌整体市场及分级市场保有率情况（按照 2023 年保有率排名且不低于 1% 的品牌排名顺序展示，以下同）如表 25 所示。其他品牌包括普爱医疗、富士胶片、爱克发、GMM、赛德科、日立、奇目、上海电气康达医疗器械集团股份有限公司、新华医疗、蓝韵、西诺德、深图、卡瓦、宽腾开普、贝斯达、普兰梅卡、MIS、普朗医疗、杰雄、朗润医疗、开影医疗、南京杰雄、和佳医疗、万力森、新黄浦、达影医疗、IDC、东方惠尔、豪洛捷、青岛海青、赛福莱、TCL 医疗、三星麦迪逊等。

表 25　2023 年全国 X 射线类设备主要品牌保有率

单位：%

序号	品牌名称	整体保有率	三级医院保有率	二级医院保有率
1	西门子	22.13	25.94	13.56
2	飞利浦	15.91	17.81	13.82
3	GE	14.54	15.79	14.34
4	东软医疗	8.24	2.68	15.65
5	岛津	7.32	8.36	6.00
6	锐珂	6.17	7.59	2.35
7	万东	5.45	2.86	11.47
8	联影	5.15	5.11	5.35
9	迈瑞	2.75	3.17	1.56
10	安科	1.76	1.16	2.09
11	佳能	1.38	1.55	1.04
12	安健科技	1.21	0.85	1.56
13	其他	7.98	7.12	11.21

资料来源：《中国医疗设备》杂志社中国医疗设备行业数据调研。

2. X 射线类设备售后服务现状分析

（1）2023 年 X 线机类设备主要品牌售后服务满意度

2023 年，在全国 X 射线类设备市场保有率不低于 10.00% 的品牌中，西门子的满意度为 4.29，飞利浦的满意度为 4.33，GE 的满意度为 4.16。保有率在 1.00% 和 10.00% 之间的品牌中，东软医疗的满意度为 4.39，岛津的满意度为 4.09，锐珂的满意度为 4.08，万东的满意度为 3.94，联影的满意度为4.42，迈瑞的满意度为4.43，安科的满意度为4.41，佳能的满意度为4.53，安健科技的满意度为4.00。全国X线机类设备主要品牌分医院等级售后服务满意度详见表26。

表26 2023年全国X线机类设备主要品牌售后服务满意度

序号	品牌名称	售后服务满意度	三级医院售后服务满意度	二级医院售后服务满意度
1	西门子	4.29	4.35	4.05
2	飞利浦	4.33	4.34	4.36
3	GE	4.16	4.26	3.85
4	东软医疗	4.39	4.37	4.36
5	岛津	4.09	4.08	4.04
6	锐珂	4.08	4.09	3.71
7	万东	3.94	4.14	3.68
8	联影	4.42	4.46	4.28
9	迈瑞	4.43	4.37	4.86
10	安科	4.41	4.41	4.33
11	佳能	4.53	4.56	4.50
12	安健科技	4.00	3.75	4.20

资料来源：《中国医疗设备》杂志社中国医疗设备行业数据调研。

（2）2023年全国X射线类设备主要品牌核心环节竞争力

2023年，在全国X射线类设备中，设备使用及管理人员最关注的四个品牌核心环节竞争力的情况如图10所示。

产品可靠性（故障率低、性能稳定）	厂家工程师维修响应（电话响应和现场响应）、维修效率	保修期内所更换备件质量	厂家的到货安装服务是否严格按照合同约定（原厂授权代理商等同原厂）

图10 2023年全国X射线类设备主要品牌核心环节竞争力

资料来源：《中国医疗设备》杂志社中国医疗设备行业数据调研。

从整体来看，医院对X射线类设备售后服务中最为关注的方面是产品质量、维修质量和服务效率。其中，对产品质量（产品可靠性）最为看重；

厂家工程师维修响应（电话响应和现场响应）、维修效率，厂家的到货安装服务是否严格按照合同约定这两项指标反映了服务效率；保修期内所更换备件质量这一指标反映了维修质量。

（3）2023年全国X射线类设备六维综合满意度

2023年，从全国X射线类设备的六维综合满意度评价中可以看出，服务态度维度为满意度分值最高的维度，维修质量在这6个维度中满意度分值最低（见表27）。

表27　2023年全国X射线类设备六维综合满意度

产品质量	维修质量	服务价格	服务效率	培训体系	服务态度
4.38	3.63	3.89	4.41	3.97	4.42

资料来源：《中国医疗设备》杂志社中国医疗设备行业数据调研。

3. X射线类设备维修保养服务情况分析

在2023年全国X射线类设备中，主要品牌维修保养服务情况如表28所示。

表28　2023年全国X射线类设备主要品牌维修保养服务情况

单位：%

序号	品牌名称	维保履行率	先修后付款所占比例	无间断服务情况
1	西门子	98.76	90.46	97.76
2	飞利浦	96.89	86.51	93.77
3	GE	96.97	89.02	97.16
4	东软医疗	97.27	90.65	98.66
5	岛津	95.49	85.71	93.98
6	锐珂	85.71	86.90	91.96
7	万东	88.89	80.81	89.90
8	联影	96.66	90.37	98.93
9	迈瑞	98.00	96.00	98.00
10	安科	81.25	76.56	81.25
11	佳能	95.92	92.00	80.00
12	安健科技	95.45	77.27	86.36

资料来源：《中国医疗设备》杂志社中国医疗设备行业数据调研。

4. X 射线类设备采购推荐情况

在 2023 年全国 X 射线类设备中，主要品牌采购推荐情况如表 29 所示。

表 29　2023 年全国 X 射线类设备主要品牌设备采购推荐情况

单位：%

序号	品牌名称	净推荐值	意向复购率
1	西门子	50.57	83.81
2	飞利浦	53.38	82.97
3	GE	36.00	77.92
4	东软医疗	56.80	84.00
5	岛津	41.89	76.76
6	锐珂	34.48	75.52
7	万东	33.78	72.70
8	联影	61.02	86.61
9	迈瑞	42.31	82.69
10	安科	35.29	75.88
11	佳能	56.25	85.00
12	安健科技	16.67	67.22

资料来源：《中国医疗设备》杂志社中国医疗设备行业数据调研。

5. X 射线类设备满意度和重要度分析

在 2023 年全国 X 射线类设备中，满意度和重要度四分如图 11 所示（各指标序号释义详见表 7）。

（五）超声影像类设备市场数据分析

1. 超声影像类设备整体市场及分级市场保有率

我国超声影像类设备市场以进口品牌为主，2023 年全国超声影像类设备中，主要品牌整体市场及分级市场保有率情况（按照 2023 年保有率排名且不低于 1% 的品牌排名顺序展示，以下同）如表 30 所示。其他品牌包括三星麦迪逊、飞依诺、汕头超声、富士胶片、声科影像、华声医疗、蓝韵、泰瑞声、锐珂、理邦仪器、半岛医疗、智影、中科电子、佳世达、祥生等。

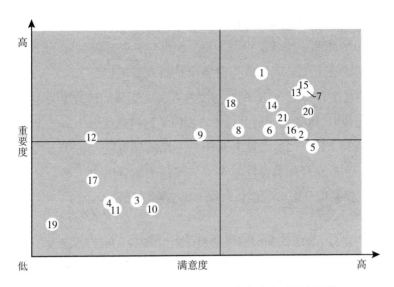

图 11 2023 年全国 X 射线类设备满意度和重要度四分

资料来源：《中国医疗设备》杂志社中国医疗设备行业数据调研。

表 30 2023 年全国超声影像类设备主要品牌保有率

单位：%

序号	品牌名称	整体保有率	三级医院保有率	二级医院保有率
1	飞利浦	33.58	35.33	30.30
2	GE	30.48	32.28	26.32
3	迈瑞	15.76	15.67	18.98
4	西门子	3.92	3.43	6.22
5	开立医疗	3.46	2.49	4.15
6	日立	3.28	3.35	3.19
7	万东	2.26	2.15	3.03
8	佳能	2.20	2.01	3.19
9	东软医疗	1.28	0.55	1.75
10	海信	1.07	0.31	0.80
11	其他	2.71	2.43	2.07

资料来源：《中国医疗设备》杂志社中国医疗设备行业数据调研。

2. 超声影像类设备售后服务现状分析

（1）2023 年超声影像类设备主要品牌售后服务满意度

2023 年，在全国超声影像类设备市场保有率不低于 10.00% 的品牌中，飞利浦的满意度为 4.27，GE 的满意度为 4.33，迈瑞的满意度为 4.42。保有率在 1.00% 和 10.00% 之间的品牌中，西门子的满意度为 4.22，开立医疗的满意度为 4.46，日立的满意度为 3.91，万东的满意度为 4.03，佳能的满意度为 4.04，东软医疗的满意度为 4.56，海信的满意度为 4.59。全国超声影像类设备主要品牌分医院等级售后服务满意度详见表 31。

表 31　2023 年全国超声影像类设备主要品牌售后服务满意度

序号	品牌名称	售后服务满意度	三级医院售后服务满意度	二级医院售后服务满意度
1	飞利浦	4.27	4.30	4.15
2	GE	4.33	4.36	4.16
3	迈瑞	4.42	4.50	4.23
4	西门子	4.22	4.25	4.04
5	开立医疗	4.46	4.33	4.41
6	日立	3.91	3.90	3.74
7	万东	4.03	4.05	3.89
8	佳能	4.04	4.17	3.66
9	东软医疗	4.56	4.37	4.66
10	海信	4.59	4.07	3.95

资料来源：《中国医疗设备》杂志社中国医疗设备行业数据调研。

（2）2023 年全国超声影像类设备主要品牌核心环节竞争力

2023 年，在全国超声影像类设备中，设备使用及管理人员最关注的四个品牌核心竞争力的情况如图 12 所示。

从整体来看，医院对超声影像类设备售后服务中最为关注的方面是产品质量、维修质量和服务效率。其中，对产品质量（产品可靠性）最为看重；厂家工程师维修响应（电话响应和现场响应）、维修效率，厂家的到货安装服务是否严格按照合同约定这两项指标反映了服务效率；保修期内所更换备件质量这一指标反映了维修质量。

产品可靠性（故障率低、性能稳定）	厂家工程师维修响应（电话响应和现场响应）、维修效率	保修期内所更换备件质量	厂家的到货安装服务是否严格按照合同约定（原厂授权代理商等同原厂）

图12 2023年全国超声影像类设备主要品牌核心环节竞争力

资料来源：《中国医疗设备》杂志社中国医疗设备行业数据调研。

（3）2023年全国超声影像类设备六维综合满意度

2023年，从全国超声影像类设备的六维综合满意度评价中可以看出，服务态度维度为满意度分值最高的维度，维修质量在这6个维度中满意度分值最低（见表32）。

表32 2023年全国超声影像类设备六维综合满意度

产品质量	维修质量	服务价格	服务效率	培训体系	服务态度
4.47	3.68	3.94	4.47	4.08	4.48

资料来源：《中国医疗设备》杂志社中国医疗设备行业数据调研。

3. 超声影像类设备维修保养服务情况分析

在2023年全国超声影像类设备中，主要品牌维修保养服务情况如表33所示。

表33 2023年全国超声影像类设备主要品牌维修保养服务情况

单位：%

序号	品牌名称	维保履行率	先修后付款所占比例	无间断服务情况
1	飞利浦	97.74	92.02	97.33
2	GE	95.78	93.59	95.45
3	迈瑞	97.16	95.23	98.11
4	西门子	90.22	94.57	99.46
5	开立医疗	94.44	91.36	94.44
6	日立	88.31	91.56	81.17
7	万东	84.91	88.68	91.51
8	佳能	81.55	84.47	93.20
9	东软医疗	93.33	98.33	96.12
10	海信	92.00	98.00	92.00

资料来源：《中国医疗设备》杂志社中国医疗设备行业数据调研。

4. 超声影像类设备采购推荐情况

在 2023 年全国超声影像类设备中，主要品牌采购推荐情况如表 34 所示。

表34　2023 年全国超声影像类设备主要品牌设备采购推荐情况

单位：%

序号	品牌名称	净推荐值	意向复购率
1	飞利浦	43.45	81.10
2	GE	49.64	84.93
3	迈瑞	57.23	86.23
4	西门子	44.62	80.92
5	开立医疗	56.10	81.46
6	日立	27.91	71.16
7	万东	35.29	74.71
8	佳能	32.50	77.00
9	东软医疗	78.79	88.48
10	海信	52.38	79.52

资料来源：《中国医疗设备》杂志社中国医疗设备行业数据调研。

5. 超声影像类设备满意度和重要度分析

在 2023 年全国超声影像类设备中，满意度和重要度四分如图 13 所示（各指标序号释义详见表 7）。

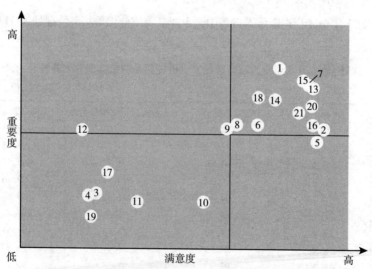

图13　2023 年全国超声影像类设备满意度和重要度四分

资料来源：《中国医疗设备》杂志社中国医疗设备行业数据调研。

（六）核医学类设备市场数据分析

1. 核医学类设备整体市场及分级市场保有率

我国核医学类设备市场以进口品牌为主，2023 年全国核医学类设备中，主要品牌整体及分级市场保有率情况（按照 2023 年保有率排名且不低于1%的品牌排名顺序展示，以下同）如表 35 所示。其他品牌包括新华医疗、滨松等。

表 35　2023 年全国核医学类设备主要品牌保有率

单位：%

序号	品牌名称	整体保有率	三级医院保有率	二级医院保有率
1	GE	50.64	51.16	53.85
2	西门子	20.60	21.40	7.69
3	飞利浦	14.59	15.35	7.69
4	联影	7.73	8.37	—
5	东软医疗	5.58	3.26	23.08
6	其他	0.86	0.47	7.69

资料来源：《中国医疗设备》杂志社中国医疗设备行业数据调研。

2. 核医学类设备售后服务现状分析

（1）2023 年核医学类设备主要品牌售后服务满意度

2023 年，在全国核医学类设备市场保有率不低于 10.00% 的品牌中，GE 的满意度为 4.44，西门子的满意度为 4.52，飞利浦的满意度为 4.63。保有率在 1.00% 和 10.00% 之间的品牌中，联影的满意度为 4.31，东软医疗的满意度为 4.86。全国核医学类设备主要品牌分医院等级售后服务满意度详见表 36。

表 36　2023 年全国核医学类设备主要品牌售后服务满意度

序号	品牌名称	售后服务满意度	三级医院售后服务满意度	二级医院售后服务满意度
1	GE	4.44	4.43	4.51
2	西门子	4.52	4.53	4.40
3	飞利浦	4.63	4.62	4.58

续表

序号	品牌名称	售后服务满意度	三级医院售后服务满意度	二级医院售后服务满意度
4	联影	4.31	4.31	—
5	东软医疗	4.86	4.78	4.72

资料来源:《中国医疗设备》杂志社中国医疗设备行业数据调研。

（2）2023 年全国核医学类设备主要品牌核心环节竞争力

2023 年，在全国核医学类设备中，设备使用及管理人员最关注的四个品牌核心环节竞争力的情况如图 14 所示。

产品可靠性（故障率低、性能稳定）	厂家工程师维修响应（电话响应和现场响应）、维修效率	保修期内所更换备件质量	厂家的到货安装服务是否严格按照合同约定（原厂授权代理商等同原厂）

图 14　2023 年全国核医学类设备主要品牌核心环节竞争力

资料来源:《中国医疗设备》杂志社中国医疗设备行业数据调研。

从整体来看，医院对核医学类设备售后服务中最为关注的方面是产品质量、维修质量和服务效率。其中，对产品质量（产品可靠性）最为看重；厂家工程师维修响应（电话响应和现场响应）、维修效率，厂家的到货安装服务是否严格按照合同约定这两项指标反映了服务效率；保修期内所更换备件质量这一指标反映了维修质量。

（3）2023 年全国核医学类设备六维综合满意度

2023 年，从全国核医学类设备的六维综合满意度评价中可以看出，服务效率维度为满意度分值最高的维度，维修质量在这 6 个维度中满意度分值最低（见表 37）。

表 37　2023 年全国核医学类设备六维综合满意度

产品质量	维修质量	服务价格	服务效率	培训体系	服务态度
4.59	3.87	4.20	4.62	4.32	4.61

资料来源:《中国医疗设备》杂志社中国医疗设备行业数据调研。

3. 核医学类设备维修保养服务情况分析

在 2023 年全国核医学类设备中，主要品牌维修保养服务情况如表 38 所示。

表 38 2023 年全国核医学类设备主要品牌维修保养服务情况

单位：%

序号	品牌名称	维保履行率	先修后付款所占比例	无间断服务情况
1	GE	100.00	93.22	98.31
2	西门子	97.92	99.48	99.48
3	飞利浦	79.41	76.47	73.53
4	联影	97.09	94.44	94.44
5	东软医疗	96.94	76.92	95.32

资料来源：《中国医疗设备》杂志社中国医疗设备行业数据调研。

4. 核医学类设备采购推荐情况

在 2023 年全国核医学类设备中，主要品牌采购推荐情况如表 39 所示。

表 39 2023 年全国核医学类设备主要品牌设备采购推荐情况

单位：%

序号	品牌名称	净推荐值	意向复购率
1	GE	48.91	84.89
2	西门子	56.25	89.38
3	飞利浦	72.00	88.00
4	联影	60.00	81.00
5	东软医疗	78.57	94.29

资料来源：《中国医疗设备》杂志社中国医疗设备行业数据调研。

5. 核医学类设备满意度和重要度分析

在 2023 年全国核医学类设备品类中，满意度和重要度四分如图 15 所示（各指标序号释义详见表 7）。

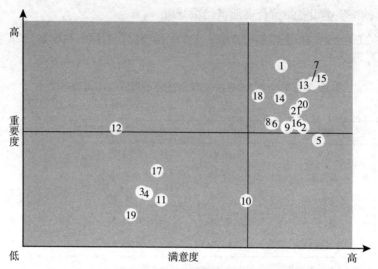

图15　2023年全国核医学类设备满意度和重要度四分

资料来源：《中国医疗设备》杂志社中国医疗设备行业数据调研。

（七）直线加速器类设备市场数据分析

1. 直线加速器类设备整体市场及分级市场保有率

我国直线加速器类设备市场以进口品牌为主，2023年全国直线加速器类设备中，主要品牌整体市场及分级市场保有率情况（按照2023年保有率排名且不低于1%的品牌排名顺序展示，以下同）如表40所示。其他品牌包括联影、海博科技等。

表40　2023年全国直线加速器类设备主要品牌保有率

单位：%

序号	品牌名称	整体保有率	三级医院保有率	二级医院保有率
1	瓦里安	47.19	49.19	34.43
2	医科达	34.37	36.67	22.95
3	东软医疗	8.14	2.65	37.70
4	新华医疗	5.99	6.19	4.92
5	西门子	3.11	3.83	—
6	其他	1.20	1.47	0.00

资料来源：《中国医疗设备》杂志社中国医疗设备行业数据调研。

2.直线加速器类设备售后服务现状分析

（1）2023年直线加速器类设备主要品牌售后服务满意度

2023年，在全国直线加速器类设备市场保有率不低于10.00%的品牌中，瓦里安的满意度为4.42，医科达的满意度为4.40。保有率在1.00%和10.00%之间的品牌中，东软医疗的满意度为4.41，新华医疗的满意度为4.46，西门子的满意度为4.40。全国直线加速器类设备主要品牌分医院等级售后服务满意度详见表41。

表41 2023年全国直线加速器类设备主要品牌售后服务满意度

序号	品牌名称	售后服务满意度	三级医院售后服务满意度	二级医院售后服务满意度
1	瓦里安	4.42	4.41	4.51
2	医科达	4.40	4.46	3.94
3	东软医疗	4.41	4.33	4.42
4	新华医疗	4.46	4.49	4.13
5	西门子	4.40	4.40	—

资料来源：《中国医疗设备》杂志社中国医疗设备行业数据调研。

（2）2023年全国直线加速器类设备主要品牌核心环节竞争力

2023年，在全国直线加速器类设备中，设备使用及管理人员最关注的四个品牌核心环节竞争力的情况如图16所示。

产品可靠性（故障率低、性能稳定）	厂家工程师维修响应（电话响应和现场响应）、维修效率	保修期内所更换备件质量	厂家的到货安装服务是否严格按照合同约定（原厂授权代理商等同原厂）

图16 2023年全国直线加速器类设备主要品牌核心环节竞争力

资料来源：《中国医疗设备》杂志社中国医疗设备行业数据调研。

从整体来看，医院对直线加速器类设备售后服务中最为关注的方面是产品质量（电话响应和现实响应）、维修质量和服务效率。其中，对产品质量（产品可靠性）最为看重；厂家工程师维修响应、维修效率，厂家的到货安装服务是否严格按照合同约定这两项指标反映了服务效率；保修期内所更换备件质量这一指标反映了维修质量。

（3）2023年全国直线加速器类设备六维综合满意度

2023年，从全国直线加速器类设备的六维综合满意度评价中可以看出，服务效率维度为满意度分值最高的维度，维修质量在这6个维度中满意度分值最低（见表42）。

表42　2023年全国直线加速器类设备六维综合满意度

产品质量	维修质量	服务价格	服务效率	培训体系	服务态度
4.53	3.80	4.09	4.58	4.19	4.57

资料来源：《中国医疗设备》杂志社中国医疗设备行业数据调研。

3. 直线加速器类设备维修保养服务情况分析

在2023年全国直线加速器类设备中，主要品牌维修保养服务情况如表43所示。

表43　2023年全国直线加速器类设备主要品牌维修保养服务情况

单位：%

序号	品牌名称	维保履行率	先修后付款所占比例	无间断服务情况
1	瓦里安	98.86	84.67	97.46
2	医科达	97.91	92.68	99.30
3	东软医疗	82.35	55.88	97.06
4	新华医疗	97.65	98.00	96.00
5	西门子	97.48	84.62	97.99

资料来源：《中国医疗设备》杂志社中国医疗设备行业数据调研。

4. 直线加速器类设备采购推荐情况

在2023年全国直线加速器类设备中，主要品牌采购推荐情况如表44所示。

表 44 2023 年全国直线加速器类设备主要品牌设备采购推荐情况

单位：%

序号	品牌名称	净推荐值	意向复购率
1	瓦里安	60.13	86.14
2	医科达	57.14	84.13
3	东软医疗	44.83	78.97
4	新华医疗	23.53	72.94
5	西门子	60.00	86.00

资料来源：《中国医疗设备》杂志社中国医疗设备行业数据调研。

5. 直线加速器类设备满意度和重要度分析

在 2023 年全国直线加速器类设备中，满意度和重要度四分如图 17 所示（各指标序号释义详见表 7）。

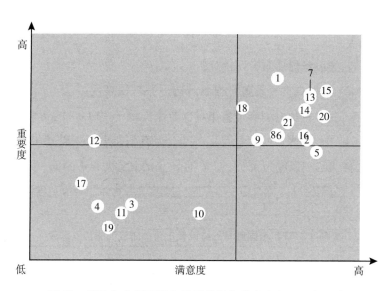

图 17 2023 年全国直线加速器类设备满意度和重要度四分

资料来源：《中国医疗设备》杂志社中国医疗设备行业数据调研。

（八）伽马刀类设备市场数据分析

1. 伽马刀类设备整体市场及分级市场保有率

我国伽马刀类设备市场以国产品牌为主，2023 年全国伽马刀类设备中，主要品牌整体市场及分级市场保有率情况（按照 2023 年保有率排名且不低于 1% 的品牌排名顺序展示，以下同）如表 45 所示。

表 45　2023 年全国伽马刀类设备主要品牌保有率

单位：%

序号	品牌名称	整体保有率	三级医院保有率	二级医院保有率
1	奥沃	69.77	70.37	60.00
2	玛西普	20.93	19.75	40.00
3	医科达	5.81	6.17	—
4	上海伽玛星	2.33	2.47	—
5	一体医疗	1.16	1.23	1.23

资料来源：《中国医疗设备》杂志社中国医疗设备行业数据调研。

2. 伽马刀类设备售后服务现状分析

（1）2023 年伽马刀类设备主要品牌售后服务满意度

2023 年，在全国伽马刀类设备市场保有率不低于 10.00% 的品牌中，奥沃的满意度为 4.70，玛西普的满意度为 4.30。保有率在 1.00% 和 10.00% 之间的品牌中，医科达的满意度为 4.59，上海伽玛星的满意度为 4.64，一体医疗的满意度为 4.96。全国伽马刀类设备主要品牌分医院等级售后服务满意度详见表 46。

表 46　2023 年全国伽马刀类设备主要品牌售后服务满意度

序号	品牌名称	售后服务满意度	三级医院售后服务满意度	二级医院售后服务满意度
1	奥沃	4.70	4.71	4.63
2	玛西普	4.30	4.43	3.72
3	医科达	4.59	4.59	—
4	上海伽玛星	4.64	4.64	—
5	一体医疗	4.96	4.96	—

资料来源：《中国医疗设备》杂志社中国医疗设备行业数据调研。

（2）2023年全国伽马刀类设备主要品牌核心环节竞争力

2023年，在全国伽马刀类设备中，设备使用及管理人员最关注的四个品牌核心环节竞争力的情况如图18所示。

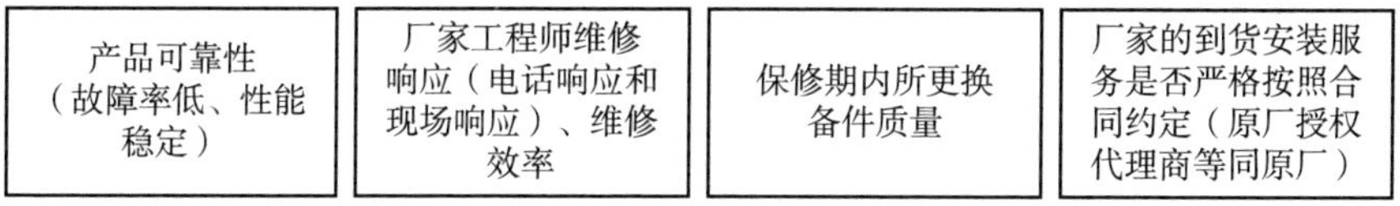

产品可靠性（故障率低、性能稳定）	厂家工程师维修响应（电话响应和现场响应）、维修效率	保修期内所更换备件质量	厂家的到货安装服务是否严格按照合同约定（原厂授权代理商等同原厂）

图18　2023年全国伽马刀类设备主要品牌核心环节竞争力

资料来源：《中国医疗设备》杂志社中国医疗设备行业数据调研。

从整体来看，医院对伽马刀类设备售后服务中最为关注的方面是产品质量、维修质量和服务效率。其中，对产品质量（产品可靠性）最为看重；厂家工程师维修响应、维修效率，厂家的到货安装服务是否严格按照合同约定这两项指标反映了服务效率；保修期内所更换备件质量这一指标反映了维修质量。

（3）2023年全国伽马刀类设备六维综合满意度

2023年，从全国伽马刀类设备的六维综合满意度评价中可以看出，服务态度维度为满意度分值最高的维度，维修质量在这6个维度中满意度分值最低（见表47）。

表47　2023年全国伽马刀类设备六维综合满意度

年份	产品质量	维修质量	服务价格	服务效率	培训体系	服务态度
2023	4.69	3.96	4.45	4.56	4.58	4.70

资料来源：《中国医疗设备》杂志社中国医疗设备行业数据调研。

3. 伽马刀类设备维修保养服务情况分析

在2023年全国伽马刀类设备中，主要品牌维修保养服务情况如表48所示。

表 48 2023 年全国伽马刀类设备主要品牌维修保养服务情况

单位：%

序号	品牌名称	维保履行率	先修后付款所占比例	无间断服务情况
1	奥沃	90.00	90.00	90.00
2	玛西普	95.12	75.56	84.44
3	医科达	93.60	87.85	80.00
4	上海伽玛星	93.26	50.00	88.98
5	一体医疗	93.14	86.97	88.79

资料来源：《中国医疗设备》杂志社中国医疗设备行业数据调研。

4. 伽马刀类设备采购推荐情况

在 2023 年全国伽马刀类设备中，主要品牌采购推荐情况如表 49 所示。

表 49 2023 年全国伽马刀类设备主要品牌采购推荐情况

单位：%

序号	品牌名称	净推荐值	意向复购率
1	奥沃	83.33	93.33
2	玛西普	36.36	79.09
3	医科达	60.00	86.00
4	上海伽玛星	50.00	60.00
5	一体医疗	72.04	89.41

资料来源：《中国医疗设备》杂志社中国医疗设备行业数据调研。

5. 伽马刀类设备满意度和重要度分析

在 2023 年全国伽马刀类设备的满意度和重要度四分如图 19 所示（各指标序号释义详见表 7）。

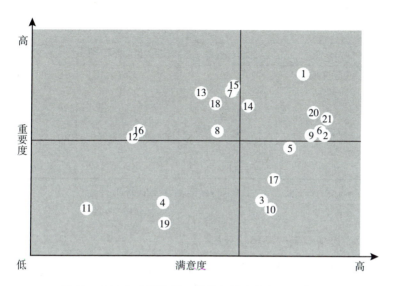

图19　2023年全国伽马刀类设备满意度和重要度四分

资料来源：《中国医疗设备》杂志社中国医疗设备行业数据调研。

（九）监护类设备市场数据分析

1.监护类设备整体市场及分级市场保有率

我国监护类设备市场以国产品牌为主，2023年全国监护类设备中，主要品牌整体市场及分级市场保有率情况（按照2023年保有率排名且不低于1%的品牌排名顺序展示，以下同）如表50所示。其他品牌包括美伦、杰纳瑞、德尔格、华声医疗、邦健、诺诚、太空、艾瑞康、威高、科瑞康医疗、普美康、力康、卓尔、麦科田等。

表50　2023年全国监护类设备主要品牌保有率

单位：%

序号	品牌名称	整体保有率	三级医院保有率	二级医院保有率
1	迈瑞	73.69	74.82	67.10
2	飞利浦	9.07	9.29	8.29
3	科曼	4.87	3.57	12.20

续表

序号	品牌名称	整体保有率	三级医院保有率	二级医院保有率
4	理邦仪器	3.86	3.67	5.34
5	宝莱特	3.73	3.48	5.06
6	光电	1.54	1.64	1.02
7	GE	1.39	1.49	0.39
8	麦邦	1.26	1.46	—
9	其他	0.59	0.59	0.61

资料来源：《中国医疗设备》杂志社中国医疗设备行业数据调研。

2. 监护类设备售后服务现状分析

（1）2023 年监护类设备主要品牌售后服务满意度

2023 年，在全国监护类设备市场保有率不低于 10.00% 的品牌中，迈瑞的满意度为 4.36。保有率在 1.00% 和 10.00% 之间的品牌中，飞利浦的满意度为 4.28，科曼的满意度为 4.14，理邦仪器的满意度为 4.30，宝莱特的满意度为 4.37，光电的满意度为 3.98，GE 的满意度为 3.79，麦邦的满意度为 3.05。全国监护类设备主要品牌分医院等级售后服务满意度详见表 51。

表 51　2023 年全国监护类设备主要品牌售后服务满意度

序号	品牌名称	售后服务满意度	三级医院售后服务满意度	二级医院售后服务满意度
1	迈瑞	4.36	4.38	4.27
2	飞利浦	4.28	4.33	4.06
3	科曼	4.14	4.07	4.32
4	理邦仪器	4.30	4.35	4.17
5	宝莱特	4.37	4.36	4.32
6	光电	3.98	3.90	4.54
7	GE	3.79	3.68	4.64
8	麦邦	3.05	3.05	—

资料来源：《中国医疗设备》杂志社中国医疗设备行业数据调研。

（2）2023年全国监护类设备主要品牌核心环节竞争力

2023年，在全国监护类设备中，设备使用及管理人员最关注的四个品牌核心环节竞争力的情况如图20所示。

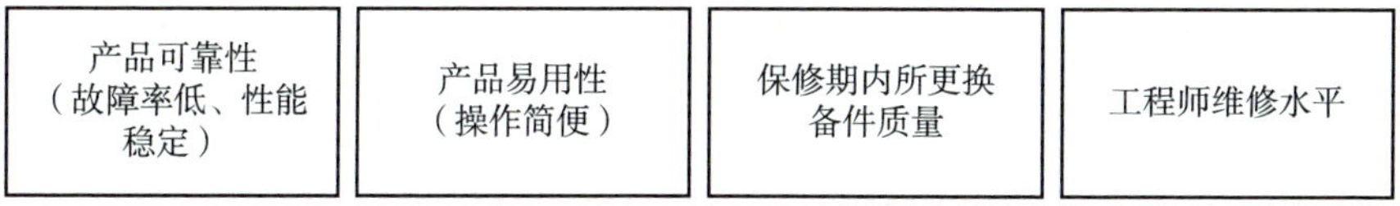

产品可靠性（故障率低、性能稳定）	产品易用性（操作简便）	保修期内所更换备件质量	工程师维修水平

图20　2023年全国监护类设备主要品牌核心环节竞争力

资料来源：《中国医疗设备》杂志社中国医疗设备行业数据调研。

从整体来看，医院对监护类设备售后服务中最为关注的方面是产品质量和维修质量。其中，对产品质量（产品可靠性、产品易用性）最为看重；保修期内所更换备件质量和工程师维修水平则反映了维修质量。

（3）2023年全国监护类设备六维综合满意度

2023年，从全国监护类设备的六维综合满意度评价中可以看出，产品质量维度为满意度分值最高的维度，服务价格在这6个维度中满意度分值最低（见表52）。

表52　2023年全国监护类设备六维综合满意度

产品质量	维修质量	服务价格	服务效率	培训体系	服务态度
4.46	4.28	3.97	4.41	4.08	4.41

资料来源：《中国医疗设备》杂志社中国医疗设备行业数据调研。

3.监护类设备维修保养服务情况分析

在2023年全国监护类设备中，主要品牌维修保养服务情况如表53所示。

表53　2023年全国监护类设备主要品牌维保服务情况

单位：%

序号	品牌名称	维保履行率	先修后付款所占比例	无间断服务情况
1	迈瑞	91.17	94.28	92.57
2	飞利浦	84.73	92.65	90.59
3	科曼	89.58	89.02	85.51
4	理邦仪器	94.25	98.31	83.08
5	宝莱特	92.99	97.48	93.06
6	光电	71.95	94.37	85.51
7	GE	64.59	92.43	90.27
8	麦邦	90.29	94.35	91.73

资料来源：《中国医疗设备》杂志社中国医疗设备行业数据调研。

4. 监护类设备采购推荐情况

在2023年全国监护类设备中，主要品牌采购推荐情况如表54所示。

表54　2023年全国监护类设备主要品牌采购推荐情况

单位：%

序号	品牌名称	净推荐值	意向复购率
1	迈瑞	60.90	83.89
2	飞利浦	56.69	83.78
3	科曼	27.85	73.92
4	理邦仪器	39.29	77.32
5	宝莱特	30.00	74.40
6	光电	70.59	84.12
7	GE	15.38	71.15
8	麦邦	—	66.67

资料来源：《中国医疗设备》杂志社中国医疗设备行业数据调研。

5. 监护类设备满意度和重要度分析

在 2023 年全国监护类设备品类中，满意度和重要度四分如图 21 所示（各指标序号释义详见表 8）。

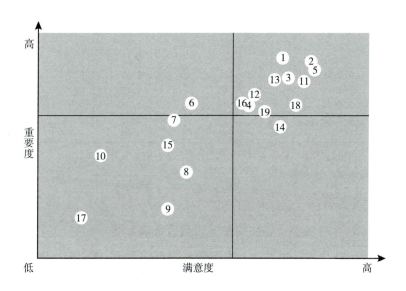

图 21　2023 年全国监护类设备满意度和重要度四分

资料来源：《中国医疗设备》杂志社中国医疗设备行业数据调研。

（十）呼吸类设备市场数据分析

1. 呼吸类设备整体市场及分级市场保有率

我国呼吸类设备市场以进口品牌为主，2023 年全国呼吸类设备中，主要品牌整体及分级市场保有率情况（按照 2023 年保有率不低于 1% 的品牌排名顺序展示，以下同）如表 55 所示。其他品牌包括万曼、BD、GE、普博、科曼、灵智、SLE、瑞得通圆、斯蒂芬、维曼、上海医疗器械厂有限公司、舒普思达、思瑞德、迈思医疗、怡和嘉业、航天长峰、天马、晨伟、泰州久信、安保科技、鱼跃、融昕医疗、易世恒、奥凯、德国 CARL REINER、河南辉瑞、卓尔、德国海伦等。

表 55　2023 年全国呼吸类设备主要品牌保有率

单位：%

序号	品牌名称	整体保有率	三级医院保有率	二级医院保有率
1	德尔格	30.75	31.39	25.60
2	迈瑞	21.42	21.21	23.00
3	迈柯唯	15.91	16.36	12.19
4	飞利浦	8.46	8.46	8.61
5	美敦力	7.61	7.30	10.16
6	哈美顿	5.26	5.89	0.57
7	谊安医疗	3.71	3.29	6.30
8	瑞思迈	1.59	1.37	3.49
9	斯百瑞	1.57	1.65	1.06
10	其他	3.72	3.08	9.02

资料来源：《中国医疗设备》杂志社中国医疗设备行业数据调研。

2. 呼吸类设备售后服务现状分析

（1）2023 年呼吸类设备主要品牌售后服务满意度

2023 年，在全国呼吸类设备市场保有率不低于 10.00% 的品牌中，德尔格的满意度为 4.31，迈瑞的满意度为 4.56，迈柯唯的满意度为 4.37。保有率在 1.00% 和 10.00% 之间的品牌中，飞利浦的满意度为 4.34，美敦力的满意度为 4.40，哈美顿的满意度为 4.23，谊安医疗的满意度为 4.08，瑞思迈的满意度为 4.41，斯百瑞的满意度为 4.38。全国呼吸类设备主要品牌分医院等级售后服务满意度详见表 56。

表 56　2023 年全国呼吸类设备主要品牌售后服务满意度

序号	品牌名称	售后服务满意度	三级医院售后服务满意度	二级医院售后服务满意度
1	德尔格	4.31	4.30	4.39
2	迈瑞	4.56	4.58	4.46
3	迈柯唯	4.37	4.38	4.35
4	飞利浦	4.34	4.31	4.50
5	美敦力	4.40	4.37	4.59
6	哈美顿	4.23	4.24	4.13
7	谊安医疗	4.08	3.94	4.30
8	瑞思迈	4.41	4.33	4.69
9	斯百瑞	4.38	4.41	4.22

资料来源：《中国医疗设备》杂志社中国医疗设备行业数据调研。

（2）2023年全国呼吸类设备主要品牌核心环节竞争力

2023年，在全国呼吸类设备中，设备使用及管理人员最关注的四个品牌核心环节竞争力的情况如图22所示。

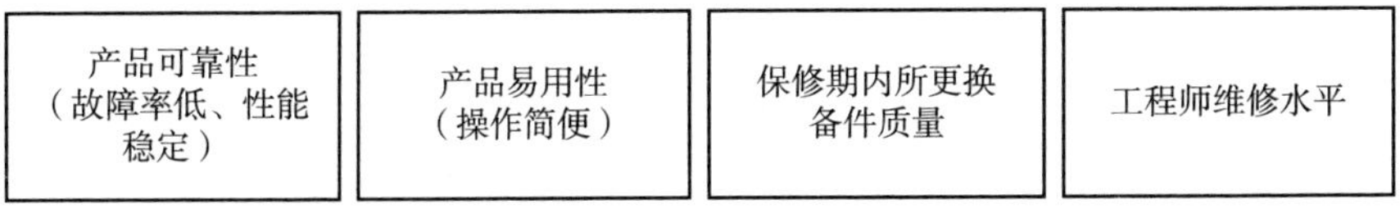

产品可靠性（故障率低、性能稳定）	产品易用性（操作简便）	保修期内所更换备件质量	工程师维修水平

图22　2023年全国呼吸类设备主要品牌核心环节竞争力

资料来源：《中国医疗设备》杂志社中国医疗设备行业数据调研。

从整体来看，医院对呼吸类设备售后服务中最为关注的方面是产品质量和维修质量。其中，对产品质量（产品可靠性、产品易用性）最为看重；保修期内所更换备件质量和工程师维修水平则反映了维修质量。

（3）2023年全国呼吸类设备六维综合满意度

2023年，从全国呼吸类设备的六维综合满意度评价中可以看出，产品质量维度为满意度分值最高的维度，服务价格在这6个维度中满意度分值最低（见表57）。

表57　2023年全国呼吸类设备六维综合满意度

产品质量	维修质量	服务价格	服务效率	培训体系	服务态度
4.51	4.37	4.00	4.48	4.19	4.46

资料来源：《中国医疗设备》杂志社中国医疗设备行业数据调研。

3.呼吸类设备维修保养服务情况分析

在2023年全国呼吸类设备中，主要品牌维修保养服务情况如表58所示。

4.呼吸类设备采购推荐情况

在2023年全国呼吸类设备中，主要品牌采购推荐情况如表59所示。

表 58　2023 年全国呼吸类设备主要品牌维保服务情况

单位：%

序号	品牌名称	维保履行率	先修后付款所占比例	无间断服务情况
1	德尔格	95.41	90.60	92.16
2	迈瑞	97.41	97.67	98.00
3	迈柯唯	97.81	94.38	95.40
4	飞利浦	94.50	96.51	96.04
5	美敦力	95.06	90.01	96.12
6	哈美顿	94.56	99.49	98.30
7	谊安医疗	70.16	94.46	87.97
8	瑞思迈	95.12	94.67	98.31
9	斯百瑞	97.16	94.66	97.16

资料来源：《中国医疗设备》杂志社中国医疗设备行业数据调研。

表 59　2023 年全国呼吸类设备主要品牌采购推荐情况

单位：%

序号	品牌名称	净推荐值	意向复购率
1	德尔格	55.60	82.89
2	迈瑞	67.33	88.33
3	迈柯唯	52.00	84.30
4	飞利浦	53.41	83.18
5	美敦力	62.75	84.71
6	哈美顿	34.15	79.02
7	谊安医疗	22.22	70.89
8	瑞思迈	66.67	85.71
9	斯百瑞	42.86	82.14

资料来源：《中国医疗设备》杂志社中国医疗设备行业数据调研。

5. 呼吸类设备满意度和重要度分析

在 2023 年全国呼吸类设备中，满意度和重要度四分如图 23 所示（各指标序号释义详见表 8）。

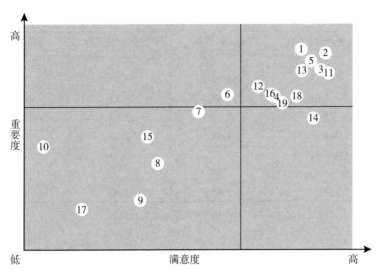

图23 2023年全国呼吸类设备满意度和重要度四分

资料来源：《中国医疗设备》杂志社中国医疗设备行业数据调研。

（十一）输注泵类设备市场数据分析

1. 输注泵类设备整体市场及分级市场保有率

我国输注泵类设备市场以国产品牌为主，2023年全国输注泵类设备品类中，主要品牌整体及分级市场保有率情况（按照2023年保有率不低于1%的品牌排名顺序展示，以下同）如表60所示。其他品牌包括泰尔茂、阿童木、迈帝康、好克、威高日机装、七喜、长沙迪普美、雷恩医疗、拓浦、蓝德医疗、华玺医疗、科曼、BD、安洁、影迈、美敦力、苏州力得、JMS、中大医疗、广东益邦、兰格、安科等。

表60 2023年全国输注泵类设备主要品牌保有率

单位：%

序号	品牌名称	整体保有率	三级医院保有率	二级医院保有率
1	史密斯	26.54	27.33	22.02
2	麦科田	18.60	18.85	17.29
3	迈瑞	17.71	17.56	18.45
4	来普惠康	8.38	9.08	4.21

续表

序号	品牌名称	整体保有率	三级医院保有率	二级医院保有率
5	贝朗	7.13	8.11	0.54
6	科力医疗	5.35	4.83	9.19
7	圣诺	4.43	3.21	10.10
8	思路高	2.50	2.57	2.23
9	美瑞华	2.12	2.06	2.74
10	费森尤斯卡比	1.77	1.74	2.02
11	威利方舟	1.48	1.06	4.38
12	其他	3.97	3.59	6.83

资料来源:《中国医疗设备》杂志社中国医疗设备行业数据调研。

2. 输注泵类设备售后服务现状分析

（1）2023 年输注泵类设备主要品牌售后服务满意度

2023 年，在全国输注泵类设备市场保有率不低于 10.00% 的品牌中，史密斯的满意度为 4.26，麦科田的满意度为 4.42，迈瑞的满意度为 4.44。保有率在 1.00% 和 10.00% 之间的品牌中，来普惠康的满意度为 4.34，贝朗的满意度为 4.39，科力医疗的满意度为 4.16，圣诺的满意度为 4.36，思路高的满意度为 4.34，美瑞华的满意度为 4.43，费森尤斯卡比的满意度为 4.17，威利方舟的满意度为 3.70。全国输注泵类设备主要品牌分医院等级售后服务满意度详见表 61。

表 61 2023 年全国输注泵类设备主要品牌售后服务满意度

序号	品牌名称	售后服务满意度	三级医院售后服务满意度	二级医院售后服务满意度
1	史密斯	4.26	4.32	4.01
2	麦科田	4.42	4.43	4.36
3	迈瑞	4.44	4.47	4.32
4	来普惠康	4.34	4.34	4.32
5	贝朗	4.39	4.40	3.50
6	科力医疗	4.16	4.14	4.19
7	圣诺	4.36	4.27	4.44
8	思路高	4.34	4.35	4.28

序号	品牌名称	售后服务满意度	三级医院售后服务满意度	二级医院售后服务满意度
9	美瑞华	4.43	4.52	3.97
10	费森尤斯卡比	4.17	4.41	3.20
11	威利方舟	3.70	3.52	4.14

资料来源：《中国医疗设备》杂志社中国医疗设备行业数据调研。

（2）2023年全国输注泵类设备主要品牌核心环节竞争力

2023年，在全国输注泵类设备品类中，设备使用及管理人员最关注的四个售后服务问题的情况如图24所示。

产品可靠性（故障率低、性能稳定）	产品易用性（操作简便）	保修期内所更换备件质量	工程师维修水平

图24　2023年全国输注泵类设备主要品牌核心环节竞争力

资料来源：《中国医疗设备》杂志社中国医疗设备行业数据调研。

从整体来看，医院对输注泵类设备售后服务中最为关注的方面是产品质量和维修质量。其中，对产品质量（产品可靠性、产品易用性）最为看重；保修期内所更换备件质量及工程师维修水平则反映了维修质量。

（3）2023年全国输注泵类设备六维综合满意度

2023年，从全国输注泵类设备的六维综合满意度评价中可以看出，产品质量维度为满意度分值最高的维度，培训体系在这6个维度中满意度分值最低（见表62）。

表62　2023年全国输注泵类设备六维综合满意度

产品质量	维修质量	服务价格	服务效率	培训体系	服务态度
4.43	4.29	4.21	4.39	4.17	4.36

资料来源：《中国医疗设备》杂志社中国医疗设备行业数据调研。

3. 输注泵类设备维修保养服务情况分析

在 2023 年全国输注泵类设备中，主要品牌维修保养服务情况如表 63 所示。

表 63　2023 年全国输注泵类设备主要品牌维修保养服务情况

单位：%

序号	品牌名称	维保履行率	先修后付款所占比例	无间断服务情况
1	史密斯	93.23	92.98	84.74
2	麦科田	99.25	92.04	91.14
3	迈瑞	90.83	96.49	89.76
4	来普惠康	95.47	99.32	83.09
5	贝朗	93.43	99.05	75.50
6	科力医疗	91.86	94.33	74.73
7	圣诺	99.85	97.98	95.36
8	思路高	91.39	91.66	89.67
9	美瑞华	91.19	84.40	74.80
10	费森尤斯卡比	84.75	94.46	38.91
11	威利方舟	82.48	76.90	54.02

资料来源：《中国医疗设备》杂志社中国医疗设备行业数据调研。

4. 输注泵类设备采购推荐情况

在 2023 年全国输注泵类设备中，主要品牌采购推荐情况如表 64 所示。

表 64　2023 年全国输注泵类设备主要品牌采购推荐情况

单位：%

序号	品牌名称	净推荐值	意向复购率
1	史密斯	38.12	79.89
2	麦科田	56.14	85.79
3	迈瑞	54.62	85.54
4	来普惠康	41.46	74.63
5	贝朗	57.58	84.24
6	科力医疗	52.78	83.61
7	圣诺	32.35	79.71
8	思路高	54.17	82.50
9	美瑞华	27.27	78.18
10	费森尤斯卡比	40.74	78.89
11	威利方舟	24.00	74.40

资料来源：《中国医疗设备》杂志社中国医疗设备行业数据调研。

5.输注泵类设备满意度和重要度分析

在2023年全国输注泵类设备品类中，满意度和重要度四分如图25所示（各指标序号释义详见表8）。

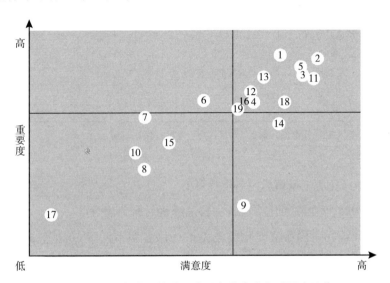

图25　2023年全国输注泵类设备满意度和重要度四分

资料来源：《中国医疗设备》杂志社中国医疗设备行业数据调研。

（十二）血液净化类设备市场数据分析

1.血液净化类设备整体市场及分级市场保有率

我国血液净化类设备市场以进口品牌为主，2023年全国血液净化类设备中，主要品牌整体市场及分级市场保有率情况（按照2023年保有率不低于1%的品牌排名顺序展示，以下同）如表65所示。其他品牌包括贝尔克、旭化成、威力生、宝莱特、MEDICA、新华医疗、暨华、北京健帆、金宝、康盛生物等。

表65　2023年全国血液净化类设备主要品牌保有率

单位：%

序号	品牌名称	整体保有率	三级医院保有率	二级医院保有率
1	费森尤斯	48.55	52.45	37.68

续表

序号	品牌名称	整体保有率	三级医院保有率	二级医院保有率
2	贝朗爱敦	17.71	16.70	22.67
3	百特	12.05	12.64	7.96
4	威高日机装	11.41	10.04	17.24
5	东丽	4.30	4.41	4.31
6	尼普洛	2.75	1.86	4.56
7	山外山	1.51	0.96	3.60
8	其他	1.71	0.94	1.98

资料来源:《中国医疗设备》杂志社中国医疗设备行业数据调研。

2. 血液净化类设备售后服务现状分析

（1）2023 年血液净化类设备主要品牌售后服务满意度

2023 年，在全国血液净化类设备市场保有率不低于 10.00% 的品牌中，费森尤斯的满意度为 4.32，贝朗爱敦的满意度为 4.36，百特的满意度为 4.32，威高日机装的满意度为 4.35。保有率在 1.00% 和 10.00% 之间的品牌中，东丽的满意度为 3.96，尼普洛的满意度为 4.56，山外山的满意度为 4.55。全国血液净化类设备主要品牌分医院等级售后服务满意度详见表 66。

表 66　2023 年全国血液净化类设备主要品牌售后服务满意度

序号	品牌名称	售后服务满意度	三级医院售后服务满意度	二级医院售后服务满意度
1	费森尤斯	4.32	4.35	4.21
2	贝朗爱敦	4.36	4.39	4.28
3	百特	4.32	4.36	4.05
4	威高日机装	4.35	4.26	4.51
5	东丽	3.96	4.09	3.52
6	尼普洛	4.56	4.47	4.65
7	山外山	4.55	4.72	4.37

资料来源:《中国医疗设备》杂志社中国医疗设备行业数据调研。

（2）2023年全国血液净化类设备主要品牌核心环节竞争力

2023年，在全国血液净化类设备品类中，设备使用及管理人员最关注的四个品牌核心环节竞争力的情况如图26所示。

产品可靠性（故障率低、性能稳定）	产品易用性（操作简便）	保修期内所更换备件质量	工程师维修水平

图26　2023年全国血液净化类设备主要品牌核心环节竞争力

资料来源：《中国医疗设备》杂志社中国医疗设备行业数据调研。

从整体来看，医院对血液净化类设备售后服务中最为关注的方面是产品质量和维修质量。其中，对产品质量（产品可靠性、产品易用性）最为看重；保修期内所更换备件质量和工程师维修水平则反映了维修质量。

（3）2023年全国血液净化类设备六维综合满意度

2023年，从全国血液净化类设备的六维综合满意度评价中可以看出，服务效率维度为满意度分值最高的维度，服务价格在这6个维度中满意度分值最低（见表67）。

表67　2023年全国血液净化类设备六维综合满意度

产品质量	维修质量	服务价格	服务效率	培训体系	服务态度
4.45	4.35	4.02	4.47	4.09	4.45

资料来源：《中国医疗设备》杂志社中国医疗设备行业数据调研。

3.血液净化类设备维修保养服务情况分析

在2023年全国血液净化类设备中，主要品牌的维修保养服务情况如表68所示。

表 68　2023 年全国血液净化类设备主要品牌维修保养服务情况

单位：%

序号	品牌名称	维保履行率	先修后付款所占比例	无间断服务情况
1	费森尤斯	93.69	93.55	96.97
2	贝朗爱敦	97.07	91.95	94.69
3	百特	98.26	96.61	92.66
4	威高日机装	97.87	91.18	98.35
5	东丽	84.06	94.49	96.80
6	尼普洛	95.58	97.99	96.68
7	山外山	94.89	94.15	96.59

资料来源：《中国医疗设备》杂志社中国医疗设备行业数据调研。

4. 血液净化类设备采购推荐情况

在 2023 年全国血液净化类设备中，主要品牌采购推荐情况如表 69 所示。

表 69　2023 年全国血液净化类设备主要品牌采购推荐情况

单位：%

序号	品牌名称	净推荐值	意向复购率
1	费森尤斯	55.36	85.54
2	贝朗爱敦	55.00	85.90
3	百特	41.38	79.66
4	威高日机装	56.06	84.39
5	东丽	28.57	76.43
6	尼普洛	60.87	83.91
7	山外山	55.56	83.33

资料来源：《中国医疗设备》杂志社中国医疗设备行业数据调研。

5. 血液净化类设备满意度和重要度分析

在 2023 年全国血液净化类设备中，满意度和重要度四分如图 27 所示（各指标序号释义详见表 8）。

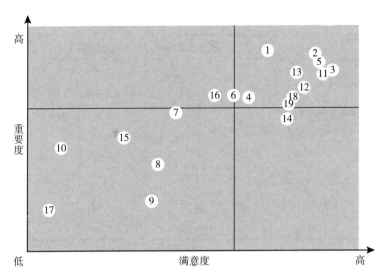

图27　2023年全国血液净化类设备满意度和重要度四分

资料来源：《中国医疗设备》杂志社中国医疗设备行业数据调研。

（十三）康复类设备市场数据分析

1. 康复类设备整体市场及分级市场保有率

我国康复类设备市场以国产品牌为主，2023年全国康复类设备中，主要品牌整体及分级市场保有率情况（按照2023年保有率不低于1%的品牌排名顺序展示，以下同）如表70所示。其他品牌包括嘉宇医疗、杭州正大、日本欧技、DJO、普菲特医疗、瑞贝塔医疗、欧普、泽普医疗、埃斯顿、Biometrics Limited等。

表70　2023年全国康复类设备主要品牌保有率

单位：%

序号	品牌名称	整体保有率	三级医院保有率	二级医院保有率
1	翔宇医疗	44.65	43.75	45.14
2	河南优德	16.19	—	35.43
3	贝瑞思医疗	12.53	22.40	2.29
4	瑞禾医疗	7.83	5.21	10.29

续表

序号	品牌名称	整体保有率	三级医院保有率	二级医院保有率
5	一康医疗	3.92	7.81	—
6	龙之杰	2.35	3.13	—
7	汕头市医用设备厂有限公司	2.09	4.17	—
8	人来康复	1.83	3.13	—
9	沃高	1.31	—	2.86
10	好博 Haobro	1.04	—	2.29
11	北京全日康	1.04	2.08	—
12	其他	5.22	8.33	1.71

资料来源：《中国医疗设备》杂志社中国医疗设备行业数据调研。

2.康复类设备售后服务现状分析

（1）2023 年康复类设备主要品牌售后服务满意度

2023 年，在全国康复类设备市场保有率不低于 10.00% 的品牌中，翔宇医疗的满意度为 4.49，河南优德的满意度为 2.66，贝瑞思医疗的满意度为 4.19。保有率在 1.00% 和 10.00% 之间的品牌中，瑞禾医疗的满意度为 4.13，一康医疗的满意度为 3.59，龙之杰的满意度为 4.41，汕头市医用设备厂有限公司的满意度为 4.78，人来康复的满意度为 4.50，沃高的满意度为 4.78，好博 Haobro 的满意度为 4.78，北京全日康的满意度为 4.64。全国康复类设备主要品牌分医院等级售后服务满意度详见表 71。

表 71　2023 年全国康复类设备主要品牌售后服务满意度

序号	品牌名称	售后服务满意度	三级医院售后服务满意度	二级医院售后服务满意度
1	翔宇医疗	4.49	4.49	4.54
2	河南优德	2.66	—	2.66
3	贝瑞思医疗	4.19	4.17	4.43
4	瑞禾医疗	4.13	4.63	3.51

续表

序号	品牌名称	售后服务满意度	三级医院售后服务满意度	二级医院售后服务满意度
5	一康医疗	3.59	3.59	—
6	龙之杰	4.41	4.70	—
7	汕头市医用设备厂有限公司	4.78	4.78	—
8	人来康复	4.50	4.78	—
9	沃高	4.78	—	4.78
10	好博 Haobro	4.78	—	4.78
11	北京全日康	4.64	4.64	—

资料来源：《中国医疗设备》杂志社中国医疗设备行业数据调研。

（2）2023年全国康复类设备主要品牌核心环节竞争力

2023年，在全国康复类设备中，设备使用及管理人员最关注的四个售后服务问题的情况如图28所示。

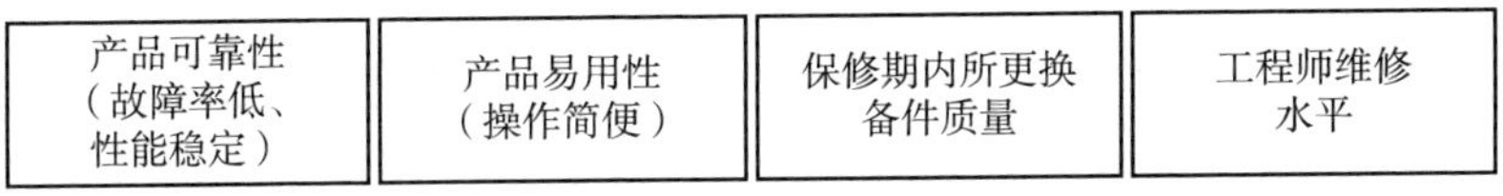

产品可靠性（故障率低、性能稳定）	产品易用性（操作简便）	保修期内所更换备件质量	工程师维修水平

图28　2023年全国康复类设备主要品牌核心环节竞争力

资料来源：《中国医疗设备》杂志社中国医疗设备行业数据调研。

从整体来看，医院对康复类设备售后服务中最为关注的方面是产品质量和维修质量。其中，对产品质量（产品可靠性、产品易用性）最为看重；保修期内所更换备件质量和工程师维修水平则反映了维修质量。

（3）2023年全国康复类设备六维综合满意度

2023年，从全国康复类设备的六维综合满意度评价中可以看出，产品质量维度为满意度分值最高的维度，培训体系在这6个维度中满意度分值最低（见表72）。

表72　2023年全国康复类设备六维综合满意度

产品质量	维修质量	服务价格	服务效率	培训体系	服务态度
4.58	4.48	4.30	4.52	3.06	4.55

资料来源：《中国医疗设备》杂志社中国医疗设备行业数据调研。

3.康复类设备维修保养服务情况分析

在2023年全国康复类设备中，主要品牌的维修保养服务情况如表73所示。

表73　2023年全国康复类设备主要品牌维修保养服务情况

单位：%

序号	品牌名称	维保履行率	先修后付款所占比例	无间断服务情况
1	翔宇医疗	98.25	88.30	100.00
2	河南优德	98.00	3.23	95.51
3	贝瑞思医疗	87.50	85.42	87.50
4	瑞禾医疗	90.00	90.00	80.00
5	一康医疗	97.14	78.56	0.00
6	龙之杰	97.03	77.74	93.32
7	汕头市医用设备厂有限公司	97.01	77.60	93.28
8	人来康复	97.00	77.46	93.24
9	沃高	96.96	77.19	93.16
10	好博 Haobro	96.94	77.05	93.12
11	北京全日康	96.94	77.05	93.12

资料来源：《中国医疗设备》杂志社中国医疗设备行业数据调研。

4.康复类设备采购推荐情况

在2023年全国康复类设备中，主要品牌采购推荐情况如表74所示。

表74　2023年全国康复类设备主要品牌采购推荐情况

单位：%

序号	品牌名称	净推荐值	意向复购率
1	翔宇医疗	77.14	90.00
2	河南优德	0.00	60.00
3	贝瑞思医疗	50.00	80.00
4	瑞禾医疗	66.67	88.33
5	一康医疗	0.00	90.00
6	龙之杰	59.29	93.33
7	汕头市医用设备厂有限公司	59.04	84.92
8	人来康复	50.00	90.00
9	沃高	58.28	84.64
10	好博 Haobro	0.00	60.00
11	北京全日康	58.03	84.55

资料来源：《中国医疗设备》杂志社中国医疗设备行业数据调研。

5. 康复类设备满意度和重要度分析

在2023年全国康复类设备品类中，满意度和重要度四分如图29所示（各指标序号释义详见表9）。

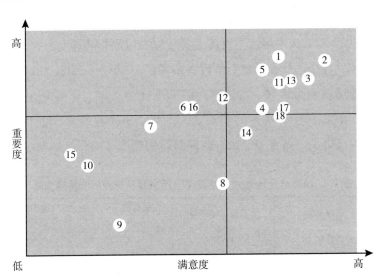

图29　2023年全国康复类设备满意度和重要度四分

资料来源：《中国医疗设备》杂志社中国医疗设备行业数据调研。

（十四）软式内窥镜类设备市场数据分析

1. 软式内窥镜类设备整体市场及分级市场保有率

我国软式内窥镜类设备市场以进口品牌为主，2023 年全国软式内窥镜类设备中，主要品牌整体市场及分级市场保有率情况（按照 2023 年保有率不低于 1% 的品牌排名顺序展示，以下同）如表 75 所示。其他品牌包括卡尔史托斯、澳华、好克光电等。

表 75　2023 年全国软式内窥镜类设备主要品牌保有率

单位：%

序号	品牌名称	整体保有率	三级医院保有率	二级医院保有率
1	奥林巴斯	70.96	72.08	71.97
2	富士胶片	20.43	21.49	15.78
3	宾得	4.99	5.06	5.58
4	开立医疗	3.23	0.94	6.43
5	其他	0.39	0.43	0.24

资料来源：《中国医疗设备》杂志社中国医疗设备行业数据调研。

2. 软式内窥镜类设备售后服务现状分析

（1）2023 年软式内窥镜类设备主要品牌售后服务满意度

2023 年，在全国软式内窥镜类设备市场保有率不低于 10.00% 的品牌中，奥林巴斯的满意度为 4.40，富士胶片的满意度为 4.64。保有率在 1.00% 和 10.00% 之间的品牌中，宾得的满意度为 3.97，开立医疗的满意度为 4.55。全国软式内窥镜类设备主要品牌分医院等级售后服务满意度详见表 76。

表 76　2023 年全国软式内窥镜类设备主要品牌售后服务满意度

序号	品牌名称	售后服务满意度	三级医院售后服务满意度	二级医院售后服务满意度
1	奥林巴斯	4.40	4.40	4.34
2	富士胶片	4.64	4.66	4.50
3	宾得	3.97	3.85	4.48
4	开立医疗	4.55	4.71	4.36

资料来源：《中国医疗设备》杂志社中国医疗设备行业数据调研。

（2）2023年全国软式内窥镜类设备主要品牌核心环节竞争力

2023年，在全国软式内窥镜类设备品类中，设备使用及管理人员最关注的四个售后服务问题的情况如图30所示。

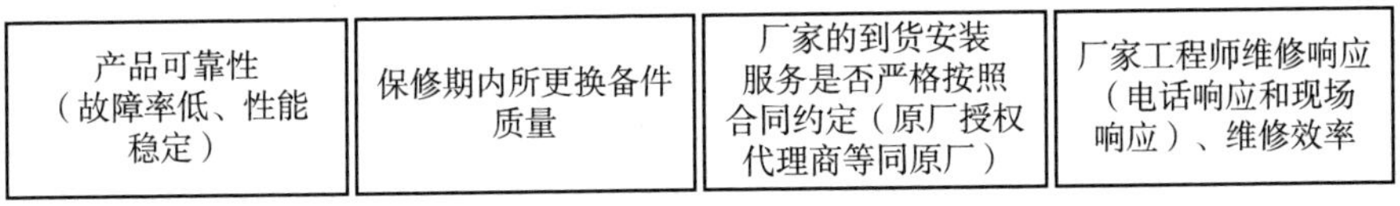

产品可靠性（故障率低、性能稳定）	保修期内所更换备件质量	厂家的到货安装服务是否严格按照合同约定（原厂授权代理商等同原厂）	厂家工程师维修响应（电话响应和现场响应）、维修效率

图30　2023年全国软式内窥镜类设备主要品牌核心环节竞争力

资料来源：《中国医疗设备》杂志社中国医疗设备行业数据调研。

从整体来看，医院对软式内窥镜类设备售后服务中最为关注的方面是产品质量、维修质量和服务效率。其中，对产品质量（产品可靠性）最为看重；保修期内所更换备件质量反映了维修质量；厂家到货安装服务是否严格按照合同约定，厂家工程师维修响应（电话响应和现场响应、维修效率这两项指标均反映了服务效率。

（3）2023年全国软式内窥镜类设备六维综合满意度

2023年，从全国软式内窥镜类设备的六维综合满意度评价中可以看出，产品质量维度为满意度分值最高的维度，服务价格在这6个维度中满意度分值最低（见表77）。

表77　2023年全国软式内窥镜类设备六维综合满意度

产品质量	维修质量	服务价格	服务效率	培训体系	服务态度
4.54	4.45	4.01	4.50	4.27	4.53

资料来源：《中国医疗设备》杂志社中国医疗设备行业数据调研。

3. 软式内窥镜类设备维修保养服务情况分析

在2023年全国软式内窥镜类设备中，主要品牌维修保养服务情况如表78所示。

表78　2023年全国软式内窥镜类设备主要品牌维修保养服务情况

单位：%

序号	品牌名称	维保履行率	先修后付款所占比例	无间断服务情况
1	奥林巴斯	93.98	88.80	87.00
2	富士胶片	38.84	35.31	35.47
3	宾得	88.16	92.11	84.21
4	开立医疗	68.53	89.85	94.42

资料来源：《中国医疗设备》杂志社中国医疗设备行业数据调研。

4. 软式内窥镜类设备采购推荐情况

在2023年全国软式内窥镜类设备中，主要品牌采购推荐情况如表79所示。

表79　2023年全国软式内窥镜类设备主要品牌采购推荐情况

单位：%

序号	品牌名称	净推荐值	意向复购率
1	奥林巴斯	57.86	86.51
2	富士胶片	63.89	88.33
3	宾得	17.50	71.25
4	开立医疗	54.35	83.91

资料来源：《中国医疗设备》杂志社中国医疗设备行业数据调研。

5. 软式内窥镜类设备满意度和重要度分析

在2023年全国软式内窥镜类设备品类中，满意度和重要度四分如图31所示（各指标序号释义详见表8）。

（十五）硬式内窥镜类设备市场数据分析

1. 硬式内窥镜类设备整体市场及分级市场保有率

我国硬式内窥镜类设备市场以进口品牌为主，2023年全国硬式内窥镜类设备品类中，主要品牌整体市场及分级市场保有率情况（按照2023年保

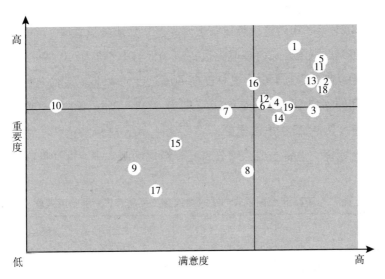

图31　2023 年全国软式内窥镜类设备满意度和重要度四分

资料来源：《中国医疗设备》杂志社中国医疗设备行业数据调研。

有率不低于 1%的品牌排名顺序展示，以下同）如表 80 所示。其他品牌包括 JOIMAX、桐庐洲济、沈大内窥镜、好克光电、天松医疗、贝朗、开立医疗、林弗泰克、凡星光电、宏济医疗等。

表 80　2023 年全国硬式内窥镜类设备主要品牌保有率

单位：%

序号	品牌名称	整体保有率	三级医院保有率	二级医院保有率
1	卡尔史托斯	54.20	56.82	35.05
2	奥林巴斯	23.54	23.44	25.26
3	史赛克	7.95	8.74	4.12
4	新光维	3.31	3.28	2.06
5	狼牌	2.45	1.48	8.76
6	华诺康	1.99	1.48	5.67
7	施乐辉	1.13	1.01	2.06
8	其他	5.43	3.75	17.01

资料来源：《中国医疗设备》杂志社中国医疗设备行业数据调研。

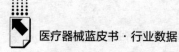
2. 硬式内窥镜类设备售后服务现状分析

（1）2023 年硬式内窥镜类设备主要品牌售后服务满意度

2023 年，在全国硬式内窥镜类设备市场保有率不低于 10.00% 的品牌中，卡尔史托斯的满意度为 4.64，奥林巴斯的满意度为 4.46。保有率在 1.00% 和 10.00% 之间的品牌中，史赛克的满意度为 4.38，新光维的满意度为 4.93，狼牌的满意度为 4.23，华诺康的满意度为 4.76，施乐辉的满意度为 4.60。全国硬式内窥镜类设备主要品牌分医院等级售后服务满意度详见表 81。

表 81　2023 年全国硬式内窥镜类设备主要品牌售后服务满意度

序号	品牌名称	售后服务满意度	三级医院售后服务满意度	二级医院售后服务满意度
1	卡尔史托斯	4.64	4.66	4.49
2	奥林巴斯	4.46	4.42	4.57
3	史赛克	4.38	4.42	4.01
4	新光维	4.93	4.93	4.89
5	狼牌	4.23	4.41	3.86
6	华诺康	4.76	4.72	4.82
7	施乐辉	4.60	4.90	3.06

资料来源：《中国医疗设备》杂志社中国医疗设备行业数据调研。

（2）2023 年全国硬式内窥镜类设备主要品牌核心环节竞争力

2023 年，在全国硬式内窥镜类设备中，设备使用及管理人员最关注的四个品牌核心环节竞争力的情况如图 32 所示。

产品可靠性（故障率低、性能稳定）	保修期内所更换备件质量	厂家的到货安装服务是否严格按照合同约定（原厂授权代理商等同原厂）	厂家工程师维修响应（电话响应和现场响应）、维修效率

图 32　2023 年全国硬式内窥镜类设备主要品牌核心环节竞争力

资料来源：《中国医疗设备》杂志社中国医疗设备行业数据调研。

从整体来看，医院对硬式内窥镜类设备售后服务中最为关注的方面是产品质量、维修质量和服务效率。其中，对产品质量（产品可靠性）最为看重；保修期内所更换备件质量反映了维修质量；厂家到货安装服务是否严格按照合同约定，厂家工程师维修响应（电话响应和现场响应）、维修效率这两项指标均反映了服务效率。

（3）2023年全国硬式内窥镜类设备六维综合满意度

2023年，从全国硬式内窥镜类设备的六维综合满意度评价中可以看出，产品质量维度为满意度分值最高的维度，服务价格在这6个维度中满意度分值最低（见表82）。

表82　2023年全国硬式内窥镜类设备六维综合满意度

产品质量	维修质量	服务价格	服务效率	培训体系	服务态度
4.68	4.56	4.30	4.63	4.44	4.62

资料来源：《中国医疗设备》杂志社中国医疗设备行业数据调研。

3.硬式内窥镜类设备维修保养服务情况分析

在2023年全国硬式内窥镜类设备中，主要品牌维修保养服务情况如表83所示。

表83　2023年全国硬式内窥镜类设备主要品牌维修保养服务情况

单位：%

序号	品牌名称	维保履行率	先修后付款所占比例	无间断服务情况
1	卡尔史托斯	95.76	94.50	94.60
2	奥林巴斯	98.82	99.10	95.13
3	史赛克	97.50	96.52	90.62
4	新光维	96.52	85.33	94.23
5	狼牌	81.08	91.89	62.16
6	华诺康	96.43	93.33	94.08
7	施乐辉	96.37	96.01	93.98

资料来源：《中国医疗设备》杂志社中国医疗设备行业数据调研。

4. 硬式内窥镜类设备采购推荐情况

在 2023 年全国硬式内窥镜类设备中，主要品牌采购推荐情况如表 84 所示。

表 84　2023 年全国硬式内窥镜类设备主要品牌采购推荐情况

单位：%

序号	品牌名称	净推荐值	意向复购率
1	卡尔史托斯	70.25	88.60
2	奥林巴斯	64.10	87.69
3	史赛克	51.52	80.61
4	新光维	91.67	95.56
5	狼牌	30.00	76.00
6	华诺康	76.19	92.38
7	施乐辉	60.00	90.00

资料来源：《中国医疗设备》杂志社中国医疗设备行业数据调研。

5. 硬式内窥镜类设备满意度和重要度分析

在 2023 年全国硬式内窥镜类设备品类的满意度和重要度四分如图 33 所示（各指标序号释义详见表 8）。

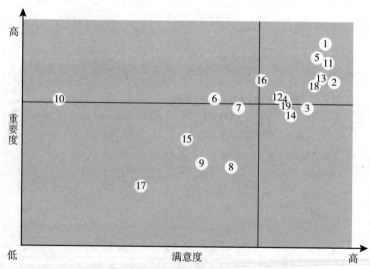

图 33　2023 年全国硬式内窥镜类设备满意度和重要度四分

资料来源：《中国医疗设备》杂志社中国医疗设备行业数据调研。

（十六）麻醉类设备市场数据分析

1.麻醉类设备整体市场及分级市场保有率

我国麻醉类设备市场以进口品牌为主，2023年全国麻醉类设备品类中，主要品牌整体市场及分级市场保有率情况（按照保有率不低于1%的品牌排名顺序展示，以下同）如表85所示。其他品牌包括科曼、Penlon、力康、迈柯唯、百斯、蓝韵凯泰、皇家、航天长峰、晨伟、森迪恒生、易世恒等。

表85　2023年全国麻醉类设备主要品牌保有率

单位：%

序号	品牌名称	整体保有率	三级医院保有率	二级医院保有率
1	德尔格	49.57	50.96	34.13
2	GE	23.32	24.30	17.31
3	迈瑞	20.83	19.88	29.81
4	谊安医疗	3.72	2.75	12.50
5	其他	2.56	2.11	6.25

资料来源：《中国医疗设备》杂志社中国医疗设备行业数据调研。

2.麻醉类设备售后服务现状分析

（1）2023年麻醉类设备主要品牌售后服务满意度

2023年，在全国麻醉类设备市场保有率不低于10.00%的品牌中，德尔格的满意度为4.51，GE的满意度为4.42，迈瑞的满意度为4.58。保有率在1.00%和10.00%之间的品牌中，谊安医疗的满意度为4.49。全国麻醉类设备主要品牌分医院等级售后服务满意度详见表86。

表86　2023年全国麻醉类设备主要品牌售后服务满意度

序号	品牌名称	售后服务满意度	三级医院售后服务满意度	二级医院售后服务满意度
1	德尔格	4.51	4.55	4.18
2	GE	4.42	4.44	4.28
3	迈瑞	4.58	4.63	4.40
4	谊安医疗	4.49	4.63	4.25

资料来源：《中国医疗设备》杂志社中国医疗设备行业数据调研。

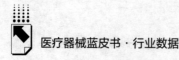

（2）2023 年全国麻醉类设备主要品牌核心环节竞争力

2023 年，在全国麻醉类设备品类中，设备使用及管理人员最关注的四个售后服务问题的情况如图 34 所示。

产品可靠性 （故障率低、性能稳定）	保修期内所更换备件质量	厂家的到货安装服务是否严格按照合同约定（原厂授权代理商等同原厂）	厂家工程师维修响应（电话响应和现场响应）、维修效率

图 34　2023 年全国麻醉类设备主要品牌核心环节竞争力

资料来源：《中国医疗设备》杂志社中国医疗设备行业数据调研。

从整体来看，医院对麻醉类设备售后服务中最为关注的方面是产品质量、维修质量、服务效率。其中，对产品质量最为看重；保修期内所更换备件质量这一指标反映了维修质量；厂家的到货安装服务是否严格按照合同约定，厂家工程师维修响应（电话响应和现场响应）、维修效率这两个指标均反映了服务效率。

（3）2023 年全国麻醉类设备六维综合满意度

2023 年，从全国麻醉类设备的六维综合满意度评价中可以看出，产品质量维度为满意度分值最高的维度，服务价格在这 6 个维度中满意度分值最低（见表 87）。

表 87　2023 年全国麻醉类设备六维综合满意度

产品质量	维修质量	服务价格	服务效率	培训体系	服务态度
4.64	4.50	4.26	4.57	4.31	4.55

资料来源：《中国医疗设备》杂志社中国医疗设备行业数据调研。

3.麻醉类设备维修保养服务情况分析

在 2023 年全国麻醉类设备中，主要品牌维修保养服务情况如表 88 所示。

表88　2023年全国麻醉类设备主要品牌维修保养服务情况

单位：%

序号	品牌名称	维保履行率	先修后付款所占比例	无间断服务情况
1	德尔格	95.93	96.82	97.65
2	GE	97.46	98.33	91.56
3	迈瑞	98.22	99.17	98.46
4	谊安医疗	99.34	78.81	94.04

资料来源：《中国医疗设备》杂志社中国医疗设备行业数据调研。

4. 麻醉类设备采购推荐情况

在2023年全国麻醉类设备中，主要品牌采购推荐情况如表89所示。

表89　2023年全国麻醉类设备主要品牌采购推荐情况

单位：%

序号	品牌名称	净推荐值	意向复购率
1	德尔格	61.62	86.65
2	GE	55.56	86.44
3	迈瑞	67.62	88.57
4	谊安医疗	65.63	86.88

资料来源：《中国医疗设备》杂志社中国医疗设备行业数据调研。

5. 麻醉类设备满意度和重要度分析

在2023年全国麻醉类设备品类的满意度和重要度四分如图35所示（各指标序号释义详见表8）。

（十七）电刀、超声刀等医用刀类设备市场数据分析

1. 电刀、超声刀等医用刀类设备整体市场及分级市场保有率

我国电刀、超声刀等医用刀类设备市场以进口品牌为主，2023年全国电刀、超声刀等医用刀类设备中，主要品牌整体市场及分级市场保有率情况（按照2023年保有率不低于1%的品牌排名顺序展示，以下同）如表90所

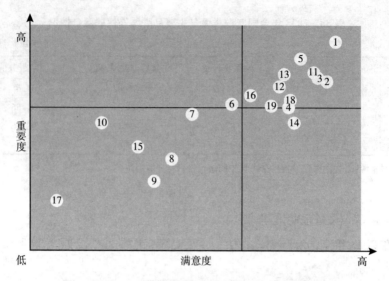

图35　2023年全国麻醉类设备满意度和重要度四分

资料来源：《中国医疗设备》杂志社中国医疗设备行业数据调研。

示。其他品牌包括康威、英特、卡尔史托斯、美国博威、力康、麦迪康维、厚凯医疗、韩国大和、健马、越圣、飞利浦、华博电气、萨顿、中科科仪、德国 Bissinger 等。

表90　2023年全国电刀、超声刀等医用刀类设备主要品牌保有率

单位：%

序号	品牌名称	整体保有率	三级医院保有率	二级医院保有率
1	美敦力	36.97	39.06	17.19
2	爱尔博	23.78	23.66	18.75
3	强生	14.04	14.83	6.77
4	上海沪通	10.92	8.63	34.90
5	康美	6.73	7.16	3.13
6	延陵电子	1.99	1.97	2.60
7	奥林巴斯	1.62	1.29	5.73
8	贝林	1.58	1.61	1.56
9	其他	2.37	1.79	9.38

资料来源：《中国医疗设备》杂志社中国医疗设备行业数据调研。

2. 电刀、超声刀等医用刀类设备售后服务现状分析

（1）2023年电刀、超声刀等医用刀类设备主要品牌售后服务满意度

2023年，在全国电刀、超声刀等医用刀类设备市场保有率不低于10.00%的品牌中，美敦力的满意度为4.46，爱尔博的满意度为4.57，强生的满意度为4.40，上海沪通的满意度为4.22。保有率在1.00%和10.00%之间的品牌中，康美的满意度为4.58，延陵电子的满意度为3.99，奥林巴斯的满意度为4.54，贝林的满意度为3.51。全国电刀、超声刀等医用刀类设备主要品牌分医院等级售后服务满意度详见表91。

表91　2023年全国电刀、超声刀等医用刀类设备主要品牌售后服务满意度

序号	品牌名称	售后服务满意度	三级医院售后服务满意度	二级医院售后服务满意度
1	美敦力	4.46	4.44	4.75
2	爱尔博	4.57	4.57	4.46
3	强生	4.40	4.40	4.39
4	上海沪通	4.22	4.16	4.24
5	康美	4.58	4.56	4.34
6	延陵电子	3.99	4.14	3.42
7	奥林巴斯	4.54	4.71	4.24
8	贝林	3.51	3.77	1.45

资料来源：《中国医疗设备》杂志社中国医疗设备行业数据调研。

（2）2023年全国电刀、超声刀等医用刀类设备主要品牌核心环节竞争力

2023年，在全国电刀、超声刀等医用刀类设备品类中，设备使用及管理人员最关注的四个品牌核心环节竞争力的情况如图36所示。

从整体来看，医院对电刀、超声刀等医用刀类设备售后服务中最为关注的方面是产品质量、维修质量、服务效率。其中，对产品质量（产品可靠性）最为看重；保修期内所更换备件质量这一指标反映了维修质量；厂家的到货安装服务是否严格按照合同约定，厂家工程师维修响应、维修效率这两个指标均反映了服务效率。

产品可靠性 （故障率低、性能 稳定）	保修期内所更换备件 质量	厂家的到货安装 服务是否严格按照 合同约定（原厂授权 代理商等同原厂）	厂家工程师维修响应 （电话响应和现场 响应）、维修效率

图 36　2023 年全国电刀、超声刀等医用刀类设备主要品牌核心环节竞争力

资料来源：《中国医疗设备》杂志社中国医疗设备行业数据调研。

（3）2023 年全国电刀、超声刀等医用刀类设备六维综合满意度

2023 年，从全国电刀、超声刀等医用刀类设备的六维综合满意度评价中可以看出，产品质量维度为满意度分值最高的维度，培训体系在这 6 个维度中满意度分值最低（见表 92）。

表 92　2023 年全国电刀、超声刀等医用刀类设备六维综合满意度

产品质量	维修质量	服务价格	服务效率	培训体系	服务态度
4.60	4.44	4.21	4.52	4.20	4.49

资料来源：《中国医疗设备》杂志社中国医疗设备行业数据调研。

3.电刀、超声刀等医用刀类设备维修保养服务情况分析

在 2023 年全国电刀、超声刀等医用刀类设备中，主要品牌维修保养服务情况如表 93 所示。

表 93　2023 年全国电刀、超声刀等医用刀类设备主要品牌服务情况

单位：%

序号	品牌名称	维保履行率	先修后付款所占比例	无间断服务情况
1	美敦力	93.82	94.72	85.06
2	爱尔博	94.06	93.19	87.16
3	强生	93.49	93.49	93.93
4	上海沪通	94.73	94.68	99.24
5	康美	68.52	87.04	92.22
6	延陵电子	89.58	95.83	91.00
7	奥林巴斯	97.44	93.17	90.90
8	贝林	78.95	39.47	90.89

资料来源：《中国医疗设备》杂志社中国医疗设备行业数据调研。

4.电刀、超声刀等医用刀类设备采购推荐情况

在 2023 年全国电刀、超声刀等医用刀类设备品类中，主要品牌采购推荐情况如表 94 所示。

表 94　2023 年全国电刀、超声刀等医用刀类设备主要品牌采购推荐情况

单位：%

序号	品牌名称	净推荐值	意向复购率
1	美敦力	53.52	84.51
2	爱尔博	69.51	86.59
3	强生	60.27	84.79
4	上海沪通	40.00	83.14
5	康美	81.82	91.82
6	延陵电子	16.67	65.00
7	奥林巴斯	75.00	90.00
8	贝林	—	62.86

资料来源：《中国医疗设备》杂志社中国医疗设备行业数据调研。

5.电刀、超声刀等医用刀类设备满意度和重要度分析

在 2023 年全国电刀、超声刀等医用刀类设备品类的满意度和重要度四分如图 37 所示（各指标序号释义详见表 8）。

（十八）手术室灯床类设备市场数据分析

1.手术室灯床类设备整体市场及分级市场保有率

我国手术室灯床类设备市场以国产品牌为主，2023 年全国手术室灯床类设备中，主要品牌整体及分级保有率情况（按照 2023 年保有率不低于1%的品牌排名顺序展示，以下同）如表 95 所示。其他品牌包括肯莎维、南通医疗、山东育达、瑞穗、鹰牌、西赛尔、凯尔斯玛丁、思泰瑞、山东铭泰、科曼、上海益生、医达医疗、博美星、HillRom、仙居药城、马丁、江苏医高、科凌等。

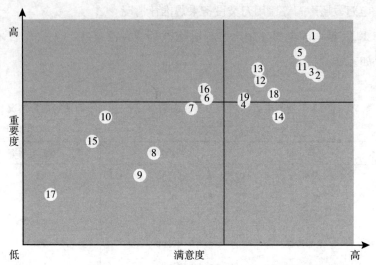

图 37 2023 年全国电刀、超声刀等医用刀类设备满意度和重要度四分

资料来源：《中国医疗设备》杂志社中国医疗设备行业数据调研。

表 95 2023 年全国手术室灯床类设备主要品牌保有率

单位：%

序号	品牌名称	整体保有率	三级医院保有率	二级医院保有率
1	德尔格	24.70	27.75	8.25
2	迈瑞	18.99	17.79	23.97
3	明基三丰	10.30	10.68	10.31
4	美迪兰	9.35	8.77	15.21
5	迈柯唯	8.74	10.03	—
6	八乐梦	3.36	3.95	—
7	熠隆	3.24	3.81	—
8	力康	2.97	2.16	9.28
9	上海医疗器械厂有限公司	2.84	1.29	14.69
10	谊安医疗	2.75	1.91	8.76
11	史赛克	1.90	2.23	—
12	新华医疗	1.53	1.80	—
13	上海应成	1.53	—	—
14	美国医用照明	1.35	1.58	—
15	太阳龙医疗	1.19	0.58	5.93
16	其他	5.26	5.68	3.61

资料来源：《中国医疗设备》杂志社中国医疗设备行业数据调研。

2. 手术室灯床类设备售后服务现状分析

（1）2023 年手术室灯床类设备主要品牌售后服务满意度

2023 年，在全国手术室灯床类设备市场保有率不低于 10.00% 的品牌中，德尔格的满意度为 4.66，迈瑞的满意度为 4.58，明基三丰的满意度为 4.47。保有率在 1.00% 和 10.00% 之间的品牌中，美迪兰的满意度为 4.17，迈柯唯的满意度为 4.46，八乐梦的满意度为 4.85，熠隆的满意度为 4.44，力康的满意度为 4.20，上海医疗器械厂有限公司的满意度为 3.99，谊安医疗的满意度为 4.53，史赛克的满意度为 3.69，新华医疗的满意度为 4.82，上海应成的满意度为 4.94，美国医用照明的满意度为 4.65，太阳龙医疗的满意度为 3.11。全国手术室灯床类设备主要品牌分医院等级售后服务满意度详见表 96。

表 96　2023 年全国手术室灯床类设备主要品牌售后服务满意度

序号	品牌名称	售后服务满意度	三级医院售后服务满意度	二级医院售后服务满意度
1	德尔格	4.66	4.66	4.62
2	迈瑞	4.58	4.59	4.51
3	明基三丰	4.47	4.54	4.07
4	美迪兰	4.17	4.07	4.49
5	迈柯唯	4.46	4.44	—
6	八乐梦	4.85	4.85	—
7	熠隆	4.44	4.44	—
8	力康	4.20	4.12	4.27
9	上海医疗器械厂有限公司	3.99	3.99	3.99
10	谊安医疗	4.53	4.85	4.09
11	史赛克	3.69	3.69	—
12	新华医疗	4.82	4.82	—
13	上海应成	4.94	—	—
14	美国医用照明	4.65	4.65	—
15	太阳龙医疗	3.11	3.02	3.22

资料来源：《中国医疗设备》杂志社中国医疗设备行业数据调研。

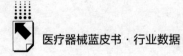

（2）2023 年全国手术室灯床类设备主要品牌核心环节竞争力

2023 年，在全国手术室灯床类设备品类中，设备使用及管理人员最关注的四个售后服务问题的情况如图 38 所示。

产品可靠性（故障率低、性能稳定）	保修期内所更换备件质量	厂家的到货安装服务是否严格按照合同约定（原厂授权代理商等同原厂）	厂家工程师维修响应（电话响应和现场响应）、维修效率

图 38　2023 年全国手术室灯床类设备主要品牌核心环节竞争力

资料来源：《中国医疗设备》杂志社中国医疗设备行业数据调研。

从整体来看，医院对手术室灯床类设备售后服务中最为关注的方面是产品质量、维修质量、服务效率。其中，对产品质量最为看重；保修期内所更换备件质量这一指标反映了维修质量；厂家的到货安装服务是否严格按照合同约定，厂家工程师维修响应（电话响应和现场响应）、维修效率这两个指标均反映了服务效率。

（3）2023 年全国手术室灯床类设备六维综合满意度

2023 年，从全国手术室灯床类设备的六维综合满意度评价中可以看出，产品质量维度为满意度分值最高的维度，服务价格在这 6 个维度中满意度分值最低（见表 97）。

表 97　2023 年全国手术室灯床类设备六维综合满意度

产品质量	维修质量	服务价格	服务效率	培训体系	服务态度
4.56	4.44	4.26	4.55	4.32	4.54

资料来源：《中国医疗设备》杂志社中国医疗设备行业数据调研。

3. 手术室灯床类设备维修保养服务情况分析

在 2023 年全国手术室灯床类设备中，主要品牌维修保养服务情况如表 98 所示。

表98　2023年全国手术室灯床类设备主要品牌维修保养服务情况

单位：%

序号	品牌名称	维保履行率	先修后付款所占比例	无间断服务情况
1	德尔格	96.78	95.92	96.16
2	迈瑞	96.67	95.71	95.97
3	明基三丰	91.10	97.33	90.50
4	美迪兰	86.60	97.71	94.12
5	迈柯唯	79.02	97.20	96.88·
6	八乐梦	91.50	93.20	95.83
7	熠隆	71.70	92.45	95.80
8	力康	88.66	47.42	79.38
9	上海医疗器械厂有限公司	87.10	82.80	92.47
10	谊安医疗	95.56	77.78	95.71
11	史赛克	90.92	56.45	95.54
12	新华医疗	88.00	92.61	95.47
13	上海应成	—	92.61	95.47
14	美国医用照明	90.70	92.55	95.43
15	太阳龙医疗	90.64	41.03	95.40

资料来源：《中国医疗设备》杂志社中国医疗设备行业数据调研。

4. 手术室灯床类设备采购推荐情况

在2023年全国手术室灯床类设备中，主要品牌采购推荐情况如表99所示。

表99　2023年全国手术室灯床类设备主要品牌采购推荐情况

单位：%

序号	品牌名称	净推荐值	意向复购率
1	德尔格	80.00	91.78
2	迈瑞	71.19	89.66
3	明基三丰	41.03	80.77
4	美迪兰	43.90	80.98
5	迈柯唯	50.00	81.43
6	八乐梦	57.14	87.14

续表

序号	品牌名称	净推荐值	意向复购率
7	熠隆	44.44	91.11
8	力康	55.56	81.11
9	上海医疗器械厂有限公司	14.29	72.86
10	谊安医疗	22.22	74.44
11	史赛克	—	67.50
12	新华医疗	61.45	96.67
13	上海应成	61.45	90.00
14	美国医用照明	50.00	85.00
15	太阳龙医疗	—	70.00

资料来源:《中国医疗设备》杂志社中国医疗设备行业数据调研。

5. 手术室灯床类设备满意度和重要度分析

在 2023 年全国手术室灯床类设备品类的满意度和重要度四分如图 39 所示(各指标序号释义详见表 8)。

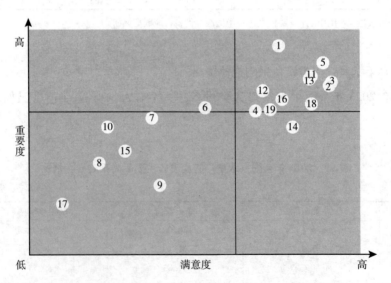

图 39   2023 年全国手术室灯床类设备满意度和重要度四分

资料来源:《中国医疗设备》杂志社中国医疗设备行业数据调研。

（十九）医用激光类设备市场数据分析

1. 医用激光类设备整体市场及分级市场保有率

我国医用激光类设备市场以进口品牌为主，2023年全国医用激光类设备中，主要品牌整体市场及分级市场保有率情况（按照2023年保有率不低于1%的品牌排名顺序展示，以下同）如表100所示。其他品牌包括法国光太、欧洲之星激光、上海市激光技术研究所、威孚莱、普东医疗、半岛医疗、京渝激光、悍马、德商海德堡激光技术、华工激光、合肥大族科瑞达、卡尔蔡司、科林仪器、合肥广安、金莱特、康兴医疗、三崴医疗、嘉定光电等。

表100 2023年全国医用激光类设备主要品牌保有率

单位：%

序号	品牌名称	整体保有率	三级医院保有率	二级医院保有率
1	科医人	55.50	58.79	36.00
2	瑞柯恩	8.56	6.63	20.00
3	赛诺秀	7.09	8.36	—
4	奇致激光	5.62	6.34	2.00
5	飞顿	3.67	3.75	4.00
6	爱科凯能	2.93	1.73	12.00
7	科英激光	2.69	2.59	—
8	大华激光	1.71	0.29	8.00
9	安恒光电	1.71	2.02	—
10	雷意	1.71	2.02	—
11	大族激光	1.47	1.15	4.00
12	其他	7.33	6.34	14.00

资料来源：《中国医疗设备》杂志社中国医疗设备行业数据调研。

2. 医用激光类设备售后服务现状分析

（1）2023年医用激光类设备主要品牌售后服务满意度

2023年，在全国医用激光类设备市场保有率不低于10.00%的品牌中，科医人的满意度为4.35。保有率在1.00%和10.00%之间的品牌中，瑞柯恩的满意度为4.67，赛诺秀的满意度为4.66，奇致激光的满意度为4.92，飞顿的满意度为4.47，爱科凯能的满意度为4.00，科英激光的满意度为4.67，大华激光的满意度为4.56，安恒光电的满意度为4.00，雷意的满意度为4.44，大族激光的满意度为4.55。全国医用激光类设备主要品牌分医院等级售后服务满意度详见表101。

表101　2023年全国医用激光类设备主要品牌售后服务满意度

序号	品牌名称	售后服务满意度	三级医院售后服务满意度	二级医院售后服务满意度
1	科医人	4.35	4.33	4.30
2	瑞柯恩	4.67	4.57	4.80
3	赛诺秀	4.66	4.66	—
4	奇致激光	4.92	4.91	4.32
5	飞顿	4.47	4.78	3.77
6	爱科凯能	4.00	4.20	3.84
7	科英激光	4.67	4.60	
8	大华激光	4.56	3.93	4.80
9	安恒光电	4.00	4.00	—
10	雷意	4.44	4.44	
11	大族激光	4.55	4.86	3.93

资料来源：《中国医疗设备》杂志社中国医疗设备行业数据调研。

（2）2023年全国医用激光类设备主要品牌核心环节竞争力

2023年，在全国医用激光类设备中，设备使用及管理人员最关注的四个品牌核心环节竞争力的情况如图40所示。

产品可靠性（故障率低、性能稳定）	保修期内所更换备件质量	厂家的到货安装服务是否严格按照合同约定（原厂授权代理商等同原厂）	厂家工程师维修响应（电话响应和现场响应）、维修效率

图40　2023年全国医用激光类设备主要品牌核心环节竞争力

资料来源：《中国医疗设备》杂志社中国医疗设备行业数据调研。

从整体来看，医院对医用激光类设备售后服务中最为关注的方面是产品质量、维修质量、服务效率。其中，对产品质量最为看重；保修期内所更换备件质量这一指标反映了维修质量；厂家的到货安装服务是否严格按照合同约定，厂家工程师维修响应、维修效率这两个指标均反映了服务效率。

（3）2023年全国医用激光类设备六维综合满意度

2023年，从全国医用激光类设备的六维综合满意度评价中可以看出，产品质量维度为满意度分值最高的维度，服务价格在这6个维度中满意度分值最低（见表102）。

表102　2023年全国医用激光类设备六维综合满意度

产品质量	维修质量	服务价格	服务效率	培训体系	服务态度
4.61	4.49	4.13	4.52	4.21	4.45

资料来源：《中国医疗设备》杂志社中国医疗设备行业数据调研。

3. 医用激光类设备维修保养服务情况分析

在2023年全国医用激光类设备中，主要品牌维修保养服务情况如表103所示。

表103　2023年全国医用激光类设备主要品牌维修保养服务情况

单位：%

序号	品牌名称	维保履行率	先修后付款所占比例	无间断服务情况
1	科医人	98.46	93.61	68.50
2	瑞柯恩	95.55	85.71	88.57
3	赛诺秀	95.41	79.31	89.66
4	奇致激光	95.28	90.44	79.46
5	飞顿	93.33	90.07	93.33
6	爱科凯能	83.33	75.00	91.67
7	科英激光	90.91	72.73	90.91
8	大华激光	94.91	85.71	85.71
9	安恒光电	14.29	14.29	14.29
10	雷意	94.91	89.69	77.84
11	大族激光	94.88	89.65	83.33

资料来源：《中国医疗设备》杂志社中国医疗设备行业数据调研。

4. 医用激光类设备采购推荐情况

在 2023 年全国医用激光类设备中，主要品牌采购推荐情况如表 104 所示。

表 104   2023 年全国医用激光类设备主要品牌采购推荐情况

单位：%

序号	品牌名称	净推荐值	意向复购率
1	科医人	47.25	83.52
2	瑞柯恩	72.73	90.91
3	赛诺秀	61.87	91.67
4	奇致激光	60.72	86.82
5	飞顿	40.00	86.00
6	爱科凯能	28.57	71.43
7	科英激光	60.00	86.00
8	大华激光	40.00	84.00
9	安恒光电	50.00	80.00
10	雷意	66.67	93.33
11	大族激光	33.33	80.00

资料来源：《中国医疗设备》杂志社中国医疗设备行业数据调研。

5. 医用激光类设备满意度和重要度分析

在 2023 年全国医用激光类设备品类的满意度和重要度四分如图 41 所示（各指标序号释义详见表 8）。

（二十）供应室及手术室消毒类设备市场数据分析

1. 供应室及手术室消毒类设备整体市场及分级市场保有率

我国供应室及手术室消毒类设备市场以国产品牌为主，2023 年全国供应室及手术室消毒类设备中，主要品牌整体市场及分级市场保有率情况（按照 2023 年保有率不低于 1% 的品牌排名顺序展示，以下同）如表 105 所示。其他品牌包括思泰瑞、肯格王、史帝瑞、千樱医疗、凯斯普、上海申安、威高、德国美诺、南京乐基、Systec、百慕达、广州一心、普博、优玛、成都天田等。

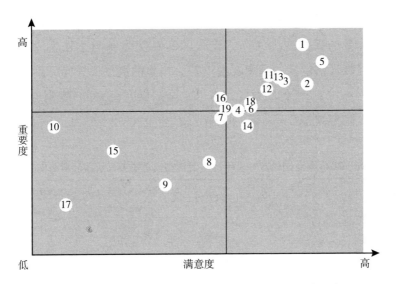

图41 2023年全国医用激光类设备满意度和重要度四分

资料来源：《中国医疗设备》杂志社中国医疗设备行业数据调研。

表105 2023年全国供应室及手术室消毒类设备主要品牌保有率

单位：%

序号	品牌名称	整体保有率	三级医院保有率	二级医院保有率
1	新华医疗	68.95	65.18	78.70
2	倍力曼	8.66	9.81	5.78
3	老肯	5.46	5.80	5.05
4	强生	5.08	6.51	0.36
5	迈柯唯（洁定）	4.16	5.08	1.44
6	白象	1.39	0.92	3.25
7	江汉医疗	1.31	1.22	1.81
8	3M	1.15	1.12	1.44
9	其他	3.85	4.37	2.17

资料来源：《中国医疗设备》杂志社中国医疗设备行业数据调研。

2. 供应室及手术室消毒类设备售后服务现状分析

（1）2023年供应室及手术室消毒类设备主要品牌售后服务满意度

2023年，在全国供应室及手术室消毒类设备市场保有率不低于10.00%

的品牌中，新华医疗的满意度为 4.33。保有率在 1.00% 和 10.00% 之间的品牌中，倍力曼的满意度为 4.71，老肯的满意度为 4.11，强生的满意度为 4.37，迈柯唯（洁定）的满意度为 4.27，白象的满意度为 4.17，江汉医疗的满意度为 4.06，3M 的满意度为 4.48。全国供应室及手术室消毒类设备主要品牌分医院等级售后服务满意度详见表 106。

表 106　2023 年全国供应室及手术室消毒类设备主要品牌售后服务满意度

序号	品牌名称	售后服务满意度	三级医院售后服务满意度	二级医院售后服务满意度
1	新华医疗	4.33	4.37	4.15
2	倍力曼	4.71	4.67	4.94
3	老肯	4.11	4.21	3.75
4	强生	4.37	4.38	4.39
5	迈柯唯（洁定）	4.27	4.19	4.95
6	白象	4.17	4.25	4.03
7	江汉医疗	4.06	4.88	2.80
8	3M	4.48	4.60	4.23

资料来源：《中国医疗设备》杂志社中国医疗设备行业数据调研。

（2）2023 年全国供应室及手术室消毒类设备主要品牌核心环节竞争力

2023 年，在全国供应室及手术室消毒类设备中，设备使用及管理人员最关注的品牌核心环节竞争力的情况如图 42 所示。

产品可靠性（故障率低、性能稳定）	保修期内所更换备件质量	厂家的到货安装服务是否严格按照合同约定（原厂授权代理商等同原厂）	厂家工程师维修响应（电话响应和现场响应）、维修效率

图 42　2023 年全国供应室及手术室消毒类设备主要品牌核心环节竞争力

资料来源：《中国医疗设备》杂志社中国医疗设备行业数据调研。

从整体来看，医院对供应室及手术室类设备售后服务中最为关注的方面是产品质量、维修质量、服务效率。其中，对产品质量最为看重；保修期内所更换备件质量这一指标反映了维修质量；厂家的到货安装服务是否严格按照合同约定，厂家工程师维修响应（电话响应和现场响应）、维修效率这两个指标均反映了服务效率。

（3）2023年全国供应室及手术室消毒类设备六维综合满意度

2023年，从全国供应室及手术室消毒类设备的六维综合满意度评价中可以看出，产品质量和服务效率维度为满意度分值最高的维度，培训体系在这6个维度中满意度分值最低（见表107）。

表107　2023年全国供应室及手术室消毒类设备六维综合满意度

产品质量	维修质量	服务价格	服务效率	培训体系	服务态度
4.45	4.37	4.20	4.45	4.16	4.41

资料来源：《中国医疗设备》杂志社中国医疗设备行业数据调研。

3. 供应室及手术室消毒类设备维修保养服务情况分析

在2023年全国供应室及手术室消毒类设备中，主要品牌维修保养服务情况如表108所示。

表108　2023年全国供应室及手术室消毒类设备主要品牌维修保养服务情况

单位：%

序号	品牌名称	维保履行率	先修后付款所占比例	无间断服务情况
1	新华医疗	91.96	87.56	93.55
2	倍力曼	93.07	90.75	93.96
3	老肯	94.37	97.18	91.55
4	强生	92.42	92.42	92.42
5	迈柯唯（洁定）	85.19	87.04	98.15
6	白象	44.44	61.11	55.56
7	江汉医疗	88.24	88.24	58.82
8	3M	92.20	93.33	73.33

资料来源：《中国医疗设备》杂志社中国医疗设备行业数据调研。

4. 供应室及手术室消毒类设备采购推荐情况

在2023年全国供应室及手术室消毒类设备中，主要品牌采购推荐情况如表109所示。

表 109　2023 年全国供应室及手术室消毒类设备主要品牌采购推荐情况

单位：%

序号	品牌名称	净推荐值	意向复购率
1	新华医疗	52.31	83.85
2	倍力曼	77.42	93.55
3	老肯	31.82	76.82
4	强生	59.09	85.45
5	迈柯唯（洁定）	55.56	82.22
6	白象	28.57	74.29
7	江汉医疗	25.00	70.00
8	3M	80.00	90.00

资料来源：《中国医疗设备》杂志社中国医疗设备行业数据调研。

5. 供应室及手术室消毒类设备满意度和重要度分析

在 2023 年全国供应室及手术室消毒类设备品类的满意度和重要度四分如图 43 所示（各指标序号释义详见表 8）。

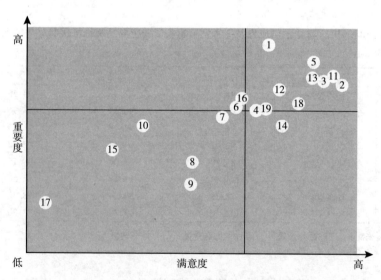

图 43　2023 年全国供应室及手术室消毒类设备满意度和重要度四分

资料来源：《中国医疗设备》杂志社中国医疗设备行业数据调研。

（二十一）手术显微镜类设备市场数据分析

1. 手术显微镜类设备整体市场及分级市场保有率

我国手术显微镜类设备市场以进口品牌为主，2023年全国手术显微镜类设备品类中，主要品牌整体市场及分级市场保有率情况（按照2023年保有率不低于1%的品牌排名顺序展示，以下同）如表110所示。其他品牌包括康华瑞明、奥林巴斯、科奥达、中天医疗、拓普康、欧波同光学、西默等。

表110　2023年全国手术显微镜类设备主要品牌保有率

单位：%

序号	品牌名称	整体保有率	三级医院保有率	二级医院保有率
1	卡尔蔡司	61.57	64.09	43.48
2	徕卡	29.26	27.89	40.58
3	目乐	3.06	3.26	1.45
4	六六视觉	2.79	1.78	10.14
5	其他	3.32	2.97	4.35

资料来源：《中国医疗设备》杂志社中国医疗设备行业数据调研。

2. 手术显微镜类设备售后服务现状分析

（1）2023年手术显微镜类设备主要品牌售后服务满意度

2023年，在全国手术显微镜类设备市场保有率不低于10.00%的品牌中，卡尔蔡司的满意度为4.55，徕卡的满意度为4.39。保有率在1.00%和10.00%之间的品牌中，目乐的满意度为4.27，六六视觉的满意度为4.16。全国手术显微镜类设备主要品牌分医院等级售后服务满意度详见表111。

表111　2023年全国手术显微镜类设备主要品牌售后服务满意度

序号	品牌名称	售后服务满意度	三级医院售后服务满意度	二级医院售后服务满意度
1	卡尔蔡司	4.55	4.56	4.48
2	徕卡	4.39	4.41	4.24
3	目乐	4.27	4.38	3.00
4	六六视觉	4.16	4.21	3.86

资料来源：《中国医疗设备》杂志社中国医疗设备行业数据调研。

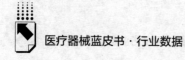
（2）2023 年全国手术显微镜类设备主要品牌核心环节竞争力

2023 年，在全国手术显微镜类设备品类中，设备使用及管理人员最关注的四个售后服务问题的情况如图 44 所示。

产品可靠性（故障率低、性能稳定）	保修期内所更换备件质量	厂家的到货安装服务是否严格按照合同约定（原厂授权代理商等同原厂）	厂家工程师维修响应（电话响应和现场响应）、维修效率

图 44　2023 年全国手术显微镜类设备主要品牌核心环节竞争力

资料来源：《中国医疗设备》杂志社中国医疗设备行业数据调研。

从整体来看，医院对手术显微镜类设备售后服务中最为关注的方面是产品质量、维修质量、服务效率。其中，对产品质量（产品可靠性）最为看重；保修期内所更换备件质量这一指标反映了维修质量；厂家的到货安装服务是否严格按照合同约定，厂家工程师维修响应（电话响应和现场响应）、维修效率这两个指标均反映了服务效率。

（3）2023 年全国手术显微镜类设备六维综合满意度

2023 年，从全国手术显微镜类设备的六维综合满意度评价中可以看出，产品质量维度为满意度分值最高的维度，服务价格在这 6 个维度中满意度分值最低（见表 112）。

表 112　2023 年全国手术显微镜类设备六维综合满意度

产品质量	维修质量	服务价格	服务效率	培训体系	服务态度
4.61	4.47	4.15	4.52	4.29	4.51

资料来源：《中国医疗设备》杂志社中国医疗设备行业数据调研。

3. 手术显微镜类设备维修保养服务情况分析

在 2023 年全国手术显微镜类设备中，主要品牌维修保养服务情况如表 113 所示。

表113　2023年全国手术显微镜类设备主要品牌维修保养服务情况

单位：%

序号	品牌名称	维保履行率	先修后付款所占比例	无间断服务情况
1	卡尔蔡司	99.68	93.95	93.52
2	徕卡	94.09	89.55	92.50
3	目乐	97.41	91.30	95.65
4	六六视觉	95.24	97.62	95.24

资料来源：《中国医疗设备》杂志社中国医疗设备行业数据调研。

4.手术显微镜类设备采购推荐情况

在2023年全国手术显微镜类设备中，主要品牌采购推荐情况如表114所示。

表114　2023年全国手术显微镜类设备主要品牌采购推荐情况

单位：%

序号	品牌名称	净推荐值	意向复购率
1	卡尔蔡司	61.96	87.39
2	徕卡	60.71	86.31
3	目乐	25.00	71.25
4	六六视觉	38.46	79.23

资料来源：《中国医疗设备》杂志社中国医疗设备行业数据调研。

5.手术显微镜类设备满意度和重要度分析

在2023年全国手术显微镜类设备品类的满意度和重要度四分如图45所示（各指标序号释义详见表8）。

（二十二）检验设备类设备市场数据分析

1.检验设备类设备整体市场及分级市场保有率

我国检验设备类设备市场以进口品牌为主，2023年全国检验设备类设

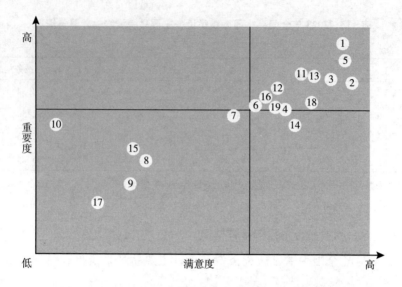

图 45   2023 年全国手术显微镜类设备满意度和重要度四分

资料来源：《中国医疗设备》杂志社中国医疗设备行业数据调研。

备品类中，主要品牌整体市场及分级市场保有率情况（按照 2023 年保有率不低于 1% 的品牌排名顺序展示，以下同）如表 115 所示。其他品牌包括众驰伟业、佳能、积水、梅里埃、沃文特、迪瑞、雷杜、爱威、帝迈生物、思塔高、星童、华晟源、瑞诚仪器、西门子等。

表 115   2023 年全国检验设备类设备主要品牌保有率

单位：%

序号	品牌名称	整体保有率	三级医院保有率	二级医院保有率
1	希森美康	21.59	25.30	12.70
2	迈瑞	13.39	11.84	16.39
3	贝克曼库尔特	7.01	7.64	6.56
4	罗氏	5.82	6.03	5.33
5	新产业生物	4.70	4.63	6.15
6	北京白洋医疗	4.46	5.92	—
7	赛默飞世尔	3.82	4.95	0.82
8	优利特	3.59	2.05	6.56

序号	品牌名称	整体保有率	三级医院保有率	二级医院保有率
9	日立	2.79	2.15	5.74
10	赛科希德	2.47	1.61	4.92
11	基蛋生物	2.39	1.72	4.10
12	奥森多	1.91	2.37	0.82
13	麦科田	1.91	2.05	2.05
14	宏石医疗	1.51	1.83	0.82
15	雅培	1.35	1.72	0.41
16	海尔	1.20	1.61	—
17	力康	1.20	1.61	—
18	沃芬	1.04	0.43	2.05
19	其他	17.85	14.53	24.59

资料来源：《中国医疗设备》杂志社中国医疗设备行业数据调研。

2.检验设备类设备售后服务现状分析

（1）2023检验设备类设备主要品牌售后服务满意度

2023年，在全国检验设备类设备市场保有率不低于10.00%的品牌中，希森美康的满意度为4.64，迈瑞的满意度为4.42。保有率在1.00%和10.00%之间的品牌中，贝克曼库尔特的满意度为4.48，罗氏的满意度为4.40，新产业生物的满意度为4.74，北京白洋医疗的满意度为4.63，赛默飞世尔的满意度为4.91，优利特的满意度为4.25，日立的满意度为4.62，赛科希德的满意度为4.52，基蛋生物的满意度为4.37，奥森多的满意度为4.71，麦科田的满意度为4.94，宏石医疗的满意度为4.64，雅培的满意度为4.49，海尔的满意度为4.90，力康的满意度为4.90，沃芬的满意度为4.44。全国检验设备类主要品牌分医院等级售后服务满意度详见表116。

表 116　2023 年全国检验设备类设备主要品牌售后服务满意度

序号	品牌名称	售后服务满意度	三级医院售后服务满意度	二级医院售后服务满意度
1	希森美康	4.64	4.67	4.39
2	迈瑞	4.42	4.51	4.22
3	贝克曼库尔特	4.48	4.53	4.28
4	罗氏	4.40	4.33	4.47
5	新产业生物	4.74	4.79	4.61
6	北京白洋医疗	4.63	4.71	—
7	赛默飞世尔	4.91	4.90	4.36
8	优利特	4.25	4.50	3.78
9	日立	4.62	4.70	4.52
10	赛科希德	4.52	4.75	4.21
11	基蛋生物	4.37	4.49	4.15
12	奥森多	4.71	4.69	4.87
13	麦科田	4.94	4.94	4.95
14	宏石医疗	4.64	4.56	4.36
15	雅培	4.49	4.48	4.64
16	海尔	4.90	4.90	—
17	力康	4.90	4.90	—
18	沃芬	4.44	3.64	4.81

资料来源：《中国医疗设备》杂志社中国医疗设备行业数据调研。

（2）2023 年全国检验设备类设备主要品牌核心环节竞争力

2023 年，在全国检验设备类设备品类中，设备使用及管理人员最关注的四个售后服务问题的情况如图 46 所示。

保修期内所更换备件质量	厂家的到货安装服务是否严格按照合同约定（原厂授权代理商等同原厂）	产品可靠性（故障率低、性能稳定）	合同规定的培训条款履约情况

图 46　2023 年全国检验设备类设备主要品牌核心环节竞争力

资料来源：《中国医疗设备》杂志社中国医疗设备行业数据调研。

从整体来看，医院对检验设备类设备售后服务中最为关注的方面是维修质量、服务效率、产品质量和培训体系。其中，对维修质量最为看重，保修期内所更换备件质量这项指标反映了维修质量；厂家到货安装服务是否严格按照合同约定反映了服务效率；产品可靠性反映了产品质量；合同规定的培训条款履约情况这一指标反映了培训体系。

（3）2023年全国检验设备类设备六维综合满意度

2023年，从全国检验设备类设备的六维综合满意度评价中可以看出，产品质量和服务态度维度为满意度分值最高的维度，服务价格在这6个维度中满意度分值最低（见表117）。

表117　2023年全国检验设备类设备六维综合满意度

产品质量	维修质量	服务价格	服务效率	培训体系	服务态度
4.56	4.51	4.37	4.55	4.42	4.56

资料来源：《中国医疗设备》杂志社中国医疗设备行业数据调研。

3. 检验设备类设备维修保养服务情况分析

在2023年全国检验设备类设备中，主要品牌维修保养服务情况如表118所示。

表118　2023年全国检验设备类设备主要品牌维修保养服务情况

单位：%

序号	品牌名称	维保履行率	先修后付款所占比例	无间断服务情况
1	希森美康	89.67	98.15	94.46
2	迈瑞	83.33	93.45	84.52
3	贝克曼库尔特	78.41	86.36	94.89
4	罗氏	93.15	94.52	97.26
5	新产业生物	93.02	89.83	94.08
6	北京白洋医疗	92.92	98.21	98.21
7	赛默飞世尔	92.66	93.25	87.50
8	优利特	93.33	82.22	88.89
9	日立	97.14	85.71	97.14
10	赛科希德	96.77	83.87	90.32
11	基蛋生物	92.06	93.33	93.33
12	奥森多	91.87	95.83	93.10

续表

序号	品牌名称	维保履行率	先修后付款所占比例	无间断服务情况
13	麦科田	83.33	91.67	93.10
14	宏石医疗	91.70	92.37	92.96
15	雅培	82.35	64.71	92.91
16	海尔	91.57	92.25	92.85
17	力康	91.57	92.25	92.85
18	沃芬	92.31	76.92	92.79

资料来源：《中国医疗设备》杂志社中国医疗设备行业数据调研。

4. 检验设备类设备采购推荐情况

在 2023 年全国检验设备类设备中，主要品牌采购推荐情况如表 119 所示。

表 119　2023 年全国检验设备类设备主要品牌采购推荐情况

单位：%

序号	品牌名称	净推荐值	意向复购率
1	希森美康	62.16	89.32
2	迈瑞	47.62	82.86
3	贝克曼库尔特	45.00	84.75
4	罗氏	51.61	88.06
5	新产业生物	84.44	91.78
6	北京白洋医疗	37.50	78.75
7	赛默飞世尔	80.00	90.00
8	优利特	48.15	86.30
9	日立	73.91	89.57
10	赛科希德	33.33	82.50
11	基蛋生物	62.50	88.13
12	奥森多	73.33	89.33
13	麦科田	85.71	95.71
14	宏石医疗	62.50	90.00
15	雅培	90.00	92.00
16	海尔	60.36	87.39
17	力康	60.36	87.39
18	沃芬	37.50	86.25

资料来源：《中国医疗设备》杂志社中国医疗设备行业数据调研。

5.检验设备类设备满意度和重要度分析

在 2023 年全国检验设备类设备品类的满意度和重要度四分如图 47 所示（各指标序号释义详见表 8）。

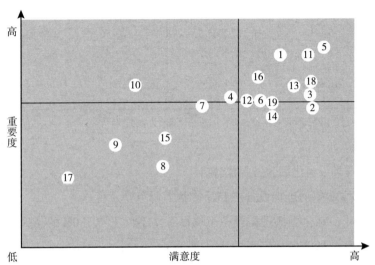

图 47　2023 年全国检验设备类设备满意度和重要度四分

资料来源：《中国医疗设备》杂志社中国医疗设备行业数据调研。

（二十三）病理类设备市场数据分析

1.病理类设备整体市场及分级市场保有率

我国病理类设备市场以进口品牌为主，2023 年全国病理类设备中，主要品牌整体市场及分级市场保有率情况（按照 2023 年保有率不低于 1%的品牌排名顺序展示，以下同）如表 120 所示。其他品牌包括孝感亚光、尼康、万脉、山东博科、天创仪器等。

表 120　2023 年全国病理类设备主要品牌保有率

单位：%

序号	品牌名称	整体保有率	三级医院保有率	二级医院保有率
1	徕卡	34.88	41.20	14.08
2	奥林巴斯	21.51	20.22	26.76
3	卡尔蔡司	19.19	23.22	—

续表

序号	品牌名称	整体保有率	三级医院保有率	二级医院保有率
4	罗氏	6.40	2.62	21.13
5	戴维	5.81	—	28.17
6	日本樱花	2.62	3.37	—
7	PHCHD	2.03	2.25	1.41
8	中科美菱	1.74	2.25	—
9	察微病理	1.45	1.87	—
10	中威医疗	1.45	1.50	1.41
11	其他	2.91	1.50	7.04

资料来源:《中国医疗设备》杂志社中国医疗设备行业数据调研。

2. 病理类设备售后服务现状分析

（1）2023 年病理类设备主要品牌售后服务满意度

2023 年,在全国病理类设备市场保有率不低于 10.00% 的品牌中,徕卡的满意度为 4.19,奥林巴斯的满意度为 4.71,卡尔蔡司的满意度为 4.92。保有率在 1.00% 和 10.00% 之间的品牌中,罗氏的满意度为 4.96,戴维的满意度为 4.46,日本樱花的满意度为 4.59,PHCHD 的满意度为 4.50,中科美菱的满意度为 4.90,察微病理的满意度为 4.58,中威医疗的满意度为 4.37。全国病理设备主要品牌分医院等级售后服务满意度详见表 121。

表 121 2023 年全国病理类设备主要品牌售后服务满意度

序号	品牌名称	售后服务满意度	三级医院售后服务满意度	二级医院售后服务满意度
1	徕卡	4.19	4.21	4.07
2	奥林巴斯	4.71	4.77	4.53
3	卡尔蔡司	4.92	4.92	—
4	罗氏	4.96	4.92	4.87
5	戴维	4.46	—	4.46
6	日本樱花	4.59	4.62	—
7	PHCHD	4.50	4.92	3.16
8	中科美菱	4.90	4.90	—
9	察微病理	4.58	4.61	—
10	中威医疗	4.37	4.60	3.11

资料来源:《中国医疗设备》杂志社中国医疗设备行业数据调研。

（2）2023年全国病理类设备主要品牌核心环节竞争力

2023年，在全国病理类设备品类中，设备使用及管理人员最关注的四个品牌核心环节竞争力的情况如图48所示。

保修期内所更换备件质量	厂家的到货安装服务是否严格按照合同约定（原厂授权代理商等同原厂）	产品可靠性（故障率低、性能稳定）	合同规定的培训条款履约情况

图48　2023年全国病理类设备主要品牌核心环节竞争力

资料来源：《中国医疗设备》杂志社中国医疗设备行业数据调研。

从整体来看，医院对病理类设备售后服务中最为关注的方面是维修质量、服务效率、产品质量和培训体系。其中，对维修质量最为看重，保修期内所更换备件质量这项指标反映了维修质量；厂家到货安装服务是否严格按照合同约定反映了服务效率；产品可靠性反映了产品质量；合同规定的培训条款履约情况这一指标反映了培训体系。

（3）2023年全国病理类设备六维综合满意度

2023年，从全国病理类设备的六维综合满意度评价中可以看出，产品质量维度为满意度分值最高的维度，服务价格在这6个维度中满意度分值最低（见表122）。

表122　2023年全国病理类设备六维综合满意度

产品质量	维修质量	服务价格	服务效率	培训体系	服务态度
4.69	4.57	4.32	4.60	4.46	4.47

资料来源：《中国医疗设备》杂志社中国医疗设备行业数据调研。

3.病理类设备维修保养服务情况分析

在2023年全国病理类设备中，主要品牌维修保养服务情况如表123所示。

表123　2023年全国病理类设备主要品牌维修保养服务情况

单位：%

序号	品牌名称	维保履行率	先修后付款所占比例	无间断服务情况
1	徕卡	95.00	92.50	87.50
2	奥林巴斯	90.54	94.59	89.19
3	卡尔蔡司	68.18	98.48	96.47
4	罗氏	86.36	95.73	93.59
5	戴维	90.79	95.64	93.46
6	日本樱花	89.78	95.16	55.56
7	PHCHD	89.60	85.71	92.61
8	中科美菱	89.51	95.03	92.54
9	察微病理	89.41	94.99	92.48
10	中威医疗	89.41	80.00	92.48

资料来源：《中国医疗设备》杂志社中国医疗设备行业数据调研。

4. 病理类设备采购推荐情况

在2023年全国病理类设备中，主要品牌采购推荐情况如表124所示。

表124　2023年全国病理类设备主要品牌采购推荐情况

单位：%

序号	品牌名称	净推荐值	意向复购率
1	徕卡	40.63	78.75
2	奥林巴斯	61.11	86.11
3	卡尔蔡司	27.27	90.00
4	罗氏	62.40	97.50
5	戴维	61.64	90.00
6	日本樱花	57.42	86.77
7	PHCHD	66.67	76.67
8	中科美菱	56.27	86.41
9	察微病理	55.88	86.29
10	中威医疗	50.00	80.00

资料来源：《中国医疗设备》杂志社中国医疗设备行业数据调研。

5.病理类设备满意度和重要度分析

在2023年全国病理类设备品类的满意度和重要度四分如图49所示（各指标序号释义详见表8）。

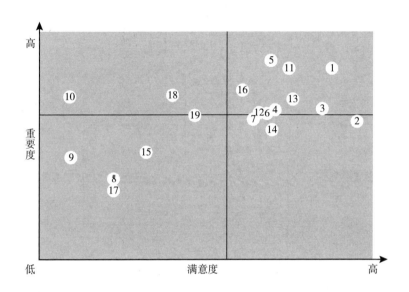

图49　2023年全国病理类设备满意度和重要度四分

资料来源：《中国医疗设备》杂志社中国医疗设备行业数据调研。

（二十四）急诊检验类设备市场数据分析

1.急诊检验类设备整体市场及分级市场保有率

我国急诊检验类设备市场以进口品牌为主，2023年全国急诊检验类设备中，主要品牌整体市场及分级市场保有率情况（按照2023年保有率不低于1%的品牌排名顺序展示，以下同）如表125所示。其他品牌包括雷杜、伯乐、沃芬、强生、优利特、BD、梅里埃、爱威、新产业生物、赛默飞世尔、星童、新华医疗、佳能、深圳普门、思塔高、亚辉龙、积水、基蛋生物、麦科田、安图生物、南京诺尔曼、中元汇吉、科宝等。

表 125　2023 年全国急诊检验类设备主要品牌保有率

单位：%

序号	品牌名称	整体保有率	三级医院保有率	二级医院保有率
1	奥森多	30.84	31.35	27.26
2	希森美康	16.10	16.55	12.18
3	迈瑞	13.06	11.50	22.27
4	罗氏	8.80	8.85	9.05
5	贝克曼库尔特	8.25	8.51	6.96
6	雅培	3.89	4.20	2.78
7	西门子	2.77	2.78	2.78
8	理邦仪器	2.56	2.46	3.48
9	北京白洋医疗	2.19	2.59	0.35
10	雷度米特	1.81	1.87	0.70
11	迪瑞	1.44	1.68	0.35
12	日立	1.44	1.42	1.74
13	其他	6.85	6.24	10.09

资料来源：《中国医疗设备》杂志社中国医疗设备行业数据调研。

2. 急诊检验类设备售后服务现状分析

（1）2023 年急诊检验类设备主要品牌售后服务满意度

2023 年，在全国急诊检验类设备市场保有率不低于 10.00% 的品牌中，奥森多的满意度为 4.79，希森美康的满意度为 4.48，迈瑞的满意度为 4.51。保有率在 1.00% 和 10.00% 之间的品牌中，罗氏的满意度为 4.57，贝克曼库尔特的满意度为 4.48，雅培的满意度为 4.38，西门子的满意度为 4.40，理邦仪器的满意度为 4.50，北京白洋医疗的满意度为 4.34，雷度米特的满意度为 4.50，迪瑞的满意度为 4.36，日立的满意度为 4.50。全国急诊检验类设备主要品牌分医院等级售后服务满意度详见表 126。

表126 2023年全国急诊检验类设备主要品牌售后服务满意度

序号	品牌名称	售后服务满意度	三级医院售后服务满意度	二级医院售后服务满意度
1	奥森多	4.79	4.79	4.81
2	希森美康	4.48	4.47	4.49
3	迈瑞	4.51	4.52	4.47
4	罗氏	4.57	4.58	4.55
5	贝克曼库尔特	4.48	4.50	4.35
6	雅培	4.38	4.36	4.52
7	西门子	4.40	4.48	4.02
8	理邦仪器	4.50	4.55	4.37
9	北京白洋医疗	4.34	4.29	4.58
10	雷度米特	4.50	4.47	4.74
11	迪瑞	4.36	4.35	4.52
12	日立	4.50	4.53	4.35

资料来源:《中国医疗设备》杂志社中国医疗设备行业数据调研。

（2）2023年全国急诊检验类设备主要品牌核心环节竞争力

2023年,在全国急诊检验类设备品类中,设备使用及管理人员最关注的四个品牌核心环节竞争力的情况如图50所示。

保修期内所更换备件质量	厂家的到货安装服务是否严格按照合同约定（原厂授权代理商等同原厂）	产品可靠性（故障率低、性能稳定）	合同规定的培训条款履约情况

图50 2023年全国急诊检验类设备主要品牌核心环节竞争力

资料来源:《中国医疗设备》杂志社中国医疗设备行业数据调研。

从整体来看,医院对急诊检验类设备售后服务中最为关注的方面是维修质量、服务效率、产品质量和培训体系。其中,对维修质量最为看重,保修期内所更换备件质量这项指标反映了维修质量;厂家到货安装服务是否严格按照合同约定反映了服务效率;产品可靠性反映了产品质量;合同规定的培训条款履约情况这一指标反映了培训体系。

（3）2023年全国急诊检验类设备六维综合满意度

2023年,从全国急诊检验类设备的六维综合满意度评价中可以看出,服务态度维度为满意度分值最高的维度，服务价格在这6个维度中满意度分值最低（见表127）。

表127 2023年全国急诊检验类设备六维综合满意度

产品质量	维修质量	服务价格	服务效率	培训体系	服务态度
4.58	4.59	4.48	4.62	4.51	4.71

资料来源：《中国医疗设备》杂志社中国医疗设备行业数据调研。

3. 急诊检验类设备维修保养服务情况分析

在2023年全国急诊检验类设备中，主要品牌维修保养服务情况如表128所示。

表128 2023年全国急诊检验类设备主要品牌维修保养服务情况

单位：%

序号	品牌名称	维保履行率	先修后付款所占比例	无间断服务情况
1	奥森多	99.10	96.81	99.73
2	希森美康	97.02	92.88	99.34
3	迈瑞	94.29	94.29	95.92
4	罗氏	95.76	96.67	95.45
5	贝克曼库尔特	95.15	94.47	92.03
6	雅培	89.04	95.89	95.89
7	西门子	96.15	91.35	94.23
8	理邦仪器	95.83	87.50	87.50
9	北京白洋医疗	92.68	92.68	21.95
10	雷度米特	76.47	90.25	82.35
11	迪瑞	92.59	98.77	96.30
12	日立	92.59	85.19	90.74

资料来源：《中国医疗设备》杂志社中国医疗设备行业数据调研。

4. 急诊检验类设备采购推荐情况

在2023年全国急诊检验类设备中，主要品牌采购推荐情况如表129所示。

表129　2023年全国急诊检验类设备主要品牌采购推荐情况

单位：%

序号	品牌名称	净推荐值	意向复购率
1	奥森多	88.65	94.05
2	希森美康	76.00	90.63
3	迈瑞	73.91	89.49
4	罗氏	76.52	89.74
5	贝克曼库尔特	74.36	89.57
6	雅培	64.58	87.50
7	西门子	61.76	85.29
8	理邦仪器	66.67	80.00
9	北京白洋医疗	50.00	78.00
10	雷度米特	35.71	72.86
11	迪瑞	63.64	85.45
12	日立	84.00	90.80

资料来源：《中国医疗设备》杂志社中国医疗设备行业数据调研。

5.急诊检验类设备满意度和重要度分析

在2023年全国急诊检验类设备品类的满意度和重要度四分如图51所示（各指标序号释义详见表8）。

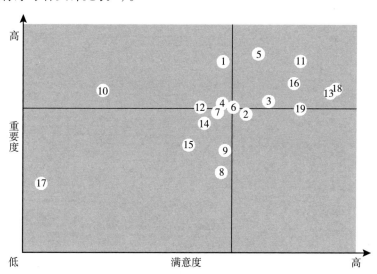

图51　2023年全国急诊检验类设备满意度和重要度四分

资料来源：《中国医疗设备》杂志社中国医疗设备行业数据调研。

由图 51 可见，企业在保修期内所更换备件质量、合同规定的培训条款履约情况、厂家工程师服务态度、客户投诉的处理效率与效果等重要度较高的指标上，满意度也较高。

B.5
2023年八类医疗设备招投标数据分析

许佳锐　郑　珂　陈永潮*

摘　要：　医疗器械是医药工业中增长速度最快的细分行业，发展潜力巨大。在我国政府的大力支持下，医疗器械产业规模持续增长。[①] 医疗器械招标采购是一项规范采购行为，可降低采购价格，保障医疗器械质量，促进医疗成本进一步降低，减轻患者医疗负担，提高医疗服务水平。[②] 本文选取内窥镜、超声影像诊断设备等八大类医疗设备，从中标数量、品牌分类、区域分布、采购医院等维度对2023年中标数据进行分析，反映我国医疗器械招标市场现状。以品牌信息披露较完整的数据为标准进行统计，2023年八大类医疗设备中标总额合计433.9亿元，中标数量共计154606件。中标金额和中标数量排名第一的类别分别为内窥镜和监护设备。从月份分布来看，八大类医疗设备中标总额和中标数量均在1月达到峰值。在品牌方面，2023年八大类医疗设备中标数据共涉及1142个品牌，迈瑞市场占有率最高。在区域市场方面，2023年招标最活跃的地区为广东省、四川省和江苏省。在医院等级方面，中标总额和中标数量最高的均为三甲医院。

关键词：　招投标数据　医院采购　医疗设备主流品牌　市场占有率

---

*　许佳锐，广州众成大数据科技有限公司副总经理；郑珂，广州众成大数据科技有限公司副总经理；陈永潮，广州众成大数据科技有限公司数据分析师。

① 《品质赢得市场　创新成就未来——2023中国医药工业发展大会医疗器械招标采购与市场供应论坛成功召开》，《中国招标》2024年第1期。

② 李春光：《医疗器械招标采购管理探讨》，《中国医疗器械信息》2010年第5期。

一 内窥镜中标数据分析

（一）总体情况

据 JOINCHAIN®众成数科统计，2023 年共监测到 5891 家招标单位公布内窥镜招投标中标结果，涉及 33040 条内窥镜中标结果数据，涵盖 522 个品牌商，中标数量共计 59569 件，中标总额合计 243.6 亿元。

其中，以品牌信息披露较完整[①]的数据为标准进行统计，数据总数是 20606 条，中标数量共计 35232 件，中标总额合计 156.91 亿元。从细分产品来看，消化道内镜中标金额最高，为 48.91 亿元，中标数量为 5701 件；其他内窥镜和胸腹腔镜的中标金额分别是 38.14 亿元和 22.8 亿元，中标数量分别是 4036 件和 2098 件，具体的统计信息如表 1 所示。

表 1　2023 年各类内窥镜中标情况

单位：亿元，件

序号	品类	中标金额	中标数量
1	消化道内镜	48.91	5701
2	其他内窥镜	38.14	4036
3	胸腹腔镜	22.80	2098
4	支气管镜	10.34	2092
5	鼻咽喉镜	7.87	6013
6	内窥镜配件	7.55	9664
7	关节镜	5.91	671
8	宫腔镜	4.23	1021
9	脊柱内镜	3.83	442
10	神经内镜	1.60	161
11	电切镜	1.17	512
12	膀胱镜	0.98	422
13	阴道镜	0.82	470
14	肾镜	0.82	543

---

① 品牌信息披露较完整是指中标产品品牌、数量、单价和总额等关键信息披露较完整。

序号	品类	中标金额	中标数量
15	气管镜	0.80	315
16	输尿管镜	0.76	485
17	耳镜	0.20	540
18	乳管镜	0.17	34
19	精囊镜	0.01	11
20	组合内镜	0.00	1
	总计	156.91	35232

资料来源：MDCLOUD（医械数据云）。

（二）每月中标情况

据 JOINCHAIN® 众成数科统计，在月份时间轴上，对 2023 年一年里采集到的整体内窥镜中标数据进行分析，中标金额在 2023 年 1～5 月持续下降，6～12 月整体呈波动上升趋势；中标数量在 2023 年 1～4 月整体呈下降趋势，之后的 5～12 月总体呈上升趋势，其中 6 月涨幅最为明显。本统计周期内，内窥镜平均每件产品中标金额为 44.54 万元。2023 年 10 月内窥镜中标数量为本统计周期内的最大值，达 4128 件，该月产品中标金额为 12.10 亿元，平均每件产品中标金额为 29.31 万元，具体情况如图 1 所示。

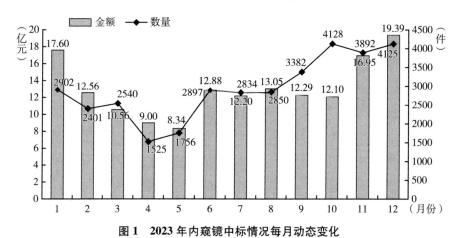

图 1　2023 年内窥镜中标情况每月动态变化

资料来源：MDCLOUD（医械数据云）。

（三）品牌中标情况

据 JOINCHAIN® 众成数科统计，在 2023 年全国内窥镜各品牌的销售情况中，奥林巴斯等 15 个品牌贡献了 79.05% 的市场份额。其中，奥林巴斯占据首位，市场占有率达 29.50%，具有明显优势。此外，市场销售份额排名第二、第三的品牌是富士与卡尔史托斯，市场占有率分别为 12.24% 和 9.86%。

按中标数量分析，中标数量排名前十五的品牌获得了内窥镜市场 58.23% 的份额，而其余品牌则只占 41.77% 的份额。本统计周期内，奥林巴斯市场份额居首位，为 16.04%；而优亿、卡尔史托斯分别以 5.48%、5.13% 的市场份额位居第二、第三，具体参见表 2 和表 3。

表 2 2023 年内窥镜部分中标品牌市场占有率（根据销售额）

单位：%

品牌	市场占有率	品牌	市场占有率
奥林巴斯	29.50	史赛克	2.24
富士	12.24	施乐辉	1.61
卡尔史托斯	9.86	艾克松	1.36
开立	5.33	华诺医康	1.07
迈瑞	4.69	莱夫凯尔	1.06
澳华	3.19	视新	0.92
豪雅	2.80	因赛德思	0.89
欧谱曼迪	2.29		

资料来源：MDCLOUD（医械数据云）。

表 3 2023 年内窥镜部分中标品牌市场占有率（根据中标数量）

单位：%

品牌	市场占有率	品牌	市场占有率
奥林巴斯	16.04	驼人	3.49
优亿	5.48	开立	2.95
卡尔史托斯	5.13	澳华	2.68
富士	4.87	沈大	2.65
迈瑞	3.53	万禾医疗	2.46

品牌	市场占有率	品牌	市场占有率
辉春医疗	2.09	好克	1.73
豪雅	1.83	天松	1.52
视新	1.78		

资料来源：MDCLOUD（医械数据云）。

（四）区域市场情况

根据 JOINCHAIN® 众成数科采集到的所有招投标中标结果，2023 年内窥镜招标活跃度排名前三的地区为广东省、四川省和江苏省，中标金额分别为 17.61 亿元、10.77 亿元和 10.65 亿元（见表 4）。

表 4　2023 年各省（自治区、直辖市）内窥镜招标情况

单位：亿元

省（自治区、直辖市）	中标金额	省（自治区、直辖市）	中标金额
广东省	17.61	河南省	4.08
四川省	10.77	安徽省	4.06
江苏省	10.65	湖南省	3.80
山东省	9.09	陕西省	3.50
浙江省	8.93	黑龙江省	3.48
湖北省	8.61	新疆维吾尔自治区	3.19
广西壮族自治区	8.10	内蒙古自治区	2.80
江西省	6.79	贵州省	2.73
北京市	5.57	甘肃省	2.13
福建省	5.35	宁夏回族自治区	1.91
山西省	5.28	吉林省	1.53
上海市	5.27	海南省	1.11
云南省	4.96	天津市	1.01
辽宁省	4.56	西藏自治区	0.61
重庆市	4.53	青海省	0.60
河北省	4.25		

资料来源：MDCLOUD（医械数据云）。

注：中标公告中存在部分未披露完整招标单位信息或披露有误的情况，如"某医院"等无法确认省份信息，故省（自治区、直辖市）总数存在误差。

（五）采购医院情况

据 JOINCHAIN® 众成数科统计，通过对全国各采购医院具有不同评级的基础进行分析，在本统计周期内，三甲医院的内窥镜中标总金额最高，共计 82.47 亿元，总金额高于排名第二的二级及以下医院 37.15 亿元。另外，内窥镜中标数量最多的同样是三甲医院，共计 18018 件。根据内窥镜中标金额和中标数量计算，其他三级医院和二级及以下医院平均每件产品中标金额为 45.3 万元，而三甲医院平均每件产品中标金额为 45.77 万元（见图 2）。

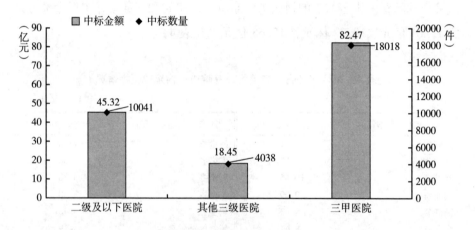

图 2　2023 年各等级医院内窥镜中标情况

资料来源：MDCLOUD（医械数据云）。

二　超声影像诊断设备中标数据分析

（一）总体情况

据 JOINCHAIN® 众成数科统计，2023 年共监测到 5390 家招标单位公布超声影像诊断设备招投标中标结果，涉及14904条超声影像诊断设备中标结果数据，涵盖134个品牌商，中标数量共计18572件，中标总额合计229.94亿元。

其中，以品牌信息披露较完整的数据为标准进行统计，数据总数是9795条，中标数量共计12534件，中标总额合计151.99亿元。从细分产品来看，全身超声影像诊断设备中标金额最高，为125.69亿元，中标数量为8712件；便携式超声影像诊断设备和心脏超声影像诊断设备的中标金额分别是14.18亿元和9.31亿元，中标数量分别是2980件和500件，具体的统计信息如表5所示。

表5　2023年各类超声影像设备中标情况

单位：亿元，件

序号	品类	中标金额	中标数量
1	全身超声影像诊断设备	125.69	8712
2	便携式超声影像诊断设备	14.18	2980
3	心脏超声影像诊断设备	9.31	500
4	妇产超声影像诊断设备	2.31	128
5	超声影像诊断设备配件	0.50	214
	总计	151.99	12534

资料来源：MDCLOUD（医械数据云）。

（二）每月中标情况

据JOINCHAIN®众成数科统计，在月份时间轴上，对2023年一年里采集到的整体超声影像诊断设备中标数据进行分析，中标金额在2023年1~5月持续下降，6~12月波动上升，其中1月为2023年单月总价峰值；中标数量在2023年1~5月逐月减少，随后波动上升，并于2023年11月达到峰值。本统计周期内，超声影像诊断设备平均每件产品中标金额为121.26万元。2023年11月超声影像诊断设备中标数量为本统计周期内的最大值，达1532

件，该月产品中标金额为 15.24 亿元，平均每件产品中标金额为 99.48 万元，具体情况如图 3 所示。

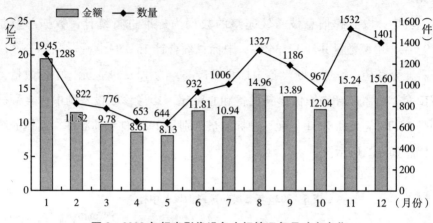

图3　2023年超声影像设备中标情况每月动态变化

资料来源：MDCLOUD（医械数据云）。

（三）品牌中标情况

据 JOINCHAIN® 众成数科统计，在 2023 年全国超声影像诊断设备各品牌的销售情况中，通用电气等 15 个品牌贡献了 96.0% 的市场份额。其中，通用电气占据首位，市场占有率达 26.0%，具有明显优势。此外，市场销售份额排名前三的品牌还有迈瑞与飞利浦，市场占有率分别为 24.67% 和 23.38%。

按中标数量分析，中标数量排名前十五的品牌获得了超声影像诊断设备市场 90.68% 的份额，而其余品牌则只占 9.32% 的份额。本统计周期内，迈瑞超声影像诊断设备市场份额居首位，为 32.11%；而通用电气、飞利浦分别以 17.90%、14.46% 的市场份额位居第二、第三，具体如表 6 和表 7 所示。

表6　2023年超声影像设备部分中标品牌市场占有率（根据销售额）

单位：%

品牌	市场占有率	品牌	市场占有率
通用电气	26.00	飞依诺	1.29
迈瑞	24.67	百胜	1.26
飞利浦	23.38	华声	0.88
开立	4.32	德润特	0.85
西门子医疗	4.24	东软医疗	0.80
三星麦迪逊	2.65	汕头超声	0.75
富士	2.57	理邦	0.60
佳能	1.74		

资料来源：MDCLOUD（医械数据云）。

表7　2023年超声影像设备部分中标品牌市场占有率（根据中标数量）

单位：%

品牌	市场占有率	品牌	市场占有率
迈瑞	32.11	华声	2.31
通用电气	17.90	理邦	1.74
飞利浦	14.46	三星麦迪逊	1.53
开立	6.95	百胜	1.02
西门子医疗	2.63	佳能	0.99
富士	2.61	祥生	0.94
汕头超声	2.36	蓝影医疗	0.78
飞依诺	2.35		

资料来源：MDCLOUD（医械数据云）。

（四）区域市场情况

据JOINCHAIN®众成数科采集到的所有招投标中标结果，2023年超声影像诊断设备招标最活跃的地区为广东省、江苏省和四川省，中标金额分别为15.12亿元、12.47亿元和8.75亿元（见表8）。

表 8　2023 年各省（自治区、直辖市）超声影像诊断设备招标情况

单位：亿元

省（自治区、直辖市）	中标金额	省（自治区、直辖市）	中标金额
广东省	15.12	山西省	4.03
江苏省	12.47	新疆维吾尔自治区	3.90
四川省	8.75	辽宁省	3.81
浙江省	8.50	重庆市	3.67
河北省	7.54	陕西省	3.36
湖北省	7.45	吉林省	2.83
广西壮族自治区	7.01	甘肃省	2.47
福建省	6.56	内蒙古自治区	2.46
北京市	6.28	天津市	2.38
山东省	6.23	黑龙江省	1.92
江西省	5.76	贵州省	1.90
安徽省	4.92	宁夏回族自治区	1.88
上海市	4.88	海南省	1.45
河南省	4.54	青海省	0.69
云南省	4.42	西藏自治区	0.45
湖南省	4.26		

资料来源：MDCLOUD（医械数据云）。

注：中标公告中存在部分未披露完整招标单位信息或披露有误的情况，如"某医院"等无法确认省份信息，故省（自治区、直辖市）总数存在误差。

（五）采购医院情况

据 JOINCHAIN® 众成数科统计，通过对全国各采购医院具有不同评级的基础进行分析，在本统计周期内，三甲医院的超声影像诊断设备中标金额最高，共计 69.35 亿元，高于排名第二的二级及以下医院 19.89 亿元。另外，中标数量最多的同样是三甲医院，共计 4905 件。根据中标金额和中标数量计算，对于超声影像诊断设备及相关产品，其他三级医院和二级及以下医院的平均每件产品中标金额为 121.42 万元，而三甲医院的平均每件产品中标金额为 141.39 万元（见图 4）。

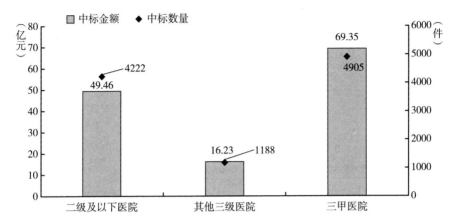

图4 2023年各等级医院超声影像设备中标情况

资料来源：MDCLOUD（医械数据云）。

三　监护设备中标数据分析

（一）总体情况

据JOINCHAIN®众成数科统计，2023年共监测到3544家招标单位公布监护设备招投标中标结果，涉及8543条监护设备中标结果数据，涵盖198个品牌商，中标数量共计54202件，中标总额合计26.68亿元。

其中，以品牌信息披露较完整的数据为标准进行统计，数据总数是5880条，中标数量共计40049件，中标总额合计19.75亿元。从细分产品来看，多功能监护仪中标金额最高，为13.43亿元，中标数量为28925件；病人监护仪和中央监护系统的中标金额分别是3.94亿元和1.28亿元，中标数量分别是9484件和703件，具体统计信息如表9所示。

表9 2023年各类监护设备中标情况

单位：亿元，件

序号	品类	中标金额	中标数量
1	多功能监护仪	13.43	28925
2	病人监护仪	3.94	9484
3	中央监护系统	1.28	703
4	麻醉监护仪	0.99	663
5	母婴监护仪	0.09	198
6	血糖/葡萄糖监测设备	0.02	76
	总计	19.75	40049

资料来源：MDCLOUD（医械数据云）。

（二）每月中标情况

据JOINCHAIN®众成数科统计，在月份时间轴上，对2023年一年里采集到的整体监护设备中标数据进行分析，中标金额在2023年1~3月经历大幅下降，其中3月同比降幅为49.74%，随后4~12月中标总额波动上升，其中6月和8月涨幅较大。中标数量基本与中标金额保持同步变动，2023年1~3月大幅下降，其中2023年2月同比降幅为48.37%，随后3~12月中标数量波动上升，其中6月和11月涨幅较大。本统计周期内，平均每件监护设备产品中标金额为4.93万元。2023年1月监护设备中标金额为本统计周期内的最大值，达2.35亿元；该月的中标数量也达到最大值，为5865件，平均每件产品中标金额为4.01万元，具体情况如图5所示。

（三）品牌中标情况

据JOINCHAIN®众成数科统计，在2023年全国监护设备各品牌的销售情况中，迈瑞等15个品牌贡献了91.34%的市场份额。其中，迈瑞占据首位，市场占有率达57.09%，具有明显优势。此外，市场销售份额排名前三的品牌还有科曼和理邦，市场占有率分别为9.35%和5.32%。

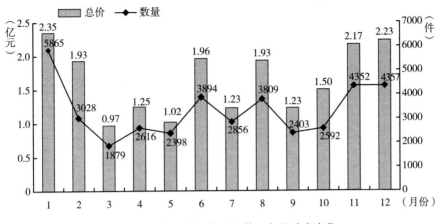

图 5　2023 年监护设备中标情况每月动态变化

资料来源：MDCLOUD（医械数据云）。

　　按中标数量分析，中标数量排名前十五的品牌获得了监护设备市场 92.76% 的份额，而其余品牌则只占 7.24% 的份额。本统计周期内，迈瑞监护设备市场份额居首位，为 54.94%；而科曼、理邦分别以 12.73%、9.52% 的市场份额位居第二、第三，具体如表 10 和表 11 所示。

表 10　2023 年监护设备部分中标品牌市场占有率（根据销售额）

单位：%

品牌	市场占有率	品牌	市场占有率
迈瑞	57.09	马门多夫医学	1.52
科曼	9.35	德尔格医疗	0.85
理邦	5.32	中科博锐	0.61
飞利浦	4.86	麦邦	0.57
宝莱特	3.60	博恩富克	0.39
通用电气	2.95	英德利	0.37
爱德华兹	1.89	程力威牌	0.36
日本光电	1.61		

资料来源：MDCLOUD（医械数据云）。

表11　2023年监护设备部分中标品牌市场占有率（根据中标数量）

单位：%

品牌	市场占有率	品牌	市场占有率
迈瑞	54.94	邦健	0.76
科曼	12.73	威高	0.51
理邦	9.52	德尔格医疗	0.46
宝莱特	4.28	科瑞康	0.42
飞利浦	4.00	艾瑞康	0.38
日本光电	1.44	杰纳瑞	0.38
中旗	1.34	星脉	0.37
通用电气	1.23		

资料来源：MDCLOUD（医械数据云）。

（四）区域市场情况

根据 JOINCHAIN® 众成数科采集到的所有招投标中标结果，2023年监护设备招标最活跃的地区为广东省、北京市和广西壮族自治区，中标金额分别为2.52亿元、1.4亿元和1.4亿元（见表12）。

表12　2023年各省（自治区、直辖市）监护设备招标情况

单位：亿元

省（自治区、直辖市）	中标金额	省（自治区、直辖市）	中标金额
广东省	2.52	辽宁省	0.71
广西壮族自治区	1.40	云南省	0.68
北京市	1.40	甘肃省	0.59
福建省	1.30	江西省	0.51
四川省	1.18	内蒙古自治区	0.47
新疆维吾尔自治区	1.07	黑龙江省	0.46
山西省	0.93	河北省	0.43
江苏省	0.81	安徽省	0.42
河南省	0.77	上海市	0.39
湖北省	0.76	浙江省	0.34
山东省	0.74	重庆市	0.31

省（自治区、直辖市）	中标金额	省（自治区、直辖市）	中标金额
湖南省	0.31	贵州省	0.16
陕西省	0.26	天津市	0.12
宁夏回族自治区	0.22	青海省	0.10
吉林省	0.16	西藏自治区	0.08
海南省	0.16		

资料来源：MDCLOUD（医械数据云）。

（五）采购医院情况

据 JOINCHAIN® 众成数科统计，通过对全国各采购医院具有不同评级的基础进行分析，在本统计周期内，三甲医院的监护设备中标金额最高，共计 10.84 亿元，高于排名第二的二级及以下医院 5.99 亿元。另外，中标数量最多的同样是三甲医院，共计 20560 件。根据中标金额和中标数量计算，对于监护设备及相关产品，其他三级医院和二级及以下医院的平均每件产品中标金额为 4.83 万元，而三甲医院的平均每件产品中标金额为 5.27 万元（见图 6）。

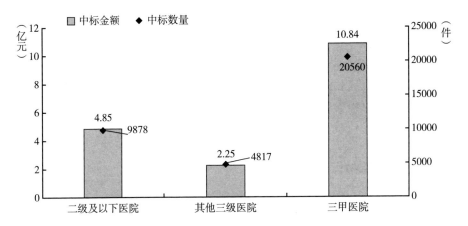

图 6　2023 年各等级医院监护设备中标情况

资料来源：MDCLOUD（医械数据云）。

四 呼吸机中标数据分析

（一）总体情况

据 JOINCHAIN® 众成数科统计，2023 年共监测到 3047 家招标单位公布呼吸机招投标中标结果，涉及 8485 条呼吸机中标结果数据，涵盖 138 个品牌商，中标数量共计 31818 件，中标总额合计 48.39 亿元。

其中，以品牌信息披露较完整的数据为标准进行统计，数据总数是 5398 条，中标数量共计 22189 件，中标总额合计 33.54 亿元。从细分产品来看，其他呼吸机中标金额最高，为 14.66 亿元，中标数量为 8736 件；有创呼吸机和无创呼吸机的中标金额分别是 10.38 亿元和 7.27 亿元，中标数量分别是 4251 件和 8214 件，具体的统计信息如表 13 所示。

表 13　2023 年各类呼吸机中标情况

单位：亿元，件

序号	品类	中标金额	中标数量
1	其他呼吸机	14.66	8736
2	有创呼吸机	10.38	4251
3	无创呼吸机	7.27	8214
4	急救、转运呼吸机	1.23	988
	总计	33.54	22189

资料来源：MDCLOUD（医械数据云）。

（二）每月中标情况

据 JOINCHAIN® 众成数科统计，在月份时间轴上，对 2023 年一年里采集到的整体呼吸机中标数据进行分析，中标金额在 2023 年 1~9 月总体呈下降趋势，其中 3 月降幅最大，同比下降 55.17%，随后 10~12 月中标金额稳定上升。中标数量在2023年1~9月呈波动下降趋势，10~12月先上升后下降。在统计周期内，各种类型呼吸机平均每月中标金额和中标数量分别为2.80亿元和1849件，平均每件呼吸机中标金额为15.12万元。在统计周期内，2023年1月达到呼吸机中标金额和中标数量的最大值，该月中标金额为7.71亿元，中标数量为5535件，平均每件产品中标金额为13.93万元；中标金额和中标数量的最小值在2023年9月，具体分别为1.12亿元和797件，平均每件产品中标金额为14.05万元，具体情况如图7所示。

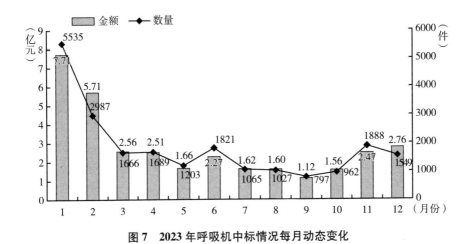

图7　2023年呼吸机中标情况每月动态变化

资料来源：MDCLOUD（医械数据云）。

（三）品牌中标情况

据JOINCHAIN®众成数科统计，在2023年全国呼吸机各品牌的销售情况中，迈瑞等15个品牌贡献了85.28%的市场份额。其中，迈瑞占据首位，市场占有率达32.01%，具有明显优势。此外，市场销售份额排名前三的品牌还有科曼与德尔格医疗，市场占有率分别为13.67%和7.42%。

按中标数量分析，中标数量排名前十五的品牌获得了呼吸机市场

82.56%的份额，而其余品牌则只占17.44%的份额。本统计周期内，迈瑞呼吸机市场份额居首位，为23.08%；而科曼、斯百瑞分别以16.03%、10.97%的市场份额位居第二、第三。具体如表14和表15所示。

表14　2023年呼吸机部分中标品牌市场占有率（根据销售额）

单位：%

品牌	市场占有率	品牌	市场占有率
迈瑞	32.01	安保医疗	1.88
科曼	13.67	柯惠	1.76
德尔格医疗	7.42	哈美顿	1.66
谊安	6.72	通用电气	1.60
鱼跃	4.40	舒普思达	1.37
斯百瑞	4.05	爱思意	1.20
迈柯唯	3.40	德国律维施泰因	1.13
普博	3.01		

资料来源：MDCLOUD（医械数据云）。

表15　2023年呼吸机部分中标品牌市场占有率（根据中标数量）

单位：%

品牌	市场占有率	品牌	市场占有率
迈瑞	23.08	怡和嘉业	2.60
科曼	16.03	普博	2.56
斯百瑞	10.97	迈思	1.92
谊安	6.35	舒普思达	1.77
德尔格医疗	3.93	迈柯唯	1.64
鱼跃	3.22	比扬	1.60
费雪派克	2.82	凯迪泰	1.42
安保医疗	2.65		

资料来源：MDCLOUD（医械数据云）。

（四）区域市场情况

根据JOINCHAIN®众成数科采集到的所有招投标中标结果，2023年呼吸机招标最活跃的地区为广东省、福建省和广西壮族自治区，中标金额分别为 5.58 亿元、2.74 亿元和 2.26 亿元（见表16）。

表16　2023 年各省（自治区、直辖市）呼吸机招标情况

单位：亿元

省（自治区、直辖市）	中标金额	省（自治区、直辖市）	中标金额
广东省	5.58	浙江省	0.80
福建省	2.74	河南省	0.78
广西壮族自治区	2.26	山东省	0.68
四川省	1.97	河北省	0.61
山西省	1.96	贵州省	0.58
辽宁省	1.57	海南省	0.57
内蒙古自治区	1.47	重庆市	0.56
江苏省	1.12	吉林省	0.56
甘肃省	1.07	安徽省	0.55
北京市	1.05	上海市	0.49
新疆维吾尔自治区	0.92	陕西省	0.42
江西省	0.91	宁夏回族自治区	0.27
湖南省	0.89	天津市	0.19
湖北省	0.89	青海省	0.17
云南省	0.84	西藏自治区	0.15
黑龙江省	0.84		

资料来源：MDCLOUD（医械数据云）。

（五）采购医院情况

据 JOINCHAIN® 众成数科统计，通过对全国各采购医院具有不同评级的基础进行分析，在本统计周期内，三甲医院的中标金额最高，共计 18.01 亿元，高于排名第二的二级及以下医院 10.67 亿元。另外，中标数量最多的同样是三甲医院，共计 10864 件。根据中标金额和中标数量计算，对于呼吸机及相关产品，其他三级医院和二级及以下医院的平均每件产品中标金额为 15.56 万元，而三甲医院的平均每件产品中标金额为 16.58 万元（见图8）。

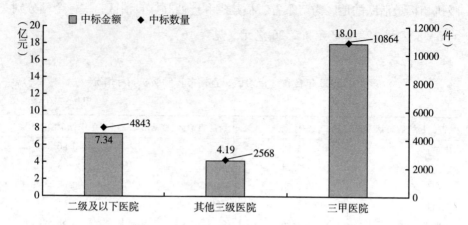

图8　2023 年各等级医院呼吸机中标情况

资料来源：MDCLOUD（医械数据云）。

五　体外除颤设备中标数据分析

（一）总体情况

据 JOINCHAIN® 众成数科统计，2023 年共监测到 1988 家招标单位公布体外除颤设备招投标中标结果，涉及 3206 条体外除颤设备中标结果数据，涵盖 47 个品牌商，中标数量共计 39201 件，中标总额合计 8.86 亿元。

其中，以品牌信息披露较完整的数据为标准进行统计，数据总数是 2158 条，中标数量共计 29831 件，中标总额合计 6.55 亿元。从细分产品来看，自动体外除颤器（AED）中标金额最高，为 3.81 亿元，中标数量为 24726 件；除颤起搏监护仪和体外除颤器的中标金额分别是 1.55 亿元和 1.19 亿元，中标数量分别是 2350 件和 2708 件，具体的统计信息如表 17 所示。

表 17 　 2023 年各类体外除颤设备中标情况

单位：亿元，件

序号	品类	中标金额	中标数量
1	自动体外除颤器（AED）	3.81	24726
2	除颤起搏监护仪	1.55	2350
3	体外除颤器	1.19	2708
4	体外除颤设备附件	0.00	47
总计		6.55	29831

资料来源：MDCLOUD（医械数据云）。

（二）每月中标情况

据 JOINCHAIN® 众成数科统计，在月份时间轴上，根据 2023 年一年里采集到的整体体外除颤设备中标数据进行分析，中标金额在 2023 年 1~3 月大幅下降，其中 2 月降幅达 65.12%，此后 3~12 月波动较为剧烈。中标数量基本与中标金额保持同步变动，在 2023 年 1~3 月大幅下降，此后 4~12 月中标数量剧烈波动，中标总数在 11 月达到峰值。本统计周期内，体外除颤设备平均每件产品中标金额为 2.20 万元。2023 年 11 月体外除颤设备中标金额和中标数量为本统计周期内的最大值，分别为 1.17 亿元和 5548 件，该月平均每件产品中标金额为 2.11 万元，具体情况如图 9 所示。

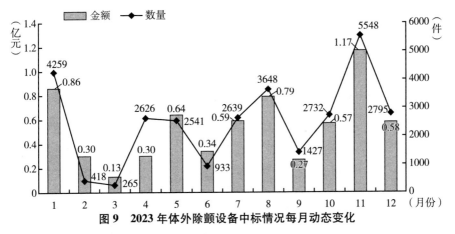

图 9 　 2023 年体外除颤设备中标情况每月动态变化

资料来源：MDCLOUD（医械数据云）。

（三）品牌中标情况

据 JOINCHAIN®众成数科统计，在 2023 年全国体外除颤设备各品牌的销售情况中，迈瑞等 15 个品牌贡献了 99.28%的市场份额。其中，迈瑞占据首位，市场占有率达 65.01%，具有明显优势。此外，市场销售份额排名前三的品牌还有科曼和徕克美，市场占有率分别为 10.65%和 3.68%。

按中标数量分析，中标数量排名前十五的品牌获得了体外除颤设备市场 99.33%的份额，而其余品牌则只占 0.67%的份额。本统计周期内，迈瑞体外除颤设备市场份额居首位，为 61.41%；而徕克美、科曼分别以 11.27%、6.54%的市场份额，位居第二、第三。具体请参见表 18 和表 19。

表 18 2023 年体外除颤设备部分中标品牌市场占有率（根据销售额）

单位：%

品牌	市场占有率	品牌	市场占有率
迈瑞	65.01	日本光电	2.49
科曼	10.65	维伟思	0.41
徕克美	3.68	麦邦	0.33
鱼跃	3.34	席勒	0.32
久心医疗	3.34	信慧商贸	0.27
飞利浦	3.30	科瑞康	0.21
安保医疗	3.05	科迈科技	0.15
卓尔	2.73		

资料来源：MDCLOUD（医械数据云）。

表 19 2023 年体外除颤设备部分中标品牌市场占有率（根据中标数量）

单位：%

品牌	市场占有率	品牌	市场占有率
迈瑞	61.41	安保医疗	4.47
徕克美	11.27	飞利浦	1.34
科曼	6.54	日本光电	0.67
鱼跃	5.56	维伟思	0.62
久心医疗	4.86	席勒	0.60

品牌	市场占有率	品牌	市场占有率
云树医疗	0.59	科迈科技	0.27
卓尔	0.58	科瑞康	0.24
麦邦	0.31		

资料来源：MDCLOUD（医械数据云）。

（四）区域市场情况

根据 JOINCHAIN® 众成数科采集到的所有招投标中标结果，2023 年体外除颤设备招标最活跃的地区为广东省、湖北省和四川省，中标金额分别为 1.39 亿元、0.65 亿元和 0.58 亿元（见表 20）。

表 20　2023 年各省（自治区、直辖市）体外除颤设备招标情况

单位：亿元

省（自治区、直辖市）	中标金额	省（自治区、直辖市）	中标金额
广东省	1.39	山东省	0.13
湖北省	0.65	宁夏回族自治区	0.13
四川省	0.58	陕西省	0.10
山西省	0.33	内蒙古自治区	0.10
新疆维吾尔自治区	0.32	河北省	0.10
上海市	0.28	甘肃省	0.10
广西壮族自治区	0.27	重庆市	0.08
浙江省	0.24	云南省	0.07
江西省	0.22	河南省	0.06
北京市	0.21	贵州省	0.06
福建省	0.19	安徽省	0.06
辽宁省	0.17	天津市	0.03
江苏省	0.17	青海省	0.02
湖南省	0.17	吉林省	0.02
黑龙江省	0.14	西藏自治区	0.01
海南省	0.14		

资料来源：MDCLOUD（医械数据云）。

（五）采购医院情况

据 JOINCHAIN® 众成数科统计，通过对全国各采购医院具有不同评级的基础进行分析，在本统计周期内，二级及以下医院的中标金额最高，共计1.25 亿元，高于排名第二的三甲医院 0.37 亿元。另外，中标数量最多的同样是二级及以下医院，共计 3208 件。根据中标金额和中标数量计算，对于体外除颤设备及相关产品，其他三级医院和二级及以下医院的平均每件产品中标金额为 4.06 万元，而三甲医院的平均每件产品中标金额为 5.25 万元。

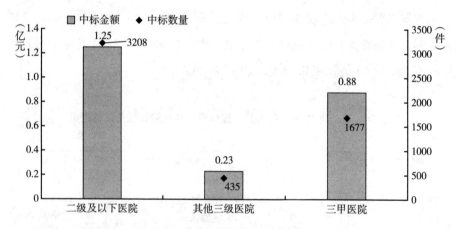

图 10　2023 年各等级医院体外除颤设备中标情况

资料来源：MDCLOUD（医械数据云）。

六　麻醉机中标数据分析

（一）总体情况

据 JOINCHAIN® 众成数科统计，2023 年共监测到 1749 家招标单位公布麻醉机招投标中标结果，涉及 2830 条麻醉机中标结果数据，涵盖 41 个品牌商，中标数量共计 5912 件，中标总额合计 19.39 亿元。

其中，以品牌信息披露较完整的数据为标准进行统计，数据总数是1680条，中标数量共计4106件，中标总额合计13.56亿元。从细分产品来看，麻醉机中标金额最高，为10.54亿元，中标数量为3439件；其次是麻醉工作站（系统），中标金额和中标数量分别是3.02亿元和667件，具体的统计信息如表21所示。

表21　2023年各类麻醉机中标情况

单位：亿元，件

序号	品类	中标金额	中标数量
1	麻醉机	10.54	3439
2	麻醉工作站(系统)	3.02	667
	总计	13.56	4106

资料来源：MDCLOUD（医械数据云）。

（二）每月中标情况

据JOINCHAIN®众成数科统计，在月份时间轴上，根据2023年一年里采集到的整体麻醉机中标数据进行分析，中标金额于2023年1~4月持续下降，此后5~12月中标金额整体呈波动上升趋势，并于12月达到峰值，其中5月和11月涨幅较大。中标总数月份趋势基本与中标金额同步，2023年1~4月持续下降，此后5~12月呈波动上升趋势，并于12月达到峰值。本统计周期内，麻醉机平均每件产品中标金额为33.02万元。2023年12月麻醉机中标金额为本统计周期内的最大值，达1.84亿元，该月的中标数量也为本统计周期内的最大值，为635件，平均每件产品中标金额为28.98万元。具体情况参见图11。

（三）品牌中标情况

据JOINCHAIN®众成数科统计，在2023年全国麻醉机各品牌的销售情况中，迈瑞等15个品牌贡献了98.77%的市场份额。其中，迈瑞占据首位，

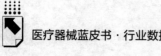

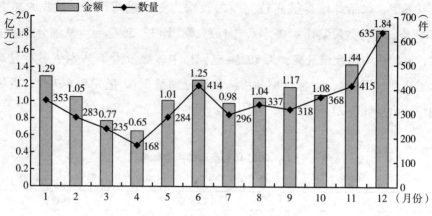

图11　2023年麻醉机中标情况每月动态变化

资料来源：MDCLOUD（医械数据云）。

市场占有率达50.53%，具有明显优势。此外，市场销售份额排名前三的品牌还有德尔格医疗和通用电气，市场占有率分别为17.70%和16.61%。

　　按中标数量分析，中标数量排名前十五的品牌获得了麻醉机市场98.02%的份额，而其余品牌则只占1.98%的份额。本统计周期内，迈瑞麻醉机市场份额居首位，为53.26%；而德尔格医疗、通用电气分别以14.73%、11.52%的市场份额位居第二、第三。具体如表22和表23所示。

表22　2023年麻醉机部分中标品牌市场占有率（根据销售额）

单位：%

品牌	市场占有率	品牌	市场占有率
迈瑞	50.53	飞利浦	0.44
德尔格医疗	17.70	普博	0.42
通用电气	16.61	三上医疗	0.28
科曼	7.16	信慧商贸	0.20
谊安	2.58	思瑞德	0.19
舒普思达	0.90	STA	0.16
迈柯唯	0.73	晨伟	0.14
德国律维施泰因	0.73		

资料来源：MDCLOUD（医械数据云）。

表23　2023年麻醉机部分中标品牌市场占有率（根据中标数量）

单位：%

品牌	市场占有率	品牌	市场占有率
迈瑞	53.26	普博	0.61
德尔格医疗	14.73	迈柯唯	0.46
通用电气	11.52	德国律维施泰因	0.44
科曼	8.35	菲林	0.41
谊安	3.43	思瑞德	0.37
舒普思达	1.49	三上医疗	0.34
STA	1.39	晨伟	0.34
飞利浦	0.88		

资料来源：MDCLOUD（医械数据云）。

（四）区域市场情况

根据 JOINCHAIN® 众成数科采集到的所有招投标中标结果，2023 年麻醉机招标最活跃的地区为广东省、北京市和湖北省，中标金额分别为 1.58 亿元、1.17 亿元和 0.93 亿元（见表24）。

表24　2023年各省（自治区、直辖市）麻醉机招标情况

单位：亿元

省(自治区、直辖市)	中标金额	省(自治区、直辖市)	中标金额
广东省	1.58	安徽省	0.48
北京市	1.17	云南省	0.46
湖北省	0.93	山西省	0.45
四川省	0.83	福建省	0.44
广西壮族自治区	0.68	重庆市	0.42
山东省	0.60	新疆维吾尔自治区	0.40
江苏省	0.60	江西省	0.39
辽宁省	0.56	甘肃省	0.28
浙江省	0.50	天津市	0.27
河南省	0.50	湖南省	0.27
上海市	0.48	河北省	0.25

省（自治区、直辖市）	中标金额	省（自治区、直辖市）	中标金额
黑龙江省	0.20	宁夏回族自治区	0.08
内蒙古自治区	0.19	海南省	0.07
陕西省	0.17	青海省	0.04
贵州省	0.15	西藏自治区	0.03
吉林省	0.09		

资料来源：MDCLOUD（医械数据云）。

（五）采购医院情况

据 JOINCHAIN® 众成数科统计，通过对全国各采购医院具有不同评级的基础进行分析，在本统计周期内，三甲医院的中标总金额最高，共计 7.17 亿元，高于排名第二的二级及以下医院 3.67 亿元。另外，中标数量最多的同样是三甲医院，共计 2126 件。根据中标金额和中标数量计算，对于麻醉机及相关产品，其他三级医院和二级及以下医院的平均每件产品中标金额为 33.27 万元，而三甲医院的平均每件产品中标金额为 33.73 万元（见图 12）。

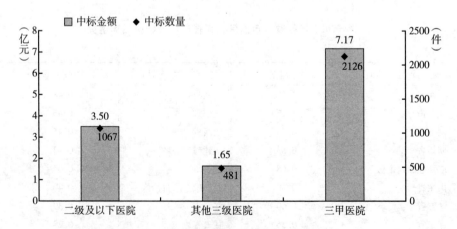

图 12　2023 年各等级医院麻醉机中标情况

资料来源：MDCLOUD（医械数据云）。

七 血液/腹膜透析设备中标数据分析

（一）总体情况

据 JOINCHAIN® 众成数科统计，2023 年共监测到 2149 家招标单位公布血液/腹膜透析设备招投标中标结果，涉及 4542 条血液/腹膜透析设备中标结果数据，涵盖 149 个品牌商，中标数量共计 14470 件，中标总额合计 30.47 亿元。

其中，以品牌信息披露较完整的数据为标准进行统计，数据总数是 2856 条，中标数量共计 10343 件，中标总额合计 22.56 亿元。从细分产品来看，血液透析设备中标金额最高，为 12.92 亿元，中标数量为 7048 件；血液透析滤过设备和连续性血液净化设备（CRRT）的中标金额分别是 5.41 亿元和 2.72 亿元，中标数量分别是 1882 件和 821 件，具体的统计信息如表 25 所示。

表 25 2023 年各类血液/腹膜透析设备中标情况

单位：亿元，件

序号	品类	中标金额	中标数量
1	血液透析设备	12.92	7048
2	血液透析滤过设备	5.41	1882
3	连续性血液净化设备（CRRT）	2.72	821
4	血液透析水处理设备	1.43	421
5	腹膜透析机	0.08	142
6	血液/腹膜透析设备配件	0.00	29
	总计	22.56	10343

资料来源：MDCLOUD（医械数据云）。

（二）每月中标情况

据 JOINCHAIN® 众成数科统计，在月份时间轴上，根据 2023 年一年里采集到的整体血液/腹膜透析设备中标数据进行分析，中标金额在 2023 年 1~3 月持续下降，4~12 月波动上升，并于 11 月达到峰值。单月中标数量走势与中标金额基本一致，2023 年 1~3 月中标数量持续下降，4~12 月波动上升，并于 11 月达到峰值。本统计周期内，血液/腹膜透析设备平均每件产品中标金额为 21.81 万元。2023 年 11 月血液/腹膜透析设备中标数量和中标金额为本统计周期内的最大值，分别为 1451 件和 4.67 亿元，平均每件产品中标金额为 32.18 万元。具体情况参见图 13。

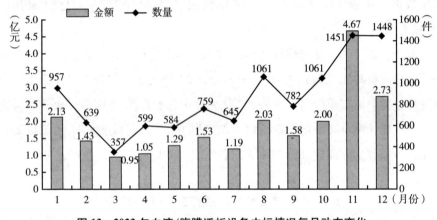

图 13　2023 年血液/腹膜透析设备中标情况每月动态变化

资料来源：MDCLOUD（医械数据云）。

（三）品牌中标情况

据 JOINCHAIN® 众成数科统计，在 2023 年全国血液/腹膜透析设备各品牌的销售情况中，费森尤斯等 15 个品牌贡献了 93.58% 的市场份额。其中，费森尤斯占据首位，市场占有率达 18.45%；紧随其后的是贝朗，市场占有率为 18.08%；市场销售份额排名第三的是威高，市场占有率为 15.52%。

按中标数量分析，中标数量排名前十五的品牌获得了血液/腹膜透析设备市场 93.91% 的份额，而其余品牌则只占 6.09% 的份额。本统计周期内，威高血液/腹膜透析设备市场份额居首位，为 19.37%；而费森尤斯、贝朗分别以 17.91%、17.35% 的市场份额位居第二、第三。具体如表 26 和表 27 所示。

表 26　2023 年血液/腹膜透析设备部分中标品牌市场占有率（根据销售额）

单位：%

品牌	市场占有率	品牌	市场占有率
费森尤斯	18.45	健帆	2.61
贝朗	18.08	宝莱特	1.84
威高	15.52	尼普洛	1.69
山外山	10.35	康盛生物	1.13
日机装	9.50	启诚	1.11
百特金宝	5.16	百特	0.86
东丽医疗	3.23	旭化成	0.84
JMS	3.21		

资料来源：MDCLOUD（医械数据云）。

表 27　2023 年血液/腹膜透析设备部分中标品牌市场占有率（根据中标数量）

单位：%

品牌	市场占有率	品牌	市场占有率
威高	19.37	JMS	2.64
费森尤斯	17.91	健帆	2.28
贝朗	17.35	尼普洛	2.25
山外山	12.14	百特	1.07
百特金宝	5.72	威力生科技	0.72
东丽医疗	4.29	启诚	0.66
日机装	3.77	东泽医疗	0.54
宝莱特	3.20		

资料来源：MDCLOUD（医械数据云）。

（四）区域市场情况

根据 JOINCHAIN® 众成数科采集到的所有招投标中标结果，2023 年血液/腹膜透析设备招标最活跃的地区为广西壮族自治区、广东省和江苏省，中标金额分别为 3.53 亿元、2.55 亿元和 1.50 亿元（见表 28）。

表28 2023 年各省（自治区、直辖市）血液/腹膜透析设备招标情况

单位：亿元

省（自治区、直辖市）	中标金额	省（自治区、直辖市）	中标金额
广西壮族自治区	3.53	辽宁省	0.49
广东省	2.55	北京市	0.48
江苏省	1.50	黑龙江省	0.45
湖北省	1.33	河南省	0.42
四川省	1.17	上海市	0.40
江西省	1.04	重庆市	0.39
福建省	0.92	内蒙古自治区	0.38
浙江省	0.91	贵州省	0.33
云南省	0.86	甘肃省	0.28
安徽省	0.81	陕西省	0.23
吉林省	0.69	海南省	0.23
河北省	0.64	天津市	0.13
山西省	0.63	宁夏回族自治区	0.10
新疆维吾尔自治区	0.57	青海省	0.04
湖南省	0.54	西藏自治区	0.03
山东省	0.49		

资料来源：MDCLOUD（医械数据云）。

（五）采购医院情况

据 JOINCHAIN® 众成数科统计，通过对全国各采购医院具有不同评级的基础进行分析，在本统计周期内，三甲医院的中标金额最高，共计 9.97 亿元，高于排名第二的二级及以下医院 1.97 亿元。另外，中标数量最多的同样是三甲医院，共计 3928 件。根据中标金额和中标数量计算，对于血液/腹膜透析设备及相关产品，其他三级医院和二级及以下医院的平均

每件产品中标金额为 19.59 万元，而三甲医院的平均每件产品中标金额为 25.38 万元。

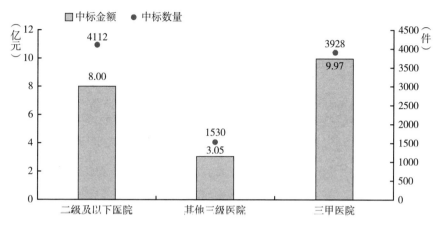

图 14　2023 年各等级医院血液/腹膜透析设备中标情况

资料来源：MDCLOUD（医械数据云）。

八　手术辅助系统中标数据分析

（一）总体情况

据 JOINCHAIN® 众成数科统计，2023 年共监测到 256 家招标单位公布手术辅助系统招投标中标结果，涉及 470 条手术辅助系统中标结果数据，涵盖 45 个品牌商，中标数量共计 491 件，中标总额合计 38.4 亿元。

其中，以品牌信息披露较完整的数据为标准进行统计，数据总数是 310 条，中标数量共计 322 件，中标总额合计 28.95 亿元。从细分产品来看，手术控制系统中标金额最高，为 21.06 亿元，中标数量为 104 件；手术导航系统和立体定向仪的中标金额分别是 7.68 亿元和 0.21 亿元，中标数量分别是 185 件和 33 件。具体的统计信息参见表 29。

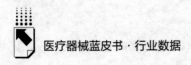

表 29　2023 年各类手术辅助系统中标情况

单位：亿元，件

序号	品类	中标金额	中标数量
1	手术控制系统	21.06	104
2	手术导航系统	7.68	185
3	立体定向仪	0.21	33
	总计	28.95	322

资料来源：MDCLOUD（医械数据云）。

（二）每月中标情况

据 JOINCHAIN®众成数科统计，在月份时间轴上，根据 2023 年一年里采集到的手术辅助系统设备中标数据进行分析，中标金额在 2023 年 1～3 月先升后降，4 月中标总额大幅上升达到全年最高值，5 月中标金额大幅下降，此后 6～12 月整体呈波动上升趋势。中标数量 2023 年 1～3 月先升后降，4 月中标数量大幅上升达到全年最高值，5 月中标数量大幅下降后出现反弹，6～12 月中标数量波动上升，其中 8 月涨幅较大。本统计周期内，手术辅助系统设备平均每件产品中标金额为 899.07 万元。2023 年 4 月手术辅助系统设备中标金额为本统计周期内的最大值，达 9.80 亿元；该月的中标数量为 46 件，平均每件产品中标金额为 2130.43 万元。具体情况参见图 15。

（三）品牌中标情况

据 JOINCHAIN®众成数科统计，在 2023 年全国手术辅助系统各品牌的销售情况中，直观医疗等 15 个品牌贡献了 94.49%的市场份额。其中，直观医疗占据首位，市场占有率达 67.25%，具有明显优势。此外，市场销售份额排名前三的品牌还有美敦力和天智航，市场占有率分别为 5.23%和 4.49%。

按中标数量分析，中标数量排名前十五的品牌获得了手术辅助系

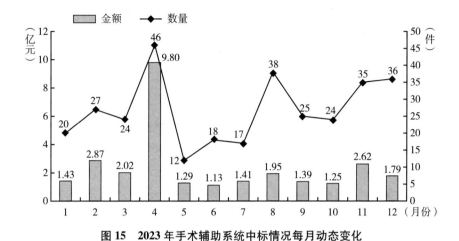

图15　2023年手术辅助系统中标情况每月动态变化

资料来源：MDCLOUD（医械数据云）。

市场84.46%的份额，而其余品牌则只占15.54%的份额。本统计周期内，直观医疗手术辅助系统市场份额居首位，为26.40%；而美敦力、安科分别以14.60%、7.76%的市场份额位居第二、第三。具体如表30和表31所示。

表30　2023年手术辅助系统部分中标品牌市场占有率（根据销售额）

单位：%

品牌	市场占有率	品牌	市场占有率
直观医疗	67.25	史赛克	1.30
美敦力	5.23	柏惠维康	1.27
天智航	4.49	睿米	1.01
华科精准	2.92	柯惠	0.89
博医来	2.49	维伦	0.75
美骨	2.12	迪凯尔	0.66
迈梭	1.87	键嘉医疗	0.59
精锋医疗	1.65		

资料来源：MDCLOUD（医械数据云）。

表31　2023 年手术辅助系统部分中标品牌市场占有率（根据中标数量）

单位：%

品牌	市场占有率	品牌	市场占有率
直观医疗	26.40	睿米	1.86
美敦力	14.60	雅客智慧	1.55
安科	7.76	维伦	1.55
华科精准	7.14	柯惠	1.55
博医来	6.21	医科达	1.24
迪凯尔	5.59	史赛克	0.93
天智航	3.73	南京麦迪柯	0.93
柏惠维康	3.42		

资料来源：MDCLOUD（医械数据云）。

（四）区域市场情况

根据 JOINCHAIN® 众成数科采集到的所有招投标中标结果，2023 年手术辅助系统招标最活跃的地区为四川省、广东省和北京市，中标金额分别为 9.70 亿元、3.10 亿元和 2.37 亿元（见表 32）。

表32　2023 年各省（自治区、直辖市）手术辅助系统招标情况

单位：亿元

省（自治区、直辖市）	中标金额	省（自治区、直辖市）	中标金额
四川省	9.70	黑龙江省	0.74
广东省	3.10	重庆市	0.64
北京市	2.37	陕西省	0.54
湖北省	1.63	江西省	0.39
上海市	1.40	广西壮族自治区	0.36
河北省	1.13	山西省	0.34
辽宁省	1.01	吉林省	0.33
云南省	0.87	安徽省	0.32
江苏省	0.84	贵州省	0.30
河南省	0.84	宁夏回族自治区	0.28
浙江省	0.76	甘肃省	0.27

续表

省(自治区、直辖市)	中标金额	省(自治区、直辖市)	中标金额
新疆维吾尔自治区	0.25	内蒙古自治区	0.02
山东省	0.22	青海省	0.00
福建省	0.16	湖南省	0.00
西藏自治区	0.09	海南省	0.00
天津市	0.04		

资料来源:MDCLOUD(医械数据云)。

(五)采购医院情况

据 JOINCHAIN® 众成数科统计,通过对全国各采购医院具有不同评级的基础进行分析,在本统计周期内,三甲医院的中标总金额最高,共计 24.75 亿元,高于排名第二的二级及以下医院 22.83 亿元。另外,中标数量最多的同样是三甲医院,共计 253 件。根据中标金额和中标数量计算,对于手术辅助系统及相关产品,其他三级医院和二级及以下医院的平均每件产品中标金额为 581.36 万元,而三甲医院的平均每件产品中标金额为 978.26 万元。

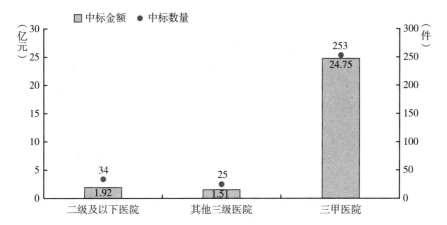

图 16　2023 年各等级医院手术辅助系统中标情况

资料来源:MDCLOUD(医械数据云)。

国际贸易篇

B.6
2023年我国医疗设备重点商品进出口贸易分析

杨霈　孟令成　黎金婵*

摘　要： 随着以国内大循环为主体、国内国际双循环相互促进的新发展格局的实施，我国医疗器械企业积极"走出去"，布局海外市场，加快国际化进程。基于已披露海外营收的国内上市医疗器械企业统计，近3年海外营收占比持续保持在1/3以上。此外，随着我国共建"一带一路"的深入以及"一带一路"沿线国家和地区的经济发展，"一带一路"沿线国家和地区对医疗器械的需求逐渐扩大。2023年我国医疗器械设备进出口贸易总额达434.9亿美元，其中进口额191.8亿美元、出口额243.1亿美元。从商品类别看，诊疗设备进出口贸易额最高，占比超59%；诊疗设备、其他器械对外贸易整体构成贸易顺差关系，IVD仪器对外贸易整体构成贸易逆差。贸易伙伴方

---

* 杨霈，广州众成大数据科技有限公司副总经理、北京医装数胜科技有限公司副总经理；孟令成，北京医装数胜科技有限公司研究部经理；黎金婵，广州众成大数据科技有限公司数据分析师。

面，美国、德国等发达国家仍是我国医疗设备进出口的主要贸易对象。

关键词： 医疗设备　国际贸易　诊疗设备　IVD 仪器　外贸政策

一　我国医疗设备外贸概述

中国是世界第一大出口国和世界第二大进口国，是世界经济稳定发展的重要力量。面对百年未有之大变局，《中共中央关于制定国民经济和社会发展第十四个五年规划和二〇三五年远景目标的建议》中提出了以国内大循环为主体、促进国内国际双循环的战略举措。[①] 一是逐步形成国内大循环，必须充分发挥国内市场潜力，增强我国经济的韧性和弹性。二是推进国内国际双循环相互促进，统筹利用国内国外两个市场、两种资源，实现优势互补。2023 年，全球经济复苏乏力，医疗产品市场需求虽尚在，但是购买力严重下降，尤其是美国、欧盟市场最为明显。此外，地缘政治风险也导致多双边医疗领域合作进程放缓，东南亚、独联体、"一带一路"等新兴经济体区域成为重要出口贸易增长点。[②]

1. 外贸政策

全球医疗器械市场发展空间巨大，已成为最具发展潜力的领域之一。中国产品"优质、均一、稳定、符合国际标准"的优势已成为医疗公共产品的势必选择。[③] 目前，我国对外贸易成绩瞩目，得益于国内优越的贸易营商环境；同时，跨境电商等外贸新业态迅速发展，为推动外贸稳中向好发挥了重要作用（见表 1、表 2）。

---

① 中华人民共和国国家发展和改革委员会：《统筹发挥国内大循环主体作用和国内国际双循环相互促进作用》，2023 年 3 月 22 日，https：//www.ndrc.gov.cn/wsdwhfz/202303/t20230322_1351592_ext.html。

② 中国医学装备协会：《2023 年上半年中国医疗器械贸易情况简析》，2023 年 3 月 22 日，https：//mp.weixin.qq.com/s/z1ozYW8Qr0nuGl4mgGw-mg。

③ 蔡天智、苏畅：《2018 年我国医疗器械对外贸易状况与趋势分析》，《中国医学装备》2019 年第 7 期。

表 1　我国海关、税务对不同贸易方式的政策对比

类型	一般贸易进出口	跨境电子商务
税务	①进口商品征收关税、增值税及消费税 ②出口商品免征增值税与消费税 ③征收 25%企业所得税	①进口商品免除关税,增值税及消费税七折 ②出口商品免征增值税与消费税 ③按 4%应税所得征收
报关监管	无特殊通关,流程长,资料多,手续繁杂,需每单都申报	①按个人自用进境物品监管,不执行首次进口商品审批 ②简化分类、清单申报、汇总统计

资料来源:MDCLOUD(医械数据云)。

表 2　2023 年我国对外贸易相关政策汇总

发布时间	政策名称	主要内容
2023 年4 月 25 日	《国务院办公厅关于推动外贸稳规模优结构的意见》	一、强化贸易促进拓展市场。二、稳定和扩大重点产品进出口规模。三、加大财政金融支持力度。四、加快对外贸易创新发展。五、优化外贸发展环境。六、加强组织实施
2023 年11 月 15 日	《海关总署关于推动加工贸易持续高质量发展改革实施方案》	一、放宽深加工结转集中申报时限。二、优化加工贸易成品出口退换管理。三、拓展企业集团加工贸易监管模式适用范围。四、简化集中内销手续。五、简化国内采购设备出区手续
2023 年12 月 8 日	《国家外汇管理局关于进一步深化改革　促进跨境贸易投资便利化的通知》	一、推进贸易外汇收支便利化。二、扩大资本项目便利化政策。三、优化资本项目外汇管理
2023 年12 月 11 日	《关于加快内外贸一体化发展的若干措施》	一、促进内外贸规则制度衔接融合。二、促进内外贸市场渠道对接。三、优化内外贸一体化发展环境。四、加快重点领域内外贸融合发展。五、加大财政金融支持力度
2023 年12 月 15 日	《国家外汇管理局关于扩大跨境贸易投资高水平开放试点的通知》	一、进一步便利经常项目外汇资金收付。二、支持银行优化新型国际贸易结算。三、扩大贸易收支轧净额结算范围。四、货物贸易超期限等特殊退汇免于登记。五、优化服务贸易项下代垫或分摊业务管理。六、外商投资企业境内再投资免予登记。七、融资租赁母子公司共享外债额度。八、部分资本项目外汇登记由银行直接办理

资料来源:MDCLOUD(医械数据云)。

2. 总体情况

根据中国海关总署公布的贸易数据,我国医疗设备对外贸易覆盖 200 多个国家及地区,2022 年我国医疗设备对外贸易总额达 442.8 亿美元,其中进口额192.3亿美元、出口额250.5亿美元。2023年我国医疗设备对外贸易总额略微下降，达434.9亿美元，其中进口额191.8亿美元、出口额243.1亿美元。在医疗设备贸易差方面，2022～2023年，我国医疗设备对外贸易情况始终保持贸易顺差关系（见图1）。

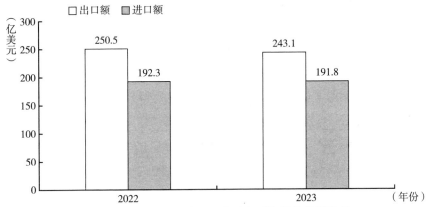

图1　2022～2023年我国医疗设备对外贸易总额情况

资料来源：中国海关总署、MDCLOUD（医械数据云）。

从商品类别出口贸易数据看，2022～2023年医疗设备出口总额略有下降。2023年，我国诊疗设备出口额达132.8亿美元，占医疗设备出口总额的54.6%（见图2）。

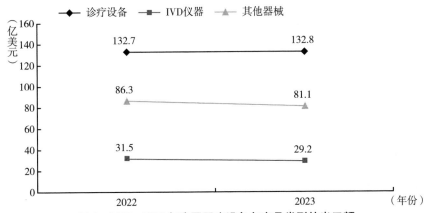

图2　2022～2023年我国医疗设备各商品类型的出口额

资料来源：中国海关总署、MDCLOUD（医械数据云）。

在医疗设备各商品类型贸易差方面，2022～2023 年我国 IVD 仪器对外贸易整体构成贸易逆差关系，诊疗设备、其他器械对外贸易整体构成贸易顺差关系（见表3）。

表3　2022～2023 年我国医疗设备各商品类型贸易差额（出口额-进口额）

单位：亿美元

类型	2022 年	2023 年
IVD 仪器	−19.1	−22.2
其他器械	71.3	65.8
诊疗设备	6.0	7.7

资料来源：中国海关总署、MDCLOUD（医械数据云）。

二　重点商品分析

1.诊疗设备

诊疗设备是用于诊断、治疗等的非消耗性设备，根据中国海关总署公布的众成数科整理分析的数据，我国诊疗设备主要进出口产品包括：90278990 [转矩流变仪、其他理化分析仪器及装置（包括测量或检验黏性及类似性能的仪器及装置）]、90229090（X 光发生器等、检查用家具等；9022 设备零件）、90181291（彩色超声波诊断仪）等 50 个海关编码相关的商品。2022～2023 年我国诊疗设备对外贸易规模相对稳定，2022 年我国诊疗设备对外贸易总额达 259.4 亿美元，其中进口额 126.7 亿美元、出口额 132.7 亿美元；2023 年我国诊疗设备对外贸易总额达 257.9 亿美元，其中进口额 125.1 亿美元、出口额 132.8 亿美元（见图3）。

从具体国家来看，美国是我国诊疗设备出口额最高的国家，2023 年我国出口至美国的诊疗设备共 27.0 亿美元，远高于其他各国，德国和日本在出口国家/地区中分别排名第二和第三。德国是我国诊疗设备最大的进

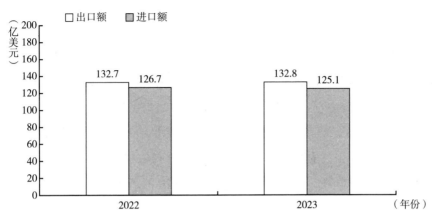

图3 2022~2023年我国诊疗设备进出口额

资料来源：中国海关总署、MDCLOUD（医械数据云）。

口国，2023年我国从德国进口的诊疗设备共30.9亿美元，美国和日本在进口国家和地区分别排名第二和第三（见表4）。

表4 全国诊疗设备进出口额排名前十国家和地区情况

单位：亿美元

出口			进口		
国家和地区	2022年	2023年	国家和地区	2022年	2023年
美 国	29.5	27.0	德 国	30.9	30.9
德 国	10.6	11.3	美 国	25.6	24.6
日 本	10.1	8.9	日 本	19.3	17.2
印 度	6.8	6.5	荷 兰	7.0	7.1
俄罗斯	4.4	5.6	墨西哥	5.7	6.2
荷 兰	4.5	5.3	瑞 士	4.1	4.8
英 国	3.6	3.3	英 国	3.8	3.8
新加坡	3.0	3.2	捷 克	3.0	3.8
巴 西	3.1	3.2	以色列	3.9	3.5
韩 国	3.1	2.8	韩 国	3.4	2.8

资料来源：中国海关总署、MDCLOUD（医械数据云）。

2. IVD 仪器

IVD 仪器是用于对人体样本进行体外诊断检测的仪器，根据中国海关总署公布的众成数科整理分析的数据，我国 IVD 仪器主要进出口产品包括：84198990（未列名利用温度变化处理材料的机器、装置等）、90279000（检镜切片机；9027 所列仪器及装置的零附件）、90275090［未列名使用光学射线（紫外线、可见光、红外线）的仪器及装置］、90275010（基因测序仪）共 4 个海关编码相关的商品。2022 年我国 IVD 仪器进出口贸易总额达 82.1 亿美元，其中进口额达 50.6 亿美元，出口额达 31.5 亿美元；2023 年我国 IVD 仪器进出口贸易总额达 80.6 亿美元，其中进口额达 51.4 亿美元，出口额达 29.2 亿美元。2022~2023 年我国 IVD 仪器对外贸易始终整体处于贸易入超的阶段（见图 4）。

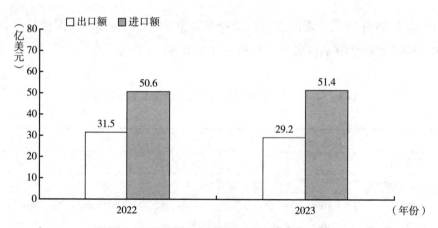

图 4　2022~2023 年我国 IVD 仪器进出口额

资料来源：中国海关总署、MDCLOUD（医械数据云）。

从具体国家来看，美国是我国 IVD 仪器出口额最高的国家，2023 年我国出口至美国的 IVD 仪器共 3.5 亿美元，俄罗斯和印度尼西亚在出口国家和地区中分别排名第二和第三。美国是我国 IVD 仪器最大的进口国，2023 年我国从美国进口的 IVD 仪器共 11.6 亿美元，日本和德国在进口国家和地区中分别排名第二和第三（见表 5）。

表5　全国 IVD 仪器进出口额排名前十国家和地区情况

单位：亿美元

出口			进口		
国家和地区	2022 年	2023 年	国家和地区	2022 年	2023 年
美　国	4.1	3.5	美　国	11.4	11.6
俄罗斯	1.2	2.2	日　本	9.2	10.2
印度尼西亚	1.4	1.8	德　国	7.7	8.4
印　度	1.4	1.7	韩　国	1.9	4.8
日　本	1.5	1.5	新加坡	5.4	2.8
德　国	1.7	1.5	英　国	2.0	2.1
中国香港	2.5	1.4	瑞　士	2.3	1.8
韩　国	1.1	1.3	奥地利	0.8	1.2
新加坡	1.7	1.2	爱尔兰	0.9	0.8
英　国	0.6	0.9	中　国	0.9	0.7

资料来源：中国海关总署、MDCLOUD（医械数据云）。

注：进口国为中国是指在中国生产制造，并已实际出口离境的原产于本国的货物，在未进行加工改变货物状态的情况下，因某些原因需要重新中转复运进境。

3. 其他器械

其他器械是指除诊疗设备、IVD 仪器之外的设备类医疗器械，据中国海关总署公布的众成数科整理分析的数据，其主要进出口产品为 90191010（按摩器具）、73249000（其他钢铁制卫生器具及零件）、90273000（使用光学射线的分光仪、分光光度计及摄谱仪）等 12 个海关编码相关的商品。2022 年我国其他器械进出口贸易总额达 101.3 亿美元，其中进口额为 15.0 亿美元，出口额为 86.3 亿美元；2023 年我国其他器械进出口贸易总额达 96.4 亿美元，其中进口额为 15.3 亿美元，出口额为 81.1 亿美元（见图5）。

从具体国家来看，美国是我国其他器械出口额最高的国家，2023 年我国出口至美国的其他器械共 22.0 亿美元，远超其他国家和地区，韩国和日本在出口国家和地区中分别排名第二和第三。美国是我国其他器械最大的进口国，2023 年我国从美国进口的其他器械共 4.6 亿美元，德国和日本在进口国家和地区中分别排名第二和第三（见表6）。

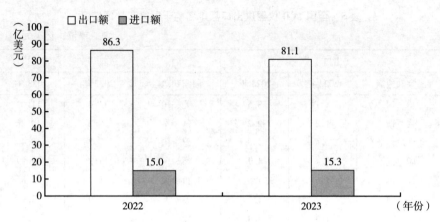

图 5　2022~2023 年我国其他器械进出口额

资料来源：中国海关总署、MDCLOUD（医械数据云）。

表 6　全国其他器械进出口额排名前十国家和地区情况

单位：亿美元

	出口			进口	
国家和地区	2022 年	2023 年	国家和地区	2022 年	2023 年
美　国	24.2	22.0	美　国	4.7	4.6
韩　国	5.4	4.6	德　国	2.2	2.4
日　本	4.8	4.1	日　本	1.3	1.3
德　国	4.4	3.7	墨西哥	1.1	1.0
澳大利亚	3.1	3.1	英　国	0.6	0.9
马来西亚	2.0	3.0	中　国	0.8	0.7
越　南	3.5	2.9	法　国	0.5	0.6
英　国	3.3	2.6	马来西亚	0.7	0.6
俄罗斯	1.5	2.4	韩　国	0.5	0.5
荷　兰	2.3	2.3	哥斯达黎加	0.3	0.4

资料来源：中国海关总署，MDCLOUD（医械数据云）。

注：进口国为中国是指在中国生产制造，并已实际出口离境的原产于本国的货物，在未进行加工改变货物状态的情况下，因某些原因需要重新中转复运进境。

行业政策篇

B.7
我国大型医用设备配置管理
政策解读与趋势分析

栾笑笑　刘　浏　张曼晖　刘振临*

摘　要：　　大型医用设备是现代医学科技的结晶，能够助力诊疗能力提升，其配置和运行成本相对高昂。近年来，我国对于规范大型医用设备的配置管理采取了一系列积极措施。深入了解我国大型医用设备配置管理的现行政策和发展趋势，提高大型医用设备的配置水平，是医疗机构提供医疗服务、提高医疗质量、防范医疗风险、控制医疗成本的重要前提。本文从大型医用设备配置管理相关政策解读和配置趋势分析等方面展开论述，为实现医疗机构配置结构与社会健康需求的科学匹配、提升各级医疗机构的诊疗服务能力提供理论基础。

关键词：　　大型医用设备　配置管理　政策解读

* 栾笑笑，北京大学第三医院医学工程处副处长，高级工程师，研究方向为医疗器械技术评估与管理；刘浏，北京大学第三医院医学工程处设备管理科设备采购主管，中级工程师，研究方向为医疗器械的合理配置与科学管理；张曼晖，解放军总医院第七医学中心疾病预防控制科研究实习员，研究方向为医院感染管理、病原微生物感染与防治；刘振临，北京大学第三医院医学工程处设备管理科科长，工程师，研究方向为大型医学装备管理。

一　大型医用设备配置许可管理政策解读

（一）制定背景

2018 年，国家卫生健康委、国家药品监督管理局颁布了《大型医用设备配置与使用管理办法（试行）》（国卫规划发〔2018〕12 号）[①]，明确了大型医用设备的定义，即"使用技术复杂、资金投入量大、运行成本高、对医疗费用影响大且纳入目录管理的大型医疗器械"。

为深入贯彻习近平总书记关于卫生健康工作的重要指示批示精神和党中央、国务院决策部署，立足卫生健康事业新发展阶段，进一步落实"放管服"改革要求，国家卫生健康委根据《中华人民共和国基本医疗卫生与健康促进法》[②]《医疗器械监督管理条例》[③] 等法律法规和制度规定，在全面梳理大型医用设备配置管理工作的基础上，结合高端医用设备研发生产和应用现状，对《大型医用设备配置许可管理目录（2018 年）》进行评估，广泛征求地方卫生健康行政部门、公立医疗机构、社会办医疗机构、生产企业等相关各方面意见，制定了《大型医用设备配置许可管理目录（2023年）》（以下简称 2023 版《目录》）[④]，会同有关部门报国务院批准同意。该目录于 2023 年 3 月 3 日公开发布并施行。

（二）主要内容

2023 版《目录》将大型医用设备分为甲、乙两类，具体内容如下。

[①]《大型医用设备配置与使用管理办法（试行）》（国卫规划发〔2018〕12 号），2018 年 5 月22 日。

[②]《中华人民共和国基本医疗卫生与健康促进法》，2019 年 12 月 28 日。

[③]《医疗器械监督管理条例》（中华人民共和国国务院令第 739 号），2021 年 2 月 9 日。

[④]《大型医用设备配置许可管理目录（2023 年）》（国卫财务发〔2023〕7 号），2023 年 3 月3 日。

1. 甲类管理目录（国家卫生健康委负责配置管理）

甲类大型医疗设备指资金投入巨大、使用费用很高、技术要求特别严格的大型医疗设备，配置数量较少，一般按省级或跨区域配置，包括三类。

（1）重离子质子放射治疗系统；

（2）高端放射治疗类设备［包括磁共振引导放射治疗系统、X 射线立体定向放射外科治疗系统（含 Cyberknife）］；

（3）首次配置的单台（套）价格在 5000 万元人民币及以上的大型医疗器械。

2. 乙类管理目录（省级卫生健康委负责配置管理）

乙类大型医用设备医疗设备指资金投入巨大、运行成本和使用费用高、技术要求严格的大型医疗设备，一般以省级及以下区域为规划配置单位，包括五类。

（1）正电子发射型磁共振成像系统（英文简称 PET/MR）；

（2）X 线正电子发射断层扫描仪（英文简称 PET/CT）；

（3）腹腔内窥镜手术系统；

（4）常规放射治疗类设备（包括医用直线加速器、螺旋断层放射治疗系统、伽马射线立体定向放射治疗系统）；

（5）首次配置的单台（套）价格在 3000 万~5000 万元人民币的大型医疗器械。

（三）制定原则

1. 依法依规

严格按照《中华人民共和国基本医疗卫生与健康促进法》《中华人民共和国行政许可法》《医疗器械监督管理条例》等法律法规和制度规定开展工作。

2. 简政放权

积极落实"放管服"改革要求，推动技术成熟、性能稳定、应用规范的设备由甲类改为乙类或由乙类调出目录。

3. 安全至上

坚持以人民为中心，维护人民群众生命安全和身体健康。

4. 促进发展

推动优质医疗资源扩容和区域均衡布局，促进卫生健康事业高质量发展。

（四）调整情况

与 2018 年版《目录》相比，2023 年版《目录》管理品目由 10 个调整为 6 个，其中，甲类由 4 个调减为 2 个，乙类由 6 个调减为 4 个，具体调整内容如下。

（1）正电子发射型磁共振成像系统（PET/MR）由甲类调整为乙类。

（2）64 排及以上 X 线计算机断层扫描仪、1.5T 及以上磁共振成像系统调出管理品目。

（3）将重离子放射治疗系统和质子放射治疗系统合并为重离子质子放射治疗系统。将甲类螺旋断层放射治疗系统（英文简称 Tomo）HD 和 HDA 两个型号、Edge 和 VersaHD 等型号直线加速器和乙类直线加速器，伽马射线立体定向放射治疗系统合并为常规放射治疗类设备。

（4）将磁共振引导放射治疗系统纳入甲类高端放射治疗类设备。

（5）规范部分设备品目名称。

（6）调整兜底标准。将甲类大型医用设备兜底条款设置的单台（套）价格限额由 3000 万元人民币调增为 5000 万元人民币，乙类由 1000 万~3000 万元人民币调增为 3000 万~5000 万元人民币。

（五）配套措施

立足新发展阶段，贯彻新发展理念，坚持以人民为中心，紧紧围绕健康中国建设，健全大型医用设备配置管理制度，完善准入标准，编制新一轮配置规划，牢牢守住人民群众生命安全底线，推动卫生健康事业高质量发展，更好地满足人民群众的健康需求。

二 大型医用设备配置规划政策解读

（一）政策背景

为深入贯彻落实习近平总书记关于卫生健康工作的重要批示指示精神和党中央、国务院的有关决策部署，立足卫生健康事业新发展阶段，加快推进健康中国建设和公立医院高质量发展，持续深入贯彻落实"放管服"改革要求，依据《中华人民共和国基本医疗与卫生健康促进法》《医疗器械监督管理条例》《大型医用设备配置与使用管理办法（试行）》等法律法规和制度规定以及国务院批准的《大型医用设备配置许可管理目录（2023年）》，结合《国民经济和社会发展第十四个五年规划和2035年远景目标纲要》[①]《"健康中国2030"规划纲要》[②]《"十四五"国民健康规划》[③]，国家卫生健康委委托专业机构和专家开展专题研究，提出规划控制数量和配置标准建议，就分地区规划数量征求地方卫生健康部门意见，向社会公开征求配置标准意见，最终制定了《"十四五"大型医用设备配置规划》（下文简称《规划》）[④]，并于2023年6月21日公开发布。

（二）主要内容

《规划》坚持以人民为中心，立足新发展阶段，贯彻新发展理念，加快构建新发展格局，推动优质医疗资源扩容下沉和区域均衡布局，促进卫生健康事业高质量发展。充分发挥《规划》引领和资源调控作用，进一步推动形成区域布局更加合理、装备结构更加科学、配置数量与健康需求更加匹

---

① 《中华人民共和国国民经济和社会发展第十四个五年规划和2035年远景目标纲要》，2021年3月11日。
② 《"健康中国2030"规划纲要》，2016年10月25日。
③ 《"十四五"国民健康规划》（国办发〔2022〕11号），2022年4月27日。
④ 《"十四五"大型医用设备配置规划》（国卫财务发〔2023〕18号），2023年6月21日。

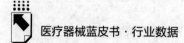

配、配置水平与经济社会发展和人民群众医疗服务需求更加适应的大型医用设备配置规划管理体系，促进医疗服务水平和能力提升，推进健康中国建设，更好地满足新时期人民群众医疗服务需求。

"十四五"期间，全国规划配置大型医用设备 3645 台，其中甲类 117 台、乙类 3528 台，具体规划数量详见《"十四五"大型医用设备配置规划数》[①]（见附件 1）。配置规划将按年度实施，为社会办医配置预留合理空间。

此外，甲类、乙类大型医用设备配置标准同时发布。其中，《甲类大型医用设备配置准入标准》[②]（见附件 2）用于国家卫生健康委负责的甲类大型医用设备配置评审，各地省级卫生健康部门则依据《乙类大型医用设备配置标准指引》[③]（见附件 3）制定本地区乙类大型医用设备配置评审标准。

（三）基本原则

1. 以人为本、促进发展

坚持以人民为中心，更好地满足人民群众多层次、多元化就医需求。与社会经济发展、医疗服务能力相适应，充分考虑高质量发展要求，支持医疗机构科学合理配置大型医用设备，推动高端医疗设备在高水平医院合理使用。支持社会办医健康有序发展。

2. 均衡布局、扩容下沉

聚焦提升医疗卫生服务公平性和可及性，缩小区域之间资源配置和服务能力差异，科学规划配置数量，优化完善配置标准，促进优质医疗资源扩容下沉，优化区域均衡布局。

3. 安全审慎、控制费用

坚决维护人民群众生命安全和身体健康，控制医疗费用不合理增长，对

---

① 《"十四五"大型医用设备配置规划》（国卫财务发〔2023〕18 号），2023 年 6 月 21 日。
② 《"十四五"大型医用设备配置规划》（国卫财务发〔2023〕18 号），2023 年 6 月 21 日。
③ 《"十四五"大型医用设备配置规划》（国卫财务发〔2023〕18 号），2023 年 6 月 21 日。

操作和维护技术复杂、应用风险大、投入运行成本和诊疗费用高的设备，严格把握配置标准，合理控制规划数量。

（四）相关要求

1. 科学实施规划

严格执行规划数量布局，科学把握配置标准，与上轮规划做好衔接，按年度有序、有效实施，为社会办医配置预留合理空间。

2. 坚持依法行政

认真履行行政许可程序，严格评审要求，规范审批行为，维护公开公平公正，依法依规开展许可工作。

3. 加强监督管理

健全监督和制约机制，强化事中事后监管，指导和督促医疗机构科学、规范配置和使用大型医用设备，提高质量和效率。

4. 开展监测评估

强化本地区规划执行监测评估，定期向国家卫生健康委全面报告规划实施进度和效果。

根据国家卫健委发布的《大型医用设备配置许可管理目录（2023年）政策解读》，该次调整系积极落实"放管服"改革要求，对技术成熟、性能稳定、应用规范的设备，积极推动由甲类改为乙类或由乙类调出目录。

三　大型医用设备趋势分析

在配置管理政策、配置成本等综合因素的影响下，大型医用设备主要配置在三甲医院。目前，医疗机构100万元以上设备数量占比呈现逐年上升的趋势（见图1），但其占比仍处于较低水平，《中国卫生健康统计年鉴（2022）》显示，2021年医院和基层医疗机构百万元以上设备数量仅占总数量的 3.17%和 1.03%。① 随着大型医用设备目录的调整，基层医疗机构在配置相应医用设备时的审批程序相对放宽，对大型医用设备的需求将进一步释放。

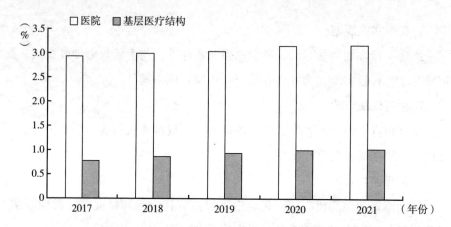

图 1　2017~2021 年医疗机构 100 万元以上设备数量占比变化趋势

资料来源：国家卫生健康委员会编《中国卫生健康统计年鉴（2022）》，中国协和医科大学出版社，2022。

（一）政策数据分析

通过对《规划》公布的数据进行分析可见，大型医用设备整体配置数量显著提升，地区布局进一步合理优化。

整体数量上，甲类大型医用设备规划数量相较本次《规划》出台前的实际保有量涨幅 172.06%（117 台），乙类大型医用设备规划数量相较实际保有量涨幅 78.38%（3528 台），原因除配置规划数量提高以外，与管理目录更新导致的原有数量下降也有一定关系（见表 1）。

---

① 国家卫生健康委员会编《中国卫生健康统计年鉴（2022）》，中国协和医科大学出版社，2022。

表 1 甲乙类大型医用设备规划数量变化

单位：台，%

大型医用设备		规划总数	"十四五"规划数	上升比例
甲类	重离子质子放疗系统	60	41	215.79
	高端放射治疗类设备	125	76	155.10
	合计	185	117	172.06
乙类	PET/MR	210	141	204.35
	PET/CT	1667	860	106.57
	腹腔内窥镜手术系统	819	599	215.00
	常规放射治疗类设备	5333	1968	58.48
	合计	8029	3568	78.38

资料来源：《"十四五"大型医用设备配置规划》（国卫财务发〔2023〕18 号），2023 年 6 月 29 日。

常规放射治疗类设备增长率较低的原因主要有以下两点：一方面，一些原属甲类、乙类的子分类设备被纳入 2023 版《目录》的常规放射治疗类设备范畴中，其规划配置总数相对较高；另一方面，在《乙类大型医用设备配置标准指引》中，常规放射治疗类设备是唯一没有调整放宽标准的大型医用设备，其配置依然保持着较高标准。

《规划》中增加的设备配置将主要用于促进国家医疗中心、区域医疗中心和高水平医院的高质量建设发展，提高尖端医疗水平，强化急难重病的攻关能力，拔高医疗服务水平的上限。而管理目录的放宽，将进一步增加市县级医疗机构的大型医用设备配置，提高基层医疗服务能力，促进医疗资源扩容下沉，提升医疗服务水平。在促进医疗服务机构职能划分更加清晰的同时，推动我国医疗服务水平整体提升。

同时，大型医用设备配置数量的增加将促进供给侧产业链发展升级，推动高端医疗设备制造业发展，加速高端医疗科技创新能力的提升，尤其是国产大型医用设备产业将在需求扩容和国产扶持双重政策的加持下进入发展快车道。

从地域角度分析，《规划》显著缩小了各省大型医用设备人均配置率的差异，将有助于调整资源配置均衡布局，提升医疗卫生服务的公平性，改善高端医疗资源不均匀、供给差异大的问题。西藏、青海、海南和宁夏等省份均实现了两种甲类大型医用设备的首次配置，完善了区域内重离子质子放射治疗和高端放射治疗的整体布局。同时，乙类大型医用设备配置率的进一步提升，将为发展较为落后的地区提供医疗服务的硬件保障，促进区域医疗中心高水平建设，减少跨区域流动性就医，从而减轻患者就医负担。

北京、上海、广东在配置规划中仍保持了显著的优势。大型医用设备的规划配置数量向国家医疗中心聚集区域和全国高端医疗服务核心区域倾斜，有助于高水平医院更好地承担重大疾病防治、尖端医疗领域攻关等任务。

（二）政策趋势分析

自 2023 年两会政府工作报告中明确指出要推动优质医疗资源扩容下沉和区域均衡布局的任务以来，一系列利好基层区县级医疗机构、提升高水平医疗可及性的政策接连发布。

财政部《关于 2022 年中央和地方预算执行情况与 2023 年中央和地方预算草案的报告》明确提出，强化基本公共服务，扎实做好民生保障，支持提高医疗卫生服务能力。2023 年，通过一般性转移支付安排财力补助资金 1700 亿元，使用 2022 年权责发生制结转资金 300 亿元，支持地方做好疫情防控等工作，重点向县级财政倾斜。2023 年 3 月 23 日，中共中央办公厅、国务院办公厅印发《关于进一步完善医疗卫生服务体系的意见》[①]，同样指出要加强乡镇卫生院和社区卫生服务中心规范化建设，发展社区医院，健全临床科室设置和设备配备。

在这样的背景下，2023 版《目录》应运而生，开启了本轮大型医用设备规划配置。2023 版《目录》整体缩减放宽，以高端医学影像诊断设备为

①《关于进一步完善医疗卫生服务体系的意见》，2023 年 3 月 23 日。

代表的一批大型医用设备划出目录，监管配置金额门槛提高，结合基层区县级医疗机构设备配置规模要求的提升，将引导所释放的医疗资源下沉基层，提升医疗卫生服务的可及性，缩小区域之间资源配置差异。同时，为促进与社会经济发展、医疗服务能力相适应的高质量发展，高水平医院的高端医疗设备也将迎来扩容。在此基础上，《甲类大型医用设备配置准入标准》和《乙类大型医用设备配置标准指引》调整更新，在进一步推进医疗资源扩容的同时，监管预防医疗资源的不合理增长。

准入标准降低了硬门槛指标和量化指标数值，主要体现在开展年限和相关设备数量上，有利于诊疗水平高、规模相对小、创办比较新的医疗机构快速配置大型医用设备，以满足人民群众日益增长的医疗需求。而在整体规划数量上仍保持高标准、严要求，控制医疗费用不合理增长，避免过度配置、资源浪费带来的负面影响。

在整体目录和准入标准调整的背景下，有序衔接上轮规划，充分调研现有需求，《规划》给出了明确的资源扩容数量，既包括下沉基层的，也包含高质量发展，既均衡布局，也突出重点。

（三）配置管理趋势分析

从医学工程部门的角度来看，对大型医用设备的配置管理面临新的挑战。

1. 科学制定设备配置规划

部分大型医用设备如 PET/MR 管理等级下降，配置申请流程简化，将显著提升配置审批的效率，缩短医疗机构配置周期，使临床的需求更快得以满足。对于放宽标准和划出目录的大型医用设备，配置准入难度的降低，在一定程度上增加了医疗资源浪费的风险。为免资源浪费，医学工程部门需协助医疗机构做好前期调研，充分评估临床诊疗效益、进行经济成本测算，结合医疗机构的体量规模和职能定位，合理配置大型医用设备。除大型医用设备规划外，还应进一步评估大型医用设备本身安全使用风险、临床应用有效性和病人费用负担，保障设备社会效益最大化。

2. 加强大型设备使用管理

《规划》、2023版《目录》更新后，大型医用设备配置规划数量成倍增加，原属2018版《目录》中的大型医用设备数量也将快速上升。而大型医用设备使用安全风险和监管难度不会随着目录的变化而降低，场地建设、屏蔽防护、计量质控、电气安全预防性维护等配套工作仍需保持高标准、严要求，与之相关的工作量和监管难度都会随之上升。管好、用好大型医用设备的任务将更加艰巨和迫切。

3. 加强保障人员体系建设

新的准入标准强调并细化了对人员资质和能力的要求，除对临床专业技术人才保持高标准外，对负责设备维护、维修的医学工程保障人员也提出了要求，尤其对于甲类大型医用设备还明确了具体的数量要求。这充分肯定了医学工程保障人员在大型医用设备正常运行维护中的重要性，同时也要求医疗机构进一步注重并加强医学工程人才队伍建设。

4. 深化全程监管与行业自律

2023版《目录》审批管理金额门槛上调，许多高端医用设备由行政许可转向事中事后监管。卫生健康行政部门从主要运用行政手段转向统筹运用行政、法律、经济和信息等多种手段，加强对医疗机构的监管，促使公立医院大型医用设备采购预算审核、批准、使用严格审慎，形成决策、执行、监督相互协调、相互制衡、相互促进的治理机制。对此，要求落实医疗卫生机构自我管理主体责任，发挥行业自律作用，并加强社会监督。

四　总结

我国高端医疗设备正值黄金发展期，高端医疗设备逐步国产化，市场价格显著降低，这是促成《目录》更新的重要因素。与此同时，2023版《目录》也将帮助国产高端医疗设备拓宽市场，优化审批途径，形成更充分的行业竞争，在使更多的国产创新品牌崛起的同时，也能使国内头部企业创新发展得到有力支持。《"十四五"大型医用设备配置规划》能充分发挥国家政策引领、资源调控的作用，以满足人民群众多层次、多元化的医疗健康需求为目标，促进医疗卫生行业高质量发展。鼓励高端医疗设备在各区域均衡布局、在高水平医院合理增配、在基层医院扩容下沉，形成高水平医疗攻关、医疗卫生服务均衡、优质医疗资源可及的健康中国新局面。

医疗设备数据应用管理篇

B.8
紧密型医联体建设背景下
医疗设备管理模式探讨

张应 袁欣 王梦盈*

摘 要： 随着我国人口老龄化等因素导致的医疗资源短缺、医疗服务不均等问题的出现，紧密型医联体的建设成为推动医疗行业可持续发展、保障患者满意度的重中之重。但在紧密型医联体发展的背景下，我国医疗设备管理模式仍面临一定的挑战。本文通过对我国紧密型医联体建设背景下医疗设备管理模式的探讨，分析了其中存在的不足，并提出了对医疗设备管理新模式的发展建议。同时以上海交通大学医学院附属瑞金医院现行的医用设备管理综合运营平台为案例参考，为紧密型医联体建设背景下医疗设备管理模式创新、提升医疗服务行业连续性提供重要的实践支撑。

关键词： 紧密型医联体 医疗设备管理模式 医疗设备智慧管理平台

* 张应，上海交通大学医学院附属瑞金医院资产管理处处长，高级经济师，研究方向为医院医疗设备管理；袁欣，上海交通大学医学院附属瑞金医院资产管理处科员，中级经济师，研究方向为医疗设备管理，医疗设备智慧化、精细化、全生命周期管理；王梦盈，上海交通大学医学院附属瑞金医院资产管理处科员，研究方向为医院医疗设备管理。

长期以来，医疗机构都是社会的重要组成部分，保障人民健康和福祉。但随着我国人口老龄化、慢性病年轻化等问题的出现，部分缺乏医疗资源的区域面临着"看病难"的问题，作为一种新型医疗服务组织形式，紧密型医联体应运而生。同时，医疗技术的快速发展以及医疗设备的更新迭代，也让医疗设备的新型管理模式成为紧密型医联体发展的焦点。

一 我国紧密型医联体建设现状概述

（一）紧密型医联体定义

医疗联合体（Medical Consortium），简称医联体，是指为解决百姓看病难的问题，医疗机构之间通过资源共享，将不同数量的医疗机构联合在一起，主要以三级医院为主导，联合特定区域内外的二级医院、社区医院等医疗机构，上级医院通过下派顶尖医生、分担疑难杂症患者等方式指导下级基层医院诊疗，从而帮助联合体内下级医院提升自身诊疗水平的医疗管理模式。[①] 而紧密型医联体主要是指机构间的合作以产权或资产为纽带，这样的联合体会因为涉及双方利益导致合作更为紧密，最后取得优势互补、互利共赢的效果。因此，紧密型医联体因机构、决策的集中成为我国医联体发展的主要方向。

（二）现状概述

随着我国人口老龄化、医疗体系地区发展不均衡、医疗资源分配不均等情况的日益加剧，人民健康面临着免疫力低下、慢性病、传染病等重大挑战。因此，为深化医药卫生体制改革、解决当前我国卫生健康问题，医联体的建设成为改善人民健康问题的重要方向，特别是紧密型医联体模

---

① 章弦、黄美玲、张永等：《南方医院太和分院托管形式下紧密型医联体模式探讨》，《中国医院管理》2020年第12期；魏妍妍、王振宇：《浙江省紧密型医联体托管合作的效果分析和思考——基于不完全契约理论》，《卫生经济研究》2020年第9期。

式，更好地发挥三级医院的技术辐射作用，推动"健康中国"战略的成功实现。

近年来，我国政府加大对医联体的政策支持力度，各地纷纷开展医联体试点。目前，全国医联体项目在稳步推进中，涵盖城市和农村、公立和民营等各类医疗机构。实践证明，医联体在提升医疗服务质量、优化资源配置、降低医疗费用等方面取得了相应的成效，但仍存在一定挑战。

由图1可知，2018~2022年，个人卫生支出绝对值的逐年上升体现出人民群众对健康问题的重视程度；同时政府卫生支出和社会卫生支出的承担比例提高，个人卫生支出占比却在逐年下降，2022年降至26.89%，意味着我国药品耗材集采等医改手段的实施，减轻了人民群众看病用药贵的经济负担，提升了医疗服务的公平性和可及性①，但根据世界卫生组织（WHO）提出的最大限度减少和消除灾难性卫生支出和因病致贫的标准，需要将个人

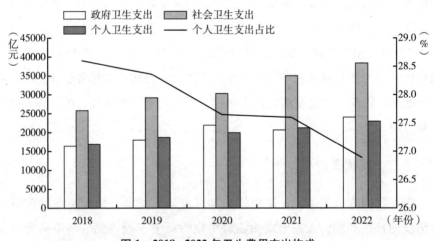

图1 2018~2022年卫生费用支出构成

资料来源：国家统计局。

---

① 李岩、张毓辉、万泉等：《2020年中国卫生总费用核算结果与分析》，《卫生经济研究》2022年第1期。

卫生支出的比例控制在15%和20%之间①，我国要达成此目标还有很长的路要走，由此可见，人民就医负担仍然很重。因此，我国需要构建紧密型医联体来提高医疗服务的覆盖率和质量，提升人民获得感和满足感。

二 现有医疗设备管理模式问题分析

在紧密型医联体结构中，医疗设备管理的重要性不言而喻，有效的医疗设备管理模式不仅可以保证医联体正常运转，提高医疗质量；而且是保障患者安全的关键因素。② 因此，医疗设备管理应受到紧密型医联体的充分重视。但现阶段，我国紧密型医联体的医疗设备管理模式还存在一定的问题亟待解决。

（一）医疗设备管理制度不健全

一方面，医联体缺乏统一管理机制。医联体对于医疗设备的使用和操作缺乏明确的规范和标准，导致医联体内不同主体的医生或者护士在使用医疗设备时存在技术差异，增加医疗事故和设备损坏的风险；另一方面，医疗设备档案管理制度不完善。大多数医联体更侧重于设备购买层面，对于后期设备档案的维护和管理意识缺乏，这种忽视会大大损坏医疗设备档案的完整性、准确性和可追溯性，导致设备不能够及时更新或者维修，进一步增加医疗风险。

（二）采购方式差异大

部分医联体内部没有设置统一采购部门，由各单位自行采购，这会导致部分医疗机构采购流程缺少规划③，并且根据医联体成员单位设备采购预算经费来源的不同，其标准配置存在一定程度的差异，采购方式也会存在相应

---

① 王珍珍：《某紧密型医联体建设现状、问题及对策研究》，硕士学位论文，大连医科大学，2022。

② 扈俊杰：《医院医疗设备管理措施分析》，《中国设备工程》2023年第20期。

③ 颜梦平：《LD医院大型医疗设备管理体系优化研究》，硕士学位论文，湘潭大学，2020。

的区别，这都会对医联体内设备管理产生一定的影响。一方面，从质量角度看，因缺乏统一采购部门，采购计划没有经过权威专家的充分论证，会导致采购的设备不符合实际需求或者质量不过关，且过度采购也会增加采购人员的工作负担；另一方面，从经济角度看，不科学的采购方式也会导致后期存储、维护和维修的成本增加，后续的附加设备与原有设备无法匹配，从而造成收费低但维修费过高的后果，最终导致资金浪费，使得医联体内的基层医疗机构原本缺乏的资源更加捉襟见肘。并且，从患者角度看，设备采购缺少规划还会带来更多检查事项，让"看病难、看病贵"的问题更加严重，进一步违背了紧密型医联体建设的初衷。

（三）医工专业人员发展不均衡

医工人员是医疗设备管理中不可或缺的一环，但现阶段医联体中医工专业人员存在发展不均衡的现象，这不仅会影响医联体医疗服务质量，也会制约医联体整体发展。导致医工专业人员发展不均衡的因素主要有以下几方面。

首先，医疗机构行政人员编制缩减。为深化医疗体制改革、优化医疗资源配置，我国政府出台了一系列政策实现行政人员编制的优化，而且医院自身为降低人力运营成本、提高管理效率，也在减少医工专业人员的聘用，这就导致医联体内医工人员比例失衡。

其次，医工专业人员缺乏晋升空间。尽管国家层面已制定诸多针对医工专业人员的政策，但在实际操作过程中，医联体在人事晋升方面更多倾向于临床医生和护士等传统医疗岗位，而且相较于临床医生和护士，医工专业人员在医联体内的职业认知度较低。部分医疗机构和医务人员对其专业能力和贡献认识不足，这都导致医工专业人员在晋升时受到歧视和限制。晋升空间不足不仅会导致医工人员报名人数减少，而且因职业发展受到限制，医工领域技术的创新和应用也进一步受到影响。

再次，培训和发展机会不均。因资金、重视度不足等原因，医联体内部分医疗机构的医工专业人员无法获得充足的培训和发展机会，导致其专业能力停滞不前，而另一些医工专业人员则能获得更多的学习和成长机会，进一步拉大了医联体内各机构间的差距。

最后，部分医联体内的主导医院担忧设备专业技术人员的下沉会对其自身利益造成损失，因此在此方面积极性不高[1]，从而导致医联体内医工专业人员发展失衡，设备后期管理出现严重的两极分化，降低医联体整体水平。

综上所述，现有紧密型医联体的设备管理仍然存在一定的问题，要想实现医联体"1+1≥3"，提升医联体整体竞争力、探索医疗设备管理的新模式迫在眉睫。

三 紧密型医联体的医疗设备管理新模式

（一）建立统一设备管理制度

医联体内统一管理制度不仅可以确保医疗设备的利用效率和医疗资源的分配效率，还有利于加强医联体内部的协作和交流。首先，建立完整统一的医疗设备清单。一方面需要确定医联体内所需医疗设备的范围，包括临床设备、检验设备等，根据医联体内的发展规划和临床需求进行筛选；另一方面需要对设备型号规格进行审核，根据设备的性能、实用性及收益性进一步筛选出统一的设备型号清单，同类设备采购限制在几种品牌和型号之间，在保障质量的同时，也有利于成本节约。

其次，制定医疗设备的使用规范。一方面，医联体对同类设备建立统一使用标准，包括设备的使用流程和操作要求，不仅可以规范临床或者检验人员的操作，发挥设备的最大使用率，还可以保障患者和样本安全；另一方面，对同类设备的维护和维修制定统一标准，以确保设备使用的安全性，并延长医联体内设备使用寿命。

再次，制定统一的监督标准和奖惩机制。设立监督委员会，根据医联体

---

[1] 毕芳：《医疗联合体建设研究——以 W 市为例》，硕士学位论文，安徽工程大学，2022。

整体目标制定相应的监督标准和指标，以便于对医联体内成员设备使用和维护工作的审查和监督。同时，为保证监督有效性，设立统一的奖惩机制，对于设备管理优秀的单位进行鼓励，对表现不佳、设备监管随意的单位实行一定的惩戒，从而确保医联体内制度的顺利运行。

最后，拓宽医工专业人员晋升渠道。医联体内应建立明确的人才培养和选拔机制，涵盖医工专业人员的培训、考核、评价和晋升等环节。通过制定详细的政策措施，鼓励医工专业人员提升自身业务能力，为他们的职业发展提供有力支持。加强内部交流与合作。通过开展各类学术活动、技术交流和培训项目，提高医工专业人员之间的沟通与合作。同时，医联体还可以与其他地区和国家的医疗机构开展交流合作，引进先进的医疗技术和管理经验，为医工专业人员提供更多发展机会。此外，医联体应关注医工专业人员的职业发展规划。为医工专业人员提供个性化的职业发展规划指导，帮助他们明确职业目标和发展方向。通过制定合理的晋升政策，让医工专业人员在医联体内能够有序地晋升，实现职业发展。

（二）实现资源共享

1.设备资源共享

在医联体架构下，各医疗机构通过共享设备资源，实施阶梯式配置，以达成医疗设备资源的高效运用和公平分配，满足各级医疗机构与患者的需求。一方面，依据医联体内各医疗机构的功能定位、医疗技术水平、学科发展及服务人群需求，制定合理的设备配置准则，实现阶梯式配置。例如，基层医疗机构在医联体中可重点配置常规医疗设备，确保人民基本需求得到满足。而三级医疗机构等则应侧重引进国际先进高精尖设备，充分发挥其在医疗和研究领域的优势，为患者提供更为舒适、人性化的医疗服务，同时推动国内医疗技术的创新与发展，培育优秀医学人才，为我国高质量医疗体系建设和发展贡献力量。另一方面，建立医疗设备共享平台。医联体内的三级医院可以建立共享中心，例如大型康复中心、医学影像中心等，基层医疗机构可以直接共享共用，通过将三级医院的优势设备资源辐射到基层，降低医联体重复投资和资源浪费，实现医疗设备的高效利用。

2.技术资源共享

医联体内医疗设备技术资源的共享，对于保障医联体的可持续发展具有重要作用。首先，构建信息网络平台，通过这一平台，三级医院的专家能够随时为基层医疗机构提供业务指导和技术支持，实现远程智能阅片和多学科智能远程会诊。这不仅有助于突破地域和时间的限制，推动优质医疗资源下沉，使基层患者得到更全面、专业的治疗方案，而且有利于深入推进紧密型医联体建设，关注卫生健康服务体系建设完善，推动医联体医疗服务数据化和信息化。

其次，共享设备维护保养团队①和档案。设立专门团队对医联体内的医疗设备进行维修、维护和报废，这个团队可以由各医疗机构专业人员组成，也可以通过公开招标方式招聘专业医疗设备维修维护团队。这样，在节省维修成本的同时，可进一步保障设备使用年限。而维保档案是医疗设备后期维护的重要环节，通过共享维保档案，医联体内成员可以及时交流设备维保记录，针对故障情况共同制定维护策略，加强成员间的互动交流，使维修费用更直观，提高公平性。

3.人力资源共享

医联体内的人力资源共享有利于成员间通过沟通交流提高医疗设备管理水平。一方面，设立医疗设备管理团队。各成员单位选定1人作为联络人对接医联体内相关工作，同时选定数名专业医工技术人员成立小组，分别负责医疗设备管理的任务分配、日常维护以及损坏维修工作；并且在基层医疗机构的医疗设备管理维护遇到问题时，高层医疗机构的医工技术团队可以下沉基层提供技术支持，帮助基层成员单位节省维修成本。另一方面，共享医疗设备管理培训。共享专家小组为医联体内各成员单位提供设备管理咨询和指导。专家小组既可以来自第三方医疗机构，也可以由医联体内高层医疗机构

---

① 田永利：《"医联体"模式下医疗设备共享管理现状的综述》，《中国医疗设备》2021年第9期。

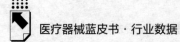

的专家组成，定期为医联体成员开展设备管理培训，提高各医疗机构设备管理人员的技能和素质。

（三）创新管理模式

1.带量采购

带量采购是指医疗机构在平台上公布需要购买的设备数量，由企业进行报价，最终通过合同确定最终购入价和购入量的一种采购模式。[①] 医联体作为一个联合体，采用带量采购不仅可以降低医疗设备的采购成本，还可以促进医联体内部的资源共享。具体表现：首先，可以成立带量采购委员会或采购部门，负责设备的带量采购；其次，根据各医疗机构提交的医疗设备清单进行汇总，审核后在相关平台上公布医联体所需设备的种类和数量，进行招标工作；再次，和中标企业签订合同，从而确定最终购买价格和数量；最后，对医联体所需设备统一付款和集中配送。带量采购方式可以使成员机构享受"团购"的优惠和折扣，也有利于各成员机构之间根据需求对设备进行灵活调整，提高设备采购的性价比。

2.设备差异化发展

医联体内各成员可能处于不同区域，当地文化和政策规划的不同要求医联体各成员具有不同的功能定位，可以专科为维度进行设备的差异化发展，满足当地患者多层次、多样化的需求。主要表现在：一方面，根据医联体内各医疗机构的专科特点和发展方向，有针对性地配置相应设备。对于重点学科和特色专科，可适当加大设备投入力度，以支持其专业发展和提升诊疗水平。另一方面，优化设备配置。对使用效率较低的设备，可以采用共享方式，节省资金，避免设备的重复配置。

3.搭建医疗设备管理智慧平台

医联体设备结构庞大，因此，搭建医疗设备管理智慧平台是医联体创新设备管理模式的核心。医疗设备智慧管理平台主要是一种以智能化管理医疗

---

① 李小瑜：《我国药品集中带量采购价格机制研究》，博士学位论文，四川大学，2022。

设备为目的,基于云计算、物联网、设备数据等技术的多设备管理系统。[①]首先,通过可视化大屏查看设备信息。智慧管理平台可显示各成员机构设备安装验收信息,包括设备机身号、购入时间、价格、供应商、放置科室等,同时实现对设备的远程监控、故障诊断等,帮助管理人员全面掌握医联体内设备情况。其次,监测使用效率。通过智慧管理平台,监测设备运行状态是运行、待机或故障。同时记录使用人次、收费人次及金额、开机时间等信息,便于设备绩效分析,为医联体后续采购提供数据支持。最后,实时动态管理调拨。利用智慧管理平台的信息共享,管理人员能够快速、准确地掌握医联体内成员机构的设备需求状况,从而便于医联体内主体间的设备动态调拨,使得紧缺设备能够及时送达需求方。因此,智慧管理平台不仅可以辅助医联体进行科学合理的资源调配,减少不必要的资金浪费,而且可以为当地患者提供更为及时准确的诊断治疗,推动医联体的健康发展。

四 案例分析：瑞金医院紧密型医联体医疗设备管理案例

（一）实施背景

作为上海交通大学医学院最大的临床教学基地,瑞金医院一直贯彻医学人才全阶段培养,并以面向未来的"亚洲一流示范性医院"建设为己任,秉承创新驱动和高质量发展的长三角一体化发展国家战略部署,以"广博慈爱,追求卓越"为使命,为上海加快建设具有世界影响力的社会主义现代化国际大都市贡献"瑞金力量"。瑞金医院现有核定登记床位2442张、37个临床重点专科,拥有中国科学院院士陈竺、陈国强,中国工程院院士王振义、陈赛娟、宁光等一大批在国内外享有较高知名度的医学专家。根据复旦版《2022年度中国医院综合排行榜》和复旦版《2022年度中国医院专

---

① 王琳锋：《面向大型医疗设备的智慧管理平台标准化应用》,《自动化应用》2023年第13期。

科声誉排行榜》显示，瑞金医院进入全国榜单前 10，排名为第 4 位，19 个专科项目声誉排全国前 10 名。

自 2009 年新医改推行开始，国家就已明确提出分级诊疗制度建设，从源头上解决人民"看病难""看病贵"的问题。2010 年，为响应国家号召，上海率先进行医联体改革，在此背景下，"瑞金-卢湾"紧密型医联体率先探路，针对人口深度老龄化的现象，以慢病管理为主线，依托瑞金医院的雄厚实力，分步打造涵盖标准化代谢性疾病管理中心（MMC）、国家级心衰中心、脑病中心、呼吸病中心、心血管中心、老年病中心的六大慢病中心，积极探索辖区内"一个病种、一种管理模式"的健康服务机制，逐渐将优质资源下沉基层。"瑞金-嘉定"紧密型医联体构建了以瑞金医院为主体，以东部的南翔医院和西部的安亭医院为两翼，以南翔镇、马陆镇、嘉定工业区（南区）等 7 个社区卫生服务中心为网底的服务架构，实现了医联体内管理和服务"双紧密"，即瑞金医院与两翼医院紧密联系，两翼医院作为区域性医疗中心与下辖社区卫生服务中心紧密联系，在提升公共卫生服务能力的基础上，加强医联体整体协同作战能力，提升嘉定区市民健康服务水平。

瑞金医院带头成立的紧密型医联体为区域医疗卫生体系建设和高质量发展带来更多联动效应，在此过程中，为保障医联体的稳定运行和持续发展，瑞金医院积极探索创新的医用设备管理模式值得探讨与学习。

（二）案例分析

1.超声带量采购

瑞金医院在紧密型医联体背景下，引入超声带量采购模式，旨在提高医联体内（瑞金医院总院—瑞金医院北部—瑞金医院卢中心—瑞金医院无锡分院）超声采购的透明度和效率，同时降低各成员机构的采购成本，主要包含以下步骤。首先，瑞金北部、卢中心等成员机构根据自身实际情况向瑞金总院资产管理处提交所需采购的超声的数量等具体需求，由瑞金总院资产管理处进行审核，确保采购申请的合规性和合理性，确定最终采购数量；其次，瑞金总院资产管理处将采购需求公开发布到瑞金医院官网上，邀请超声供应商参与竞标，保证招标流程的公平、公正及透明；再次，根据投标企业的报价及超声设备品质等因素的综合考量，选定最符合要求的供应商；最后，与中标供应商签订采购合同，明确超声交货时间、安装地点等条款，确保符合各成员机构的采购要求。

通过带量采购方法，瑞金医院紧密型医联体能够提高设备采购的透明度和效率，降低医院的采购成本，同时保证医疗设备的品质和售后服务。这种方法有助于促进医院和供应商之间形成合作关系，推动医疗事业的健康发展。

2. 搭建医疗设备智慧管理平台

瑞金医院依托先进的物联网技术，利用数据挖掘及机器学习等大数据分析手段，通过融合 HIS、PACS、物资管理系统等信息系统数据，搭建了针对瑞金医院总院—瑞金医院北部—瑞金医院质子中大型医用设备（CT、MRI、DSA、LA、TOMO 等）的物联网系统，通过对大型医用设备的全生命周期管理降低医联体内设备监管难度，最大化发挥大型医用设备的使用效能，提升医联体设备管理精细化水平。在此基础上，再次以呼吸机类设备为契机，针对瑞金医院总院、瑞金医院北部、瑞金医院质子中的重症医疗设备建设智慧管理平台，以信息化方式提升对重症医疗设备的管理水平，健全院内生命支持类设备调配管理机制，科学谋划布局医联体病区内急救及生命支持类设备监管与调配管理方式方法，切实做到医疗设备智慧化管理。

首先，监管设备的使用。通过设备数据采集装置，对医联体内所有大型设备及呼吸机的开机时长、使用时长、使用状态（包括工作、待机、关机）、故障状态（包括正常、故障）、位置信息、实时参数、实时报警等信息进行采集记录。同时通过平台与 HIS、医嘱等系统数据对接融合，实现了对大型设备、重症医学科室（包含呼管中心）呼吸机等重症医疗设备的实时监控与数据采集，不仅包括设备的使用效率、服务人次和使用并发量等方面的数据，还将采集到的数据与患者医嘱信息系统数据相匹配，从而通过计算设备服务人次与收入的均值，对各类设备月度的效益情况进行分析，一方面为科室设备配置提供数据依据，另一方面实现不同病种的设备利用效率分析。

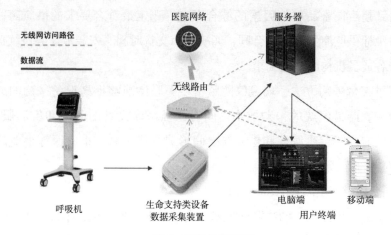

图 2　硬件连接示意

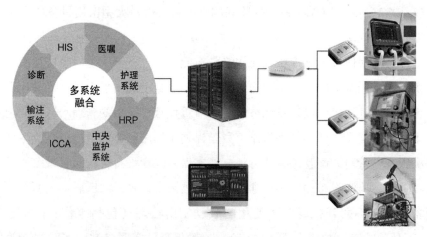

图 3　医疗设备智慧管理平台与多系统融合情况

其次，构建决策支持模型。一是配置医疗设备辅助决策模型。根据放疗科、重症病区设备数量、每日使用时长、每日开机时长等管理指标数据，形成各院区设备配置数量建议。建立各类设备高低端功能字典，通过分析设备的临床使用分布情况，构建高低端配置辅助决策模型，在了解"是否配置""配置多少"的基础上，解决"精准配置"的问题。二是配置重症医疗设备预警模型。平台将当前在院患者人数、患者诊断占比分布、患者使用设备数量等在院患者情况指标纳入计算，构建重症医疗设备配置预警模型，通过数学模型判断当前各院区 ICU 设备是否充足、是否需要预调配，并进行预警提醒。

再次，建立医联体调配库。对大型设备、呼吸机的基本信息进行录入、查询和同步资产管理中的资产。一方面可查看大型设备在各院区的当前使用状态，根据大型设备闲置情况对患者进行转诊治疗；另一方面可查看当前调配库中呼吸机的借用状态（包括可借用、预约中、借用中）、设备使用状态（包括工作、关机）、使用科室、借用时长、预约时长、设备存放位置等信息，方便院区和科室之间呼吸机的紧急调配。

最后，建立可视化驾驶舱。可视化驾驶舱可显示医联体内大型设备及重症医学科室（包含呼管中心）呼吸机设备总量，统计可用设备、故障设备情况。同时，对各院区的大型设备及重症医学科室设备使用效率进行分析，展示当前设备使用状态，包括工作、关机、待机的设备数量，并统计分析共享调配情况，包括调配状态、科室排名等，帮助设备管理人员更好地掌握医联体内设备情况。

（三）小结

带量采购和医疗设备智慧管理平台是紧密型医联体背景下重要的设备管理模式。带量采购有利于医联体成员机构降低设备购买成本，通过对供应商资质的审核保证设备的质量，推动医联体健康发展；医疗设备智慧管理平台帮助医联体打破"数据孤岛"，将医联体内成员机构设备信息进行整合，可以更统一、直观的方式管理医联体内医疗设备，确保医联体的运维效率和服务水平。

综上所述，紧密型医联体是提升基层医疗服务能力、优化医疗资源分配的重要结合体，在此背景下，探索医疗设备管理新模式的重要性不言而喻。因此，各医联体应该加强对医疗设备的管理和维护工作，不仅可以为患者提供更好的医疗服务，而且可以为医疗服务的高质量发展做出更大的贡献。

B.9

智慧医院医疗设备全生命周期
管理系统构建研究

隋东明　贾会卿　李健宁　郭雪　刘聪　赵峪笛　李永波　吴天岐*

摘　要： 智慧医院利用互联网、云计算、物联网、AI 和大数据等技术，优化医疗资源配置，提升服务效率。它涵盖智慧医疗、智慧服务和智慧管理三大核心架构。医疗设备全生命周期管理作为重要组成部分，要求系统具备从设备采购到报废全过程的管理。系统架构需考虑功能模块、数据接口和安全性能等因素；应具备设备采购前论证管理、验收、使用和维修保养管理、质控检测、计量等模块，具备良好的扩展性和兼容性，并需采用加密技术和权限管理确保数据安全。利用 RFID 技术的自动识别、追踪和管理功能，应用于医疗设备全生命周期管理，实现实时监控、快速定位和使用信息追溯，提升医疗设备的管理水平和效率，为医疗服务提供有力保障。

关键词： 智慧医院　医疗设备　全生命周期管理　RFID

---

* 隋东明，吉林大学第一医院物资保障供应部主任，主任护师，博士，研究方向为医院临床科室管理、采购预算及招标管理、物流仓储库存管理、医学设备安全使用与管理、医工结合成果转化以及国有资产管理等；贾会卿，吉林大学第一医院物资保障供应部副主任，研究方向为医疗设备采购预算、招标前参数论证、医疗设备使用安全风险管理、维修维护、质控检测、计量、不良事件监测处置、报废鉴定等全生命周期管理；李健宁，吉林大学第一医院物资保障供应部科员，工程师，研究方向为医疗设备使用质量管理；郭雪，吉林大学第一医院物资保障供应部秘书，研究方向为资产管理、招标采购管理、医疗设备全生命周期管理；刘聪，吉林大学第一医院物资保障供应部科员，工程师，主要研究方向为医疗设备维修；赵峪笛，吉林大学第一医院物资保障供应部科员，主要研究方向为资产管理、招标采购管理、医疗设备全生命周期管理；李永波，吉林大学第一医院物资保障供应部科员，工程师，研究方向为智慧医院背景下医疗设备信息化管理体系构建、医疗设备使用质量管理；吴天岐，吉林大学第一医院物资保障供应部工程师，研究方向为医疗设备使用质量管理。

一 智慧医院发展现状及趋势概述

（一）智慧医院概述

1. 智慧医院概念提出

"智慧医院"也称"互联网+医疗"，是一种将"互联网+"、云计算、物联网、AI 和大数据等新技术融入医院系统的新建设模式。其概念最早在 2009 年由美国 IBM 公司首次提出，主要是依托无线射频识别技术（Radio Frequency Identification，RFID），通过网络媒介在病房、手术室、门诊等场景间实现信息实时交换，形成"互联医院"模式。[①] 随着信息技术不断发展，智慧医院逐步融入更多的科技元素。在加拿大、新加坡、日本等国家，电子病例集成、远程医疗和人工智能辅助诊断等技术的应用提高了医疗服务效率、减少了资源浪费。

我国的智慧医院建设起步虽晚，但发展迅速。2014 年国家发改委等八部委提出推进智慧医院和远程医疗建设，并普及应用电子病例和健康档案。[②] 2016 年国务院印发《"健康中国 2030"规划纲要》，进一步强调推动健康科技创新和建设健康信息化服务体系的重要性。[③] 在"十四五"规划和2035 年远景目标纲要中，计划构建基于 5G 的应用场景和产业生态，并在智慧医疗等领域开展试点示范。[④]

智慧医院被视为医院信息化建设进程中更高级的阶段，[⑤] 在提升医疗服务效率和质量的同时，也提供全新的医疗体验。

---

① Frisch P. , "What Is an Intelligent Hospital?: A Place Where Technology and Design Converge to Enhance Patient Care", *IEEE Pulse*, 2014, 5（6）: 10-5.

② 《关于印发促进智慧城市健康发展的指导意见的通知》（发改高技〔2014〕1770 号），中华人民共和国国家发展和改革委员会网站。

③ 国务院：《"健康中国 2030"规划纲要》，2016 年 10 月 25 日，https：//www.gov.cn/zhengce/2016-10/25/content_ 5124174. htm。

④ 《中华人民共和国国民经济和社会发展第十四个五年规划和2035 年远景目标纲要》，2021 年 3 月 21 日，https：//www.ndrc.gov.cn/xxgk/zcfb/ghwb/202103/t20210323_ 1270124. html。

⑤ 李华才：《智慧医院建设战略定位若干问题的探讨》，《中国数字医学》2019 年第 8 期。

2. 智慧医院内涵架构

我国的智慧医院以电子病例信息化建设为基础，综合运用多种信息化技术，旨在实现面向医务人员的"智慧医疗"、面向患者的"智慧服务"和面向医院的"智慧管理"。这种建设模式与国外偏向技术驱动的智慧医院建设不同，是具有中国特色的高效且充满活力的生态系统。

智慧医院三方面内涵架构如下。

（1）智慧医疗

智慧医疗的核心是医务人员。通过构建涉及医技、护理、质量和药事等方面的信息系统，实现对信息数据的优化配置。其中，电子病历信息系统的建设是最关键的环节，旨在为医务人员提供便捷的信息化手段，以完善业务流程、提高工作效率。在确保隐私的前提下，共享临床案例，为医务人员提供丰富的教学和研究资源。

（2）智慧服务

智慧服务以患者为中心。通过构建包含诊前、诊中、诊后和医疗安全等方面的信息化诊疗系统，利用智能化手段优化诊疗流程。在提高患者就医体验、提供更加便捷的医疗卫生服务的同时，实现患者健康管理闭环，包括疾病预防、治疗、诊后随访以及全方位的健康指导服务。

（3）智慧管理

智慧管理的核心是医院管理人员。通过构建涵盖后勤、财务、运营、物资、科研管理等各个方面的信息化管理工具，提高医院在教、科、药、技、护、财、人、物等业务领域的智能化及精细化管理水平，提升医院管理效益，实现高质量发展，并确保更高效地为社会和患者提供服务。[①]

3. 智慧医院意义

智慧医院以数据中心和集成平台为基础，结合"互联网+"、物联网、人工智能、5G、云计算、大数据等信息化手段，[②] 将现代医院管理制度同信

---

① 李华才：《智慧医院建设战略定位若干问题的探讨》，《中国数字医学》2019年第8期。
② 赵霞、李小华：《"十四五"期间医院信息化建设发展的若干思考》，《中国医院》2021年第1期。

息技术深度融合，通过数据驱动优化和完善流程制度，创新管理模式，从精细化、智能化的角度出发，在跨部门协同管理、智慧后勤管理、医疗质量管理、医院运营管理等多方面，确保分析和决策的正确性，从而推动医院在智慧医疗、智慧服务、智慧管理方面走向全面智慧化。[1]

（二）智慧医院发展现状及趋势

国外智慧医院发展具有先进性、包容性和跨学科性等特征。通过已发表论文关键词检索和索引频率来看，国外研究主要从人身健康角度出发，细化研究先进技术，加强生物医药等领域与医疗领域相融合，扩大医疗信息、服务交互范围，故涉及不同研究机构间的交叉合作。[2]

我国智慧医院的建设近几年取得显著进展。政府出台一系列相关政策文件，以促进智慧医院的建设和发展（见图1）。[3] 这些政策不仅明确了智慧医院建设的目标和方向，还提供了具体的措施（见图2）。[4]。

目前，国内智慧医院建设有三种模式：基于单体医院的智慧医院、以医联体为基础建立的智慧医院集团，以及覆盖一定区域的智慧医疗服务体系。[5] 各级医院都在积极探索由传统医院向智慧医院的转型，以冲出智慧化发展的基础阶段。根据 CHIMA 发布的《2021-2022 年中国医院信息化状况调查报

① 徐婷婷、徐玲玲：《大数据背景下智慧医疗发展浅析》，《智能计算机与应用》2020 年第 1 期。
② 宋凡、王毅、余俊蓉：《基于计量学方法的智慧医院国内外研究进展》，《中国医疗设备》2023 年第 8 期。
③ 许昌、孙逸凡、鲍伟等：《智慧医院发展沿革与模式探索》，《中国卫生质量管理》2023 年第 10 期。
④ 《关于印发电子病历系统应用水平分级评价管理办法（试行）及评价标准（试行）的通知》（国卫办医函〔2018〕1079 号），2018 年 12 月 9 日，https：//www.gov.cn/xinwen/2018-12/09/content_ 5347261.htm；《关于印发医院智慧管理分级评估标准体系（试行）的通知》（国卫办医函〔2021〕86 号），2021 年 3 月 15 日，http：//www.nhc.gov.cn/yzygj/s3594q/202103/10ec6aca99ec47428 d2841a110448de3.shtml；《关于印发医院智慧服务分级评估标准体系（试行）的通知》（国卫办医函〔2019〕236 号），2019 年 3 月 18 日，http：//www.nhc.gov.cn/yzygj/s3593g/201903/9fd8590dc00f4feeb 66d70e3972ede84.shtml。
⑤ 《以信息化为支撑加强智慧医院建设有关情况——国家卫生健康委员会 2019 年 3 月 21 日例行新闻发布会散发材料》，2019 年 3 月 21 日，http：//www.nhc.gov.cn/xcs/s7847/201903/c87c208841f14f76afcc0efa022d2126.shtml。

发布时间	发布单位	文件名	内容摘要
2014年	国家发展改革委、工业和信息化部、科学技术部等八部委	关于促进智慧城市健康发展的指导意见	在推动构建普惠化公共服务体系方面，提出推进智慧医院、远程医疗建设，普及应用电子病历和健康档案，促进优质医疗资源纵向流动。首次提出"智慧医院"概念
2015年	国务院办公厅	全国医疗卫生服务体系规划纲要(2015—2020年)	推动惠及全民的健康信息服务和智慧医疗服务，到2020年，实现全员人口信息、电子健康档案和电子病历三大数据库基本覆盖全国人口并动态更新信息
2015年	原国家卫生和计划生育委员会	首批12家智慧医院试点	首批12家智慧医院试点单位分别为中日友好医院、北京大学第三医院、浙江大学医学院附属第一医院、华中科技大学同济医学院附属同济医院、复旦大学附属中山医院、浙江省人民医院、温州医科大学附属第一医院、河北医科大学第二医院、内蒙古自治区人民医院、江西省儿童医院、哈尔滨市第一医院、深圳市南山区人民医院。标志着我国正式进入了智慧医院探索阶段
2015年	原国家卫生和计划生育委员会	智慧医院综合评价指标(2015版)	主要从能力建设、应用管理和成效评价3方面来评估医院的智慧建设和应用水平。确定了基础设施、智慧患者、智慧医疗、智慧护理等智慧医院评价指标体系
2016年	中共中央 国务院	"健康中国2030"规划纲要	提出完善人口健康信息服务体系建设，推进健康医疗大数据应用
2018年	国家卫生健康委办公厅	电子病历系统应用水平分级评价管理办法(试行)及评价标准(试行)	持续推进以电子病历为核心的医疗机构信息化建设，要求到2020年，所有三级医院要达到分级评价4级以上，二级医院要达到分级评价3级以上
2018年	国家卫生健康委办公厅	关于进一步推进以电子病历为核心的医疗机构信息化建设工作的通知	通过电子病历信息化建设，探索建立健全智慧医院标准、管理规范和质量控制方式方法
2019年	国家卫生健康委办公厅	医院智慧服务分级评估标准体系(试行)	明确提出建立0~5级的医疗机构智慧服务分级评估体系
2020年	国家卫生健康委办公厅	关于进一步完善预约诊疗制度加强智慧医院建设的通知	提出从"智慧服务""电子病历""智慧管理"3方面入手创新建设完善智慧医院系统，并提升患者就医体验，夯实智慧医疗的信息化基础，进一步提升医院管理精细化水平
2021年	国家卫生健康委办公厅	医院智慧管理分级评估标准体系(试行)	明确将对医院管理的核心内容，从智慧管理的功能和效果两个方面进行评估，评估结果分为0~5级
2021年	国家卫生健康委、国家中医药管理局	公立医院高质量发展促进行动(2021—2025年)	提出将信息化作为医院基本建设的优先领域，建设电子病历、智慧服务、智慧管理"三位一体"的智慧医院信息系统，完善智慧医院分级评估顶层设计
2022年	国家卫生健康委医政医管局	关于印发公立医院高质量发展评价指标(试行)的通知	将"智慧医院建设成效"作为"创新增效"维度中的一项重点指标

图1 国内智慧医院相关政策文件汇总

等级标准/重要内容	智慧管理	智慧服务	电子病历
0级	无医院管理信息系统	医院没有或极少应用信息化手段为患者提供服务	未形成电子病历系统
1级	开始运用信息化手段开展医院管理	医院应用信息化手段为门急诊或住院患者提供部分服务	独立医疗信息系统建立
2级	初步建立具备数据共享功能的医院管理信息系统	医院内部的智慧服务初步建立	医疗信息部门内部交换
3级	依托医院管理信息系统实现初级业务联动	联通医院内外的智慧服务初步建立	部门间数据交换
4级	依托医院管理信息系统实现中级业务联动	医院智慧服务基本建立	全院信息共享，初级医疗决策支持
5级	初步建立医院智慧管理信息系统，实现高级业务联动与管理决策支持功能	基于医院的智慧医疗健康服务基本建立	统一数据管理，中级医疗决策支持
6级			全流程医疗数据闭环管理，高级医疗决策支持
7级			医疗安全质量管控，区域医疗信息共享
8级			健康信息整合，医疗安全质量持续提升

图2 智慧医院等级标准及重要建设内容

告》，目前三级医院的功能应用主要集中在4级，最高达到7级；三级以下医院主要分布在2~3级。三级和三级以下的医疗机构以推进电子病历信息化建设为首要任务，其次是提升医疗服务、临床医疗技术信息化水平。[①]

综上，智慧医院建设的研究存在多领域交叉。未来的智慧医院将会向着更加智慧、科学、规范、精细的方向发展。从宏观政策的提出到"三位一体"智慧医院评级标准制定落实，促成从单一医疗质量提升到涉及人、财、物的多维度"智慧化"管理的转变，逐渐实现高质量发展目标。医院复杂的业务活动涉及的设备种类繁多、用途多样，与医疗活动相关的设备占医院资产总值的50%~70%，医疗设备的安全、有效使用对医疗安全有至关重要的影响，而医疗设备全生命周期管理是实现这一目标的重要途径，也是医院实现经济及社会效益的重要保证。

二 医疗设备全生命周期管理要求与系统构建

医疗设备全生命周期管理，覆盖了从设备论证、采购、验收、使用、维修维保到报废以及不良事件监测的整个过程，涉及预算计划管理、采购管理、资产管理、使用管理、评价管理等多元化内容[②]，在现代医院管理中占据重要地位，更是界定智慧医院的关键因素之一。

（一）医疗设备全生命周期管理的核心要求与评级标准

《医疗器械监督管理条例》《医疗器械临床使用管理办法》等相关法规明确要求使用单位采用信息化技术手段加强医疗器械质量管理，并强调医疗

[①] 《CHIMA发布：2021-2022年度中国医院信息化状况调查报告》，2023年2月，https://www.chima.org.cn/Html/News/Articles/16012.html.

[②] 吴平凤、姚辉、林建勋等：《智慧医院医疗设备全生命周期管理系统构建与评价研究》，《中国医学装备》2023年第6期；阳哲：《医疗设备管理在医院管理中作用研究》，《中国设备工程》2019年第2期；罗德彬：《医院医疗设备管理过程中的质量控制》，《医疗装备》2018年第23期；林青、熊金芹、陈军：《新监督法规下医疗设备全生命周期管理实践》，《中国医疗设备》2019年第11期。

器械全生命周期的质量管理责任。①

《医院智慧管理分级评估标准体系（试行）》及附带《评估项目》②、《评估具体要求》针对医院管理的核心内容，以智慧管理的功能和效果为焦点，将评估结果分为0~5级。其中，0~1级为初级阶段，以数据采集为主；2~3级为中级阶段，初步完成数据共享及业务联动；4~5级为高级阶段，实现信息交互与智能支持相配合。评估标准的提高，不仅是人工到智慧化的转变，而且是医院从初级单一业务管理到高级业务综合联动、大数据应用的发展与升级。

《大型医院巡查工作方案（2023~2026年度）》将信息化建设作为重要的巡查指标。《关于加强公立医院运营管理的指导意见》及《公立医院高质量发展促进行动（2021~2025年）》中提出，公立医院需尽快完善智慧医院分级评估的顶层设计，2022年全国二级和三级公立医院智慧管理达到平均级别1级和2级，并形成线上线下一体化的医疗服务新模式。二级公立医院在管理方面要力争完成初级阶段，信息采集从单一获取走向整体统一获取，系统从孤岛式系统向集成化系统发展。而三级公立医院至少要达中级阶段。到2025年，建成一批发挥示范引领作用的智慧医院，实现线上线下一体化医疗服务模式，增强医疗服务区域均衡性。③

---

① 《医疗器械使用质量监督管理办法》，2015年10月21日，https：//www. samr. gov. cn/zw/zfxxgk/fdzdgknr/bgt/art/2023/art_ 882f2ecb69e843d6bd22e01de88a7bf4. html；《医疗器械监督管理条例》（国令第739号），2021年3月18日，https：//www. gov. cn/zhengce/content/2021-03/18/content_ 5593739. htm。

② 《关于印发医院智慧管理分级评估标准体系（试行）的通知》（国卫办医函〔2021〕86号），2021年3月15日，http：//www. nhc. gov. cn/yzygj/s3594q/202103/10ec6aca99ec47428d2841a110448de3. shtml。

③ 《〈公立医院高质量发展促进行动（2021—2025年〕政策解读》，《中国实用乡村医生杂志》2022年第2期；《国家卫生健康委办公厅关于印发大型医院巡查工作方案（2023-2026年度）的通知》（国卫办医急函〔2023〕453号），2023年12月8日，http：//www. nhc. gov. cn/ylyjs/pqt/202312/8e45e3702d78468ea28301535744b6f2. shtml；《关于加强公立医院运营管理的指导意见》（国卫财务发〔2020〕27号），2020年12月21日，https：//www. gov. cn/zhengce/zhengceku/2020-12/26/content_ 5573493. htm。

（二）全生命周期管理系统构建

智慧医院医疗设备全生命周期管理以临床需求为起点，覆盖预算申请、配置规划、可行性论证评估、参数论证、招标谈判、合同签订的采购阶段；设备入院后的安装、验收、培训、入库、建档准备阶段；设备运行使用中的维修、维护、质控检测、计量、不良事件监测服役阶段；设备的报废处置末期阶段。系统构建依托物联网技术及相关信息化手段，对全生命周期各阶段的数据信息进行收集整理分析，实现对医疗设备全生命周期的管理。[①]

从实际工作内容出发，按照时间轴进程，全生命周期被划分为7个环环相扣的核心环节，形成完整的医疗设备全生命周期过程（见图3）。

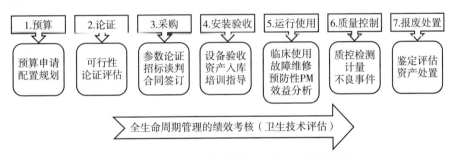

图3　医疗设备全生命周期核心环节时间轴向进程

从医院管理角度出发，又将7个核心环节融入5个管理模块，形成全生命周期管理体系，具体架构如图4所示。

各个管理模块间有工作流程上的递进与衔接，也有内控管理上的监督与反馈。每个管理模块细分为多个子模块，具体内容如下。

1.计划管理模块建设内容

（1）预算申请及论证评估模块

医疗设备使用科室线上填写《设备购置可行性论证申请表》并按流程上

---

① 吴平凤、姚辉、林建勋等：《智慧医院医疗设备全生命周期管理系统构建与评价研究》，《中国医学装备》2023年第6期；邓其辉、杨涛、谢霁：《浅谈医疗设备全生命周期管理》，《设备管理与维修》2020年第16期。

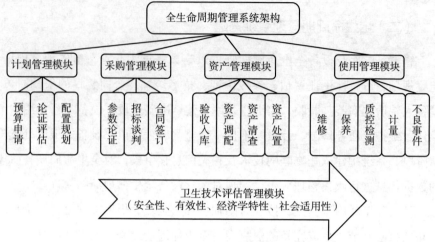

图4　医疗设备全生命周期管理系统架构

传,成为初始预算依据。申请表经多部门审核、评估、论证,形成完整的可行性论证报告。申请表中使用科室填写基础信息部分,包括设备名称、资金来源、预算情况、推荐品牌、设备用途、购置类型等;由财务部门、资产管理部门、医务部门、医工部门进行存量资产使用论证,具体内容如图5所示。

存量资产使用论证	1. 院内是否有同类设备:□否　　□是　　　　同类设备数量:
	2. 科室是否有同类设备:□否　　□是　　　　同类设备数量:
	3. 科室设备现使用效率:□超负荷　□满负荷　□正常　□有闲置
	床/机比:　　　　　　　　　日均开机时间/台:
	4. 科室现有同类设备使用年限统计:
	≥8 年,台数:　　　　≥5-8 年,台数:　　　　≤5 年,台数:
	5. 调配中心是否有调配设备:□否　□是　　可调配设备数量:
论证部门	财务部门　　资产管理部门　　医务部门　医工部门

图5　可行性论证-存量资产使用论证部分

由医务部门、后勤部门、感染控制部门、医工部门进行技术评估,具体内容如图6所示。

由物价部门、运营部门、资产管理部门、医工部门进行效益分析,具体内容如图7所示。

技术评估 （55分）	技术功效（5分）			
	□满足新增患者群　□分流患者群　□标准规范要求　□减少诊疗时间			
	技术需求（25分）			
	□开展新业务　　□技术功能更新　□用于疑难病症　□用于常见疾病			
	功能要求及配置：1. 功能　　2.适用范围　　3.主要配置及技术参数			
	技术可行性条件（25分）			
	1. 诊疗技术准入：　□已准入　　　　□未准入			
	2. 安全风险级别：　□三级　　　□二级　　　□一级			
	3. 人员资质：　　　□具备　　　□不具备			
	4. 安装场地条件：　□有场地　　□无场地，需调配			
	其他	屏蔽要求	□无	□有
		电/水要求	□无	□有
		环境温湿度	□无	□有
	环保	排风要求	□无	□有
		防护要求	□无	□有
		排污处理	□无	□有
论证部门	医务部门　　　后勤部门　　感染控制部门　　医工部门			

图6　可行性论证－技术评估部分

效益分析 （45分）	社会效益（5分）		
	□国内首台　　□省内首台　　　□院内首台　　　□科内首台		
	□改变经营策略　□提高服务效率　□改善临床效果　□政策性项目		
	经济效益（40分）		
	1.项目是否收费：　□是　　□否	收费标准：	元/人次
	2.年预期工作量：	年预计收入：	元
	3.年预计折旧费用：	预期偿还年限：	
	4.耗材是否收费：　□是　　□否	试剂收费标准：	元/人份
	5.耗材年用量约：　　　个	年预计采购：	元
	6.试剂年用量约：　　人份	年预计采购：	元
	7.预计使用年限：　　　年	年预计维修费用：	元
	8.预计操作人数：　　　人	年预计人工费用：	元
	9.是否需要附属设备：□是　　□否	附属设备成本：	
论证部门	物价部门　　　运营部门　　资产管理部门　　医工部门		

图7　可行性论证－效益分析部分

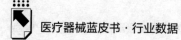

各部门针对申请表中对应内容，按职责范围完成该项目的论证评估与评分工作，最终汇总形成完整的评估报告，作为设备准入依据。

（2）配置规划模块

在《甲类大型医用设备配置准入标准》《乙类大型医用设备配置标准指引》《三级医院医疗设备配置标准》等法规政策指导下，结合医院规划建设、学科进步发展、诊疗能力提升等要求，科学合理地进行医疗设备准入前的配置规划。由主体责任部门统一管理，装备管理委员会与"三重一大"会议讨论进行决策。

2. 采购管理模块建设内容

（1）参数论证模块

技术参数论证是采购的关键环节，一般由临床科室使用人员及医工团队等专业技术人员进行调研论证。为确保参数准确性、适用性及公开公正性，产品技术调研会公开募集，或邀请院外专家进行论证。对一些基础设备，如监护仪、输注泵、超声、呼吸机等，可建立设备公共参数库，以提高论证工作效率。参数不仅要满足设备技术要求，还要涵盖售后服务内容，必须符合相关招标法律法规要求。

（2）招标谈判模块

招标代理服务机构协助医院招标部门组织谈判工作，临床使用科室与评审专家进行评标工作，行政部门如审计、财务、医工等部门进行监督。[①] 这一阶段，技术条款和商务条款的评估为关键核心，根据综合评比来选择最高性价比产品。模块建设中建议明确对产品生产日期的要求及售后服务要求，如保修年限、保修价格、配件易损件价格、维护保养细则及次数、维修响应时间等，确保新设备入院后监督评价厂商履约情况，为后期使用环节提前做好保障。

（3）合同签订模块

医疗设备采购合同是招标工作谈判条件的具体体现，也是维护医院权益

---

① 白彦：《医疗设备全生命周期管理数据库平台建设研究》，《中国设备工程》2020年第5期；马超琼、温林：《基于全流程质量控制的医疗设备标准化管理模式探讨》，《中国医疗器械杂志》2020年第3期。

的重要文书。设备安装验收、资产入库、付款、售后服务等环节的履约追踪都要以采购合同为依据。[1] 采购合同需经财务、审计、资产管理、法务、医工等多部门按照职能范围从专业角度进行联合审核会签。

3. 资产管理模块建设内容

(1) 验收入库模块

医院需要专业严谨的设备验收流程紧守设备入口端[2]，多部门联合验收就是有效手段之一。合同乙方根据采购合同约定到货日期按时送货，并将验收环节所需资料上传至验收平台等待审核批复。验收过程需由乙方、厂家工程师、使用科室、招标部门、医工部门、资产管理部门、信息中心等多部门参与。以采购合同、配置清单、技术参数偏离表为主要依据，对设备进行配置及功能整体验收。全部验收合格后方可进入设备建档、入库环节。

(2) 资产调配模块

主要在工作中有设备需要进行转移调配时使用。需求由科室发起，相关部门审批通过后方可进行。院内资产调配是对医院固定资产配置和使用的再优化过程。而医院设备对外调配，如用于战略支援、公共卫生事件、医联体建设等情况，要严格按照相关法律法规要求及医院管理政策进行。

(3) 资产清查模块

医疗设备是医院固定资产的重要组成部分。资产管理部门遵照国家法律法规要求及医院考核背景，按制订的清查计划开展清查工作。根据清查结果，分析总结数据信息并提出解决问题的措施。

(4) 资产处置模块

设备达到报废年限且无法继续使用的进入报废流程，到达全生命周期管理的最后一个环节。设备常见报废原因有超过使用年限、技术性能落后、原产品停产无维修配件供应等，需要具体论证分析。设备意外报损需由保险公

---

[1] 师亮、王志宏、张敏达等：《关于医疗设备招标采购规范化管理的探讨》，《医疗卫生装备》2012 年第 4 期；师亮、王志宏、张敏达等：《关于医疗设备招标采购规范化管理的探讨》，《医疗卫生装备》2012 年第 4 期。

[2] 蔡贺丽：《关于医疗设备全生命周期管理研究》，《财经界》2020 年第 29 期。

司鉴定。科室填写资产报废申请表上传至系统，经相关部门论证评估后再进入审批流程。资产报废申请表如图 8 所示。

资产报废申请表

管理科室名称：　　填报日期：　年　月　日　　单位：元

序号	资产编号	设备名称	规格/型号	出厂编号	数量	采购单价	合计金额	购置日期	已用年限（资产填写）	核算类别（资产填写）	申请报废理由
1											
2											
3											
4											
…											

科室申请报废理由：
□ 1. 使用年限超时　[□ 5　□6–7　□8–9　□10及以上]
□ 2. 性能下降，技术落后，不能满足临床诊治需求
□ 3. 设备老化，影响使用安全
□ 4. 无法维修或维修费用比例过高
□ 5. 原产品已停产、无零配件供应、且无类似替代品
□ 6. 相关试剂、耗材已停产或注册证注销
□ 7. 国家有关部门公布淘汰、禁用产品
□ 8. 国家规定强制报废的特殊设备
□ 9. 未达到国家计量标准，又无法矫正修复
□ 10. 设备残缺不全，或丢失
□ 11. 意外事件造成设备损坏、无法修复
□ 12. 其他（需说明情况）

科室资产管理小组：　　科室主任或护士长：

医工部门（或第三方公司）鉴定意见：

签字并盖章（第三方公司需盖章）　年　月　日

报废产品种类：
□电脑打印机 □专用设备、家具及家用电器 □大型医疗设备 □特种设备 □房屋
□有放射源或有毒有害气体的设备 □车辆
附件：鉴定材料内容 _ 份　□报废　□调配　□不可报废 ______
资产报废处置管理员确认：　年　月　日

	资产管理部主任	财务部主任	总会计师
审批意见			

图 8　资产报废申请表单

4. 使用管理模块建设内容

在设备全生命周期管理中，使用环节是时间跨度最长、最重要的环节。设备验收时需收集相关资料，如标准操作程序（SOP）、设备使用说明书、维修手册等，可上传至关联系统中，形成原始资料库，以便于临床以及技术人员查阅。另外，要进行设备培训，其内容包含临床操作使用、注意事项、故障处理、维护保养等。

（1）维修模块

包含维修管理全部业务流程：报修、维修、配件申请、报价审批、保修申请等。故障发生时，临床工作人员通过系统上报或微信扫固定资产码报修，填写相关故障信息后提交，系统生成维修工单并实时显示全院报修信息。医工团队根据区域划分自行响应维修工单并进行维修，维修过程的各个节点及费用相关信息均在系统中记录。所有维修数据均可在维修系统中查询、分析、统计并导出。

（2）保养模块

指计划性维护保养，根据质控检测与维修后发现问题，有针对性地制订相应的维护保养计划。系统生成所有保养工单，并定期提示保养计划执行进度，记录数据。维护保养模块有利于医工团队更有计划地整体安排调整工作进度。

（3）质控检测模块

这是设备使用环节中质量控制的重要手段，需配备专业的检测设备。质控检测工作分为计划性质控和维修后质控两类，一般同步进行。工程师按照设备风险等级制订检测计划，整体检测后汇总问题和处理方式，分析原因，做出指导，出具设备检测报告。质控数据可真实清晰地反映出不同年限设备的各种故障类型、频次、故障原因以及性能指标情况，是衡量设备性能稳定性的重要依据。

（4）计量模块

医学计量通过设备量值（技术参数）准确度检测以保障医疗设备在临床诊疗、护理过程中安全、可靠运行，规避风险与纠纷。作为子模块，计量模块要与资产管理模块中的设备台账信息关联，同时需将计量信息数据与设备维修维护、质控等数据进行整合，以完善设备安全使用的评估信息。设备计量工作需由有资质的计量检测机构执行，检测后需粘贴计量标识，汇总计量证书，将所有资料存档，使数据可溯源。

（5）不良事件模块

医疗器械不良事件是指获准上市的质量合格的医疗器械在正常使用情况下，发生导致或可能导致人体伤害的任何与医疗器械预期使用效果无关的有害事件。[1] 对患者生命安全可能造成危害，给医护人员带来风险。故对医疗器械不良事件的监测管理尤为重要。不良事件上报系统要结合其他相关管理系统，如 HIS、电子病历系统、药学信息系统、院感系统等。坚持可疑即报原则，定期汇总、分析、总结不良事件上报数据，及时调整解决问题对策。[2]

---

[1] 万里、杨宁、金剑：《医院医疗器械不良事件管理实践的分析与探讨》，《中国医疗设备》2022 年第 9 期。

[2] 葛晓娟、孔凡磊：《医院不良事件管理现状及对策研究》，《江苏卫生事业管理》2022 年第 8 期。

5. 卫生技术评估管理模块建设内容

卫生技术评估（Health Technology Assessment，HTA）是指运用卫生经济学和循证医学的原理和方法，对卫生技术的技术性、安全性、有效性、经济学特性和社会适用性进行系统全面的评价，为各层次的决策者合理选择卫生技术提供科学信息和决策依据，进而实现对卫生资源的合理配置、提升利用率、提高使用质量的管理效果。[①] 在我国医疗政策改革、三级医院绩效考核以及当前新时代发展的智慧医院建设的背景下，将 HTA 与医疗设备全生命周期管理体系深度结合，通过成本-效果、成本-效用、成本-效益分析，综合论证医疗设备的投入配置是否存在浪费、运行使用是否充分、成本管控指标是否合理，通过各种数据的博弈，达到对伦理道德-安全有效-经济收益关系制约的目的，为管理层提供决策依据。

综上，医疗设备全生命周期管理系统以智慧管理为目标，以信息技术为支撑，使内控管理标准化。闭环管理中信息互联互通，有利于各部门协作，提高效率。[②] RFID（Radio Frequency Identification）技术即无线射频识别技术，是目前新兴起的物联网技术，因具有读写速度快、传输效率高、存储信息多、寿命长可重复使用等优点，被尝试应用于医疗设备全生命周期管理系统，以达到更精准管理的目的。

三　基于 RFID 技术的医疗设备全生命周期管理系统应用实践

（一）RFID 技术的概念和特点

RFID 芯片具有防水、防磁、耐高温特点，在实时更新资料、存储信息

---

①　隋东明、李文涛、安力彬：《医用高值卫生材料使用中的伦理分析与卫生技术评估》，《重庆医学》2015 年第 22 期；隋东明：《公立医院住院患者医用卫生材料使用和监管对策研究》，博士学位论文，吉林大学，2016。

②　孙宁宇：《医疗设备全生命周期的信息化管理》，《医疗装备》2020 年第 14 期。

量、使用寿命、工作效率、安全性等方面都具有优势。经历了几十年的快速发展，RFID 芯片已经变得更小、更智能，并且能够嵌入各种物体中，如标签、卡片、标识牌等。同时，RFID 读写器设备也越来越成熟，性能更高，功耗更低。近年来，基于 RFID 技术的物联网应用不断丰富，在医疗领域得到广泛应用。

（二）RFID 技术在国内外医疗领域发展现状

1. RFID 技术在医疗机构物资管理方面的应用

可对医疗设备、手术器械、医用耗材、药品、用血、医用织物、医疗废弃物等物资，实现研发、生产、配送和使用过程中的防伪、追溯、实时动态监管，有效提升医疗质量并降低管理成本，避免了公共医疗安全问题。

2. RFID 技术在医疗信息管理方面的应用前景

可实现身份识别、物资识别、病案识别。其中，身份识别主要包括病人和医、护、技的身份识别；物资识别包括药品识别、医疗器械识别、化验品识别等；病案识别包括病况识别、体征识别等。[1] 其对消除数据冗余具有事半功倍效果。

3. RFID 技术在远程医疗服务领域应用

随着 RFID 超高频技术的发展，高精尖传感器已经实现实时信息远程更新和审核，可对危急重病患者、老人提供远程持续监护、远程会诊，有助于医院提前掌控患者信息，设计治疗方案，保障患者安全。

（三）RFID 技术在医疗设备全生命周期管理系统中的应用

引入 RFID 技术对医疗设备进行全生命周期信息化管理，可实现医疗设备相关数据自动采集、实时跟踪和智能分析。[2]

---

[1] 张晓玲：《加强数字化医院基础建设有关问题探讨》，《医疗卫生装备》2012 年第 3 期。

[2] 阮兆明、方良君、谢松城：《基于结构化信息流的医疗设备全生命周期管理信息系统的设计与开发》，《中国医疗器械杂志》2020 年第 5 期。

1. RFID 技术在医疗设备全生命周期系统中的硬件框架

系统主要采用感知层、传输层、应用层三层框架结构设计。[①]

感知层负责数据收集。在医疗设备上配置 RFID 标签和智能感知终端设备，按区域、点位配置 RFID 阅读器，通过设定的 RFID 读取频率获取设备状态信息并发送至数据采集装置。传输层对信息进行处理后传输至应用层。应用层对获得的数据进行判断和处理，并将最终数据与医疗设备智能管理系统各个功能模块进行对接。同时，医疗设备智能管理系统将 RFID 标签、医院 OA、HRP、HIS、LIS、PACS 等系统中获得的数据进行分析、整合，形成医疗设备存放位置、基础信息、使用情况、维修维护、清洁消毒、质量检测、效率分析、效益分析等全生命周期信息链，最终实现医疗设备信息化、规范化管理（见图9）。

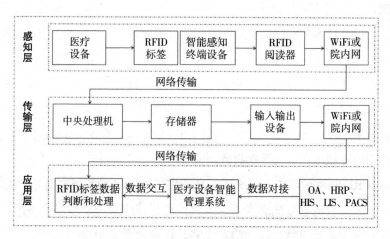

图9　医疗设备全生命周期管理系统硬件框架

2. RFID 技术在医疗设备全生命周期系统中的软件功能

根据医院各科室所在楼层、楼宇结构和位置以及各科室医疗设备数量与

---

① 吴金波：《基于物联网的医疗设备管理体系结构和关键技术研究》，《养生保健指南》2018年第 38 期；李静、张磊、东强：《RFID 技术的医院医疗设备智能化管理平台设计》，《信息技术》2021 年第 10 期。

实际使用情况，配置 RFID 阅读器，一般放置于相对空旷的区域以接收 RFID 电子标签发送出的无线射频信号。射频识别阅读器作为无线接入点，将信息传递给中央处理机。实现对医疗设备验收入库、使用、调配、巡检、预防性保养、计量、不良事件、维修、报废全生命周期的动态监管，提升医院精细化管理水平。[1] 系统具体实现功能如图 10 所示。

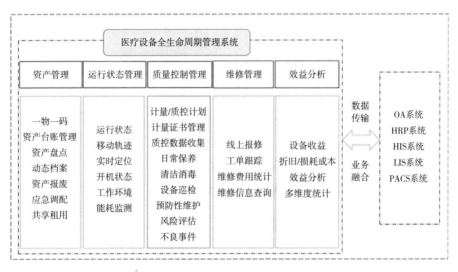

图 10　医疗设备全生命周期管理系统的功能框架

3. RFID 技术应用在医疗设备全生命周期管理系统中的优势

（1）定位及跟踪管理

与传统的以一维码标签为基础的设备管理系统相比，RFID 技术可实现医疗设备精准定位和显示全院分布等情况。RFID 标签支持非接触式盘点，操作中配备手持阅读器，可对周边 3~8 米的固定资产进行批量盘点，速度可达每秒 40 件资产，不仅极大提高了资产盘点效率[2]，也能够准确、清晰地标定设备实际位置、实时运行轨迹，并进行全流程跟踪，有助于及时了解

---

① 周佳、卢华：《基于物联网模式的医疗设备管理系统构建》，《中国医院》2021 年第 6 期。

② 苏伟、金千、王泽冰：《基于 RFID 的固定资产全生命周期管理研究》，《行政事业资产与财务》2023 年第 17 期。

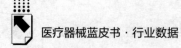

设备状态和保障资产安全。

（2）档案管理

RFID技术能够实现静态档案与动态档案的记录功能，在设备入库时遵循"一物一码"原则进行登记建卡，将相关资产信息录入电子标签进行存储，记录设备从入库直至报废的全生命周期过程中所有节点信息，实现医疗设备全生命周期档案数据动态存储与追溯（见图11）。

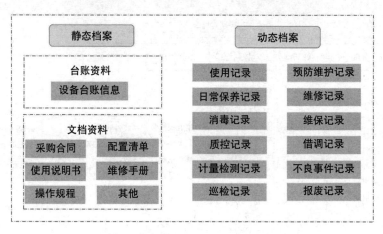

图11 医疗设备全生命周期档案管理

（3）运维管理

通过设备表面安装的RFID标签及设备运行监测终端，实时采集运行状态，设定报警阈值范围，实现异常报警及时推送和设备运行状态实时监测。如将大型影像设备、超声设备、手术麻醉设备、生命支持设备作为主要监测对象，可自动获取设备主体信息及使用维护信息。设备主体信息包含开关机工作时间、工作电压、耗能状况、日志参数等信息；设备使用维护信息包含日常保养、清洁消毒、设备巡检、预防性维护、质量检测、维修、计量检定、不良事件上报与处理等动态信息。

（4）效益分析

通过与HIS、LIS、PACS、HRP系统联动互通，可获取和分析相关设备的各项数据指标。将设备使用状态、开机时长、检查人数、检查项目、检查费用及耗材支出等信息数据融合，快速、准确地计算医疗设备的成本与收益，支持单机效益分析、科室效益分析、全院效益分析，效益分析报告一键生成，为医院大型设备配置与采购管理提供有效的决策依据。[1]

（四）RFID技术在高值复用手术器械全流程追溯中的应用示例

高值复用手术器械是医院最大的流动性固定资产，种类繁多、型号多样，涉及跨科室、多环节流动，大部分医疗机构通过人工统计等传统方式来管理，缺乏高质量的管理手段。要提升复用手术器械精细化管理水平，可尝试应用RFID技术与高值复用手术器械管理相结合的方式，建立高值手术器械管控与追溯系统。

1.高值复用手术器械RFID标签特点

RFID标签选用特制的金属芯片熔融外加医用硅胶包胶的方式，具有良好的防水、防油、耐高温高压、耐化学物质腐蚀及抗金属干扰等优势。为不影响手术器械的整体功能与完整性，将其牢固贴合于器械尾部，每个标签分别写入对应器械的资产信息（见图12）。

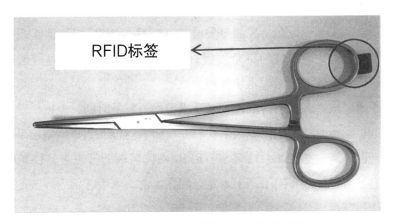

图12　高值复用手术器械RFID标签示例

---

[1] 田怀谷、黄贤君、陈涛等：《基于医疗设备全生命周期的智慧医院平台建设实践》，《中国卫生质量管理》2023年第10期。

2. 高值复用手术器械追溯系统

通过 RFID 标签记录手术器械的资产信息以及验收入库、使用、消毒等节点信息，实现手术器械全流程节点信息自动记录，达到器械全流程资料档案智能存储与长期保全（见图 13）。

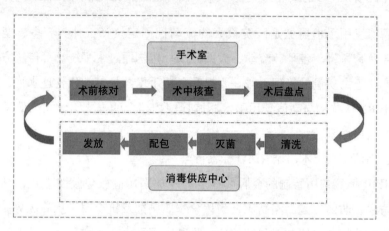

图 13 高值复用手术器械管理系统追溯流程

在高值复用手术器械流转的不同环节配置阅读器，消毒供应中心阅读器设置在清洗、灭菌、配包、发放等关键节点，通过 RFID 阅读器实现手术器械自动批量清点，对器械消毒全过程进行记录。清洗阶段，对器械进行核对，记录清洗设备的水温、水压等相关数据；灭菌环节，再次核对器械，确保所有手术器械进入灭菌阶段，记录手术器械灭菌的时间、温度、湿度、压力等数据；配包阶段，根据不同术式和专科要求对标准化高值复用手术器械清单进行配包。在储存和发放环节，RFID 阅读器辅助管理人员快速分发器械，并对器械库存进行提示。手术室分别在术前、术中、术后环节配置阅读器，阅读器在每一环节读取器械信息并自动与标准化手术器械清单进行比对，确保术前、术中与术后器械种类、数量吻合。[1]

---

① 应悦、朱锋杰：《超高频电子射频识别技术在手术器械自动清点中的应用》，《医疗装备》2022 年第 20 期。

高值复用手术器械管理是医疗设备规范化管理的重要内容之一，基于RFID 技术的高值复用手术器械管理系统可快速、精准地盘点手术器械，降低器械清点、分发错误率，提高器械清点效率和手术器械周转效率。通过对器械使用频次的信息化记录，有效解决了单把器械使用频次过高或过低的问题，保证手术器械均衡使用。实现了对高值复用手术器械各流程可视化管理，解决了手术器械丢失、信息存档、超过保质期等问题。同时对消毒环节进行全程记录，保证器械清洗、消毒质量，有利于控制院内感染，提升手术安全率，提高医院的经济效益。①

四　结语

本文以智慧医院为切入点，以国家法律法规、政策为基础，在医疗设备全生命周期管理理论框架下，将医疗设备采购论证、安全运行、质量控制、设备维修、设备效益分析融入系统构建中，通过数据高兼容特点，让医院不同职能部门工作人员在设备全生命周期的不同节点对数据进行动态获取分析，实现医疗设备全流程精细化闭环覆盖管理，降低运营成本，为构建医疗、服务、管理"三位一体"的智慧医院系统做出贡献。

---

① 丁燕、黄云、陈多姿等：《某院基于 RFID 技术的手术器械管理》，《解放军医院管理杂志》2015 年第 7 期。

B.10
"互联网+"模式下我国远程
医疗发展驱动及现状分析

张雷 徐英*

摘　要：　近年来，伴随着国家政策红利的驱动、数字化信息技术的发展以及远程医疗协作网的建设推动，我国远程医疗得到了迅猛发展。本文通过分析"互联网+"模式下远程医疗发展的驱动因素及瓶颈问题，介绍了复旦大学附属华山医院物联网智能远程医疗系统的构建情况，该系统通过物联网技术实时采集医疗设备的运行与使用信息，能够实现各品牌各品类医用设备运行状况的实时监控与智能预警，实现大型医用设备的使用控制与使用效能的全面提升，实现医疗设备的单机效益分析等，通过对医疗设备的动态化、精确化、数据化、可视化、智能化管理，最大化实现医疗设备的经济效益和社会效益。基于复旦大学附属华山医院的具体应用对物联网智能远程医疗服务质量提出了改进策略，并对远程监测、效益分析、数据安全、人工智能等物联网智能远程医疗新技术做出了展望。

关键词：　互联网医疗　远程医疗　物联网　医疗设备

　　为全面深化医药卫生体制改革，推进公立医院高质量发展，各项深化医改政策均围绕提质增效、医保控费这一核心诉求，对医疗机构的管理能力和

---

* 张雷，复旦大学附属华山医院装备科副科长，高级工程师，主要研究方向为医院医联体医疗器械供应链及物流管理；徐英，复旦大学附属华山医院装备科助，中级工程师，主要研究方向为高值医用耗材管理。

体系建设提出了新挑战。近 5 年，国家层面先后发布互联网医疗、远程医疗相关政策文件超 50 个，特别是在公立医院绩效考核启动后，更有相应指导文件相继发布。[①]

"十四五"规划着重提出了"提高质量、促进均衡"，明确了加强国家医学中心与区域医疗中心建设，在新常态新变革下，公立医院如何兼顾公益性与先进性，由规模扩张型走向质量效益型，医院管理体系由粗放型向精细型转变，是评价现代化、智慧化医院管理水平的重要指标。

为提升医院管理精细化、智能化水平，国家卫健委于 2021 年印发了《医院智慧管理分级评估标准体系（试行）》（国卫办医函〔2021〕86 号），用于指导医疗机构科学、规范地开展智慧医院建设。2022 年，国家卫健委印发的《三级医院评审标准》（国卫医政发〔2022〕31 号）强调了在医院评审工作中，需要运用信息化手段达到医院管理、临床医疗和服务等方面的有效性。此外，国家卫健委自 2019 年开始组织国家三级医院绩效考核，涵盖了医疗质量、运营效率、持续发展和满意度评价四个维度，此后绩效考核的范围越来越广，考核结果的分量也越来越重，至 2023 年，国家卫健委根据实际工作需要和最新政策文件要求，修订完成了《国家三级公立医院绩效考核操作手册（2023 版）》（国卫办医政函〔2023〕49 号），医院管理体系逐渐由粗放型向精细型转变。

随着智慧医院建设的加强与分级诊疗的提出，5G、物联网、大数据、人工智能、可穿戴设备等新技术与医疗行业深入融合，在国家推动"互联网+"行动计划的背景下，我国远程医疗发展迅猛。远程医疗在优化医疗资源配置、带动基层医疗机构发展、降低患者医疗成本、提升患者就医体验方面均发挥着巨大优势。[②]

[①] 李勇、唐玲、苏天园等：《"国考"背景下远程医疗的发展优势与思考》，《中国医院》2022 年第 9 期。

[②] 孙倩倩、周守君：《我国远程医疗的现状、问题及发展对策》，《南京医科大学学报》（社会科学版）2022 年第 1 期。

一 远程医疗发展的驱动因素

当前，我国医疗发展仍然面临着医疗资源分配不均衡、医疗需求多样化、利益诉求多元化等特征，新的医疗需求特征催动了远程医疗的建设发展。[①] 我国的远程医疗相较于发达国家起步虽然较晚，但是在国家政策的大力支持与医疗需求等多方面因素的驱动下，得到了迅猛发展，并取得了巨大成就。

（一）政策红利驱动

2015 年，"互联网+"首次被写入了政府工作报告，此后，国务院陆续发布了多项文件对"互联网+"与医疗行业的融合做出明确要求。[②] 2018年，国务院发布《关于促进"互联网+医疗健康"发展的意见》（国办发〔2018〕26 号），要求健全"互联网+医疗健康"服务体系，完善支撑体系，同时要加强行业监管和安全保障。为进一步规范互联网诊疗行为，发挥远程医疗服务积极作用，同年，国务院印发了《远程医疗服务管理规范（试行）》（国卫医发〔2018〕25 号），从政策上规定了远程医疗的管理范围、基本条件、服务流程与监管要求等。国家的政策红利对于刺激远程医疗的迅猛发展起到了决定性作用，近 5 年远程医疗相关政策如表 1 所示。

表 1　近 5 年远程医疗相关政策文件内容

时间	政策	内容
2018 年	关于促进"互联网+医疗健康"发展的意见	支持第三方机构以医疗机构为主体搭建互联网信息平台，开展远程医疗服务
2018 年	远程医疗服务管理规范（试行）	明确规定远程医疗的管理范围、基本条件、服务流程与监管要求等

[①] 管德坤、孙自学：《新时期我国远程医疗发展驱动、阻碍因素及建设重点分析》，《中国医院》2020 年第 4 期。

[②] 孟群、尹新、梁宸：《中国"互联网+健康医疗"现状与发展综述》，《中国卫生信息管理杂志》2017 年第 2 期。

时间	政策	内容
2020 年	关于进一步加强远程医疗网络能力建设的通知	充分利用新一代信息技术，推动医疗机构数据共享与业务协同，开展远程医疗应用示范，提升远程医疗系统的互联互通能力
2020 年	关于深入推进"互联网+医疗健康""五个一"服务行动的通知	推进新一代信息技术在医疗卫生健康行业的融合发展，坚持线上线下一体融合，优化智慧医疗服务流程，推动区域信息共享互认

（二）数字化技术发展驱动

近年来，新一代信息技术快速发展，并与医疗服务密切融合。例如大数据、云计算、区块链、物联网、人工智能、虚拟现实技术等数字化技术，能够打通全域连接，整合数据，以数据驱动创新，极大地提高医疗行为效率。在区域信息平台建设、卫生信息标准制定、医疗机构数字化管理建设、信息安全体系搭建等多方面举措推进下，为我国"互联网+"模式下的远程医疗发展奠定了良好的技术基础。[1] 远程医疗充分利用了云计算、物联网、视联网等新技术开展远程会诊、远程专科诊断（影像、心电、病理等）、远程手术指导、远程监护、远程查房、远程门诊及远程医学教育等，有效缓解了边远地区和基层群众"看病难、看病贵"问题，降低了就医成本，缓解了医疗资源分布不均衡问题，促进了优质医疗资源下沉。[2]

（三）远程医疗协作网建设驱动

2017 年，《关于推进医疗联合体建设和发展的指导意见》（国办发〔2017〕32 号）指出，要大力发展面向基层、边远和欠发达地区的远程医疗

---

① 孟群、尹新、梁宸：《中国"互联网+健康医疗"现状与发展综述》，《中国卫生信息管理杂志》2017 年第 2 期。
② 赵杰、吴萌、侯红利等：《区域协同医疗信息平台的构建与应用》，《中华医院管理杂志》2014 年第 8 期；刘宁、陈敏：《我国互联网医疗服务模式与应用现状分析》，《中国卫生信息管理杂志》2016 年第 5 期。

协作网，鼓励公立医院向基层医疗卫生机构提供远程医疗、远程教学、远程培训等服务。远程医疗协作网是医疗联合体建设与发展的重要内容，能够降低城市大医院期望成本[1]，能够促进区域间优质资源流动，弥合城市与乡镇的医疗服务鸿沟，提高优质医疗资源可及性和医疗服务整体效率。[2] 远程医疗协作网的持续建设为远程医疗的发展带来了明显的驱动作用，远程会诊的数量显著提升，远程应急服务量有所降低，远程医疗协作网的牵头医院逐渐对患者形成了连续性的服务模式，远程培训的人次明显增加。[3]

二 远程医疗发展瓶颈分析

目前，虽然我国远程医疗经过数年的迅猛发展已取得了不小的成就，但仍面临一系列亟待解决的问题。

首先，法律法规仍不健全。目前我国对于远程医疗的规范多见于政策性文件，尚未上升为国家层面的法律法规，对医疗机构、从业人员、医保基金监管、医疗责任认定、数据安全等方面的规定多等同于线下诊疗，缺少配套的行业标准，缺乏应有的权威性和科学性。[4]

其次，远程医疗相关系统功能与人才配套措施不完善。远程医疗信息系统需要具备支持远程医疗的核心功能，且能与其他医疗信息系统相融合。但目前管理端功能固化，医生、患者端功能不齐全，各信息系统之间的建设较为分散，难以互通。[5] 并且，缺乏配套的专业人才与培训方案，医疗机构内

---

① 高欢、杜杏利、项莉等：《远程医疗协作网在医联体建设中的作用探析》，《中国医院》2019年第12期。

② 焦建鹏、徐静、王炳坤等：《医联体远程医疗协作网建设与思考——以河南省人民医院为例》，《中国农村卫生事业管理》2022年第7期。

③ 蒋帅、吴迪、付航等：《我国远程医疗协作网建设成效与发展对策研究》，《中国医院管理》2023年第11期。

④ 孙倩倩、周守君：《我国远程医疗的现状、问题及发展对策》，《南京医科大学学报》（社会科学版）2022年第1期。

⑤ 张牡丹、蒋捷、刘健等：《"互联网+"远程医疗体系建设实践研究》，《医学信息学杂志》2019年第6期。

远程医疗管理工作分散，专业的远程医疗管理部门少。[①] 既懂远程医疗信息技术又有一定医学背景的复合型人才很少，因此，专业人才队伍建设培养刻不容缓。[②]

最后，数据间的互联互通仍未全面实现。目前各类移动医疗设备未形成统一、标准的数据接口，难以实现数据互通；国内病种编码、收费代码、药品和耗材数据库等数据标准不统一；医院内部、医院与医院间的健康大数据不能有效共享，无法实现全生命周期大数据汇总、分析和应用。[③]

三 物联网智能远程医疗系统的构建及
服务质量改进策略

为推进公立医院高质量发展，紧跟远程医疗迅猛发展的步伐，复旦大学附属华山医院以数字化、信息化技术提升医院大型医疗设备精细化管理水平。为帮助加强数字化技术手段进行医疗器械质量管理，积极完善医疗设备绩效考核要求，落实医院精细化管理，优化资源配置，华山医院依托现有信息化建设的技术优势与实践经验，搭建了自主可控的一体化医疗设备数字化运营管理平台，并形成应用示范，助力医院高质量内涵式发展。

（一）华山医院医疗设备物联网平台系统构建

华山医院依托院级信息化平台建设的技术优势，基于边缘计算架构部署院级医疗设备数字化运营管理平台，选择了有代表性的医疗设备通过物联网

---

① 丁伯新、周业勤：《城市医疗集团发展远程医疗的 SWOT 分析》，《南京医科大学学报》（社会科学版）2020 年第 2 期。
② 蒋廷慧、陈辉：《贵州远程医疗现状及对策研究》，《教育文化论坛》2020 年第 3 期。
③ 何雪松、罗力：《互联网医疗的应用现状和发展趋势》，《中国卫生政策研究》2018 年第9 期。

技术实时采集医疗设备（如：CT、MRI、PET/CT、超声、麻醉机、呼吸机、监护仪中央站等）的运行日志、操作系统日志与故障日志，获取完备的设备运行与使用数据，实现医疗设备的底层系统架构级互联互通，实现设备运行监测、动态调拨、使用效能评估、单机效益分析、远程运维监测、故障预警、质控校准等功能模块。

采用1台前置机+1台中央服务器的硬件配置，搭建边缘计算架构的数据解析应用平台，服务器架设在医院，信息科统一部署防火墙和杀毒软件，数据采集、传输与解析均在内网环境；数据的采集、传输与解析均在医院内网环境，实现了跨院区的数据实时互通，全程数据不出院，且数据库支持本地多机备份，确保数据安全无虞；此外，仅采集设备运行日志、系统日志、故障日志，不采集患者临床数据，确保数据分类管控应用，系统架构如图1所示。

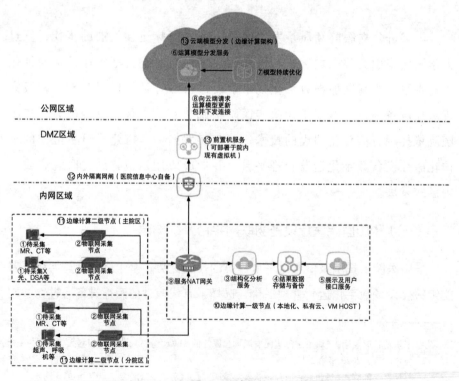

图1　系统架构

（二）华山医院医疗设备智能管理系统应用

根据医学工程的发展要求，建设覆盖多院区的大型医疗设备使用质量评价管理系统，通过物联网技术实时采集医疗设备的运行与使用信息，能够实现各品牌各品类医用设备运行状况的实时监控与智能预警，实现大型医用设备的使用控制与使用效能的全面提升，实现医疗设备的单机效益分析，加强对设备的信息化赋能。

该系统对目标医疗设备的动态化、精确化、数据化、可视化、智能化的全生命周期管理进行了初步探索，为医院购置医疗设备提供科学精准的决策依据，为全院大型医疗设备进行科学合理的调控和调配提供理论依据，最大化实现医疗设备的经济效益和社会效益，并且为医院高质量发展奠定坚实的基础，提供有力的支撑。

（三）物联网智能远程医疗服务质量改进策略

医院在建设自己的物联网智能远程医疗服务系统的时候要意识到远程医疗需要一个长时间发展及完善的过程，我国医院的远程医疗发展目前处于平稳推进阶段[①]，在相关法律、法规和规范不断完善、更新的前提下，物联网智能远程医疗系统的建设必须按照最新的法规和政策要求，遵从最新的行业标准、国家规范的要求。与此同时，医院面对传统经营管理模式向远程医疗模式过渡的关键时间节点上，在先进技术的引入与利用过程中，要对医院自身的经济效益等因素进行系统的了解，明确医院的发展方向，根据自身的规模和实际条件选择合适的技术及建设模式，切实选择符合自己发展需求的物联网智能远程医疗服务平台。同时在建设与发展过程中，要善于发现其中的问题和漏洞，在医院发展变革的同时对其进行全面优化，只有这样才可以使医院远程医疗的服务质量得到精准化改进，进而提升医院整体效能，为医院的长足发展奠定基础。

---

① 姜艺佼、王锐、张喆等：《基于"互联网+医疗健康"的我国远程医疗发展驱动及现状分析》，《中国市场》2023年第9期。

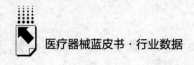

四 物联网智能远程医疗新技术展望

（一）使用生命周期内的实时监控与智能预警

加强对在用医疗设备 24 小时运行状态动态监控及异常状况预警。针对医院不同的管理需求，实现对重点设备运行状态的实时监控，使医疗设备管理人员对设备实时运行状态了如指掌，强化预见式的设备运维，保证设备的运行效率与使用安全，实现平台信息数据共享、管理和利用。

（二）智能化医疗设备经济效益分析

基于在用医疗设备单机效益分析的需求，能够支持科室级绩效考核与 DRG/DIP 支付核算，根据数字化技术采集的设备运行数据，多维度分析设备使用状态与经济效益，对同类型设备进行智能化对比分析，并支持行业数据横向对比，明确医院现有设备效益提升空间。

（三）数据安全监管与分类应用

医疗机构在进行数字化项目建设中，要求支持本地化部署服务器架构，保证采集数据全流程闭环管理，利用人工智能、大数据分析等技术，规范并强化对医疗设备数据的安全监测、个人信息的保护以及网络安全的管理，加强对数据收集、存储、传输、处理、使用、交换、销毁全生命周期安全管理。

（四）医疗设备检查检验与诊断流程中，人工智能辅助指导

将数字化人工智能工具引入设备检验诊断流程中，以人工智能辅助指导医院医疗设备在检验过程中解决质量问题。完善诊疗规范体系，加强医疗行为管理，推进检查结果互认，促进检查资料共享，提高基层医院的检验诊断同质化水平，推动国家区域医疗中心的建设。

B.11
可穿戴设备在疾病监测
预警中的应用与进展

顾伟 刘杨 周阳*

摘 要： 随着材料学的发展及各项传感器的进步，可穿戴设备的能力范围、敏感性及特异性均在逐步提高，在心电监测、呼吸监测、睡眠监测等方面的同一性得到多项研究验证。故而可穿戴设备及在此基础上发展的移动健康在重点人群早期检测预警中有重要意义，能够在一定程度上促进健康，减轻医疗负担。本文对可穿戴设备采用的技术，已实现的功能及在诊断前、诊断中、诊断后的应用进行总结，并阐述了现存的问题以及发展前景。

关键词： 可穿戴设备 慢病管理 移动健康

引 言

可穿戴设备是一种直接穿在身上或整合到用户的衣服或配件上的便携式智能设备，具有感知、交互、计算等功能，可以为用户提供健康管理、运动测量、社交互动、影音娱乐等多种服务。可穿戴设备不仅仅是一种硬件设备，还可通过软件支持以及数据交互、云端交互来实现强大的功能，可穿戴设备将会对我们的生活、感知带来很大的转变。

---

* 顾伟，上海市胸科医院/上海交通大学医学院附属胸科医院采购中心主任，高级工程师，主要研究方向为医疗设备、医用耗材；刘杨，上海健康医学院医疗器械学院教师、外事秘书，主要研究方向为医疗器械；周阳，上海市胸科医院/上海交通大学医学院附属胸科医院采购中心出入库专员、设备耗材档案管理专员，主要研究方向为设备耗材。

可穿戴设备主要分为消费级和医疗级两种。消费级可穿戴设备可以在不影响日常生活的情况下，采集实时数据，储存或直接通过无线网络、蓝牙等与智能手机或数据平台进行连接，将收集到的数据可视化，直观地呈现给佩戴者。常见的主要有智能手环、智能手表、智能眼镜、智能耳机、智能服饰等多样化可穿戴智能设备，通过不断被开发，准确性被验证，越来越多的消费级设备获得了各项认证。[①] 2021 年可穿戴设备全球市场价值约为 5.78 亿美元。[②] 对普通消费人群而言，挑选合适的可穿戴设备可以助其更加了解自己的身体情况；对高危人群而言，有目的地挑选可穿戴设备能够起到及时提醒、及时报警的重要作用；而对已经处于慢病管理过程中的患者而言，医院基于消费级或医疗级可穿戴设备搭建起互联网平台，给患者提供有针对性的"互联网+"医疗服务，将成为未来慢病管理的重要一环。本文就目前医疗智能可穿戴设备在疾病监测预警中的应用进展及现存的问题做一综述，希望为临床研究者及研发人员提供思路。

一 可穿戴医疗设备的相关技术

可穿戴医疗设备的真正意义在于植入人体、绑定人体，识别人体的体态特征、状态。实时监测我们的身体状况、运动状况、新陈代谢状况，还会让我们动态、静态的生命、体态特征数据化，其真正价值在于让生命体态数据化，可穿戴医疗设备可以实时监测血糖、血压、心率、血氧、体温、呼吸频率等人体健康指标以及人体基本的治疗情况。[③]

（一）心电监测

早在 1949 年美国医生 Holter 就首次尝试了具有临床监测心脏电活动

① Dunn J., Runge R., Snyder M. Wearables and the Medical Revolution. Per Med, 2018, 15 (5): 429-48.
② Cheng Y., Wang K., Xu H., et al. Recent Developments in Sensors for Wearable Device Applications. *Analytical and Bioanalytical Chemistry*, 2021, 413 (24): 6037-6057.
③ 石用伍：《可穿戴医疗设备的研究进展》，《医疗装备》2018 年第 5 期。

能力的便携可穿戴设备，故而可作为诊断依据的 24 小时心电图检查也被称为"Holter"。在可穿戴设备中监测心脏生理活动主要可以通过皮肤贴片进行 ECG 信号采集，也可以通过光电容积脉搏波（photoplehysmograpchy，PPG）技术。PPG 传感器可以通过光电技术检测来连续反映由心脏活动引起的外周血管中血容量变化的信号，已在智能手表、手环中大范围应用[①]。

（二）呼吸监测

外周血氧和呼吸模式对患者呼吸功能的评估同样重要。现有通过服装式可穿戴设备对胸廓运动进行采集，从而评价佩戴者的呼吸模式。而 2020 年亚利桑那州的研究者设计出一个无线口罩式可穿戴设备，用于在自由生活条件下准确跟踪呼吸。该设备不仅可以准确测量呼吸频率、潮气量、呼吸分钟量和峰值流速，还可以通过主成分分析（PCA）算法识别受试者的呼吸模式。该可穿戴面罩设备和呼吸模式识别算法可广泛应用于常规临床检查、肺功能评估、哮喘和慢性阻塞性肺疾病（COPD）管理、代谢率测量、二氧化碳图、肺活量测定和睡眠模式分析等方向。[②] 脉搏血氧仪是检测动脉血氧饱和度的医疗级无创检测设备，其使用 PPG 技术，通过以 660nm（红色）和 940nm（红外线）两种波长照射部分皮肤并测量吸光度，反映氧合血红蛋白和脱氧血红蛋白水平从而计算血氧饱和度，其准确度高，这一技术也同样应用于智能手表手环等可穿戴设备[③]。成像 PPG 技术也在逐渐发展并在家庭场景中应用，这种技术不需要特定硬件，只需要将皮肤区域放在相机镜头前几秒钟，拍摄连续图像，

---

① Turakhia M P, Desai M, Hedlin H, et al. Rationale and Design of a Large-scale, App-based Study to Identify Cardiac Arrhythmias Using a Smartwatch: The Apple Heart Study. Am Heart J, 2019, 207: 66-75.

② Tipparaju V V, Wang D, YU J, et al. Respiration Pattern Recognition by Wearable Mask Device. *Biosensors and Bioelectronics*, 2020, 169.

③ Aliverti A. Wearable Technology: Role in Respiratory Health and Disease. *Breathe* (*Sheff*), 2017, 13 (2): e27-e36.

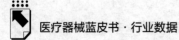
并通过 Digital PPG 进行分析，也能得到心率、呼吸频率、血氧饱和度等生理特征。①

（三）血压监测

现在常用的袖带电子血压计采用示波式，是水银血压计的进一步改良，精准度好。可穿戴设备的血压监测，主要通过两条技术路线：一是腕式微气囊测压，如 2021 年华为推出的 Watch D 血压测量腕表，其血压测量准确性符合欧洲高血压协会及国际标准化组织要求，并通过我国国家食品与药物管理局认证②；二是通过机器学习，使用 PPG 技术的数据预测血压，在使用时定期用水银血压计或电子血压计进行校正，可通过欧盟强制认证的韩国三星 Galaxy Watch 产品及瑞士 Aktiia 的手环产品监测，但其测量仍有不小的误差③。

（四）生化监测

多数生化指标需要抽血或采集体液并在专业的机器上进行化验，而现在开发者在改进传感器并寻找可靠的汗液生化指标与血液生化指标的关系。基于微流控布分析装置和微读出模块，Pablo 等设计了一款测量皮肤 pH 的腕表。④ 而应用稍大型的柔性无创汗液传感器，通过比色法、电化学法等技术路径能够无创地对排汗情况及汗液中电解质、代谢物、维生素、氨基酸等同时进行监测，更加准确地评估运动时的生理状态及代谢情况。然而受限于反

---

① Liu H, Wang Y, Wang L. A Review of non-contact, Low-cost Physiological Information Measurement Based on Photoplethysmographic Imaging. Annu Int Conf IEEE Eng Med Biol Soc, 2012, 2012: 2088 - 2091. Kumar M, Veeraraghavan A, Sabharwal A. DistancePPG: Robust non-contact Vital Signs Monitoring Using a Camera. Biomed Opt Express, 2015, 6 (5): 1565 - 1588.

② Zhang W, Zhou Y N, Zhou Y, et al. Validation of the Watch-type Huawei Watch D Oscillometric Wrist Blood Pressure Monitor in Adult Chinese. Blood Press Monit, 2022, 27 (5): 353-6.

③ 庞宇、何鸿、蒋伟：《可穿戴血压检测系统算法研究与设计》，《中国测试》2022 年第 6 期。

④ Escobedo P, Ramos-Lorente C E, Martinez-Olmos A, et al. Wireless Wearable Wristband for Continuous Sweat pH Monitoring. Sensors and Actuators B-Chemical, 2021, 327.

应速度、供能及传输设备体积，这项技术现更多应用于专业运动员的训练监测，与一般家用尚有距离。

（五）睡眠监测

消费级手腕式可穿戴设备应用多个传感器获取心脏活动记录（基于PPG技术）及手腕活动情况（加速度传感器），通过机器学习等方式，已经能够进行睡眠－觉醒区分。宾夕法尼亚州立大学2020年比较了APPLE Watch、Oura Ring等4个消费级设备与多导睡眠图（PSG）的准确性及敏感性。PSG是监测睡眠质量的金标准，而这4个设备进行睡眠－觉醒区分与PSG的一致率均在85%以上。[1] 其中Actiwatch系列睡眠检测设备已被美国睡眠医学会推荐用于健康人群和慢性失眠症患者的观察和研究，温州市中心医院使用此设备统计发现孕晚期无并发症的孕妇存在不同程度的睡眠障碍，无业、睡眠效率低为产前抑郁的独立危险因素。[2]

（六）运动监测

现有运动手环、智能手表多根据自身运动情况，结合佩戴者心率变化给出运动强度及运动消耗能量的估算值，但这有赖于佩戴者自主开启可穿戴设备的运动模式。Duan等设计了一种具有狭缝结构的灵敏度高、检测范围大、响应速度快的共形运动传感器，能够感知关节运动过程中凹面的压缩变形，从而检测关节运动并判断姿态，现已广泛应用于多种

---

[1] Roberts D M, Schade M M, Mathew G M, et al. Detecting Sleep Using Heart Rate and Motion Data from Multisensor Consumer-grade Wearables, Relative to Wrist Actigraphy and Polysomnography. Sleep, 2020, 43 (7).

[2] 董莺莺、胡慧敏、李英：《利用可穿戴设备监测妊娠晚期孕妇睡眠质量并分析其与产前抑郁关系》，《中国计划生育学杂志》2023年第7期。

智能手表或手环中。[1] 跌倒检测最早依靠陀螺仪，发展到现在还有惯性传感器等[2]，如 Chander 的团队设计的放置于脚踝的软性拉伸传感器，依靠佩戴者踝关节运动范围变化输出不同的电压，检测佩戴者是否跌倒。[3]

二 可穿戴设备在疾病监测预警中的应用

（一）可穿戴设备在就诊前的应用

可穿戴设备能够帮助人们更加了解自己的身体情况，并在力所能及的范围内改善生活习惯或尽早发现异常尽早就诊。一项有 32 名年轻健康受试者参与的临床试验发现，佩戴可穿戴设备并关注睡眠质量检测数据，佩戴者通过自我调节能够提高睡眠质量。[4] 一项有 369 名受试者的测试结果对比[5]，证实了手表式可穿戴设备（华为智能手表 GT3 PRO）对早搏、房颤等心律失常的检测结果与十二导联心电图的诊断金标准具有强一致性，对平均心率的记录误差也不大。日本的一项研究发现，使用算法分析手表式可穿戴设备监测的 PPG 数据，检测中度至重度睡眠呼吸暂停的特异性为 89%、敏感性为 82%、准确率为 85%，对本身已有打鼾嗜睡情况的佩戴者有提示作用。[6]

---

[1] Duan S, Lin Y, Wang Z, et al. Conductive Porous MXene for Bionic, Wearable, and Precise Gesture Motion Sensors. Research (Wash D C), 2021, 2021: 9861467.

[2] Qiu H, Rehman R Z U, Yu X, et al. Application of Wearable Inertial Sensors and A New Test Battery for Distinguishing Retrospective Fallers from Non-fallers among Community-dwelling Older People. Sci Rep, 2018, 8 (1): 16349.

[3] Chander H, Burch R F, Talegaonkar P, et al. Wearable Stretch Sensors for Human Movement Monitoring and Fall Detection in Ergonomics. Int J Environ Res Public Health, 2020, 17 (10).

[4] Berryhill S, Morton C J, Dean A, et al. Effect of Wearables on Sleep in Healthy Individuals: a Randomized Crossover Trial and Validation Study. Journal of Clinical Sleep Medicine, 2020, 16 (5): 775-783.

[5] 陆琨、张松文、储建军等：《可穿戴心电监测设备的临床应用及评价》，《实用心电学杂志》2023 年第 6 期。

[6] Hayano J, Yamamoto H, Nonaka I, et al. Quantitative Detection of Sleep Apnea with Wearable Watch Device. PLoS One, 2020, 15 (11): e0237279.

部分 Covid-19 感染患者依靠可穿戴设备检测自身心率及血氧饱和度，有助于评估自身病情并及时就医。

对于老年人等高危人群，对跌倒动作的及时示警也可通过可穿戴设备实现。采用陀螺仪等运动传感器，配合定位针对老年人的跌倒及时报警系统也在应用普及。而在需要进行心肺复苏的院前急救情况下，可穿戴设备可对心肺复苏的质量进行评估，提高急救的有效性。[①]

（二）可穿戴设备在就诊期间的应用

24 小时动态心电图、24 小时动态血压、24 小时脑电图、24 小时睡眠呼吸监测等多种院内通过可穿戴设备采集的持续数据已成为鼾症、高血压等多种疾病的诊断标准及病情评估手段。随着可穿戴设备可持续监测的指标越来越多，更多的敏感性特异性好、预测性能优异的病情评估指标被提出，为精准化医疗提供坚实的基础。华西医院心内科通过可穿戴设备收集急性心衰患者住院期间的夜间呼吸数据，并与健康受试者对比，分析后发现吸气时间缩短是急性心衰的危险因素，可穿戴设备有望为心衰患者病情评估提供新的信息。而华西医院心外科 2021 年通过可穿戴设备，收集 53 例瓣膜手术患者术前 6 分钟步行测试过程中的呼吸、血氧、心律、运动情况的连续数据，进行多因素回归分析得出静息呼吸频率、步行前后腹式呼吸贡献度是术后肺部并发症的重要因素，并构建了敏感性 89.5%、特异性 61.8%、曲线下面积（area under curve，AUC）= 0.79 的预测模型，这有助于更加科学的围术期管理。[②]

（三）可穿戴设备在慢病随访中的应用

在患者的慢病管理随访过程中，可穿戴设备为患者提供了自我监测的指

---

① Genbrugge C, Eertmans W, Salcido D D. Monitor the Quality of Cardiopulmonary Resuscitation in 2020. Curr Opin Crit Care, 2020, 26 (3): 219-227.

② 王渝强、王佳晨、张健等：《基于可穿戴六分钟步行系统预测心脏瓣膜手术术后肺部并发症的探索性研究》，《生物医学工程学杂志》2023 年第 6 期。

标，也为医生慢病管理个性化方案的制订和调整提供了部分依据。市场现有 Epi-care、Embrace2 等 6 款通过 CE 或 FDA 认证的癫痫发作监测仪，通过手表式、贴片式或臂带式传感器监测患者包括局灶性发作、惊厥性发作等的多种癫痫发作情况，长期的发作情况记录可能对用药调整有指导性意义。[①] 结合互联网医院平台，院方实时关注相关指标，并对患者进行指导，形成"互联网+"医疗模式，对患者的随访效果、预后情况均有较大提升基于可穿戴设备提供的连续心电监测数据，结合移动医疗技术，中国人民解放军总医院开发了移动房颤应用程序（the mobile AF apps，mAFA）及相关人工智能模型。在三个阶段的测试中，房颤检出的特异性敏感性好，患者的房颤相关知识储备、药物依从性、抗凝满意度及生命健康质量评分等方面均有显著提高，并尝试对患者进行个性化管理。[②] 王春燕、陈文琴主持进行的一项研究纳入了共 98 例 PCI 术后的 CHD 患者，携带 DL4310 可穿戴动态心电记录仪能够提高异常心电活动的检出率，配合"互联网+"模式随访，不良事件发生显著减少。[③]

通过可穿戴设备对患病人群更多指标的采集及分析，能够促进临床研究的进展。通过对手表式设备收集的相关患者睡眠数据分析，Jaiswal 等发现不长于 10 分钟的短时睡眠可作为预警谵妄发作、筛选高危个体的敏感睡眠参数。[④]

① Li W, Wang G, Lei X, et al. Seizure Detection Based on Wearable Devices: A Review of Device, Mechanism, and Algorithm. Acta Neurol Scand, 2022, 146 (6): 723-31.

② 邰美慧、金至赓、王浩等：《光电容积脉搏波在心房纤颤预警、诊断及整合管理中的应用》，《生物医学工程学杂志》2023 年第 6 期。

③ 王春燕、陈文琴：《"互联网+"模式下远程可穿戴心电设备在冠心病介入治疗后慢病管理中的应用》，《现代电生理学杂志》2023 年第 4 期。

④ Van Uitert M, De Jonghe A, De Gijsel S, et al. Rest-activity Patterns in Patients with Delirium. Rejuvenation Res, 2011, 14 (5): 483-490. Jaiswal S J, Mccarthy T J, Wineinger N E, et al. Melatonin and Sleep in Preventing Hospitalized Delirium: A Randomized Clinical Trial. Am J Med, 2018, 131 (9): 1110-7. e4. Jaiswal S J, Kang D Y, Wineinger N E, et al. Objectively Measured Sleep Fragmentation is Associated with Incident Delirium in Older Hospitalized Patients: Analysis of Data Collected from an Randomized Controlled Trial. J Sleep Res, 2021, 30 (3): e13205.

而可穿戴设备可以与软件配合，在康复过程中起到更大的作用。对脑卒中急性期肢体活动障碍的患者，Yun-Sang Park 团队尝试使用手套式可穿戴设备，配合设计的 VR 游戏进行康复训练，相较于仅接受常规物理训练的患者，其在手部力量测试、上肢功能测试中均有更好的表现。[1]

三 现有问题与发展展望

（一）现有问题

虽然可穿戴设备市场整体呈上升趋势且佩戴可穿戴设备能够促进老年人进行身体活动，但我国可穿戴设备的使用率在老年人尤其是罹患心血管疾病或心血管疾病高风险的人中仍然很低。[2]

另外，消费级智能可穿戴设备的佩戴者一部分为健康人群，也有研究试图探索，健康人群在得到可穿戴设备的数据反馈后，是否产生了更多焦虑，暂时研究尚无定论。

（二）发展趋势与展望

1. 发展趋势

可穿戴设备市场仍然保持着较快的增长速度和较大的潜力。未来可穿戴设备的发展趋势主要有以下几个方面。

（1）技术创新化

技术创新化是推动可穿戴设备发展的核心动力，未来可穿戴设备将在芯片、传感器、显示屏、电池、外壳等方面不断突破技术瓶颈，实现更高的性

---

[1] Park Y S, An C S, Lim C G. Effects of a Rehabilitation Program Using a Wearable Device on the Upper Limb Function, Performance of Activities of Daily Living, and Rehabilitation Participation in Patients with Acute Stroke. Int J Environ Res Public Health, 2021, 18 (11).

[2] Jiang Y, Zeng K, Yang R. Wearable Device Use in Older Adults Associated with Physical Activity Guideline Recommendations: Empirical Research Quantitative. J Clin Nurs, 2023, 32 (17-18): 6374-83.

能、更小的尺寸、更低的功耗、更低的成本等。同时，可穿戴设备将与人工智能、云计算、物联网、5G 等新兴技术深度融合，实现更强的数据处理和交互能力，提供更智能和个性化的服务。

（2）产品多样化

产品多样化是满足不同用户需求和喜好的重要手段，未来可穿戴设备将在佩戴部位、功能用途、技术水平等方面进行更细分和差异化的设计，形成更丰富和多元化的产品线。同时，可穿戴设备将与服装、饰品、家居等领域进行更深度的融合和创新，打造更具时尚感和美感的产品。

（3）应用专业化

应用专业化是提升可穿戴设备价值和影响力的关键途径，未来可穿戴设备将在健康管理、运动测量、社交互动、休闲娱乐等领域进行更深入和精准的应用开发，提供更专业和高效的解决方案。同时，可穿戴设备将在医疗监测、教育培训、虚拟现实等领域进行更广泛和创新的应用探索，拓展更大和更有价值的市场空间。

2. 发展前景

可穿戴设备行业发展前景十分广阔，主要有以下几个方面的原因。

（1）政策支持

政府部门对可穿戴设备行业给予了高度重视和支持，出台了一系列有利于促进行业发展的政策措施。如《"十四五"信息通信行业发展规划》提出了推动移动物联网发展相关工程，并提出了 20 亿元的规划建设目标；《国家新型智慧城市发展规划（2019—2021 年）》提出了加快建设智慧医疗、智慧教育等领域的应用示范项目；《关于促进虚拟现实产业发展的指导意见》提出了加快推进虚拟现实技术创新和应用示范等。这些政策都为可穿戴设备行业发展提供了良好的技术基础和市场环境。

（2）技术进步

技术进步是推动可穿戴设备行业不断创新和优化的内在动力，随着芯片、传感器、显示屏、电池、外壳等关键器件的技术水平不断提高，可穿戴设备的功能、体验、续航等都将得到显著改善。同时，随着人工智能、云计算、物联网、5G 等新兴技术的发展和应用，可穿戴设备的数据处理和交互能力也将大幅提升，可提供更智能化和个性化的服务。

（3）市场需求

市场需求是推动可穿戴设备行业不断扩张和深化的外部动力，随着消费者对健康管理、运动测量、社交互动、休闲娱乐等方面的需求不断增长，可穿戴设备的市场空间和潜力也将不断扩大。同时，随着医疗监测、教育培训、虚拟现实等方面的需求不断涌现，可穿戴设备的市场领域和价值也将不断增大。

（4）竞争优势

竞争优势是保证可穿戴设备行业持续发展和领先地位的核心要素，随着国内厂商在可穿戴设备产品的设计、开发、生产、销售等方面的不断创新和优化，可穿戴设备行业的竞争优势也将不断增强。同时，随着国内厂商在移动生态、品牌和渠道等方面的不断积累和拓展，可穿戴设备行业的竞争优势也将不断巩固。

综上所述，可穿戴设备在"互联网+"医疗模式中起着至关重要的作用，临床工作者要充分利用可穿戴设备收集重点数据，同步推进临床工作及科研进步。

B.12
真实世界数据质量评估概念
框架概述及应用分析

张璐璐 闫亭亭 王心培*

摘 要: 真实世界数据的来源与随机对照试验不同,在全球范围内,真实世界数据作为真实世界研究的重要数据源之一,在临床研究中具有重要地位。随着医院信息集成平台及病案管理系统的发展,以及移动通信技术所搭配的个性化健康检测设备的兴起,逐步实现了医院内部数据的标准化,然而,这在不同医院间的不同业务系统中形成了"信息孤岛"。因此,在复杂的系统间进行数据的整合使用以完成大型的综合性的真实世界研究,对原始数据的质量把控尤为关键。数据质量出现不可用、碎片化、质量低等问题时,会影响研究结果和卫生决策。本文将从医院环境下产生的真实世界数据质量评估进行阐述,探索数据质量控制的评估维度,并以北京大学第一医院所使用的电子病历数据进行耗材相关研究为例做应用分析。

关键词: 数据质量 质量管理 电子健康数据 真实世界数据

---

* 张璐璐,北京大学第一医院学生党总支副书记,助理研究员,主要研究方向为医学装备全生命周期管理、设备预算、政府采购、设备质控、医用耗材准入、医学装备的卫生技术评估、医学装备的临床实验及临床评价;闫亭亭,北京大学第一医院医学装备处组长,工程师,主要研究方向为医学装备工程及管理;王心培,北京大学第一医院医学装备处研究实习员,主要研究方向为医疗设备的全生命周期管理、医学装备评估体系的建立与实战、医学装备管理相关量表的编制与汉化、基于真实世界证据的医学装备。

　　对于真实世界研究而言，真实世界数据（Real-world Data，RWD）通常来源于生活中不同领域收集的数据。① 一直以来，随机对照试验②（Controlled Randomized Control Trials，RCTs）被视为高质量研究的黄金标准。与随机对照试验相比，真实世界数据能够完成许多常规临床及大规模实验数据的获取，不必使用高度受控的传统临床试验才能获得数据。③ 在全球范围内，电子健康数据（Electronic Health Records，EHRs）是真实世界研究的重要数据源之一，在临床研究中具有重要地位。④ 近年来，大数据浪潮涌进国内，各大医院致力于提升医疗数据信息化收集处理能力，进行电子健康数据一体化布局。随着医院信息集成平台及病案管理系统的发展，以及移动通信技术所搭配的个性化健康检测设备的兴起，医院内部数据的标准化也逐步实现，然而，这却在不同医院间的不同业务系统中产生了信息孤立脱节的现象。⑤ 因此，在复杂的系统间进行数据的整合使用以完成大型的、综合性的真实世界研究，对原始数据的质量把控尤为关键。数据质量出现不可用、碎片化、质量低等问题时，会影响研究结果和卫生决策。本文将对医院环境下产生的真实世界数据质量评估进行阐述，探索数据质量控制的评估维度，并以北京大学第一医院所使用的电子病历数据进行耗材相关研究为例做应用分析。

① Kim，H.‐S.，Lee，S. and Kim，J.H.（2018）"Real-world Evidence Versus Randomized Controlled Trial：Clinical Research Based on Electronic Medical Records"，Journal of Korean Medical Science，33（34）. doi：10.3346/jkms.2018.33.e213.

② Thompson，D.（2021）"Replication of Randomized，Controlled Trials Using Real-world data：What could go wrong?"，Value in Health，24（1），pp.112–115. doi：10.1016/j.jval.2020.09.015.

③ Magalhães，T.，Dinis-Oliveira，R.J. and Taveira-Gomes，T.（2022）"Digital Health and Big Data Analytics：Implications of real-world evidence for clinicians and policymakers"，International Journal of Environmental Research and Public Health，19（14），p.8364. doi：10.3390/ijerph19148364.

④ 李培、陈玉文：《FDA 以电子健康档案作为真实世界数据的监管考虑》，《中国现代应用药学》2023 年第 10 期。

⑤ 张朝、杨玉超、杨葚靓：《医院信息集成平台的主数据管理探究与实践》，《中国卫生质量管理》2023 年第 4 期。

一　真实世界数据质量概述及数据评估的意义

（一）真实世界数据定义和特点

根据美国 FDA 的定义，医疗和健康保健领域的真实世界数据是与患者健康状况和（或）常规从各种来源收集的医疗保健服务相关的数据。[①] 互联网、社交媒体、电子病历、可穿戴设备和移动设备的广泛使用，以及数据存储容量的增加，催化了数字化真实世界数据快速生成的可能性。[②] 因此，真实世界数据的可及性越来越高。人工智能和机器学习技术的快速发展，加之成本上升和传统随机对照试验的局限性[③]，激发了研究者对使用真实世界数据提高临床研究效率并弥合临床研究和实践之间的证据差距的兴趣。例如，在新冠病毒相关研究的实践中，真实世界数据用于生成关于新冠病毒疫苗接种有效性[④]的真实世界证据（Real-world Evidence，RWE），用于研究与公共生活封锁相关的行为和心理健康变化，并协助决策和政策制定等。[⑤]

在与有对照环境的随机试验中收集的数据相比，真实世界数据具有几个显著的特征。第一，真实世界数据是观察性的，而且不是在受控的环境中收

---

① Commissioner, O. of the （no date） Real-world evidence, U. S. Food and Drug Administration. Available at：https：//www. fda. gov/science－research/science－and－research－special－topics/real－world－evidence（Accessed：04 February 2024）.

② Real World Data（2024）Wikipedia. Available at：https：//en. wikipedia. org/wiki/Real＿world＿data（Accessed：04 February 2024）.

③ 王锡山：《随机对照临床试验在外科中的局限性》，《中华结直肠疾病电子杂志》2021 年第 5 期。

④ Powell, A. A. et al. （2021）"Real-world Data Shows Increased Reactogenicity in Adults after Heterologous Compared to Homologous Prime-boost COVID－19 Vaccination, March-june 2021, England", Eurosurveillance, 26（28）. doi：10. 2807/1560－7917. es. 2021. 26. 28. 2100634.

⑤ Ahrens, K. F. et al. （2021）"Differential Impact of Covid-related Lockdown on Mental Health in Germany", World Psychiatry, 20（1）, pp. 140－141. doi：10. 1002/wps. 20830.

集的数据。① 第二，许多类型的真实世界数据是非结构化的，可能包括文本、图像、网络等，有时还会因不同医疗系统的条目不同而不一致。第三，真实世界数据可以收集动态数据，例如可穿戴设备提供的毫秒级测量能够产生大量高频数据。第四，真实世界数据可能不完整，缺乏用于分析的关键节点，因为真实世界数据收集之初往往并非出于特定研究目的。第五，真实世界数据可能存在偏差和测量误差（随机和非随机），例如，从互联网、移动设备和可穿戴设备中生成的数据可能存在选择偏差；真实世界数据集可能是想要了解的人群中不具代表性的样本值。② 真实世界数据存在混乱、不完整、异质性等情况，并且存在一定误差，因此对真实世界数据进行质量评估监管势在必行。

（二）真实世界数据质量评估的意义

目前，对于数据质量并没有形成共识的定义，多数针对数据质量的研究表明，电子病历中的文档和数据内容必须准确、完整、简洁、一致，并能被数据使用者普遍理解，而且数据参数有能够通过一致性、完整性和准确性等考察的记录。③ 此外，当考虑到应用场景时，国际标准化组织指出，数据应当满足产品所有者组织定义的要求，这将通过数据的完整性和准确性等维度来反映。④

在全球医疗健康格局变化的状态下，学者们倾向认为数字健康是提高医

① Curtis, M. D. et al. (2018) "Development and Validation of a High-quality Composite Real-world Mortality Endpoint", Health Services Research, 53 (6), pp. 4460-4476. doi: 10.1111/1475-6773.12872.

② Miksad, R. A. and Abernethy, A. P. (2017) "Harnessing the Power of Real-world Evidence (RWE): A Checklist to Ensure Regulatory-Grade Data Quality", Clinical Pharmacology & Therapeutics, 103 (2), pp. 202-205. doi: 10.1002/cpt.946.

③ Abiy, R. et al. (2018) "A Comparison of Electronic Records to Paper Records in Antiretroviral Therapy Clinic in Ethiopia: What is Affecting the Quality of the Data?", Online Journal of Public Health Informatics, 10 (2). doi: 10.5210/ojphi.v10i2.8309.

④ Liu, C. et al. (2020) "Empirical Study of Data Completeness in Electronic Health Records in China", Pacific Asia Journal of the Association for Information Systems, 12, pp. 104-130. doi: 10.17705/1thci.12204.

疗保健质量的重要解决方案，真实世界数据的前景取决于以电子方式获取数据的能力。有效和有意义地利用数据的主要困难是数据质量较差，质量较差的数据可能不利于产生真实世界研究证据。[①] 因此，需要全面、完整的框架尽量简洁地对数据质量进行考察，以期为真实世界数据的合理、高效使用提供证据支持。

二　数据质量分析维度

根据国际上的研究[②]，目前共有六个数据质量考察维度最为重要，即准确性、一致性、完整性、时效性、可访问性和情境效度。

（一）准确性

一般研究将准确性描述为数据的正确性，即利用数据正确传达目标参数的程度，另有一些研究侧重于数据的可信程度。事实上，所有形式的数据都存在准确性的问题，但是真实世界数据遭到诟病最多的是，无法精确和准确地分配结构化数据，这将影响到该数据是否能够支持临床数据。在主要使用二手数据的真实世界研究中，准确性将成为重要的考察目标，因为数据的准确性问题直接关系劣质数据对于结果的贡献。

在准确性部分共考察七个子条目，包括正确性、有效性、完整性、合理性、准确的诊断数据、一致性和真实性。

（二）一致性

一致性是数据采集中的重要主题，不一致的数据常由手动输入、多次采

---

① von Lucadou，M. et al. （2019）"Feasibility Analysis of Conducting Observational Studies with the Electronic Health Record"，BMC Medical Informatics and Decision Making，19（1）. doi：10. 1186/s12911-019-0939-0.

② Syed，R. et al. （2023）"Digital Health Data Quality Issues：Systematic Review"，Journal of Medical Internet Research，25. doi：10. 2196/42615.

集、异质性目标产生。数据变异性产生在医疗机构卫生系统内部捕获的数据不一致或由于政策变化及采集时间差异所产生的数据不一致。数据存在逻辑矛盾和多种格式导致数据差异也可能由不一致的数据捕获引起。因此，针对数据的标准化能够尽可能减少不一致的数据收集，标准化的缺点是很难在多个系统中达到统一的标准，可能会造成操作上的困难。

在一致性部分共考察十个子条目，包括不一致的数据收集、标准化、一致性、唯一性、数据变异性、时间变异性、系统差异、语义一致性、结构性和表征一致性。

（三）完整性

缺少数据是拿到一份电子病历数据时常常会发现的问题之一。有学者认为，不完整、缺失、难以理解的数据是迄今为止遇到的最常见的挑战。在大量数据中，轻微的数据字段缺失可以通过统计学方案进行隐藏，但是对于真实世界数据来说，患者的医疗记录不完整将可能导致无法获取患者完整的临床记录，继而影响研究结果。本文将考虑该数据是否能够从整体上达到"完整"的目标。

在完整性部分共考察五个条目，包括缺失数据、完整性水平、代表性、碎片化和文档广度。

（四）时效性

真实世界研究所获取的电子病历数据应该最新的、可用的，能反映访问数据时患者（或研究对象）的概况。Lee 等学者认为，时效性可以扩展为包括事件发生时对事件的记录，因此某个值代表临床事件相关时间，这个值可以被视为当前值。具有时效性的数据常表现为一种流动性，事件实际发生后的时间戳即刻记录并能展示随着时间推移患者的特征变化，并且所有数据均维护至系统，而非纸质版与电子版混合记录。

在时效性部分仅考察时效性单条条目。

（五）可访问性

随着电子病历系统的日益普及，越来越多的研究选择使用这种数据进行真实世界研究。这种形式的数据允许随时从多个位置访问，从而突破了与纸质记录相关的物理和时间界限。Rosenlund 等学者认为，使用电子病历系统后医疗机构工作人员可随时进行数据的录入，并且这种线上访问的系统应当具备能以格式化的文本进行记录与导出的功能，便于随时进行文本的记录和数据使用。

在可访问性部分共考察两个条目，包括可访问性和可用性。

（六）情境效度

真实世界数据往往受收集数据的环境影响。文献表明，在分析数据时，需要考虑到背景，并且需要技术适应医疗保健环境，以便收集适当的数据进行可靠的分析。为了使数据有意义，医疗保健数据库需要包含足够高质量的相关信息，帮助回答特定的问题。要达到以上目的，数据之间应当具有相关性，数据内部应当具有足够的维度。

在情境效度部分共考察四个条目，包括适用性、情境效度、粒度和相关性。

三　数据质量控制工具概述

为了评估数据质量，学者们开发了许多数据质量分类法，从多个维度评估数字健康系统中包含的数据。目前已有一些已公布的数据质量评估工具发布，表1是按照一致性、完整性和相似性进行整理的工具列表，供参考。

表 1　数据质量评估工具

	数据质量评估工具		
	一致性	完整性	相似性
开源工具	DAQAPO(R 工具包)		
	DQe-C package&completeness tracking system(CTX)		
	QKR-SQL script		
	OHDSI Achilles		
	OHDSI Data Quality Dashboard		
	Data Curator		
	Data Cleaner		
	Talend Open Studio		
	SQL Power architect(数据分析)		
	SQL Power DQquru(数据清洗)		
	DQ analyzer		
	Pentaho Kettle		
	TAQIH(健康相关数据专用)		
	EMRAdapter		
商业工具	QUADRIS Qbox		
	CESR DQA reporting system		
			MonAT visual tool
	Diameter Health Software		
	Talend Commercial		

四　应用分析

（一）电子健康数据的应用意义

电子健康数据（即电子病历数据）是医疗机构常规护理中收集的数据，是典型的真实世界数据，嘈杂，结构各异，动态数据多，需要仔细且密集地进行预处理。[①] 电子病历数据为数据驱动的研究创造了前所未有的机会，通

---

① 徐明慧、刘姝、杨艳明、秦阳阳、朱容容、张丽、刘粉玲、李娅楠：《智能护理电子病历模块化质量控制系统在电子病历质控中的应用》，《齐鲁护理杂志》2023 年第 24 期。

过对数据的学习与分析，可以用于协助术前规划、临床预后等，在与机器学习相结合的情况下，还可以用于验证和复制临床试验结果。

（二）北京大学第一医院耗材管理应用概述

北京大学第一医院医学装备处在耗材管理中，将电子病历数据引入实际研究中，结合软件系统，建立耗材分析专用数据仓库，利用集成化数据处理方案，创新性地开展综合分析，增强医学工程部门管理职能，并计划依托北京大学第一医院优势专科，依据 DRG 分组信息，对相应组别的病种的耗材进行单独分类，建立耗材评价体系，完成耗材使用综合评价，实施耗材动态管理。

1. 具体实施方案

（1）建立耗材数据仓库。用来存储由院内各系统采集的数据，支持不同的数据格式或来源。整合不同系统来源的数据，采集 HIS 系统中患者基本信息、就诊基本信息、住院收费明细；病案上报系统中病案首页患者信息、病案首页诊断、病案首页手术以及 DRG 分组；供应链系统出入库信息；以耗材为中心，通过 ETL 方法建立本文所需数据仓库。

（2）建立数据质控系统。通过建设耗材专属的数据仓库，整合耗材物流采购数据、国家重点监控的耗材评价所需的数据等，统一进行采集、存储、标化、清洗、质控、分类、统计、分析，向医院决策层提供方便、快捷、直观的数据服务，为耗材日常使用的监控、重点耗材应用评价等精细化管理提供数据层的支持和服务。

（3）实现耗材动态监控。利用图表、图形等视觉展现比较强的方式对耗材使用的用量、金额排名等情况进行动态监控。对分析主题增加仪表盘展示。通过各种常见的图表直观地展示各指标的异常情况，并可以对异常关键指标预警和挖掘分析。

（4）扩展出入库信息，把握耗材用量总体情况。展示医院耗材的总体情况，包括科室库存金额（含全院）、科室总出库（含全院出库量）、耗材支出金额排名列表、供应商排名、耗材支出金额分析、不同价格区间耗材出库金额占比。

（5）提供耗材综合分析能力。包括耗材库存结构分析，分成科室耗材库存金额分析、单科室库存分析；耗材支出金额分析，分成科室耗材支出金额分析、单科室支出金额分析；实现耗材支出金额分析，分成耗材支出排名、单科支出排名；实现供应商分析，分成供应商入库金额排名、单供应商入库排名；实现多价格区间耗费分析，分为不同价格区间耗材出库占比、不同价格区间耗材出库金额趋势、耗材出库排名。通过获取 HIS 收费数据和收费材料的出库数据，核查高低值收费耗材和收费总金额、总数量的一致性，提示疑似异常结果。按科室、医生、重点品规展现差值和差值走势。

（6）完善 DRG 分组下的重点耗材分析。对重点品规的耗材在病案中的使用记录、收费明细、出库记录进行三方核对。深化核对耗材使用与手术的匹配性。列出稽核异常记录，并分析科室医生的异常记录和走势。针对不同品牌的耗材，进行全方位比对评价，包括使用人数、费用、数量、相关医疗费用、抗生素、辅助耗材、品规数量等指标，并进一步下钻指标明细情况。通过品牌耗材对明细指标的贡献度和综合贡献度计算，辅助医院评价耗材，为采购决策提供数据参考。针对耗占比、耗材费用等多个指标，分析耗材品牌之间的可替代性。给出不同替代程度下的指标变化模拟。每指数耗材费用，即耗材费用与病组总量指数之间的比值，用以衡量获得每一病组分值所花费的医用耗材费用。通过维度叠加，完成跨科室/跨医生/跨品牌的耗材费用比较。

2. **数据整理方案**

整合多个信息系统的多类别信息流，利用数据存储系统、ETL 工具等形成数据互联互通耗材基础数据仓库。利用 BI、报表、可视化大屏等信息化工具，对评价结果形成各主题的可视化展现。通过医生访谈、文献整理等方式确定指标体系框架；通过数据清洗标化等处理，利用统计学等数学算法建立确定指标项。

（三）现有研究应用概述

2023 年《中国医疗设备》杂志社收录一例使用婴儿培养箱真实世界数据①进行的研究，考察暖箱是否能够提供稳定的性能。研究采取生产厂家开放设备通信端口提供通信协议方案，根据通信协议设计数据读取模块来收集设备温度参数信息。该研究使用了经过溯源的原厂分析仪进行自动记录，间隔 30 秒针对温度数据进行记录，并能导出 CSV 格式文件。研究最终所记录的温度数据符合国标标准及国家药品监督管理局《真实世界数据用于医疗器械临床评价技术指导原则（试行）》②，因此，本案例实践了一次完整的真实世界数据获取的标准化流程，并且同步了所研究设备的运行数据，完成数据闭环，可以作为后续研究的样本参考。

五 结语

真实世界研究蓝海待挖掘，医学工程管理相关研究大有可为。借助科技的力量，科学地监管，将便捷获取的电子数据转化为能够产生丰厚成果的研究数据，将是我们未来重要的研究目标。真实世界研究是一种新的理念、新的工具，在临床价值引导的理念中，需要进一步深入真实世界数据质量监管的研究，完善评价体系，更好地推动真实世界研究在医工学科中的应用。

---

① 羊月祺、耿向南、于健伟等：《基于真实世界数据的婴儿培养箱温度性能评价》，《中国医疗设备》2022 年第 11 期。

② 国家药品监督管理局：《国家药监局关于发布真实世界数据用于医疗器械临床评价技术指导原则（试行）的通告》，2022 年 3 月 21 日，https://www.nmpa.gov.cn/xxgk/ggtg/qtggtg/20201126090030150.html。

Abstract

This report is based on the development history and background of China's medical device industry, and analyzes the registration, approval, industry supervision, market configuration, bidding data, import and export trade data, etc. And the management, clinical application and development status of hot medical equipment and medical consumables. Through the market research and comprehensive processing of multi-party data, the current situation of the medical device industry is truly reflected with detailed data and charts, which provides support for the management of the medical industry and the research and development of clinical medical engineering.

The book analyzes in detail the registration and approval data of 21 categories of mainstream medical devices, the national supervision and sampling data of the year and the adverse events of medical devices, the market satisfaction survey data of 24 categories of subdivided medical devices, the bidding data of 8 categories of medical devices, the market category data of 12 categories of high-value medical consumables and 5 categories of low-value medical consumables. Import and export data of medical devices from all over the country and trading partners; Interpret 12 hot medical device technologies and policies to provide data support for clinical applications. This report has certain guiding significance for the development of China's medical device industry.

Keywords: Medical Equipment; Medical Consumables; Industry Data; Clinical Application

Contents

I   General Report

Abstract: Medical equipment is the foundation of medical care and
health. During the "14th Five-Year Plan" period, China's medical equipment
industry has achieved rapid development, medical device regulatory reform has
been further promoted, innovation, quality and efficiency have continued to
improve, and the medical equipment industry has moved towards a high-level
foundation and modernization of the industrial chain. In 2023, the rapid
development of science and technology such as artificial intelligence and natural
language processing will accelerate the emergence of all kinds of innovative medical
equipment, new medical consumables, smart medical software, high-end medical
device technology continues to break through, and the domestic medical
equipment industry has entered a new process of high-end and innovative
development.

Keywords: Medical Devices; Policy Environment; Registration Approval
Data; Innovative Medical Devices; Market Structure

Ⅱ Registration and Approval

B . 2 2023 China Medical Equipment Industry Approval Report

and Product Data Analysis Report

Zhou Yong , Lin Weiqiang and Xiao Hongzhan / 009

Abstract: In 2023, the State Food and Drug Administration continued to deepen the reform of the medical device review and approval system, innovative products continued to emerge, and high-quality development accelerated; Continue to strengthen the review, approval and quality supervision of epidemic prevention and control products to ensure regular epidemic prevention and control; Strengthen Class Ⅱ product registration, Class Ⅰ product filing and clinical trial management; The reform of classified management has been continuously promoted, the management system and operating mechanism have been continuously improved, the classification rules and classification catalogs have been revised in a timely manner, and the regulatory efficiency and industrial development have been effectively improved. In 2023, the national and provincial (autonomous region, municipality) drug regulatory authorities approved a total of 53 initial registrations for imported Class I medical equipment, 111 initial registrations for imported Class II medical equipment, and 80 initial registrations for imported Class III medical equipment. There were 2009 initial registrations for domestic Class I medical equipment, 3, 393 initial registrations for domestic Class II medical equipment, and 409 initial registrations for domestic Class III medical equipment. In 2023, the number of domestic approvals of the first type of medical equipment has increased, and the number of approvals of the remaining categories has shown a downward trend. Among them, the number of domestic and imported Class Ⅱ and Class Ⅲ medical equipment approval declined by a large margin, while the number of imported Class Ⅰ and Class Ⅲ medical equipment declined by a small margin.

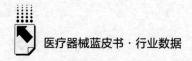
Keywords: Medical Equipment Registration; Medical Equipment Filing; Industrial Innovation; Localization

Ⅲ　Devices Market

B.3　Research Report on the Status Quo of Key Core Technologies and Key Parts in China's Medical Device Industry

Jin Dong, Liao Hongen and Zhang Xu / 103

Abstract: In the face of the severe international situation and enormous pressure on global public health and safety, in order to ensure that China's medical devices, especially key core technologies and key spare parts related to public health and safety, achieve maximum autonomy and controllability, it is urgent to conduct data research, deeply understand the current situation on the front line, and clarify the direction of high-end medical device technology research and development, Ensure national medical security and the health and well-being of the people. In 2021, the National Medical Products Administration designated "Research on the Current Status of Key Core Technologies and Key Parts of Medical Devices in China" as a key research topic, and conducted continuous research on the second and third phases of the project from 2022 to 2023. The third phase of the 2023 project has completed in-depth research and analysis of key core technologies and key spare parts for nine product lines, including ultrasonic knife heads and ball tubes. This will provide scientific and accurate solutions for the strategic layout of national medical devices, especially for the joint leadership of six ministries including the National Medical Products Administration, the National Development and Reform Commission, the Ministry of Industry and Information Technology, the Ministry of Science and Technology, the National Health Commission, and the Medical Insurance Bureau, to solve the bottleneck problem of high-end medical devices Real time data support and decision-making reference.

Keywords: Key Core Technologies; Key Spare Parts; Medical Device Quality and Safety

B . 4   Chinese Medical Equipment Market Data Analysis Report

Jin Dong / 134

Abstract: The "2023 China Medical Equipment Industry Data Survey" activity, led by the Journal of China Medical Devices, has collected 13928 questionnaires filled in by 4107 clinical engineering practitioners through a year-long questionnaire survey. The effective sample covers 2858 hospitals, including 2202 tertiary hospitals and 993 secondary hospitals—the coverage rate of secondary and above hospitals reaches 15. 59% . Based on this activity, using multiple indicators such as market retention rate, after-sales service satisfaction, net recommendation value, intention to repurchase rate, training system, etc. , from the perspective of twenty-four categories of medical equipment brand configuration, maintenance and repair services of equipment, procurement recommendation and other dimensions, this paper deeply analyzes the configuration and use status of medical equipment in China, and mines the data results in detail according to hospital classification, province division and so on. It mainly uses descriptive statistics to summarize and display the research results, expounds the development status of various brands of medical equipment, and provides real and effective data support for the healthy development of the industry.

Keywords: Industry Data Research; Hospital Configuration; After-sales Service

B.5　Analysis of Bidding Data of Eight Types of Medical Equipment in 2023

Xu Jiarui，Zheng Ke and Chen Yongchao / 243

Abstract：Medical devices are the fastest growing sub-industry in the pharmaceutical industry，and there is great potential for development. With the strong support of our government，the scale of the medical device industry continues to grow. Medical device tendering procurement is an important measure to standardize procurement behavior，reduce procurement prices，guarantee the quality of medical devices，promote further reduction of medical costs，alleviate the burden on patients' medical expenses，and improve the level of medical services. This paper selects eight categories of medical equipment such as endoscopy and ultrasound imaging diagnosis equipment，and analyzes the winning data in 2023 from the dimensions of winning number，brand classification，regional distribution，and purchasing hospitals to reflect the current situation of China's medical device tendering market. According to the standard statistics with more complete brand information disclosure，the total amount of procurement of eight categories of medical equipment in 2023 was 43. 39 billion yuan，and the total number of procurement was 154606 pieces. The category with the highest procurement amount and quantity was endoscopy and monitoring equipment. From the perspective of month distribution，the total amount and quantity of procurement of eight categories of medical equipment all reached a peak in January. In terms of brands，the winning data of eight categories of medical equipment in 2023 involved 1142 brands，and Mindray had the highest market share. In terms of regional markets，the most active regions for tendering in 2023 were Guangdong Province，Sichuan Province，and Jiangsu Province. In terms of hospital grades，the highest total amount and quantity of procurement were both tertiary hospitals.

Keywords：Bidding Data；Hospital Procurement；Mainstream Brand of Medical Equipment；Market Share

IV Global Trade

Abstract: With the implementation of the domestic and international dual circulation strategy, China's medical device enterprises actively "go out" to layout overseas markets and accelerate the process of internationalization. Based on the statistics of domestic listed medical device enterprises with disclosed overseas revenue, the proportion of overseas revenue has been maintained at more than one-third in recent 3 years. In addition, with the deepening of China's "Belt and Road" strategy and the economic development of countries along the "Belt and Road", the demand for medical devices from countries along the "Belt and Road" is gradually expanding. The total import and export trade volume of medical device equipment in China reached 43. 49 billion in 2023, of which the import was 19. 18 billion and the export was 24. 31 billion. From the perspective of commodity categories, the import and export trade volume of diagnostic and therapeutic equipment is the highest, accounting for more than 59%; the overall foreign trade of diagnostic and therapeutic equipment and other instruments constitutes a trade surplus relationship, while IVD instrument foreign trade as a whole constitutes a trade deficit. In terms of trading partners, developed countries such as the United States and Germany are still the main trading objects for China's medical equipment imports and exports.

Keywords: Medical Equipment; International Trade; Therapy and Diagnosis Equipment; IVD Instruments; Foreign Trade Policy

V Industry Policy

B.7 Policy Interpretation and Trend Analysis for Configuration
Management of Large Medical Equipment in China

Luan Xiaoxiao, Liu Liu, Zhang Manhui
and Liu Zhenlin / 289

Abstract: Large medical equipment is the crystallization of modern medical
science and technology, and its configuration and operation costs are high while
helping to improve diagnosis and treatment capacity. In recent years, the
government has taken a series of positive measures to standardize the configuration
and management of large medical equipment. In-depth understanding of the current
policy and development trend of large-scale medical equipment configuration
management in China, and improving the quality of large medical equipment
configuration are important prerequisites for medical institutions to carry out
medical service supply, medical quality management, medical risk prevention and
medical cost control. This chapter discusses the interpretation of policies related to
the configuration management of large medical equipment and the analysis of the
configuration trend, in order to provide a theoretical basis for realizing the
scientific matching between the configuration structure of medical institutions and
the social health demand, and to improve the diagnosis and treatment service
capacity of medical institutions at all levels.

Keywords: Large Medical Equipment; Configuration Management; Policy
Interpretation

Ⅵ Medical Devices Data Application Management

Abstract: With the emergence of medical resources shortage and unequal medical service caused by factors such as aging population in our country, the construction of compact medical commonwealth has become the top priority to promote sustainable development of the medical industry and guarantee patient satisfaction. However, under the background of the development of compact medical union, China's medical equipment management mode still faces certain challenges. This paper discusses the medical equipment management mode under the background of the compact medical union construction in China, analyzes the existing deficiencies, and puts forward some suggestions for the development of the new medical equipment management mode. At the same time, the smart large screen of Ruijin Hospital Affiliated to Shanghai Jiao Tong University School of Medicine is used as a case reference to provide important practical support for the innovation of medical equipment management mode and the improvement of the continuity of medical service industry under the background of the construction of tight medical union.

Keywords: Compact Medical Combination; Medical Equipment Management Mode; Medical Equipment Intelligent Management Platform

B . 9   Research on the Construction of the Life Cycle Management

System for Medical Facilities in Smart Hospitals

Sui Dongming , Jia Huiqing , Li Jianning , Guo Xue ,

Liu Cong , Zhao Yudi , Li Yongbo and Wu Tianqi / 316

Abstract: Technologies such as Internet, cloud computing, IOT, AI, and big data, etc, which are used in optimizing allocation of medical resources and enhancing service efficiency during building smart hospitals. It covers three core architectures: smart healthcare, smart services, and smart management. As one of important component, the full life-cycle management system of medical facilities requires comprehensive entire process management from purchasing to discarding. The system construction needs to consider factors such as functional modules, data interfaces, and security performance; it should have modules for procurement demonstration, acceptance of new equipment and new facility, using and maintenance, quality control examining and file management, etc. It should have good scalability and compatibility, also should adopt encryption technology and permission to ensure data security. The automatic identification, tracking, and management functions of RFID technology are applied to the full life-cycle management of medical facilities to achieve real-time monitoring, rapid positioning, and employing information tracing, which can innovate the management level and efficiency, and provide strong guarantee for medical services.

Keywords: Smart Hospital; Medical Facilities; Full Life-cycle Management; RFID

Contents ↖↘

B.10 Under the "Internet+" Model, My Country's Long-range Medical Development Driver and Current Status Analysis

Zhang Lei, Xu Ying / 338

Abstract: In recent years, with the driving of national policy dividends, the development of digital information technology and the construction of telemedicine collaboration network, the telemedicine in our country has developed rapidly. This paper analyzes the driving factors and bottleneck problems of telemedicine development under the "Internet +" mode, introduces the construction situation of the Internet of Things intelligent telemedicine system in our hospital, which collects operation and use information of medical equipment in real time through Internet of Things technology, can realize real-time monitoring and intelligent early warning of operation status of various brands and categories of medical equipment, realize comprehensive improvement of use control and use efficiency of large-scale medical equipment, realize single machine benefit analysis of medical equipment, etc. Through dynamic, accurate, data, visual and intelligent management of medical equipment, it gives full play to the economic benefits and social benefits of medical equipment. Based on the specific application in our hospital, it puts forward improvement strategies for the quality of Internet of Things intelligent telemedicine services, and looks forward to new technologies such as remote monitoring, benefit analysis, data security, artificial intelligence and other Internet of Things intelligent telemedicine. .

Keywords: Internet Healthcare; Telemedicine; Internet of Things; Medical Equipment

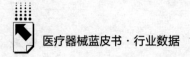

B . 11   Application and Progress of Wearable Devices in Disease

Surveillance and Early Warning

Gu Wei , *Liu Yang and Zhou Yang* / 347

Abstract: With the development of materials science and the advancement of various sensors, the range of capabilities, sensitivity, and specificity of wearable devices are gradually improving. The consistency in areas such as electrocardiogram monitoring, respiratory monitoring, and sleep monitoring has been verified by multiple studies. Therefore, wearable devices and mobile health developed on this basis have important significance in early detection and warning of key populations, which can promote health to a certain extent and reduce medical burden. This article summarizes the technologies adopted, implemented functions, and applications before, during, and after diagnosis of wearable devices, and elaborates on the existing problems and development prospects.

Keywords: Wearable Devices; Chronic Disease Management; Mobile Health

B . 12   Overview of a Conceptual Framework for Real-world Data

Quality Assessment and Analysis of Its Application

Zhang Lulu , *Yan Tingting and Wang Xinpei* / 358

Abstract: The source of real-world data is different from randomized controlled trials, and globally, real-world data has an important position in clinical research as one of the important data sources for real-world studies. With the development of hospital information integration platforms and case management systems, as well as the rise of personalized health testing devices paired with mobile communication technologies, the standardization of data within hospitals has been gradually achieved, which, however, creates information silos in different business systems between different hospitals. Therefore, quality control of raw data is especially critical for integrating and using data across complex systems to accomplish large-scale, comprehensive real-world studies. When data quality is unavailable, fragmented, and of low quality, it can affect research results and health decisions. In this study, we will describe the assessment of real-world data quality generated in the hospital setting, explore the assessment dimensions of data quality control, and analyze the application of electronic medical record data used in Peking University First Hospital for consumables-related research as an example.

Keywords: Data Quality; Quality Management; Electronic Health Record; Real World Data

社会科学文献出版社

皮 书

智库成果出版与传播平台

❖ 皮书定义 ❖

皮书是对中国与世界发展状况和热点问题进行年度监测，以专业的角度、专家的视野和实证研究方法，针对某一领域或区域现状与发展态势展开分析和预测，具备前沿性、原创性、实证性、连续性、时效性等特点的公开出版物，由一系列权威研究报告组成。

❖ 皮书作者 ❖

皮书系列报告作者以国内外一流研究机构、知名高校等重点智库的研究人员为主，多为相关领域一流专家学者，他们的观点代表了当下学界对中国与世界的现实和未来最高水平的解读与分析。

❖ 皮书荣誉 ❖

皮书作为中国社会科学院基础理论研究与应用对策研究融合发展的代表性成果，不仅是哲学社会科学工作者服务中国特色社会主义现代化建设的重要成果，更是助力中国特色新型智库建设、构建中国特色哲学社会科学"三大体系"的重要平台。皮书系列先后被列入"十二五""十三五""十四五"时期国家重点出版物出版专项规划项目；自2013年起，重点皮书被列入中国社会科学院国家哲学社会科学创新工程项目。

皮书网

（网址：www.pishu.cn）

发布皮书研创资讯，传播皮书精彩内容
引领皮书出版潮流，打造皮书服务平台

栏目设置

◆ 关于皮书

何谓皮书、皮书分类、皮书大事记、
皮书荣誉、皮书出版第一人、皮书编辑部

◆ 最新资讯

通知公告、新闻动态、媒体聚焦、
网站专题、视频直播、下载专区

◆ 皮书研创

皮书规范、皮书出版、
皮书研究、研创团队

◆ 皮书评奖评价

指标体系、皮书评价、皮书评奖

所获荣誉

◆ 2008 年、2011 年、2014 年，皮书网均
在全国新闻出版业网站荣誉评选中获得
"最具商业价值网站"称号；

◆ 2012 年，获得"出版业网站百强"称号。

网库合一

2014年，皮书网与皮书数据库端口合
一，实现资源共享，搭建智库成果融合创
新平台。

皮书网

"皮书说"
微信公众号

权威报告·连续出版·独家资源

皮书数据库
ANNUAL REPORT(YEARBOOK)
DATABASE

分析解读当下中国发展变迁的高端智库平台

所获荣誉

- 2022年，入选技术赋能"新闻+"推荐案例
- 2020年，入选全国新闻出版深度融合发展创新案例
- 2019年，入选国家新闻出版署数字出版精品遴选推荐计划
- 2016年，入选"十三五"国家重点电子出版物出版规划骨干工程
- 2013年，荣获"中国出版政府奖·网络出版物奖"提名奖

皮书数据库

"社科数托邦"
微信公众号

成为用户

登录网址www.pishu.com.cn访问皮书数据库网站或下载皮书数据库APP，通过手机号码验证或邮箱验证即可成为皮书数据库用户。

用户福利

- 已注册用户购书后可免费获赠100元皮书数据库充值卡。刮开充值卡涂层获取充值密码，登录并进入"会员中心"—"在线充值"—"充值卡充值"，充值成功即可购买和查看数据库内容。
- 用户福利最终解释权归社会科学文献出版社所有。

社会科学文献出版社 皮书系列
SOCIAL SCIENCES ACADEMIC PRESS (CHINA)

卡号：752895141765
密码：

数据库服务热线：010-59367265
数据库服务QQ：2475522410
数据库服务邮箱：database@ssap.cn
图书销售热线：010-59367070/7028
图书服务QQ：1265056568
图书服务邮箱：duzhe@ssap.cn

基本子库
SUB DATABASE

中国社会发展数据库（下设 12 个专题子库）

紧扣人口、政治、外交、法律、教育、医疗卫生、资源环境等 12 个社会发展领域的前沿和热点，全面整合专业著作、智库报告、学术资讯、调研数据等类型资源，帮助用户追踪中国社会发展动态、研究社会发展战略与政策、了解社会热点问题、分析社会发展趋势。

中国经济发展数据库（下设 12 专题子库）

内容涵盖宏观经济、产业经济、工业经济、农业经济、财政金融、房地产经济、城市经济、商业贸易等 12 个重点经济领域，为把握经济运行态势、洞察经济发展规律、研判经济发展趋势、进行经济调控决策提供参考和依据。

中国行业发展数据库（下设 17 个专题子库）

以中国国民经济行业分类为依据，覆盖金融业、旅游业、交通运输业、能源矿产业、制造业等 100 多个行业，跟踪分析国民经济相关行业市场运行状况和政策导向，汇集行业发展前沿资讯，为投资、从业及各种经济决策提供理论支撑和实践指导。

中国区域发展数据库（下设 4 个专题子库）

对中国特定区域内的经济、社会、文化等领域现状与发展情况进行深度分析和预测，涉及省级行政区、城市群、城市、农村等不同维度，研究层级至县及县以下行政区，为学者研究地方经济社会宏观态势、经验模式、发展案例提供支撑，为地方政府决策提供参考。

中国文化传媒数据库（下设 18 个专题子库）

内容覆盖文化产业、新闻传播、电影娱乐、文学艺术、群众文化、图书情报等 18 个重点研究领域，聚焦文化传媒领域发展前沿、热点话题、行业实践，服务用户的教学科研、文化投资、企业规划等需要。

世界经济与国际关系数据库（下设 6 个专题子库）

整合世界经济、国际政治、世界文化与科技、全球性问题、国际组织与国际法、区域研究 6 大领域研究成果，对世界经济形势、国际形势进行连续性深度分析，对年度热点问题进行专题解读，为研判全球发展趋势提供事实和数据支持。

法律声明

医疗器械蓝皮书

BLUE BOOK OF MEDICAL DEVICE INDUSTRY

中国医疗器械行业数据报告（2024）

耗材编

ANNUAL REPORT ON THE DATA OF MEDICAL DEVICE
INDUSTRY IN CHINA (2024)
Medical Consumables

主　编／段光荣　冯世领　周　君
副主编／赵　菁　吴晓东　王　玲　甄　辉　周　勇

社会科学文献出版社
SOCIAL SCIENCES ACADEMIC PRESS（CHINA）

图书在版编目（CIP）数据

中国医疗器械行业数据报告 . 2024. 耗材编／段光
荣，冯世领，周君主编.--北京：社会科学文献出版社，
2024.6
（医疗器械蓝皮书）
ISBN 978-7-5228-3635-5

Ⅰ.①中⋯ Ⅱ.①段⋯ ②冯⋯ ③周⋯ Ⅲ.①医疗器
械-制造工业-经济发展-研究报告-中国-2024 Ⅳ.
①F426.7

中国国家版本馆 CIP 数据核字（2024）第 093601 号

医疗器械蓝皮书
中国医疗器械行业数据报告（2024）（耗材编）

主　　编／段光荣　冯世领　周　君
副 主 编／赵　菁　吴晓东　王　玲　甄　辉　周　勇

出 版 人／冀祥德
组稿编辑／任文武
责任编辑／李　淼
责任印制／王京美

出　　版／社会科学文献出版社·生态文明分社（010）59367143
　　　　　地址：北京市北三环中路甲 29 号院华龙大厦　邮编：100029
　　　　　网址：www.ssap.com.cn
发　　行／社会科学文献出版社（010）59367028
印　　装／三河市东方印刷有限公司

规　　格／开　本：787mm×1092mm　1/16
　　　　　印　张：24.25　字　数：364 千字
版　　次／2024 年 6 月第 1 版　2024 年 6 月第 1 次印刷
书　　号／ISBN 978-7-5228-3635-5
定　　价／389.00 元（全二册）

读者服务电话：4008918866

耗材编编委会

顾　问

余新华　中国食品药品检定研究院（国家药品监督管理局医疗器
　　　　械标准管理中心）医疗器械标准管理研究所原所长

主　编

段光荣　佛山市第一人民医院副院长

冯世领　北京医院器材处副处长

周　君　中国医学科学院北京协和医院工会副主席

副主编

赵　菁　中日友好医院医学工程处处长

吴晓东　四川大学华西医院设备物资部部长

王　玲　国家药监局药品评价中心（国家药品不良反应监测中心）
　　　　医疗器械监测和评价一部部长

甄　辉　浙江省医疗器械检验研究院党委书记、院长

周　勇　广州众成大数据科技有限公司董事长兼总经理

编　委　（按姓氏首字母排序）

曹　星　浙江省医疗器械检验研究院业务受理部主管

陈富强　北京协和科技开发公司正处级研究员

郝俊飞　重庆市大足区人民医院招标采购科科长

胡然妍　佛山市第一人民医院医疗保险管理科监督专员

胡文静　中国医学科学院北京协和医院医学工程处助理研究员

李　尧　江苏省药品不良反应监测中心医疗器械化妆品监测科科员

李　瑶　北京医院器材处科员

李胤翀　佛山市第一人民医院医疗设备科科员

连英梅　中日友好医院医学工程处耗材科副科长

林家荣　佛山市第一人民医院医疗设备科维修组组长

刘　亮　佛山市第一人民医院医疗设备科副科长

罗冰洁　四川大学华西医院设备物资部采供科副科长

孟佳颖　浙江省医疗器械检验研究院业务受理部业务受理

彭雪莲　佛山市第一人民医院医疗设备科耗材组组长

千　红　中国医学科学院北京协和医院医学工程处助理研究员

山其君　中国医学科学院北京协和医院信息中心副研究员

邵宇嫣　佛山市第一人民医院医疗设备科科员

汤京龙　中国食品药品检定研究院医疗器械标准管理研究所标准二室主任

王狄佳　四川大学华西医院助理研究员（管理研究）

徐　璐　中国医学科学院北京协和医院医学工程处工程师

徐健梅　佛山市第一人民医院医疗保险管理科科员

许慧雯　中国食品药品检定研究院医疗器械标准管理研究所综合办公室副主任

许佳锐　广州众成大数据科技有限公司副总经理

许先兴　国家药品监督管理局药品评价中心办公室评价员

焉　丹　中日友好医院医学工程处副处长

燕　娟　国家药品监督管理局食品药品审核查验中心检查一处检查员

叶岳顺　浙江省医疗器械检验研究院业务受理部主任

易　力　中国食品药品检定研究院医疗器械标准管理研究所高级
　　　　工程师

于爱婧　石河子大学第一附属医院医学工程部主任

袁　瑶　浙江省医疗器械检验研究院业务受理部监督抽验主管

张　慧　中国医学科学院北京协和医院医学工程处工程师

张　维　中国医学科学院北京协和医院医疗保险管理处处长助理

郑　珂　广州众成大数据科技有限公司副总经理

周　嫱　北京医院医学工程科高级工程师

周　铨　佛山市第一人民医院医疗保险管理科科长

周　欣　中国医学科学院北京协和医院医学工程处副处长

周之昊　佛山市第一人民医院医疗保险管理科副主任药师

卓　海　佛山市第一人民医院医疗设备科维修组组长

参与撰写者　（按姓氏首字母排序）

　　　　陈佳怡　陈永潮　崔丽君　崔雨宁　黎金婵

　　　　林铠绪　李　佩　刘　婷　刘　莹　宋有星

　　　　王　艳　王　政　杨　雾　杨少彬　朱丽君

主要编撰者简介

主　编

段光荣　佛山市第一人民医院副院长，教授级高级工程师，中华医学会医学工程学分会常委，中国医学装备协会常委，中国研究型医院学会临床工程专业委员会常委，广东省医学会医学工程分会副主任委员，广东省医院协会信息化专委会副主任委员，广东省卫生经济学会医院经济管理专委会副主任委员。研究方向为医院财务经济、运营管理、绩效分配、医保管理、医院信息化、设备耗材、后勤保障等。

冯世领　北京医院器材处副处长，高级工程师，北京医学会医学工程学分会副主委、中华医学会医学工程学分会青委会副主委、中国医学装备协会临床工程学分会常委、北京医师协会临床工程学分会常委、中国研究型医院学会临床工程专业委员会常委、中国设备协会医学领域分会常委，曾获中华医学会医学工程学分会"中华优秀十佳医学工程师"、中华医学会医学工程学分会"十大杰出青年"、"2020 年 CCI 杯医疗器械创新大赛"北京地区三等奖，研究方向为医疗设备技术管理、设备资产管理、医用耗材 SPD 精益管理、医工结合。

周　君　中国医学科学院北京协和医院工会副主席，副研究员，中华医学会北京分会第三届医学工程学分会常务委员兼秘书长、青委副主委，中国医学装备协会采购分会第二届常务委员，中国医学装备协会教育培训分会第三届常务委员，中国医疗器械行业协会卫生技术评估与政策研究专业委员会常务委员，研究方向为医院管理、医疗设备管理、医用耗材管理、预算管理、政府采购等，2021 年代表北京协和医院承接中国卫生经济学会卫生健康管理第二十二批重点研究课题"大型医用配置管理前瞻性研究"工作，该项目获得中国卫生经济学会第二十二批重点研究课题一等奖。

副主编

  赵　菁 中日友好医院医学工程处处长，副研究员，国家卫健委医疗器械临床使用专家委员会副秘书长，中国医学装备协会常务理事，中国医学装备协会管理分会常务委员，中国医学装备协会运营与绩效分会常务委员，研究方向为医院管理、医学装备管理（包括医疗设备全生命周期管理卫生技术评价）、医用耗材监管、评估与智慧管理、医疗器械不良事件管理等。主持科技部重点研发项目课题"2022～2025 生命救治与监护设备智能计量质控技术研究及应用示范"、中国卫生经济学会第 24 期重点研发课题"2023 公立医院政府采购过程管理研究"、中国卫生经济学会第 23 期重点研发课题"2022 公立医院医疗设备配置管理研究"。

  吴晓东 四川大学华西医院设备物资部部长，工程师，《中国医疗设备》杂志社常务编委，《中国医疗设备》杂志社编辑委员会（四川）常务副主编，四川省医院协会后勤支撑保障管理专业委员会常务理事。研究方向为医学装备与物流供应链管理，参与编著《从开源到节流——华西医院后勤管理创新》《从垂直管理到合纵连横——华西医院高效运营管理实务》。

  王　玲 国家药监局药品评价中心（国家药品不良反应监测中心）医疗器械监测和评价一部部长，主任技师，研究方向为医疗器械不良事件监测评价、药品不良反应监测评价、药物滥用监测、信息系统规划及建设（信息系统等级保护）、应用软件设计开发、数据挖掘技术、应急管理、数据标准化，2023 年验收完成的科研项目共 8 个，形成 10 个新标准、新技术、新工具成果，包括有源医疗器械上市后主动监测工作手册、有源医疗器械故障类不良事件风险预警、风险信号挖掘和数据分析利用模式和方法、有源医疗器械不良事件安全性信息交流规范、医疗器械上市后风险评估方法应用手册、创新医疗器械注册人上市后不良事件监测体系实施手册等。

甄 辉 浙江省医疗器械检验研究院党委书记、院长，教授级高级工程师，国家药品监督管理局生物医学光学重点实验室主任、医疗器械分类技术委员会执委兼有源手术器械组副组长、浙江大学校外博士生导师等，研究方向为医疗器械研发、生产、咨询、检查、监管、审评，不良事件监测、检验等。2020年12月获得国家市场监督管理总局、国家药品监督管理局、国家知识产权局联合授予的"全国市场监管系统抗击新冠肺炎疫情先进个人"称号，2017年1月获得浙江省人力资源和社会保障厅、浙江省食品药品监督管理局联合授予的"全省食品药品监督管理系统先进工作者"称号。

周 勇 广州众成大数据科技有限公司董事长兼总经理，现任中国整形美容协会医美大数据中心主任、中国医疗器械行业协会中医医疗器械专委会秘书长、全国卫生产业企业管理协会医疗器械商业分会副会长兼产业服务中心主任、广州市生物产业联盟医疗器械专业委员会秘书长、中欧校友智慧医疗创业协会秘书长。研究方向为医疗器械行业数据技术服务，曾带领公司搭建了全国首个"医疗器械产业大数据智能应用与创新服务平台"，开创了国内医疗器械行业大数据服务先河。

目 录 ⟩

I 耗材注册审批篇

II 耗材市场篇

III 耗材国际贸易篇

IV 耗材行业政策篇

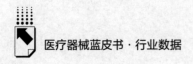

Ⅴ 耗材数据应用管理篇

皮书数据库阅读**使用指南**

耗材注册审批篇

B.1
2023年中国医用耗材审批
与产品数据分析报告

许佳锐　黎金婵　杨少彬*

摘　要： 2023年，国家药监局持续深化医疗器械审评审批制度改革，创新产品持续涌现，高质量发展加速推进；持续加强疫情防控产品审评审批和质量监管，有力保障常态化疫情防控；强化第二类产品注册、第一类产品备案和临床试验管理；持续推进分类管理改革，管理制度与运行机制不断完善，分类规则与分类目录适时修订，监管效能和产业发展得到有力提升。2023年，国家及各省（自治区、直辖市）药品监督管理局共计批准境内第一类医用耗材首次备案20819件，进口第一类医用耗材首次备案537件；境内第二类医用耗材首次注册9526件，进口第二类医用耗材首次注册168件；境内第三类医用耗材首次注册1598件，进口第三类医用耗材首次注册266件。2023年医用耗材首次注册及备案审批数量整体呈增长趋势，除境内第

---

* 许佳锐，广州众成大数据科技有限公司副总经理；黎金婵，广州众成大数据科技有限公司数据分析师；杨少彬，广州众成大数据科技有限公司产业数据管理。

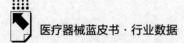
一类医用耗材审批数量有所下降外，其余类别医用耗材审批数量均呈正增长，其中，境内第三类医用耗材首次注册及境内第一类首次备案审批数量增幅较大。

关键词： 医用耗材注册　医用耗材首次注册　医用耗材备案　产业创新国产化

一　医用耗材审批批准整体情况

随着医疗器械企业技术进步及配套产业链的成熟，以及医改、分级诊疗、扶持国产设备等国家政策的推动，医疗器械产品需求持续增长，未来十年仍是中国医疗器械行业快速发展的黄金时期。[①] 2017 年《关于深化审评审批制度改革鼓励药品医疗器械创新的意见》（厅字〔2017〕42 号）以及《医疗器械监督管理条例》（2021 修订版），不仅要求保证医疗器械的安全、有效，还提出促进医疗器械产业发展，将鼓励行业创新发展提升至国家战略层面，对我国医疗器械的审批工作有着深远而长足的影响。[②] 医用耗材是开展医学诊疗必需的物资，也是各医疗机构维持正常运行的重要物资，能够影响医疗服务质量和效果。[③] 随着国民经济发展和医疗水平的不断提高，我国医用耗材行业快速增长。

2023 年，国家及各省（自治区、直辖市）药品监督管理局共计批准第一类医用耗材首次备案 21356 件，第二类医用耗材首次注册 9694 件，第三类医用耗材首次注册 1864 件（见图 1）。

---

① 张海军：《坚持创新驱动 推动民族医疗产业发展》，《中国科技产业》2021 年第 2 期，第 24~25 页。
② 张保磊等：《医疗器械产业高质量发展措施研究》，《中国仪器仪表》2023 年第 1 期，第 31~36 页。
③ 张磊、孙希蓉、侯志燕等：《医用耗材评价体系及核心指标研究》，《中国医学装备》2021 年第 12 期，第 125~129 页。

从趋势角度分析，相较2022年，2023年医用耗材首次注册及备案审批数量整体呈增长趋势。其中，第一类医用耗材首次备案数量增幅最大，同比增长9.28%；第三类医用耗材首次注册数量同比增长8.37%；第二类医用耗材首次注册数量基本持平（见图1）。

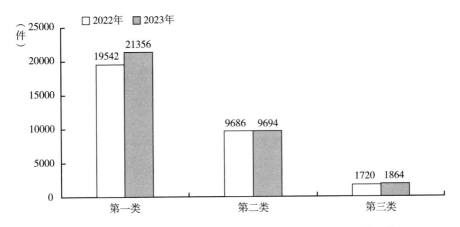

图1　2022年、2023年医用耗材各管理类别首次注册及备案批准情况

从首次注册类别分析，2023年第二类医用耗材9694件，占全部首次注册的83.87%；第三类医用耗材1864件，占全部首次注册的16.13%。其中，境内第二类医用耗材9526件、占第二类产品首次注册的98.27%，进口第二类医用耗材168件、占第二类产品首次注册的1.73%；境内第三类医用耗材1598件、占第三类产品首次注册的85.73%，进口第三类医用耗材266件、占第三类产品首次注册的14.27%。从医疗器械管理类别角度分析，境内第二类医用耗材首次注册数量占比显著高于进口第二类医用耗材占比，境内第三类医用耗材首次注册数量占比亦远高于进口第三类医用耗材占比。

从首次注册趋势分析，相较2022年，2023年各类别医用耗材首次注册数量均呈正增长，其中境内第三类医用耗材首次注册数量增长幅度较大，同比增长9.75%（见图2）。

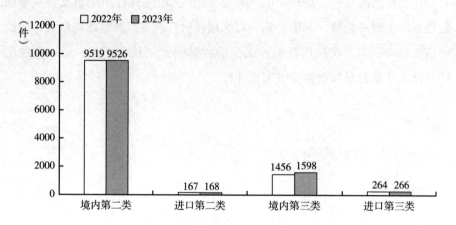

图2 2022年、2023年医用耗材第二类、第三类首次注册批准情况

二 进口第三类医用耗材注册批准情况

1. 进口第三类医用耗材首次注册整体情况

2023年我国进口第三类医用耗材首次注册共266件，与2022年基本持平（见表1）。

表1 2022年、2023年进口第三类医用耗材首次注册数量

单位：件

注册形式	2022年	2023年
首次注册	264	266

从产品类型看，2023年医疗耗材首次注册250件，占比93.98%；体外诊断试剂注册16件，占比6.02%（见表2）。

表2 2022年、2023年进口第三类医用耗材不同产品类别首次注册分布情况

单位：件，%

类别	2022年		2023年	
	数量	占比	数量	占比
医疗耗材	249	94.32	250	93.98
体外诊断试剂	15	5.68	16	6.02

2. 进口第三类医用耗材首次注册分析

第三类医用耗材包含植入人体，用于支持、维持生命，同时可能对人体具有潜在危险性的医用耗材，对其安全性和有效性必须严格控制。第三类医用耗材需要在国家药品监督管理局注册。[①] 本报告对进口第三类医用耗材首次注册情况进行分析时，以国家药品监督管理局批准注册医疗器械产品公告（2022~2023年）所公布的注册产品目录为依据，包含港澳台数据。

（1）月度注册情况

从月份分布看，2023年进口第三类医用耗材首次注册数量整体呈波动趋势。其中，6月首次注册产品数量为37件，达到2023年单月峰值（见图3）。

（2）品类分布分析

第一，注册产品类别。根据医用耗材产品结构特征，所有产品被划分为有源医疗器械、无源医疗器械和体外诊断试剂三大类。从结构特征分析，2023年首次注册的266件进口第三类产品中，无源医疗器械222件，占比为83.46%；有源医疗器械28件，占比为10.53%；体外诊断试剂16件，占比为6.02%；无源医疗器械仍是进口第三类医用耗材首次注册产品的最大组成部分，有源医疗器械占比超总体的1/10。

从图4分析，2023年进口第三类医用耗材中，体外诊断试剂、有源医

---

① 许伟：《从我国医疗器械注册现状看医疗器械产业的创新之道》，《中国药物警戒》2011年8月5日，第3版。

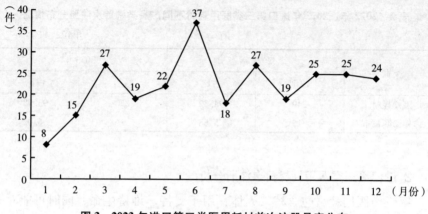

图3　2023年进口第三类医用耗材首次注册月度分布

疗器械每月首次注册产品数量相对稳定，无源医疗器械数量则波动较大。其中无源医疗器械6月首次注册产品数量为29件，达到2023年单月峰值。

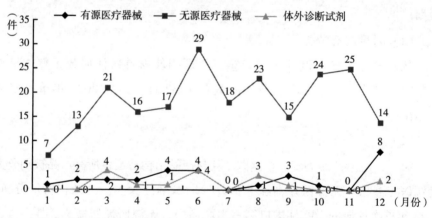

图4　2023年进口第三类医用耗材不同注册类别月度分布

第二，分类目录。根据新版《医疗器械分类目录》，医疗器械被划分为22个不同类型的子目录，形成一整套分类体系，体外诊断试剂则按照《体外诊断试剂分类目录》单独进行管理。

按照新版《医疗器械分类目录》要求，对2022～2023年批准注册的530件产品的分类编码进行逐一分类，将其归入相应分类子目录（见表3）。

表3 2022年、2023年进口第三类医用耗材首次注册分类别分布

单位：件，%

分类目录	2022年		2023年		合计	
	数量	占比	数量	占比	数量	占比
有源手术器械	10	3.79	11	4.14	21	3.96
无源手术器械	7	2.65	10	3.76	17	3.21
神经和心血管手术器械	39	14.77	40	15.04	79	14.91
医用成像器械	3	1.14	3	1.13	6	1.13
医用诊察和监护器械	2	0.76	4	1.50	6	1.13
呼吸、麻醉和急救器械	1	0.38	1	0.38	2	0.38
物理治疗器械	1	0.38	1	0.38	2	0.38
输血、透析和体外循环器械	18	6.82	16	6.02	34	6.42
有源植入器械	14	5.30	10	3.76	24	4.53
无源植入器械	57	21.59	75	28.20	132	24.91
注输、护理和防护器械	28	10.61	14	5.26	42	7.92
眼科器械	29	10.98	36	13.53	65	12.26
口腔科器械	24	9.09	23	8.65	47	8.87
妇产科、辅助生殖和避孕器械	2	0.76	4	1.50	6	1.13
临床检验器械	3	1.14	2	0.75	5	0.94
体外诊断试剂	26	9.85	16	6.02	42	7.92

从总体情况分析，2022~2023年进口第三类医用耗材首次注册产品中，无源植入器械（24.91%）、神经和心血管手术器械（14.91%）、眼科器械（12.26%）占据前3位，占总量的52.08%；其他首次注册数量超过总体5%的大类有输血、透析和体外循环器械，注输、护理和防护器械，口腔科器械，体外诊断试剂，属于进口相对较多的医用耗材。

按年份情况分析，2022年医用耗材首次注册产品数量占据前3位的分别为无源植入器械（21.59%）、神经和心血管手术器械（14.77%）、眼科器械（10.98%）；2023年医用耗材首次注册产品数量占据前3位的分别为无源植入器械（28.20%）、神经和心血管手术器械（15.04%）、眼科器械

（13.53%）。

从趋势分析，2023年无源植入器械首次注册占比涨幅较大，由2022年的21.59%增至2023年的28.20%，连续两年稳居第一；眼科器械、无源手术器械首次注册占比有小幅提升；2023年注输、护理和防护器械以及体外诊断试剂首次注册占比明显下降，分别由2022年的10.61%和9.85%降至2023年的5.26%和6.02%。

（3）国家和地区分布分析

2023年注册的266件进口第三类医用耗材首次注册产品来自25个国家和地区（见表4）。

表4　2022年、2023年进口第三类医用耗材首次注册国家/地区分布

单位：件，%

国家/地区	2022年		2023年		合计	
	数量	占比	数量	占比	数量	占比
美国	103	39.02	134	50.38	237	44.72
德国	39	14.77	32	12.03	71	13.40
日本	19	7.20	13	4.89	32	6.04
韩国	19	7.20	13	4.89	32	6.04
中国台湾	17	6.44	14	5.26	31	5.85
瑞士	12	4.55	11	4.14	23	4.34
法国	11	4.17	8	3.01	19	3.58
瑞典	9	3.41	5	1.88	14	2.64
意大利	3	1.14	8	3.01	11	2.08
英国	9	3.41	2	0.75	11	2.08
以色列	4	1.52	5	1.88	9	1.70
爱尔兰	6	2.27	3	1.13	9	1.70
新加坡	0	0.00	6	2.26	6	1.13
荷兰	3	1.14	3	1.13	6	1.13
比利时	0	0.00	3	1.13	3	0.57
马来西亚	2	0.76	1	0.38	3	0.57
奥地利	3	1.14	0	0.00	3	0.57

续表

国家/地区	2022 年		2023 年		合计	
	数量	占比	数量	占比	数量	占比
丹麦	1	0.38	1	0.38	2	0.38
中国香港	2	0.76	0	0.00	2	0.38
加拿大	0	0.00	1	0.38	1	0.19
澳大利亚	0	0.00	1	0.38	1	0.19
哥斯达黎加	0	0.00	1	0.38	1	0.19
巴巴多斯	0	0.00	1	0.38	1	0.19
西班牙	1	0.38	0	0.00	1	0.19
芬兰	1	0.38	0	0.00	1	0.19

2023 年，进口第三类医用耗材首次注册产品数量位于前十位的国家和地区分别为美国、德国、中国台湾、日本、韩国、瑞士、法国、意大利、新加坡、瑞典和以色列（并列）。其中，美国、德国稳居前两位，其产品数量之和占进口第三类首次注册产品总数的 60% 以上，是进口第三类医用耗材的主要来源地。从总体上看，美国首次注册产品数量占比为 50.38%，德国首次注册产品数量占比为 12.03%。

从趋势分析，美国首次注册产品数量由 2022 年的 103 件（39.02%）上升到 2023 年的 134 件（50.38%）。相较于 2022 年，2023 年首次注册数量有较大上升的还有意大利、新加坡等，日本、韩国则均在 2023 年有较大幅度下降。新加坡、比利时、加拿大、澳大利亚、哥斯达黎加、巴巴多斯在 2022 年均无首次注册，而在 2023 年分别有 6 件、3 件、1 件、1 件、1 件、1 件首次注册，分别占 2022~2023 年总体的 1.13%、0.57%、0.19%、0.19%、0.19%、0.19%。

三　进口第二类医用耗材注册批准情况

1. 进口第二类医用耗材首次注册整体情况

2023 年我国进口第二类医用耗材首次注册共 168 件，与 2022 年基本持平（见表 5）。

表5　2022年、2023年进口第二类医用耗材首次注册数量

单位：件

注册形式	2022年	2023年
首次注册	167	168

从产品类别看，2023年医疗耗材首次注册102件，占比60.71%；体外诊断试剂首次注册66件，占比39.29%（见表6）。

表6　2022年、2023年进口第二类医用耗材不同产品类别首次注册分布情况

单位：件，%

类别	2022年		2023年	
	数量	占比	数量	占比
医疗耗材	134	80.24	102	60.71
体外诊断试剂	33	19.76	66	39.29

2. 进口第二类医用耗材首次注册情况分析

本报告对进口第二类医用耗材首次注册情况进行分析时，以国家药品监督管理局批准注册医疗器械产品公告（2022~2023年）所公布的注册产品目录为依据，包含港澳台数据。

（1）月度注册情况

从月份分布看，2023年各月首次注册数量波动较大。其中，6月和12月进口第二类医用耗材首次注册数量均超过20件。具体月度分布如图5所示。

（2）品类分布分析

第一，注册产品类别。根据医用耗材产品结构特征，将其划分为有源医疗器械、无源医疗器械和体外诊断试剂三大类。从结构特征分析，2023年进口第二类医用耗材首次注册的168件产品中，无源医疗器械95件、占比为56.55%，有源医疗器械7件、占比为4.17%，体外诊断试剂66件、占比

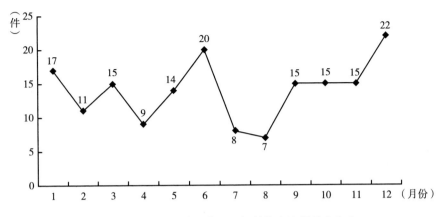

图5 2023年进口第二类医用耗材首次注册月度分布

为39.29%。

从月度数据分析，有源医疗器械、无源医疗器械、体外诊断试剂的月度注册数量波动均较大（见图6）。

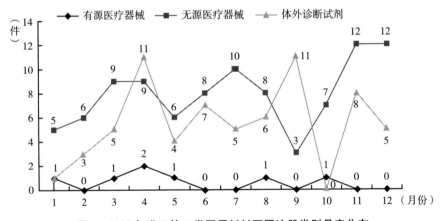

图6 2023年进口第二类医用耗材不同注册类别月度分布

第二，分类目录。从总体情况分析，进口第二类医用耗材首次注册产品中，体外诊断试剂（36.72%）、口腔科器械（17.61%）、无源手术器械（13.13%）医用耗材首次注册占比位列前三。骨科手术器械，注输、护理和防护器械医用耗材首次注册亦超5%，其他产品大类医用耗材首次注册数量占比均低于 5%。

按年份情况分析，2022 年医用耗材首次注册产品数量占据前 3 位的分别是体外诊断试剂（34.13%）、无源手术器械（15.57%）、口腔科器械（11.98%）；2023 年医用耗材首次注册产品数量占据前 3 位的分别是体外诊断试剂（39.29%）、口腔科器械（23.21%）、无源手术器械（10.71%）。

从趋势分析，2023 年，体外诊断试剂首次注册数量有所上升，稳居第一。同一期间内，口腔科器械首次注册数量涨幅明显，由 2022 年的占比 11.98% 升至 2023 年的 23.21%，排名第二；2023 年无源手术器械、临床检验器械、医用诊察和监护器械等类别占比均呈下降趋势。其中，无源手术器械首次注册数量占比下降幅度较大，由 2022 年的 15.57% 降至 2023 年的 10.71%（见表 7）。

表 7　2022 年、2023 年进口第二类医用耗材首次注册分类别分布

单位：件，%

分类目录	2022 年		2023 年		合计	
	数量	占比	数量	占比	数量	占比
有源手术器械	1	0.60	2	1.19	3	0.90
无源手术器械	26	15.57	18	10.71	44	13.13
神经和心血管手术器械	1	0.60	0	0	1	0.30
骨科手术器械	9	5.39	14	8.33	23	6.87
医用成像器械	3	1.80	2	1.19	5	1.49
医用诊察和监护器械	7	4.19	1	0.60	8	2.39
呼吸、麻醉和急救器械	8	4.79	3	1.79	11	3.28
有源植入器械	5	2.99	1	0.60	6	1.79
注输、护理和防护器械	15	8.98	16	9.52	31	9.25
眼科器械	6	3.59	2	1.19	8	2.39
口腔科器械	20	11.98	39	23.21	59	17.61
妇产科、辅助生殖和避孕器械	2	1.20	3	1.79	5	1.49
临床检验器械	7	4.19	0	0.00	7	2.09
体外诊断试剂	57	34.13	66	39.29	123	36.72
中医器械	0	0.00	1	0.60	1	0.30

（3）国家和地区分布分析

2023 年，我国首次注册的 168 件进口第二类医用耗材产品来自 21 个国家和地区（见表8）。

表 8　2022 年、2023 年进口第二类医用耗材首次注册国家和地区分布

单位：件，%

国家/地区	2022 年		2023 年		合计	
	数量	占比	数量	占比	数量	占比
美国	66	39.52	61	36.31	127	37.91
德国	29	17.37	36	21.43	65	19.40
日本	26	15.57	18	10.71	44	13.13
韩国	5	2.99	14	8.33	19	5.67
法国	6	3.59	7	4.17	13	3.88
英国	8	4.79	2	1.19	10	2.99
意大利	5	2.99	3	1.79	8	2.39
爱尔兰	1	0.60	6	3.57	7	2.09
中国台湾	2	1.20	4	2.38	6	1.79
马来西亚	2	1.20	3	1.79	5	1.49
瑞士	5	2.99	0	0.00	5	1.49
列支敦士登	0	0.00	3	1.79	3	0.90
瑞典	2	1.20	1	0.60	3	0.90
克罗地亚	2	1.20	1	0.60	3	0.90
丹麦	2	1.20	1	0.60	3	0.90
澳大利亚	0	0.00	2	1.19	2	0.60
以色列	1	0.60	1	0.60	2	0.60
奥地利	2	1.20	0	0.00	2	0.60
中国香港	2	1.20	0	0.00	2	0.60
印度	0	0.00	1	0.60	1	0.30
新加坡	0	0.00	1	0.60	1	0.30
希腊	0	0.00	1	0.60	1	0.30
柬埔寨	0	0.00	1	0.60	1	0.30
荷兰	0	0.00	1	0.60	1	0.30
墨西哥	1	0.60	0	0.00	1	0.30

2023 年，进口第二类医用耗材首次注册产品数量位于前十的国家和地区分别为美国、德国、日本、韩国、法国、爱尔兰、中国台湾、马来西亚、

意大利、列支敦士登。其中，美国、德国、日本稳居前三位，其产品数量占比之和超60%，是进口第二类医用耗材的主要来源地。从总体上看，2023年美国首次注册产品数量占全部产品数量的36.31%，德国首次注册产品数量占21.43%，日本首次注册产品数量占10.71%。

从趋势分析，2023年美国产品首次注册数量占比有小幅下降，由2022年的39.52%下降到2023年的36.31%，但仍稳居第一。2023年日本、英国、瑞士等国家和地区首次注册数量呈下降趋势；德国、韩国、爱尔兰等国家和地区产品首次注册数量占比有所增长。其中，韩国涨幅较为明显，由2022年的2.99%上升至2023年的8.33%。

四　境内第三类医用耗材注册情况

1. 境内第三类医用耗材首次注册整体情况

2023年我国境内第三类医用耗材首次注册共1598件，同比增长9.75%（见表9）。

从产品类别看，2023年医疗耗材注册1351件，占比84.54%；体外诊断试剂注册247件，占比15.46%（见表10）。

表9　2022年、2023年境内第三类医用耗材首次注册数量

单位：件

注册形式	2022年	2023年
首次注册	1456	1598

表10　2022年、2023年境内第三类医用耗材不同产品类别首次注册分布情况

单位：件，%

类别	2022年		2023年	
	数量	占比	数量	占比
医疗耗材	1221	83.86	1351	84.54
体外诊断试剂	235	16.14	247	15.46

2. 境内第三类医用耗材首次注册情况分析

对境内第三类医用耗材首次注册情况进行分析时，以国家药品监督管理局批准注册医疗器械产品公告（2022~2023年）所公布的注册产品目录为依据，不包含港澳台数据。

（1）月度审批情况

从时间分布看，2023年境内第三类医用耗材单月注册数量波动较大。其中，1月184件，达到2023年单月峰值。具体月度分布见图7。

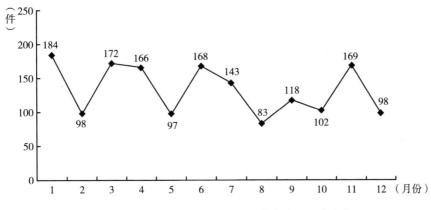

图7 2023年境内第三类医用耗材首次注册月度分布

（2）品类分布分析

第一，注册产品类别。从结构特征分析，2023年境内第三类首次注册医用耗材的1598件产品中，体外诊断试剂247件、占比为15.46%，无源医疗器械1257件、占比为78.66%，有源医疗器械94件、占比为5.88%。

从月度数据分析，无源医疗器械月度注册数量波动均较大，有源医疗器械和体外诊断试剂则相对稳定（见图8）。

第二，分类目录。从总体情况分析，2022年、2023年境内第三类医用耗材首次注册产品中，无源植入器械（28.09%）、体外诊断试剂（18.50%）、神经和心血管手术器械（16.90%）首次注册占比分别位列前三，总量占比超60%。此外，注输、护理和防护器械首次注册占比超10%，

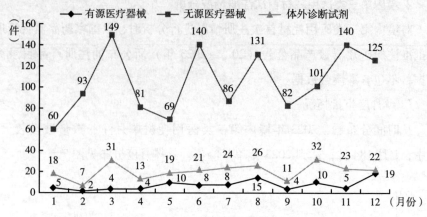

图8　2023年境内第三类医用耗材不同注册类别月度分布

输血、透析和体外循环器械以及口腔科器械均属占比相对较高的类别，其余类别占比均低于4%。

按年份情况分析，2022年境内第三类医用耗材首次注册产品数量占据前3位的分别是无源植入器械（26.72%）、体外诊断试剂（21.84%）、神经和心血管手术器械（16.96%）；2023年境内第三类医用耗材首次注册产品数量占据前3位的分别是无源植入器械（29.35%）、神经和心血管手术器械（16.83%）、体外诊断试剂（15.46%）。

从趋势分析，2022~2023年境内第三类医用耗材无源植入器械首次注册数量有所上升，由2022年的389件（占比26.72%）上升至2023年的469件（占比29.35%），连续两年稳居第一；而体外诊断试剂首次注册数量则有所下降，由2022年的318件（占比21.84%）降至2023年的247件（占比15.46%）；此外，口腔科器械，妇产科、辅助生殖和避孕器械等医用耗材首次注册数量均呈上升趋势（见表11）。

（3）省份分布分析

2023年，我国获批的1598件境内第三类医用耗材首次注册产品共来自25个省份（见表12）。

表 11　2022 年、2023 年境内第三类医用耗材首次注册分类分布情况

单位：件，%

分类目录	2022 年		2023 年		合计	
	数量	占比	数量	占比	数量	占比
有源手术器械	42	2.88	51	3.19	93	3.05
无源手术器械	39	2.68	44	2.75	83	2.72
神经和心血管手术器械	247	16.96	269	16.83	516	16.90
骨科手术器械	11	0.76	7	0.44	18	0.59
放射治疗器械	1	0.07	0	0.00	1	0.03
医用成像器械	23	1.58	12	0.75	35	1.15
医用诊察和监护器械	8	0.55	14	0.88	22	0.72
呼吸、麻醉和急救器械	8	0.55	14	0.88	22	0.72
物理治疗器械	1	0.07	3	0.19	4	0.13
输血、透析和体外循环器械	71	4.88	66	4.13	137	4.49
有源植入器械	20	1.37	11	0.69	31	1.02
无源植入器械	389	26.72	469	29.35	858	28.09
注输、护理和防护器械	148	10.16	186	11.64	334	10.94
眼科器械	49	3.37	51	3.19	100	3.27
口腔科器械	58	3.98	109	6.82	167	5.47
妇产科、辅助生殖和避孕器械	14	0.96	35	2.19	49	1.60
临床检验器械	9	0.62	10	0.63	19	0.62
体外诊断试剂	318	21.84	247	15.46	565	18.50

表 12　2022 年、2023 年境内第三类医用耗材首次注册省份分布

单位：件，%

省（自治区、直辖市）	2022 年		2023 年		合计	
	数量	占比	数量	占比	数量	占比
江苏省	314	21.57	343	21.46	657	21.51
广东省	241	16.55	237	14.83	478	15.65
北京市	194	13.32	191	11.95	385	12.61
上海市	130	8.93	134	8.39	264	8.64
浙江省	113	7.76	166	10.39	279	9.14
山东省	104	7.14	127	7.95	231	7.56
天津市	74	5.08	64	4.01	138	4.52

续表

省(自治区、直辖市)	2022 年		2023 年		合计	
	数量	占比	数量	占比	数量	占比
福建省	52	3.57	73	4.57	125	4.09
四川省	37	2.54	28	1.75	65	2.13
重庆市	34	2.34	15	0.94	49	1.60
湖南省	32	2.20	34	2.13	66	2.16
河南省	32	2.20	31	1.94	63	2.06
湖北省	24	1.65	28	1.75	52	1.70
江西省	15	1.03	26	1.63	41	1.34
河北省	15	1.03	25	1.56	40	1.31
陕西省	11	0.76	14	0.88	25	0.82
辽宁省	8	0.55	13	0.81	21	0.69
安徽省	7	0.48	17	1.06	24	0.79
吉林省	7	0.48	13	0.81	20	0.65
海南省	4	0.27	5	0.31	9	0.29
云南省	3	0.21	7	0.44	10	0.33
甘肃省	2	0.14	4	0.25	6	0.20
黑龙江省	2	0.14	0	0.00	2	0.07
山西省	1	0.07	1	0.06	2	0.07
广西壮族自治区	0	0.00	1	0.06	1	0.03
青海省	0	0.00	1	0.06	1	0.03

从总体趋势分析,2022~2023 年,浙江省、山东省、福建省等地境内第三类医用耗材首次注册数量均呈上升趋势。广西壮族自治区、青海省 2022年境内第三类医用耗材首次注册数量均为零,2023 年均实现了零的突破。

五　境内第二类医用耗材注册情况

2023 年,各省级药品监管部门共计批准境内第二类医用耗材首次注册9526 件,与 2022 年基本持平。

从产品类别看,2023 年境内第二类医疗耗材注册 5922 件,占比62.17%;体外诊断试剂注册 3604 件,占比 37.83%(见表 13)。

表 13　2022 年、2023 年境内第二类医用耗材不同产品类别首次注册分布情况

单位：件，%

类别	2022 年		2023 年	
	数量	占比	数量	占比
医疗耗材	5343	56.13	5922	62.17
体外诊断试剂	4176	43.87	3604	37.83

六　第一类医用耗材备案批准情况

据《医疗器械监督管理条例》规定，第一类医疗器械采用产品备案管理方式。2023 年境内第一类医用耗材首次备案批准数量为 20819 件，同比增长 9.93%；进口第一类医用耗材首次备案批准数量为 537 件，同比下降 11.09%（见图 9）。

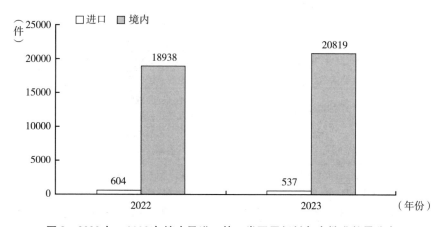

图 9　2022 年、2023 年境内及进口第一类医用耗材备案批准数量分布

七　第二、三类医用耗材创新审批情况

医疗器械行业是一个多学科交叉、知识密集与资金密集型的高技术产

业，创新是发展和生存的关键。① 中国医疗器械行业以创新力驱动发展，不断推出新技术、新产品和新服务；同时，也在智能化、数字化方面进行积极探索，推动行业创新发展。科技创新才能提升医疗器械产业竞争力。② 根据《创新医疗器械特别审批程序（试行）》，我国医疗器械创新审批是为了保障医疗器械的安全、有效，是鼓励医疗器械的研究与创新，促进医疗器械新技术的推广和应用，推动医疗器械产业发展的特殊审批通道（见表14）。

表14　2022年、2023年全国第二、三类医用耗材通过创新审批通道获批上市信息

年份	注册企业	产品名称
2023	Alcon Laboratories, Incorporated	人工晶状体
	深圳核心医疗科技有限公司	植入式左心室辅助系统
	杭州德晋医疗科技有限公司	经导管二尖瓣瓣膜夹系统
	杭州承诺医疗科技有限公司	骶神经刺激系统
	北京爱康宜诚医疗器材有限公司	金属3D打印胸腰椎融合体
	苏州茵络医疗器械有限公司	静脉支架系统
	苏州奥芮济医疗科技有限公司	可降解镁金属夹
	Rapid Medical Ltd.	支架型取栓装置
	Ubiosis Co. Ltd.	胶原蛋白软骨再生载体
	南京融晟医疗科技有限公司	自膨式可载粒子胆道支架
	山西锦波生物医药股份有限公司	Ⅲ型胶原蛋白植入剂
	南京世和医疗器械有限公司	非小细胞肺癌组织TMB检测试剂盒（可逆末端终止测序法）
	苏州微创关节医疗科技有限公司	锆铌合金股骨头
	西安康拓医疗技术股份有限公司	增材制造聚醚醚酮颅骨缺损修复假体
	纳通生物科技（北京）有限公司	个性化膝关节假体
	上海艾康特医疗科技有限公司	硬性巩膜接触镜
	诺一迈尔（苏州）医学科技有限公司	明胶-聚己内酯分层牙龈修复膜
	江苏霆升科技有限公司	一次性使用心腔内超声导管
	上海捍宇医疗科技股份有限公司	经导管二尖瓣夹系统

① 孙晓妍、姚俊：《医疗器械行业运行发展现状及应对策略的研究》，《质量与市场》2022年第2期，第3页。
② 乔丽华：《科技创新是提高我国医疗器械产业在全球经济一体化条件下竞争力的关键》，《中国医学装备》2008年第12期，第3页。

续表

年份	注册企业	产品名称
2023	四川锦江电子医疗器械科技股份有限公司	一次性使用压力监测脉冲电场消融导管
	浙江迅康医疗器械有限公司	液囊肠梗阻导管
	诺一迈尔(山东)医学科技有限公司	鼻腔填充海绵
	中元汇吉生物技术股份有限公司	血栓调节蛋白检测试剂盒(磁微粒化学发光法)
		凝血酶-抗凝血酶Ⅲ复合物检测试剂盒(磁微粒化学发光法)
	纳通生物科技(北京)有限公司	个性化膝关节手术导板
	诺信医学科技(山东)有限公司	一次性套管穿刺器型筋膜闭合器
	湖南医科医工科技有限公司	一次性使用脑科引流器
	烟台万利医用品有限公司	医用几丁糖止血贴
	杭州康基医疗器械有限公司	一次性使用可旋转多通道腹腔镜手术单孔穿刺器
	成都美华优健科技有限责任公司	一次性多部位脉搏血氧饱和度传感器
	杭州康基医疗器械有限公司	一次性使用球囊套管穿刺器
	奥克兰医疗科技(四川)有限公司	一次性使用驱血止血球囊
	南京普立蒙医疗科技有限公司	一次性使用可视双腔支气管插管
	山东柏新医疗制品有限公司	一次性使用扩张导尿管
	湖南乐准生物科技有限公司	心血管炎症多项联合测定试剂盒(磁微粒化学发光法)
	山东冠龙医疗用品有限公司	V形双通道脊柱内镜手术器械
2022	山东吉威医疗制品有限公司	优美莫司涂层冠状动脉球囊扩张导管
	Medtronic Inc.	无导线起搏器
	杭州唯强医疗科技有限公司	胸主动脉支架系统
	浙江乐信医疗科技有限公司	胸腔引流监控系统
	BioFire Diagnostics, LLC	脑炎/脑膜炎多重病原体核酸联合检测试剂盒(封闭巢式多重PCR熔解曲线法)
	爱博诺德(北京)医疗科技股份有限公司	非球面衍射型多焦人工晶状体
	杭州启明医疗器械股份有限公司	经导管人工肺动脉瓣膜系统
	艾柯医疗器械(北京)有限公司	颅内动脉瘤血流导向装置
	宁波胜杰康生物科技有限公司	内镜吻合夹
	苏州天鸿盛捷医疗器械有限公司	髂静脉支架系统
	杭州亚慧生物科技有限公司	外科手术封合剂
	北京博辉瑞进生物科技有限公司	吻合口加固修补片
	全景恒升(北京)科学技术有限公司	血管内成像导管

续表

年份	注册企业	产品名称
2022	上海微创电生理医疗科技股份有限公司	压力感知磁定位灌注射频消融导管
	杭州华视诺维医疗科技有限公司	一次性使用前房穿刺器
	Ethicon LLC	再生氧化纤维素可吸收止血粉
	上海微创心脉医疗科技股份有限公司	直管型胸主动脉覆膜支架系统
	航天泰心科技有限公司	植入式磁液悬浮心室辅助装置
	杭州英健生物科技有限公司	食管肠道黏膜创面保护胶
	盛泰康生命科学研究(山东)有限公司	一次性麦氏囊牵开球囊导管套件
	江苏百优达生命科技有限公司	人造血管
	艾尔斯(浙江)医学科技有限公司	精子梯度离心管
	艾尔斯(浙江)医学科技有限公司	捡卵管
	杭州诺茂医疗科技有限公司	左心耳封堵器系统
	东莞科威医疗器械有限公司	螺旋导流集成式膜式氧合器
	青岛利百健生物科技有限公司	自体脂肪微片段提取器
	迈克生物股份有限公司	生长分化因子-15测定试剂盒(直接化学发光法)
	湖南中聚内窥镜有限公司	一次性使用电子膀胱内窥镜导管
	浙江科惠医疗器械股份有限公司	微纳孔骨牵引针
	四川华曙图灵增材制造技术有限责任公司	肺结节定位模型
	杭州康基医疗器械有限公司	外科机械臂腔镜手术器械

从地区分析，2023年全国通过国家级创新审批通道上市的医用耗材产品共计20件。江苏省以7件产品居各省（自治区、直辖市）首位，浙江省以4件产品位居第二（见图10）。

八 第二、三类医用耗材优先审批情况

2016年10月25日，国家食品药品监督管理总局发布《医疗器械优先审批程序》，于2017年1月1日起施行。根据《医疗器械优先审批程序》，对下列医疗器械实施优先审批：一是诊断或治疗罕见病、恶性肿瘤且具有明显临床优势的医疗器械、诊断或治疗老年人特有和多发疾病且尚无有效诊断或治疗手段的医疗器械、专用于儿童且具有明显临床优势的医疗器械；二是

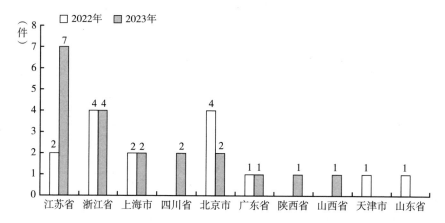

图10 2022年、2023年全国各省（自治区、直辖市）通过国家级创新审批通道上市的医用耗材产品数量

列入国家科技重大专项或国家重点研发计划的医疗器械。此外，根据各方面情况和意见，组织专家审查后，2022～2023年确定对"其他应当优先审批的医疗器械"予以优先审批（见表15）。

表15 2022年、2023年全国第二、三类医用耗材通过优先审批通道获批上市信息

年份	注册企业	产品名称
2023	北京泛生子基因科技有限公司	人 PDGFRA 基因 D842V 突变检测试剂盒（PCR-荧光探针法）
	苏州全康医疗科技有限公司	一次性使用血液灌流器
	河南赛美视生物科技有限公司	人工晶状体
	天津华科泰生物技术有限公司	血管内皮生长因子测定试剂盒（磁微粒化学发光法）
	天津华科泰生物技术有限公司	血管内皮生长因子校准品
	天津华科泰生物技术有限公司	血管内皮生长因子质控品
	天津鸿宇泰生物科技有限公司	人磷酸化 P-tau-181 测定试剂盒（磁微粒化学发光免疫分析法）
	天津鸿宇泰生物科技有限公司	胸苷激酶1（TK1）测定试剂盒（磁微粒化学发光免疫分析法）
	天津鸿宇泰生物科技有限公司	人 β 淀粉样蛋白（Aβ1-42）测定试剂盒（磁微粒化学发光免疫分析法）

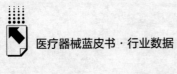

续表

年份	注册企业	产品名称
2023	天津鸿宇泰生物科技有限公司	血管内皮生长因子（VEGF）测定试剂盒（磁微粒化学发光免疫分析法）
	厦门中翎易优创科技有限公司	半导体物理降温仪
	安徽康昕医疗器械有限公司	一次性使用消化道软组织夹
	博奥赛斯（重庆）生物科技有限公司	前列腺酸性磷酸酶（PACP）检测试剂盒（磁微粒化学发光法）
	重庆旭天生物科技有限公司	抗HPV生物蛋白凝胶
	康维宁（重庆）医疗科技有限公司	介入手术操作台
	深圳迈瑞生物医疗电子股份有限公司	醛固酮（ALD）测定试剂盒（化学发光免疫分析法）
	深圳市理邦精密仪器股份有限公司	血气生化试剂盒（干化学法）
	天津市塑料研究所有限公司	腰大池引流器
	深圳迈瑞生物医疗电子股份有限公司	尿液有形成分分析仪
	天津市塑料研究所有限公司	一次性无菌冲洗吸引管
	欧蒙（天津）医学诊断技术有限公司	自身免疫性肝病IgG类抗体检测试剂盒（欧蒙印迹法）
	欧蒙（天津）医学诊断技术有限公司	吸入性及食物性过敏原特异性IgE抗体检测试剂盒（欧蒙印迹法）
	常州瑞神安医疗器械有限公司	测试脊髓刺激延伸电缆
	嘉思特医疗器材（天津）股份有限公司	脂肪收集器
	深圳迈瑞生物医疗电子股份有限公司	白介素6校准品
	深圳迈瑞生物医疗电子股份有限公司	白介素6质控品
	厦门万泰凯瑞生物技术有限公司	脑利钠肽测定试剂盒（磁微粒化学发光法）
	厦门万泰凯瑞生物技术有限公司	降钙素测定试剂盒（磁微粒化学发光法）
	厦门万泰凯瑞生物技术有限公司	胃泌素17测定试剂盒（磁微粒化学发光法）
	重庆南方数控设备股份有限公司	血栓弹力图试验（血小板-AA）试剂盒（凝固法）
	重庆南方数控设备股份有限公司	血栓弹力图试验（血小板-ADP）试剂盒（凝固法）
	重庆南方数控设备股份有限公司	血栓弹力图试验（血小板-AA&ADP）试剂盒（凝固法）
	喀秋莎（厦门）医疗科技有限公司	一次性等离子手术电极
	重庆西山科技股份有限公司	一次性使用无菌护鞘锯片
2022	青岛汉唐生物科技有限公司	中性粒细胞明胶酶相关脂质运载蛋白（NGAL）检测试剂盒（胶体金法）
	汕头市超声仪器研究所股份有限公司	电子线阵扫描超声探头
	安徽钡锶创新科技有限公司	医用椎间孔镜手术器械

续表

年份	注册企业	产品名称
	重庆尚业医疗器械有限公司	一次性使用口咽通气吸氧管
	亳州融健医疗用品有限公司	一次性使用无菌埋线针
	Abbott Medical	动脉导管未闭封堵器
	四川沃文特生物技术有限公司	乳糖检测试剂盒(酶层析法)
	序康医疗科技(苏州)有限公司	胚胎植入前染色体非整倍体检测试剂盒(半导体测序法)
	厦门致善生物科技股份有限公司	分枝杆菌鉴定试剂盒(荧光PCR熔解曲线法)
	安徽佳创生物科技有限公司	可溶性生长刺激表达基因2蛋白测定试剂盒(荧光免疫层析法)
	安徽佳创生物科技有限公司	中枢神经特异蛋白测定试剂盒(荧光免疫层析法)
	安徽康昕医疗器械有限公司	一次性使用软性内窥镜异物钳
	安徽大千生物工程有限公司	一氧化氮测定试剂盒(间接比色法)
	合肥和合医疗科技有限公司	维生素A/E检测试剂盒(液相色谱-串联质谱法)
	安徽大千生物工程有限公司	基质金属蛋白酶-3测定试剂盒(胶乳增强免疫比浊法)
	烟台正海生物科技股份有限公司	活性生物骨
2022	天津沃姆斯医疗器械有限公司	一次性使用加温冲洗器
	迈德微创(天津)医疗器械有限责任公司	一次性使用探针式脊柱钻孔器
	天津金耀信达制药有限公司	喷雾剂吸入给药器
	天长市方舟新材料科技有限公司	卡波姆妇科凝胶
	Uptake Medical B. V.	经支气管镜热蒸汽导管
	天长市方舟新材料科技有限公司	鼻腔润滑剂
	安徽佳创生物科技有限公司	抑制素B测定试剂盒(荧光免疫层析法)
	安徽佳创生物科技有限公司	人N端中段骨钙素测定试剂盒(荧光免疫层析法)
	博奥赛斯(重庆)生物科技有限公司	抗胰岛素抗体(IAA)检测试剂盒(磁微粒化学发光法)
	BIOMERIEUX S. A.	头孢他啶/阿维巴坦浓度梯度琼脂扩散药敏条
	中俄国际医学研究股份有限公司	氟化泡沫
	厦门万泰凯瑞生物技术有限公司	促甲状腺素受体抗体测定试剂盒(磁微粒化学发光法)
	天津美迪斯医疗用品有限公司	一次性使用无菌双腔支气管插管
	雅博捷锐(重庆)医疗科技有限公司	促卵泡生成素检测试剂盒(磁微粒化学发光法)
	雅博捷锐(重庆)医疗科技有限公司	25-羟基维生素D检测试剂盒(磁微粒化学发光法)

续表

年份	注册企业	产品名称
2022	雅博捷锐(重庆)医疗科技有限公司	癌胚抗原检测试剂盒(磁微粒化学发光法)
	雅博捷锐(重庆)医疗科技有限公司	胃泌素释放肽前体检测试剂盒(磁微粒化学发光法)
	雅博捷锐(重庆)医疗科技有限公司	纤维蛋白(原)降解产物检测试剂盒(磁微粒化学发光法)
	北京中科盛康科技有限公司	经皮胃造瘘套装
	北京中科盛康科技有限公司	球囊型经皮胃造瘘管
	天津美迪斯医疗用品有限公司	可转向气管插管导入器
	武汉嘉一三维技术应用有限公司	医用个性化手术导板

从地区分析，2023 年全国各地累计有 3 件医用耗材产品通过国家级优先审批通道获批上市，其中江苏省、河南省、北京市各 1 件（见图 11）。

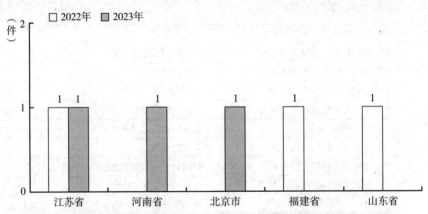

图 11 2022 年、2023 年全国各省（自治区、直辖市）通过国家级优先审批通道上市的医用耗材产品数量

九 品类分析

1. 有源手术器械

有源手术器械是指以手术治疗为目的与有源相关的医疗器械，包括超

声、激光、高频/射频、微波、冷冻、冲击波、手术导航及控制系统、手术照明设备、内窥镜手术用有源设备等医疗器械。

（1）产品数量

根据国家药监局、各省（自治区、直辖市）药监局及市场监管局公开数据统计，截至2023年底，全国有源手术器械（耗材部分）注册及备案产品共计1002件，其中国产产品731件，进口产品271件（见表16）。

表16　2022年、2023年全国有源手术器械各类医用耗材注册及备案数量分布

单位：件

类别	国产		进口	
	2022年	2023年	2022年	2023年
第二类	441	502	72	71
第三类	181	229	186	200
共计	622	731	258	271

2023年全国有源手术器械（耗材部分）国产及进口产品首次注册数量均有所增长。2023年，全国有源手术器械（耗材部分）第二、三类产品首次注册数量共计138件，其中国产产品123件，进口产品15件（见图12）。

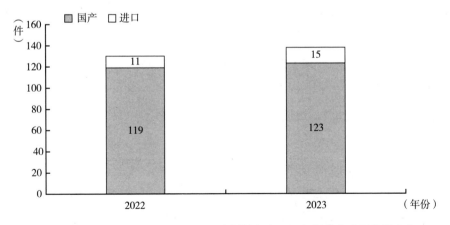

图12　2022年、2023年全国有源手术器械各类医用耗材首次注册数量变化

从第二、三类产品首次注册数量变化趋势看，2023 年有源手术器械（耗材部分）国产第三类产品首次注册数量有所上升，国产第二类产品首次注册数量则呈下降趋势；进口第二类、进口第三类产品首次注册数量相对稳定。从管理类别分析，国产第二类产品首次注册数量占比显著高于其他类别（见图 13）。

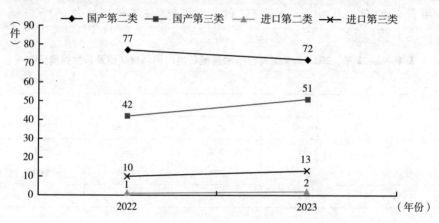

图 13　2022～2023 年全国有源手术器械各类医用耗材首次注册数量变化趋势

（2）产品分布

截至 2023 年底，我国有源手术器械（耗材部分）进口产品共计 271 件，其中自美国和德国进口的产品分别为 146 件和 76 件，二者之和占总体的 81.92%（见图 14）。

相同报告期内，我国有源手术器械（耗材部分）国产产品共计 731 件，其中产自江苏省的产品共计 204 件，全国排名第一；其后浙江省和上海市分别以 119 件和 64 件产品位居第二和第三（见表 17）。

（3）产品国产化率

2023 年，我国有源手术器械（耗材部分）有效产品二级类别共计 5 个，其中共有 4 个二级产品类别国产化率超过 50.0%，其中超声手术设备附件、电动吻合器两个二级产品类别均已实现国产替代。另外，手术导航系统产品国产数量为 0（见表 18）。

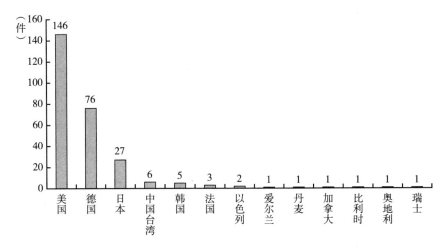

图14　截至2023年底全国有源手术器械各类医用耗材
进口国家/地区产品数量分布

表17　截至2023年底全国有源手术器械各类医用耗材国产产品
各省（自治区、直辖市）数量分布

单位：件

省（自治区、直辖市）	产品数量	省（自治区、直辖市）	产品数量
江苏省	204	陕西省	12
浙江省	119	江西省	11
上海市	64	辽宁省	10
广东省	59	重庆市	9
湖南省	51	天津市	9
北京市	49	河北省	8
湖北省	29	福建省	4
山东省	26	山西省	4
河南省	22	云南省	2
四川省	19	吉林省	1
安徽省	18	广西壮族自治区	1

表 18　截至 2023 年底全国有源手术器械各类医用耗材二级产品类别国产化率

单位：%

二级产品类别	国产化率
超声手术设备附件	100.0
电动吻合器	100.0
高频/射频用电极及导管	75.9
冷冻消融针及导管	66.7
手术导航系统	0.0

2. 无源手术器械

无源手术器械是指通用刀、剪、钳等各类无源手术医疗器械，不包括神经和心血管手术器械、骨科手术器械、眼科手术器械、口腔科手术器械、妇产科手术器械、辅助生殖和避孕器械。

（1）产品数量

根据国家药监局、各省（自治区、直辖市）药监局及市场监管局公开数据统计，截至 2023 年底，全国无源手术器械（耗材部分）注册及备案产品共计 16828 件，其中国产产品 14501 件，进口产品 2327 件（见表 19）。

表 19　2022 年、2023 年全国无源手术器械各类医用耗材注册及备案数量分布

单位：件

类别	国产		进口	
	2022 年	2023 年	2022 年	2023 年
第一类	8225	9936	1686	1735
第二类	3971	4380	440	444
第三类	143	185	136	148
共计	12339	14501	2262	2327

从首次注册数量情况分析，2023 年全国无源手术器械（耗材部分）首次注册数量有所下降。2023 年全国无源手术器械（耗材部分）第二、三类

产品首次注册数量共计586件，其中国产产品558件，进口产品28件（见图15）。

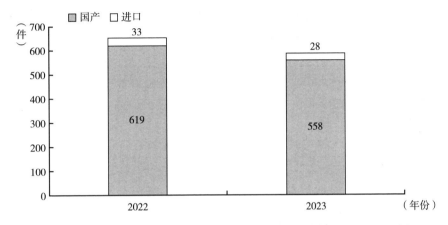

图15　2022年、2023年全国无源手术器械各类医用耗材首次注册数量变化

从第二、三类产品首次注册数量变化趋势看，2022~2023年无源手术器械（耗材部分）国产及进口第二类产品首次注册数量呈下降趋势，国产第三类及进口第三类产品首次注册数量则有所上升。从管理类别分析，国产第二类产品首次注册数量占比显著高于其他类别（见图16）。

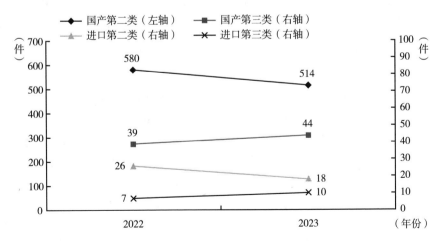

图16　2022~2023年全国无源手术器械各类
医用耗材首次注册数量变化趋势

（2）产品分布

截至 2023 年底，我国无源手术器械（耗材部分）进口产品共计 2327 件，其中自德国和美国进口的产品数量分别为 1121 件和 468 件，二者之和约占总体的 68.29%（见图 17）。

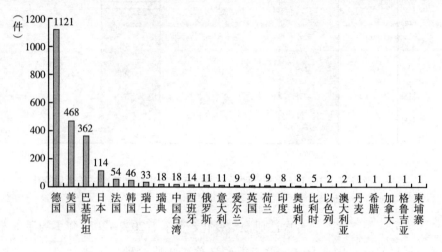

图 17　截至 2023 年底全国无源手术器械各类医用耗材进口国家/地区产品数量分布

相同报告期内，我国无源手术器械（耗材部分）国产产品共计 14501 件，其中江苏省、浙江省及上海市分别以 5011 件、1723 件及 1666 件位列全国前三，三者之和约占全国总量的 57.93%（见表 20）。

表 20　截至 2023 年底全国无源手术器械各类医用耗材国产产品各省（自治区、直辖市）数量分布

单位：件

省（自治区、直辖市）	产品数量	省（自治区、直辖市）	产品数量
江苏省	5011	湖南省	632
浙江省	1723	北京市	610
上海市	1666	河南省	304
山东省	1306	安徽省	296
广东省	1118	湖北省	272

续表

省（自治区、直辖市）	产品数量	省（自治区、直辖市）	产品数量
河北省	265	甘肃省	34
吉林省	226	广西壮族自治区	22
江西省	221	海南省	22
天津市	173	山西省	15
福建省	150	黑龙江省	13
四川省	142	贵州省	12
陕西省	101	云南省	5
重庆市	89	内蒙古自治区	2
辽宁省	70	青海省	1

（3）产品国产化率

2023 年，我国无源手术器械（耗材部分）有效产品二级类别共计 83 个，其中有 78 个二级产品类别国产化率超过 50.0%，其中包括内窥镜用牵开器、内窥镜用剥离器在内的 8 项二级产品类别均已实现国产替代。另外，微创入路装置、内窥镜用钩、试模产品国产数量为 0（见表 21）。

表 21　截至 2023 年底全国无源手术器械各类医用耗材二级产品类别国产化率

单位：%

二级产品类别	国产化率
内窥镜用牵开器	100.0
内窥镜用剥离器	100.0
环切器	100.0
内窥镜用推结器	100.0
内窥镜用分离钳	100.0
器械夹	100.0
内窥镜用刀	100.0
手术环	100.0
备皮刀	98.8
肛门镜	98.6
保护器	98.4

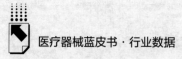

续表

二级产品类别	国产化率
缝合针	97.9
内窥镜切口牵开保护器	97.6
吻合器(带钉)	97.2
打孔器	97.1
器械镊	96.9
内窥镜用吻(缝)合器械(不带钉)	96.8
推结器	96.5
套扎器	96.1
分离钳	96.1
扩张钳	95.7
植皮器	95.0
吻合器(不带钉)	94.4
内窥镜用给物器	94.1
牵引钳	94.1
闭合夹	93.8
固位器	93.0
手术锤	92.3
取样钳	92.0
穿刺器	92.0
免缝闭合器械	91.8
异物钳	91.8
内窥镜用异物钳	91.7
内窥镜用导引器	91.6
器械剪	91.5
手术针	91.1
清洁器	90.9
扩张器	90.0
手术钩	89.9
冲吸器	89.3
标记器	88.9
施夹器	87.4
手柄	87.1
内窥镜用取样钳	87.1
手术刀	86.7

二级产品类别	国产化率
测量器	86.7
输送导引器	86.5
手术凿	85.9
组织钳	85.8
内窥镜用细胞刷	85.7
内窥镜用气囊扩张器	85.2
手术锉	85.0
内窥镜用剪	84.6
内窥镜用组织钳	84.4
器械钳	82.7
手术刮匙	82.6
剥离器	82.2
牵开器	81.2
止血夹	81.1
夹子装置	80.0
血管缝合装置	80.0
组织镊	79.9
组织剪	79.4
内窥镜用套扎器	79.0
内窥镜用取石器械	77.0
手术叉	75.0
内窥镜用气囊导管	75.0
粘堵剂	75.0
吸引器	75.0
压迫器	74.3
定位针	73.3
止血钳	72.9
内窥镜用取石球囊导管	71.4
不可吸收缝合线	69.1
粘合剂	65.2
内窥镜用器械钳	60.0
可吸收缝合线	54.6
内窥镜取样针	52.6
血管刀	50.0

续表

二级产品类别	国产化率
内窥镜用组织刮匙	33.3
微创入路装置	0.0
内窥镜用钩	0.0
试模	0.0

3. 神经和心血管手术器械

神经和心血管手术器械包括神经外科手术器械、胸腔心血管手术器械和心血管介入器械。

（1）产品数量

根据国家药监局、各省（自治区、直辖市）药监局及市场监管局公开数据统计，截至 2023 年底，全国神经和心血管手术器械（耗材部分）注册及备案产品共计 3139 件，其中国产产品 2254 件，进口产品 885 件（见表 22）。

表 22　2022 年、2023 年全国神经和心血管手术器械各类医用耗材注册及备案数量分布

单位：件

类别	国产		进口	
	2022 年	2023 年	2022 年	2023 年
第一类	733	917	151	157
第二类	190	308	43	44
第三类	779	1029	652	684
共计	1702	2254	846	885

从首次注册数量情况分析，2023 年全国神经和心血管手术器械（耗材部分）首次注册数量有所上升。2023 年全国神经和心血管手术器械（耗材部分）第二、三类产品首次注册数量共计 409 件，其中国产产品 369 件，进口产品 40 件（见图 18）。

从第二、三类产品首次注册数量变化趋势看，2022~2023 年神经和心血管手术器械（耗材部分）国产第二、三类产品首次注册数量均有所上升；

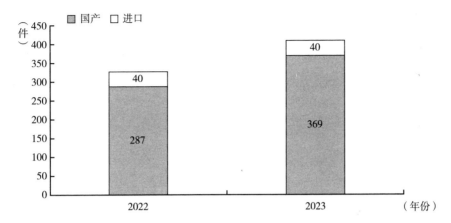

图18　2022年、2023年全国神经和心血管手术器械各类医用耗材首次注册数量变化

进口第二、三类产品首次注册数量则相对稳定。从管理类别分析，国产第三类产品首次注册数量占比高于其他类别（见图19）。

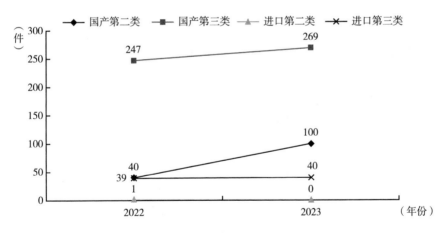

图19　2022~2023年全国神经和心血管手术器械
各类医用耗材首次注册数量变化趋势

（2）产品分布

截至2023年底，我国神经和心血管手术器械（耗材部分）进口产品共计885件，其中自美国、德国和日本进口的产品数量分别为526件、135件和95件，三者之和占总体的85.42%（见图20）。

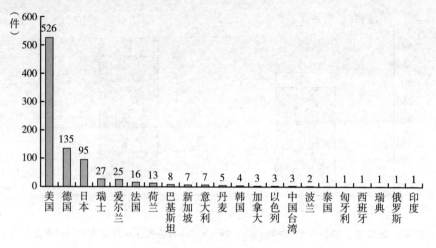

图 20　截至 2023 年底全国神经和心血管手术器械各类医用
耗材进口国家/地区产品数量分布

相同报告期内，我国神经和心血管手术器械（耗材部分）国产产品共计 2254 件，其中江苏省、广东省及上海市分别以 431 件、366 件及 331 件位列全国前三，三者之和约占全国总量的 50.04%（见表 23）。

表 23　截至 2023 年底全国神经和心血管手术器械各类医用耗材国产产品
各省（自治区、直辖市）数量分布

单位：件

省（自治区、直辖市）	产品数量	省（自治区、直辖市）	产品数量
江苏省	431	河南省	27
广东省	366	辽宁省	27
上海市	331	安徽省	18
山东省	217	江西省	17
北京市	217	陕西省	12
浙江省	198	福建省	10
湖南省	127	重庆市	6
天津市	83	甘肃省	6
河北省	49	广西壮族自治区	3
湖北省	40	黑龙江省	2
吉林省	34	海南省	2
四川省	30	贵州省	1

（3）产品国产化率

2023 年，我国神经和心血管手术器械（耗材部分）有效产品二级类别共计 50 个，其中有 44 个二级产品类别国产化率超过 50.0%。其中，包括头皮夹、刮匙在内的 7 个二级产品类别已实现国产替代（见表 24）。

4. 骨科手术器械

骨科手术器械是指骨科手术术中、术后及与临床骨科相关的各类手术器械及相关辅助器械，不包括骨科手术后以康复为目的的康复器具，也不包括用于颈椎、腰椎患者减压牵引治疗及缓解椎间压力的牵引床（椅）、牵引治疗仪、颈部牵引器、腰部牵引器等类器械。

表 24　截至 2023 年底全国神经和心血管手术器械各类医用
耗材二级产品类别国产化率

单位：%

二级产品类别	国产化率
头皮夹	100.0
刮匙	100.0
球囊扩张导管用球囊充压装置	100.0
剥离器	100.0
摘除镊	100.0
排线器	100.0
冲吸器	100.0
手术锯	97.1
止血钳	97.1
止血夹	97.1
压器	96.4
合拢器	96.4
导管消毒连接器	95.8
导引器	93.5
组织钳	92.4
吸引器	91.7
打孔器	91.0
心脏封堵器输送线缆	90.9
组织镊	90.5
延长管	87.9

续表

二级产品类别	国产化率
扩张器	86.7
手术钩	86.6
取样钳	85.7
组织剪	85.7
连接阀	85.4
牵开器	83.7
固位器	82.7
环柄注射器	82.1
器械钳	80.3
手术刀	80.0
心脏封堵器装载器	80.0
手柄	80.0
导引导管	70.2
灌注导管	70.0
血管内回收装置	68.4
封堵球囊	66.7
球囊扩张导管	65.9
微导管	64.6
导管鞘	61.2
血栓抽吸导管	59.6
测量器	57.4
远端保护器	57.1
造影导管	53.7
导丝	50.2
分流栓	50.0
腔静脉滤器回收装置	50.0
穿刺针	46.2
造影球囊	40.0
切割球囊	40.0
中心静脉导管	37.2

（1）产品数量

根据国家药监局、各省（自治区、直辖市）药监局及市场监管局公开数据统计，截至 2023 年底，全国骨科手术器械（耗材部分）注册及备案产品共计 18873 件，其中国产产品 16407 件，进口产品 2466 件（见表25）。

表25 2022年、2023年全国骨科手术器械各类医用耗材注册及备案数量分布

单位：件

类别	国产		进口	
	2022年	2023年	2022年	2023年
第一类	12975	15464	2204	2266
第二类	722	878	154	173
第三类	59	65	27	27
共计	13756	16407	2385	2466

从首次注册数量情况分析，2023年全国骨科手术器械（耗材部分）首次注册数量有所上升。2023年全国骨科手术器械（耗材部分）第二、三类产品首次注册数量共计197件，其中国产产品183件，进口产品14件（见图21）。

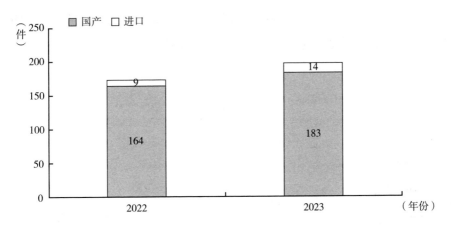

图21 2022年、2023年全国骨科手术器械各类医用耗材首次注册数量变化

从第二、三类产品首次注册数量变化趋势看，2022～2023年骨科手术器械（耗材部分）国产第二类及进口第二类产品首次注册数量呈上升趋势，国产第三类产品首次注册数量则有所下降，进口第三类产品首次注册数量连续两年为零。从管理类别分析，国产第二类产品首次注册数量占比远高于其他类别（见图22）。

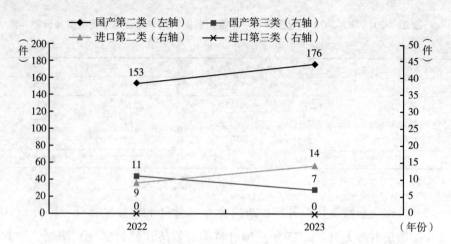

图22　2022~2023年全国骨科手术器械各类医用耗材首次注册数量变化趋势

（2）产品分布

截至2023年底，我国骨科手术器械（耗材部分）进口产品共计2466件，其中自美国和德国进口的产品分别为984件、566件，二者之和占总体的62.85%（见图23）。

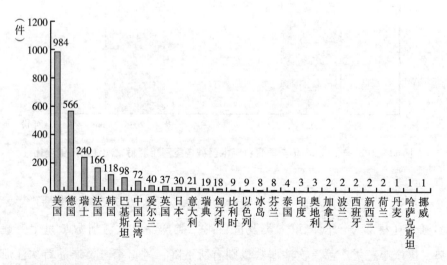

图23　截至2023年底全国骨科手术器械各类医用耗材进口国家/地区产品数量分布

相同报告期内，我国骨科手术器械（耗材部分）国产产品共计 16407 件，其中产自江苏省的产品数量共计 4463 件，全国排名第一；其后上海市和山东省分别以 1783 件和 1429 件产品位居第二和第三（见表26）。

表26　截至2023年底全国骨科手术器械各类医用耗材国产产品
各省（自治区、直辖市）数量分布

单位：件

省（自治区、直辖市）	产品数量	省（自治区、直辖市）	产品数量
江苏省	4463	陕西省	185
上海市	1783	吉林省	144
山东省	1429	四川省	120
河北省	1275	江西省	91
广东省	1127	广西壮族自治区	42
北京市	1085	贵州省	35
浙江省	998	山西省	24
天津市	947	黑龙江省	24
福建省	650	云南省	23
安徽省	438	甘肃省	23
湖北省	386	海南省	11
湖南省	337	宁夏回族自治区	10
河南省	318	内蒙古自治区	10
重庆市	223	新疆维吾尔自治区	9
辽宁省	195	西藏自治区	2

（3）产品国产化率

2023年，我国骨科手术器械（耗材部分）有效产品二级类别共计86个，其中有84个二级产品类别国产化率超过 50.0%。其中，包括打拔器、骨折复位器在内的23件二级产品均已实现国产替代（见表27）。

表 27　截至 2023 年底全国骨科手术器械各类医用耗材二级产品类别国产化率

单位：%

二级产品类别	国产化率
打拔器	100.0
骨折复位器	100.0
骨科内窥镜用剪	100.0
神经根探子	100.0
剥离保护器	100.0
微创骨导引器	100.0
植骨块嵌入器	100.0
切割针	100.0
骨科用铲	100.0
纤维环缝合器械	100.0
骨科内窥镜用刀	100.0
椎体复位器	100.0
椎弓根定位测量器	100.0
石膏锯	100.0
椎体后缘处理器	100.0
开孔扩孔器械	100.0
介入术用骨锥	100.0
芯钻	100.0
骨科内窥镜用钳	100.0
骨科组织保护器具	100.0
刨骨器	100.0
修整用钻	100.0
髌骨爪	100.0
脊柱手术通道器械	96.9
软骨整形器械	95.8
夹板及固定带	95.6
定位、导向、测量器械	95.3
牵引针	95.0
穿孔针	95.0
外固定支架	94.7
切/取骨钻	94.1
牵引器	94.1
紧固、支撑工具	93.9

二级产品类别	国产化率
组织用钳	92.9
关节镜配套工具	91.5
椎体成形导引系统	90.5
术中牵引架及配件	90.2
取样器械	90.0
夹持、固定器械	89.4
骨锯	89.4
拉钩	88.0
骨及组织用剪	87.9
植入物或石膏用剪	87.4
骨水泥器械	86.8
截骨用刀	86.7
定位导向器械	86.5
剥离器	86.3
配套工具	85.8
骨钩	85.7
植骨器械	85.1
冲头	84.6
敲拔器械	84.3
骨水泥定型模具	83.3
植入物塑形用钳	82.5
刮匙	82.0
骨凿	82.0
骨科手术体位固定架	81.8
攻丝用锥	81.7
椎弓根钉尾部切断器	81.3
韧带手术器械	80.0
导钻(套钻)	79.7
探针	79.3
定位导引针	79.0
椎体成形器械	78.5
牵开器	78.2
钻孔用钻	78.2
咬骨钳	78.0
开口用锥	77.6
扩髓用钻	76.9
开口器械	76.9

续表

二级产品类别	国产化率
撑开钳	76.6
夹持/复位用钳	75.9
扩孔用刀	75.5
骨科用锉	75.1
塑形工具	75.0
骨把持器	74.4
植入取出工具	72.8
压缩钳	72.0
扩髓器	68.8
测量器械	68.7
骨科内窥镜用刮匙	66.7
石膏拆除器械	66.7
石膏切割用刀	66.7
固定针	54.2
颅骨矫形器械	50.0
骨科动力手术设备	20.0

5. 放射治疗器械

放射治疗器械是指放射治疗类医疗器械。

（1）产品数量

根据国家药监局、各省（自治区、直辖市）药监局及市场监管局公开数据统计，截至2023年底，全国放射治疗器械（耗材部分）注册及备案产品共计86件，其中国产产品70件，进口产品16件（见表28）。

表28　2022年、2023年全国放射治疗器械各类医用耗材注册及备案数量分布

单位：件

类别	国产		进口	
	2022年	2023年	2022年	2023年
第一类	3	58	0	11
第二类	3	11	0	0
第三类	1	1	5	5
共计	7	70	5	16

从首次注册数量情况分析，2023 年全国放射治疗器械（耗材部分）首次注册数量有所增长。2023 年全国放射治疗器械第二、三类产品首次注册数量共计 8 件，均为国产产品（见图24）。

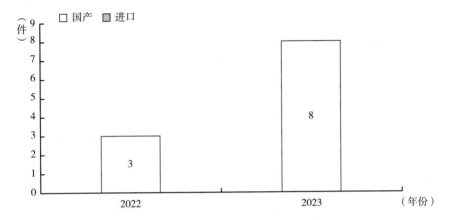

图 24　2022 年、2023 年全国放射治疗器械各类医用耗材首次注册数量变化

从第二、三类产品首次注册数量变化趋势看，2023 年放射治疗器械（耗材部分）国产第二类产品首次注册数量有明显增长，国产第三类产品首次注册数量相对稳定。从管理类别看，国产第二类产品首次注册数量占比具有优势（见图25）。

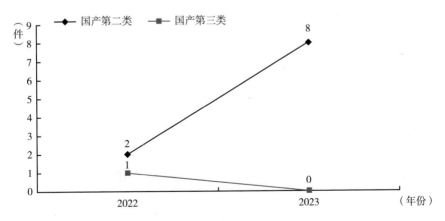

图 25　2022~2023 年全国放射治疗器械各类医用耗材首次注册数量变化趋势

（2）产品分布

截至 2023 年底，我国放射治疗器械（耗材部分）进口产品共计 16 件，其中自美国进口的产品数量为 8 件，占总体的 50%（见图 26）。

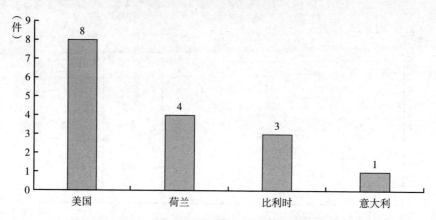

图 26　截至 2023 年底全国放射治疗器械各类医用耗材
进口国家/地区产品数量分布

相同报告期内，我国放射治疗器械（耗材部分）国产产品共计 70 件，其中自广东省产出的产品共计 18 件，全国排名第一；其后山东省和四川省分别以 9 件和 7 件位居第二、第三（见表 29）。

表 29　截至 2023 年底全国放射治疗器械各类医用耗材国产产品
各省（自治区、直辖市）数量分布

单位：件

省（自治区、直辖市）	产品数量	省（自治区、直辖市）	产品数量
广东省	18	重庆市	3
山东省	9	安徽省	2
四川省	7	福建省	2
江苏省	6	内蒙古自治区	1
浙江省	6	河北省	1
河南省	5	辽宁省	1
北京市	4	云南省	1
湖南省	3	上海市	1

（3）产品国产化率

2023年，我国放射治疗器械（耗材部分）有效产品类别共3个，其中，有2个二级产品类别国产化率超过50.0%。放射性粒籽防护植入器产品已实现国产替代。此外，施源器产品国产数量为零（见表30）。

表30　截至2023年底全国放射治疗器械各类医用耗材二级产品类别国产化率

单位：%

二级产品类别	国产化率
放射性粒籽防护植入器	100.0
放射治疗患者用固定装置	85.1
施源器	0.0

6. 医用成像器械

医用成像器械是指医用成像类医疗器械，主要包括 X 射线、超声、放射性核素、核磁共振和光学等成像医疗器械，不包括眼科、妇产科等临床专科中的成像医疗器械。

（1）产品数量

根据国家药监局、各省（自治区、直辖市）药监局及市场监管局公开数据统计，截至2023年底，全国医用成像器械（耗材部分）注册及备案产品共计4369件，其中国产产品4102件，进口产品267件（见表31）。

表31　2022年、2023年全国医用成像器械各类医用耗材注册及备案数量分布

单位：件

类别	国产		进口	
	2022 年	2023 年	2022 年	2023 年
第一类	2910	3423	136	146
第二类	401	582	79	81
第三类	82	97	38	40
共计	3393	4102	253	267

从首次注册数量情况分析，2023 年全国医用成像器械（耗材部分）首次注册数量明显上升。2023 年全国医用成像器械第二、三类产品首次注册数量共计 170 件，其中国产产品 163 件，进口产品 7 件（见图 27）。

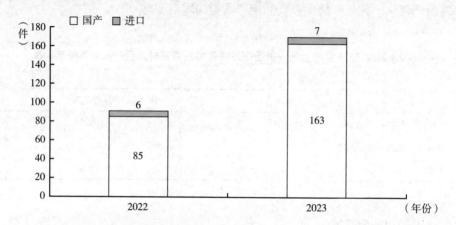

图 27　2022 年、2023 年全国医用成像器械各类医用耗材首次注册数量变化

从第二、三类产品首次注册数量变化趋势看，2023 年医用成像器械（耗材部分）国产第二类产品首次注册数量明显上升，同比增长 141.94%；国产第三类产品首次注册数量则有所下降；进口第二、三类产品首次注册数量相对稳定。从管理类别分析，国产第二类产品具有明显优势（见图 28）。

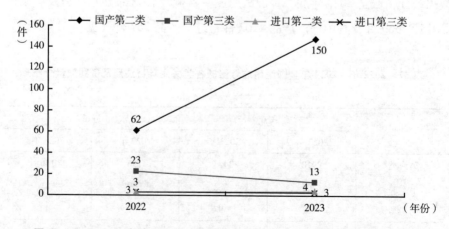

图 28　2022~2023 年全国医用成像器械各类医用耗材首次注册数量变化趋势

（2）产品分布

截至 2023 年底，我国医用成像器械（耗材部分）进口产品共计 267 件，其中自美国和日本进口的产品分别为 121 件和 53 件，两者之和占总体的 65.17%（见图 29）。

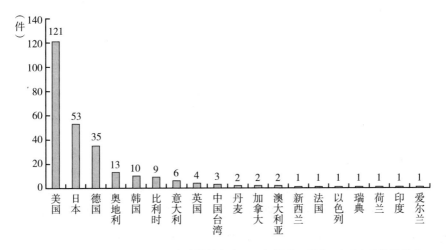

图 29　截至 2023 年底全国医用成像器械各类医用耗材进口国家/地区产品数量分布

相同报告期内，我国医用成像器械（耗材部分）国产产品共计 4102 件，其中自江苏省产出的产品共计 689 件，全国排名第一；其后广东省和山东省分别以 594 件和 572 件产品位居第二和第三（见表 32）。

**表 32　截至 2023 年底全国医用成像器械各类医用耗材国产产品
各省（自治区、直辖市）数量分布**

单位：件

省（自治区、直辖市）	产品数量	省（自治区、直辖市）	产品数量
江苏省	689	湖北省	175
广东省	594	湖南省	164
山东省	572	上海市	161
浙江省	246	河北省	140
河南省	219	广西壮族自治区	132
北京市	202	天津市	128

续表

省(自治区、直辖市)	产品数量	省(自治区、直辖市)	产品数量
安徽省	101	山西省	23
江西省	94	贵州省	17
四川省	86	海南省	8
福建省	80	云南省	8
重庆市	78	内蒙古自治区	5
辽宁省	76	甘肃省	4
陕西省	38	青海省	3
吉林省	29	新疆维吾尔自治区	3
黑龙江省	26	宁夏回族自治区	1

（3）产品国产化率

2023 年，我国医用成像器械（耗材部分）有效产品二级类别共计 33 个，其中有 30 个二级产品类别国产化率超过 50.0%。包括内窥镜润滑剂、磁共振定位装置在内的 11 件二级产品已实现国产替代（见表 33）。

表 33 截至 2023 年底全国医用成像器械各类医用耗材二级产品类别国产化率

单位：%

二级产品类别	国产化率
内窥镜润滑剂	100.0
磁共振定位装置	100.0
医用增感屏	100.0
光学内窥镜	100.0
导管床	100.0
限束装置	100.0
胶囊式内窥镜系统	100.0
胃肠超声显像粉	100.0
光相干断层成像系统（非眼科）	100.0
悬吊支撑装置	100.0
静脉尿路造影腹压器	100.0

二级产品类别	国产化率
超声耦合垫	99.3
超声耦合剂	99.2
内窥镜用活检袋	99.2
穿刺定位引导装置	98.6
影像记录介质	97.3
电子内窥镜	95.7
内窥镜咬口、套管	95.0
X 射线胶片显影剂、定影剂	94.4
医用射线防护用具	94.0
胃肠 X 射线检查用品	88.9
患者体位固定装置	87.5
超声探头穿刺架	86.0
超声探头	82.1
内窥镜冲洗吸引器	81.8
X 射线感光胶片	80.6
磁共振造影注射装置	80.0
造影剂注射装置	78.6
内窥镜先端帽	76.2
X 射线管组件	64.9
医用光学放大器具	50.0
防散射滤线栅	33.3
超声水囊	25.0

7. 医用诊察和监护器械

医用诊察和监护器械是指医用诊察和监护器械及诊察和监护过程中配套使用的医疗器械，不包括眼科器械、口腔科器械等临床专科使用的诊察器械和医用成像器械。

（1）产品数量

根据国家药监局、各省（自治区、直辖市）药监局及市场监管局公开数据统计，截至 2023 年底，全国医用诊察和监护器械（耗材部分）注册及备案产品共计 1971 件，其中国产产品 1708 件，进口产品 263 件（见表 34）。

表34 2022年、2023年全国医用诊察和监护器械各类医用耗材注册及备案数量分布

单位：件

类别	国产		进口	
	2022年	2023年	2022年	2023年
第一类	1029	1150	81	82
第二类	444	487	96	96
第三类	57	71	78	85
共计	1530	1708	255	263

从首次注册数量情况分析，2023年全国医用诊察和监护器械（耗材部分）首次注册数量有所下降。2023年全国医用诊察和监护器械（耗材部分）第二、三类产品首次注册数量共计76件，其中国产产品71件，进口产品5件（见图30）。

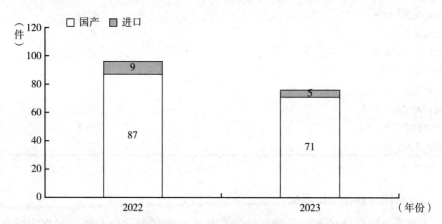

图30 2022年、2023年全国医用诊察和监护器械各类医用耗材首次注册数量变化

从第二、三类产品首次注册数量变化趋势分析，2022~2023年医用诊察和监护器械（耗材部分）国产第二类及进口第二类产品首次注册数量均呈下降趋势。同一报告期内，国产第三类及进口第三类产品首次注册数量则有所上升。从管理类别分析，国产第二类产品首次注册数量相比其他产品具有优势（见图31）。

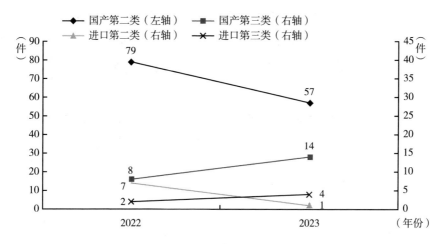

图31　2022~2023年全国医用诊察和监护器械各类
医用耗材首次注册数量变化趋势

（2）产品分布

截至2023年底，我国医用诊察和监护器械（耗材部分）进口产品共计263件，其中自美国和德国进口的产品分别为125件和41件，两者之和占总体的63.12%（见图32）。

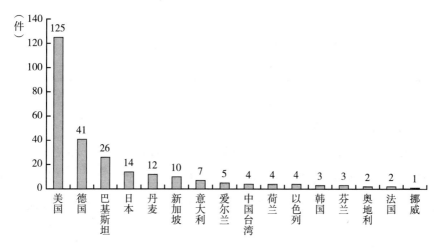

图32　截至2023年底全国医用诊察和监护器械各类医用耗材
进口国家/地区产品数量分布

相同报告期内，我国医用诊察和监护器械（耗材部分）国产产品共计1708件，其中广东省产出的产品共计524件，全国排名第一；其后江苏省和浙江省分别以309件和152件产品位居第二和第三（见表35）。

表35　截至2023年底全国医用诊察和监护器械各类医用耗材国产产品
各省（自治区、直辖市）数量分布

单位：件

省（自治区、直辖市）	产品数量	省（自治区、直辖市）	产品数量
广东省	524	四川省	19
江苏省	309	辽宁省	19
浙江省	152	吉林省	18
山东省	102	黑龙江省	17
上海市	93	福建省	15
江西省	93	陕西省	14
河南省	60	广西壮族自治区	9
北京市	56	重庆市	7
湖北省	55	山西省	6
湖南省	47	云南省	4
安徽省	32	贵州省	4
河北省	28	新疆维吾尔自治区	2
天津市	22	甘肃省	1

（3）产品国产化率

2023年，我国医用诊察和监护器械（耗材部分）有效产品二级类别共计17个，其中有15个二级产品类别国产化率超过50.0%。包括体温测量设备、呼气流量测量设备在内的4个二级产品类别均已实现国产替代（见表36）。

8. 呼吸、麻醉和急救器械

呼吸、麻醉和急救器械是指呼吸、麻醉和急救以及相关辅助器械。

表 36　截至 2023 年底全国医用诊察和监护器械各类医用耗材二级产品类别国产化率

单位：%

二级产品类别	国产化率
体温测量设备	100. 0
呼气流量测量设备	100. 0
肺功能测试设备	100. 0
无创血压测量设备	100. 0
无创血压袖带	97. 3
压舌板	97. 2
心电导联线	94. 4
叩诊锤	91. 2
脉搏血氧传感器	88. 1
五官科检查镜	86. 3
反光器具	84. 6
听觉检查音叉	75. 9
体表电极	75. 6
导电膏	70. 6
有创血压传感器	67. 9
电生理标测导管	41. 1
表面检查灯	0. 0

（1）产品数量

根据国家药监局、各省（自治区、直辖市）药监局及市场监管局公开数据统计，截至 2023 年底，全国呼吸、麻醉和急救器械（耗材部分）注册及备案产品共计 3909 件，其中国产产品 3684 件，进口产品 225 件（见表 37）。

表 37　2022 年、2023 年全国呼吸、麻醉和急救器械各类医用耗材注册及备案数量分布

单位：件

类别	国产		进口	
	2022 年	2023 年	2022 年	2023 年
第一类	744	1247	39	41
第二类	2097	2307	168	159
第三类	113	130	24	25
共计	2954	3684	231	225

从首次注册数量情况分析，2023 年全国呼吸、麻醉和急救器械（耗材部分）首次注册数量总体略有下降。2023 年全国呼吸、麻醉和急救器械（耗材部分）第二、三类产品首次注册数量共计 259 件，其中国产产品 255 件，进口产品 4 件（见图 33）。

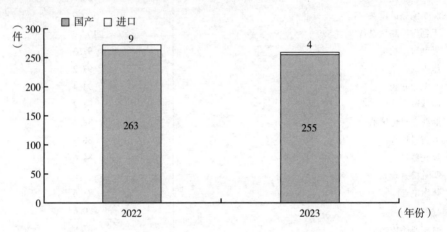

图 33　2022 年、2023 年全国呼吸、麻醉和急救器械各类医用耗材首次注册数量变化

从第二、三类产品首次注册数量变化趋势看，2022～2023 年呼吸、麻醉和急救器械（耗材部分）国产第二类及进口第二类产品首次注册数量均呈下降趋势，国产第三类产品首次注册数量则有所上升。同一报告期内，进口第三类产品注册数量相对稳定。从管理类别分析，国产第二类产品的首次注册数量占比远高于其他类别（见图 34）。

（2）产品分布

截至 2023 年底，我国呼吸、麻醉和急救器械（耗材部分）进口产品共计 225 件，其中自美国和德国进口的产品分别为 98 件和 34 件，两者之和占总体的 58.67%（见图 35）。

相同报告期内，我国呼吸、麻醉和急救器械（耗材部分）国产产品共计 3684 件，其中自江苏省产出的产品共计 993 件，全国排名第一；其后河南省和广东省分别以 493 件和 491 件产品位居第二和第三（见表 38）。

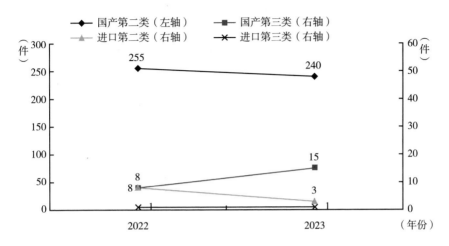

**图34 2022~2023年全国呼吸、麻醉和急救器械
各类医用耗材首次注册数量变化趋势**

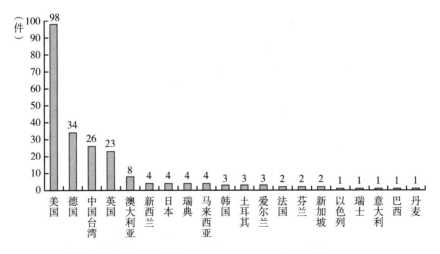

**图35 截至2023年底全国呼吸、麻醉和急救器械各类医用耗材
进口国家/地区产品数量分布**

表38　截至 2023 年底全国呼吸、麻醉和急救器械各类医用耗材国产产品
各省（自治区、直辖市）数量分布

单位：件

省（自治区、直辖市）	产品数量	省（自治区、直辖市）	产品数量
江苏省	993	北京市	50
河南省	493	陕西省	47
广东省	491	辽宁省	24
浙江省	433	贵州省	17
山东省	260	甘肃省	16
江西省	149	广西壮族自治区	14
湖南省	124	内蒙古自治区	11
上海市	110	山西省	11
河北省	90	海南省	10
天津市	59	吉林省	10
湖北省	56	青海省	6
安徽省	51	云南省	3
重庆市	51	新疆维吾尔自治区	2
四川省	51	宁夏回族自治区	1
福建省	51		

（3）产品国产化率

2023 年，我国呼吸、麻醉和急救器械（耗材部分）有效产品二级类别
共计 27 个，其中有 26 个二级产品类别国产化率超过 50.0%，包括雾化面
罩、吸氧头罩在内的 9 个二级产品类别已实现国产替代（见表 39）。

表39　截至 2023 年底全国呼吸、麻醉和急救器械各类医用耗材二级产品类别国产化率

单位：%

二级产品类别	国产化率
雾化面罩	100.0
吸氧头罩	100.0
麻醉储气囊	100.0

续表

二级产品类别	国产化率
人工复苏器(简易呼吸器)	100.0
麻醉废气吸附器	100.0
医用呼吸道湿化器	100.0
氧气吸入器	100.0
呼吸训练器	100.0
气管插管用喉镜	100.0
输氧面罩	98.4
鼻氧管	98.2
麻醉面罩	97.9
呼吸道用吸引导管(吸痰管)	96.7
麻醉穿刺针	95.2
支气管堵塞器	95.0
呼吸管路	94.6
喉罩	93.4
雾化设备/雾化装置	92.9
口咽/鼻咽通气道	92.6
呼吸系统过滤器	91.1
气管内插管/气管套管	89.4
呼吸管路辅助器械	88.2
二氧化碳吸收器(含二氧化碳吸收剂)	86.8
热湿交换器	84.2
硬膜外麻醉导管	76.2
呼吸面罩	72.7
持续正压通气用面罩、口罩、鼻罩	33.3

9. 物理治疗器械

物理治疗器械是指采用电、热、光、力、磁、声以及不能归入以上范畴的其他物理治疗器械，不包括手术类的器械以及属于其他专科专用的物理治疗器械。

（1）产品数量

根据国家药监局、各省（自治区、直辖市）药监局及市场监管局公开

数据统计，截至 2023 年底，全国物理治疗器械（耗材部分）注册及备案产品共计 16145 件，其中国产产品 16007 件，进口产品 138 件（见表 40）。

表 40 2022 年、2023 年全国物理治疗器械各类医用耗材注册及备案数量分布

单位：件

类别	国产		进口	
	2022 年	2023 年	2022 年	2023 年
第一类	12912	14506	96	97
第二类	1197	1496	43	38
第三类	3	5	1	3
共计	14112	16007	140	138

从首次注册情况看，2023 年全国物理治疗器械（耗材部分）首次注册数量有明显增加。2023 年全国物理治疗器械（耗材部分）第二、三类产品首次注册数量共计 277 件，其中国产产品 276 件，进口产品 1 件（见图 36）。

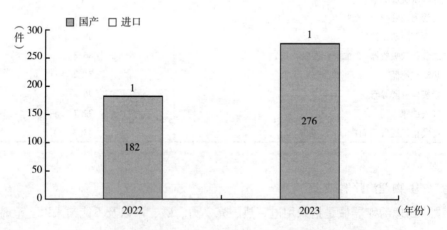

图 36 2022 年、2023 年全国物理治疗器械首次注册数量变化

从第二、三类产品首次注册数量变化趋势看，2022～2023 年物理治疗器械（耗材部分）国产第二类产品首次注册数量有明显增长，同比增长

50.83%；其余类别产品首次注册数量相对稳定。从管理类别分析，国产第二类产品首次注册数量占比显著高于其他类别（见图37）。

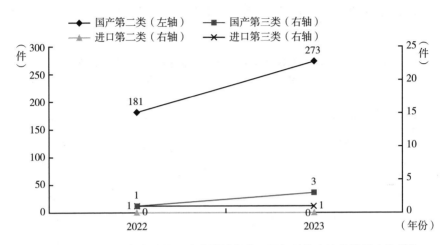

图37 2022～2023年全国物理治疗器械各类医用耗材首次注册数量变化趋势

（2）产品分布

截至2023年底，我国物理治疗器械（耗材部分）进口产品共计138件，其中45件产品进口自日本，42件产品进口自中国台湾，两者合计占总体进口产品的63.04%（见图38）。

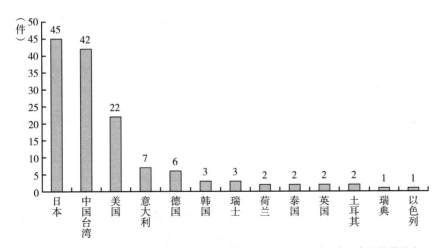

图38 截至2023年底全国物理治疗器械各类医用耗材进口国家/地区产品数量分布

相同报告期内，我国物理治疗器械（耗材部分）国产产品共计 16007 件，其中广东省产出的产品共计 2515 件，全国排名第一；其后，山东省和湖北省分别以 2295 件和 1661 件产品位居第二和第三（见表 41）。

表 41　截至 2023 年底全国物理治疗器械各类医用耗材国产产品
各省（自治区、直辖市）数量分布

单位：件

省（自治区、直辖市）	产品数量	省（自治区、直辖市）	产品数量
广东省	2515	天津市	220
山东省	2295	四川省	218
湖北省	1661	青海省	202
河南省	1133	上海市	196
陕西省	878	北京市	195
江苏省	817	福建省	158
江西省	757	黑龙江省	154
安徽省	617	海南省	96
湖南省	588	重庆市	90
浙江省	579	云南省	61
吉林省	499	宁夏回族自治区	42
贵州省	434	甘肃省	41
河北省	426	新疆维吾尔自治区	25
广西壮族自治区	367	内蒙古自治区	19
辽宁省	366	西藏自治区	9
山西省	349		

（3）产品国产化率

2023 年，我国物理治疗器械（耗材部分）有效产品二级类别共计 12 个，全部类别国产化率均超过 50.0%，其中包括臭氧治疗设备、牵引器具在内的 6 个二级产品类别均已实现国产替代（见表 42）。

表42 截至 2023 年底全国物理治疗器械各类医用耗材二级产品类别国产化率

单位：%

二级产品类别	国产化率
臭氧治疗设备	100.0
牵引器具	100.0
静电贴敷器具	100.0
超声治疗设备附件	100.0
药物导入设备	100.0
热辐射治疗设备	100.0
光治疗设备附件	99.9
热传导治疗设备	99.8
静磁场治疗器具	99.7
神经和肌肉刺激器用电极	99.5
物理降温设备	99.3
加压治疗设备	73.8

10. 输血、透析和体外循环器械

输血、透析和体外循环器械是指临床用于输血、透析和心肺转流领域的医疗器械。

（1）产品数量

根据国家药监局、各省（自治区、直辖市）药监局及市场监管局公开数据统计，截至 2023 年底，全国输血、透析和体外循环器械（耗材部分）注册及备案产品共计 954 件，其中国产产品 647 件，进口产品 307 件（见表43）。

表43 2022 年、2023 年全国输血、透析和体外循环器械各类医用耗材注册及备案数量分布

单位：件

类别	国产		进口	
	2022 年	2023 年	2022 年	2023 年
第一类	7	12	1	1
第二类	59	68	6	8
第三类	485	567	280	298
共计	551	647	287	307

从首次注册数量情况分析，2023 年全国输血、透析和体外循环器械（耗材部分）首次注册数量略有下降。2023 年全国输血、透析和体外循环器械（耗材部分）第二、三类产品首次注册数量共计 93 件，其中国产产品 77 件，进口产品 16 件（见图 39）。

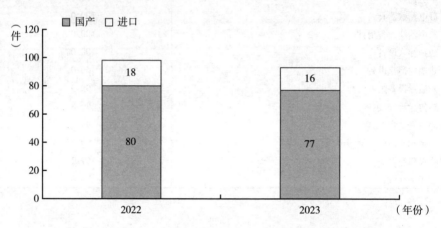

图 39 2022 年、2023 年全国输血、透析和体外循环器械各类医用耗材首次注册数量变化

从第二、三类产品首次注册数量变化趋势看，2022～2023 年输血、透析和体外循环器械（耗材部分）国产第三类及进口第三类产品首次注册数量略有下降，国产第二类产品首次注册数量略有上升。从管理类别分析，与其他类别相比，国产第三类产品首次注册数量占比较高（见图 40）。

（2）产品分布

截至 2023 年底，我国输血、透析和体外循环器械（耗材部分）进口产品共计 307 件，其中自德国和美国进口的产品数量分别为 89 件和 75 件，两者之和占总体的 53.42%（见图 41）。

相同报告期内，我国输血、透析和体外循环器械（耗材部分）国产产品共计 647 件，其中广东省产出的产品共计 98 件，全国排名第一；其后山东省和江苏省均为 96 件，并列第二（见表 44）。

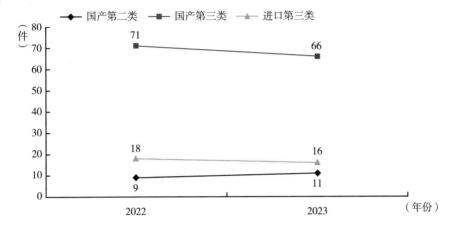

图40 2022~2023年全国输血、透析和体外循环器械各类医用耗材首次注册数量变化趋势

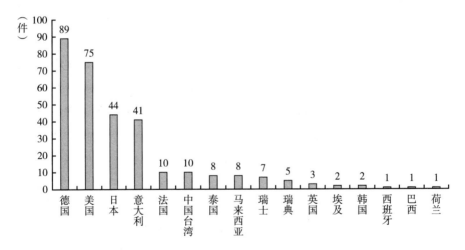

图41 截至2023年底全国输血、透析和体外循环器械各类医用耗材进口国家/地区产品数量分布

表44 截至2023年底全国输血、透析和体外循环器械各类医用耗材国产产品
各省（自治区、直辖市）数量分布

单位：件

省（自治区、直辖市）	产品数量	省（自治区、直辖市）	产品数量
广东省	98	陕西省	15
山东省	96	重庆市	14
江苏省	96	辽宁省	13
天津市	60	吉林省	9
四川省	41	湖北省	7
北京市	34	福建省	4
浙江省	33	云南省	4
上海市	30	海南省	4
江西省	29	湖南省	3
河北省	20	黑龙江省	1
河南省	20	广西壮族自治区	1
安徽省	15		

（3）产品国产化率

2023年，我国输血、透析和体外循环器械（耗材部分）有效产品二级
类别共计22个，其中有16个二级产品类别国产化率超过50.0%。其中，包
括血浆管路、冰冻红细胞洗涤机用管路在内的4件二级产品均已实现国产替
代。此外，血液成分分离设备、血脂分离器具共2件二级产品国产数量为零
（见表45）。

表45 截至2023年底全国输血、透析和体外循环器械各类医用耗材
二级产品类别国产化率

单位：%

二级产品类别	国产化率
血浆管路	100.0
血袋	100.0
贮血滤血器	100.0

续表

二级产品类别	国产化率
冰冻红细胞洗涤机用管路	100.0
输血器	95.4
腹膜透析器具	89.4
富血小板血浆制备器	84.6
微栓过滤器	83.3
血液灌流器具	77.1
心肺转流用管路及接头	74.0
血液透析器具	70.9
心脏停跳液灌注器	64.3
动静脉穿刺器	61.2
离心式血液成分分离器	60.0
血液净化辅助器具	54.0
自体血液处理器具	53.3
心脏停跳液	50.0
血液浓缩器	28.6
氧合器	27.3
离心泵泵头	25.0
血液成分分离设备	0.0
血脂分离器具	0.0

11. 有源植入器械

有源植入器械是指由植入体和配合使用的体外部分组成的有源植入器械。

（1）产品数量

根据国家药监局、各省（自治区、直辖市）药监局及市场监管局公开数据统计，截至 2023 年底，全国有源植入器械（耗材部分）注册及备案产品共计 391 件，其中国产产品 104 件，进口产品 287 件（见表46）。

从首次注册数量情况看，2023 年全国有源植入器械（耗材部分）首次注册数量有所降低。2023 年全国有源植入器械（耗材部分）第二、三类产品首次注册数量共计 27 件，其中国产产品 16 件，进口产品 11 件（见图42）。

表 46　2022 年、2023 年全国有源植入器械各类医用耗材注册及备案数量分布

单位：件

类别	国产		进口	
	2022 年	2023 年	2022 年	2023 年
第二类	35	39	46	46
第三类	52	65	236	241
共计	87	104	282	287

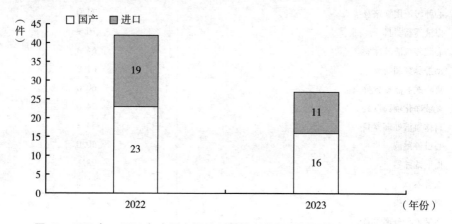

图 42　2022 年、2023 年全国有源植入器械各类医用耗材首次注册数量变化

从第二、三类产品首次注册数量变化趋势看，2023 年有源植入器械（耗材部分）国产第三类以及进口第二、三类产品首次注册数量均有所下降，国产第二类产品首次注册数量略有上升。从管理类别分析，四个类别差距不大，其中国产第三类及进口第三类产品数量占比较高（见图 43）。

（2）产品分布

截至 2023 年底，我国有源植入器械（耗材部分）进口产品共计 287件，其中自美国和德国进口的产品分别为 183 件和 43 件，两者之和占总体的 78.75%（见图 44）。

相同报告期内，我国有源植入器械（耗材部分）国产产品共计 104 件，其中北京市产出的产品数量为 32 件，位列全国第一；其后江苏省和浙江省分别以 25 件、11 件产品列第二、三名（见表 47）。

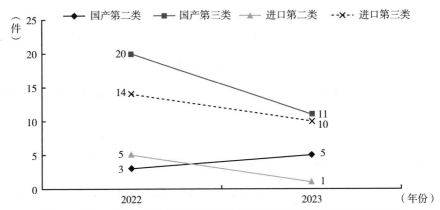

图43 2022~2023年全国有源植入器械各类医用耗材首次注册数量变化趋势

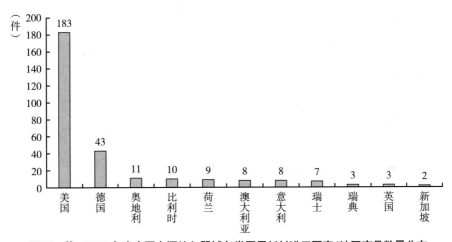

图44 截至2023年底全国有源植入器械各类医用耗材进口国家/地区产品数量分布

表47 截至2023年底全国有源植入器械各类医用耗材国产产品
各省（自治区、直辖市）数量分布

单位：件

省（自治区、直辖市）	产品数量	省（自治区、直辖市）	产品数量
北京市	32	湖南省	5
江苏省	25	辽宁省	5
浙江省	11	天津市	1
陕西省	9	重庆市	1
上海市	8	四川省	1
广东省	6		

（3）产品国产化率

2023 年，我国有源植入器械（耗材部分）有效产品二级类别共计 25
个，其中，有 6 个二级产品类别国产化率超过 50.0%。植入式循环辅助设备
已实现国产替代。此外，植入式封堵工具、植入式心脏除颤电极导线等 9 件
产品国产数量为零（见表 48）。

表 48　截至 2023 年底全国有源植入器械各类医用耗材二级产品类别国产化率

单位：%

二级产品类别	国产化率
植入式循环辅助设备	100.0
神经调控充电设备	77.8
起搏系统分析设备	66.7
植入式神经刺激电极	57.6
测试刺激器	57.1
植入式神经刺激器	56.3
辅助位听觉调控设备	50.0
测试延伸导线	50.0
临时起搏器	50.0
神经调控程控设备	46.2
心脏节律管理程控设备	40.0
体外声音处理器	36.4
植入式位听觉设备	25.0
临时起搏电极导线	14.3
植入式心脏起搏电极导线	8.6
植入式心脏起搏器	6.7
植入式药物输注设备	0.0
植入式电极导线适配工具	0.0
植入式封堵工具	0.0
植入式心律转复除颤器	0.0
植入式心脏收缩力调节设备	0.0
连接器套筒	0.0
植入式心脏事件监测设备	0.0
植入式心脏除颤电极导线	0.0
测试刺激电极	0.0

12. 无源植入器械

无源植入器械是指无源植入类医疗器械，不包括眼科器械、口腔科器械和妇产科、辅助生育与避孕器械中的无源植入器械及可吸收缝合线。

（1）产品数量

根据国家药监局、各省（自治区、直辖市）药监局及市场监管局公开数据统计，截至2023年底，全国无源植入器械（耗材部分）注册及备案产品共计4492件，其中国产产品2832件，进口产品1660件（见表49）。

表49 2022年、2023年全国无源植入器械各类医用耗材注册及备案数量分布

单位：件

类别	国产		进口	
	2022年	2023年	2022年	2023年
第一类	0	5	0	0
第二类	1	0	0	0
第三类	2347	2827	1610	1660
共计	2348	2832	1610	1660

从首次注册数量情况看，2023年全国无源植入器械（耗材部分）首次注册数量有所上升。2023年全国无源植入器械（耗材部分）第二、三类产品首次注册数量共计544件，其中国产产品469件，进口产品75件（见图45）。

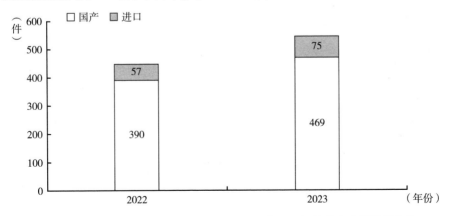

图45 2022年、2023年全国无源植入器械各类医用耗材首次注册数量变化

从第二、三类产品首次注册数量变化趋势看，2023 年无源植入器械（耗材部分）国产第三类及进口第三类产品首次注册数量均有所增加，国产第二类产品首次注册数量相对稳定。从管理类别分析，国产第三类产品首次注册数量占比具有显著优势（见图 46）。

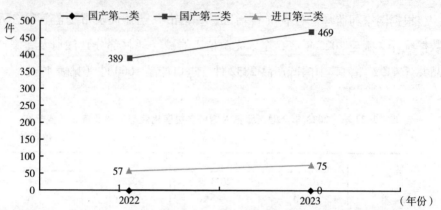

图 46　2022~2023 年全国无源植入器械各类医用耗材首次注册数量变化趋势

（2）产品分布

截至 2023 年底，我国无源植入器械（耗材部分）进口产品共计 1660 件，其中自美国和德国进口的产品分别为 748 件和 234 件，两者之和占总体的 59.16%（见图 47）。

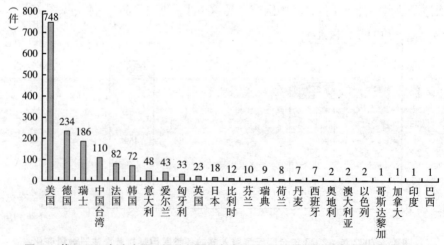

图 47　截至 2023 年底全国无源植入器械各类医用耗材进口国家/地区产品数量分布

相同报告期内，我国无源植入器械（耗材部分）国产产品共计2832件，其中江苏省产出的产品共计803件，全国排名第一；其后北京市和上海市分别以583件和266件产品位居第二和第三（见表50）。

表50　截至2023年底全国无源植入器械各类医用耗材国产产品
各省（自治区、直辖市）数量分布

单位：件

省（自治区、直辖市）	产品数量	省（自治区、直辖市）	产品数量
江苏省	803	陕西省	20
北京市	583	河南省	19
上海市	266	甘肃省	17
天津市	240	吉林省	16
山东省	197	湖南省	10
福建省	169	西藏自治区	6
浙江省	157	云南省	5
广东省	119	海南省	5
湖北省	57	辽宁省	5
河北省	51	山西省	3
重庆市	40	江西省	2
四川省	40	安徽省	2

（3）产品国产化率

2023年，我国无源手术器械（耗材部分）有效产品二级类别共计68个，其中有33个二级产品类别国产化率超过50.0%。其中，包括含几丁糖关节腔内液体、神经修复材料在内的6件二级产品均已实现国产替代。此外，植入性止鼾装置、脑积水分流器及组件等5件产品国产数量为零（见表51）。

表 51　截至 2023 年底全国无源植入器械各类医用耗材二级产品类别国产化率

单位：%

二级产品类别	国产化率
人工颅骨	100.0
含几丁糖关节腔内液体	100.0
脱细胞皮肤	100.0
脱细胞真皮基质	100.0
腕关节假体	100.0
神经修复材料	100.0
同种异体骨修复材料	94.7
金属固定环扎装置	91.1
光面或带螺纹的金属骨固定紧固件	90.7
单/多部件记忆合金骨固定器械	88.2
胸骨捆扎/抓扣固定系统	85.7
金属髓内装置	80.4
单/多部件金属骨固定器械及附件	80.0
心脏封堵器	79.3
心血管补片	77.8
运动损伤软组织置换植入物	75.0
脊柱椎板间固定系统	71.6
硬脑(脊)膜补片	70.8
运动损伤软组织修复重建植入物	69.7
整形用植入线材	66.7
椎间融合器	63.7
脊柱椎体间固定/置换系统	63.2
单/多部件预制颅骨成形术板及紧固件	61.9
软组织扩张器	60.0
漏斗胸成形系统	60.0
棘突植入物	60.0
髋关节假体	54.8
肘关节假体	54.5
单/多部件颅颌面固定器械及附件	54.4
钙盐类骨填充植入物	53.6
丙烯酸树脂骨水泥	53.6
血管内假体	51.2
外科补片/外科修补网	50.8
腔静脉滤器	50.0

续表

二级产品类别	国产化率
颅内动脉瘤血流导向装置	50.0
修补固定器	50.0
胶原蛋白支架材料	50.0
含重组人骨形态发生蛋白质的骨修复材料	50.0
阴茎假体	50.0
踝关节假体	50.0
颅骨夹/锁	50.0
肛瘘塞	50.0
整形填充材料	48.0
单/多部件可吸收骨固定器械	45.5
膝关节假体	43.4
金属填充物	42.9
整形美容用注射材料	42.0
非血管支架	40.7
人工心脏瓣膜及瓣膜修复器械	40.0
颅内弹簧圈系统	37.5
血管支架	33.6
听小骨假体	33.3
乳房植入物	33.3
脊柱椎弓根系统	33.3
颅内支架系统	33.3
椎间盘假体	30.0
心血管栓塞器械	28.9
骨蜡	25.0
肩关节假体	22.2
颅内栓塞器械	20.0
耳内假体	20.0
人工血管	11.8
动脉瘤夹	7.7
植入性止鼾装置	0.0
指关节假体	0.0
颞下颌关节假体	0.0
支气管内活瓣	0.0
脑积水分流器及组件	0.0

13. 注输、护理和防护器械

注输、护理和防护器械包括注射器械，穿刺器械，输液器械，止血器具，非血管内导（插）管与配套用体外器械，清洗、灌洗、吸引、给药器械，外科敷料（材料）、创面敷料、包扎敷料，造口器械、疤痕护理用品等以护理为主要目的器械（主要在医院普通病房内使用），还包括医护人员防护用品、手术室感染控制用品等控制病毒传播的医疗器械。

本部分不包括输血器、血袋等输血器械和血样采集器械，也不包括石膏绷带等骨科病房固定肢体的器械、妇产科护理（如阴道护理）用品等只在专科病房中使用的护理器械，还不包括医用弹力袜等物理治疗器械和防压疮垫等患者承载器械。

（1）产品数量

根据国家药监局、各省（自治区、直辖市）药监局及市场监管局公开数据统计，截至 2023 年底，全国注输、护理和防护器械（耗材部分）注册及备案产品共计 69871 件，其中国产产品 68316 件，进口产品 1555 件（见表 52）。

表52　2022年、2023年全国注输、护理和防护器械各类医用耗材注册及备案数量分布

单位：件

类别	国产		进口	
	2022 年	2023 年	2022 年	2023 年
第一类	38778	44839	650	686
第二类	18144	21292	376	380
第三类	1958	2185	494	489
共计	58880	68316	1520	1555

从首次注册数量情况分析，2023 年注输、护理和防护器械（耗材部分）首次注册数量有所上升。2023 年全国注输、护理和防护器械（耗材部分）第二、三类产品首次注册数量共计 3262 件，其中国产产品 3232 件，进口产品 30 件，国产产品首次注册数量占据绝对优势（见图 48）。

从第二、三类产品首次注册数量变化趋势看，2022～2023 年注输、护理

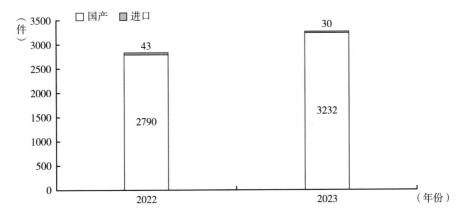

图48　2022年、2023年全国注输、护理和防护器械各类医用耗材首次注册数量变化

和防护器械（耗材部分）国产第二、三类产品首次注册数量呈上升趋势，进口第三类产品首次注册数量则有所下降。同时期内，进口第二类产品首次注册数量相对稳定。从管理类别分析，国产第二类产品首次注册数量占比显著高于其他类别（见图49）。

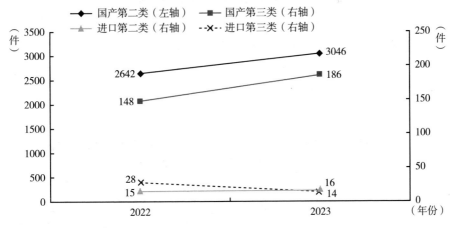

图49　2022～2023年全国注输、护理和防护器械各类
医用耗材首次注册数量变化趋势

（2）产品分布

截至 2023 年底，我国注输、护理和防护器械（耗材部分）进口产品共计 1555 件，其中自美国、德国和马来西亚进口的产品分别为 429 件、282 件和 118 件，三者之和占总体的 53.31%（见图 50）。

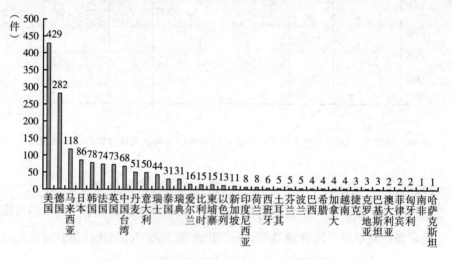

图 50　截至 2023 年底全国注输、护理和防护器械各类医用耗材
进口国家/地区产品数量分布

相同报告期内，我国注输、护理和防护器械（耗材部分）国产产品共计 68316 件，其中山东省产出的产品共计 9708 件，全国排名第一；其后江苏省和河南省分别以 8576 件和 8450 件产品位居第二和第三（见表 53）。

表 53　截至 2023 年底全国注输、护理和防护器械各类医用耗材国产产品
各省（自治区、直辖市）数量分布

单位：件

省（自治区、直辖市）	产品数量	省（自治区、直辖市）	产品数量
山东省	9708	湖北省	5285
江苏省	8576	江西省	4354
河南省	8450	浙江省	4154
广东省	6409	湖南省	2820

省（自治区、直辖市）	产品数量	省（自治区、直辖市）	产品数量
河北省	2625	云南省	592
安徽省	2078	贵州省	501
吉林省	1520	山西省	445
辽宁省	1343	重庆市	425
上海市	1155	新疆维吾尔自治区	358
四川省	1127	海南省	271
福建省	1098	甘肃省	194
陕西省	1083	青海省	117
天津市	1034	内蒙古自治区	99
北京市	911	宁夏回族自治区	80
广西壮族自治区	901	西藏自治区	9
黑龙江省	594		

（3）产品国产化率

2023年，我国注输、护理和防护器械（耗材部分）有效产品二级类别共计102个，其中有95个二级产品类别国产化率超过50.0%。其中，包括急救毯、输液用放气针在内的22件二级产品均已实现国产替代。此外，造影导管、医用电动吸引器械、输液辅助电子设备产品国产数量为零（见表54）。

表54 截至2023年底全国注输、护理和防护器械各类医用耗材二级产品类别国产化率

单位：%

二级产品类别	国产化率
急救毯	100.0
输液用放气针	100.0
笔式注射器	100.0
眼贴	100.0
碳纤维和活性炭敷料	100.0

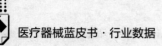

续表

二级产品类别	国产化率
隔离衣帽	100.0
非血管内导管充盈装置	100.0
以负压源或压力源为动力吸引器械	100.0
抗鼻腔过敏凝胶(不含药)	100.0
医用人工驱动吸引器械	100.0
皮肤注射位点标记	100.0
输液袋	100.0
肠营养袋	100.0
防护服	100.0
胶原贴敷料	100.0
输液信息采集系统	100.0
婴儿光疗防护眼罩	100.0
玻璃注射器	100.0
负压引流封闭膜	100.0
输液泵	100.0
足部隔离用品	100.0
外科口罩	100.0
外科织造布类敷料	99.9
垫单	99.9
隔离护罩	99.9
涂抹及吸液材料	99.8
手术室用衣帽	99.8
防护口罩	99.8
灌肠器	99.6
液体、膏状敷料	99.4
体表器械固定装置	99.3
润滑剂及载体	99.0
给药器	99.0
手术单	98.9
无源止血带	98.7
冲洗器械	98.3
绷带	98.3
胸腔引流装置	98.2
负压引流器及组件	98.2

续表

二级产品类别	国产化率
外科非织造布敷料	98.0
咬口	97.9
胶带	97.9
直肠管（肛门管）	97.8
医用导管夹	97.8
通气辅助器械	97.8
引流袋（容器）/收集袋（容器）、粪便管理器械	97.6
医用防护衬垫	97.3
体外引流、吸引管	97.2
含壳聚糖敷料	97.0
输液器	96.9
创口贴	96.5
生物敷料	96.0
凝胶敷料	95.7
创面敷贴	95.7
手术膜	95.6
无菌注射器	95.5
外科手套	95.2
导尿管	94.8
药液用转移、配药器具	94.7
静脉输液针	94.5
手部防护用品	94.4
无源止血器	94.3
经鼻肠营养导管	94.3
疤痕修复材料	94.0
海水鼻腔清洗液	93.5
注射器辅助推动装置	93.3
负压引流海绵	92.3
压力绷带	91.6
预充式导管冲洗器	91.3
颅脑外引流收集装置	90.9
纤维敷料	90.8
可吸收外科防粘连敷料	90.6
造口护理及辅助器械	89.4

二级产品类别	国产化率
无源输注泵	89.1
粉末敷料	88.0
肠营养器	87.1
血管内留置针	86.9
无针注射器	85.7
引流导管	85.5
测压导管	85.3
水胶体敷料	84.6
输液连接管路	84.3
外科海绵敷料	82.5
穿刺器械	81.8
胰岛素泵用储液器	80.0
扩张导管	80.0
隔离敷料	80.0
肠营养泵	80.0
注射针	79.9
输液、输血用连接件及附件	79.2
泡沫敷料	76.0
可吸收外科止血材料	73.3
活检针	73.0
输尿管支架	67.8
胰岛素泵用皮下输液器	60.0
经皮肠营养导管	50.0
活检枪	50.0
植入式给药器械	42.1
含银敷料	41.7
造影导管	0.0
医用电动吸引器械	0.0
输液辅助电子设备	0.0

14. 患者承载器械

患者承载器械包括具有患者承载功能和转运功能的承载器械，不包括具有承载功能的专科器械，例如口腔科、妇产科、骨科、医用康复器械中的承载器械。

（1）产品数量

根据国家药监局、各省（自治区、直辖市）药监局及市场监管局公开数据统计，截至2023年底，全国患者承载器械（耗材部分）注册及备案产品共计320件，其中国产产品265件，进口产品55件（见表55）。

表55 2022年、2023年全国患者承载器械各类医用耗材注册及备案数量分布

单位：件

类别	国产		进口	
	2022年	2023年	2022年	2023年
第一类	188	260	52	54
第二类	3	5	1	1
共计	191	265	53	55

（2）产品分布

截至2023年底，我国患者承载器械（耗材部分）进口产品共计55件，其中自中国台湾、美国和德国进口的产品分别为17件、15件和9件，三者之和占总体的74.55%（见图51）。

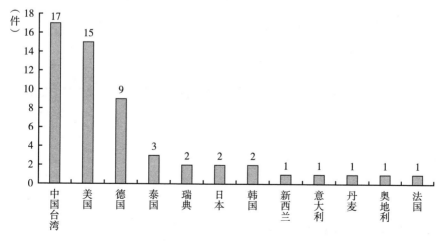

图51 截至2023年底全国患者承载器械各类医用耗材进口国家/地区产品数量分布

相同报告期内，我国患者承载器械（耗材部分）国产产品共计265件，其中自山东省产出的产品共计69件，全国排名第一；其后江苏省和北京市分别以54件和26件产品位居第二和第三（见表56）。

表56　截至2023年底全国患者承载器械各类医用耗材国产产品
各省（自治区、直辖市）数量分布

单位：件

省（自治区、直辖市）	产品数量	省（自治区、直辖市）	产品数量
山东省	69	河北省	7
江苏省	54	湖北省	6
北京市	26	陕西省	6
广东省	23	四川省	3
上海市	17	江西省	1
浙江省	15	黑龙江省	1
天津市	14	安徽省	1
湖南省	12	辽宁省	1
河南省	8	福建省	1

（3）产品国产化率

2023年，我国患者承载器械（耗材部分）有效产品二级类别共计5个，所有类别国产化率均超过50.0%。其中，包括简易转移器械、手动病床在内的4件二级产品已实现国产替代（见表57）。

表57　截至2023年底全国患者承载器械各类医用耗材二级产品类别国产化率

单位：%

二级产品类别	国产化率
简易转移器械	100.0
手动防压疮（褥疮）垫	100.0
手动病床	100.0
电动患者手术位置固定辅助器械	100.0
无源患者手术位置固定辅助器械	82.3

15. 眼科器械

眼科器械是指眼科诊察、手术、治疗、防护所使用的各类眼科器械及相关辅助器械，不包括眼科康复训练类器械。

（1）产品数量

根据国家药监局、各省（自治区、直辖市）药监局及市场监管局公开数据统计，截至 2023 年底，全国眼科器械（耗材部分）注册及备案产品共计 4600 件，其中国产产品 3705 件，进口产品 895 件（见表 58）。

表 58　2022 年、2023 年全国眼科器械各类医用耗材注册及备案数量分布

单位：件

类别	国产		进口	
	2022 年	2023 年	2022 年	2023 年
第一类	2601	3139	180	204
第二类	110	143	88	87
第三类	379	423	587	604
共计	3090	3705	855	895

从首次注册数量情况分析，2023 年全国眼科器械（耗材部分）首次注册数量有所上升。2023 年全国眼科器械（耗材部分）第二、三类产品首次注册数量共计 122 件，其中国产产品 84 件，进口产品 38 件（见图 52）。

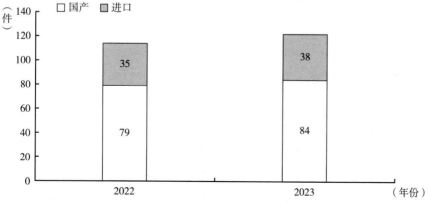

图 52　2022 年、2023 年全国眼科器械各类医用耗材首次注册数量变化

从第二、三类产品首次注册数量变化趋势看，眼科器械（耗材部分）进口第三类产品首次注册数量略有上升，进口第二类产品首次注册数量有所下降，国产第二、三类产品首次注册数量相对稳定。从管理类别分析，国产第三类产品首次注册数量占比较高（见图53）。

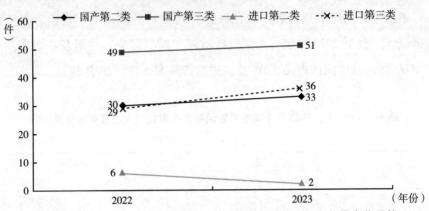

图53 2022~2023年全国眼科器械各类医用耗材首次注册数量变化趋势

（2）产品分布

截至2023年底，我国眼科器械（耗材部分）进口产品共计895件，其中自美国、中国台湾和韩国进口的产品分别为289件、176件和81件，三者之和占总体的61.01%（见图54）。

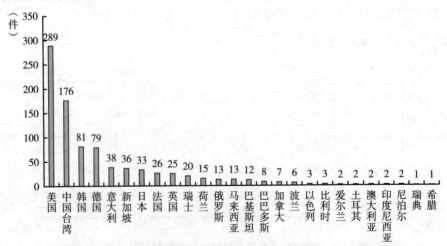

图54 截至2023年底全国眼科器械各类医用耗材进口国家/地区产品数量分布

相同报告期内，我国眼科器械（耗材部分）国产产品共计 3705 件，其中自江苏省产出的产品共计 2255 件，全国排名第一；其后上海市和山东省分别以 328 件和 306 件产品位居第二和第三（见表 59）。

表 59 截至 2023 年底全国眼科器械各类医用耗材国产产品
各省（自治区、直辖市）数量分布

单位：件

省（自治区、直辖市）	产品数量	省（自治区、直辖市）	产品数量
江苏省	2255	陕西省	22
上海市	328	福建省	19
山东省	306	江西省	16
广东省	199	辽宁省	16
北京市	120	甘肃省	15
浙江省	75	四川省	13
吉林省	65	重庆市	12
湖南省	57	广西壮族自治区	6
天津市	45	山西省	5
河南省	41	云南省	3
河北省	29	内蒙古自治区	2
安徽省	27	贵州省	1
湖北省	27	海南省	1

（3）产品国产化率

2023 年，我国眼科器械（耗材部分）有效产品二级类别共计 55 个，其中有 47 个二级产品类别国产化率超过 50.0%。其中，包括眼力器、眼用抛光器在内的 19 件二级产品均已实现国产替代（见表 60）。

表 60 截至 2023 年底全国眼科器械各类医用耗材二级产品类别国产化率

单位：%

二级产品类别	国产化率
眼力器	100.0
眼用抛光器	100.0
组织工程生物羊膜	100.0

续表

二级产品类别	国产化率
硅胶环扎带	100.0
囊袋张力环植入器械	100.0
眼用穿刺器	100.0
眼用锯	100.0
眼用浸泡环	100.0
防护器具	100.0
眼球突出计	100.0
眼用夹	100.0
验光设备和器具	100.0
眼用凿	100.0
人工玻璃体球囊	100.0
点眼棒	100.0
角膜基质片	100.0
义眼片	100.0
眼用剥离器	100.0
眼用止血器	100.0
眼用保护、支持器	97.7
眼用取出器	97.6
眼用压迫器	96.4
眼用镊	96.4
眼用牵开器	96.0
眼用测量器	95.2
眼用剪	94.9
眼用针	94.8
眼用咬除器	94.8
眼用器械手柄	94.8
眼用钩	93.6
眼用注入器	93.3
眼用冲吸器	93.0
眼用固位器	92.5
眼用扩张器	90.6
眼科治疗和手术辅助器具	90.5
眼用刮匙	89.8
眼用钻	86.5

续表

二级产品类别	国产化率
眼用钳	85.6
眼用碎核器	84.4
眼用置物台	80.0
泪道管	80.0
眼用刀	79.7
眼用铲	79.6
眼压计	75.0
眼科诊断辅助器具	74.1
接触镜护理产品	57.1
眼用粘弹剂	54.5
人工晶状体、人工玻璃体植入器械	45.6
接触镜	43.5
义眼台	40.0
囊袋张力环	33.3
青光眼引流装置	33.3
人工晶状体	18.4
泪点塞	12.5
眼内填充物	11.1

16. 口腔科器械

口腔科器械是指口腔科用设备、器具、口腔科材料等医疗器械，不包括口腔科治疗用激光、内窥镜、显微镜、射线类医疗器械。

（1）产品数量

根据国家药监局、各省（自治区、直辖市）药监局及市场监管局公开数据统计，截至 2023 年底，全国口腔科器械（耗材部分）注册及备案产品共计 17603 件，其中国产产品 14000 件，进口产品 3603 件（见表 61）。

从首次注册数量情况看，2023 年全国口腔科器械（耗材部分）首次注册数量有所上升。2023 年，全国口腔科器械（耗材部分）第二、三类产品首次注册数量共计 974 件，其中国产产品 912 件、进口产品 62 件（见图 55）。

表61　2022年、2023年全国口腔科器械各类医用耗材注册及备案数量分布

单位：件

类别	国产		进口	
	2022年	2023年	2022年	2023年
第一类	5181	7024	2207	2410
第二类	5833	6627	585	621
第三类	239	349	553	572
共计	11253	14000	3345	3603

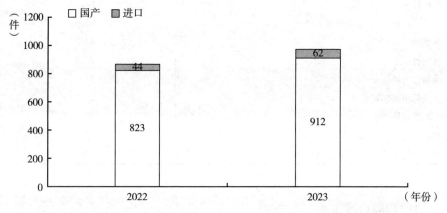

图55　2022年、2023年全国口腔科器械各类医用耗材首次注册数量变化

　　从第二、三类产品首次注册数量变化趋势分析，2023年口腔科器械（耗材部分）国产第二类及进口第二类、国产第三类产品首次注册数量有所上升，进口第三类产品首次注册数量相对稳定。从管理类别看，国产第二类产品首次注册数量占比远高于其他类别（见图56）。

　　（2）产品分布

　　截至2023年底，我国口腔科器械（耗材部分）进口产品共计3603件，其中自德国、美国和韩国进口的产品分别为693件、616件和572件，三者之和占总体的52.21%（见图57）。

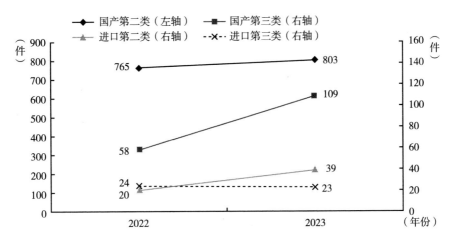

图56 2022~2023年全国口腔科器械各类医用耗材首次注册数量变化趋势

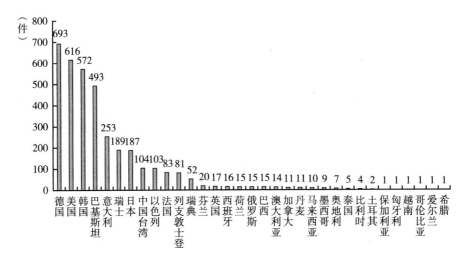

图57 截至2023年底全国口腔科器械各类医用耗材进口国家/地区产品数量分布

相同报告期内，我国口腔科器械（耗材部分）国产产品共计14000件，其中广东省产出的产品共计2254件，全国排名第一；其后江苏省和浙江省分别以1613件和1060件产品位居第二和第三（见表62）。

表62　截至2023年底全国口腔科器械各类医用耗材国产产品
各省（自治区、直辖市）数量分布

单位：件

省（自治区、直辖市）	产品数量	省（自治区、直辖市）	产品数量
广东省	2254	重庆市	263
江苏省	1613	山西省	247
浙江省	1060	福建省	245
山东省	938	黑龙江省	218
上海市	884	江西省	204
河南省	842	安徽省	162
河北省	769	云南省	106
湖南省	558	贵州省	88
湖北省	540	甘肃省	62
四川省	500	新疆维吾尔自治区	54
北京市	479	内蒙古自治区	50
辽宁省	404	青海省	38
吉林省	388	海南省	36
天津市	340	宁夏回族自治区	19
广西壮族自治区	336	西藏自治区	2
陕西省	301		

（3）产品国产化率

2023年，我国口腔科器械（耗材部分）有效产品二级类别共计81个，其中有62个二级产品类别国产化率超过50.0%。其中，包括定制式义齿、牙周塞治剂在内的6件二级产品均已实现国产替代。此外，包括牙髓活力测试剂、基台定制材料在内的6件产品国产数量均为零（见表63）。

表63　截至2023年底全国口腔科器械各类医用耗材二级产品类别国产化率

单位：%

二级产品类别	国产化率
牙托梗	100.0
牙齿漂白设备及配套用漂白剂	100.0
牙周塞治剂	100.0

续表

二级产品类别	国产化率
定制式义齿	100.0
颌面部赝复及修复重建材料及制品	100.0
银汞合金	100.0
口腔清洗器具	98.3
矫治器具及附件	97.5
口腔溃疡、组织创面愈合治疗辅助材料	96.5
吸潮纸尖	93.9
脱敏剂	91.7
牙科分离剂	91.1
口腔综合治疗设备配件	90.0
菌斑/龋齿指示剂	89.8
治疗辅助器具	89.8
正畸材料处理器械	87.0
带环及颊面管	86.5
口腔成像辅助器具	86.4
模型材料	85.9
牙科手机及附件	85.7
正畸弹簧	84.0
种植辅助材料	82.6
口腔用镜	82.6
口腔针	82.1
口腔分离牵开用具	78.6
牙科锉	77.9
增材制造用金属、陶瓷义齿制作材料	77.8
口腔用镊、夹	76.5
口腔洁治清洗设备及附件	76.2
隔离及赋形材料	75.3
正畸基托聚合物	75.0
根管预备辅助材料	74.4
研磨抛光材料	74.4
牙科用蜡	73.0
咬合关系记录/检查材料	70.3
正畸丝	70.2
洁治器具	69.9
材料输送器具	69.0

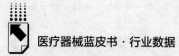

续表

二级产品类别	国产化率
口腔注射用具	68.0
牙科膜片	66.7
托槽	66.7
打磨抛光清洁器具	66.5
口腔用钳	66.4
口腔手术刀、凿	63.9
手动测量用器械	63.9
正畸弹性体附件	63.6
牙挺	62.4
去冠器	62.3
义齿用高分子材料及制品	61.5
口腔手术剪	60.5
种植体安装辅助器械	60.3
义齿试用材料	60.0
酸蚀剂	60.0
口腔隔离器具	59.3
义齿用金属材料及制品	58.9
临时充填材料	58.3
防龋材料	58.3
颌面固定植入物	57.1
骨填充及修复材料	55.3
铸造包埋材料	55.1
义齿用陶瓷材料及制品	54.4
印模材料	53.5
口腔车针、钻	47.1
基台及附件	44.5
固位桩	38.1
根管充填封闭材料	37.5
水门汀	36.3
排龈材料	33.3
种植支抗	33.3
预处理剂	27.8
牙种植体	24.3
粘接剂	23.5
牙齿漂白材料	20.0

二级产品类别	国产化率
复合树脂	15.5
盖髓材料	14.3
根管治疗设备	0.0
口腔用骨粉制备设备	0.0
牙髓活力测试剂	0.0
种植用设备	0.0
基台定制材料	0.0
牙科治疗机	0.0

17. 妇产科、辅助生殖和避孕器械

妇产科、辅助生殖和避孕器械是指专用于妇产科、计划生育和辅助生殖的医疗器械。

（1）产品数量

根据国家药监局、各省（自治区、直辖市）药监局及市场监管局公开数据统计，截至 2023 年底，全国妇产科、辅助生殖和避孕器械（耗材部分）注册及备案产品共计 4431 件，其中国产产品 4159 件，进口产品 272 件（见表 64）。

表 64　2022 年、2023 年全国妇产科、辅助生殖和避孕器械各类医用耗材注册及备案数量分布

单位：件

类型	国产		进口	
	2022 年	2023 年	2022 年	2023 年
第一类	2128	2487	86	88
第二类	1244	1581	98	95
第三类	56	91	88	89
共计	3428	4159	272	272

从首次注册数量情况分析，2023 年全国妇产科、辅助生殖和避孕器械（耗材部分）首次注册数量有所上升。2023 年全国妇产科、辅助生殖和避孕

器械（耗材部分）第二、三类产品首次注册数量共计 364 件，其中国产产品 357 件，进口产品 7 件（见图 58）。

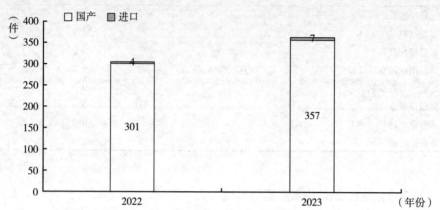

图 58　2022 年、2023 年全国妇产科、辅助生殖和避孕器械各类
医用耗材首次注册数量变化

从第二、三类产品首次注册数量变化趋势看，2022~2023 年妇产科、辅助生殖和避孕器械（耗材部分）国产第二、三类产品首次注册数量有所上升，其中国产第三类产品上升幅度较大，同比上升 150%。同一报告期内，进口第二、三类产品首次注册数量相对稳定。从管理类别分析，国产第二类产品首次注册数量占比远高于其他类别（见图 59）。

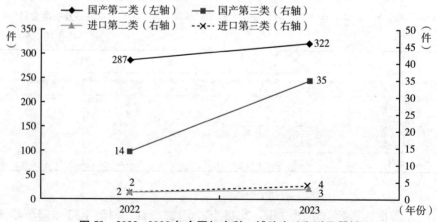

图 59　2022~2023 年全国妇产科、辅助生殖和避孕器械
各类医用耗材首次注册数量变化趋势

（2）产品分布

截至 2023 年底，我国妇产科、辅助生殖和避孕器械（耗材部分）进口产品共计 272 件，其中自美国和德国进口的产品分别为 61 件和 55 件，两者之和占总体的 42.65%（见图 60）。

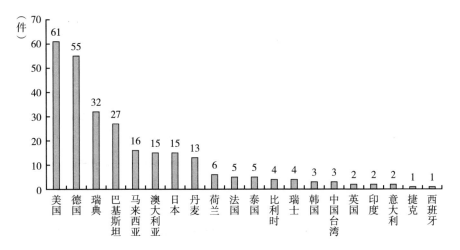

图 60 截至 2023 年底全国妇产科、辅助生殖和避孕器械各类医用耗材进口国家/地区产品数量分布

相同报告期内，我国妇产科、辅助生殖和避孕器械（耗材部分）国产产品共计 4159 件，其中江苏省产出的产品共计 649 件，全国排名第一；其后山东省和广东省分别以 455 件和 416 件产品位居第二和第三（见表 65）。

表 65 截至 2023 年底全国妇产科、辅助生殖和避孕器械各类医用耗材国产产品各省（自治区、直辖市）数量分布

单位：件

省（自治区、直辖市）	产品数量	省（自治区、直辖市）	产品数量
江苏省	649	上海市	318
山东省	455	湖南省	291
广东省	416	江西省	281
浙江省	362	河南省	155
吉林省	360	湖北省	148

续表

省（自治区、直辖市）	产品数量	省（自治区、直辖市）	产品数量
河北省	112	黑龙江省	25
天津市	72	甘肃省	19
辽宁省	61	重庆市	16
陕西省	61	贵州省	15
广西壮族自治区	60	云南省	13
安徽省	57	青海省	7
北京市	52	内蒙古自治区	4
福建省	41	新疆维吾尔自治区	3
四川省	39	西藏自治区	3
山西省	36	宁夏回族自治区	1
海南省	27		

（3）产品国产化率

2023 年，我国妇产科、辅助生殖和避孕器械（耗材部分）有效产品二级类别共计 31 个，其中有 29 个二级产品类别国产化率超过 50.0%。其中，包括结扎手术器械、产床在内的 11 件二级产品均已实现国产替代。此外，助产器械产品国产数量为零（见表 66）。

表 66　截至 2023 年底全国妇产科、辅助生殖和避孕器械各类医用耗材
二级产品类别国产化率

单位：%

二级产品类别	国产化率
产床	100.0
妇科内窥镜	100.0
结扎手术器械	100.0
妇科检查器械	100.0
凝胶	100.0
宫腔负压吸引设备及附件	100.0
妇产科用刀	100.0
阴道填塞材料	100.0
辅助生殖专用仪器	100.0

续表

二级产品类别	国产化率
医用妇科护垫	100.0
妇科手术/检查床	100.0
阴道洗涤器/给药器	99.9
宫内节育器取放器械	99.1
子宫输卵管造影、输卵管通液器械	97.8
妇科压板	97.6
妇产科用扩张器、牵开器	95.8
子宫操纵器	95.8
手动测量器械	95.1
妇产科用镊、夹、钩、针	94.3
妇产科用钳	93.4
妇科采样器械	92.3
妇产科用剪	92.0
妇科剥离器械	91.9
妇科物理治疗器械	83.3
辅助生殖穿刺取卵/取精针	78.1
辅助生殖微型工具	76.6
屏障式避孕器械	69.8
辅助生殖导管	69.2
妇科假体器械	61.4
体外辅助生殖用液	46.1
助产器械	0.0

18. 医用康复器械

医用康复器械包括认知言语视听障碍康复设备、运动康复训练器械、助行器械、矫形固定器械，不包括骨科用器械。

（1）产品数量

根据国家药监局、各省（自治区、直辖市）药监局及市场监管局公开数据统计，截至 2023 年底，全国医用康复器械（耗材部分）注册及备案产品共计 3527 件，其中国产产品 3425 件，进口产品 102 件（见表 67）。

表 67　2022 年、2023 年全国医用康复器械各类医用耗材注册及备案数量分布

单位：件

类别	国产		进口	
	2022 年	2023 年	2022 年	2023 年
第一类	2359	3404	85	102
第二类	8	21	0	0
共计	2367	3425	85	102

（2）产品分布

截至 2023 年底，我国医用康复器械（耗材部分）进口产品共计 102 件，其中自德国和中国台湾进口的产品分别为 33 件和 20 件，两者之和占总体的 51.96%（见图 61）。

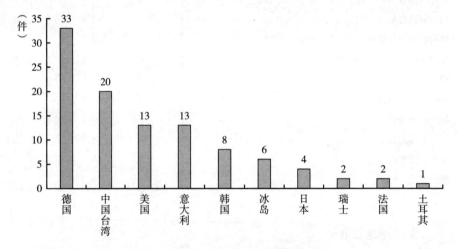

图 61　截至 2023 年底全国医用康复器械各类医用耗材
进口国家/地区产品数量分布

相同报告期内，我国医用康复器械（耗材部分）国产产品共计 3425 件，其中江苏省产出的产品共计 484 件，全国排名第一；其后广东省和河北省分别以 416 件和 412 件产品位居第二和第三（见表 68）。

（3）产品国产化率

2023年，我国医用康复器械（耗材部分）有效产品二级类别共计5个，国产化率均超过50.0%。其中，包括矫形器、关节训练设备在内的3件二级产品均已实现国产替代（见表69）。

表68　截至2023年底全国医用康复器械各类医用耗材国产产品
各省（自治区、直辖市）数量分布

单位：件

省（自治区、直辖市）	产品数量	省（自治区、直辖市）	产品数量
江苏省	484	四川省	51
广东省	416	吉林省	32
河北省	412	重庆市	27
山东省	389	天津市	25
河南省	244	宁夏回族自治区	21
福建省	240	广西壮族自治区	16
浙江省	181	山西省	16
湖北省	179	贵州省	16
湖南省	164	云南省	14
北京市	118	黑龙江省	11
安徽省	96	内蒙古自治区	9
上海市	72	新疆维吾尔自治区	9
辽宁省	63	甘肃省	4
陕西省	61	青海省	3
江西省	52		

表69　截至2023年底全国医用康复器械各类医用耗材二级产品类别国产化率

单位：%

二级产品类别	国产化率
矫形器	100.0
关节训练设备	100.0
盆底肌肉训练设备	100.0
辅助行走站立器械	99.7
固定器	96.8

19. 中医器械

中医器械是指基于中医医理的医疗器械，包括中医诊断设备、中医治疗设备以及中医器具，不包括中医独立软件。

（1）产品数量

根据国家药监局、各省（自治区、直辖市）药监局及市场监管局公开数据统计，截至 2023 年底，全国中医器械（耗材部分）注册及备案产品共计 2823 件，其中国产产品 2817 件，进口产品 6 件（见表 70）。

表 70　2022 年、2023 年全国中医器械各类医用耗材注册及备案数量分布

类别	国产		进口	
	2022 年	2023 年	2022 年	2023 年
第一类	1662	2479	3	3
第二类	258	338	2	3
共计	1920	2817	5	6

从首次注册数量情况分析，2023 年全国中医器械（耗材部分）首次注册数量明显增加。2023 年全国中医器械（耗材部分）第二、三类产品首次注册数量共计 69 件，其中 68 件为国产产品，1 件为进口产品（见图 62）。

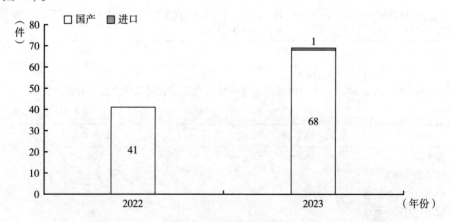

图 62　2022 年、2023 年全国中医器械各类医用耗材首次注册数量变化

从第二类产品首次注册数量变化趋势看，2023年中医器械（耗材部分）国产第二类产品首次注册数量明显增加，进口第二类产品首次注册数量实现零的突破。从产地角度分析，国产第二类产品首次注册数量占比优势明显（见图63）。

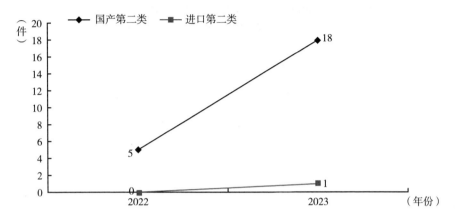

图63　2022~2023年全国第二类中医器械医用耗材首次注册数量变化趋势

（2）产品分布

截至2023年底，我国中医器械（耗材部分）进口产品共计6件，其中自日本进口的产品为4件，自美国和韩国进口的产品均为1件（见图64）。

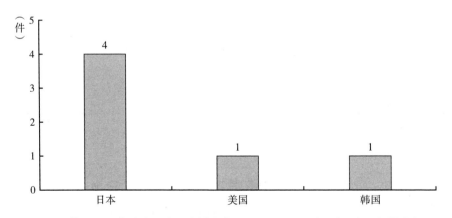

图64　截至2023年底全国中医器械各类医用耗材进口国家/地区产品数量分布

相同报告期内，我国中医器械（耗材部分）国产产品共计 2817 件，其中山东省产出的产品共计 495 件，全国排名第一；其后河南省和湖北省分别以 370 件和 322 件产品位居第二和第三（见表 71）。

表 71　截至 2023 年底全国中医器械各类医用耗材国产产品
各省（自治区、直辖市）数量分布

单位：件

省（自治区、直辖市）	产品数量	省（自治区、直辖市）	产品数量
山东省	495	广西壮族自治区	30
河南省	370	北京市	29
湖北省	322	天津市	28
江苏省	257	四川省	26
广东省	197	福建省	25
安徽省	125	黑龙江省	15
贵州省	118	上海市	15
江西省	110	重庆市	10
湖南省	110	甘肃省	10
陕西省	91	内蒙古自治区	7
山西省	90	新疆维吾尔自治区	5
青海省	80	云南省	5
吉林省	78	海南省	4
河北省	70	宁夏回族自治区	4
辽宁省	51	西藏自治区	3
浙江省	37		

（3）产品国产化率

2023 年，我国中医器械（耗材部分）有效产品二级类别共计 15 个，国产化率均已超过 50.0%。其中，包括三棱针、灸疗器具在内的 11 件二级产品均已实现国产替代（见表 72）。

表 72 截至 2023 年底全国中医器械各类医用耗材二级产品类别国产化率

单位：%

二级产品类别	国产化率
穴位磁疗器具	100.0
温针治疗设备	100.0
皮肤针	100.0
浮针	100.0
刮痧器具	100.0
小针刀	100.0
滚针	100.0
灸疗设备	100.0
拔罐器具	100.0
三棱针	100.0
灸疗器具	100.0
穴位压力刺激器具	99.9
针灸针	98.4
皮内针	98.2
埋线针	94.7

20. 临床检验器械

临床检验器械是指用于临床检验的设备、仪器、辅助设备和器具及医用低温存贮设备，不包括体外诊断试剂。

（1）产品数量

根据国家药监局、各省（自治区、直辖市）药监局及市场监管局公开数据统计，截至 2023 年底，全国临床检验器械（耗材部分）注册及备案产品共计 6607 件，其中国产产品 6373 件，进口产品 234 件（见表 73）。

从首次注册数量情况分析，2022~2023 年全国临床检验器械（耗材部分）首次注册数量相对稳定。2023 年，全国临床检验器械（耗材部分）第二、三类产品首次注册数量共计 92 件，其中国产产品 90 件，进口产品 2 件（见图 65）。

表 73　2022 年、2023 年全国临床检验器械各类医用耗材注册及备案数量分布

类别	国产		进口	
	2022 年	2023 年	2022 年	2023 年
第一类	4676	5802	46	45
第二类	391	469	167	163
第三类	89	102	24	26
共计	5156	6373	237	234

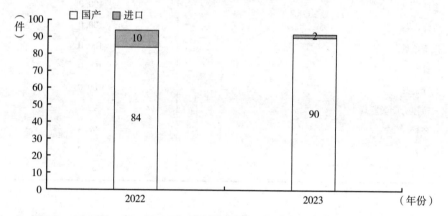

图 65　2022 年、2023 年全国临床检验器械各类医用耗材首次注册数量变化

从第二、三类产品首次注册数量变化趋势看，2023 年临床检验器械（耗材部分）国产第二类产品首次注册数量略有上升，进口第二类产品首次注册数量明显下降，由 2022 年的 7 件降至 2023 年的 0 件。同一报告期内，国产第三类及进口第三类产品首次注册数量相对稳定。从管理类别分析，国产第二类产品首次注册数量占比明显高于其他类别（见图 66）。

（2）产品分布

截至 2023 年底，我国临床检验器械（耗材部分）进口产品共计 234 件，其中自美国和德国进口的产品分别为 113 件和 35 件，两者之和占总体的 63.25%（见图 67）。

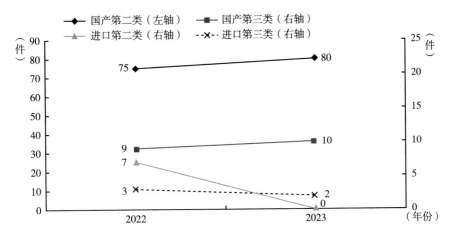

图 66　2022～2023 年全国临床检验器械各类医用耗材首次注册数量变化趋势

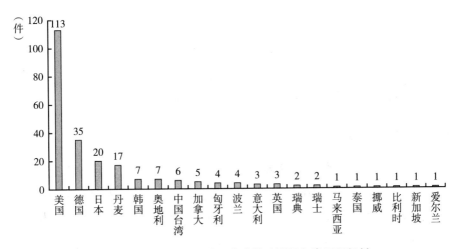

图 67　截至 2023 年底全国临床检验器械各类医用耗材
进口国家/地区产品数量分布

相同报告期内，我国临床检验器械（耗材部分）国产产品共计 6373 件，其中山东省产出的产品共计 1383 件，全国排名第一；其后江苏省和广东省分别以 1095 件和 1092 件产品位居第二和第三（见表 74）。

表74 截至2023年底全国临床检验器械各类医用耗材国产产品
各省（自治区、直辖市）数量分布

单位：件

省（自治区、直辖市）	产品数量	省（自治区、直辖市）	产品数量
山东省	1383	辽宁省	74
江苏省	1095	四川省	68
广东省	1092	吉林省	61
浙江省	454	重庆市	57
河南省	288	新疆维吾尔自治区	43
湖北省	260	山西省	32
湖南省	229	陕西省	31
河北省	178	黑龙江省	17
安徽省	168	贵州省	13
江西省	160	云南省	9
福建省	144	甘肃省	8
天津市	143	海南省	4
北京市	139	内蒙古自治区	3
上海市	137	宁夏回族自治区	1
广西壮族自治区	82		

（3）产品国产化率

2023年，我国临床检验器械（耗材部分）有效产品二级类别共计20个，其中有17个二级产品类别国产化率超过50.0%。其中，包括病理分析前样本处理仪器、电泳仪器在内的5件二级产品均已实现国产替代。此外，粪便分析前处理仪器、循环肿瘤细胞分析仪器产品国产数量为零（见表75）。

表75 截至2023年底全国临床检验器械各类医用耗材二级产品类别国产化率

单位：%

二级产品类别	国产化率
病理分析前样本处理仪器	100.0
电泳仪器	100.0
幽门螺旋杆菌分析仪器	100.0

二级产品类别	国产化率
微生物样本前处理仪器	100.0
液相色谱分析仪器	100.0
其他样本采集器具	99.8
血液采集卡	98.4
细胞过滤分选仪器	97.1
末梢采血管	93.8
足跟采血器	90.9
静脉血样采血管	86.1
计数板和血沉管	85.0
末梢采血针	82.8
动静脉采血针及连接件	80.3
采血笔	77.9
色谱柱	68.8
末梢血采集容器	66.7
电解质血气检测电极	3.1
粪便分析前处理仪器	0.0
循环肿瘤细胞分析仪器	0.0

21. 体外诊断试剂

（1）产品数量

根据国家药监局、各省（自治区、直辖市）药监局及市场监管局公开数据统计，截至 2023 年底，全国体外诊断试剂注册及备案产品共计 96723 件，其中国产产品 89762 件，进口产品 6961 件（见表 76）。

表 76 2022 年、2023 年全国体外诊断试剂各类医用耗材注册及备案数量分布

单位：件

类别	国产		进口	
	2022 年	2023 年	2022 年	2023 年
第一类	38906	51811	2214	2333
第二类	30427	33746	3669	3694
第三类	4014	4205	942	934
共计	73347	89762	6825	6961

从首次注册数量情况分析，2023 年全国体外诊断试剂首次注册数量有所下降。2023 年全国体外诊断试剂第二、三类产品首次注册数量共计 3933 件，其中国产产品 3851 件，进口产品 82 件（见图 68）。

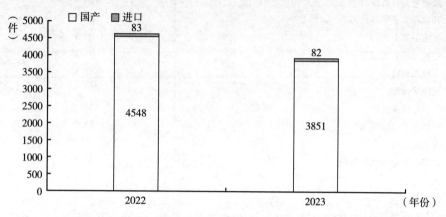

图 68　2022 年、2023 年全国体外诊断试剂首次注册数量变化

　　从第二、三类产品首次注册数量变化趋势看，2023 年国产第二、三类及进口第三类产品首次注册数量呈下降趋势。同一报告期内，进口第二类产品首次注册数量则有所上升。从管理类别分析，国产第二类产品首次注册数量占比最高（见图 69）。

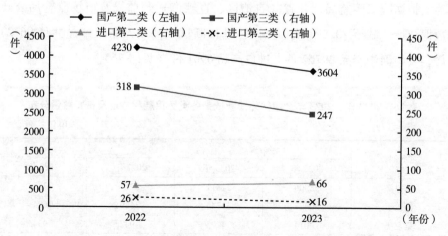

图 69　2022~2023 年全国体外诊断试剂首次注册数量变化趋势

（2）产品分布

截至 2023 年底，我国体外诊断试剂进口产品共计 6961 件，其中自美国和德国进口的产品分别为 2381 件和 1351 件，两者之和占总体的 53.61%（见图 70）。

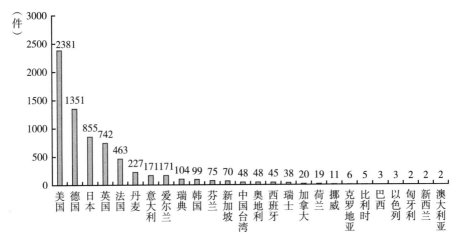

图 70　截至 2023 年底全国体外诊断试剂进口国家/地区产品数量分布

相同报告期内，我国体外诊断试剂国产产品共计 89762 件，其中广东省产出的产品共计 17283 件，全国排名第一；其后江苏省和北京市分别以 10586 件和 8113 件产品位居第二和第三（见表 77）。

表 77　截至 2023 年底全国体外诊断试剂国产产品各省（自治区、直辖市）数量分布

单位：件

省（自治区、直辖市）	产品数量	省（自治区、直辖市）	产品数量
广东省	17283	湖北省	5010
江苏省	10586	天津市	2925
北京市	8113	安徽省	2821
浙江省	7465	福建省	2813
湖南省	7390	河南省	2680
上海市	5850	重庆市	2031
山东省	5539	四川省	1663

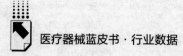

续表

省（自治区、直辖市）	产品数量	省（自治区、直辖市）	产品数量
吉林省	1483	山西省	123
河北省	1378	甘肃省	100
江西省	1274	黑龙江省	89
广西壮族自治区	1208	内蒙古自治区	24
云南省	671	海南省	17
辽宁省	501	西藏自治区	6
贵州省	312	宁夏回族自治区	3
陕西省	245	青海省	1
新疆维吾尔自治区	158		

耗材市场篇

B.2

2023年中国医用耗材市场
品类数据分析报告

郑 珂　陈永潮　王 政[*]

摘　要：　医用耗材是医疗机构开展医疗工作所不可或缺的物质基础，是使用次数有限的消耗性医疗器械。医用耗材按价值大小，可分为两大类，即高值耗材和低值耗材。本文选取非血管介入治疗类材料、骨科材料等共12类高值耗材以及中医类材料、基础卫生材料等共5类低值耗材，从医用耗材进口国家及数量、国产产品数量及分布、注册人数量及分布等多个维度呈现我国高值、低值医用耗材发展现状。截至2023年底，我国医用耗材进入医保耗材分类目录的产品共计258847件，其中，高值耗材173823件，低值耗材85024件。从产品类型看，进口产品30262件，主要来自美国和德国，两者之和占进口产品总数的48.5%；国产产品228585件，主要集中在江苏省、广东省、北京市、山东省和浙江省，五

---

* 郑珂，广州众成大数据科技有限公司副总经理；陈永潮，广州众成大数据科技有限公司数据分析师；王政，广州众成大数据科技有限公司数据技术部副经理。

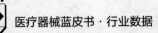

者之和约占国产产品总数的60%。注册人方面，截至2023年底，进入医保耗材分类目录的医用耗材注册人共计11448家，注册人数量排名前三的省份为江苏省、广东省和山东省。注册证方面，医保耗材分类目录国产产品获取注册证共计62138张，其中，高值耗材19391张，低值耗材42747张。

关键词： 医用耗材 产品注册 医疗器械进口 高值耗材 低值耗材

一 我国医保高值医用耗材市场品类数据分析

1.非血管介入治疗类材料

非血管介入治疗是指没进入人体血管系统，在医学影像设备的导引下，利用穿刺针、导丝、导管等医用耗材经皮肤穿刺或人体现有的其他腔道等途径将特定的医用耗材导入病变部位进行的微创治疗。非血管介入手术包括活检术、成形术、灭能术、引流术、造瘘术、再通术等，其相应的高值医用耗材主要为各种腔道支架、球囊、导管、导丝、活检钳、穿刺针、引流管、吻合器等。按各自使用部位不同，非血管介入治疗类高值医用耗材大致可以分为呼吸介入材料、消化介入材料、泌尿介入材料、肿瘤介入材料和通用材料。

截至2023年底，根据国家医保信息业务编码标准数据库的数据，全国非血管介入治疗类材料进入医保耗材分类目录的产品共计11441件，其中，进口（含港澳台地区）产品为1826件，国产产品为9615件。我国医保耗材分类目录-非血管介入治疗类材料进口产品主要来自美国和德国，两者之和占进口产品总数的68.3%（见表1）。

表1　全国医保耗材分类目录-非血管介入治疗类材料进口产品情况

单位：件

国家/地区	代表产品	覆盖领域	产品数量
美国	导丝 输尿管支架 引流导管 取石网篮 一次性息肉勒除器	01-呼吸介入材料 02-消化介入材料 03-泌尿介入材料 04-乳腺介入材料 05-肿瘤介入材料 06-非血管介入通用材料 07-其他非血管介入材料	866
德国	输尿管支架 内窥镜用钳 乳头切开刀 一次性使用乳头切开刀 小儿泌尿光学内窥镜及附件	01-呼吸介入材料 02-消化介入材料 03-泌尿介入材料 04-乳腺介入材料 05-肿瘤介入材料 06-非血管介入通用材料 07-其他非血管介入材料	382
日本	穿刺针 异物钳 胆道支架 造影管 吸引活检针	01-呼吸介入材料 02-消化介入材料 03-泌尿介入材料 05-肿瘤介入材料 06-非血管介入通用材料 07-其他非血管介入材料	240
意大利	活检针 穿刺活检针 一次性穿刺活检针 尿失禁悬吊带 一次性使用穿刺活检针	03-泌尿介入材料 05-肿瘤介入材料 06-非血管介入通用材料	105
爱尔兰	胆道支架 超声活检针 胆道支架及导引系统-2 胆道支架及导引系统-胆道支架 输尿管支架	01-呼吸介入材料 02-消化介入材料 03-泌尿介入材料 05-肿瘤介入材料 06-非血管介入通用材料 07-其他非血管介入材料	76
韩国	胆道支架 无张力尿道悬吊带 食道覆膜支架 支架	02-消化介入材料 03-泌尿介入材料 05-肿瘤介入材料 06-非血管介入通用材料	51

续表

国家/地区	代表产品	覆盖领域	产品数量
以色列	无菌医用激光光纤 钬（Ho：YAG）激光治疗机–一次性使用无菌医用激光光纤 液氮外科冷冻治疗设备–一次性使用冷冻消融针 一次性使用无菌医用激光光纤 冷冻消融针	02-消化介入材料 03-泌尿介入材料 05-肿瘤介入材料 06-非血管介入通用材料 07-其他非血管介入材料	32
瑞士	一次性使用无菌激光光纤 导丝 经闭孔经阴道前壁尿道悬吊器 输尿管支架 输尿管导管	01-呼吸介入材料 02-消化介入材料 03-泌尿介入材料 06-非血管介入通用材料	24
丹麦	尿道支架系统 尿道支架系统-支架 一次性使用电子支气管内窥镜 电子支气管内窥镜系统-电子支气管内窥镜 一次性使用电子鼻咽喉内窥镜	01-呼吸介入材料 03-泌尿介入材料 06-非血管介入通用材料 07-其他非血管介入材料	14
中国台湾	一次性使用引流导管 一次性使用引流导管2 一次性使用高频器械 一次性使用引流导管1 冲洗引流管垃吉士冲吸管	03-泌尿介入材料 06-非血管介入通用材料	10
荷兰	插植管施源器 一次性使用经支气管内窥镜热蒸汽治疗导管 插植针施源器 插植针施源器-Proguide针 后装治疗机-施源器	01-呼吸介入材料 06-非血管介入通用材料 07-其他非血管介入材料	6
法国	气管支气管支架 一次性使用超声清石探针 植入式给药装置及其附件-导引穿刺针 一次性使用超声清石探针（超声探针）	01-呼吸介入材料 03-泌尿介入材料 06-非血管介入通用材料	5

续表

国家/地区	代表产品	覆盖领域	产品数量
瑞典	骨活检系统 膈肌导管	01-呼吸介入材料 06-非血管介入通用材料	5
澳大利亚	绒毛活检针套装 直肠吸引活检系统-活检套件 绒毛活检针套装-2 绒毛活检针套装-1	06-非血管介入通用材料 07-其他非血管介入材料	5
印度	一次性使用内窥镜取物袋	06-非血管介入通用材料	2
英国	一次性使用口咽通气道	01-呼吸介入材料	1
马来西亚	一次性使用无菌鼻咽通气道	01-呼吸介入材料	1
西班牙	尿道悬吊带系统	03-泌尿介入材料	1
共计			1826

数据来源：国家医保局，MDCLOUD（医械数据云）。

我国非血管介入治疗类材料国产产品品类齐全，覆盖消化介入、泌尿介入、呼吸介入、肿瘤介入、乳腺介入等领域，其中进入医保耗材分类目录的国产产品中消化介入材料为3336件，泌尿介入材料为2931件，非血管介入通用材料为1660件（见图1）。

值得一提的是，我国医保耗材分类目录-非血管介入治疗类材料国产产品大约45%集中在江苏省，共计4296件；其后，浙江省、广东省和上海市分别以1120件、1005件和662件位居第二、第三和第四，四者之和占国产产品总体的73.7%（见图2）。

从注册人所在的省份看，进入医保耗材分类目录的注册人共计989家，其中分布在江苏省的注册人为302家，全国排名第一（不包含港澳台地区，下文同）；其后，广东省和浙江省分别以124家和91家位列第二和第三（见图3）。

从注册人来看，医保耗材分类目录-非血管介入治疗类材料国产产品注册证共计3061张，分属989家注册人，平均每家注册人拥有约3张产品注册证，其中获证数量最多的注册人为南微医学科技股份有限公司，共计84张；产品数量最多的注册人为江苏唯德康医疗科技有限公司，共计446件（见表2）。

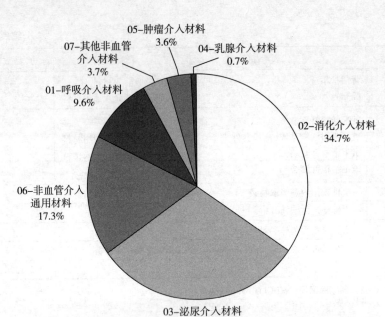

图1 全国医保耗材分类目录-非血管介入治疗类材料各类国产产品数量占比

数据来源：国家医保局，MDCLOUD（医械数据云）。

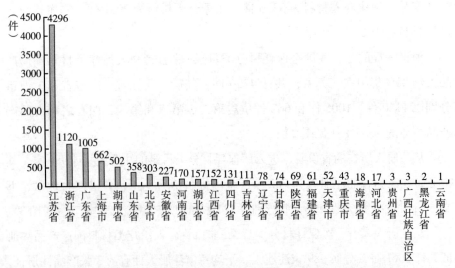

图2 全国医保耗材分类目录-非血管介入治疗类材料国产产品数量各省（自治区、直辖市）分布

数据来源：国家医保局，MDCLOUD（医械数据云）。

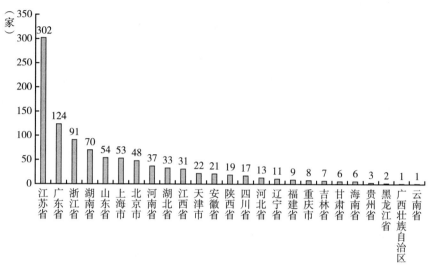

**图3 全国医保耗材分类目录-非血管介入治疗类材料国产产品注册人
各省（自治区、直辖市）分布**

数据来源：国家医保局，MDCLOUD（医械数据云）。

**表2 全国医保耗材分类目录-非血管介入治疗类材料国产
产品数量前十注册人获取注册证数量**

单位：件，张

序号	企业名称	所属省(自治区、直辖市)	产品数量	注册证数量
1	江苏唯德康医疗科技有限公司	江苏省	446	36
2	南微医学科技股份有限公司	江苏省	433	84
3	上海埃尔顿医疗器械有限公司	上海市	311	21
4	安瑞医疗器械(杭州)有限公司	浙江省	255	23
5	张家港市欧凯医疗器械有限公司	江苏省	236	14
6	常州市久虹医疗器械有限公司	江苏省	193	13
7	江苏伊凯医疗器械有限公司	江苏省	185	12
8	张家港市华美医疗器械有限公司	江苏省	165	14
9	苏州新区华盛医疗器械有限公司	江苏省	162	7
10	江苏格里特医疗科技有限公司	江苏省	143	20

数据来源：国家医保局，MDCLOUD（医械数据云）。

2. 血管介入治疗类材料

血管介入治疗主要是指在医学影像设备的导引下,利用穿刺针、导丝、导管等医用耗材经血管途径将特定的医用耗材导入病变部位进行微创治疗。血管介入手术包括动脉栓塞术、血管成形术、全脑血管造影术等,其相应的高值医用耗材主要为冠状动脉球囊、电生理导管、主动脉覆膜支架等。按各自使用部位不同,血管介入类高值医用耗材大致可以分为外周血管介入材料、冠脉介入治疗材料、神经介入治疗材料、通用介入治疗材料、起搏器类材料、电生理类材料、结构心脏病用材料。

截至 2023 年底,根据国家医保信息业务编码标准数据库的数据,全国血管介入治疗类材料进入医保耗材分类目录的产品共计 6623 件,其中,进口(含港澳台)产品为 3232 件,国产产品为 3391 件。我国医保耗材分类目录-血管介入治疗类材料进口产品主要来自美国和德国,两者之和占进口产品总数的 74.8%(见表 3)。

表 3 全国医保耗材分类目录-血管介入治疗类材料进口产品情况

单位:件

国家/地区	代表产品	覆盖领域	产品数量
美国	植入式心脏起搏器 导丝 导引导丝 微导管 PTA 球囊扩张导管	01-电生理类材料 02-冠脉介入治疗材料 03-结构心脏病用材料 04-起搏器类材料 05-神经介入治疗材料 06-外周血管介入材料 07-通用介入治疗材料	2126
德国	植入式心脏复律除颤器 植入式心脏起搏器 植入式心脏再同步复律除颤器 植入式心脏再同步化治疗起搏器 高压造影注射器管路系统	01-电生理类材料 02-冠脉介入治疗材料 03-结构心脏病用材料 04-起搏器类材料 05-神经介入治疗材料 06-外周血管介入材料 07-通用介入治疗材料	290

续表

国家/地区	代表产品	覆盖领域	产品数量
日本	微导管 导丝 球囊扩张导管 PTCA 导丝 血管内造影导管	02-冠脉介入治疗材料 05-神经介入治疗材料 06-外周血管介入材料 07-通用介入治疗材料	206
比利时	植入式心脏再同步复律除颤器 植入式心脏复律除颤器 植入式心律转复除颤器 植入式心脏起搏器 植入式心脏复律除颤器-2	03-结构心脏病用材料 04-起搏器类材料 06-外周血管介入材料	118
瑞士	弹簧圈 自膨式镍钛合金外周血管支架系统 自膨式镍钛合金外周血管支架系统-支架 血管通路泵系统-输注座 耐高压球囊扩张导管	02-冠脉介入治疗材料 05-神经介入治疗材料 06-外周血管介入材料 07-通用介入治疗材料	106
爱尔兰	PTA 球囊导管 球囊扩张导管 支架系统 外周动脉导丝 血管支架	01-电生理类材料 02-冠脉介入治疗材料 03-结构心脏病用材料 05-神经介入治疗材料 06-外周血管介入材料 07-通用介入治疗材料	95
法国	植入式给药装置及其附件 栓塞微球 栓塞微粒球 导引导管 植入式给药装置	02-冠脉介入治疗材料 05-神经介入治疗材料 06-外周血管介入材料 07-通用介入治疗材料	92
荷兰	植入式心脏起搏器 植入式心脏起搏电极导线 一次性使用冠状动脉球囊扩张导管 亲水涂层导引导管 导引导管	01-电生理类材料 02-冠脉介入治疗材料 04-起搏器类材料 06-外周血管介入材料	52
意大利	植入式心脏起搏器 植入式心脏起搏器-1 植入式心脏起搏电极导线 外周球囊扩张导管 植入式心脏起搏器-2	04-起搏器类材料 06-外周血管介入材料	30

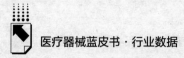

续表

国家/地区	代表产品	覆盖领域	产品数量
丹麦	导丝 栓塞弹簧圈 胸主动脉瘤支架系统-支架 腔静脉滤器	05-神经介入治疗材料 06-外周血管介入材料 07-通用介入治疗材料	26
加拿大	球囊型冷冻消融导管 可调控型导管鞘 ECG 连线 连接电缆 球囊型冷冻消融导管-手动导管回缩器	01-电生理类材料 02-冠脉介入治疗材料 03-结构心脏病用材料	20
新加坡	双极临时起搏导管 中心静脉导管包 一次性使用动脉导管套装 中心静脉导管及附件	01-电生理类材料 02-冠脉介入治疗材料 06-外周血管介入材料 07-通用介入治疗材料	17
中国台湾	血管造影导管 血管造影导管-心脏 血管造影导管-大脑 心导管包	02-冠脉介入治疗材料 07-通用介入治疗材料	16
以色列	诊断/消融可调弯头端导管 一次性使用压力监测射频消融导管 诊断/消融可调弯头端导管 SmartTouch56孔双弯 诊断/消融可调弯头端导管 SmartTouch56孔单弯 诊断/消融可调弯头端导管 SmartTouch6孔单弯	01-电生理类材料 05-神经介入治疗材料 06-外周血管介入材料	13
韩国	中心静脉导管套装 中心静脉导管套装(双腔成人) 一次性使用激光光纤 中心静脉导管套装(单腔儿童) 冠状动脉球囊扩张导管	02-冠脉介入治疗材料 06-外周血管介入材料 07-通用介入治疗材料	13
英国	栓塞微球-1 栓塞微球 栓塞微球-2	06-外周血管介入材料	5

国家/地区	代表产品	覆盖领域	产品数量
澳大利亚	一次性使用高压注射器附件 一次性使用高压注射器针筒及附件 开孔型腹主动脉瘤血管内支架系统-1 开孔型腹主动脉瘤血管内支架系统-近端和远端主体	06-外周血管介入材料 07-通用介入治疗材料	4
西班牙	大隐静脉剥脱系统 组织胶水	06-外周血管介入材料	3
共计			3232

数据来源：国家医保局，MDCLOUD（医械数据云）。

  我国血管介入治疗类材料国产产品品类齐全，覆盖冠脉介入、外周血管介入、神经介入、通用介入等领域，其中，进入医保耗材分类目录的国产产品中通用介入治疗材料为1124件，外周血管介入材料为880件，神经介入治疗材料为508件（见图4）。

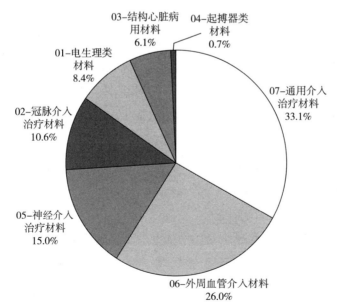

图4　全国医保耗材分类目录-血管介入治疗类材料各类国产产品数量占比

数据来源：国家医保局，MDCLOUD（医械数据云）。

值得一提的是，我国医保耗材分类目录-血管介入治疗类材料国产产品主要集中在广东省、上海市、江苏省和北京市，所拥有的产品数量依次为757件、547件、535件和457件，四者之和占国产总体的67.7%（见图5）。

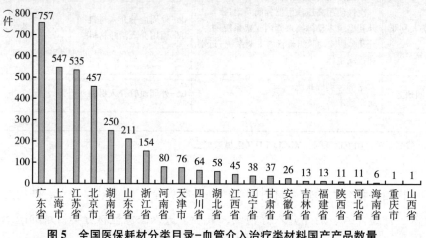

图5　全国医保耗材分类目录-血管介入治疗类材料国产产品数量
各省（自治区、直辖市）分布

数据来源：国家医保局，MDCLOUD（医械数据云）。

从注册人所在的省份看，进入医保耗材分类目录的血管介入治疗类材料注册人共计387家，其中分布在江苏省的注册人为89家，全国排名第一；其后，广东省、上海市分别以70家、47家位列第二和第三（见图6）。

从注册人来看，医保耗材分类目录-血管介入治疗类材料国产产品注册证共计1571张，分属387家注册人，平均每家注册人拥有约4张产品注册证，其中获证数量最多的注册人为湖南埃普特医疗器械有限公司，共计48张；产品数量最多的注册人同为湖南埃普特医疗器械有限公司，共计195件（见表4）。

3. 骨科材料

骨科学又称矫形外科学，是医学的一个专业或学科，专门研究骨骼肌肉系统的解剖、生理与病理，运用药物、手术及物理方法保持和发展这一系统的正常形态与功能，以及治疗这一系统的伤病。治疗过程中，使用到的骨科材料按照植入治疗部位的不同可以分为五大类：创伤类、脊柱类、关节类、运动医学类、颅颌面外科类。

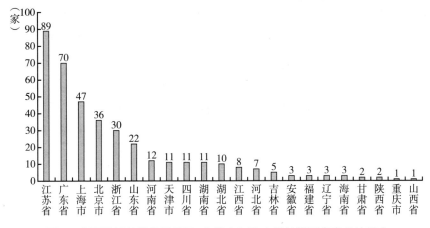

图6　全国医保耗材分类目录-血管介入治疗类材料国产产品注册人各省（自治区、直辖市）分布

数据来源：国家医保局，MDCLOUD（医械数据云）。

表4　全国医保耗材分类目录-血管介入治疗类材料国产产品数量前十注册人获取注册证数量

单位：件，张

序号	企业名称	所属省(自治区、直辖市)	产品数量	注册证数量
1	湖南埃普特医疗器械有限公司	湖南省	195	48
2	山东安得医疗用品股份有限公司	山东省	135	10
3	上海康德莱医疗器械股份有限公司	上海市	110	34
4	先健科技(深圳)有限公司	广东省	99	35
5	心诺普医疗技术(北京)有限公司	北京市	87	10
6	上海微创心脉医疗科技(集团)股份有限公司	上海市	74	11
7	乐普(北京)医疗器械股份有限公司	北京市	68	36
8	上海微创电生理医疗科技股份有限公司	上海市	68	24
9	四川锦江电子医疗器械科技股份有限公司	四川省	41	8
10	广东博迈医疗科技股份有限公司	广东省	40	21

数据来源：国家医保局，MDCLOUD（医械数据云）。

截至2023年底，根据国家医保信息业务编码标准数据库的数据，全国骨科材料进入医保耗材分类目录的产品共计102438件，其中进口（含港澳台地区）产品为 12414 件，国产产品为 90024 件。我国医保耗材分类目录-骨科材料进口产品主要来自美国、匈牙利、瑞士和德国，四者之和占进口产品总数的 78.4%（见表 5）。

表 5　全国医保耗材分类目录-骨科材料进口产品情况

单位：个，件

国家/地区	代表产品	覆盖领域数量	产品数量
美国	脊柱内固定系统-螺钉 椎间融合器 全膝关节系统-股骨髁 脊柱内固定系统-螺塞 解剖型骨板	49	4093
匈牙利	解剖型金属接骨板 金属髓内钉 金属直型接骨板 金属锁定接骨板	21	2590
瑞士	锁定接骨板 接骨螺钉 锁定接骨螺钉 解剖型接骨板 椎间融合器	33	1876
德国	金属锁定接骨板系统-接骨板 脊柱后路内固定系统-椎弓根螺钉 支持型接骨板及螺钉-接骨板 金属锁定接骨板系统-锁定接骨板 椎间融合器	32	1178
中国台湾	金属锁定接骨板系统 人工髋关节部件-股骨头、髋臼、骨螺丝 金属锁定接骨板 椎间融合器 人工髋关节部件-髋臼内衬	24	670
韩国	脊柱内固定系统-椎弓根螺钉 医用高分子夹板 脊柱内固定系统-螺钉 椎间融合器 脊柱内固定系统-连接棒	19	660

国家/地区	代表产品	覆盖领域数量	产品数量
意大利	骨科外固定支架-连接棒（环） 骨科外固定螺钉 骨科外固定支架-固定架 人工膝关节系统-胫骨垫片 膝关节假体-股骨部件	14	591
法国	脊柱内固定系统组件 脊柱固定系统-椎弓螺钉 骨接合植入物-金属接骨螺钉/接骨针/骑缝钉 固定系统 人工韧带及附件-人工韧带 骨替代物	25	380
芬兰	可吸收骨接合植入物 可吸收骨内固定系统-可吸收接骨螺钉 可吸收螺钉 颈椎前路钉板系统-可吸收螺钉 颈椎前路钉板系统-可吸收骨板	8	80
爱尔兰	全膝关节置换系统-胫骨托 全膝关节置换系统-垫片 股骨柄 生物型膝关节系统组件 全膝关节置换系统-股骨假体	8	75
英国	非骨水泥型髋关节假体-股骨柄 非骨水泥型髋关节假体-内衬 髋关节假体-股骨头 非骨水泥型髋关节假体-股骨头 非骨水泥型髋关节假体-螺钉	6	70
日本	聚左旋乳酸可吸收骨固定系统-胸骨固定钉 骨科用手术器械-锯片 聚左旋乳酸可吸收骨固定系统-皮质骨螺钉 人工指关节植入物 外科用灭菌磨头	8	57
冰岛	足部固定器 膝关节固定器 腰部固定器 腕关节固定器 踝部固定器	1	39

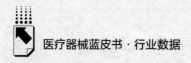

续表

国家/地区	代表产品	覆盖领域数量	产品数量
澳大利亚	交锁髓内钉系统-髓内钉 交锁髓内钉系统-锁钉 企业自调:交锁髓内钉系统-锁钉 F2 锁钉 交锁髓内钉系统-封帽	1	22
比利时	医用高分子夹板 医用外固定支具 足托固定器 三片式腿部固定支具 颈椎固定器	1	13
加拿大	膝关节置换手术导航定位设备-无菌固定针 膝关节置换手术导航定位设备-NavitrackER 套件-膝 iAssist 手术定位传感器(4POD) iAssist 手术定位传感器(2POD) 全膝关节置换手术定位系统-定位传感器 Pod	2	6
以色列	脊柱外科手术导航定位系统-手术辅助套件 脊柱外科手术定位系统-手术器械 关节镜用手术钻头 内窥镜下骨科手术工具	2	4
泰国	医用外固定夹板 石膏绷带(粘胶型)	2	3
波兰	医用高分子夹板	1	3
西班牙	医用高分子夹板	1	2
印度	上/下肢医用外固定支具	1	1
巴基斯坦	粘胶型石膏绷带	1	1
共计			12414

数据来源:国家医保局,MDCLOUD（医械数据云）。

　　我国骨科材料国产产品品类齐全,覆盖接骨板、胸腰椎后路固定系统、脊柱固定融合系统、髓内钉等类型产品,其中,进入医保耗材分类目录的国产产品中接骨板为 33173 件,其他固定材料为 11754 件,外固定架系统为7238 件（见表6）。

表6　全国医保耗材分类目录-骨科材料各类国产产品数量及占比

单位：件，%

序号	二级分类	产品数量	占比
1	11-接骨板	33173	36.8
2	16-其他固定材料	11754	13.1
3	14-外固定架系统	7238	8.0
4	25-胸腰椎后路固定系统	6935	7.7
5	12-螺钉	6700	7.4
6	13-髓内钉	4924	5.5
7	20-颈椎前路固定系统	1876	2.1
8	26-胸腰椎后路微创系统	1731	1.9
9	21-颈椎后路固定系统	1714	1.9
10	31-椎体成形系统	1653	1.8
11	44-初次髋关节	1556	1.7
12	29-脊柱固定融合系统	1409	1.6
13	45-翻修髋关节	1034	1.1
14	42-初次膝关节	1009	1.1
15	48-动力系统	785	0.9
16	其他	6533	7.4
合计		90024	100.0

数据来源：国家医保局，MDCLOUD（医械数据云）。

　　值得一提的是，我国医保耗材分类目录-骨科材料国产产品主要集中在江苏省、北京市、天津市和浙江省，所拥有的产品数量依次为 33699 件、13215 件、6518 件和 6213 件，四者之和占总体的 66.3%（见图7）。

　　从注册人所在的省份看，进入医保耗材分类目录的骨科材料注册人共计 1311 家，其中分布在江苏省的注册人为 198 家，全国排名第一；其后，河北省和山东省分别以 191 家和 126 家位列第二和第三（见图8）。

　　从注册人来看，医保耗材分类目录-骨科材料国产产品注册证共计 6481 张，分属 1311 家注册人，平均每家注册人拥有约 5 张产品注册证，其中获证数量最多的注册人为大博医疗科技股份有限公司，共计 88 张；产品数量最多的注册人为常州华森医疗器械股份有限公司，共计 10239 件（见表7）。

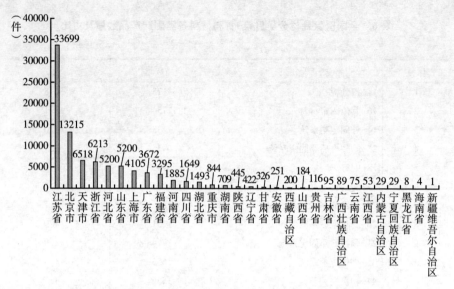

图7　全国医保耗材分类目录–骨科材料国产产品数量各省（自治区、直辖市）分布

数据来源：国家医保局，MDCLOUD（医械数据云）。

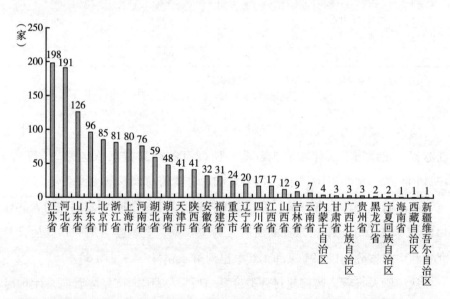

图8　全国医保耗材分类目录–骨科材料国产产品注册人各省（自治区、直辖市）分布

数据来源：国家医保局，MDCLOUD（医械数据云）。

表7 全国医保耗材分类目录-骨科材料国产产品数量前十注册人获取注册证数量

单位：件，张

序号	企业名称	所属省(自治区、直辖市)	产品数量	注册证数量
1	常州华森医疗器械股份有限公司	江苏省	10239	33
2	北京市富乐科技开发有限公司	北京市	2785	44
3	浙江科惠医疗器械股份有限公司	浙江省	2508	48
4	山东威高骨科材料股份有限公司	山东省	2204	77
5	北京中安泰华科技有限公司	北京市	2078	30
6	广东施泰宝医疗科技有限公司	广东省	1917	22
7	大博医疗科技股份有限公司	福建省	1886	88
8	北京贝思达生物技术有限公司	北京市	1570	22
9	常州市康辉医疗器械有限公司	江苏省	1251	32
10	创生医疗器械(中国)有限公司	江苏省	1247	33

数据来源：国家医保局，MDCLOUD（医械数据云）。

4. 神经外科材料

神经外科是研究人体神经系统，如脑、脊髓和周围神经系统，以及与之相关的附属结构，如颅骨、头皮、脑血管脑膜等结构的损伤、炎症、肿瘤、畸形和某些遗传代谢障碍或功能紊乱疾病的病因及发病机制，并探索新的诊断、治疗、预防技术的一门高、精、尖学科。常见耗材有纯钛颅骨锁、纯钛颅骨修补材料、修补钉、开颅钻钻头、脑室分流管、腹腔分流管等。

截至2023年底，根据国家医保信息业务编码标准数据库的数据，全国神经外科材料进入医保耗材分类目录的产品共计1778件，其中，进口（含港澳台地区）产品为850件，国产产品为928件。我国医保耗材分类目录-神经外科进口产品主要来自美国和德国，两者之和占进口产品总数的78.2%（见表8）。

我国神经外科国产产品品类覆盖颅骨固定/修补材料、动脉瘤夹、硬脑（脊）膜修补材料和神经刺激材料等领域，其中，进入医保系统的国产产品中颅骨固定/修补材料为455件，脑脊液分流材料为178件，神经刺激材料为143件（见图9）。

表8　全国医保耗材分类目录-神经外科材料进口产品情况

单位：件

国家/地区	代表产品	覆盖领域	产品数量
美国	脑脊液分流管及附件 患者程控仪 钛网 脑脊液分流管及附件-抗虹吸脑室/腹腔分流套件 脑脊液分流管及附件-带涂层抗虹吸脑室/腹腔分流套件	01-颅骨固定/修补材料 02-颅骨非金属类固定/修补材料 03-硬脑（脊）膜修补材料 05-脑电监测材料 06-颅内压监测材料 07-脑脊液分流材料 08-神经刺激材料	425
德国	一次性使用无菌脑积水分流管及附件 一次性使用可调压无菌脑积水分流管及附件 动脉瘤夹 颅内压监护仪-监测探头 头部固定系统附件	01-颅骨固定/修补材料 03-硬脑（脊）膜修补材料 04-动脉瘤夹 06-颅内压监测材料 07-脑脊液分流材料 08-神经刺激材料	240
法国	脑脊液分流器及其组件 脑脊液分流器及其组件-16 脑脊液分流器及其组件-18 脑脊液分流器及其组件-19 脑脊液分流器及其组件-9	01-颅骨固定/修补材料 05-脑电监测材料 06-颅内压监测材料 07-脑脊液分流材料 08-神经刺激材料	77
日本	动脉瘤夹 聚左旋乳酸可吸收骨固定系统-颅骨微型骨板 动脉瘤夹-3 动脉瘤夹-1 聚左旋丙交酯制生物吸收性接骨材料	01-颅骨固定/修补材料 03-硬脑（脊）膜修补材料 04-动脉瘤夹	33
瑞士	颅颌面接骨板 颅骨固定板 颅颌面外科内固定系统 颅颌面外科内固定系统-颅骨板	01-颅骨固定/修补材料	33

续表

国家/地区	代表产品	覆盖领域	产品数量
中国台湾	钛网 可吸收性骨固定系统 颅颌面固定系统-钛网 颅骨固定系统-骨板 可吸收性骨固定系统-颅骨板	01-颅骨固定/修补材料	20
意大利	颅骨固定系统-钛网 神经和肌肉刺激器用体表电极 颅骨固定系统-螺钉 骨水泥	01-颅骨固定/修补材料 08-神经刺激材料	6
英国	神经肌肉刺激器 植入式骶前神经根刺激脉冲发生器 植入式骶前神经根刺激器电极导线 程控仪	08-神经刺激材料	5
以色列	功能神经外科生理导航系统-电极 连线 刺激记录电极	05-脑电监测材料	3
西班牙	颅骨孔盖 颅骨固定器	01-颅骨固定/修补材料	3
芬兰	可吸收颅颌面接骨板系统-可吸收 接骨板 可吸收颅颌面接骨板系统-可吸收 接骨螺钉	01-颅骨固定/修补材料	2
韩国	脑室外引流管 脑室外引流袋	07-脑脊液分流材料	2
比利时	硬膜修补片	03-硬脑(脊)膜修补材料	1
共计			850

数据来源：国家医保局，MDCLOUD（医械数据云）。

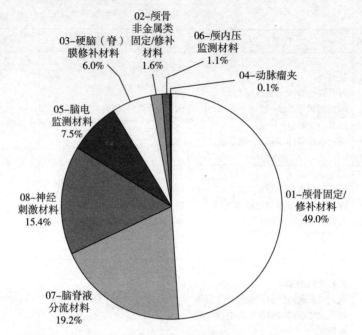

图9　全国医保耗材分类目录-神经外科材料各类国产产品数量占比

数据来源：国家医保局，MDCLOUD（医械数据云）。

值得一提的是，我国医保耗材分类目录-神经外科材料国产产品主要集中在江苏省、广东省、北京市和山东省，所拥有的产品数量依次为211件、166件、104件和101件，四者之和占总体的62.7%（见图10）。

从注册人所在的省份看，进入了医保耗材分类目录的神经外科材料注册人共计178家，其中分布在江苏省的注册人为34家，全国排名第一；其后，广东省以23家注册人位居第二；而山东省和北京市以19家和14家位列第三和第四（见图11）。

从注册人来看，医保耗材分类目录-神经外科材料国产产品注册证共计330张，分属178家注册人，平均每家注册人拥有约2张产品注册证，其中获证数量最多的注册人为北京品驰医疗设备有限公司，共计31张；产品数量最多的注册人为深圳市沃尔德外科医疗器械技术有限公司，共计112件（见表9）。

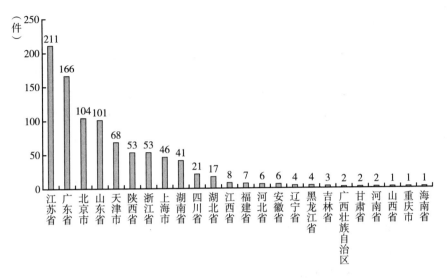

图10 全国医保耗材分类目录–神经外科材料国产产品数量各省（自治区、直辖市）分布

数据来源：国家医保局，MDCLOUD（医械数据云）。

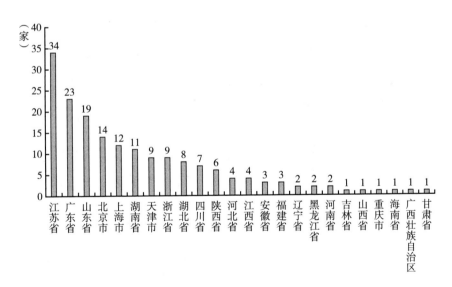

图11 全国医保耗材分类目录–神经外科材料国产产品注册人各省（自治区、直辖市）分布

数据来源：国家医保局，MDCLOUD（医械数据云）。

表9　全国医保耗材分类目录−神经外科材料国产产品数量前十注册人获取注册证数量

单位：件，张

序号	企业名称	所属省(自治区、直辖市)	产品数量	注册证数量
1	深圳市沃尔德外科医疗器械技术有限公司	广东省	112	6
2	苏州吉美瑞医疗器械股份有限公司	江苏省	54	1
3	西安康拓医疗技术股份有限公司	陕西省	46	6
4	北京品驰医疗设备有限公司	北京市	37	31
5	天津市康尔医疗器械有限公司	天津市	32	4
6	上海双申医疗器械股份有限公司	上海市	24	2
7	苏州翌康泰电子科技有限公司	江苏省	24	1
8	宁波慈北医疗器械有限公司	浙江省	23	2
9	天津市康利民医疗器械有限公司	天津市	23	2
10	常州瑞神安医疗器械有限公司	江苏省	19	14

数据来源：国家医保局，MDCLOUD（医械数据云）。

5. 心脏外科材料

心脏外科主要是以手术治疗心脏病，如心脏搭桥术、先天性心脏病手术、瓣膜置换术等。常见耗材有人工心脏瓣膜、除颤电极、心脏固定器等。

截至2023年底，根据国家医保信息业务编码标准数据库的数据，全国心脏外科材料进入医保耗材分类目录的产品共计330件，其中进口（含港澳台地区）产品为121件，国产产品为209件。我国医保耗材分类目录−心脏外科材料进口产品主要来自美国，占进口产品总数的81.0%（见表10）。

表10　全国医保耗材分类目录−心脏外科材料进口产品情况

单位：件

国家/地区	代表产品	覆盖领域	产品数量
美国	人工心脏瓣膜 半自动体外除颤器 一次性使用心脏外科消融电极 瓣膜 心包生物瓣膜	01-心律失常外科材料 02-冠脉外科材料 03-结构心脏病用外科材料 05-其他心脏外科材料	98

国家/地区	代表产品	覆盖领域	产品数量
意大利	人工心脏瓣膜 瓣膜成形环 瓣膜成形环-1 双叶人工机械瓣膜 免缝合生物心脏瓣膜配套用工具	03-结构心脏病用外科材料 05-其他心脏外科材料	14
日本	除颤电极片 聚左旋乳酸可吸收骨固定系统-10 除颤电极 体表用除颤电极 除颤监护仪-体表用除颤电极	05-其他心脏外科材料	6
瑞士	外科用封合剂 胸骨结扎带	05-其他心脏外科材料	2
加拿大	免缝合生物心脏瓣膜	03-结构心脏病用外科材料	1
共计			121

数据来源：国家医保局，MDCLOUD（医械数据云）。

我国心脏外科材料国产产品品类覆盖冠脉外科材料、心律失常外科材料和结构心脏病用外科材料等领域，其中，进入医保系统的国产产品中其他心脏外科材料为66件，结构心脏病用外科材料为56件，冠脉外科材料为51件（见图12）。

我国医保耗材分类目录-心脏外科材料国产产品主要集中在北京市、广东省、重庆市和江苏省，所拥有的产品数量依次为83件、47件、21件和21件，四者之和占总体的82.3%（见图13）。

从注册人所在的省份看，进入医保耗材分类目录的心脏外科材料注册人共计45家，其中分布在广东省的注册人为10家，全国排名第一；其后，北京市和江苏省分别以9家和6家位列第二和第三（见图14）。

从注册人获取注册证和产品数量来看，医保耗材分类目录-心脏外科材料国产产品注册证共计82张，分属45家注册人，平均每家注册人拥有近2张产品注册证，其中获证数量最多的注册人为北京佰仁医疗科技股份有限公

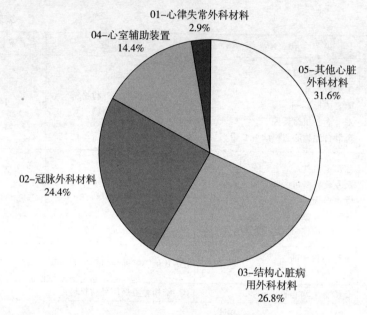

图12　全国医保耗材分类目录-心脏外科材料各类国产产品数量占比

数据来源：国家医保局，MDCLOUD（医械数据云）。

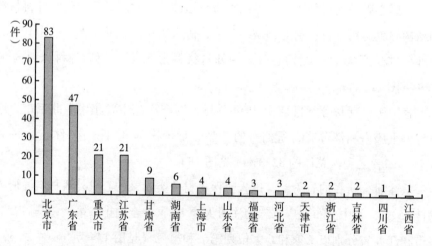

图13　全国医保耗材分类目录-心脏外科材料国产产品数量
各省（自治区、直辖市）分布

数据来源：国家医保局，MDCLOUD（医械数据云）。

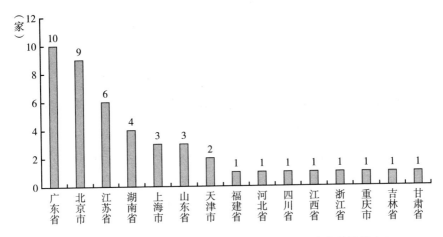

图14　全国医保耗材分类目录-心脏外科材料国产产品注册人
各省（自治区、直辖市）分布

数据来源：国家医保局，MDCLOUD（医械数据云）。

司和北京瑞克斡医疗科技有限公司，均为 7 张；产品数量最多的注册人为北
京佰仁医疗科技股份有限公司，共计 35 件（见表 11）。

表11　全国医保耗材分类目录-心脏外科材料国产产品数量前十注册人获取注册证数量

单位：件，张

序号	企业名称	所属省（自治区、直辖市）	产品数量	注册证数量
1	北京佰仁医疗科技股份有限公司	北京市	35	7
2	深圳市瑞迪迈科技有限公司	广东省	30	2
3	重庆永仁心医疗器械有限公司	重庆市	21	1
4	北京瑞克斡医疗科技有限公司	北京市	17	7
5	北京迈迪顶峰医疗科技股份有限公司	北京市	9	6
6	兰州兰飞医疗器械有限公司	甘肃省	9	2
7	金仕生物科技（常熟）有限公司	江苏省	8	2
8	北京航天卡迪技术开发研究所	北京市	8	5
9	深圳核心医疗科技股份有限公司	广东省	5	1
10	北京米道斯医疗器械有限公司	北京市	5	2

数据来源：国家医保局，MDCLOUD（医械数据云）。

6.人工器官、组织及配套材料

人工器官是通过研究和模拟人体器官的结构和功能，用人工材料和电子技术制成部分或全部替代人体自然器官功能的机械装置和电子装置，主要包括人工耳蜗、人工气管、人工晶体、人工血管等。

截至 2023 年底，根据国家医保信息业务编码标准数据库的数据，全国人工器官、组织及配套材料进入医保耗材分类目录的产品共计 388 件，其中进口（含港澳台地区）产品为 202 件，国产产品为 186 件。我国医保耗材分类目录-人工器官、组织及配套材料进口产品主要来自美国、荷兰和奥地利，三者之和占进口产品总数的 60.9%（见表 12）。

表 12　全国医保耗材分类目录-人工器官、组织及配套材料进口产品情况

单位：件

国家/地区	代表产品	覆盖领域	产品数量
美国	人造血管 膨体聚四氟乙烯人工血管 器官保存液 人工血管 动静脉通路隧道器及组件	01-感觉器官、组织及配套材料 02-血液循环、净化系统人工器官、组织及配套材料 04-泌尿系统人工器官、组织及配套材料 05-生殖系统人工器官、组织及配套材料 06-其他人工器官、组织及配套材料 07-人体器官填充材料	68
荷兰	试模:圆形,中型 试模:圆形,低型 试模:自然形,高高度,高凸度 试模:自然形,高高度,中高凸度 乳房植入体	06-其他人工器官、组织及配套材料 07-人体器官填充材料	32
奥地利	声音处理器 人工耳蜗植入体 人工耳蜗植入系统-音频处理器 骨桥植入体	01-感觉器官、组织及配套材料 06-其他人工器官、组织及配套材料	23

续表

国家/地区	代表产品	覆盖领域	产品数量
德国	硅凝胶填充乳房植入体 听小骨假体 人工血管-薄型管壁 人工血管-薄型带环 Medpor 耳部填充物	01-感觉器官、组织及配套材料 02-血液循环、净化系统人工器官、组织及配套材料 07-人体器官填充材料	20
瑞典	肺灌注溶液 骨传导植入体及附件 声音处理器磁铁配用软垫 Bi300 植入体 4mm 辅助发音管	06-其他人工器官、组织及配套材料	17
韩国	硅胶鼻部假体-鼻梁鼻中柱组合型(Ⅰ) 硅胶鼻部假体和面部假体 膨体聚四氟乙烯面部植入物 硅胶鼻部假体-鼻梁鼻中柱组合型(Ⅱ) 硅胶鼻部假体-鼻梁、鼻中柱型(Ⅰ)	06-其他人工器官、组织及配套材料 07-人体器官填充材料	15
法国	双绒编织人造血管 人造血管 冲洗和冷藏实体器官专用保存液 硅凝胶乳房假体-硅凝胶充填物 硅凝胶乳房假体-表面纺织中间型	02-血液循环、净化系统人工器官、组织及配套材料 06-其他人工器官、组织及配套材料 07-人体器官填充材料	8
澳大利亚	人工耳蜗植入体 人工耳蜗声音处理器 声音处理器 声音处理器及附件	01-感觉器官、组织及配套材料	8
瑞士	声音处理器 人工耳蜗植入体	01-感觉器官、组织及配套材料 06-其他人工器官、组织及配套材料	7
英国	人造血管 单囊硅凝胶乳房假体	02-血液循环、净化系统人工器官、组织及配套材料 07-人体器官填充材料	3
日本	聚左旋丙交酯制生物吸收性接骨材料 フィクソーブMX	06-其他人工器官、组织及配套材料	1
共计			202

数据来源：国家医保局，MDCLOUD（医械数据云）。

　　我国人工器官、组织及配套材料国产产品涵盖感觉器官、呼吸系统人工器官和消化系统人工器官等研究方向，其中，进入医保系统的国产产品中感觉器官、组织及配套材料为 86 件，其他人工器官、组织及配套材料为 58 件，人体器官填充材料为 28 件（见图 15）。

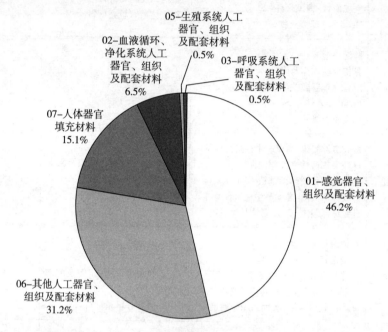

图 15　全国医保耗材分类目录-人工器官、组织及配套材料各类国产产品数量占比

数据来源：国家医保局、众成医械研究院。

　　我国医保耗材分类目录-人工器官、组织及配套材料国产产品主要来自上海市，其拥有的产品数量为 57 件，总体占比 30.6%（见图 16）。

　　从注册人所在的省份看，进入医保耗材分类目录的人工器官、组织及配套材料注册人共计 56 家，其中分布在上海市的注册人为 12 家，全国排名第一；其后，广东省和江苏省分别以 7 家和 6 家位列第二和第三（见图 17）。

　　从注册人来看，医保耗材分类目录-人工器官、组织及配套材料国产产品注册证共计 119 张，分属 56 家注册人，平均每家注册人拥有约 2 张产品

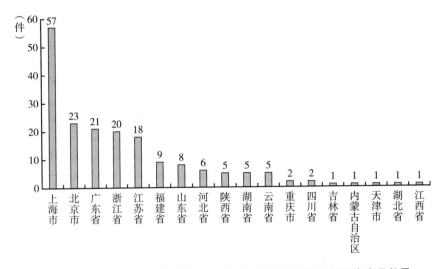

图16 全国医保耗材分类目录-人工器官、组织及配套材料国产产品数量
各省（自治区、直辖市）分布

数据来源：国家医保局、众成医械研究院。

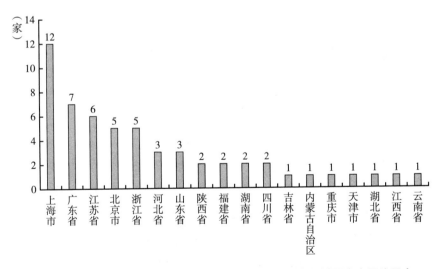

图17 全国医保耗材分类目录-人工器官、组织及配套材料国产产品注册人
各省（自治区、直辖市）分布

数据来源：国家医保局、众成医械研究院。

注册证，其中获证数量最多的注册人为奥迪康（上海）听力技术有限公司，共计 17 张；产品数量最多的注册人仍为奥迪康（上海）听力技术有限公司，共计 25 件（见表 13）。

表 13　全国医保耗材分类目录-人工器官、组织及配套材料
国产产品注册人注册证和产品数量

单位：件，张

序号	企业名称	所属省（自治区、直辖市）	产品数量	注册证数量
1	奥迪康（上海）听力技术有限公司	上海市	25	17
2	北京科健生物技术有限公司	北京市	13	1
3	广州市万和整形材料有限公司	广东省	10	3
4	上海微创心脉医疗科技（集团）股份有限公司	上海市	9	1
5	余姚市久盛医疗用品厂	浙江省	9	3
6	瑞声达听力技术（中国）有限公司	福建省	8	5
7	上海力声特医学科技有限公司	上海市	7	5
8	西万拓听力技术（苏州）有限公司	江苏省	7	5
9	索诺瓦听力技术（苏州）有限公司	江苏省	6	3
10	中山市小榄镇森蓝电子厂	广东省	5	3
11	浙江诺尔康神经电子科技股份有限公司	浙江省	5	5
12	华熙生物科技股份有限公司	山东省	5	5
13	昆明正康医疗器械有限公司	云南省	5	3

数据来源：国家医保局，MDCLOUD（医械数据云）。

7. 口腔科材料

口腔科材料是指用于口腔科疾病治疗的一系列医用耗材的统称，包括口腔颌面外科植入物、种植体、骨修复材料、义齿等。

截至 2023 年底，根据国家医保信息业务编码标准数据库的数据，全国口腔科材料进入医保耗材分类目录的产品共计 37399 件，其中进口（含港澳台地区）产品为 4314 件，国产产品为 33085 件。我国医保耗材分类目录-口腔科材料进口产品主要来自德国、美国、韩国和瑞士，四者之和占进口产品总体的 65.8%（见表 14）。

表 14　全国医保耗材分类目录–口腔科材料进口产品情况

单位：件

国家/地区	代表产品	覆盖领域	产品数量
德国	齿科陶瓷 转移帽 种植辅助材料 基台及附件 烤瓷粉	01-颌面整复材料 02-口腔种植修复材料 03-根管材料 04-水门汀和粘接用材料 05-牙体材料 06-修复体制作材料 07-义齿制作辅助材料 08-印模及咬合记录材料 09-预成修复体制品 10-预防材料 11-正畸材料及制品 12-其他类口腔材料	889
美国	正畸丝 牙科正畸橡皮圈 替代体 种植体系统-基台 橡皮障	01-颌面整复材料 02-口腔种植修复材料 03-根管材料 04-水门汀和粘接用材料 05-牙体材料 06-修复体制作材料 07-义齿制作辅助材料 08-印模及咬合记录材料 09-预成修复体制品 10-预防材料 11-正畸材料及制品 12-其他类口腔材料	784
韩国	基台及配件 转移帽 基台及附件 基台 牙科种植体	01-颌面整复材料 02-口腔种植修复材料 03-根管材料 04-水门汀和粘接用材料 05-牙体材料 06-修复体制作材料 07-义齿制作辅助材料 08-印模及咬合记录材料 09-预成修复体制品 10-预防材料 11-正畸材料及制品 12-其他类口腔材料	683

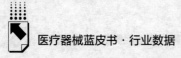

国家/地区	代表产品	覆盖领域	产品数量
瑞士	基台及配件 牙科种植系统 替代体 种植体附件 基台	01-颌面整复材料 02-口腔种植修复材料 03-根管材料 04-水门汀和粘接用材料 05-牙体材料 06-修复体制作材料 07-义齿制作辅助材料 08-印模及咬合记录材料 09-预成修复体制品 12-其他类口腔材料	482
日本	玻璃离子水门汀 光固化复合树脂 牙科石膏 合成树脂牙 齿科磁性附着体	01-颌面整复材料 02-口腔种植修复材料 03-根管材料 04-水门汀和粘接用材料 05-牙体材料 06-修复体制作材料 07-义齿制作辅助材料 08-印模及咬合记录材料 09-预成修复体制品 10-预防材料 11-正畸材料及制品 12-其他类口腔材料	249
意大利	转移帽 替代体 牙科种植体系统-牙科种植体附件 牙科种植扫描体 扭力扳手	02-口腔种植修复材料 03-根管材料 04-水门汀和粘接用材料 05-牙体材料 07-义齿制作辅助材料 08-印模及咬合记录材料 09-预成修复体制品 10-预防材料 12-其他类口腔材料	238
以色列	牙科基台 转移帽 牙科种植定位器 种植辅助材料 牙科种植体	02-口腔种植修复材料 03-根管材料	194

国家/地区	代表产品	覆盖领域	产品数量
瑞典	种植体附件 种植体配套用基台及螺丝 牙科种植体 种植体配套用基台及螺钉 取模柱	01-颌面整复材料 02-口腔种植修复材料 12-其他类口腔材料	171
列支敦士登	牙科全瓷瓷块 光固化复合树脂 合成树脂牙 牙科瓷粉 牙科全瓷瓷粉	03-根管材料 04-水门汀和粘接用材料 05-牙体材料 06-修复体制作材料 07-义齿制作辅助材料 10-预防材料 12-其他类口腔材料	152
中国台湾	基台及附件 内六角种植体配件 转移帽 替代体 正畸支抗钉	01-颌面整复材料 02-口腔种植修复材料 04-水门汀和粘接用材料 07-义齿制作辅助材料 11-正畸材料及制品 12-其他类口腔材料	138
法国	转移帽 基台及配件-基台 注射用交联透明质酸钠凝胶 试戴体 基台及配件-临时基台	01-颌面整复材料 02-口腔种植修复材料 03-根管材料 04-水门汀和粘接用材料 05-牙体材料 09-预成修复体制品 11-正畸材料及制品 12-其他类口腔材料	138
英国	基台及附件 种植体安装用工具 金基台及螺钉 种植体扫描体 牙科种植手术用钻	01-颌面整复材料 02-口腔种植修复材料 03-根管材料 10-预防材料 11-正畸材料及制品	48
奥地利	牙科氧化锆瓷块 牙科氧化锆瓷块,98×20,C2色 牙科氧化锆瓷块,98×14,A3色 牙科氧化锆瓷块,98×18,白色 牙科氧化锆瓷块,98×20,D3色	01-颌面整复材料 06-修复体制作材料	30

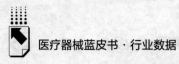

续表

国家/地区	代表产品	覆盖领域	产品数量
澳大利亚	复合树脂修复材料 玻璃离子修复材料 矫正器 牙齿美白系统-牙齿漂白剂 窝沟封闭剂	04-水门汀和粘接用材料 05-牙体材料 10-预防材料 11-正畸材料及制品	29
芬兰	可吸收颅颌面接骨板系统-可吸收接骨螺钉 矫治和保持器 可吸收颅颌面接骨板系统-可吸收接骨板 可吸收骨内固定系统-可吸收接骨螺钉 可吸收骨内固定系统-可吸收接骨板	01-颌面整复材料 11-正畸材料及制品	19
巴西	牙科橡胶抛光头 不锈钢镀金刚砂抛光条 牙科用刀-抛光条 树脂抛光套装 打磨抛光组件	05-牙体材料 12-其他类口腔材料	19
加拿大	根管充填及修复材料 牙科修整用钨钢车针 钨钢车针 菌斑显示液	03-根管材料 10-预防材料 12-其他类口腔材料	11
墨西哥	牙科用磷酸酸蚀剂 正畸粘接剂 光固化树脂 聚羧酸锌粘接用水门汀 光固化粘接剂	04-水门汀和粘接用材料 05-牙体材料 10-预防材料	7
荷兰	义齿基托聚合物(牙托粉) 正畸托槽定位器	06-修复体制作材料 11-正畸材料及制品	7
马来西亚	橡皮障 橡皮障器械包	12-其他类口腔材料	7
比利时	复合树脂纤维 研光器 注射用交联透明质酸钠凝胶	01-颌面整复材料 09-预成修复体制品 12-其他类口腔材料	6

续表

国家/地区	代表产品	覆盖领域	产品数量
巴基斯坦	口腔拉钩 橡皮障器械包-橡皮障夹 牙科开口器 弓丝成型器 橡皮障器械包	11-正畸材料及制品 12-其他类口腔材料	5
丹麦	替代体 牙科种植用扳手-适配器 种植体扫描体 电极	02-口腔种植修复材料 12-其他类口腔材料	4
哥伦比亚	合成树脂牙	06-修复体制作材料	2
西班牙	牙科磷酸盐铸造包埋材	07-义齿制作辅助材料	1
匈牙利	矫治器	11-正畸材料及制品	1
共计			4314

数据来源：国家医保局，MDCLOUD（医械数据云）。

我国口腔科材料国产产品品类齐全，覆盖修复体、正畸、口腔种植、义齿和根管治疗等类型产品，其中，进入医保耗材分类目录的国产产品中修复体制作材料为 25773 件，正畸材料及制品为 2928 件，口腔种植修复材料为 1772 件（见表 15）。

表 15 全国医保耗材分类目录-口腔科材料各类国产产品数量及占比

单位：件，%

序号	二级分类	产品数量	占比
1	06-修复体制作材料	25773	77.9
2	11-正畸材料及制品	2928	8.8
3	02-口腔种植修复材料	1772	5.4
4	12-其他类口腔材料	553	1.7
5	09-预成修复体制品	500	1.5
6	01-颌面整复材料	499	1.5
7	03-根管材料	368	1.1
8	07-义齿制作辅助材料	269	0.8
9	05-牙体材料	129	0.4
10	08-印模及咬合记录材料	103	0.3
11	10-预防材料	102	0.3
12	04-水门汀和粘接用材料	89	0.3
合计		33085	100.0

数据来源：国家医保局，MDCLOUD（医械数据云）。

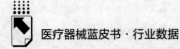

我国医保耗材分类目录-口腔科材料国产产品主要集中在广东省、四川省、浙江省和江苏省，所拥有的产品数量依次为 5986 件、4092 件、2846 件和 2577 件，四者之和占国产总体的 46.9%（见图 18）。

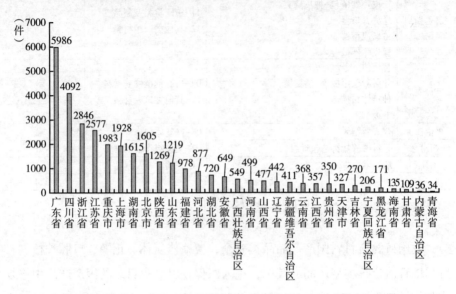

图18 全国医保耗材分类目录-口腔科材料国产产品数量各省（自治区、直辖市）分布

数据来源：国家医保局，MDCLOUD（医械数据云）。

从注册人所在的省份看，进入医保耗材分类目录的口腔科材料注册人共计 2060 家，其中分布在广东省的注册人为 304 家，全国排名第一；其后，江苏省和浙江省分别以 174 家和 171 家位列第二和第三（见图 19）。

从注册人来看，医保耗材分类目录-口腔科材料国产产品注册证共计 4808 张，分属 2060 家注册人，平均每家注册人拥有约 2 张产品注册证，其中重庆欣乐美义齿有限公司产品注册证数量为 11 张，获证数量最多；而产品数量最多的注册人为成都口口齿科技有限公司，共计 409 件（见表 16）。

8.眼科材料

眼科材料是指用于眼科疾病治疗的医用耗材，具体可根据使用类别划分为眼内用耗材、眼表用耗材和其他耗材。眼科高值医用耗材主要包括人工晶状体、人工视网膜、人工玻璃体、人工泪管、人工角膜等产品。

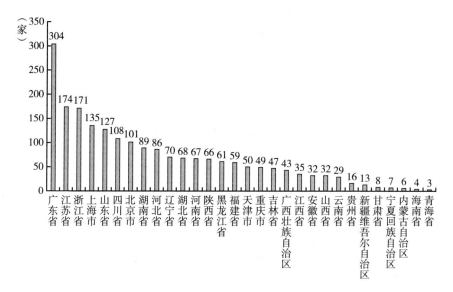

图19　全国医保耗材分类目录-口腔科材料国产产品注册人各省（自治区、直辖市）分布

数据来源：国家医保局，MDCLOUD（医械数据云）。

表16　全国医保耗材分类目录-口腔科材料国产产品数量前十注册人

单位：件，张

序号	企业名称	所属省(自治区、直辖市)	产品数量	注册证数量
1	成都口口齿科技术有限公司	四川省	409	5
2	湖南省紫百合义齿科技有限公司	湖南省	268	5
3	成都登特牙科技术开发有限公司	四川省	248	6
4	乌鲁木齐市恒升健齿齿科技术有限公司	新疆维吾尔自治区	242	4
5	广东粤诚牙科技术开发中心	广东省	233	3
6	湖南康泰健牙科器材有限公司	湖南省	227	4
7	成都顺雅医疗用品有限公司	四川省	223	5
8	重庆欣乐美义齿有限公司	重庆市	207	11
9	成都亚非齿科技术有限公司	四川省	205	2
10	成都齿研科技有限公司	四川省	197	2

数据来源：国家医保局，MDCLOUD（医械数据云）。

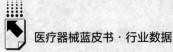

　　截至2023年底，根据国家医保信息业务编码标准数据库的数据，全国眼科材料进入医保耗材分类目录的产品共计1426件，其中进口（含港澳台地区）产品为874件，国产产品为552件。我国医保耗材分类目录-眼科材料进口产品主要来自美国和德国，两者之和占进口产品总数的58.0%（见表17）。

表17　全国医保耗材分类目录-眼科材料进口产品情况

单位：件

国家/地区	代表产品	覆盖领域	产品数量
美国	软性亲水接触镜 人工晶状体 超声眼科乳化治疗仪及附件 超声眼科晶状体摘除和玻璃体切除设备及附件 眼科治疗系统	01-人工晶状体 02-青光眼引流植入物 04-眼部创伤修复材料 05-眼内填充物 06-眶内填充物 07-术中材料 08-其他眼科用材料	410
德国	人工晶状体 后房型丙烯酸酯非球面人工晶状体 后房型丙烯酸酯人工晶状体 医用透明质酸钠凝胶 眼科超声乳化玻切治疗仪	01-人工晶状体 04-眼部创伤修复材料 05-眼内填充物 06-眶内填充物 07-术中材料 08-其他眼科用材料	97
荷兰	角膜塑形用硬性透气接触镜 眼科手术设备及附件-超乳附件 玻切头 非球面人工晶状体 眼科手术系统-气液交换附件	01-人工晶状体 07-术中材料 08-其他眼科用材料	55
瑞士	人工晶体植入系统 超乳玻切一体机-管路附件 超乳玻切一体机-玻切附件 25+一次性眼科用弯型膜刮刀 超乳玻切一体机	01-人工晶状体 02-青光眼引流植入物 07-术中材料 08-其他眼科用材料	48
中国台湾	软性亲水接触镜 角膜塑形用硬性透气接触镜 硬性角膜接触镜 医用透明质酸钠凝胶 角膜塑形用硬性透气接触镜-OK	07-术中材料 08-其他眼科用材料	43

续表

国家/地区	代表产品	覆盖领域	产品数量
意大利	眼用全氟丙烷气体 眼科手术用全氟辛烷溶液 超乳玻切一体机-玻切头 超乳玻切一体机-超声乳化针头 超乳玻切一体机-管道组	05-眼内填充物 07-术中材料 08-其他眼科用材料	37
日本	预装式着色非球面后房人工晶状体 软性亲水接触镜 眼科手术刀 硬性透气接触镜 眼科手术系统-Phaco探头	01-人工晶状体 07-术中材料 08-其他眼科用材料	37
法国	人工晶状体 肝素表面处理亲水性丙烯酸人工晶状体 眼科手术用重水 超声青光眼治疗仪-一次性使用治疗头 硅油	01-人工晶状体 05-眼内填充物 06-眶内填充物 07-术中材料 08-其他眼科用材料	32
韩国	硬性角膜接触镜 软性亲水接触镜 COMPORT COMPORTL 角膜塑形用硬性透气接触镜	08-其他眼科用材料	18
新加坡	预装式非球面后房人工晶状体 预装式人工晶状体 多功能隐形眼镜护理液 隐形眼镜润滑液	01-人工晶状体 08-其他眼科用材料	16
巴巴多斯	预装式人工晶状体 多焦非球面人工晶状体 等凸双非球面人工晶状体 人工晶状体 折叠式后房人工晶状体	01-人工晶状体	15
波兰	人工晶状体 预装式丙烯酸人工晶状体 预装式张力环 角膜保护剂 眼用粘弹剂	01-人工晶状体 07-术中材料	11

续表

国家/地区	代表产品	覆盖领域	产品数量
英国	亲水丙烯酸人工晶状体 非球面散光人工晶状体 眼用粘弹剂 软性亲水接触镜 眼用透明质酸钠	01-人工晶状体 07-术中材料 08-其他眼科用材料	11
加拿大	多功能接触镜护理液 双氧水接触镜消毒液中和片 一次性硅油注射气推管路 多功能硬性角膜接触镜护理液	08-其他眼科用材料	8
芬兰	眼压计--一次性无菌探针 回弹式眼压计-探头 一次性无菌探针	08-其他眼科用材料	8
比利时	人工晶状体 人工晶状体 ART+3.0D 人工晶状体 ART+2.5D	01-人工晶状体	8
中国香港	人工晶状体植入器 亲水性折叠式人工晶状体 眼科手术刀 亲水性非球面折叠式人工晶状体	01-人工晶状体 07-术中材料 08-其他眼科用材料	6
印度尼西亚	人工晶状体	01-人工晶状体	4
土耳其	人工晶状体植入系统 一次性眼科手术用刀 眼内激光探针	07-术中材料 08-其他眼科用材料	3
尼泊尔	人工晶状体	01-人工晶状体	3
以色列	人工晶状体	01-人工晶状体	2
瑞典	眼用粘弹剂	07-术中材料	1
希腊	一次性眼科手术用刀	07-术中材料	1
共计			874

数据来源：国家医保局，MDCLOUD（医械数据云）。

我国眼科材料国产产品涵盖人工晶状体、眼内填充物、眶内填充物和青光眼引流植入物等高端、对人体具有潜在危险的产品，其中进入医保耗材分类目录的国产产品中其他眼科用材料为 351 件，术中材料为 108 件，人工晶状体为 62 件（见图 20）。

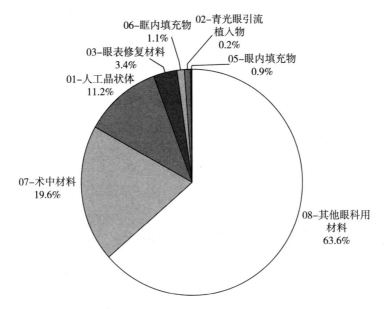

图 20　全国医保耗材分类目录–眼科材料各类国产产品数量占比

数据来源：国家医保局，MDCLOUD（医械数据云）。

我国医保耗材分类目录–眼科材料国产产品主要集中在江苏省、天津市和北京市，所拥有的产品数量依次为 161 件、49 件和 48 件，三者之和占国产产品总体的 46.7%（见图 21）。

从注册人所在的省份看，进入医保耗材分类目录的眼科材料注册人共计 169 家，其中分布在江苏省的注册人为 37 家，全国排名第一；其后，广东省和山东省以 20 家和 19 家位列第二和第三（见图 22）。

从注册人来看，医保耗材分类目录–眼科材料国产产品注册证共计 386 张，分属 169 家注册人，平均每家注册人拥有约 2 张产品注册证，其中获证数量最多的注册人为苏州碧利医疗科技有限公司，共计 55 张；而产品数量最多的注册人仍为苏州碧利医疗科技有限公司，数量为 61 件（见表 18）。

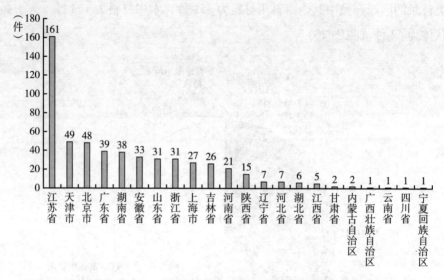

图 21　全国医保耗材分类目录-眼科材料国产产品数量各省（自治区、直辖市）分布

数据来源：国家医保局，MDCLOUD（医械数据云）。

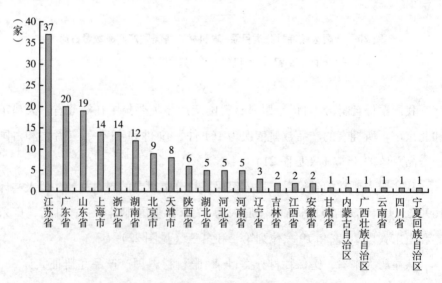

图 22　全国医保耗材分类目录-眼科材料国产产品注册人
各省（自治区、直辖市）分布

数据来源：国家医保局，MDCLOUD（医械数据云）。

表18　全国医保耗材分类目录－眼科材料国产产品数量前十注册人获取注册证数量

单位：件，张

序号	企业名称	所属省 （自治区、 直辖市）	产品数量	注册证数量
1	苏州碧利医疗科技有限公司	江苏省	61	55
2	爱博诺德(北京)医疗科技股份有限公司	北京市	34	17
3	欧普康视科技股份有限公司	安徽省	32	4
4	天津世纪康泰生物医学工程有限公司	天津市	28	8
5	长春耘艾手术器械有限公司	吉林省	23	23
6	长沙昌久医疗科技有限公司	湖南省	16	1
7	河南宇宙人工晶状体研制有限公司	河南省	13	8
8	海昌隐形眼镜有限公司	江苏省	13	13
9	湖南富兴视界科技有限公司	湖南省	10	9
10	江苏康视佳医疗器械有限公司	江苏省	9	1

数据来源：国家医保局，MDCLOUD（医械数据云）。

9. 体外循环材料

体外循环是利用一系列特殊人工装置将回心静脉血引流到体外，经人工方法进行气体交换，调节温度和过滤后，输回体内动脉系统的生命支持技术。体外膜肺氧合（Extra Corporeal Membrane Oxygenation，ECMO）又称体外生命支持系统。ECMO 系统最重要的核心技术有三点，包含膜式氧合器制造、血泵设计及抗凝涂层技术。目前，由于国外 ECMO 技术垄断，国内市场主流的 ECMO 品牌是欧美的美敦力、米道斯、迈柯唯和索林等。

截至 2023 年底，根据国家医保信息业务编码标准数据库的数据，全国体外循环材料进入医保耗材分类目录的产品共计 384 件，其中进口（含港澳台地区）产品为 120 件，国产产品为 264 件。我国医保耗材分类目录-体外循环材料进口产品主要来自美国和德国，两者之和占进口产品总数的64.2%（见表19）。

表 19　全国医保耗材分类目录−体外循环材料进口产品情况

单位：件

国家/地区	代表产品	覆盖领域	产品数量
美国	动静脉插管 一次性使用膜式氧合器 一次性使用离心带式血液成分分离器 体外循环管路套包 集成 CVR 膜式氧合器	01−插管 03−体外循环管路 04−心肌保护液灌注装置 05−血液滤过器 06−氧合器 08−离心泵头 10−其他体外循环材料	46
德国	膜式氧合器 一次性血液成分分离管路 集成式膜式氧合器和动脉过滤器及静脉贮血器 血细胞分离机分离吸附置换治疗套件-管路 血红蛋白检测用装载片	01−插管 03−体外循环管路 05−血液滤过器 06−氧合器 08−离心泵头 10−其他体外循环材料	31
意大利	膜式氧合器 血液浓缩器 离心泵头 二氧化碳清除氧合器 一次性使用静脉接头	03−体外循环管路 04−心肌保护液灌注装置 05−血液滤过器 06−氧合器 08−离心泵头	17
日本	中空纤维膜式氧合器 心肺转流系统动脉管路血液过滤器 一次性血液浓缩器 动脉过滤器 集成式膜式氧合器	02−动脉微栓过滤器 03−体外循环管路 05−血液滤过器 06−氧合器 10−其他体外循环材料	17
英国	一次性使用血细胞分离器	03−体外循环管路	3
巴西	膜式氧合器	06−氧合器	2
中国台湾	体外循环管路 一次性使用体外循环管路	03−体外循环管路	2
韩国	富血小板血浆制备套装	05−血液滤过器	2
共计			120

数据来源：国家医保局，MDCLOUD（医械数据云）。

　　我国体外循环材料国产产品品类齐全，覆盖体外循环管路、血液滤过器、氧合器和离心泵头等类型产品，其中进入医保耗材分类目录的国

产产品中插管为 87 件，其他体外循环材料为 85 件，体外循环管路为 36
件（见表 20）。

表 20　全国医保耗材分类目录-体外循环材料各类国产产品数量及占比

单位：件，%

序号	二级分类	产品数量	占比
1	01-插管	87	33.0
2	10-其他体外循环材料	85	32.2
3	03-体外循环管路	36	13.6
4	04-心肌保护液灌注装置	16	6.1
5	05-血液滤过器	15	5.7
6	06-氧合器	11	4.2
7	08-离心泵头	7	2.7
8	02-动脉微栓过滤器	7	2.7
	合计	264	100.0

数据来源：国家医保局，MDCLOUD（医械数据云）。

我国医保耗材分类目录-体外循环材料国产产品主要集中在江苏省、广
东省和浙江省，其所拥有的产品数量依次为 51 件、45 件和 41 件，三者之
和占国产产品总体的 51.9%（见图 23）。

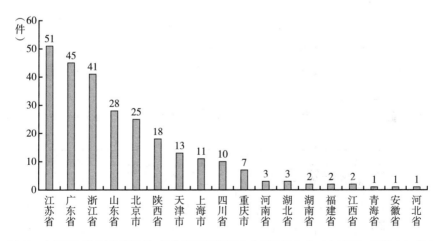

图 23　全国医保耗材分类目录-体外循环材料国产产品数量各省（自治区、直辖市）分布

数据来源：国家医保局，MDCLOUD（医械数据云）。

从注册人所在的省份看，进入医保耗材分类目录的体外循环材料注册人共计71家，其中分布在江苏省的注册人为17家，位列第一；其后，广东省和浙江省以10家和7家位列第二和第三（见图24）。

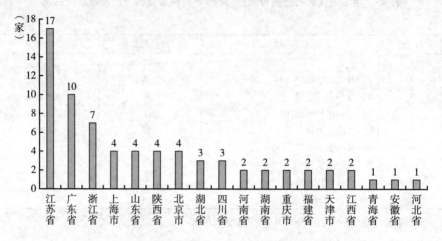

图24　全国医保耗材分类目录-体外循环材料国产产品注册人各省（自治区、直辖市）分布

数据来源：国家医保局，MDCLOUD（医械数据云）。

从注册人来看，医保耗材分类目录-体外循环材料国产产品注册证共计149张，分属71家注册人，平均每家注册人拥有约2张产品注册证，其中获证数量最多的注册人为东莞科威医疗器械有限公司，共计13张；产品数量最多的注册人为宁波菲拉尔医疗用品有限公司，共计34件（见表21）。

表21　全国医保耗材分类目录-体外循环材料国产产品数量前十注册人获取注册证数量

单位：件，张

序号	企业名称	所属省（自治区、直辖市）	产品数量	注册证数量
1	宁波菲拉尔医疗用品有限公司	浙江省	34	5
2	东莞科威医疗器械有限公司	广东省	25	13
3	常州市康心医疗器械有限公司	江苏省	21	8
4	山东威高拓威医疗器械有限公司	山东省	20	10
5	北京米道斯医疗器械有限公司	北京市	15	7

序号	企业名称	所属省（自治区、直辖市）	产品数量	注册证数量
6	西安西京医疗用品有限公司	陕西省	13	9
7	天津市塑料研究所有限公司	天津市	12	7
8	上海输血技术有限公司	上海市	7	3
9	四川南格尔生物科技有限公司	四川省	7	5
10	苏州莱士输血器材有限公司	江苏省	7	2

数据来源：国家医保局，MDCLOUD（医械数据云）。

10. 血液净化材料

血液净化材料是指用于血液净化临床治疗且消耗频繁的配件类产品，具体可按治疗方式划分为血液透析材料、血浆置换材料、连续性血液净化用材料、免疫吸附耗材以及其他耗材。血液净化材料包括透析器、滤过器、体外循环血路以及导管等产品。

截至2023年底，根据国家医保信息业务编码标准数据库的数据，全国血液净化材料进入医保耗材分类目录的产品共计1208件，其中进口（含港澳台地区）产品为381件，国产产品为827件。我国医保耗材分类目录-血液净化材料进口产品主要来自德国、美国、日本和意大利，四者之和占进口产品总数的75.3%（见表22）。

表22　全国医保耗材分类目录-血液净化材料进口产品情况

单位：件

国家/地区	代表产品	覆盖领域	产品数量
德国	空心纤维血液透析滤过器 连续性血液净化管路 聚砜膜透析器 一次性使用血液透析管路 空心纤维血液透析器	02-腹膜透析材料 03-血浆置换材料 04-血液透析滤过材料 05-连续性血液滤过材料 06-血液净化用材料 07-血液吸附材料 08-血液透析材料 09-血液透析血管通路 10-其他血液净化材料	109

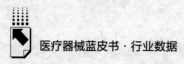

续表

国家/地区	代表产品	覆盖领域	产品数量
美国	血液透析用中心静脉导管套件 中心静脉导管套件 血液透析用中心静脉导管及附件 血液透析用中心静脉导管套件（抗感染涂层）-2 血液透析用中心静脉导管	02-腹膜透析材料 03-血浆置换材料 04-血液透析滤过材料 05-连续性血液滤过材料 06-血液净化用材料 08-血液透析材料 09-血液透析血管通路 10-其他血液净化材料	72
日本	空心纤维透析器中空系型透析器 空心纤维透析器 选择性血浆成分吸附器 透析用留置针 透析液过滤器	03-血浆置换材料 04-血液透析滤过材料 05-连续性血液滤过材料 06-血液净化用材料 07-血液吸附材料 08-血液透析材料 09-血液透析血管通路	59
意大利	血液透析器 血液滤过器 血液透析滤过器 血液滤过管路 一次性使用血液滤过管路	03-血浆置换材料 04-血液透析滤过材料 05-连续性血液滤过材料 06-血液净化用材料 07-血液吸附材料 08-血液透析材料 10-其他血液净化材料	47
法国	一次性使用血液透析滤过器及配套管路 血浆分离器与管路配套 连续性血液净化用透析滤过器及配套管路 一次性使用血液透析滤过器及配套管路 M150 一次性使用血液透析滤过器及配套管路 ST150	03-血浆置换材料 05-连续性血液滤过材料 07-血液吸附材料 08-血液透析材料	19
瑞士	血液净化装置的体外循环血路 一次性使用血小板分离器 血浆分离器 血液净化装置的体外循环血路（双重血浆滤过） 血液净化装置的体外循环血路 Tubingsets（DFPP）	01-分子吸附再循环系统 02-腹膜透析材料 03-血浆置换材料 04-血液透析滤过材料 05-连续性血液滤过材料 06-血液净化用材料 09-血液透析血管通路	19

国家/地区	代表产品	覆盖领域	产品数量
马来西亚	一次性使用血液透析管路 血液净化装置的体外循环血路 空心纤维透析器 空心纤维血液透析器 血液透析器	04-血液透析滤过材料 08-血液透析材料	14
泰国	一次性血液管路 一次性使用动静脉瘘穿刺针 一次性使用动静脉穿刺针 置换液管	08-血液透析材料	13
韩国	富血小板血浆制备装置 富血小板血浆制备器 中心静脉导管套装（双腔血透临时直管） 富血小板血浆制备装置PRPKit 中心静脉导管套装（双腔血透临时直管15cm）	03-血浆置换材料 06-血液净化用材料 08-血液透析材料	11
中国台湾	透析用血液回路管 内瘘管翼状针 一次性使用血细胞分离器 透析用血液回路管-1 血液透析导管组	06-血液净化用材料 08-血液透析材料	10
埃及	聚砜膜空心纤维透析器	08-血液透析材料	4
瑞典	血液透析干粉 分子吸附循环系统治疗套件	01-分子吸附再循环系统 10-其他血液净化材料	2
西班牙	血液透析干粉	10-其他血液净化材料	2
共计			381

数据来源：国家医保局，MDCLOUD（医械数据云）。

我国血液净化国产产品品类齐全，覆盖血液透析、腹膜透析、血浆置换和连续性血液滤过等类型产品，其中进入医保耗材分类目录的国产产品中其他血液净化材料为390件，血液透析材料为249件，腹膜透析材料为51件（见表23）。

表 23　全国医保耗材分类目录-血液净化材料各类国产产品数量及占比

单位：件，%

序号	二级分类	产品数量	占比
1	10-其他血液净化材料	390	47.2
2	08-血液透析材料	249	30.1
3	02-腹膜透析材料	51	6.2
4	03-血浆置换材料	38	4.6
5	07-血液吸附材料	37	4.5
6	06-血液净化用材料	24	2.9
7	04-血液透析滤过材料	19	2.3
8	05-连续性血液滤过材料	11	1.3
9	09-血液透析血管通路	8	1.0
合计		827	100.0

数据来源：国家医保局，MDCLOUD（医械数据云）。

我国医保耗材分类目录-血液净化材料国产产品主要集中在广东省、山东省和江苏省，其所拥有的产品数量依次为 143 件、118 件和 104 件，三者之和占国产产品总体的 44.1%（见图 25）。

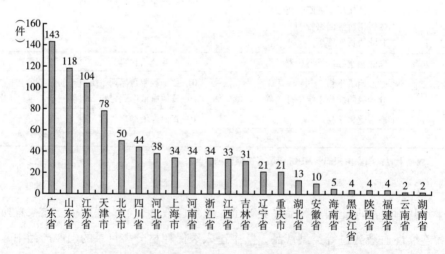

图 25　全国医保耗材分类目录-血液净化材料国产产品数量
各省（自治区、直辖市）分布

数据来源：国家医保局，MDCLOUD（医械数据云）。

从注册人所在的省份看，进入医保耗材分类目录的血液净化材料注册人共计 194 家，其中分布在江苏省的注册人为 34 家，位列第一；其后，广东省和山东省以 24 家和 19 家位列第二和第三（见图 26）。

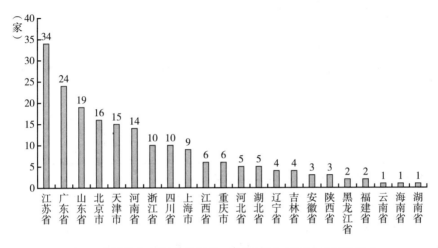

**图 26　全国医保耗材分类目录-血液净化材料国产产品注册人
各省（自治区、直辖市）分布**

数据来源：国家医保局，MDCLOUD（医械数据云）。

从注册人来看，医保耗材分类目录-血液净化材料国产产品注册证共计 474 张，分属 194 家注册人，平均每家注册人拥有 2.4 张产品注册证，其中获证数量最多的注册人为江西三鑫医疗科技股份有限公司，共计 16 张；产品数量最多的注册人为山东威高肾科医疗器械有限公司，共计 34 件（见表 24）。

表 24　全国医保耗材分类目录-血液净化材料国产产品数量前十注册人获取注册证数量

单位：件，张

序号	企业名称	所属省（自治区、直辖市）	产品数量	注册证数量
1	山东威高肾科医疗器械有限公司	山东省	34	6
2	贝恩医疗设备(广州)有限公司	广东省	28	14
3	吉林省富生医疗器械有限公司	吉林省	23	5
4	山东威高血液净化制品股份有限公司	山东省	23	10

序号	企业名称	所属省(自治区、直辖市)	产品数量	注册证数量
5	河北紫薇山制药有限责任公司	河北省	21	9
6	常州华岳微创医疗器械有限公司	江苏省	21	5
7	江西三鑫医疗科技股份有限公司	江西省	20	16
8	广州康盛生物科技股份有限公司	广东省	18	8
9	天津市标准生物制剂有限公司	天津市	18	8
10	江苏纳海生物科技有限公司	江苏省	15	10
11	成都欧赛医疗器械有限公司	四川省	15	10
12	宁波天益医疗器械股份有限公司	浙江省	15	8
13	广东百合医疗科技股份有限公司	广东省	15	6

数据来源：国家医保局，MDCLOUD（医械数据云）。

11.吻合器及附件材料

吻合器及附件材料是指手术中用于替代手工缝合的设备，具体可根据手术方式不同划分为开放式吻合器和腔镜吻合器。吻合器及附件材料主要包括切割吻合器、施夹器、拆钉钳等产品。

截至2023年底，根据国家医保信息业务编码标准数据库的数据，全国吻合器及附件进入医保耗材分类目录的产品共计9521件，其中进口（含港澳台地区）产品为339件，国产产品为9182件。我国医保耗材分类目录-吻合器及附件材料进口产品主要来自美国，其占进口产品总数的91.2%（见表25）。

表25　全国医保耗材分类目录-吻合器及附件材料进口产品情况

单位：件

国家/地区	代表产品	覆盖领域	产品数量
美国	电动腔镜直线型切割吻合器和钉仓 直线型吻合器和钉仓 腔镜直线型切割吻合器和钉仓 腔镜直线型切割吻合器 直线型切割吻合器和钉仓	01-开放及微创手术通用吻合器及钉仓 02-开放手术用吻合器及钉仓 03-其他吻合器及附件	309

国家/地区	代表产品	覆盖领域	产品数量
英国	施夹钳 非吸收高分子结扎夹	01-开放及微创手术通用吻合器及钉仓 02-开放手术用吻合器及钉仓	18
德国	结扎钉夹 钛夹 荷包钳 内窥镜下无源手术器械-钛夹钳 可吸收夹	01-开放及微创手术通用吻合器及钉仓 02-开放手术用吻合器及钉仓 03-其他吻合器及附件	9
日本	拆钉钳	03-其他吻合器及附件	2
法国	钛夹	01-开放及微创手术通用吻合器及钉仓	1
共计			339

数据来源：国家医保局，MDCLOUD（医械数据云）。

　　我国吻合器及附件材料国产产品品类齐全，覆盖微创手术和开放手术过程中需要闭合创口的器具，其中，进入医保耗材分类目录的国产产品中开放及微创手术通用吻合器及钉仓为5844件，开放手术用吻合器及钉仓为2718件（见图27）。

　　我国医保耗材分类目录-吻合器及附件材料国产产品超过60%聚集于江苏省，其所拥有的产品数量为5830件，总体占比63.5%；与产品数量排名第二的湖南省相差较大（见图28）。

　　从注册人所在的省份看，进入医保耗材分类目录的吻合器及附件材料注册人共计352家，其中主要分布在江苏省，注册人为150家，全国排名第一；其后，浙江省和湖南省分别以29家和28家位列第二和第三（见图29）。

　　从注册人来看，医保耗材分类目录-吻合器及附件材料国产产品注册证共计1798张，分属352家注册人，平均每家注册人拥有约5张产品注册证，其中产品获证数量最多的注册人是北京派尔特医疗科技股份有限公司，注册证数量为70张；产品数量最多的注册人仍为北京派尔特医疗科技股份有限公司，共计380件（见表26）。

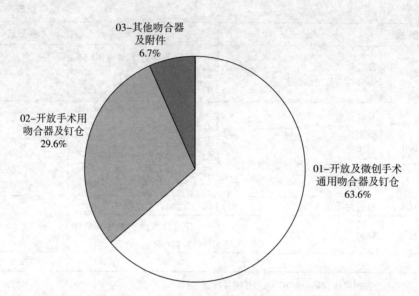

图27　全国医保耗材分类目录–吻合器及附件材料各类国产产品数量占比

数据来源：国家医保局，MDCLOUD（医械数据云）。

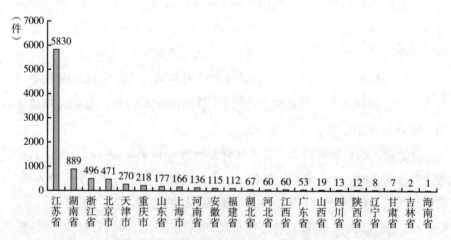

图28　全国医保耗材分类目录–吻合器及附件材料国产产品数量
各省（自治区、直辖市）分布

数据来源：国家医保局，MDCLOUD（医械数据云）。

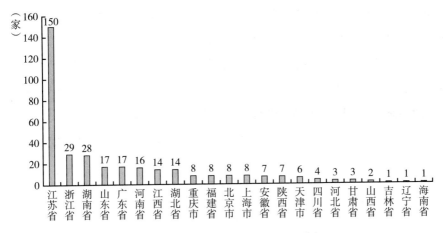

**图29 全国医保耗材分类目录-吻合器及附件材料国产产品注册人
各省（自治区、直辖市）分布**

数据来源：国家医保局，MDCLOUD（医械数据云）。

表26 全国医保耗材分类目录-吻合器及附件材料国产产品数量前十注册人获取注册证数量

单位：件，张

序号	企业名称	所属省 （自治区、直辖市）	产品数量	注册证数量
1	北京派尔特医疗科技股份有限公司	北京市	380	70
2	湖南华外医疗科技有限公司	湖南省	357	5
3	常州华森医疗器械股份有限公司	江苏省	264	28
4	天津瑞奇外科器械股份有限公司	天津市	215	17
5	江苏风和医疗器材股份有限公司	江苏省	210	14
6	常州伊沃特医疗器械有限公司	江苏省	177	15
7	江苏博朗森思医疗器械有限公司	江苏省	175	28
8	常州市新能源吻合器总厂有限公司	江苏省	163	21
9	常州威克医疗器械有限公司	江苏省	150	18
10	常州瑞索斯医疗设备有限公司	江苏省	134	17

数据来源：国家医保局，MDCLOUD（医械数据云）。

12. 修补材料

修补材料是用于与生命系统接触和发生相互作用的，并能对其细胞、组

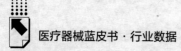

织和器官进行替换修复或诱导再生的一类天然或人工合成的特殊功能材料。常见耗材有：疝修补片、乳房补片、骨盆底修复网片等。

截至2023年底，根据国家医保信息业务编码标准数据库的数据，全国修补材料进入医保耗材分类目录的产品共计887件，其中进口（含港澳台地区）产品为428件，国产产品为459件。我国医保耗材分类目录-修补材料进口产品主要来自美国和法国，两者之和占进口产品总体的60.3%（见表27）。

表 27   全国医保耗材分类目录-修补材料进口产品情况

单位：件

国家/地区	代表产品	覆盖领域	产品数量
美国	补片 疝修补平片和预裁补片 生物疝修补片 软组织修复疝修补片 疝修补网织片	01-骨盆底修补材料 04-软组织修补材料 05-疝修补材料 06-心血管修补材料 07-其他修补材料	132
法国	外科补片 疝修补片 组织修补片 聚酯和聚乳酸补片 可吸收胶原膜疝修补复合补片	02-皮肤修补材料 05-疝修补材料 06-心血管修补材料	126
比利时	补片 超普修补片小 超普网塞 4cm 小 部分可吸收疝修补材料 腹膜前补片（10cm 大）	01-骨盆底修补材料 05-疝修补材料	55
德国	盆底修补网 疝修补片 乳房软组织加强补片 疝修补网 疝气补片	01-骨盆底修补材料 04-软组织修补材料 05-疝修补材料 06-心血管修补材料	46

国家/地区	代表产品	覆盖领域	产品数量
意大利	聚丙烯补片 疝补片 外科修补网 骨盆底修复网片 外科修补网-1	01-骨盆底修补材料 05-疝修补材料	38
日本	可吸收性组织加固材料 可吸收性敷料 可吸收性敷料コラーゲン使用人工皮膚-2 可吸收性敷料コラーゲン使用人工皮膚-1 可吸收创口材料	02-皮肤修补材料 03-胸(腹)壁缺损修补材料 04-软组织修补材料 07-其他修补材料	12
西班牙	疝补片	05-疝修补材料	7
印度	不可吸收性合成外科片	05-疝修补材料	4
中国台湾	胶原蛋白植入剂 疝脱支撑器	05-疝修补材料 07-其他修补材料	3
韩国	注射用交联透明质酸钠凝胶	02-皮肤修补材料	2
英国	可吸收高分子组织密封膜	04-软组织修补材料	1
荷兰	可吸收外周神经套接管	07-其他修补材料	1
瑞典	注射用交联透明质酸钠凝胶	07-其他修补材料	1
共计			428

数据来源：国家医保局，MDCLOUD（医械数据云）。

我国修补材料国产产品涵盖疝修补、软组织修补、心血管修补和骨盆底修补等研究方向，其中进入医保系统的国产产品中疝修补材料为 317 件，软组织修补材料为 67 件，其他修补材料为 33 件（见图 30）。

我国医保耗材分类目录-修补材料国产产品主要集中在江苏省、北京市和广东省，所拥有的产品数量依次为 142 件、120 件和 65 件，三者之和占国产产品总体的 71.2%（见图 31）。

从注册人所在的省份看，进入了医保耗材分类目录的修补材料注册人共计 79 家，其中主要分布在江苏省，注册人为 18 家，全国排名第一；其后，北京市以 16 家位列第二；广东省和上海市并列第三，注册人均为 7 家（见图 32）。

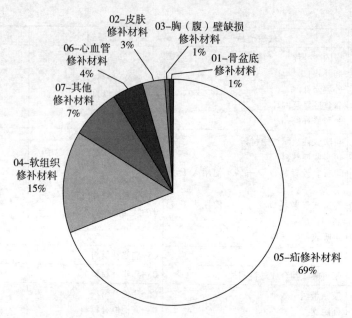

图30 全国医保耗材分类目录–修补材料各类国产产品数量占比

数据来源：国家医保局，MDCLOUD（医械数据云）。

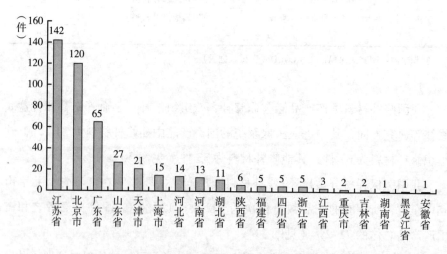

图31 全国医保耗材分类目录–修补材料国产产品数量
各省（自治区、直辖市）分布

数据来源：国家医保局，MDCLOUD（医械数据云）。

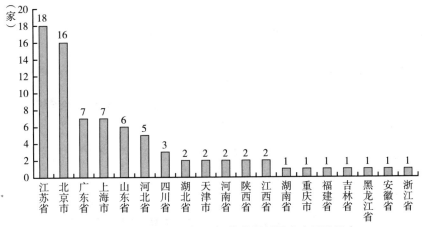

图32 全国医保耗材分类目录-修补材料国产产品注册人各省（自治区、直辖市）分布

数据来源：国家医保局，MDCLOUD（医械数据云）。

从注册人来看，医保耗材分类目录-修补材料国产产品注册证共计132张，分属79家注册人，平均每家注册人拥有约2张产品注册证，其中获证数量最多的是北京天助畅运医疗技术股份有限公司和北京佰仁医疗科技股份有限公司，均为6张；产品数量最多的注册人为南通华尔康医疗科技有限公司和常州市康蒂娜医疗科技有限公司，均为25件（见表28）。

表28 全国医保耗材分类目录-修补材料国产产品数量前十注册人获取注册证数量

单位：件，张

序号	企业名称	所属省份（自治区、直辖市）	产品数量	注册证数量
1	南通华尔康医疗科技有限公司	江苏省	25	2
2	常州市康蒂娜医疗科技有限公司	江苏省	25	5
3	南通华利康医疗器械有限公司	江苏省	24	2
4	北京天助畅运医疗技术股份有限公司	北京市	21	6
5	深圳市沃尔德外科医疗器械技术有限公司	广东省	21	2
6	北京佰仁医疗科技股份有限公司	北京市	20	6
7	天津百和至远医疗技术有限公司	天津市	20	3
8	日照天一生物医疗科技有限公司	山东省	18	3
9	冠昊生物科技股份有限公司	广东省	17	4
10	北京桀亚莱福生物技术有限责任公司	北京市	16	4

数据来源：国家医保局，MDCLOUD（医械数据云）。

二 我国医保低值医用耗材市场品类数据分析

1. 中医类材料

截至 2023 年底，根据国家医保信息业务编码标准数据库的数据，全国中医类材料进入医保耗材分类目录的产品共计 3847 件，其中进口（含港澳台地区）产品为 2 件，国产产品为 3845 件。我国医保耗材分类目录-中医类进口产品全部来自日本（见表 29）。

表 29 全国医保耗材分类目录-中医类材料进口产品情况

单位：件

国家	代表产品	覆盖领域	产品数量
日本	揿针 针灸针	02-针具	2
共计			2

数据来源：国家医保局，MDCLOUD（医械数据云）。

我国中医类国产产品涵盖针具、耳贴和其他中医材料等类型的产品，其中进入医保系统的国产产品中其他中医材料为 3405 件，针具为 386 件，耳贴为 51 件（见图 33）。

我国医保耗材分类目录-中医类材料国产产品主要集中在山东省、江苏省、河南省和湖北省，所拥有的产品数量依次为 624 件、467 件、432 件和 317 件，四者之和占国产产品总体的 47.9%（见图 34）。

从注册人所在的省份看，进入医保耗材分类目录的中医类材料注册人共计 1007 家，其中山东省拥有的注册人为 164 家，全国排名第一；其后，河南省和江苏省分别以 110 家和 91 家位列第二和第三（见图 35）。

从注册人来看，医保耗材分类目录-中医类材料国产产品注册证共计 2340 张，分属 1007 家注册人，平均每家注册人拥有约 2 张产品注册证，其中获证数量最多的是河南省超亚医药器械有限公司，共计 34 张；产品数量最多的注册人仍为河南省超亚医药器械有限公司，数量为 54 件（见表 30）。

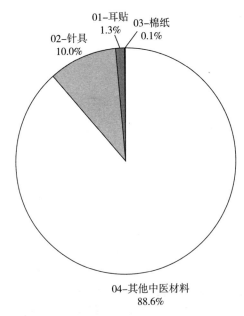

图33 全国医保耗材分类目录-中医类材料各类国产产品数量占比

数据来源：国家医保局，MDCLOUD（医械数据云）。

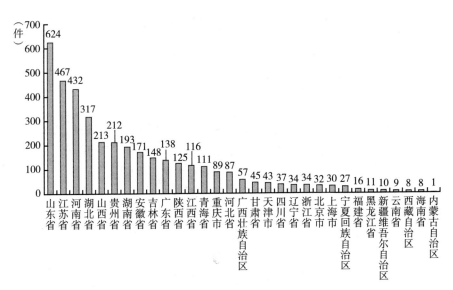

图34 全国医保耗材分类目录-中医类材料国产产品数量各省（自治区、直辖市）分布

数据来源：国家医保局，MDCLOUD（医械数据云）。

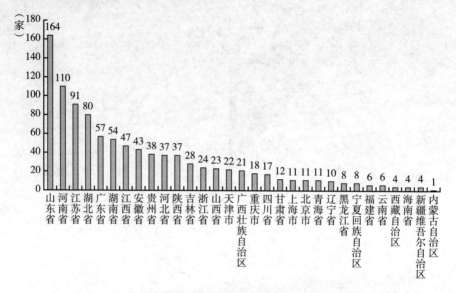

图35 全国医保耗材分类目录−中医类材料国产产品注册人各省（自治区、直辖市）分布

数据来源：国家医保局，MDCLOUD（医械数据云）。

表30 全国医保耗材分类目录−中医类材料国产产品数量前十注册人获取注册证数量

单位：件，张

序号	企业名称	所属省份	产品数量	注册证数量
1	河南省超亚医药器械有限公司	河南省	54	34
2	山西健康动力医疗科技有限公司	山西省	40	21
3	平利县中皇野生艾科研工贸有限公司	陕西省	40	3
4	江苏艾泽生物科技有限公司	江苏省	39	13
5	吴江市云龙医疗器械有限公司	江苏省	36	21
6	山东朱氏药业集团有限公司	山东省	35	10
7	固始公元医疗器械有限公司	河南省	34	14
8	青海御恩医疗器械有限公司	青海省	33	11
9	安徽众康药业有限公司	安徽省	32	8
10	江苏三才五妍医疗科技发展有限公司	江苏省	31	13
11	湖南慈辉医疗科技有限公司	湖南省	31	20

数据来源：国家医保局，MDCLOUD（医械数据云）。

2. 基础卫生材料

截至 2023 年底，根据国家医保信息业务编码标准数据库的数据，全国基础卫生材料进入医保耗材分类目录的产品共计 61414 件，其中进口（含港澳台地区）产品为 4081 件，国产产品为 57333 件。我国医保耗材分类目录-基础卫生材料进口产品主要来自美国、德国、中国台湾和日本，四者之和占进口产品总数的 65.0%（见表 31）。

表 31　全国医保耗材分类目录-基础卫生材料进口产品情况

单位：件

国家/地区	代表产品	覆盖领域	产品数量
美国	合成可吸收性外科缝线 一次性使用心电电极 不可吸收缝合线 可吸收性缝线 聚丙烯不可吸收缝合线	02-常规医疗用品 03-超声刀头 04-等离子刀头 05-射频刀头 06-高频电刀 07-光电及辅助材料 08-缝合及凝固材料 09-护创材料 10-麻醉包及套件 12-引流袋 13-造口护理材料 15-扩张导管 16-测压导管 17-导管、引流装置 18-辅助生殖导管 19-专用吸引材料 20-辅助生殖用针 21-辅助生殖胚胎冷冻解冻液 22-辅助生殖胚胎培养液 23-输液、输血器具及管路 24-消化道插管/引流管 25-气管插管及附件 26-电磁导航材料	1571

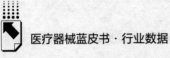

续表

国家/地区	代表产品	覆盖领域	产品数量
德国	非吸收性外科缝线 弹力绷带 负压引流器 可吸收性外科缝线 流量传感器	02-常规医疗用品 03-超声刀头 04-等离子刀头 05-射频刀头 06-高频电刀 07-光电及辅助材料 08-缝合及凝固材料 09-护创材料 10-麻醉包及套件 12-引流袋 13-造口护理材料 16-测压导管 17-导管、引流装置 18-辅助生殖导管 23-输液、输血器具及管路 24-消化道插管/引流管 25-气管插管及附件	571
中国台湾	非吸收性外科缝线 麻醉机和呼吸机用呼吸管路 持续正压呼吸面罩 电刀笔及其配件 口镜	02-常规医疗用品 06-高频电刀 07-光电及辅助材料 08-缝合及凝固材料 09-护创材料 10-麻醉包及套件 12-引流袋 14-造影检查导管 17-导管、引流装置 23-输液、输血器具及管路 24-消化道插管/引流管 25-气管插管及附件	273

国家/地区	代表产品	覆盖领域	产品数量
日本	非吸收缝合线带针/不带针 造口袋 可吸收缝合线带针/不带针 弹性医用胶布 超声刀头	01-避孕材料 02-常规医疗用品 03-超声刀头 07-光电及辅助材料 08-缝合及凝固材料 09-护创材料 10-麻醉包及套件 12-引流袋 13-造口护理材料 15-扩张导管 17-导管、引流装置 18-辅助生殖导管 20-辅助生殖用针 21-辅助生殖胚胎冷冻解冻液 23-输液、输血器具及管路 24-消化道插管/引流管 25-气管插管及附件	236
丹麦	造口袋 胜舒二件式肠造口袋 造口底盘 一件式造口袋 造口护理用品	02-常规医疗用品 06-高频电刀 07-光电及辅助材料 09-护创材料 12-引流袋 13-造口护理材料 17-导管、引流装置 18-辅助生殖导管 19-专用吸引材料 21-辅助生殖胚胎冷冻解冻液 22-辅助生殖胚胎培养液 23-输液、输血器具及管路	187
法国	不可吸收缝合线 一次性使用间歇性导尿管 可吸收缝合线 可吸收手术缝合线 可调式鼻腔清洗器	02-常规医疗用品 06-高频电刀 08-缝合及凝固材料 09-护创材料 13-造口护理材料 17-导管、引流装置 18-辅助生殖导管 20-辅助生殖用针 23-输液、输血器具及管路	179

续表

国家/地区	代表产品	覆盖领域	产品数量
英国	钙石灰 造口袋 钠石灰 造口皮肤保护剂 氧气面罩及配件-氧气管	02-常规医疗用品 07-光电及辅助材料 10-麻醉包及套件 12-引流袋 13-造口护理材料 17-导管、引流装置 20-辅助生殖用针 25-气管插管及附件	142
瑞士	医疗压力带 病人监护仪 矫形外科（骨科）手术器械-扩髓、灌注、吸引系统 负压吸引用收集装置 一次性使用输注装置	02-常规医疗用品 07-光电及辅助材料 08-缝合及凝固材料 17-导管、引流装置 23-输液、输血器具及管路 25-气管插管及附件	103
马来西亚	天然胶乳橡胶避孕套 一次性使用无菌导尿管 一次性使用真空采血管 一次性热湿交换器/过滤器 一次性使用无菌导尿管（两腔对口硅胶导尿管）	01-避孕材料 17-导管、引流装置 23-输液、输血器具及管路 25-气管插管及附件	95
韩国	可吸收缝线 医用固定带 聚酯衬垫 位置定位器 负压引流器	01-避孕材料 02-常规医疗用品 04-等离子刀头 07-光电及辅助材料 08-缝合及凝固材料 09-护创材料 16-测压导管 17-导管、引流装置 23-输液、输血器具及管路 25-气管插管及附件	84
西班牙	可吸收外科缝线 不可吸收外科缝线 外科带针缝合线 带针可吸收外科缝线 可吸收外科带针缝线	02-常规医疗用品 08-缝合及凝固材料 23-输液、输血器具及管路 24-消化道插管/引流管	78

续表

国家/地区	代表产品	覆盖领域	产品数量
瑞典	一次性使用无菌导尿管 取卵液 体外受精显微操作管 体外受精显微操作针管 体位外固定支撑器	02-常规医疗用品 07-光电及辅助材料 09-护创材料 13-造口护理材料 17-导管、引流装置 18-辅助生殖导管 20-辅助生殖用针 21-辅助生殖胚胎冷冻解冻液 22-辅助生殖胚胎培养液 23-输液、输血器具及管路 25-气管插管及附件	71
意大利	吸唾管 一次性使用引流管 不可吸收缝合线 袜型医疗压力带 放射治疗用患者体位固定袋	02-常规医疗用品 07-光电及辅助材料 08-缝合及凝固材料 12-引流袋 17-导管、引流装置 23-输液、输血器具及管路	63
加拿大	尿动力学导管 双腔测压导管(小儿) 直肠气囊测压导管(小儿) 直肠气囊测压管 测压连接导管	02-常规医疗用品 07-光电及辅助材料 16-测压导管	47
奥地利	一次性使用真空采血管 医用干式激光胶片 微量采血管 一次性使用心电电极 医用干式胶片	02-常规医疗用品 07-光电及辅助材料 23-输液、输血器具及管路	45
新西兰	呼吸湿化治疗仪-鼻塞导管 呼吸湿化治疗仪-加热呼吸管路套装 呼吸面罩 呼吸湿化治疗仪-面罩转接头 婴儿正压呼吸治疗系统-鼻塞	02-常规医疗用品 25-气管插管及附件	44

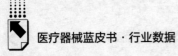

续表

国家/地区	代表产品	覆盖领域	产品数量
比利时	可吸收性缝线 合成可吸收性外科缝线 医用干式胶片 医用干式直热银盐胶片 医用干式激光胶片	02-常规医疗用品 07-光电及辅助材料 08-缝合及凝固材料 09-护创材料	43
爱尔兰	超声吸引刀头 雾化器系统 充气防压疮垫 一次性同芯圆针电极 超声外科吸引系统-复合管路	02-常规医疗用品 03-超声刀头 07-光电及辅助材料 09-护创材料 10-麻醉包及套件 11-药液转移器 13-造口护理材料 17-导管、引流装置 24-消化道插管/引流管 25-气管插管及附件	39
泰国	真空采血管 天然乳胶橡胶避孕套 真空采血管（促凝剂凝胶） 尚牌八合一百变天然胶乳橡胶避孕套24片罐装	01-避孕材料 02-常规医疗用品 09-护创材料 23-输液、输血器具及管路	34
以色列	二氧化碳激光光纤及附件 半导体激光治疗仪-光纤 无菌医用激光光纤 一次性使用阻抗电极 一次性使用无菌二氧化碳激光光纤及附件	02-常规医疗用品 07-光电及辅助材料 09-护创材料 23-输液、输血器具及管路 25-气管插管及附件	28
柬埔寨	医用手术薄膜 压敏胶带 手术切口层保护器 医用防护口罩 一次性使用口罩	02-常规医疗用品 09-护创材料 12-引流袋 13-造口护理材料 17-导管、引流装置	27

国家/地区	代表产品	覆盖领域	产品数量
澳大利亚	病人加温系统-保温毯 面罩及管路附件 配子缓冲液 精子分离原液 精子梯度分离液套装	02-常规医疗用品 20-辅助生殖用针 21-辅助生殖胚胎冷冻解冻液 22-辅助生殖胚胎培养液	21
印度	可吸收外科缝线 可吸收外科缝合线（带针） 可吸收性外科缝线 天然胶乳橡胶避孕套	01-避孕材料 08-缝合及凝固材料	19
新加坡	一次性使用血压传感器 连续硬膜外麻醉套件 血压传感器帽	02-常规医疗用品 07-光电及辅助材料 10-麻醉包及套件 16-测压导管	19
土耳其	医用弹力袜 造口底盘 钙石灰 集尿袋 造口袋	02-常规医疗用品 10-麻醉包及套件 12-引流袋 13-造口护理材料 25-气管插管及附件	17
荷兰	针电极 试模 病人加温系统-保温毯 人体定位垫 一次性使用输血管路及附件	02-常规医疗用品 07-光电及辅助材料 23-输液、输血器具及管路	11
芬兰	熵指数传感器 引流袋系统 引流袋 肺功能仪——一次性使用流量传感器 引流袋-1	07-光电及辅助材料 10-麻醉包及套件 12-引流袋	10

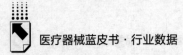

续表

国家/地区	代表产品	覆盖领域	产品数量
匈牙利	尿沉渣计数板 肋骨固定板	02-常规医疗用品 09-护创材料	5
希腊	高渗海水鼻腔喷雾器 鼻部冲洗器 高渗海水鼻腔护理器 等渗海水鼻腔喷雾器	02-常规医疗用品	5
冰岛	腰椎固定带 医用固定带 多导睡眠记录系统-电极	07-光电及辅助材料 09-护创材料	3
克罗地亚	脱蜡液 脱钙液	02-常规医疗用品	2
巴西	弹力套 二氧化碳吸收剂(钙石灰)	02-常规医疗用品 10-麻醉包及套件	2
巴基斯坦	血管钳 口镜	02-常规医疗用品 08-缝合及凝固材料	2
捷克	一次性使用宫颈扩张棒 压力绷带	09-护创材料 15-扩张导管	2
波兰	医用护理垫(看护垫) 医用高分子夹板	02-常规医疗用品 09-护创材料	2
中国香港	非吸收性缝合线(带针)	08-缝合及凝固材料	1
共计			4081

数据来源：国家医保局，MDCLOUD（医械数据云）。

　　我国基础卫生材料国产产品品类齐全，覆盖常规医疗用品、护创材料、缝合及凝固材料和消化道插管/引流管等类型产品，其中，进入医保耗材分类目录的国产产品中常规医疗用品为 29572 件，导管、引流装置为 5617 件，输液、输血器具及管路为 4370 件（见表32）。

表32 全国医保耗材分类目录-基础卫生材料各类国产产品数量及占比

单位：件；%

序号	二级分类(用途、品目)	计数	占比
1	02-常规医疗用品	29572	51.6
2	17-导管、引流装置	5617	9.8
3	23-输液、输血器具及管路	4370	7.6
4	09-护创材料	4325	7.5
5	07-光电及辅助材料	2622	4.6
6	08-缝合及凝固材料	2495	4.4
7	25-气管插管及附件	2365	4.1
8	10-麻醉包及套件	1092	1.9
9	12-引流袋	1001	1.7
10	06-高频电刀	713	1.2
11	其他	3161	5.5
	合计	57333	100.0

数据来源：国家医保局，MDCLOUD（医械数据云）。

我国医保耗材分类目录-基础卫生材料国产产品广泛分布于全国，江苏省产品数量为11507件，全国排名第一；随后河南省和广东省分别以7283件和6402件位列第二和第三（见图36）。

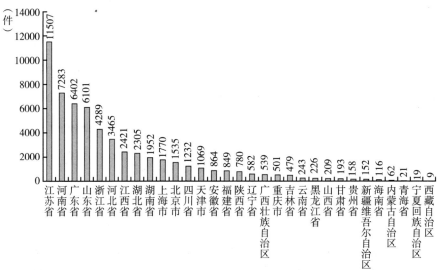

图36 全国医保耗材分类目录-基础卫生材料国产产品数量各省（自治区、直辖市）分布

数据来源：国家医保局，MDCLOUD（医械数据云）。

从注册人所在的省份看,进入医保耗材分类目录的基础卫生材料注册人共计7054家,其中江苏省拥有的注册人为1202家,全国排名第一;其后,广东省和山东省分别以905家和845家位列第二和第三(见图37)。

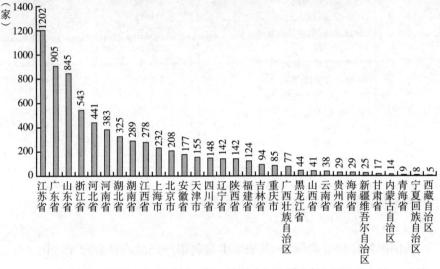

图37 全国医保耗材分类目录-基础卫生材料国产产品注册人各省(自治区、直辖市)分布

数据来源:国家医保局,MDCLOUD(医械数据云)。

从注册人来看,医保耗材分类目录-基础卫生材料国产产品注册证共计30844张,分属7054家注册人,平均每家注册人拥有约4张产品注册证,其中获证数量最多的是河南驼人贝斯特医疗器械有限公司,共计86张;产品数量最多的注册人为亿信医疗器械股份有限公司,共计518件(见表33)。

表33 全国医保耗材分类目录-基础卫生材料国产产品数量前十注册人获取注册证数量

单位:件、张

序号	企业名称	所属省份	产品数量	注册证数量
1	亿信医疗器械股份有限公司	河南省	518	53
2	广州阳普医疗科技股份有限公司	广东省	403	7
3	苏州市麦克林医疗器械制品有限公司	江苏省	328	22
4	山东安得医疗用品股份有限公司	山东省	269	63

序号	企业名称	所属省份	产品数量	注册证数量
5	新乡市华西卫材有限公司	河南省	243	66
6	河南亚都实业有限公司	河南省	236	85
7	河南驼人贝斯特医疗器械有限公司	河南省	223	86
8	广州维力医疗器械股份有限公司	广东省	209	65
9	南通华尔康医疗科技有限公司	江苏省	207	9
10	崇仁(厦门)医疗器械有限公司	福建省	178	16

数据来源：国家医保局，MDCLOUD（医械数据云）。

3. 止血防粘连材料

截至 2023 年底，根据国家医保信息业务编码标准数据库的数据，全国止血防粘连材料进入医保耗材分类目录的产品共计 895 件，其中进口（含港澳台地区）产品为 143 件，国产产品为 752 件。我国医保耗材分类目录-止血防粘连材料进口产品主要来自美国和德国，两者之和占进口产品总体的 77.6%（见表 34）。

表 34　全国医保耗材分类目录-止血防粘连材料进口产品情况

单位：件

国家/地区	代表产品	覆盖领域	产品数量
美国	可吸收止血纱 可降解耳鼻止血绵 可吸收再生氧化纤维素 外科用聚乙烯醇海绵 外伤止血敷料	01-止血材料 02-防粘连材料	93
德国	可吸收性止血纱布 止血粉 可吸收止血海绵 鼻塞 止血粉-3	01-止血材料	18
荷兰	可吸收性止血纱布 可吸收性止血材料-1 可吸收性止血材料-3 可吸收性止血材料-2	01-止血材料	10

续表

国家/地区	代表产品	覆盖领域	产品数量
瑞士	可吸收止血纱 可吸收防粘连医用膜(编织膜7.6cm×10.2cm) 可吸收防粘连医用膜 可吸收止血纱(纱布7.5cm×10cm) 编织膜	01-止血材料 02-防粘连材料	6
比利时	鼻腔止血塞(有绳)100×15×25mm 鼻腔止血塞(有绳)80×15×20mm 鼻腔止血塞 骨蜡	01-止血材料	4
中国台湾	耳鼻喉科用敷料	01-止血材料	3
西班牙	骨蜡	01-止血材料	2
以色列	驱血止血弹性束紧套环	01-止血材料	2
爱尔兰	无菌透明质酸钠液	02-防粘连材料	1
丹麦	可吸收止血流体明胶	01-止血材料	1
韩国	医用敷贴	01-止血材料	1
日本	甲壳素敷料	02-防粘连材料	1
英国	耳鼻喉止血绵	01-止血材料	1
共计			143

数据来源：国家医保局，MDCLOUD（医械数据云）。

我国止血防粘连材料国产产品分为止血材料和防粘连材料，进入医保系统的国产产品中止血材料为605件，防粘连材料为147件（见图38）。

我国医保耗材分类目录-止血防粘连材料国产产品主要集中在山东省，其所拥有的产品数量为156件；紧随其后的是产品数量为127件的北京市；而江苏省以114件产品位列第三（见图39）。

从注册人所在的省份看，进入医保耗材分类目录的止血防粘连材料注册人共计169家，其中江苏省拥有的注册人为35家，全国排名第一；其后，广东省和山东省分别以19家和18家位列第二和第三（见图40）。

从注册人来看，医保耗材分类目录-止血防粘连材料国产产品注册证共

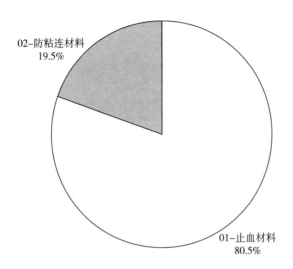

图38　全国医保耗材分类目录-止血防粘连材料各类国产产品数量占比

数据来源：国家医保局，MDCLOUD（医械数据云）。

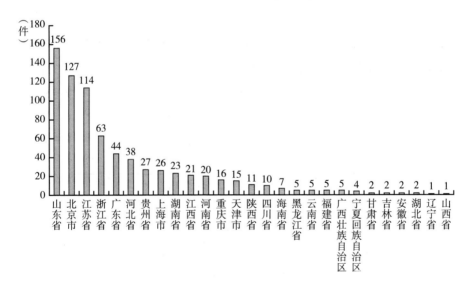

图39　全国医保耗材分类目录-止血防粘连材料国产产品数量
各省（自治区、直辖市）分布

数据来源：国家医保局，MDCLOUD（医械数据云）。

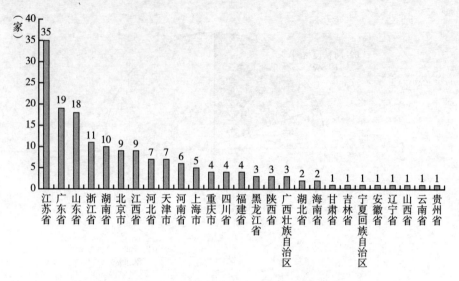

图40 全国医保耗材分类目录–止血防粘连国产产品注册人各省（自治区、直辖市）分布

数据来源：国家医保局，MDCLOUD（医械数据云）。

计236张，分属169家注册人，平均每家注册人拥有约1.4张产品注册证，其中获证数量最多的是石家庄亿生堂医用品有限公司，共计7张；产品数量最多的注册人为北京大清生物技术股份有限公司，共计55件（见表35）。

表35 全国医保耗材分类目录–止血防粘连材料国产产品数量前十注册人注册证和产品数量

单位：件，张

序号	企业名称	所属省（自治区、直辖市）	产品数量	注册证数量
1	北京大清生物技术股份有限公司	北京市	55	2
2	青岛中惠圣熙生物工程有限公司	山东省	40	6
3	赛克赛斯生物科技股份有限公司	山东省	36	4
4	北京泰科斯曼科技发展有限公司	北京市	36	3
5	青岛博益特生物材料股份有限公司	山东省	34	6
6	贵州金玖生物技术有限公司	贵州省	27	4
7	石家庄亿生堂医用品有限公司	河北省	26	7
8	常州药物研究所有限公司	江苏省	14	1

序号	企业名称	所属省（自治区、直辖市）	产品数量	注册证数量
9	烟台万利医用品有限公司	山东省	14	2
10	浙江敷茂生物科技有限公司	浙江省	14	1
11	建德市康华医疗器材有限公司	浙江省	14	1
12	湖南益安生物科技有限公司	湖南省	14	5
13	杭州协合医疗用品有限公司	浙江省	14	5

数据来源：国家医保局，MDCLOUD（医械数据云）。

4. 注射穿刺类材料

截至 2023 年底，根据国家医保信息业务编码标准数据库的数据，全国注射穿刺类材料进入医保耗材分类目录的产品共计 3949 件，其中进口（含港澳台地区）产品为 468 件，国产产品为 3481 件。我国医保耗材分类目录-注射穿刺类材料进口产品主要来自德国和美国，两者之和占进口产品总数的 67.9%（见表 36）。

表 36　全国医保耗材分类目录-注射穿刺类材料进口产品情况

单位：件

国家/地区	代表产品	覆盖领域	产品数量
德国	一次性使用静脉留置针 静脉留置针 一次性使用泵用注射器（带针） 欧福施一次性使用泵用注射器 20ml 三件式，锁口	01-注射器类 02-注射针 03-动静脉、管腔室穿刺器 04-内镜用穿刺器 05-血管内留置针	164
美国	穿刺器 动脉血气针 动脉采血器 穿刺器及其附件 一次性使用静脉采血器套件	01-注射器类 02-注射针 03-动静脉、管腔室穿刺器 04-内镜用穿刺器 05-血管内留置针	154

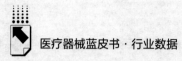

续表

国家/地区	代表产品	覆盖领域	产品数量
日本	一次性使用静脉留置针 一次性胰岛素笔用针头 透析用留置针 一次性使用动静脉留置针 一次性使用留置针透析用留置针	01-注射器类 02-注射针 03-动静脉、管腔室穿刺器 04-内镜用穿刺器 05-血管内留置针	35
韩国	一次性使用无菌注射针 一次性使用穿刺器 一次性使用无菌牙科注射针 一次性牙科注射针 电子注射器	01-注射器类 02-注射针 03-动静脉、管腔室穿刺器 04-内镜用穿刺器	32
丹麦	一次性使用人体动脉血样采集器 胰岛素泵用一次性输注管路和针头 一次性使用无菌注射针 一次性使用无菌注射笔用针头	01-注射器类 02-注射针 03-动静脉、管腔室穿刺器	13
英国	注射笔用针头 一次性使用采血器 静脉留置针	02-注射针 03-动静脉、管腔室穿刺器 05-血管内留置针	11
新加坡	螺口和直插三件式注射器　带注射针 （薄壁和普通壁）-1 螺口和直插三件式注射器　带注射针 （薄壁和普通壁）-2 一次性使用无菌注射针 27G-18G 的薄壁和普通壁注射器针头 一次性使用无菌注射器　带针	01-注射器类 03-动静脉、管腔室穿刺器	11
波兰	采血针 胰岛素笔用针头 一次性使用采血针 足跟采血针 笔式胰岛素注射器	01-注射器类 02-注射针 03-动静脉、管腔室穿刺器	10
奥地利	一次性使用静脉采血针及配件 一次性使用静脉采血针 一次性使用防针刺静脉采血针 蝶形回缩采血针 一次性使用微量采血器	03-动静脉、管腔室穿刺器	7

国家/地区	代表产品	覆盖领域	产品数量
泰国	一次性钝型动静脉瘘穿刺针 一次性使用动静脉瘘穿刺针 一次性使用留置针	03-动静脉、管腔室穿刺器 05-血管内留置针	7
瑞士	注射笔用针 笔式注射器 注射器 一次性使用注射笔用针头	01-注射器类 02-注射针 03-动静脉、管腔室穿刺器	7
以色列	一次性使用骨注射枪(注射针-成人) 一次性使用无菌注射针 一次性使用骨注射枪 一次性使用骨注射枪(注射针-儿童)	03-动静脉、管腔室穿刺器	5
中国台湾	穿刺器 一次性穿刺器 多通道单孔腹腔镜手术穿刺器	04-内镜用穿刺器	4
法国	植入式给药装置专用输液针 植入式给药装置专用针 一次性使用无菌牙科注射针	03-动静脉、管腔室穿刺器	3
爱尔兰	一次性使用采血器-2 一次性使用采血器 一次性使用采血器-1	03-动静脉、管腔室穿刺器	3
意大利	无菌笔式注射针	02-注射针	2
共计			468

数据来源：国家医保局，MDCLOUD（医械数据云）。

我国注射穿刺类材料国产产品涵盖血管内留置针，动静脉、管腔室穿刺器和内镜用穿刺器等类型的产品，其中进入医保系统的国产产品中注射器类产品为889件，内镜用穿刺器为881件，动静脉、管腔室穿刺器为855件（见图41）。

我国医保耗材分类目录-注射穿刺类材料国产产品主要集中在江苏省，其所拥有的产品数量为944件，全国排名第一；随后山东省和浙江省分别以511件和443件产品位列第二和第三（见图42）。

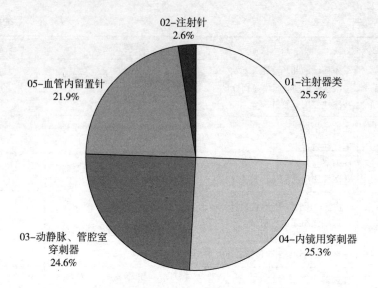

图 41 全国医保耗材分类目录-注射穿刺类材料各类国产产品数量占比

数据来源：国家医保局，MDCLOUD（医械数据云）。

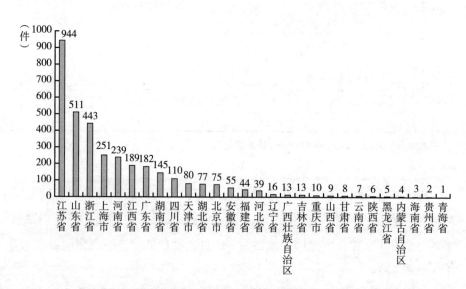

图 42 全国医保耗材分类目录-注射穿刺类材料国产产品数量
各省（自治区、直辖市）分布

数据来源：国家医保局，MDCLOUD（医械数据云）。

从注册人所在的省份看，进入医保耗材分类目录的注射穿刺类材料注册人共计531家，其中江苏省拥有的注册人为179家，全国排名第一；其后，浙江省和山东省分别以48家和47家位列第二和第三（见图43）。

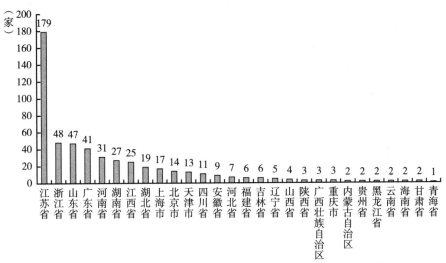

图43　全国医保耗材分类目录–注射穿刺类材料国产产品注册人各省（自治区、直辖市）分布

数据来源：国家医保局，MDCLOUD（医械数据云）。

从注册人来看，医保耗材分类目录–注射穿刺类材料国产产品注册证共计1382张，分属531家注册人，平均每家注册人拥有约3张产品注册证，其中获证数量最多的是山东安得医疗用品股份有限公司，共计28张；产品数量最多的注册人也为山东安得医疗用品股份有限公司，共计251件（见表37）。

表37　全国医保耗材分类目录–注射穿刺类材料国产产品数量前十注册人获取注册证数量

单位：件，张

序号	企业名称	所属省 （自治区、直辖市）	产品数量	注册证数量
1	山东安得医疗用品股份有限公司	山东省	251	28
2	苏州林华医疗器械股份有限公司	江苏省	128	16
3	浙江康德莱医疗器械股份有限公司	浙江省	126	18

序号	企业名称	所属省 （自治区、直辖市）	产品数量	注册证数量
4	上海正邦医疗科技有限公司	上海市	62	10
5	河南驼人医疗器械集团有限公司	河南省	61	11
6	上海普益医疗器械股份有限公司	上海市	58	1
7	山东威高集团医用高分子制品股份有限公司	山东省	55	20
8	河南曙光汇知康生物科技股份有限公司	河南省	48	16
9	苏州碧迪医疗器械有限公司	江苏省	41	14
10	威海洁瑞医用制品有限公司	山东省	40	19

数据来源：国家医保局，MDCLOUD（医械数据云）。

5. 功能性敷料

截至 2023 年底，根据国家医保信息业务编码标准数据库的数据，全国功能性敷料进入医保耗材分类目录的产品共计 14919 件，其中进口（含港澳台地区）产品为 467 件，国产产品为 14452 件。我国医保耗材分类目录-功能性敷料进口产品主要来自德国、美国和瑞典，三者之和占进口产品总数的 48.2%（见表 38）。

表 38　全国医保耗材分类目录-功能性敷料进口产品情况

单位：件

国家/地区	代表产品	覆盖领域	产品数量
德国	压力绷带 弹力绷带 高分子固定绷带 弹性绷带 聚氨酯衬垫绷带	01-创口敷料 03-包扎敷料 04-其他敷料	117
美国	伤口敷料 泡沫敷料 硅凝胶 液体敷料 弹力绷带	01-创口敷料 02-疤痕敷料 03-包扎敷料 04-其他敷料	65

续表

国家/地区	代表产品	覆盖领域	产品数量
瑞典	自粘性软聚硅酮银离子泡沫敷料 薄膜伤口敷贴 自粘性软聚硅酮有边型泡沫敷料 自粘性软聚硅酮敷料 有边型薄型泡沫敷料	01-创口敷料 02-疤痕敷料 03-包扎敷料	43
法国	喷剂敷料 乳头皲裂伤口护理软膏包 压力绷带 脂质水胶体硫酸银敷料 脂质水胶寡糖泡沫敷料	01-创口敷料 02-疤痕敷料 03-包扎敷料 04-其他敷料	37
意大利	液体敷料 弹性绷带 牙周用透明质酸凝胶 怡口漱 伤口护理软膏	01-创口敷料 03-包扎敷料 04-其他敷料	34
日本	医用退热贴 医用降温贴 创面敷料 医用冷敷贴 弹性绷带	01-创口敷料 03-包扎敷料 04-其他敷料	34
英国	液体敷料 亲水性纤维敷料 藻酸钙敷料 水胶体敷料 透明敷料	01-创口敷料 04-其他敷料	33
丹麦	水胶体敷料 泡沫敷料 拜尔坦泡沫无粘胶敷料 拜尔坦泡沫有粘胶敷料 康惠尔蝶型贴	01-创口敷料	28
中国台湾	医用冷敷贴 壳聚糖敷料 伤口护理软膏 口腔黏膜液体敷料 水胶体手术伤口敷料	01-创口敷料 03-包扎敷料 04-其他敷料	23

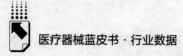

续表

国家/地区	代表产品	覆盖领域	产品数量
韩国	聚氨酯泡沫敷料 聚酯纤维绷带 水胶体敷料 高分子固定绷带 疤痕修复贴	01-创口敷料 02-疤痕敷料 03-包扎敷料 04-其他敷料	17
爱尔兰	泡沫敷料 薄型藻酸银敷料 足跟泡沫敷料 藻酸银敷料 窦道泡沫敷料和窦道泡沫敷料条	01-创口敷料	7
瑞士	医用创面清洁材料 自风干型疤痕护理硅凝胶 凝胶伤口敷料 液体伤口敷料	01-创口敷料 02-疤痕敷料	6
捷克	压力绷带 伤口凝胶敷料	01-创口敷料 03-包扎敷料	6
柬埔寨	粘贴伤口敷料 自粘性透明敷料	01-创口敷料 04-其他敷料	5
比利时	硅胶疤痕贴 疤痕硅凝胶 伤口凝胶敷料	01-创口敷料 02-疤痕敷料	4
泰国	弹性绷带 石膏绷带（粘胶型）	03-包扎敷料	2
希腊	高渗海水鼻腔喷雾器	01-创口敷料	2
荷兰	冷冻除疣喷雾剂 烧伤植皮机-软木盘	01-创口敷料 04-其他敷料	2
南非	创面敷料	01-创口敷料	1
加拿大	硝酸氧化银伤口敷料	01-创口敷料	1
共计			467

数据来源：国家医保局，MDCLOUD（医械数据云）。

我国功能性敷料国产产品涵盖创口敷料、包扎敷料和疤痕敷料等类型的产品，其中进入医保系统的国产产品中其他敷料为6091件，创口敷料为 5591 件，包扎敷料为 2336 件，占比分别为 42.1%、38.7% 和 16.2%（见图 44）。

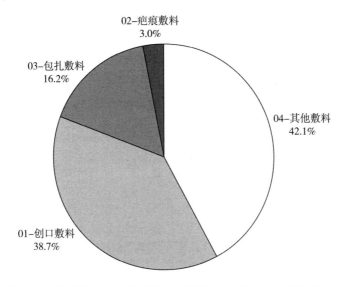

图 44　全国医保耗材分类目录-功能性敷料各类国产产品数量占比

数据来源：国家医保局，MDCLOUD（医械数据云）。

我国医保耗材分类目录-功能性敷料国产产品数量最多的是山东省，共计 2208 件；湖北省和江苏省分别为 1494 件和 1351 件位列第二和第三（见图 45）。

从注册人所在的省份看，进入医保耗材分类目录的功能性敷料注册人共计 2640 家，遍及全国（不含港澳台地区）；其中山东省拥有的注册人为 390 家，全国排名第一；其后，江苏省和河南省分别以 307 家和 211 家位列第二和第三（见图 46）。

从注册人来看，医保耗材分类目录-功能性敷料国产产品注册证共计 7945 张，分属 2640 家注册人，平均每家注册人拥有约 3 张产品注册证，其中获证数量最多的是青海奇力康医疗器械有限公司，共计 59 张；产品数量最多的注册人为山东安得医疗用品股份有限公司，共计 184 件（见表 39）。

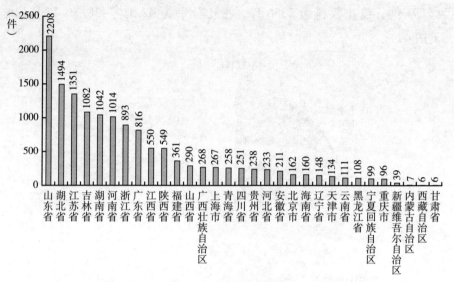

图 45 全国医保耗材分类目录-功能性敷料国产产品数量各省（自治区、直辖市）分布

数据来源：国家医保局，MDCLOUD（医械数据云）。

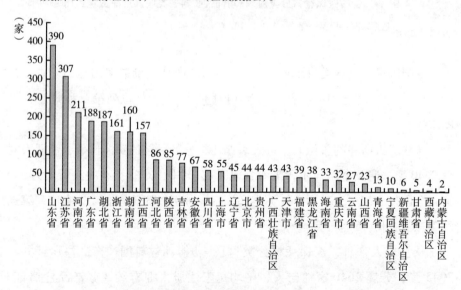

图 46 全国医保耗材分类目录-功能性敷料国产产品注册人各省（自治区、直辖市）分布

数据来源：国家医保局，MDCLOUD（医械数据云）。

表39　全国医保耗材分类目录–功能性敷料国产产品数量前十注册人获取注册证数量

单位：件，张

序号	企业名称	所属省份	产品数量	注册证数量
1	山东安得医疗用品股份有限公司	山东省	184	6
2	湖北特必达生物医疗科技有限公司	湖北省	165	44
3	长春市奥朗特生化药械科研基地有限公司	吉林省	152	50
4	青岛中腾生物技术有限公司	山东省	105	26
5	吉林省国大生物工程有限公司	吉林省	98	46
6	杭州拾珍医疗器械有限公司	浙江省	96	27
7	吉林省国械领先医疗器械有限公司	吉林省	96	35
8	河南汇博医疗股份有限公司	河南省	95	43
9	青海奇力康医疗器械有限公司	青海省	84	59
10	长春市科新生化药械研究所	吉林省	78	33

数据来源：国家医保局，MDCLOUD（医械数据云）。

耗材国际贸易篇

B.3
2023年我国医用耗材重点商品
进出口贸易分析

杨雳　陈佳怡　林铠绪*

摘　要：　随着国内国际双循环战略的实施，我国医疗器械企业积极"走出去"，布局海外市场，加快国际化进程。基于已披露海外营收的国内上市医疗器械企业统计，2021~2023年海外营收占比持续保持在1/3以上。此外，随着我国"一带一路"倡议深入推进和共建"一带一路"国家的经济发展，相关国家对医疗器械的需求逐渐扩大。2023年我国医用耗材对外贸易总额为594.7亿美元，其中进口额为302.2亿美元，出口额为292.5亿美元。2023年我国医用耗材出口额下滑严重，并出现了少量的贸易逆差。从商品类别看，医疗耗材进出口贸易额最高，占比超69%。从具体产品来看，免疫制品位居榜首，进出口贸易额达73.1亿美元。贸易伙伴方面，美国、德国等发达国家仍是我国医用耗材进出口的主要贸易对象。

＊　杨雳，广州众成大数据科技有限公司副总经理、北京医装数胜科技有限公司副总经理；陈佳怡，北京医装数胜科技有限公司产业研究员；林铠绪，广州众成大数据科技有限公司数据处理工程师。

关键词： 医用耗材　国际贸易　体外诊断试剂　外贸政策

一　我国医用耗材外贸概述

中国是世界第一大出口国和世界第二大进口国，是世界经济稳定发展的重要力量。面对世界百年未有之大变局，党和国家在制定国民经济和社会发展"十四五"规划和2035年远景目标建议中提出了以国内大循环为主、国内国际双循环的战略举措。[①]一是逐步形成国内大循环，必须充分发挥国内市场潜力，增强我国经济的韧性和弹性。二是构建国内国际双循环格局，统筹利用国内国外两个市场，两种资源，实现优势互补。2023年，全球经济复苏乏力，医疗产品市场需求虽尚在，但是购买力严重下降，尤其是美国、欧盟市场最为明显。此外，地缘政治风险也导致多双边医疗领域合作进程放缓，东南亚、独联体、共建"一带一路"地区等新兴经济体及区域成为重要出口贸易增长点。[②]

1. 外贸政策

全球医疗器械市场发展空间巨大，已成为最具发展潜力的领域之一。中国产品因其"优质、均一、稳定、符合国际标准"的优势已成为全球医疗公共产品的优先选择。[③]目前，我国对外贸易成绩令人瞩目，得益于国内优越的贸易营商环境；同时，跨境电商等外贸新业态迅速发展，为推动外贸稳中向好发挥了重要作用（相关政策见表1、表2）。

---

① 国家发展和改革委员会：《统筹发挥国内大循环主体作用和国内国际双循环相互促进作用》，https：//www.ndrc.gov.cn/wsdwhfz/202303/t20230322_1351592_ext.html，2023年3月22日。

② 中国医学装备协会：《2023年上半年中国医疗器械贸易情况简析》，https://mp.weixin.qq.com/s/z1ozYW8Qr0nuGl4mgGw-mg，2023年8月19日。

③ 蔡天智、苏畅：《2018年我国医疗器械对外贸易状况与趋势分析》，《中国医学装备》2019年第7期，第171~174页。

表 1　我国税务、海关对不同贸易方式的政策对比

类型	一般贸易进出口	跨境电子商务
税务	①进口商品征收关税、增值税及消费税 ②出口商品免征增值税与消费税 ③征收25%企业所得税	①进口商品免除关税,增值税及消费税七折 ②出口商品免征增值税与消费税 ③按4%应税所得征收
海关	无特殊通关,流程长,资料多,手续繁杂,需每单都申报	①按个人自用进境物品监管,不执行首次进口商品审批 ②简化分类、清单申报、汇总统计

信息来源:MDCLOUD(医械数据云)。

表 2　2023 年我国对外贸易相关政策汇总

发布时间	政策名称	主要内容
2023 年 4 月 25 日	《国务院办公厅关于推动外贸稳规模优结构的意见》	一、强化贸易促进拓展市场。二、稳定和扩大重点产品进出口规模。三、加大财政金融支持力度。四、加快对外贸易创新发展。五、优化外贸发展环境。六、加强组织实施
2023 年 11 月 15 日	《海关总署关于推动加工贸易持续高质量发展改革实施方案》	一、放宽深加工结转集中申报时限。二、优化加工贸易成品出口退换管理。三、拓展企业集团加工贸易监管模式适用范围。四、简化集中内销手续。五、简化国内采购设备出区手续
2023 年 12 月 8 日	《国家外汇管理局关于进一步深化改革促进跨境贸易投资便利化的通知》	一、推进贸易外汇收支便利化。二、扩大资本项目便利化政策。三、优化资本项目外汇管理
2023 年 12 月 11 日	《国务院办公厅印发〈关于加快内外贸一体化发展的若干措施〉的通知》	一、促进内外贸规则制度衔接融合。二、促进内外贸市场渠道对接。三、优化内外贸一体化发展环境。四、加快重点领域内外贸融合发展。五、加大财政金融支持力度
2023 年 12 月 15 日	《国家外汇管理局关于扩大跨境贸易投资高水平开放试点的通知》	一、进一步便利经常项目外汇资金收付。二、支持银行优化新型国际贸易结算。三、扩大贸易收支轧差净额结算范围。四、货物贸易超期限等特殊退汇免于登记。五、优化服务贸易项下代垫或分摊业务管理。六、外商投资企业境内再投资免于登记。七、融资租赁母子公司共享外债额度。八、部分资本项目外汇登记由银行直接办理

信息来源:MDCLOUD(医械数据云)。

2. 外贸总体情况

根据中国海关总署公布的贸易数据，我国医用耗材对外贸易覆盖全球200多个国家和地区。2022年我国医用耗材对外贸易总额达739.8亿美元，其中进口额309.5亿美元，出口额430.3亿美元。2023年我国医用耗材对外贸易总额有所下降，达594.7亿美元，其中进口额相比2022年小幅下降，进口额为302.2亿美元；出口额大幅下降至292.5亿美元。在医用耗材贸易差方面，2022~2023年，我国医用耗材对外贸易整体上构成贸易顺差关系，其中，2022年贸易顺差较大，2023年出现了少量的贸易逆差（见图1）。

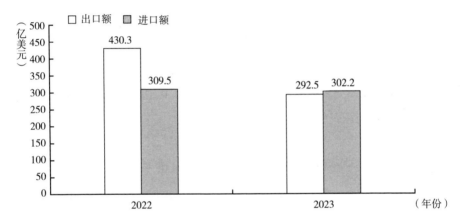

图1 2022~2023年我国医用耗材对外贸易总额

数据来源：中国海关总署，MDCLOUD（医械数据云）。

3. 商品贸易统计

从商品类别出口贸易数据看，2023年我国医疗耗材出口总额有所下降；2023年体外诊断试剂出口总额明显下降，同比下降82.15%。同一报告期内，其他器械出口总额略有下降。2023年，我国医用耗材出口总额达292.5亿美元，其中医疗耗材出口额达269.4亿美元，占总出口额的92.10%（见图2）。

在我国医用耗材贸易差方面，2022~2023年我国体外诊断试剂对外贸易整体构成贸易逆差关系，且贸易逆差上升明显；2022~2023年我国医疗耗

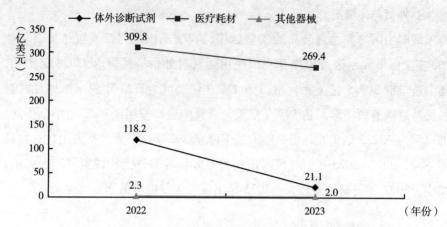

图2 2022~2023年我国医用耗材各商品类型的出口金额

数据来源：中国海关总署，MDCLOUD（医械数据云）。

材、其他器械对外贸易整体构成贸易顺差关系，其中医疗耗材贸易优势较为突出，但贸易顺差有所下降（见表3）。

表3 2022~2023年我国医用耗材各商品类型出口贸易差额

单位：亿美元

类型	2022年	2023年
体外诊断试剂	−43.4	−136.6
医疗耗材	163.1	125.9
其他器械	1.2	1.0

数据来源：中国海关总署，MDCLOUD（医械数据云）。

二 医用耗材重点产品进出口额分析

1. 医疗耗材

医疗耗材是用于诊断、治疗、保健、康复等的消耗性器件，根据中国海关总署公布众成数科整理分析的数据，我国医疗耗材主要进出口产品包括：90189099（其他医疗、外科或兽医用仪器及器具）、63079010（口罩）、

90183900（其他针、导管、插管及类似品）等 60 个海关编码相关的产品。2022 年，我国医疗耗材对外贸易总额达 456.5 亿美元，其中进口额 146.7 亿美元，出口额 309.8 亿美元。2023 年我国医疗耗材对外贸易总额有所下降，共 412.9 亿美元，其中进口额 143.5 亿美元，出口额 269.4 亿美元。综观其他品类出口产品，我国医疗耗材出口总额始终居于榜首（见图 3）。

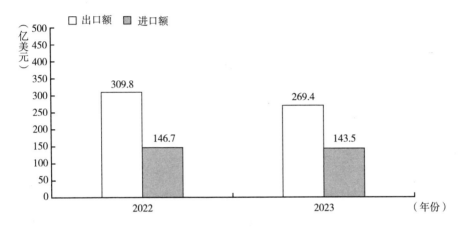

图 3　2022～2023 年我国医疗耗材进出口额

数据来源：中国海关总署，MDCLOUD（医械数据云）。

从具体国家/地区来看，美国是我国医疗耗材出口额最大的国家，2023 年我国出口至美国的医疗耗材共 76.1 亿美元，远高于其他各国，日本和中国香港分别排名第二和第三。美国也是我国医疗耗材最大的进口国，2023 年我国从美国进口的医疗耗材共 35.5 亿美元，墨西哥和德国分别排名第二和第三（见表 4）。

表 4　2022～2023 年全国医疗耗材进出口国家/地区贸易金额前十情况

单位：亿美元

出口			进口		
贸易伙伴名称	2022 年	2023 年	贸易伙伴名称	2022 年	2023 年
美国	85.7	76.1	美国	35.6	35.5
日本	22.6	17.6	墨西哥	16.1	14.7
中国香港	14.5	11.7	德国	12.5	12.3

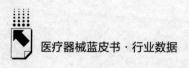

续表

出口			进口		
贸易伙伴名称	2022 年	2023 年	贸易伙伴名称	2022 年	2023 年
德国	11.6	9.8	爱尔兰	10.4	10.4
俄罗斯	7.2	8.2	日本	10.9	9.3
英国	9.7	8.0	瑞士	7.2	8.6
荷兰	8.6	7.4	韩国	5.0	5.3
澳大利亚	8.3	7.3	哥斯达黎加	4.6	5.2
菲律宾	8.0	6.3	马来西亚	5.6	4.0
韩国	8.0	6.0	越南	3.7	3.8

数据来源：中国海关总署，MDCLOUD（医械数据云）。

2. 体外诊断试剂

体外诊断试剂是用于对人体样本进行体外诊断检测的试剂，根据中国海关总署公布众成数科整理分析的数据，我国体外诊断试剂主要进出口产品包括：30021500（免疫制品，已配定剂量或制成零售包装）、38221900（其他附于衬背上的诊断或实验用试剂及不论是否附于衬背上的配制试剂）、30021200（抗血清及其他血分）等 8 个海关编码相关的商品。2022 年，我国体外诊断试剂对外贸易总额达 279.8 亿美元，其中进口额达 161.6 亿美元，出口额达 118.2 亿美元。2023 年我国体外诊断试剂对外贸易总额有明显下降，为 178.8 亿美元，其中，出口额大幅度下降至 21.1 亿美元；进口额相对稳定，达 157.7 亿美元（见图 4）。

从具体国家来看，美国是我国体外诊断试剂出口额最大的国家，2023 年我国出口至美国的体外诊断试剂共 5.0 亿美元，远高于其他各国，俄罗斯和日本分别排名第二和第三。美国也是我国体外诊断试剂最大的进口国，2023 年我国从美国进口的体外诊断试剂共 40.7 亿美元，德国和瑞士分别排名第二和第三（见表 5）。

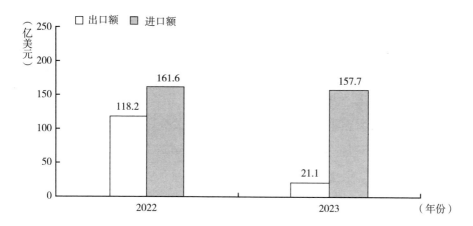

图4 2022~2023年我国体外诊断试剂进出口额

数据来源：中国海关总署，MDCLOUD（医械数据云）。

表5 2022~2023年全国体外诊断试剂进出口国家/地区贸易额前十情况

单位：亿美元

出口			进口		
贸易伙伴名称	2022年	2023年	贸易伙伴名称	2022年	2023年
美国	17.8	5.0	美国	42.3	40.7
俄罗斯	1.1	1.2	德国	38.5	38.6
日本	4.2	1.0	瑞士	16.9	21.8
巴西	2.1	1.0	爱尔兰	28.9	20.5
中国香港	9.8	0.8	法国	6.4	7.0
德国	15.7	0.7	日本	5.1	6.1
印度	0.6	0.7	意大利	3.2	3.2
韩国	0.6	0.6	英国	2.84	3.12
土耳其	0.6	0.5	西班牙	2.35	2.91
英国	8.1	0.5	瑞典	3.51	2.41

数据来源：中国海关总署，MDCLOUD（医械数据云）。

3. 其他器械

其他器械是指除医疗耗材、体外诊断试剂之外的耗材类医疗器械，据中国海关总署公布众成数科整理分析的数据，我国其他器械主要进出口产品为70179000（其他实验室、卫生及配药用玻璃器皿）、70171000〔实验室，卫生及配药用玻璃器（熔凝石英或熔凝硅石制，不论有无刻度或标量）〕、85393290（金属卤化物灯）等8个海关编码相关的产品。2022年，我国其他器械对外贸易总额达3.4亿美元，其中进口额达1.1亿美元，出口额达2.3亿美元。2023年我国其他器械对外贸易总额有所下降，其中进口额达1.0亿美元，出口额达2.0亿美元（见图5）。

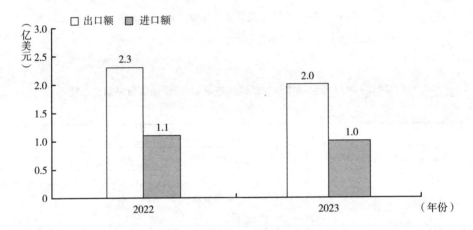

图5　2022~2023年我国其他器械进出口额

数据来源：中国海关总署，MDCLOUD（医械数据云）。

从具体国家来看，美国是我国其他器械出口额最大的国家，2023年我国出口至美国的其他器械共0.47亿美元，俄罗斯和加拿大分别排名第二和第三。美国也是我国其他器械最大的进口国，2023年我国从美国进口的其他器械共0.3亿美元，日本和德国分别排名第二和第三（见表6）。

表6 2022~2023年全国其他器械进出口国家/地区贸易额前十情况

单位：亿美元

出口			进口		
贸易伙伴名称	2022年	2023年	贸易伙伴名称	2022年	2023年
美国	0.6	0.47	美国	0.4	0.3
俄罗斯	0.1	0.1	日本	0.2	0.2
加拿大	0.1	0.1	德国	0.2	0.2
日本	0.1	0.1	捷克	0.02	0.03
巴西	0.1	0.1	韩国	0.01	0.03
韩国	0.1	0.1	澳大利亚	0.03	0.02
荷兰	0.1	0.1	中国保税区	0.01	0.02
德国	0.1	0.1	马来西亚	0.02	0.02
印度	0.1	0.1	瑞典	0.04	0.01
土耳其	0.1	0.1	比利时	0.02	0.01

数据来源：中国海关总署，MDCLOUD（医械数据云）。

耗材行业政策篇

B.4
医用耗材带量采购政策实施现状分析

周君　周欣　陈富强　千红　徐璐　张慧　胡文静　山其君　张维*

摘　要： 医用耗材集中带量采购是国家部署的重大改革任务，旨在通过整合采购力量、规范采购流程，实现对医用耗材的价格控制、降低医疗费用、提高医疗服务质量等目标。自2019年安徽、江苏两省率先试点高值耗材带

* 周君，中国医学科学院北京协和医院工会副主席，副研究员，中华医学会北京分会第三届医学工程学分会常务委员会委员兼秘书长，研究方向为医院管理、医疗设备管理、医用耗材管理、预算管理、政府采购等相关领域；周欣，中国医学科学院北京协和医院医学工程处副处长，副研究员，研究方向为医用耗材管理、医学教育管理；陈富强，北京协和科技开发公司正处级研究员，研究方向为医院管理，包括医政管理、门诊管理、绩效管理、健康管理、院区规划、党务管理、国企经营等；千红，中国医学科学院北京协和医院医学工程处助理研究员，研究方向为医用耗材管理、医用耗材供应链管理；徐璐，中国医学科学院北京协和医院医学工程处工程师，研究方向为医学信息学、人工智能、电子病历、骨科耗材带量采购、耗材管理；张慧，中国医学科学院北京协和医院医学工程处工程师，研究方向为医用器械的使用管理与评估分析、基于数据分析的疾病诊断模型探索；胡文静，中国医学科学院北京协和医院医学工程处助理研究员，研究方向为医疗设备预算管理、专家评估论证；山其君，中国医学科学院北京协和医院信息中心副研究员，研究方向为医学装备管理、医学信息管理；张维，中国医学科学院北京协和医院保险管理处处长助理，研究方向为医学装备管理、医疗保险管理。

量采购模式起至 2023 年末，全国各地区均已加大带量采购覆盖范围，不断扩大纳入品种。目前医用耗材集中带量采购（简称"集采"）工作进入常态化、制度化、提质扩面新阶段。本文介绍了耗材阳光挂网采购和集中带量采购的发展历程及工作进展，总结了重点省市的阳光挂网及集中带量采购政策要求、管理模式，并对国家组织集中带量采购的耗材进行了价格变化、市场供应变化及政策变化分析，以期形成行业共识，坚定不移推进药品和医用耗材集采工作，促进医保、医疗、医药协同发展和治理，向人民群众提供更加优质高效、经济合理、方便可及的医药服务。

关键词： 医用耗材 阳光挂网采购 带量采购

一 阳光挂网采购实施情况概述

近年来，为贯彻落实党中央、国务院关于治理高值医用耗材改革的决策部署，为落实《中共中央国务院关于深化医疗保障制度改革的意见》（中发〔2020〕5 号）[①]、《国务院办公厅关于印发治理高值医用耗材改革方案的通知》（国办发〔2019〕37 号）[②] 等多项政策要求，为完善医疗机构医用耗材采购工作机制、规范医用耗材采购行为、持续降低医用耗材虚高价格、切实减轻群众费用负担，各省（区、市）陆续开展耗材阳光挂网采购工作。

（一）政策时间轴

阳光挂网采购是我国政府在推进政府采购透明化、规范化和市场化的过程中采取的一项重要措施。具体的发展历程如下。

[①] 中共中央 国务院：《中共中央国务院关于深化医疗保障制度改革的意见》（2020-03-06）〔2024-01-10〕，https：//www. gov. cn/zhengce/2020-03/05/content_ 5487407. htm。

[②] 中华人民共和国国务院办公厅：《国务院办公厅关于印发治理高值医用耗材改革方案的通知》，（2019-07-31）〔2024.01.10〕，https：//www. gov. cn/zhengce/zhengceku/2019-07/31/content_ 5417518. htm？ ivk_ sa＝1023197a。

1. 初始阶段：2002~2008年

2000年财政部发布《政府采购信息公告管理办法》①，其中对公开招标信息及中标信息应当公示的内容做出详细说明，这是政府首次在法规层面对政府采购信息公开做出明确规定。2002年，我国政府开始着手推进政府采购信息公开工作，以提高采购的透明度。2004年，财政部发布了新一版的《政府采购信息公告管理办法》，2000年颁布实施的《政府采购信息公告管理办法》同时废止。在这一时期，政府采购透明度的提升主要集中在政府采购结果的公告和一些基本信息的公开方面。其中规定：除涉及国家秘密、供应商的商业秘密，以及法律、行政法规规定应予保密的政府采购信息以外，省级以上人民政府公布的集中采购目录、政府采购限额标准和公开招标数额标准等信息必须公告。

2. 阳光挂网采购正式启动阶段：2009年

2009年，为进一步推动政府采购的市场化和透明化，我国在全国范围内启动了阳光挂网采购试点。这一步骤旨在通过互联网平台实现政府采购全过程的公开、公平竞争，提高采购效率。

3. 初步推行和试点阶段：2010~2015年

2010年，阳光挂网采购在中国政府推进政府采购改革的背景下初步推行，成为政府采购的一种新模式。2015年国务院办公厅印发《关于城市公立医院综合改革试点的指导意见》②，要求高值医用耗材必须通过省级集中采购平台进行阳光采购，网上公开交易。在保证质量的前提下鼓励采购国产高值医用耗材。降低医用耗材费用，落实政府投入责任。初步阶段以试点为主，一些地方政府和机构开始在一些采购项目中尝试使用阳光挂网采购。药品和耗材费用虚高是加重群众看病负担和医院运行成本的重要因素，国际和

---

① 中华人民共和国财政部：《政府采购信息发布管理办法》（2019-11-27）［2024-01-10］，https：//www.gov.cn/xinwen/2019-12/11/content_ 5460211. htm。
② 中华人民共和国国务办公厅：《国务院办公厅关于城市公立医院综合改革试点的指导意见（2015-05-17）［2024-01-10］，https：//www.gov.cn/zhengce/zhengceku/2015-05/17/content_ 9776. htm。

国内的实践充分证明，实行"招采合一、量价挂钩、双信封制"的集中招标采购办法，有利于降低耗材虚高价格，有利于遏制耗材流通领域的腐败行为，有利于促进耗材生产流通企业健康发展。

4. 全面推广和规范发展阶段：2016~2019年

2016年，阳光挂网采购进入全面推广和规范发展阶段，逐渐在全国范围内普及。2017年《国务院办公厅关于印发深化医药卫生体制改革2017年重点工作任务的通知》①（以下简称《工作任务》）中要求"2017年，前四批200个试点城市公立医院药占比（不含中药饮片）总体降到30%左右，百元医疗收入（不含药品收入）中消耗的卫生材料降到20元以下"。《工作任务》指出："培育集中采购主体，鼓励跨区域联合采购和专科医院开展药品、高值医用耗材等联合采购。"这一时期加强对政府采购电子化管理的指导，规范了政府采购电子化系统的功能，进一步推动阳光挂网采购的规范化。

5. 技术创新和智能化阶段：2020年至今

2020年《中共中央、国务院关于深化医疗保障制度改革的意见》（下称《意见》）中提出要协同推进医药服务供给侧改革，强调医药服务供给关系人民健康和医疗保障功能的实现。要充分发挥药品、医用耗材集中带量采购在深化医药服务供给侧改革中的引领作用，推进医保、医疗、医药联动改革系统集成，加强政策和管理协同，保障群众获得优质实惠的医药服务。《关于深化医疗保障制度改革的意见》中明确深化药品、医用耗材集中带量采购制度改革，坚持招采合一、量价挂钩，全面实行药品、医用耗材集中带量采购。以医保支付为基础，建立招标、采购、交易、结算、监督一体化的省级招标采购平台，推进构建区域性、全国性联盟采购机制，形成竞争充分、价格合理、规范有序的供应保障体系。完善医药服务价格形成机制。建立以市场为主导的药品、医用耗

---

① 中华人民共和国国务院办公厅：《国务院办公厅关于印发深化医药卫生体制改革2017年重点工作任务的通知》（2017-04-25）［2024-01-10］，https://www.gov.cn/gongbao/content/2017/content_5194889.htm。

材价格形成机制，建立全国交易价格信息共享机制。治理药品、高值医用耗材价格虚高乱象。

2020年国家卫生健康委、中医药局发布了《医疗机构医用耗材管理办法（试行）》①，要求医疗机构从已纳入国家或省市医用耗材集中采购目录中遴选本机构供应目录。2020年财政部发布了《政府采购信息发布管理办法》②。突出网络公开主渠道作用，将中国政府采购网及其省级分网明确为政府采购信息的汇总平台，要求政府采购信息应当在中国政府采购网或其省级分网发布，同时删除了2004年颁布的《政府采购信息公告管理办法》③中明显指向报纸、杂志等纸质媒体的规定。随着信息技术的不断发展，阳光挂网采购逐渐实现了数字化、智能化。一些平台引入人工智能、大数据等技术，提高对政府采购信息的分析和利用，使采购过程更为智能高效。政府相关部门继续加强对阳光挂网采购平台的管理和维护，确保其正常运行和长期可持续发展。

总体而言，阳光挂网采购是在中国政府不断推动政府采购制度改革的过程中逐渐建立和发展的，旨在增强政府采购的透明度、公正性，提高其效率。

（二）阳光挂网工作进展

表1　各省市阳光挂网采购政策名称及重点要求

省（区、市）	政策颁布时间	政策名称	重点要求
北京	2021年5月17日	《关于开展本市医用耗材限价挂网采购有关工作的通知》	完善本市医疗机构医用耗材采购工作机制，规范医用耗材采购行为，持续降低医用耗材虚高价格，切实减轻群众费用负担

---

① 中华人民共和国国家卫生健康委、国家中医药局：《卫生健康委　中医药局关于印发医疗机构医用耗材管理办法（试行）的通知》（2019-06-06）［2024-01-10］，https：//www. gov. cn/gongbao/content/2019/content_ 5442286. htm。
② 中华人民共和国财政部：《政府采购信息发布管理办法》（2019-11-27）［2024-01-10］，https：//www. gov. cn/xinwen/2019/12/11/content_ 5460211. htm。
③ 中华人民共和国财政部：《政府采购信息发布管理办法》（2019-11-27）［2024-01-10］，https：//www. gov. cn/xinwen/2019/12/11/content_ 5460211. htm。

省(区、市)	政策颁布时间	政策名称	重点要求
北京	2022年4月27日	《关于全面推进医用耗材阳光挂网采购和常态化开展医用耗材集中带量采购有关事项的通知》	明确除国家组织集中采购、本市参加的省际联盟带量采购和本市组织的集中带量采购医用耗材中选产品外,对其他纳入北京市医疗保障信息平台医用耗材招采管理子系统数据库医用耗材产品实施全面挂网采购、阳光交易
	2023年7月4日	《关于进一步加强本市药品、医用耗材阳光采购管理有关事项的通知》	常态化制度化推进本市药品、医用耗材集中带量采购工作。进一步明确采购范围、强化落实阳光挂网采购各项要求、细化落实集中带量采购各项要求、严格落实医药价格和招采信用评价制度、建立完善监测通报和多部门联动处置机制
天津	2017年11月10日	《关于印发天津市公立医疗机构以谈判参考价为基准的医用耗材挂网采购工作方案的通知》	"谈判参考价"实行周期性动态调整规则,以本周期该产品全部采购成交价格,参考多方采集到的有效价格信息,作为数据统计来源,确定该产品下一周期采购的"谈判参考价"
上海	2016年4月14日	《关于开展上海市医保定点医疗机构医疗器械"阳光采购"有关事项的通知》	统筹规范,医保定点医疗机构医疗器械采购纳入"阳光采购"统一管理、严格执行、完善和加强医疗器械采购和实际成交情况信息的准确性、全面公开,多方共享医疗器械采购、配送、使用信息、统一思想,组织保障实现医疗器械"阳光采购"
	2023年9月11日	《关于做好国家招采子系统全面上线工作的通知》	明确使用国家统一的招采系统,将于9月11日在上海市全面上线应用,原阳光平台采购功能停止使用
河北	2020年9月10日	《关于申报医用耗材产品的通知》	在省医用耗材阳光采购平台上重建河北省医用器械集中采购平台(以下简称"新平台"),新平台于2020年9月10日起正式启动耗材企业资质申报工作,全省医保定点医疗机构正在使用的一、二、三类医用耗材都需在新平台申报

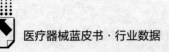

续表

省(区、市)	政策颁布时间	政策名称	重点要求
河北	2022年5月18日	《关于开展全品种医用耗材产品挂网工作的通知》	全品种耗材挂网范围包括京津冀医药联合采购平台的六类耗材(心内血管支架类、心脏节律管理类、防粘连类、止血类、吻合器类、人工关节类),以及在唐山、邯郸、秦皇岛、张家口等四市医疗机构正在使用的耗材和检验检测试剂
	2022年10月9日	《关于开展医用耗材集中带量采购同类非中选产品挂网的通知》	满足医疗机构及患者临床使用需求,做好非中选产品使用情况的监控管理。产品范围:国家、省、联盟医用耗材集中带量采购品种的同类非中选产品,包含带量联动品种
	2023年7月12日	《关于常态化开展全品种医用耗材挂网工作的通知》	公布挂网耗材范围(企业范围、产品范围)、挂网要求(产品申报、挂网原则)以及有关事项
山西	2014年9月26日	《关于在全省医疗机构推行高值医用耗材网上阳光采购的通知》	进一步加强对高值医用耗材采购工作的监管,努力解决高值医用耗材采购价格混乱、虚高等群众反映强烈的问题,在全省推行高值医用耗材网上阳光采购
	2020年9月14日	《关于进一步做好药品和医用耗材挂网采购省际动态联动工作的通知》	明确将采取与天津、陕西等14省联盟采购目录及价格全面联动的方式进行参考价挂网。其中参考价挂网的药品全面联动天津基准价挂网采购目录及价格,而参考价挂网的医用耗材则全面联动陕西联盟医用耗材限价采购目录及价格
	2023年8月2日	《关于进一步做好医用耗材阳光采购使用工作的通知》	全省所有公立医疗机构作为医用耗材采购使用主体,须通过"山西省医疗保障平台药品和医用耗材招采管理子系统"进行网上阳光采购医用耗材(含体外诊断试剂),鼓励医保定点民营医疗机构自愿参加。凡在医疗器械主管部门注册或备案并获得全国统一的医保信息业务编码的医用耗材(含体外诊断试剂),均可挂网采购

省(区、市)	政策颁布时间	政策名称	重点要求
山西	2023年8月21日	《关于进一步完善医用耗材阳光挂网采购工作有关事项的通知》	针对医用耗材带量采购中选产品,省平台以集中带量采购中选价格作为挂网价导入平台,企业无须操作;带量未中选或非带量范围的产品,则需要通过二级及以上医疗机构进行申报,企业无法直接申报挂网。并且医疗机构申报的新增产品挂网信息,会直接进入招采子系统非集采目录,但是需申报医疗机构完成一笔采购交易后(完成入库验收),该申报产品才对其他医疗机构开放
辽宁	2017年2月20日	《关于印发辽宁省医疗机构医用耗材和检验检测试剂阳光采购实施方案的通知》	要求全省所有公立医疗卫生机构即日起开始医用耗材和检验检测试剂阳光采购,随后辽宁省在5月22日启动医疗机构普通医用耗材阳光采购
	2022年11月10日	《关于开展辽宁省医疗机构检验检测试剂阳光挂网采购工作的通知》	明确全类别检验试剂挂网采购,同时价格要求方面,需要取辽宁全省最低价或全国三甲医院最低价,哪个最低取哪个,无疑全国三甲医院就是行业试剂进院价格洼地。同时,输血、病理、检验耗材首次加入
吉林	2016年6月23日	《关于印发吉林省医疗机构高值医用耗材网上阳光采购工作实施方案的通知》	招标方式改革,由2014年省标的双信封综合评审模式转为限价挂网模式。随后开展了第一批高值耗材的阳光采购工作
	2019年7月31日	《吉林省医疗机构体外诊断试剂阳光挂网采购工作实施方案》	明确规定要在全省范围内所有公立医疗机构实行体外诊断试剂耗材挂网采购(鼓励其他医疗机构资源参与)
	2021年5月17日	《关于开展高值医用耗材及体外诊断试剂阳光采购增补工作的通知》	增补范围:血管介入类(含冠脉介入/结构性心脏病用/周围血管介入/通用介入/神经介入)、电生理类、起搏器类、体外循环及血液净化类、眼科用、口腔科用、非血管介入类、骨科植入类、神经外科、人工器官、吻合器、止血防粘连材料和修补材料等十三大类高值医用耗材

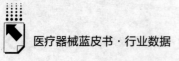

续表

省（区、市）	政策颁布时间	政策名称	重点要求
黑龙江	2016年5月9日	《黑龙江省医疗机构医用耗材集中挂网阳光采购实施方案》	高值医用耗材和普通医用耗材，依据国家有关医用耗材分类编码制定阳光采购目录，实行分类别、分批次逐步推进
	2019年7月12日	《关于进一步做好挂网高值医用耗材价格动态调整相关工作的通知》	挂网高值医用耗材价格结合全国所有省（自治区、直辖市）中标价（挂网价）实际情况进行动态调整，遇有其他省（自治区、直辖市）最新中标价（挂网价）低于黑龙江省挂网价格的，相关企业须在价格执行之日起30日内将价格动态调整纸质材料提交至省医疗保障局，经审核后进行调整。若企业逾期不申报，将按相关规定处理
江苏	2019年9月27日	《关于推进全省高值医用耗材阳光采购工作的通知》	坚持网上采购、强化数据对接、实施网上结算
	2019年7月19日	《关于推进医用耗材阳光采购的实施意见（含检验检测试剂）》	构建全省医用耗材阳光采购工作机制和阳光采购平台，实现所有公立医疗机构医用耗材在省平台上阳光采购、公开交易、分类采购管理，聚焦重点品种开展组团联盟集中采购，降低虚高价格、建立健全医用耗材综合监管体系，强化公立医疗机构采购管理，制定相关医保支付政策，促进医用耗材规范使用
	2020年4月8日	《江苏省医用耗材阳光采购实施细则（试行）》	江苏省阳光采购包括阳光挂网采购、备案采购、组团联盟集中采购三种形式
	2022年3月11日	《关于深入推进医用耗材阳光采购的实施意见》	明确自2022年5月起，针对医用耗材挂网准入进行全面优化。一方面，新政策进一步简化了阳光挂网门槛，将原高值医用耗材15个省挂网记录或10家三级公立医疗机构备案采购记录要求，变更为6省省外挂网销售记录或6家省内三级医疗机构应急采购记录。对于地市级批准备案的一类医用耗材，也可提供10省省级二级医疗机构的应急采购记录；

续表

省(区、市)	政策颁布时间	政策名称	重点要求
江苏	2022年3月11日	《关于深入推进医用耗材阳光采购的实施意见》	另一方面,新政策进一步支持创新等新品种尽快在江苏省落地,对于创新等特殊程序注册审批医用耗材可直接申报挂网,近两年内首次批准注册的医用耗材,只需要3个省外挂网销售记录或3家省内3级公立医疗机构应急采购,即可阳光挂网销售
浙江	2014年3月17日	《关于开展医用耗材网上阳光采购的通知》	全省医疗机构通过省药械采购平台,自主采购纳入统一采购目录的医用耗材,并公开采全过程,主动接受社会监督,实现医用耗材网上阳光采购
安徽	2023年6月27日	《关于进一步规范安徽省医药集中采购平台医用耗材挂网有关事宜的通知》	根据最新通知,原来按月、按季度集中审核办理,统一改为线上及时办理。新增产品申报时,也不再需要医疗机构推荐表。申报时间方面,申报企业、医用耗材产品和配送企业实行即时申报。企业提交申报信息后即予以公示。公示期满无异议的申报企业、医用耗材产品和配送企业即导入省平台挂网交易
福建	2018年7月23日	《关于开展医疗器械(医用耗材)阳光采购结果全省共享工作的通知》	启动医疗器械(医用耗材)阳光采购动态调整工作
江西	2016年5月12日	《关于印发江西省公立医疗机构高值医用耗材网上集中采购实施方案的通知》	设定参考价格
山东	2019年8月9日	《关于开展山东省高值医用耗材集中采购挂网产品价格联动工作的通知》	如果山东省挂网价格为全国现行省级挂网最低价格,企业可只填报此价格
河南	2021年8月30日	《关于做好医用耗材阳光挂网工作的通知》	《通知》要求,10月1日起,坚持全省一个平台,各级公立医疗机构所需的医用耗材均须通过省级医药采购平台采购
	2023年11月16日	《关于进一步做好医用耗材阳光挂网工作的通知》	未在全国其他省级平台挂网,首次在河南省提出挂网需求的,做"首发产品"标识、价格动态管理

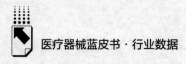

续表

省(区、市)	政策颁布时间	政策名称	重点要求
湖北	2015年1月23日	《湖北省医疗机构高值医用耗材阳光采购工作方案》	公开透明、分类别分批次地将全省医疗机构临床使用的高值医用耗材纳入阳光采购目录
	2016年8月26日	《关于加快推进高值医用耗材网上阳光采购的通知》	允许公立医院改革试点城市(武汉市、襄阳市、鄂州市)以市为单位自行组织开展高值医用耗材集中采购工作。其他地区已经开展高值医用耗材集中采购工作的,采购周期结束后,原则上不得再次组织开展高值医用耗材集中采购工作。鼓励以市为单位开展高值医用耗材带量采购工作,进一步降低高值医用耗材价格
	2022年7月1日	《关于开展医用耗材阳光采购工作的通知》	《通知》中明确阳光采购实施范围、企业账号申请以及产品阳光挂网、网上交易以及价格动态调整等信息;同时系统不接受无国家医保耗材代码的产品申报(体外诊断试剂、应急和创新产品、新冠试剂除外),并且要求公立医院使用的医用耗材全部实行阳光采购、网上交易,并对采购情况进行专项督查
湖南	2017年11月10日	《湖南省公立医疗机构高值医用耗材阳光挂网采购实施方案》	省际联盟牵头省份(陕西省)已挂网公布的高值医用耗材限价挂网数据库内的产品,经企业确认后,进入湖南省限价挂网采购数据库
	2023年10月31日	《关于深入推进医用耗材阳光挂网集中采购的实施意见》	明确湖南省公立医疗机构(含军队医疗机构)所需并面向患者单独收费的医用耗材(含体外诊断试剂)均应通过招采管理系统采购、公开交易
	2023年12月12日	《关于实行全省医用耗材统一阳光挂网集中采购的通知》	低值医用耗材在湖南省药品和医用耗材招采管理子系统挂网交易;高值耗材、体外诊断试剂(不含已可在省医保招采管理系统挂网交易的核酸检测试剂)暂在湖南省医药集中采购平台挂网交易,2024年二季度迁移至省医保招采管理系统

续表

省(区、市)	政策颁布时间	政策名称	重点要求
广东	2016 年 7 月 5 日	《广东省卫生和计划生育委员会等九部门关于广东省医疗机构医用耗材交易的办法(试行)》	广东将通过全省集中的第三方药品电子交易平台,开展医用耗材挂牌、成交、采购、配送和结算等交易活动,实现"在线竞价、在线交易、在线支付、在线融资、在线监管"
	2023 年 4 月 12 日	《广东省第三方药品电子交易平台关于实施医用耗材挂网采购的公告》	自 2023 年 5 月 1 日起,全面开展议价挂网采购,原"广东省耗材采购项目"、"广东省医用耗材联盟采购区"以及"珠海区域耗材临时采购"将关闭合同创建功能
海南	2016 年 6 月 17 日	《海南省医疗机构高值医用耗材集中挂网阳光采购实施方案》	实行政府搭建非营利性药械集中采购与监管平台,分批次、分类别将全省医疗机构采购使用的高值医用耗材纳入集中挂网阳光采购,促进高值医用耗材采购交易公开透明,为高值医用耗材集中招标采购工作奠定基础
	2022 年 11 月 16 日	《关于推进医用耗材阳光采购的实施意见》	省际联盟招采数据库迁移的挂网采购目录,医疗机构按规定在招采系统采购相关产品。主要分为集中带量采购、议价采购和紧急采购。该文件在医疗机构覆盖范围、挂网交易耗材目录、线上采购、供应、回款以及监督管理等方面做了具体规定
四川	2015 年 8 月 6 日	《四川省医疗机构高值医用耗材集中挂网阳光采购管理办法》	集中挂网阳光采购暂不定采购周期。增补产品视情况及时开展,具体增补时间、递交资料内容等信息将在药械平台公布。完成挂网时间为所有资质审核合格后 15 个工作日内
	2016 年 12 月 30 日	《四川省医疗卫生机构体外诊断试剂集中挂网阳光采购实施方案》	在全省范围内实行体外诊断试剂的集中挂网阳光采购,其主要目的与药品和耗材集中挂网一样,就是挤掉虚高的价格水分

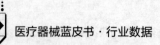
续表

省(区、市)	政策颁布时间	政策名称	重点要求
贵州	2016年12月30日	《贵州省高值医用耗材网上阳光采购实施方案》	对采购方式、采购价格做了规定
云南	2020年7月14日	《云南省药品和医用耗材动态挂网方案(试行)》	除药品外,血管介入类、非血管介入类、骨科植入类、神经外科、电生理类、起搏器类、体外循环及血液净化类、眼科材料、口腔科材料、其他等10类高值医用耗材也将纳入挂网采购,并对2家以上生产企业生产的药品或临床可替代药品、医用耗材,制定考核指标
陕西	2015年8月10日	《陕西省医用耗材网上阳光采购实施方案》	对高值医用耗材(含血管介入类、神经外科、起搏器、骨科植入等9大类)和普通医用耗材(含注射穿刺器械、手术室常用医用耗材等8大类),实行分类别、分批次逐步推进。首批启动血管介入类,第二批启动骨科植入类,第三批启动神经外科、眼科、口腔科、体外循环及血液净化,第四批启动非血管介入类、补片、吻合器、医用高分子材料,第五批启动电生理、起搏器类,第六批启动普通医用耗材
甘肃	2016年12月1日	《甘肃省公立医疗机构高值医用耗材阳光采购实施方案》	甘肃首批进行的是血管介入类和骨科植入类阳光采购,其采购目录参考的就是西部联盟陕西省血管介入医用耗材阳光采购目录和骨科植入类医用耗材阳光采购目录
青海	2014年12月29日	《青海省医疗机构高值医用耗材集中采购工作方案》	采取"阳光采购"方式,通过"两个全覆盖""三个阶段"方式进行高值医用耗材的集中采购
内蒙古	2014年10月23日	《内蒙古自治区医疗机构高值医用耗材阳光采购实施方案》	配送企业须依法获得《医疗器械经营企业许可证》,急救产品须在4小时内送到,一般耗材24小时,最长不超过48小时,节假日照常配送

续表

省(区、市)	政策颁布时间	政策名称	重点要求
广西	2019年1月8日	《广西壮族自治区高值医用耗材阳光采购实施方案》	明确将省际联盟数据库内的产品作为本省高值挂网目录,医院在省平台内完成议价,实施动态调整等,要点颇多
宁夏	2016年12月15日	《宁夏回族自治区公立医院高值医用耗材挂网采购实施方案》	依据该方案,2016年到2017年,宁夏10大类高值医用耗材将分两批、实施以省为单位的挂网阳光采购
新疆	2014年9月11日	《关于开展新疆维吾尔自治区医疗机构医用耗材地区联动阳光采购的通知》	各医疗机构必须实行网上采购。医疗机构网上编制采购订单、到货确认,并根据需要适当备货。原则上不得采购目录外的品种,有特殊需要的,须严格按照备案采购规定进行采购

资料来源:众成数科产品信息库(产品注册证含"准"字为国产产品,产品注册证含"进/许"字为进口产品)。

(三)管理模式分析

为深入推进医用耗材改革,全面落实医用耗材价格虚高治理举措,规范医用耗材挂网和采购交易行为,各省(区、市)根据《国务院办公厅关于印发治理高值医用耗材改革方案的通知》(国办发〔2019〕37号)[①]、《国家医保局　国家发展改革委　工业和信息化部　财政部　国家卫生健康委　市场监管总局　国家药监局　中央军委后勤保障部关于开展国家组织高值医用耗材集中带量采购和使用的指导意见》(医保发〔2021〕31号)[②]、《国家医

---

① 中华人民共和国国务院办公厅:《国务院办公厅关于印发治理高值医用耗材改革方案的通知》(2019-07-31)[2024.01.10],https://www.gov.cn/zhengce/zhengceku/2019-07/31/content_5417518.htm? ivk_sa=1023197a。

② 《国家医保局　国家发展改革委　工业和信息化部　财政部　国家卫生健康委　市场监管总局　国家药监局　中央军委后勤保障部关于开展国家组织高值医用耗材集中带量采购和使用的指导意见》(2021-04-30)[2024-01-10],http://www.nhsa.gov.cn/art/2021/6/4/art_53_5210.html。

疗保障局关于提升完善医药集中采购平台功能支持服务医药价格改革与管理的意见》（医保发〔2022〕1号）等文件精神，实施开展医用耗材阳光挂网集中采购工作，在实施过程中，建立多项管理机制。

1. 动态调整目录机制

省（区、市）平台挂网医用耗材产品多数实行清单式管理，清单范围内的产品，在取得国家医疗保障局医保医用耗材编码后，企业可通过省市平台申报挂网，并同时建立退出原则，实行目录的动态调整机制。医疗机构根据临床需要，在挂网品种目录内选择采购品种。

如浙江省要求，建立全省统一的医用耗材阳光采购目录，执行国家医保医用耗材分类编码标准，实行动态管理，及时增补必要的新技术产品，退出不适合临床使用的产品；并出台《浙江省医用耗材集中采购产品动态调整改革方案》①，完善集中采购产品准入机制，建立集中采购产品换代、增补机制，建立集中采购产品退出机制。

2. 持续降价机制

省（区、市）平台定期采集全国各省份医用耗材挂网价格信息，对挂网产品的挂网价格进行比对分析，同时对公立医疗机构采购品种、数量、价格进行比对分析，对其采购价格进行提示、预警和调控。

如江苏省要求，对挂网价格动态调整，要求每年联动全国各省级最低挂网价。制定价格预警机制，对阳光挂网医用耗材按规定实施价格预警，明确预警品种、"红、黄"等级标识和相应处置措施，逐步扩大预警品种范围。价格预警实行动态管理，鼓励企业主动将挂网价格调整至合理范围。

天津市要求，以"谈判参考价"作为基准确定成交价格，其中，"谈判参考价"实行周期性动态调整规则，以本周期该产品全部采购成交价格，参考多方采集到的有效价格信息，作为数据统计来源，确定该产品下一周期

① 浙江省医疗保障局：《关于印发浙江省医用耗材集中采购产品动态调整改革方案的通知》（2021-02-09）［2024-01-10］，http://ybj.zj.gov.cn/art/2021/2/9/art_1229113757_2231097.html。

采购的"谈判参考价"。

河北省要求,新申请挂网的医用耗材,企业需填报各省份挂网价和全国最低价;如若无省级集中采购机构挂网价,企业应提供产品价格成本测算,并承诺挂网后按规定联动全国最低价。企业报价不得高于全国最低价或成本测算价,同组耗材的挂网价格不高于同组均价的1.8倍。

3.特殊产品议价、备案机制

为应对急救、抢救、疫情等特殊情况,对于临床诊疗或疫情防控急需但未在省阳光采购平台挂网的医用耗材,医疗机构可先应急采购来满足临床需求。

如北京市要求,遇有急救、抢救、疫情等特殊情况,确需开展线下采购的,应当自采购之日起3个工作日内登录招采子系统,按要求登记报备。

江苏省要求,阳光采购平台挂网价为医疗机构议价的上限价。公立医疗机构应与生产经营企业进行网上议价,降低采购价格,并将议价结果在省阳光采购平台真实、完整呈现,验收入库后7个工作日内通过省阳光采购平台上传应急采购信息。医疗机构每年度应急采购医用耗材金额不得超过本单位当年度医用耗材采购总金额的5%。

河北省要求,出现突发公共卫生事件、自然灾害等特殊应急情况时,未挂网但临床必需的医用耗材,医疗机构可先采购后备案。

二 集中带量采购实施情况及对医疗服务的影响

医用耗材集中带量采购是国家部署的重大改革任务,旨在通过整合采购力量、规范采购流程,实现对医用耗材的价格控制、降低医疗费用、提高医疗服务质量。2019年,安徽、江苏两省率先试点,打响了我国医疗器械高值耗材带量采购"第一枪",至2023年末,全国各地区均已扩大带量采购覆盖范围,不断扩大纳入品种。目前医用耗材集采工作进入常态化、制度化、提质扩面新阶段。

（一）政策时间轴

医用耗材集中带量采购是我国在医疗领域进行改革的一部分，旨在通过整合采购力量、规范采购流程，实现对医用耗材的价格控制、降低医疗费用、提高医疗服务质量。具体发展历程如下。

1. 初步尝试：2010~2015年

2008~2009年，在北京等8省市进行心脏介入类耗材、人工关节、心脏起搏器等3类高值医用耗材集中采购试点工作的基础上，卫生部（现国家卫生健康委员会）委托卫生部国际合作与交流中心开展了两轮全国部分重点高值医用耗材品种的集中采购工作，主要涉及心脏起搏器、心脏介入类（含外周介入类、神经介入类、电生理类）等高值医用耗材，并于2010年进行了新产品的增补工作。根据有关要求，2010年起，高值医用耗材集中采购工作由各省（区、市）负责组织实施。按照深化医药卫生体制改革的工作要求，各地积极探索开展高值医用耗材集中采购工作。2012年卫生部等6部门研究制定了《高值医用耗材集中采购工作规范（试行）》。[1] 通过集中采购，进一步降低了4类高值医用耗材的采购价格，减轻了患者负担。同时，也为各地开展高值医用耗材集中采购工作探索了模式、积累了经验。

2. 全面推行：2016~2019年

2016年，国务院发布《医疗服务价格综合改革试点实施方案》，明确推动医用耗材集中带量采购，并通过建立医疗服务价格常态调整机制，逐步探索推进价格改革。随后，国家不断扩大医用耗材集中带量采购的范围，并在各地推行相应的试点工作。2019年，国务院办公厅印发《治理高值医用耗材改革方案》[2]，明确表示对于临床用量较大、采购金额较高、临床使用较成

---

[1] 卫生部、国务院纠风办、国家发展改革委、监察部、国家工商总局、国家食品药品监管局：《关于印发〈高值医用耗材集中采购工作规范（试行）〉的通知》（2012-12-17）［2024-01-10］，http://www.nhc.gov.cn/zwgkzt/pghcw1/201301/d9b4637a63b641aa953baf2a6499b760.shtml。

[2] 中华人民共和国国务院办公厅：《国务院办公厅关于印发治理高值医用耗材改革方案的通知》（2019-07-19）［2024-01-10］，https://www.gov.cn/gongbao/content/2019/content_5421542.htm。

熟、多家企业生产的高值医用耗材，按类别探索集中采购，鼓励医疗机构联合开展带量采购谈判，积极探索跨省联盟采购，提出按照带量采购、量价挂钩、促进市场竞争原则探索高值医用耗材集中采购，开启了我国高值医用耗材集中带量采购新征程。同年7月，安徽在全国率先打响了高值耗材带量采购的第一枪。以省属医院为突破口，开展骨科脊柱类、人工晶体类产品带量采购，中选品种价格平均降幅达53.4%和20.5%。同期，江苏省由55家三级公立医疗机构组成联合采购联盟，谈判品种为雷帕霉素及其衍生物冠脉支架和双腔起搏器，最终中选品种价格平均降幅分别为51.01%和15.86%。

3.阶段性成果：2020年至今

2020年中共中央、国务院共同发布《关于深化医疗保障制度改革的意见》[1]，其中明确要求深化药品、医用耗材集中带量采购制度改革。坚持招采合一、量价挂钩，全面实行药品、医用耗材集中带量采购。以医保支付为基础，建立招标、采购、交易、结算、监督一体化的省级招标采购平台，推进构建区域性、全国性联盟采购机制，形成竞争充分、价格合理、规范有序的供应保障体系。推进医保基金与医药企业直接结算，完善医保支付标准与集中采购价格协同机制。2021年，国家医保局等8部门发布《关于开展国家组织高值医用耗材集中带量采购和使用的指导意见》，提出将探索完善集采政策，逐步扩大覆盖范围，促进高值医用耗材价格回归合理水平，减轻患者负担。

第一批国采：2020年10月，《国家组织冠脉支架集中带量采购文件》发布，启动冠脉药物洗脱支架系统（材质为钴铬合金或铂铬合金，载药种类为雷帕霉素及其衍生物）国家层面的集中带量采购。

第二批国采：2021年6月，国家医保局发布《国家组织人工关节集中带量采购公告（第1号）》，标志着将组织开展针对人工关节的第二批国家集采。

第三批国采：2022 年 7 月，针对骨科脊柱类耗材的第三批国家集采开标。

第四批国采：2023 年 11 月，第四批高值医用耗材国家联采在天津开标，涉及骨科运动医学医用耗材和人工晶体两大类。

总体而言，医用耗材集中带量采购是在医疗体系改革的框架下逐步推进的，经历了试点、推广、不断优化的过程。这一制度的推行旨在实现医疗资源的合理配置，提高采购效益，为患者提供更为经济、有效的医疗服务。

（二）国家集中带量采购工作进展

表 2　国家集中带量采购品种、单价变化及国内和进口产品占比

单位：元，%

中选时间	品种	政策	集采前平均单价	集采后平均单价	国产产品占比（企业数量占比）	进口产品占比（企业数量占比）
2020 年 10 月	冠脉支架	《国家组织冠脉支架集中带量采购文件（GH-HD2020-1)》	13000	700	75	25
2021 年 6 月	人工关节类	《国家组织人工关节集中带量采购公告（第 1 号)》	髋关节：35000 膝关节：32000	髋关节：7000 膝关节：5000	68	32
2022 年 7 月	骨科脊柱类	《国家组织骨科脊柱类耗材集中带量采购公告（第 1 号)》	33000~60000	3250	84	16

中选时间	品种	政策	集采前平均单价	集采后平均单价	国产产品占比(企业数量占比)	进口产品占比(企业数量占比)
2022年9月	冠脉支架	《国家组织冠脉支架集中带量采购协议期满后接续采购公告(第1号)》	13000	770	70	30
2023年9月	人工晶体类、运动医学类	《国家组织人工晶体类及运动医学类医用耗材集中带量采购公告》	人工晶体类：27000~60000 运动医学类：5500	人工晶体类：2900 运动医学类：1430	人工晶体类：47 运动医学类：81	人工晶体类：53 运动医学类：19

数据来源：众成数科产品信息库（产品注册证含"准"字为国产产品，产品注册证含"进/许"字为进口产品）。

（三）重点品种分析

1. 集采价格分析

（1）冠脉支架

2020年11月，首次国家组织高值医用耗材冠脉支架集中带量采购公布拟中选结果，8家企业共10个产品中标，涉及6家国产企业、2家进口企业。集采前，国产品牌价格7500~18500元/个，进口品牌价格11400~23300元/个；集采后价格下降至700元/个左右，与2019年相比，相同企业的相同产品平均降价93%，国内产品平均降价92%，进口产品平均降价95%。

2022年9月，国家组织冠脉支架集中带量采购协议期满后接续采购，首年采购需求总量约为186.5万个，较上一轮集采的需求量增加53万个。2022年11月，公布拟中选结果，10家企业共14个产品中标，涉及7家国产企业、3家进口企业。平均中选支架价格每个818元左右，价格区间在

730 元~848 元，较首轮平均上涨幅度超过 20%。14 个产品中选，涉及 6 个 A 类、4 个 B 类、4 个 C 类，平均提价幅度分别为 21.01%、42.36%、18.87%。涨幅最大的产品本次拟中标价格相对于首次中标价格上涨约 7 成。

（2）人工关节

2021 年 6 月，国家组织高值医用耗材联合采购办公室发布《国家组织人工关节集中带量采购公告（第 1 号）》[①]。2021 年 8 月，《国家组织人工关节集中带量采购公告（第 2 号）》[②]、《国家组织人工关节集中带量采购公告（第 3 号）》[③] 和配套文件发布。2021 年 9 月，国家组织人工关节产品集中带量采购在天津开标。采购周期：2 年。联盟各地区自 2022 年 3~4 月起执行，具体执行日期由联盟各地区确定。采购量：各产品系统类别的意向采购量按参加本次集中带量采购的每一家医疗机构报送各产品系统采购需求量的 90%（如出现非整数则向上取整至个位）累加得出。降价幅度：中选的人工关节产品价格从平均 3 万元降到 1 万元以内，降幅达到 80% 以上。其中，髋关节平均价格从 3.5 万元下降至 7000 元左右，膝关节平均价格从 3.2 万元下降至 5000 元左右。中选产品平均降幅 82%。中标情况：共有 44 家企业的产品中选，其中，国内生产企业 30 家、进口企业 14 家。

（3）骨科脊柱耗材

2022 年 5 月，《国家组织脊柱类医用耗材集中带量采购方案》（征求意见稿）正式下发至企业。2022 年 7 月，国家组织高值医用耗材联合采购办

① 国家医疗保障局国家组织高值医用耗材联合采购办公室：《国家组织人工关节集中带量采购公告（第 1 号）》（2021-06-21）［2024-01-10］，https：//hc. tjmpc. cn：10128/public/show14367. html。

② 国家医疗保障局国家组织高值医用耗材联合采购办公室：《国家组织人工关节集中带量采购公告（第 2 号）》（2021-08-23）［2024-01-10］，https：//hc. tjmpc. cn：10128/public/show14363. html。

③ 国家医疗保障局国家组织高值医用耗材联合采购办公室：《国家组织人工关节集中带量采购公告（第 3 号）》（2021-08-31）［2024-01-10］，http：//ybj. jiangsu. gov. cn/art/2021/8/31/art_ 86592_ 10584320. html。

公室发布《国家组织骨科脊柱类耗材集中带量采购公告（第 1 号）》[①]。2022 年 9 月，国家组织高值医用耗材联合采购办公室发布《国家组织骨科脊柱类耗材集中带量采购公告（第 2 号）》[②]。

2022 年 9 月，国家组织骨科脊柱类耗材集中带量采购产生中选结果。采购周期：3 年，以联盟各地区中选结果实际执行日起计算，首年协议采购量自 2023 年 1~2 月起执行。降价幅度：中选产品平均降价 84%。占脊柱手术量 1/3 的胸腰椎后路固定融合术，其耗材平均每套价格从 3.3 万元下降至 4500 元左右；其中，一些知名外资品牌每套平均价格从 6 万元降至 4800 元左右。技术最新的胸腰椎微创手术，其使用的耗材平均每套价格从近 4 万元下降至 5600 元左右。用于治疗压缩性骨折的椎体成形手术耗材，每套平均价格从 2.7 万元下降至 1100 元左右。按约定采购量计算，预计每年可节约费用 260 亿元。同一产品类别中的价格差异较小。中标情况：此次共有 171 家企业参与脊柱类耗材集采，152 家中选，中选率 89%。

（4）创伤耗材

虽然创伤类耗材并没有国家集采，但地方联盟集采的范围几乎覆盖全国。地方联盟集采主要有：河南等 12 省联盟集采、京津冀 "3+N" 联盟集采等。

2021 年 5 月，河南省医保局发布骨科创伤类医用耗材联合带量采购文件。[③] 2021 年 7 月，河南省公布了骨科创伤类医用耗材集中带量采购拟中选结果。2021 年 9 月，河南省医保局发布了《关于执行十二省（区、市）

---

① 国家医疗保障局国家组织高值医用耗材联合采购办公室：《国家组织骨科脊柱类耗材集中带量采购公告（第 1 号）》（2022-07-01）［2024-01-10］，https：//hc. tjmpc. cn：10128/public/show14394. html。

② 国家医疗保障局国家组织高值医用耗材联合采购办公室：《国家组织骨科脊柱类耗材集中带量采购公告（第 2 号）》（2022-09-07）［2024-01-10］，https：//ggzy. guizhou. gov. cn/xxfw/ypcg/yyhc_ 5906829/202209/t20220907_ 76404987. html？name = % E5%85% AD% E7%9B%98%E6%B0%4%E5%B8%82。

③ 河南省医疗保障局：《豫晋赣鄂渝黔滇桂宁青湘冀骨科创伤类医用耗材带量采购公告（三）》（2021-05-22）［2024-01-10］，https：//ylbz. henan. gov. cn/2021/05-22/2149729. html。

骨科创伤类医用耗材集中带量采购中选结果的通知》①。采购周期：自 2021 年 11 月 1 日至 2022 年 10 月 31 日。采购量：此次集采十二省（区、市）联盟医疗机构报送的需求量近 97 万套，其中，国产需求量 93.56 万套，进口需求量 3.2 万套。降价幅度：最终中选产品平均价格降幅达 88.65%，最大降幅达 95.78%。其中，普通接骨板系统价格从平均每套 4683 元左右降至 606 元左右；锁定（万向）加压接骨板系统价格从平均 9360 元左右降至 987 元左右；髓内钉系统价格从平均 11687 元左右降至 1271 元左右。预计可节约近 80 亿元医保费用。中标情况：71 家企业的 20751 个产品中选。

2022 年 1 月，天津市医保局发布《京津冀"3+N"联盟骨科创伤类医用耗材带量联动采购和使用工作方案》（征求意见稿）②。2022 年 2 月，《京津冀"3+N"联盟骨科创伤类医用耗材带量联动采购和使用工作方案》③ 发布。2022 年 3 月，京津冀"3+N"共 17 个省（区、市）组成的采购联盟的骨科创伤类医用耗材集采中标结果公告。采购周期：1 年，中选结果实际执行日由联盟地区确定。采购量：联盟地区协议采购总量 108.57 万套。降价幅度：在河南联盟中选的产品，以其在河南联盟公布的中选后供应产品清单中公布的中选价格为供应价格上限。价格平均降幅为 83.48%。普通接骨板系统中选产品平均价格为 640.99 元/套，锁定加压接骨板系统（含万向）中选产品平均价格为 907.48 元/套，髓内钉系统中选产品平均价格为 1117.30 元/套。中标情况：89 家企业的 20026

---

① 河南省医疗保障局：《关于执行十二省（区、市）骨科创伤类医用耗材集中带量采购中选结果的通知》（2021-09-28）［2024-01-10］，https：//ylbz. henan. gov. cn/2021/09-28/2320702. html。

② 天津市医疗保障局：《京津冀"3+N"联盟骨科创伤类医用耗材带量联动采购和使用工作方案（征求意见稿）》（2022-01-24）［2021-01-10］，https：//ylbz. tj. gov. cn/hdpt/jcyjzj/202201/t20220124_ 5787950. html？type＝2。

③ 北京市医药集中采购服务中心、天津市医药采购中心、河北省医用药品器械集中采购中心：《京津冀"3+N"联盟骨科创伤类医用耗材带量联动采购和使用工作方案》（2022-02-09）［2024-01-10，https：//www. tjmpc. cn/website/home/infoPage？NEWSID＝62e4f5a44 d8b4114b1646e4abcd6b7a4&NEWSCOLUMNID＝1d597a6a11e546a2bc09e68e3a53bb85。

个产品中选。

（5）人工晶体

此前人工晶体已进行多轮省级和省际联盟带量采购，但因该耗材行业壁垒较高，竞争者较少，整体的价格降幅较为平缓，历次集采的价格平均降幅约为50%，且降幅较大的主要集中在功能单一的普通晶体。2019年7月安徽省最早开展人工晶体带量采购，总体平均降价20.5%。2020年5月，京津冀"3+N"联盟（9省、区、市）人工晶体耗材带量采购启动，中选结果显示共19家企业44种产品中选，价格平均降幅为53.72%，最大降幅达84.21%。同年8月，陕西牵头组织宁夏、甘肃、青海、海南等10个省（区、兵团）组成联盟开展人工晶体带量采购，结果显示共18家企业56个品种中选（进口产品50个、国产产品6个），与各省级单位原采购价相比，中选价平均降幅44%，最大降幅达85%。

2021年11月，京津冀"3+N"联盟（14省、区、市）开展人工晶体带量采购，此次基于不同参数共划分50多个组别，导致组内竞争不足，价格降幅未达预期。此次开展的国家集采未考虑人工晶体其他功能的差异，只分为非球面单焦点、双焦点、三焦点及景深延长四个类别，重点旨在促使高端晶体进一步降价。国家医保局公开数据显示，此次国家集中带量采购美国爱尔康公司新上市的景深延长晶体从1.1万元/个降至3500余元/个，降幅约68%；高端系列的三焦点晶体（非散光）从2.3万元/个降至8900余元/个，降幅61%；爱博诺德公司的非散光单焦点晶体需求量较大，价格从2500元/个降至近800元/个，降幅为68%。

2.市场供应分析

国家组织冠脉支架集中带量采购协议期满后接续采购共3696家医疗机构参加，比2020年首次集采时多了1288家，累计需求量达到178万个，比首次集采高出30%。

从市场整体情况来看，2019~2023年冠脉支架类耗材产品注册数量复合增速为-11.8%，国产产品占比已达到60%，因市场竞争充分，龙头企业已保持市场占有率，2023年无新增注册的冠脉支架类产品（见表3）。

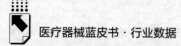

国家组织人工关节集中带量采购中髋关节产品系统首年意向采购总量为305542个（陶瓷-陶瓷类髋关节产品系统126797个，陶瓷-聚乙烯类髋关节产品系统142757个，合金-聚乙烯类髋关节产品系统35988个），膝关节产品系统首年意向采购总量为231976个。从市场需求来看，据测算，预计"十四五"时期，我国60岁及以上老年人口总量将突破3亿，占比将超过20%，进入中度老龄化阶段，在人口老龄化加剧的背景下，人工关节的市场需求量较大。从市场整体情况来看，2019～2023年人工关节类耗材产品注册数量复合增速为-6.5%，国产产品占比已达到51.5%，近些年髋关节和膝关节置换手术的技术得到普及，企业生产水平提升、生产厂家增多，竞价的环境已经形成。

国家组织骨科脊柱类医用耗材集中带量采购中脊柱类产品首年意向采购量共109万套，占全国医疗机构总需求量的90%。其中：颈椎前路钉板固定融合系统首年采购需求量为68307个；颈椎后路钉棒固定系统首年采购需求量为21442个；胸腰椎前路钉棒固定融合系统首年采购需求量为3992个；胸腰椎前路钉板固定融合系统首年采购需求量为2315个；胸腰椎后路开放钉棒固定融合系统首年采购需求量为392785个；胸腰椎后路微创钉棒固定融合系统首年采购需求量为78182个；颈椎后路椎管扩大钉板固定系统首年采购需求量为32097个；椎体成形系统首年采购需求量为231289个；椎体后凸成形系统首年采购需求量为215737个；经皮内窥镜下腰椎髓核摘除系统首年采购需求量为115262个；椎间盘系统首年采购需求量为1495个；单独用颈椎融合器系统首年采购需求量为25221个；单独用胸腰椎融合器系统首年采购需求量为20277个；脊柱用骨水泥首年采购需求量为457938包，10528437.5克。从市场整体情况来看，2019～2023年骨科脊柱类耗材产品注册数量复合增速为-5.3%，国产产品占比已达到65.8%，国产注册人占比73.42%，骨科脊柱类耗材的国产替代进入了空前的机遇期，对部分进口品牌而言无法实现以量换价，就基本等于退出中国骨科耗材市场，目前如春立医疗、三友医疗、爱康医疗、威高骨科、大博医疗等国内骨科耗材巨头均在加大研发投入，丰富产品线布局，以抢占集采外的增量市场。随着研发投入的加持，国产骨科耗材企业将持续猛攻，逐步实现全域国产化。

（1）产品注册数量

①整体情况如表3所示。

表3　2019~2023年各类耗材产品注册数量、复合增速及国产与进口产品分布情况

单位：个，%

集采品种	产品注册数量（有效存量）								
	2019年	2020年	2021年	2022年	2023年	2019~2023年复合增速	2023年		
							国产	进口	国产占比
冠脉支架	66	60	51	41	40	-11.80	24	16	60.0
人工关节类	960	890	760	691	734	-6.50	378	356	51.5
骨科脊柱类	1019	925	766	769	821	-5.30	540	281	65.8
人工晶体类	315	282	256	227	239	-6.70	60	179	25.1
运动医学类	137	142	159	213	298	21.40	208	90	69.8
吻合器	1612	1605	1572	1551	1577	-0.50	1521	56	96.4
硬脑(脊)膜补片	25	24	21	22	24	-1.00	17	7	70.8
疝补片	160	137	121	120	122	-6.60	64	58	52.5
冠状动脉球囊扩张导管、带药球囊扩张导管	454	418	416	455	519	3.40	356	163	68.6
冠脉导引导丝	100	94	89	87	92	-2.10	42	50	45.7
冠脉导引导管	36	33	37	40	55	11.20	40	15	72.7
起搏器	97	88	63	58	60	-11.30	4	56	6.7
超声刀头	11	12	26	52	76	62.10	66	10	86.8
血管介入治疗类压力泵	57	56	51	51	58	0.40	50	8	86.2
腔静脉滤器	18	14	14	15	16	-2.90	8	8	50.0
切口保护器	132	130	136	138	132	0.00	131	1	99.2
血管结扎夹	22	23	34	49	64	30.60	57	7	89.1
骨科创伤类[接骨板及配套螺钉、髓内钉及配件、中空(空心)螺钉等]	1676	1543	1328	1200	1276	-6.60	1029	247	80.6
心脏介入电生理类	82	71	59	63	70	-3.90	32	38	45.7

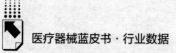

续表

集采品种	产品注册数量(有效存量)								
	2019年	2020年	2021年	2022年	2023年	2019~2023年复合增速	2023年		
							国产	进口	国产占比
口腔正畸托槽	147	136	121	118	126	-3.80	84	42	66.7
弹簧圈类(颅内)	33	32	32	38	40	4.90	15	25	37.5
血液透析类[血液透析(滤过)器、血液净化装置体外循环管路、一次性使用动静脉瘘穿刺针、透析用留置针等]	419	376	349	354	376	-2.70	262	114	69.7
人工耳蜗	31	28	24	21	20	-10.40	5	15	25.0
通用介入类(Y接头、环形注射器、三联三通、输液港、血管止血装置、中心静脉导管类、血管鞘、压力延长管、造影导管、造影导丝、抓捕器等)	480	441	408	425	505	1.30	355	150	70.3
神经外科类(颅骨盖孔板、颅骨连接片、颅骨锁、颅骨网、颅骨钉、脑脊液体外引流系统、脑脊液分流系统、动脉瘤夹等)	214	192	155	154	187	-3.30	108	79	57.8
口腔种植体	145	129	106	101	111	-6.50	27	84	24.3
关节骨水泥类医用耗材	46	46	44	53	56	5.00	30	26	53.6
一次性活检针	88	93	113	134	151	14.50	113	38	74.8
一次性使用输尿管导引鞘	52	62	72	76	91	15.00	80	11	87.9
免打结缝合线	18	18	18	16	20	2.70	6	14	30.0
心脏封堵器	75	66	59	57	58	-6.20	46	12	79.3
角膜塑形用硬性透气接触镜(夜戴型)	1075	908	756	741	764	-8.20	349	415	45.7
颅内支架	14	18	21	24	35	25.70	20	15	57.1
心脏固定器(稳定器)	30	26	22	17	18	-12.00	15	3	83.3
一次性使用温度传感器	22	25	22	24	25	3.20	25	0	100.0

续表

集采品种	产品注册数量(有效存量)								
	2019年	2020年	2021年	2022年	2023年	2019~2023年复合增速	2023年		
							国产	进口	国产占比
一次性使用血氧饱和度传感器	78	82	73	67	73	-1.60	69	4	94.5
泌尿取石网篮	27	34	45	62	76	29.50	67	9	88.2
一次性使用高压造影注射器及附件	71	66	63	71	74	1.00	56	18	75.7
外周血管弹簧圈	12	10	10	17	18	10.70	4	14	22.2
一次性输液接头消毒帽	3	3	7	9	13	44.30	13	0	100.0
止血材料类(医用胶、止血夹、止血粉、止血纱布、止血海绵、止血非织布等)	190	171	152	158	168	-3.00	136	32	81.0
一次性使用医用喉罩	137	141	148	134	150	2.30	139	11	92.7
一次性使用植入式给药装置专用针	4	5	10	11	14	36.80	11	3	78.6
冠脉微导管	28	36	41	48	63	22.50	33	30	52.4
冠脉切割球囊	1	3	3	2	2	18.90	1	1	50.0
吹雾管	10	10	11	9	9	-2.60	9	0	100.0
气管支气管支架	18	14	12	10	8	-18.40	3	5	37.5
经皮胆道支架	9	8	8	7	8	-2.90	4	4	50.0
胆胰扩张球囊	9	8	7	7	7	-6.10	1	6	14.3
神经介入导引导管及支撑辅助导管	50	53	73	101	142	29.80	110	32	77.5
胸骨结扎带	2	1	1	3	4	18.90	3	1	75.0
血栓保护装置	5	3	2	3	5	0.00	1	4	20.0
消化介入注射针	14	15	18	19	28	18.90	24	4	85.7
肾功和心肌酶生化类检测试剂	9	11	9	12	13	9.60	13	0	100.0
输注泵	302	275	258	226	237	-5.90	219	18	92.4
冠脉血管内超声诊断导管	3	4	5	7	9	31.60	4	5	44.4

数据来源:众成数科产品信息库(产品注册证含"准"字为国产产品,产品注册证含"进/许"字为进口产品)。

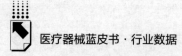

②首次注册情况如表4所示。

表4 2019~2023年各类耗材产品首次注册数量、复合增速及国产与进口产品分布情况

单位：个，%

集采品种	产品首次注册数量（有效增量）								
	2019年	2020年	2021年	2022年	2023年	2019~2023年复合增速	2023年		
							国产	进口	国产占比
冠脉支架	6	4	1	4	0	−100.00	0	0	—
人工关节类	48	46	39	69	91	17.30	72	19	79.1
骨科脊柱类	64	54	51	87	83	6.70	76	7	91.6
人工晶体类	8	8	20	17	27	35.50	11	16	40.7
运动医学类	16	18	50	62	85	51.80	73	12	85.9
吻合器	152	193	195	202	94	−11.30	91	3	96.8
硬脑（脊）膜补片	2	1	1	5	2	0.00	1	1	50.0
疝补片	2	7	7	10	7	36.80	6	1	85.7
冠状动脉球囊扩张导管、带药球囊扩张导管	45	39	51	93	93	19.90	80	13	86.0
冠脉导引导丝	10	5	10	14	12	4.70	11	1	91.7
冠脉导引导管	4	4	6	6	18	45.60	17	1	94.4
起搏器	5	1	6	3	2	−20.50	0	2	0.0
超声刀头	4	1	16	26	24	56.50	22	2	91.7
血管介入治疗类压力泵	2	5	4	7	13	59.70	13	0	100.0
腔静脉滤器	1	0	2	2	1	0.00	1	0	100.0
切口保护器	20	11	20	22	9	−18.10	9	0	100.0
血管结扎夹	1	5	12	18	15	96.80	15	0	100.0
骨科创伤类［接骨板及配套螺钉、髓内钉及配件、中空（空心）螺钉等］	104	76	71	102	154	10.30	148	6	96.1
心脏介入电生理类	3	5	4	8	7	23.60	6	1	85.7
口腔正畸托槽	10	8	11	14	12	4.70	8	4	66.7
弹簧圈类（颅内）	1	4	5	10	2	18.90	1	1	50.0
血液透析类［血液透析（滤过）器、血液净化装置体外循环管路、一次性使用动静脉瘘穿刺针、透析用留置针等］	24	21	39	50	30	5.70	25	5	83.3

续表

集采品种	产品首次注册数量(有效增量)								
	2019年	2020年	2021年	2022年	2023年	2019~2023年复合增速	2023年		
							国产	进口	国产占比
人工耳蜗	1	0	1	3	0	-100.00	0	0	—
通用介入类(Y接头、环形注射器、三联三通、输液港、血管止血装置、中心静脉导管类、血管鞘、压力延长管、造影导管、造影导丝、抓捕器等)	52	29	35	68	94	16.00	90	4	95.7
神经外科类(颅骨盖孔板、颅骨连接片、颅骨锁、颅骨网、颅骨钉、脑脊液体外引流系统、脑脊液分流系统、动脉瘤夹等)	3	9	7	17	36	86.10	35	1	97.2
口腔种植体	6	6	5	7	14	23.60	10	4	71.4
关节骨水泥类医用耗材	2	9	5	13	3	10.70	3	0	100.0
一次性活检针	17	20	30	29	21	5.40	21	0	100.0
一次性使用输尿管导引鞘	8	12	16	11	20	25.70	20	0	100.0
免打结缝合线	0	2	1	2	4	-	2	2	50.0
心脏封堵器	3	4	3	8	2	-9.60	1	1	50.0
角膜塑形用硬性透气接触镜(夜戴型)	23	21	49	63	57	25.50	38	19	66.7
颅内支架	1	4	5	6	11	82.10	8	3	72.7
心脏固定器(稳定器)	0	0	1	1	1	-	1	0	100.0
一次性使用温度传感器	0	3	3	4	2	-	2	0	100.0
一次性使用血氧饱和度传感器	8	10	6	8	9	3.00	9	0	100.0
泌尿取石网篮	7	9	15	18	14	18.90	14	0	100.0
一次性使用高压造影注射器及附件	5	3	7	15	6	4.70	6	0	100.0

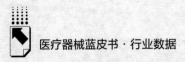

续表

集采品种	产品首次注册数量(有效增量)								
	2019年	2020年	2021年	2022年	2023年	2019~2023年复合增速	2023年		
							国产	进口	国产占比
外周血管弹簧圈	1	1	1	8	1	0.00	0	1	0.0
一次性输液接头消毒帽	1	1	4	2	4	41.40	4	0	100.0
止血材料类(医用胶、止血夹、止血粉、止血纱布、止血海绵、止血非织布等)	16	12	11	21	18	3.00	18	0	100.0
一次性使用医用喉罩	12	16	26	12	23	17.70	21	2	91.3
一次性使用植入式给药装置专用针	3	1	5	1	3	0.00	3	0	100.0
冠脉微导管	2	11	9	11	17	70.70	15	2	88.2
冠脉切割球囊	0	2	0	0	0	—	0	0	—
吹雾管	0	1	1	1	1	—	1	0	100.0
气管支气管支架	0	0	0	0	0	—	0	0	—
经皮胆道支架	0	1	0	1	1	—	1	0	100.0
胆胰扩张球囊	0	0	0	0	0	—	0	0	—
神经介入导引导管及支撑辅助导管	8	13	20	32	45	54.00	42	3	93.3
胸骨结扎带	0	0	0	2	1	—	1	0	100.0
血栓保护装置	0	0	0	1	2	—	1	1	50.0
消化介入注射针	0	2	7	3	9	—	9	0	100.0
肾功和心肌酶生化类检测试剂	0	2	1	3	2	—	2	0	100.0
输注泵	15	13	23	13	27	15.80	27	0	100.0
冠脉血管内超声诊断导管	0	1	1	3	2	—	1	1	50.0

数据来源:众成数科产品信息库(产品注册证含"准"字为国产产品,产品注册证含"进/许"字为进口产品)。

（2）注册人数量

2019～2023 年各类耗材注册人数量及占比如表 5 所示。

表 5　2019～2023 年各类耗材注册人数量及占比

单位：个，%

集采品种	注册人数量（有效存量）								
	2019年	2020年	2021年	2022年	2023年	2019～2023年复合增速	2023年		
							国产	外资	国产占比
冠脉支架	20	20	20	19	19	-1.30	12	7	63.16
人工关节类	82	81	76	75	82	0.00	51	31	62.20
骨科脊柱类	134	145	140	153	158	4.20	116	42	73.42
人工晶体类	51	51	54	50	50	-0.50	16	34	32.00
运动医学类	28	35	43	54	72	26.60	58	14	80.56
吻合器	193	210	245	275	286	10.30	279	7	97.55
硬脑（脊）膜补片	12	13	14	19	20	13.60	15	5	75.00
疝补片	52	54	55	55	58	2.80	41	17	70.69
冠状动脉球囊扩张导管、带药球囊扩张导管	118	125	142	172	195	13.40	147	48	75.38
冠脉导引导丝	25	28	32	33	37	10.30	24	13	64.86
冠脉导引导管	17	17	22	28	39	23.10	30	9	76.92
起搏器	12	11	10	10	10	-4.50	3	7	30.00
超声刀头	4	5	18	34	43	81.10	41	2	95.35
血管介入治疗类压力泵	33	36	39	43	48	9.80	42	6	87.50
腔静脉滤器	9	7	9	10	11	5.10	6	5	54.55
切口保护器	88	95	113	133	128	9.80	127	1	99.22
血管结扎夹	15	18	28	43	56	39.00	51	5	91.07
骨科创伤类［接骨板及配套螺钉、髓内钉及配件、中空（空心）螺钉等］	203	198	198	206	220	2.00	160	60	72.73
心脏介入电生理类	16	18	18	19	23	9.50	14	9	60.87
口腔正畸托槽	62	65	67	73	77	5.60	60	17	77.92
弹簧圈类（颅内）	8	9	12	14	15	17.00	9	6	60.00
血液透析类［血液透析（滤过）器、血液净化装置体外循环管路、一次性使用动静脉瘘穿刺针、透析用留置针等］	123	121	123	129	132	1.80	101	31	76.52

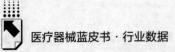

续表

集采品种	注册人数量(有效存量)								
	2019年	2020年	2021年	2022年	2023年	2019~2023年复合增速	2023年		
							国产	外资	国产占比
人工耳蜗	11	11	9	8	8	-7.70	3	5	37.50
通用介入类(Y接头、环形注射器、三联三通、输液港、血管止血装置、中心静脉导管类、血管鞘、压力延长管、造影导管、造影导丝、抓捕器等)	146	144	153	168	204	8.70	151	53	74.02
神经外科类(颅骨盖孔板、颅骨连接片、颅骨锁、颅骨网、颅骨钉、脑脊液体外引流系统、脑脊液分流系统、动脉瘤夹等)	75	75	75	82	100	7.50	73	27	73.00
口腔种植体	65	66	61	62	69	1.50	23	46	33.33
关节骨水泥类医用耗材	19	21	22	25	26	8.20	12	14	46.15
一次性活检针	35	46	59	70	82	23.70	63	19	76.83
一次性使用输尿管导引鞘	31	42	55	66	75	24.70	69	6	92.00
免打结缝合线	5	5	5	6	8	12.50	5	3	62.50
心脏封堵器	17	17	15	21	21	5.40	16	5	76.19
角膜塑形用硬性透气接触镜(夜戴型)	119	113	119	130	137	3.60	66	71	48.18
颅内支架	7	9	12	14	20	30.00	13	7	65.00
心脏固定器(稳定器)	15	15	14	15	16	1.60	14	2	87.50
一次性使用温度传感器	10	13	16	19	19	17.40	19	0	100.00
一次性使用血氧饱和度传感器	43	50	52	57	63	10.00	61	2	96.83
泌尿取石网篮	14	22	34	51	59	43.30	56	3	94.92
一次性使用高压造影注射器及附件	32	32	35	43	44	8.30	37	7	84.09
外周血管弹簧圈	3	3	4	7	8	27.80	2	6	25.00
一次性输液接头消毒帽	2	3	7	9	13	59.70	13	0	100.00

集采品种	注册人数量（有效存量）								
	2019年	2020年	2021年	2022年	2023年	2019~2023年复合增速	2023年		
							国产	外资	国产占比
止血材料类（医用胶、止血夹、止血粉、止血纱布、止血海绵、止血非织布等）	98	101	106	118	126	6.50	102	24	80.95
一次性使用医用喉罩	86	90	96	104	115	7.50	111	4	96.52
一次性使用植入式给药装置专用针	4	5	9	10	13	34.30	11	2	84.62
冠脉微导管	13	19	25	33	45	36.40	30	15	66.67
冠脉切割球囊	1	2	2	2	2	18.90	1	1	50.00
吹雾管	6	6	7	8	8	7.50	8	0	100.00
气管支气管支架	6	6	6	6	5	-4.50	2	3	40.00
经皮胆道支架	5	6	6	7	8	12.50	4	4	50.00
胆胰扩张球囊	5	5	5	5	5	0.00	1	4	20.00
神经介入导引导管及支撑辅助导管	22	28	41	56	74	35.40	61	13	82.43
胸骨结扎带	1	1	1	3	4	41.40	3	1	75.00
血栓保护装置	3	2	2	2	4	7.50	1	3	25.00
消化介入注射针	7	8	13	16	24	36.10	21	3	87.50
肾功和心肌酶生化类检测试剂	3	5	6	9	10	35.10	10	0	100.00
输注泵	134	132	144	146	148	2.50	136	12	91.89
冠脉血管内超声诊断导管	1	2	2	5	6	56.50	4	2	66.67

数据来源：众成数科产品信息库（仅拿"准"字产品注册证的注册人为国产注册人；仅拿"进/许"字产品注册证的注册人，或者同时拿了"准"字和"进/许"字产品注册证的注册人为外资注册人）。

3. 政策变化分析

（1）冠脉支架

2022年12月，国家组织冠脉支架集中带量采购接续采购开标。新的采购周期于2023年1月1日开始，与上一轮集采相比，具有以下特点。

①设置有效申报价，探索新规则

本次接续采购设置的最高有效申报价为 848 元/个（产品 798 元+伴随服务 50 元），报价不高于最高有效申报价，即可获得拟中选资格。

②设置伴随服务费，调动厂家配送积极性

在首轮集采工作执行过程中，医疗机构普遍反馈会面临缺货的情况，为减少因利润降低配送不及时等情况，此次规范了伴随服务费的标准，将服务费从产品价格中剥离出来投标，提高价格精度的同时也有利于调动厂家的服务积极性。

（2）人工关节

高值耗材集采在持续优化，相比冠脉支架集采，人工关节集采政策更加科学合理。

①关节集采按照产品系统实施采购。根据临床手术特点，将手术所需多个主要部件组合为产品系统采购，保证了手术所用耗材的完整性，避免部分必要的部件因未中标而短缺以及涨价等情况。

②采取了分组竞价的方式。根据临床需求量及企业产能分 A、B 组后再分别进行竞价。

③关节集采带量比例更高，由冠脉支架的 80% 上升到关节带量的 90%。并根据临床人工关节类手术"跟台"服务特点，在报价规则中明确了"产品系统报价要明确各部件单价及伴随服务费用"。

（3）脊柱耗材

跟骨科关节集采相比，骨科脊柱集采做了进一步优化。

①脊柱集采增加覆盖面，包括：初次和翻修产品。与关节集采只针对初次产品不同，脊柱集采将可能用到的初次和翻修的产品都纳入采购范围，产品覆盖更齐全。

②产品系统划分更符合临床实际：脊柱集采根据手术术式、部位、入路方式等实际需求，科学划分了 14 个产品系统类别。

③竞价分组变化：在同一产品系统类别下，根据医疗机构需求、企业供应意愿和供应能力、产品组合完整度将同一系统内产品分组。比如，主要部

件齐全且能供应全国所有地区，医疗机构意向采购量大的企业进入 A 组竞价。主要部件齐全但不能供应全国的企业进入 B 组。同时，此次集采与以往不同的是新增了 C 组，为部分专注于某一细分领域产品，而无法提供一整套系统全部部件的新兴企业，提供机会参与集采。

④骨科脊柱集采新增"复活"规则：坚持量价挂钩的原则，直接中选的企业可以获得 80%～100% 的意向采购量，而通过复活机制中选的企业仅能得到 50% 的意向采购量。

⑤骨科脊柱集采周期更长：脊柱采购周期为 3 年，相比关节采购周期增加了 1 年。

⑥骨科脊柱中选产品对部件使用数量做出了要求：对不同系统的主要部件使用数量进行了分区，并规定了必选部件使用最少数量。

（4）创伤耗材

跟骨科关节、脊柱类集采相比，骨科创伤类集采具有如下特点。

①创伤类耗材带量采购并未采用系统组合实施方式，而是采用单品采购。

②采购周期为 2 年，同人工关节采购周期一致。

（5）人工晶体

人工晶体自 2019 年底在安徽省率先开展带量采购以来，已历经多轮省级和省际联盟集采，且在 2023 年 11 月正式被纳入国家集采。

近年来，随着人工晶体的多轮集采，其带量采购品种也发生了较大的变化。前期省级带量采购中降幅相对较大的硬性晶体，在 2021 年 11 月展开的京津冀"3+N"14 省（区、市）联盟带量采购中并未被纳入联动采购范围；按照功能属性不同，单焦点球面（预装）、单焦点非球面（预装）是京津冀"3+N"14 省（区、市）联盟带量采购的两种产品类型，但在 2023 年国家集采方案中，球面人工晶体并未采取带量采购方式，而是参考非球面人工晶体价格规范挂网价。此外，更值得关注的是，国家集采在充分尊重临床对人工晶体使用习惯的基础上，共设置了三套中选标准，只要符合其中任意一个标准都可中选。

这些集采政策的变化，从侧面说明软性和非球面人工晶体已逐渐成为大众选择的基本标准，这也符合产品技术进步的需求以及人民群众对于更好质量和效果的追求。此次国家集采"全国一盘棋",为生产企业提供了更高的数量保证,促使中高端多焦人工晶体进一步降价,让普通患者在同等情况下有了更多的临床选择。当然,此次国家集采中选条件的温和设置,在一定程度上也提示我们让价格回归合理区间,避免过低价格影响企业生产以及创新的积极性,这或将是未来耗材集采的发展趋势。相信随着国家集采品类与政策的逐步完善以及科学技术日新月异的发展,医疗资源将得到合理的最优配置,有效提高医疗服务效率,造福更多的白内障患者。

三　总结及展望

2023 年是国家开展高值耗材带量采购的第三年,这项改革不仅是医保控费的关键,同时更是对我国高值耗材医疗器械企业的引导和市场格局的重塑。与占据中国市场十几年的进口产品相比,我国高值医疗器械行业存在起步晚、缺少品牌影响力、销售难度大、回款周期长等诸多困难,但依旧有不少企业突破了进口产品垄断的技术壁垒,使产品获批并上市。集中带量采购工作实施后,国产产品顺利突围,将国产企业从"带金销售"的无序竞争中解放出来,将重点转移到"提升研发能力、提高产品质量、实现成本控制"上来,但同时营销模式的变革,造成厂家与医疗机构中间的代理商丢失经营。

面对集中带量采购工作常态化的新变局,政府部门及医疗机构应认真贯彻落实集采制度改革任务,建立健全制度体系并完善医保配套措施、集采结余留用、价格联动等相关政策,稳步推动集采扩面工作,做好高值医用耗材、低值医用耗材、体外诊断试剂品种全覆盖。作为供应企业,集采减少了流通环节中销售费用、市场推广费等,同时集采要求中的结清货款政策也减轻了医用耗材供应企业资金周转压力,实现"降负担、促发展、保供应"多重目标平衡。建议各方凝聚共识,共同推进集采改革落地见效。以习近平新时代中国特色社会主义思想为指导,坚定不移推进药品和医用耗材集采工作,促进医保、医疗、医药协同发展和治理,向人民群众提供更加优质高效、经济合理、方便可及的医药服务。

耗材数据应用管理篇

B.5
公立医院绩效考核背景下
重点高值耗材管控

赵菁 焉丹 连英梅*

摘 要： 公立医院诊疗服务能力与效率是衡量国家医改成效和医院履行社会责任的关键指标。近年来，在公立医院绩效评价体系中引入的重点高值医用耗材收入比例的考核指标，已成为衡量医院控制诊疗成本、提升医疗服务水平的创新举措。根据国家相关政策要求，医院不断探索通过建立科学的医用耗材管理制度、严格的耗材遴选评价机制、规范的采购流程、有效的使用监管与分析评价，提高医用耗材的管理水平。中日友好医院作为公立医院的代表，近年来借助科学化、信息化、智能化的管理措施，实现高值耗材管理的规范化，重点高值耗材占比控制在合理区间，充分发挥

---

* 赵菁，中日友好医院医学工程处处长，副研究员，研究方向为医院管理、医学装备管理等；焉丹，中日友好医院医学工程处副处长、副研究员，研究方向为医用耗材信息化管理、大型医疗设备监管；连英梅，中日友好医院医学工程处耗材科副科长，助理研究员，研究方向为医疗耗材安全使用监督管理、医用耗材科室二级库监督管理。

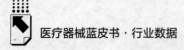

高值耗材功效，促进患者诊疗效果与医疗费用效率的最大化，推动医院学科及临床诊疗水平的不断提升。

关键词： 高值医用耗材　公立医院绩效考核　成本控制

一　公立医院绩效考核的背景

2019 年 7 月 19 日的《国务院办公厅关于印发治理高值医用耗材改革方案的通知》提出以习近平新时代中国特色社会主义思想为指导，全面贯彻党的十九大和十九届二中、三中全会精神，牢固树立以人民为中心发展的思想，通过优化制度、完善政策、创新方式，理顺高值医用耗材价格体系，完善高值医用耗材全流程监督管理，净化高值医用耗材市场环境和医疗服务执业环境，支持具有自主知识产权的国产高值医用耗材提升核心竞争力，推动形成高值医用耗材质量可靠、流通快捷、价格合理、使用规范的治理格局，促进行业健康有序发展、人民群众医疗费用负担进一步减轻。

此次治理高值耗材改革方案主要分为完善价格形成机制、降低高值医用耗材虚高价格、规范医疗服务行为、严控高值医用耗材不合理使用、健全监督管理机制、严肃查处违法违规行为、完善配套政策、促进行业健康发展、坚持三医联动、强化组织实施等方面。

二　公立医院绩效考核的内涵

在我国医药卫生体制改革的大背景下，公立医院的服务质量、效率和公平性成为改革的焦点。公立医院诊疗服务能力和水平的提升，已成为衡量国家医改成效和医疗机构履行社会责任的关键。

近年来国家相继出台了多项政策文件，旨在通过加强绩效考核来推动公立医院高质量发展。国家公立医院绩效考核制度的建立和完善，既有助于对医院工作的监督，也是促进医院内部管理及服务水平提升的重要手段。

国家公立医院绩效考核围绕四个核心内容：医疗质量、运营效率、持续发展和满意度评价。这些内容涉及医院运营的各个方面，从临床服务到管理效益，无不反映医院综合实力和发展潜力。由 55 项指标构成的考核指标体系，是对医院功能和责任的全方位把控，确保医院各项工作能向着既定目标高效推进。

2023 年根据《国务院办公厅关于印发治理高值医用耗材改革方案的通知》，《三级公立医院绩效考核指标》中又新增了"重点监控高值医用耗材收入占比"这一考核指标。这一变化旨在更好地控制医疗成本，防止不合理增加患者负担，并通过规范医疗服务行为来促进医疗服务质量的提高。这个新增指标有助于进一步细化和完善绩效考核体系，使之更加适应当前医疗行业的发展需求。

三　高值耗材纳入公立医院绩效考核的必要性

高值医用耗材在现代医疗体系中扮演着至关重要的角色。高值医用耗材的设计、生产和应用反映了当代医学科技的发展水平，直接关联医疗服务质量和患者的生命健康。近年来国家出台了相关政策法规，并加强了监管机制以确保其在提供先进医疗服务的同时，兼顾经济效益与患者权益。

高值医用耗材是指直接作用于人体、对安全性有严格要求、临床使用量大、价格相对较高、群众费用负担重的医用耗材。这类耗材不仅在单个病例中使用成本较高，而且在整个医疗系统内占据着重要的经济份额。目前根据产品应用，高值医用耗材可以分为骨科植入、血管介入、非血管介入、血液净化、眼科高值耗材、神经外科植入、电生理与起搏器、口腔高值耗材等多个领域。

由于高值医用耗材的特殊性，行业具有很高的进入壁垒，尤其是植入性耗材，如髋部和膝部关节置换器材、心脏瓣膜、血管支架等，这些产品需要长期留存于人体内，并与人体组织器官紧密结合。高值医用耗材的设计精度、材料选择、表面处理技术有着苛刻的要求。高值医用耗材产品如果存在缺陷，可能会导致严重的生物安全问题，甚至威胁患者生命。这些高值医用耗材大多归类于三级医疗器械，即风险等级最高的一类。高值医用耗材必须通过一系列复杂的注册审核程序，包括但不限于毒理学测试、临床前评估及广泛的临床试验，以验证其长期在体内使用的安全性和有效性。

四　公立医院绩效考核高值耗材内容

1. 重点监控高值耗材评价

在公立医院绩效评价体系中，针对高值医用耗材的评价指标占据了重要地位，其旨在监控及优化高值耗材在医疗服务中的使用。此类耗材通常因其价格高昂、使用频繁和对医疗总支出影响显著而受到重点关注。绩效评价体系通过定量指标来衡量医院在高值医用耗材管理方面的表现，这一指标以百分比形式呈现，在计算过程中反映了重点监控的高值医用耗材收入占同期医用耗材总收入的比例，其计算公式如下：

$$重点监控高值医用耗材收入占比 = \frac{重点监控高值医用耗材收入}{同期卫生材料收入} \times 100\%$$

该比例的确定需将第一批国家高值医用耗材重点监控清单内 18 种医用耗材（见表 1）的收入作为分子，同期门诊和住院卫生材料收入作为分母进行计算。所得结果呈现为一个具体百分比，能够直观表示出高值医用耗材在医院耗材结构中的重要性。

2. 重点监控高值耗材范围

《国务院办公厅关于印发治理高值医用耗材改革方案的通知》明确了高值医用耗材临床应用管理的完善并将其纳入绩效考核体系。这些规定强化了高值医用耗材的规范化管理，界定了需要监管的范围，以提升高值医用耗材管理的精准度和有效性。

表1 第一批国家高值医用耗材重点监控清单

序号	耗材名称	描述	品名举例
1	单/多部件金属骨固定器械及附件	由一个或多个金属部件及金属紧固装置组成。一般采用纯钛及钛合金、不锈钢、钴铬钼等材料制成	金属锁定接骨板、金属非锁定接骨板、金属锁定接骨螺钉等
2	导丝	引导导管或扩张器插入血管并定位的柔性器械	硬导丝、软头导丝、肾动脉导丝等
3	耳内假体	采用不锈钢、钛合金等金属材料和/或聚四氟乙烯等高分子材料制成	鼓室成形术假体、镫骨成形术假体、通风管
4	颌面部赝复及修复重建材料及制品	由硅橡胶或聚甲基丙烯酸甲酯等组成	硅橡胶颌面赝复材料、树脂颌面赝复材料
5	脊柱椎体间固定/置换系统	由多种骨板和连接螺钉等组成。一般采用纯钛、钛合金等材料制成	颈椎前路固定系统、胸腰椎前路固定系统、可吸收颈椎前路钉板系统
6	可吸收外科止血材料	由有止血功能的可降解吸收材料制成 无菌提供,一次性使用	胶原蛋白海绵、胶原海绵、可吸收止血明胶海绵
7	髋关节假体	由髋臼部件和股骨部件组成	髋关节假体系统、髋臼假体
8	颅骨矫形器械	由外壳、填充材料/垫和固定装置组成,一般采用高分子材料制成	婴儿颅骨矫形固定器、颅骨成形术材料形成模具
9	刨骨器	骨科手术配套工具,一般采用不锈钢材料制成,非无菌提供	刨骨器
10	球囊扩张导管	由导管管体、球囊、不透射线标记、接头等结构组成	冠状动脉球囊扩张导管、PTCA导管、PTA导管
11	托槽	采用金属、陶瓷或高分子材料制成,通常带有槽沟、结扎翼,部分带有牵引钩	正畸金属托槽、正畸树脂托槽、正畸陶瓷托槽
12	吻合器(带钉)	由吻合器或缝合器和钉仓(带钉)组成	吻合器、切割吻合器、内窥镜吻合器
13	血管支架	由支架和/或输送系统组成。支架一般采用金属或高分子材料制成,维持或恢复血管管腔的完整性,保持血管管腔通畅	冠状动脉支架、外周动脉支架、肝内门体静脉支架
14	阴茎假体	由液囊、液泵阀与圆柱体组成	阴茎支撑体
15	植入式神经刺激器	由植入式脉冲发生器和附件组成	植入式脑深部神经刺激器、植入式脊髓神经刺激器、植入式骶神经刺激器

续表

序号	耗材名称	描述	品名举例
16	植入式心律转复除颤器	由植入式脉冲发生器和扭矩扳手组成,通过检测室性心动过速和颤动,并经由电极向心脏施加心律转复/除颤脉冲对其进行纠正	植入式心律转复除颤器、植入式再同步治疗心律转复除颤器、植入式皮下心律转复除颤器
17	植入式药物输注设备	由输注泵植入体、鞘内导管、附件组成	植入式药物泵
18	椎体成形导引系统	由引导丝定位、扩张套管、高精度钻、工作套管等组成	椎体成形导向系统、椎体成形导引系统、椎体成形术器械

数据来源:国务院公报,《国务院办公厅关于印发治理高值医用耗材改革方案的通知》。

五 公立医院高值医用耗材使用绩效考核

1. 重点监控高值耗材评价方法

公立医院绩效考核的核心是通过对评价指标的定量分析,确保医疗资源的有效利用和医疗费用控制的合理性。由于高值医用耗材直接关联医疗服务的成本和质量,因此绩效考核指标的设置反映了医院的管理水平,体现了对医疗服务细节的监督和改进。[①]

评价方法涉及的关键步骤包括数据准备、收集、验证、计算及分析。数据来源于医院根据规定周期填报的统计信息,该信息需经过医院内部的详尽审核后提交上级卫生行政部门。在数据准备阶段要求医院确保所有相关科室均按照既定流程记录高值耗材的使用情况,并汇总成可供分析的数据格式。

在数据收集阶段,医院需要仔细辨析不同类型高值耗材的收入情况,并对重点监控的高值耗材进行分类统计。此阶段的数据必须细致无误,能够真

---

① 山其君、千红、周君:《基于医院资源规划系统的高值医用耗材全生命周期管理实践》,《中国医院建筑与装备》2023 年第 10 期,第 10~15 页。

实反映医院耗材的使用和管理情况。数据验证环节由专业人员对所收集数据的真实性和准确性进行复核，确保其符合国家及地方的相关政策要求。[①]

重点监控高值耗材的收入与同期卫生材料总收入的比例指标，被视为医院在管理高值耗材方面的效能指标。需要关注该比例的历史变化趋势、与其他医院的比较数据，以及可能的异常波动原因等。

2.高值耗材数据结果判读

高值医用耗材收入占比可用于评估医院在耗材管理方面的成效。较低的占比可能表明医院已经采取了有效管控措施，降低了高值耗材的不合理使用。反之，若占比过高，则可能意味着医院在高值耗材的采购或使用过程中存在风险，需要医院针对风险采取相应的管理措施。该结果对医院管理也具有指导意义，医院可根据高值耗材占比调整采购策略、优化库存管理、提高临床使用效率，并借助培训提高医务人员对于合理使用高值耗材的认识。

伴随科学技术的进步，高值医用耗材在临床诊疗活动中的重要价值日益凸显，这对患者诊疗与安全至关重要，但也增加了患者的经济负担。随着公立医院绩效考核体系中"重点监控高值医用耗材收入占比"指标的引入，医院管理层需要更加精细地管控耗材成本与使用，确保符合政策法规和市场监管的要求，以实现资源优化分配，提升医疗服务质量，保护患者权益，避免不必要的医疗开支；同时促进医院内部管理及服务水平的整体提升，进而为整个医疗系统的可持续发展奠定坚实基础。

六　医院高值耗材"耗占比"管控与绩效优化对策建议

（一）加强医院高值耗材管理的意义

1. 促进医院运营提质增效

不同诊疗项目对高值耗材的需求不同，对医院管理带来了更为严峻的挑

---

① 王悦、刘莉、孙驰等：《提高高值医用耗材管理信息追溯覆盖率》，《中国卫生质量管理》2023 年第 4 期，第 82~85 页。

战。对于长期使用、使用量大的高值耗材，医院可以进行带量采购，与厂家进一步协商价格。2020 年国家进行的冠状动脉血管支架集中带量采购已显示出厂家对于高值耗材的定价存在严重偏离成本的估计，也提示高值耗材的价格与其市场规模存在很强的相关性。

《国家三级公立医院绩效考核操作手册（2023 版）》强调高值耗材收入占比应控制在一定范围内，医院通过优化医疗收入结构，加强医疗服务收入占比，将医疗服务收入占比纳入公立医院绩效考核指标，引导医疗机构强化内部管理，规范诊疗行为，控制药品和耗材不合理使用，逐步优化收入结构。

2. 规避医保基金违规风险

医保基金是人民群众的"看病钱，救命钱"，为落实监管医保基金使用安全，净化基金运行环境，2023 年国家医保局联合财政部、国家卫生健康委、国家中医药局印发了《2023 年医疗保障基金飞行检查工作方案》。从中可以看出，国家积极推进包括高值医用耗材在内的管理规范化，严厉打击骗保行为，遏制明目张胆的医疗腐败。

高值耗材种类繁多，监管复杂程度高，同时在医保支付范围内的高值耗材存在覆盖不足等特殊问题，需要医院对于高值耗材加强管理力度，提升管理手段，严格按照医保政策要求进行监管，避免管理漏洞造成医院和患方的经济损失。更重要的是相关管理人员自身要做到清正廉洁，坚守国家医疗反腐立场。

3. 保障临床诊疗服务安全

高值耗材直接作用于人体，且具有较高价格，医院应重视高值耗材的使用管理，如果出现高值耗材的管理问题，不仅会带来额外的经济负担，更会带来患者健康的损害。诸如对高值耗材的效期管理，一项调查数据显示，30% 的医院未设置高值耗材近效期预警，增加了临床使用过期高值耗材的风险。① 而提高信息化水平，建立统一追溯管理系统，用 SPD 物资管理系统整

---

① 章敏飞、夏柳勤、傅秋燕：《浙江省 36 家公立医院 ICU 医用高值耗材管理现状调查》，《中国护理管理》2022 年第 6 期，第 857~862 页。

合物流信息、搭建物流平台实现高值耗材全流程可追溯，可以最大限度地保证高值耗材安全合理使用。

4. 满足医疗费用合理需要

目前高值耗材市场普遍存在产品价格虚高，品质参差不齐的情况。医院在采购高值耗材时应遵循标准管理流程，采购过程公开透明，对整体采购情况进行预测，以节省医院开支和患者费用。以国家集中带量采购冠脉支架为例，集采后冠脉支架价格大幅降低，患者能够以更低费用完成同样的手术，大大减轻了经济压力；同时也要重视管理制度的及时跟进。集采后冠脉支架市场总体萎缩，冠脉支架手术比例相较于费用更高的药物球囊手术下滑明显，提示相关利益影响减小后手术方式回归理性，需要关注患者利益是否落到实处。

（二）医院高值耗材使用与管理现状分析

从冠状动脉支架集中带量采购后某院冠脉支架实用情况来看，冠脉支架平均每例手术使用 1.5 个，耗占比在 50%～60% 之间，耗占比相比于集采前下降大约 11 个百分点。说明了国家集中带量采购后，冠脉支架价格明显下降，耗占比控制取得了较好成效。

有研究针对多家医院高值医用耗材统计分析，提示高值医用耗材应成立专人专管小组，定期检查高值耗材存量、规格、有效期，并加强高值耗材出入库管理；同时科室采用二级库管理模式，提高高值耗材管理的精准度，设置单独的高值耗材库，加强使用量与剩余量的信息化实时提示，确保高值耗材被规范地使用。

（三）高值耗材"耗占比"管控措施

在公立医院绩效考核指标体系中，"重点监控高值医用耗材收入占比"是引人关注的重要指标。管控高值耗材"耗占比"作为医院管理者的紧迫任务，可采取以下措施。

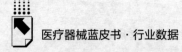

1. 加强医疗项目的监管

防止在病人诊疗过程中开大检查、过度检查甚至非必要的有创检查，防止医保的拒付和处罚，同时要严防针对外地或自费病人非必要开自费药品和检查的情况。

2. 调整绩效分配方式

调整耗材使用比例高的骨科、心血管科、眼科等科室绩效分配指标，降低耗材收入增长对科室绩效的影响，平衡和稳定科室专家队伍。

3. 推行耗材 SPD 管理

以中央集中化与外包方式，按终端实际应用单位，将器械耗材和试剂及时提供至终端使用场所，减少库存管理业务量及库存周转环节，降低成本、提高效率。

4. 实施条形码管理

将医院信息系统和物流系统全面对接，实现收支同步、全程可追溯的管理模式。

5. 绩效正向引导

激励医务人员自觉提高技术水平，提升医疗服务能力，改善服务效果。将评价和激励融合，使用工作量评价替代经济核算手段，以强化成本控制为手段，建立符合医院发展阶段和医改要求的综合绩效改革评价与分配方案。[①]

七 案例分析：中日友好医院高值耗材监控管理模式

（一）高值耗材监控的背景

1. 医院学科与运营管理情况

作为国家呼吸医学中心、国家中西医结合医学中心以及国家高质量发

---

① 柳维生、柴兰娟、陈锦梅：《高值医用耗材精细化闭环管理平台的设计与实现》，《中国卫生信息管理杂志》2023 年第 3 期，第 413~419+430 页。

展试点医院、国家高水平建设试点医院，中日友好医院的学科水平与行业影响力不断提升，不仅传统的内科、外科等学科得到了进一步的细分和专业化，逐步呈现内科外科化、外科微创化的发展趋势，还涌现出了新兴的学科领域，如基因医学、精准医学等，特别是智能医学和机器人技术的应用更让医学发展找到了新的方向。这些新兴学科的发展为医院诊疗提供了更多选择和可能性。

随着信息技术的广泛应用，医院管理与运营也逐渐实现现代化、信息化和智慧化。医院信息化建设取得了进展，包括电子病历、医院信息系统、医院耗材管理系统等的应用，提高了医院的运作效率和服务质量。同时，医院管理也更加注重质量控制和风险管理，推动医院向着更加规范化和科学化的方向发展。

2. 医院高值耗材管理现状

医院高值耗材采购金额不断增加，高值耗材使用与管理成为医院运营中非常重要的一环。① 医院在采购高值耗材时实行了严格的采购与管理制度，包括明确采购程序、开展供应商评审和谈判以实现供应保障，确保高值耗材的质量和价格的合理性。

医院会根据需求和使用情况，合理控制高值耗材的库存量。采用"寄售"的模式建立库存，并根据计费信息，医用对耗材成本进行核销和确认。医院采用 SPD 供应与管理模式，对高值医用耗材实行"一物一码"全生命周期管理，"以用代耗"提高高值耗材的管理效率。开展了骨科类、手术类、口腔类等耗材的智能化管理，借助信息系统有效地解决了原来特殊耗材品类较为粗放的订单、使用及计费环节脱节的问题，消除耗材管理的隐患。

3. 医院高值耗材管理目标

医院设立了高值耗材管理目标，主要包括以下几个方面。

（1）质量保证：医院高值耗材实行严格的质量管理制度，进行严格审核和

---

① 《国务院办公厅关于印发治理高值医用耗材改革方案的通知》，《中华人民共和国国务院公报》2019 年第 23 期，第 15~20 页。

监督，以确保高值耗材的质量可靠。建立高值耗材不良事件上报制度及流程，及时对存在质量问题的耗材进行清退，避免质量问题导致的医疗问题发生。

（2）成本控制：通过阳光采购平台，结合耗材在院品种分布，根据预估年采购额度，展开多维度耗材价格谈判，降低高值耗材的采购成本。通过开展在院品规定期梳理，设定入院品类数量限制、优选性价比较高的高值耗材在院供应，进一步降低耗材采购价格，以实现成本的有效控制和管理。

（3）库存优化：通过对耗材使用数据的分析，合理设定库存，采用基数管理模式，提高供需的匹配度和供应效率。

（4）信息管理：借助信息技术，建立高值耗材的信息化管理系统，借助高值耗材 UDI 编码，实现高值耗材的验收、入出库和费用计算等功能，实现"一物一码"管理，提高管理的效率和准确性。

（5）合规管理：规范高值耗材的采购、使用和计费流程，利用 UDI 与耗材码的关联性，建立耗材申领、验收、使用、计费的管理闭环，确保管理过程的合规性和透明度，并提高医院的风险控制能力。

（二）高值耗材监控指标

1. 高值耗材监控指标设置依据

（1）医院管理目标。高值耗材监控指标的设置应当与医院的管理目标和战略规划相一致，以确保高值耗材管理工作与医院整体发展目标相契合。

（2）政策法规。高值耗材监控政策法规主要包括《医疗器械管理条例》《高值医用耗材集中采购和使用工作管理办法》《医院医疗器械管理规范》《医疗器械不良事件报告与处理办法》。

2. 医院高值耗材日常监控指标

医院高值耗材日常监控管理的具体指标如下。

（1）库存周转率：监控在一定时间内高值耗材的消耗速度和库存水平之间的关系。较高的库存周转率通常意味着高值耗材的使用效率较高，实现手术室及科室空间使用率的提高。

（2）耗材费用占比（重点监控 30 种高值耗材费用占比）：重点监控高

值耗材费用在总耗材费用中所占的比例。通过监测耗材费用占比，可以评估高值耗材管理的成本控制效果，并及时采取相应的措施进行调整。

（3）使用量分析：对高值耗材的使用量进行分析，依照医保编码分类，了解不同类型耗材的使用情况和趋势，以便合理规划采购和管理策略。

（4）耗材例次使用量：监测高值耗材的例次使用量，可以了解其在临床操作中的实际需求与变化，为价格谈判、品规限制和库存控制提供依据。

（5）耗材质量问题发生率：监测高值耗材的质量问题发生率，包括产品缺陷、报废率和退货率等，以确保高值耗材符合质量标准，保障患者安全。

（6）耗材合规性：监测高值耗材使用和管理的合规性，包括物价、医保等政策符合度等，以确保医院的管理过程符合相关法律法规和政策要求。

3. 高值耗材监控采集方式

（1）手工记录：通过人工记录高值耗材的不良事件情况等数据。

（2）医院信息系统：借助医院信息系统中的耗材管理模块和 HIS，实现高值耗材数据采购、出入库、库存，以及使用、收费等数据的自动采集和记录。

（3）自动化监控系统（BI 系统）：利用自动化设备或系统，实时监测高值耗材的使用情况、库存情况、质量情况等数据，并进行记录和分析。

4. 高值耗材监控采集频率

（1）日常采集：包括使用量、库存情况等，可以每日进行采集，以便及时掌握高值耗材的实际情况。

（2）定期采集：包括使用量、质量合格率等，可以每周或每月进行采集，以便对一定时期内的情况进行综合评估。

（3）特殊事件触发采集：在发生特殊事件（如异常库存波动、出现质量问题）时，需要立即对相关指标进行采集和分析，以便及时处理问题。

（三）高值耗材监控的措施

1. 管理规范

高值耗材监控的实施首先应建立完备的制度体系，制度应涵盖耗材管理的全流程，应建立医院耗材管理院级部门——耗材委员会，执行耗材采购、品规梳理等核心业务的审议，应建立物价部门、医保部门、医务护理部门的联动机制，联合实施耗材监控工作，从合规性、经济性、有效性等多维度进行监管工作。

2. 使用预警

高值耗材的使用预警机制是为了及时发现和处理高值耗材的异常情况或潜在问题，以确保其供应和使用的连续性和合理性。预警机制包括以下几种预警。

（1）使用量预警：根据高值耗材的使用情况和历史数据，设定合理的使用量指标。当使用量超出设定的范围时，触发使用量异常的预警。定期对高值耗材的消耗率进行分析和比较，查看是否存在异常情况，如突然上升或下降的趋势。

（2）质量问题预警：定期对高值耗材的不良事件进行监测和评估，及时发现质量问题并触发预警。

（3）适用范围预警：通过对耗材注册证"适用范围"进行结构化解读，在耗材使用前进行提示和预警，确保耗材在注册证有效范围内使用。

制定预警机制的目的是提前发现问题，采取相应的措施，保障高值耗材的供应和使用的稳定性和安全性。

3. 数据分析

通过耗材管理系统，实时调取耗材库存量情况，通过 HIS 收费系统对耗材使用量情况进行统计，从 HIS 中调取使用科室、诊疗项目、DRG 分组信息及使用医生信息，通过耗材收费信息联通耗材供应数据的关系，完成耗材管理数据采集闭环。

4. 精准核销

为减轻临床使用科室耗材计费负担，避免手工计费失误造成的耗材计费错误，以 UDI 编码、医保编码和院内耗材码一体化映射为基础，建立库存校验、扫码计费、病案记录的全流程高值耗材信息化解决方案，以耗材使用及计费为核心，通过扫码计费的流程设计，系统对耗材的有效性、合规性进行核验，同时完成精准计费，计费后自动产生库存核销信息，完成自动出库确认，并借助 UDI 编码解析，生成病案电子标签记录，优化流程、提高效率。

5. 使用公示

通过数据采集分析，开展同期对比情况分析，并结合医院 DRG 收支情况，按照病组开展与北京市平均水平的对比。通过预警机制展示的异动数据，结合临床使用情况和医疗量，进行点评异动工作，联动医保、医务及护理部门探讨对策，树立榜样、交流互动。建立最优解决方案、促进建立奖惩挂钩机制，推动耗材管理水平提升。

参考文献

［1］《国务院办公厅关于印发治理高值医用耗材改革方案的通知》，《中华人民共和国国务院公报》2019 年第 23 期，第 15~20 页。

［2］章媛涓、徐敏、蔡晓芳：《公立医院高值医用耗材带量采购全流程管理实践与探索》，《医院管理论坛》2023 年第 8 期。

［3］邱英鹏、赵翔、肖月、赵羽西：《高值医用耗材定义与治理内涵研究》，《中国卫生质量管理》2021 年第 5 期，第 1~3+11 页。

［4］山其君、千红、周君：《基于医院资源规划系统的高值医用耗材全生命周期管理实践》，《中国医院建筑与装备》2023 年第 10 期，第 10~15 页。

［5］黄蕊：《论审计视角下高值医用耗材管理的优化》，《审计与理财》2023 年第 9 期，第 15~17 页。

［6］王悦、刘莉、孙驰等：《提高高值医用耗材管理信息追溯覆盖率》，《中国卫生质量管理》2023 年第 4 期，第 82~85 页。

［7］章敏飞、夏柳勤、傅秋燕：《浙江省 36 家公立医院 ICU 医用高值耗材管理现状调查》，《中国护理管理》2022 年第 6 期，第 857~862 页。

［8］宋尚玲、邱英鹏、陈子扬等：《集中带量采购前后我国公立医院冠脉介入类高值医用耗材配备及使用情况分析》，《医学与社会》2023 年第 4 期，第 80~84 页。

［9］柳维生、柴兰娟、陈锦梅：《高值医用耗材精细化闭环管理平台的设计与实现》，《中国卫生信息管理杂志》2023 年第 3 期，第 413~419+430 页。

B.6
医保基金常态化监管政策趋势分析

段光荣　周　铨　周之昊*

摘　要：　医保基金是人民群众的"看病钱""救命钱"，党中央、国务院历来高度重视医保基金安全。习近平总书记多次对医保基金监管工作做出重要指示批示，明确要求加强基金使用监管。国家医保局成立以来，深入学习贯彻习近平总书记系列重要指示批示精神，始终把维护医保基金安全作为医疗保障首要任务，持续开展专项整治，联合公安、卫健部门打击各类欺诈骗保违法违规行为，取得积极成效。自 2019 年起，国家医保局累计派出飞行检查组 184 组次，检查定点医疗机构 384 家，发现涉嫌违法违规使用相关资金 43.5 亿元。本文回顾了 2019 年以来公布的医保基金监管相关政策及法律法规，分析了政策趋势。

关键词：　医保基金　监管　政策趋势

一　法律依据

（一）《医疗保障基金使用监督管理条例》（以下简称《条例》）的颁布及实施①

1. 出台背景：医保基金的使用安全涉及广大群众的切身利益，关系医

---

*　段光荣，佛山市第一人民医院副院长，教授级高级工程师，研究方向为医院财务经济、运营管理、绩效分配、医保管理、医院信息化、设备耗材、后勤保障等；周铨，佛山市第一人民医院医疗保险管理科科长，主任医师，研究方向为神经内科尤其是癫痫疾病的诊治、癫痫手术综合定位技术；周之昊，佛山市第一人民医院医疗保险管理科副主任药师，药学博士，研究方向为医院医疗保险管理精细化管理、药物治疗管理学、分子生物药学。

①　中华人民共和国国务院令第 735 号，2021 年 2 月 19 日，https://www.gov.cn/zhengce/content/2021-02/19/content_ 5587668.htm。

疗保障制度健康持续发展。医疗保障基金使用主体多、链条长、风险点多、监管难度大，监管形势较为严峻。2020 年 2 月颁布的《中共中央 国务院关于深化医疗保障制度改革的意见》[①] 提出，制定完善医保基金监管相关法律法规，规范监管权限、程序、处罚标准。2020 年 7 月国务院办公厅发布的《国务院办公厅关于推进医疗保障基金监管制度体系改革的指导意见》[②] 要求，强化医保基金监管法治及规范保障，制定医疗保障基金使用监督管理条例及其配套办法。制定专门行政法规，以法治手段解决医疗保障基金使用监督管理中的突出问题，是十分必要的。

2. 出台时间：2021 年 1 月 15 日签发。

3. 执行时间：2021 年 5 月 1 日。

4.《条例》内容解读：

（1）明确医疗保障基金使用监督管理原则。以"保障基金安全，促进基金有效使用，维护公民医疗保障合法权益"为根本目的，明确医疗保障基金使用监督管理工作应当坚持以人民健康为中心，坚持合法、安全、公开、便民原则，进一步优化医疗保障公共管理服务，协同推进医药服务供给侧改革，为人民群众提供更加便捷高效的医疗保障服务和医药服务。

（2）强化基金使用相关主体职责。《条例》规范医疗保障经办机构、定点医药机构、参保人员医疗保障基金使用行为，明确各相关主体职责。

（3）构建系统的基金使用监督管理体制机制。构建行政监管、新闻媒体舆论监督、社会监督、行业自律相结合的监督体制；建立医疗保障、卫生健康、中医药、市场监督管理、财政、审计、公安等部门共同发力的联合监管机制；在医疗保障系统内建立以行政监管为主、协议管理协同的监管机制。

[①]《中共中央　国务院关于深化医疗保障制度改革的意见》，https：//www.gov.cn/gongbao/content/2020/content_ 5496762. htm，2020 年 2 月 25 日。

[②]《国务院办公厅关于推进医疗保障基金监管制度体系改革的指导意见》，http：//www.nhsa.gov.cn/art/2020/7/10/art_ 14_ 3320.html，2020 年 7 月 10 日。

（4）细化法律责任，加大惩戒力度。一是对医疗保障经办机构违法的，责令改正、责令退回、罚款、给予处分。二是对定点医疗机构的一般违法行为，责令改正、约谈负责人、责令退回、罚款、责令定点医疗机构暂停相关责任部门一定期限的医药服务；对定点医药机构违反管理制度的，责令改正、约谈负责人、罚款；对定点医药机构骗保的，责令退回、罚款、责令定点医药机构暂停相关责任部门一定期限的医药服务、解除服务协议、吊销执业资格；造成医疗保障基金重大损失或者其他严重不良社会影响的，对其法定代表人或者主要负责人给予从业限制、处分。三是个人违法的，责令改正、责令退回、暂停其一定期限的医疗费用联网结算、罚款。四是侵占、挪用医疗保障基金的，责令追回、没收违法所得、给予处分。五是医疗保障等行政部门工作人员滥用职权、玩忽职守、徇私舞弊的，给予处分。

5.《条例》意义：

（1）正式开启了医保基金管理的法治之门。

（2）指导基金正确使用，范围明确且强调规范合法。

（3）清晰各方法律责任，处分明确且确保惩罚有效。

（二）《中华人民共和国医疗保障法（征求意见稿）》①的颁布及立法预备

1. 出台背景：为规范医疗保障关系，健全高质量多层次医疗保障体系，维护公民医疗保障合法权益，推动医疗保障事业健康发展。

2. 出台时间：2021 年 6 月 15 日。

3. 执行时间：拟在 2027 年前立法。

4. 法律条文内容解读：

（1）基本医疗保险：包括职工基本医疗保险和城乡居民基本医疗保险。

---

① 国家医疗保障局：《国家医疗保障局关于〈医疗保障法（征求意见稿）〉公开征求意见的公告》（2021-06-15），http：//www.nhsa.gov.cn/art/2021/6/15/art_113_7134.html。

参保人员不得重复参加基本医疗保险。基本医疗保险基金支付范围由国务院医疗保障行政部门组织制定。基本医疗保险参保人员在定点医药机构发生的符合基本医疗保险支付范围的费用，由基本医疗保险基金按照规定予以支付。基本医疗保险参保人员缴费后的待遇享受起始时间按照国家和各省、自治区、直辖市有关规定执行。

（2）多层次医疗保障：县级以上人民政府应当健全医疗救助制度，为符合医疗救助条件的困难人员实施资助参保和直接医疗费用救助。补充医疗保险主要包括城乡居民大病保险、职工大额医疗费用补助、公务员医疗补助及企业补充医疗保险等。鼓励发展商业健康保险，支持商业保险公司扩大重疾险等保险产品范围。国家完善重大疫情等紧急情况医疗救治费用保障机制，健全医疗救治医保支付政策，统筹做好医疗保障基金和公共卫生服务资金等使用。

（3）基金管理：医疗保障基金应当执行国家规定的财务会计制度，按照国家规定的会计制度进行核算。医疗保障经办机构应按照规定加强基金管理，财政、医疗保障等行政部门加强监督。医疗保障基金专款专用，任何组织和个人不得侵占或者挪用。国家建立全国医疗保障风险管控机制，设立全国医疗保障风险调剂金，由中央财政预算拨款以及国务院批准的其他方式筹集的资金构成，用于医疗保障支出的补充和调剂。

（4）监督管理：医疗保障行政部门依法进行监督检查，发现存在问题的，应当提出整改建议，依法做出处理决定或者移送有关行政部门进行处理。检查结果应当定期向社会公布。

5. 法律意义：

（1）对从事医疗保障相关的筹资运行、待遇支付、基金管理、价格管理、招标采购、医药服务、公共管理服务、监督管理等活动做出明确法律规定。

（2）赋予了医疗保障管理机构执法权力。

（3）明确了医疗保障管理机构的主体责任及工作重点。

二 医保基金监管专项行动相关文件

（一）飞行检查相关文件

1. 2020 年至今，每年均出台《国家医保局 财政部 国家卫生健康委 国家中医药局关于开展××年度医疗保障基金飞行检查工作的通知》。[①]

2. 2020 年至今，国家医保局对全社会公布上一年的飞行检查情况，出具《××年度医保基金飞行检查情况公告》。[②]

3. 《医疗保障基金飞行检查管理办法（征求意见稿）》：[③]

（1）出台背景：为了加强医疗保障基金监督检查，规范飞行检查工作。

（2）出台时间：2022 年 6 月 1 日。

（3）执行时间：2022 年 6 月 1 日。

（4）条文内容解读：

①启动：年度工作计划安排的；举报投诉线索反映医疗保障基金可能存在重大安全风险的；医疗保障智能监控提示医疗保障基金可能存在重大安全风险的；新闻媒体曝光，造成重大社会影响的；其他需要开展飞行检查的情形。

②检查：飞行检查组应当制定飞行检查的具体实施方案，明确检查时间、方式、程序、重点和标准等，主动研判风险，视情提出防控预案。

③处理：被检省（区、市）医疗保障行政部门应要求被检查对象及时整改检查发现的问题，依法依规对反馈的涉嫌违法违规情形按照权限和程序

---

① 如：《国家医保局 财政部 国家卫生健康委 国家中医药局关于开展 2022 年度医疗保障基金飞行检查工作的通知》（2022-05-27），http：//www.nhsa.gov.cn/art/2022/5/31/art_140_8511.html。

② 如：《国家医疗保障局 2022 年度医保基金飞行检查情况公告》（2023-06-13），http：//www.nhsa.gov.cn/art/2023/6/13/art_109_10807.html。

③ 国家医保局，https：//www.gov.cn/xinwen/2023-03-15/content_5746835.htm，2023 年 3月 15 日。

进行处理；对发现中共党员、监察对象，或者定点医药机构、医保行政部门、医保经办机构等单位负责同志的相关涉嫌违纪或者职务违法、犯罪的问题线索，移送纪检监察机关；对涉嫌违反相关法律、法规、规章，应由其他部门处理的，移送相应部门处理。

（5）意义：对飞行检查的操作流程进行明确规定，规范检查流程。

（二）《医疗保障基金智能审核和监控知识库、规则库管理办法（试行）》①

1. 出台背景：为进一步健全医疗保障基金监管体系，加强医疗保障基金智能审核和监控知识库、规则库（以下简称"两库"）管理，提升监管效能，促进基金有效使用。

2. 出台时间：2022 年 3 月 20 日。

3. 执行时间：2022 年 3 月 20 日。

4. 内容解读：

（1）"两库"建设：应经过知识搜集、规则编写、多方论证、审核发布等程序。知识库由法律法规、政策规范、医药学知识、医保信息业务编码、管理规范等构成。规则库基于知识库产生。规则要素包括规则名称、定义、逻辑、参数、应用场景、判断等级以及具体违规情形等。"两库"应用前应广泛征求意见，组织多方论证，形成最大共识。论证形式包括学术论证、业务论证、行业论证。

（2）动态调整："两库"动态调整包括"两库"框架体系优化、增补或废弃知识和规则、更改知识字段或规则要素等，分为年度调整和即时调整。

（3）使用管理：医疗保障部门以"两库"为依托，对各类监管对象在各种场景下使用医疗保障基金的情形进行全流程监控。

5. 意义：

（1）标志着医保基金监管向着智能化、透明化、自动化迈出了坚实的

---

① 国家医保局，http：//www.nhsa.gov.cn/art/2022/4/7/art_140_8555.html，2022 年 4 月 7 日。

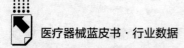

一步，在医保治理进程中具有重要标志性意义。

（2）"两库"建设与管理应适应多层次医疗保障体系发展。

（3）整体上实现广覆盖、全流程、全方位拓展的智能监控覆盖。

三　政策趋势

（一）监管力度逐年增强

1."三个结合"

（1）点线面结合：飞行检查侧重于点，专项整治侧重于线，日常监管侧重于面，这三者有机结合、相辅相成，成体系地推进医保基金监管工作。[①]

（2）现场和非现场相结合：通过智能监控的推广应用，可以实现医院前端提醒、经办端事中审核、行政端事后监管的全流程防控。

（3）政府监管和社会监督相结合：不断完善社会监督制度，畅通举报投诉渠道，全面推进举报奖励制度的落实。

2."五个常态化"

（1）推进飞行检查常态化。建立健全部门联合检查机制，制定并公开飞行检查方案。完善飞行检查管理办法，细化操作规程，规范飞行检查及后续处置，建立飞行检查年度公告及典型案例曝光制度。发挥飞行检查带动引领作用，用好飞行检查结果，聚焦典型性、顽固性、复杂性违法违规问题，及时汇总建立飞行检查发现问题清单，为强化日常监管、防范同类问题系统性频发提供参照借鉴。

（2）推进专项整治常态化。强化跨部门综合监管合力，加强医保、公安、财政、卫生健康、市场监管等部门的协调联动，常态化开展专项整治行动。聚焦重点领域、重点机构、重点行为，加强部门间数据共享和监测分析，强化案件线索通报，完善行刑衔接机制，健全重大案件同步上案和挂牌

---

① 中国政府网，https：//www.gov.cn/zhengce/202306/content_ 6885527. htm，2023 年 6 月 9 日。

督办制度，积极开展部门联合执法，形成一案多查、一案多处的联合惩戒机制。推动专项整治工作成果转化为管用有效的查办经验及监管规范标准，推进完善医药服务价格和医保支付政策并建立健全相关机制。

（3）推进日常监管常态化。研究制定医保基金使用日常监管办法，健全完善工作机制，细化监督检查工作规范和要求。出台统一明确的监督检查事项清单、检查工作指南等，提高日常监管规范化水平。合理制定并严格执行年度监督检查计划，对数据指标异常的定点医药机构加强现场检查，对上级部门交办的问题线索、举报投诉涉及的定点医药机构开展现场核查，依法依规处理。强化医保经办支付环节费用审核，落实日常核查全覆盖。

（4）推进智能监控常态化。依托全国统一的医保信息平台，充分运用医保智能监管子系统，建立行政检查和执法全流程指挥调度平台，加强对医保基金使用行为的实时动态跟踪，实现事前提醒、事中审核、事后监管全过程智能监控，提升精准化、智能化水平。加快医保基金智能监控知识库、规则库建设和应用，加强动态维护升级，不断提升智能监控效能。实施国家医保反欺诈智能监测项目，常态化开展医保数据筛查分析，通过大数据分析锁定医保基金使用违法违规行为，发现欺诈骗保行为规律，有针对性地加大宏观管控、现场检查执法和精准打击力度。

（5）推进社会监督常态化。进一步完善举报投诉机制，依托全国医保基金举报投诉管理系统，畅通投诉渠道，规范处置流程，严格核查处理。落实举报奖励制度，调动全民参与医保基金使用监督的积极性。持续开展典型案例曝光，强化警示震慑。探索开展定点医药机构医保基金使用情况向社会公示制度，鼓励社会监督。

（二）健全完善制度机制

1.完善监管制度机制①

进一步完善以上查下、交叉检查的工作机制，破解同级监管难题。建立

---

① 中国政府网，https：//www.gov.cn/zhengce/zhengceku/202305/content_ 6883812. htm，2023年5月30日。

抽查复查、倒查追责工作制度，压实监管责任。实施分类处置，综合运用协议、行政、司法等多种手段分类施策。对于存在主观故意、影响恶劣的欺诈骗保行为，依法从严从重查处，同时做好协议处理与行政处罚的有效衔接。建立健全激励与约束并重的监管机制，更大激发医疗机构规范使用医保基金的内生动力。

2. 完善部门间协同监管机制

加强医保部门与公安、财政、卫生健康、中医药、市场监管、药品监管等部门的贯通协同，推进信息互通共享，实现部门间线索互移、标准互认、结果互通。加强行政执法和刑事司法事前、事中、事后的有效衔接，依法严厉打击医保领域违法犯罪行为。对涉嫌违纪和职务违法、职务犯罪的问题线索及时移送纪检监察机关，建立健全重要线索、重大案件联查联办和追责问责机制，强化震慑效应。

3. 建立健全信用管理制度

推进定点医药机构、医药企业、人员信用分级分类管理，探索建立医保基金监管告知承诺制，将履行承诺情况纳入信用记录，与监督检查频次、处罚裁量等挂钩，推动定点医药机构通过自查自纠规范医保基金使用行为，主动履行医保基金使用主体责任。根据信用评级，对失信定点医药机构，可通过协议管理在资金结算等方面采取惩戒措施；对相关责任人员，可按照医保协议中止医保支付资格；对失信医药企业，可按规定在医保目录准入、价格招采信用评价、医药集中采购、挂网资格等方面采取处置措施；对失信参保人员，可按规定采取暂停医疗费用联网结算等措施。强化跨行业、跨领域、跨部门守信联合激励和失信联合惩戒，探索建立信用修复、异议申诉等机制。鼓励行业协会开展行业规范和自律建设，促进行业规范和自我约束。

4. 建立异地就医跨区域监管工作机制

创新方式方法，完善异地就医协同监管制度和跨区域工作机制，落实就医地和参保地监管责任。各级医保行政部门要将异地就医作为飞行检查、日常监管等工作的重点，防范异地就医过程中的欺诈骗保风险。

5. 建立健全重大事项处置机制

加强日常监管信息报送，做好预警监测和提前研判，完善处置及应对规程，加强针对性培训，提升各级医保行政部门应对处置重大事项能力。对医保基金监管政策落实不到位、出现医保基金监管严重问题或存在重大风险隐患的，国家医保局可采取函询或约谈等方式，督促指导相关医保行政部门及定点医药机构等严格履行相关责任并抓好整改落实。

（三）处理力度增强

法律层面：出台基金监管条例，促进《医疗保障法》立法[1]，截至2023 年 8 月，该法已列入全国人大常委会 2023 年立法工作计划和国务院2023 年立法计划[2]，目前仍在推进过程中。随着该法的立法，基金监管将上升到国家法律层面，并非之前的法规层面，即违反基金监管违反法律，由"违规"到"违法"。

处罚措施：由行政处罚、追回基金到移交公安及检察机关、处以刑罚。

责任到人：由处罚医疗机构、经办机构到处罚责任人、经办人。

---

[1] 《国家医疗保障局对十三届全国人大三次会议第 5326 号建议的答复》，http://www.nhsa. gov. cn/art/2020/8/28/art_ 110_ 6820. html，2020 年 8 月 28 日。

[2] 国家医保局，http://www.nhsa. cn/art/2023/6/26/art_ 14_ 10889. html，2023 年 6 月 26 日。

B.7
医保飞行检查开展现状与查处的主要问题

段光荣　周铨　胡然妍　徐健梅*

摘　要：　医保飞行检查是国家医疗保障局组织实施的，对定点医药机构医保基金使用情况进行不予事先告知、直击现场的随机监督检查。自 2022 年起，医疗保障基金飞行检查工作方案明确围绕社会关注的医保基金使用的重点领域开展飞行检查，目前骨科、心血管内科、血透等高值耗材问题较为突出。本文通过对医保飞行检查的现状及飞检工作方案的深入分析进而探讨了医保飞行检查的开展现状与医用耗材查处的主要问题，起到了打击欺诈骗保、持续巩固基金监管高压态势，规范医疗行为，合理收费，努力用好老百姓的"救命钱"切实维护基金安全。同时还推动了医疗机构健全医保基金管理制度，提高医保基金使用的规范性和效率性，为进一步加强医保基金监管、规范医保基金使用提供了宝贵的参考和依据。

关键词：　飞行检查　飞检方案　物流供应链

一　医保飞行检查开展现状

2019 年，国家医疗保障局正式启动医保飞行检查工作，与财政部、国

* 段光荣，佛山市第一人民医院副院长，教授级高级工程师，研究方向为医院财务经济、运营管理、绩效分配、医保管理、医院信息化、设备耗材、后勤保障等；周铨，佛山市第一人民医院医疗保险管理科科长，主任医师，研究方向为神经内科尤其是癫痫疾病的诊治、癫痫手术综合定位技术；胡然妍，佛山市第一人民医院医疗保险管理科监督专员，经济师，研究方向为医保基金监管、医疗物价管理；徐健梅，佛山市第一人民医院医疗保险管理科科员，主治医师，研究方向为医院医保精细化管理。

家卫生健康委、国家中医药局等多部门联合，探索建立了"以上查下、交叉互检"的飞行检查机制，对定点医药机构、医保经办机构等对象开展了不予事先告知、直击现场的飞行检查。

2021年5月，中华人民共和国国务院令第735号《医疗保障基金使用监督管理条例》①正式施行。作为我国医疗保障领域第一部行政法规，该条例为医疗保障基金使用监督管理提供了基本遵循和更加具体的法律措施，将有力推动医疗保障领域依法行政并提升医疗保障治理水平，确保医疗保障基金安全高效运行。

2023年3月，国家医疗保障局制定了《医疗保障基金飞行检查管理暂行办法》②，进一步明确医保基金监管工作切实完善飞行检查机制，优化飞行检查程序，规范飞行检查行为，为法治化、规范化、科学化开展飞行检查提供制度保障，持续严厉打击欺诈骗保行为。

2023年5月，为深入贯彻落实党中央、国务院决策部署，国务院办公厅印发《国务院办公厅关于加强医疗保障基金使用常态化监管的实施意见》③。明确了国家医疗保障局在基金监管方面主要开展以下五方面工作：常态化开展飞行检查，深入开展专项整治，积极推进大数据监管，持续强化社会监督，加强长效机制建设。严厉打击医保领域违法违规行为，坚决守好人民群众"看病钱""救命钱"。

五年来，国家医疗保障局联合国家卫生健康委、国家中医药局等部门持续开展医保飞行检查，"聚焦重点，坚持问题导向，围绕社会关注的医保基金使用重点领域"是近年来医保基金监管的主要工作思路。通过积极曝光典型案例，落实举报奖励制度，对巩固打击欺诈骗保高压态势、守好百姓"看病钱"、深度净化基金运行环境起到了重要作用。截至2023年4月，累计检查定点医药机构341.5万家次，处罚162.9万家次，追回医保资金805亿元（见表1）。

---

① 中华人民共和国国务院：《医疗保障基金使用监督管理条例》，https：//www. gov. cn/gongbao/content/2021/content_ 5591403. htm。

② 国家医疗保障局：《医疗保障基金飞行检查管理暂行办法》，http：//www. nhsa. gov. cn/art/2023/3/14/art_ 173_ 10991. html。

③ 中华人民共和国国务院办公厅：《国务院办公厅关于加强医疗保障基金使用常态化监管的实施意见》，https：//www. gov. cn/gongbao/2023/issue_ 10526/202306/content_ 6887137. html。

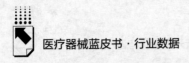

表1 2019年至2023年4月医保飞行检查数据

单位：万家次，亿元

检查年份	被检医药机构	被处罚医药机构	追回医保资金
2019	81.5	26.4	115.56
2020	62.7	40.1	223.10
2021	70.8	41.4	234.18
2022	76.7	39.8	188.40
2023年1~4月	49.8	15.2	43.76
合计	341.5	162.9	805.00

资料来源：国家医疗保障局官网。

二 医保飞行检查查处违法违规的问题

医保飞行检查涉及范围较大，主要涉及医药机构内控管理、财务管理、药品耗材集中带量采购执行情况、医保基金使用过程中涉及的医疗服务行为和价格收费行为。

具体查处的主要违法违规问题有以下几类。

（一）诱导、协助他人冒名或者虚假就医、购药等套取医保资金

1. 冒用他人身份信息或虚构个人信息，伪造医疗记录、发票等证明材料，骗取医保基金；

2. 虚构病情或提供虚假诊断证明，骗取医保基金；

3. 故意隐瞒病情或用药情况，骗取医保基金；

4. 故意夸大病情或提供虚假证明材料，骗取医保基金；

5. 串通医疗机构或医生，虚报诊疗费用或药品费用，骗取医保基金。

（二）虚构医药服务项目

虚构医药服务项目是指医疗机构或医务人员虚构、提供不存在的医药服务项目的行为。

（三）分解住院、挂床住院

分解住院是指医疗服务提供方为未达到出院标准的参保患者办理出院，

并在短时间内因同一种疾病或相同症状再次办理入院，将参保患者应当一次住院完成的诊疗过程分解为两次及以上住院诊疗过程的行为；

挂床住院是指参保人员在住院期间长时间离开医院或实际未进行相关诊疗。

（四）违反诊疗规范过度诊疗、过度检查、超量开药、重复开药

过度诊疗是指医疗机构或医务人员违反诊疗规范，提供过多的医疗服务，导致患者接受不必要的检查、治疗等行为；

过度检查是指医疗机构或医务人员违反诊疗规范，进行过多的检查项目，导致患者接受不必要的检查的行为；

超量开药是指医疗机构或医务人员违反处方管理规定，过量开具药品处方，导致患者使用过多药品的行为；

重复开药是指医疗机构或医务人员违反处方管理规定，重复开具相同药品处方，导致患者重复使用相同药品的行为。

（五）重复收费、超标准收费、分解项目收费

重复收费是指医疗机构对某一诊疗项目、耗材、药品等的收费次数大于实际使用次数的行为；

超标准收费是指医疗机构对医疗服务的收费标准高于国家、省（区、市）、市相关部门规定的价格标准；

分解项目收费是指医疗机构将一个项目按照多项目收费标准进行收费的行为。

（六）串换医用耗材、诊疗项目和服务设施

串换医用耗材是指将没有收费依据的耗材串换成有收费依据的耗材；

串换诊疗项目是指将低标准收费耗材、项目套入高标准收费耗材、项目；

串换服务设施是指将非医保目录内的耗材串换成医保目录内的耗材进行收费；

（七）药品、医用耗材进销存不平衡或进销存数据异常，如虚计或多计费

进销存不平衡是指期初库存加上入库数量不等于出库数量；

进销存数据异常是指期末库存与期初库存相差较大，或者某类药品、医用耗材的库存量异常。

（八）其他骗取医保基金支出的行为。

三 医保飞检医用耗材主要查处问题

国家医保局等发布的《关于开展医保领域打击欺诈骗保专项整治工作的通知》[①] 和《2023 年医疗保障基金飞行检查工作方案》[②] 明确指出对骨科、血液净化、心血管内科、医学影像检查、临床检验、康复等领域，按照国家医保局印发的《骨科高值医用耗材专项检查工作指南（2023 版）》《冠状动脉介入治疗专项检查工作指南（2023 版）》《血液净化专项检查工作指南（2023 版）》全面开展排查，聚焦整治重点药品、耗材。

"指南"指出不仅要数据先行，聚焦单人多次、单次大额、使用异常、人均金额过大等异常数据的违规疑点实地查验医院高值医用耗材相关的账本：包括病例、票据、耗材合格证标签（条形码）、进销存数据、费用清单、影像记录等资料，还要安排相关人员进行实地走访，对筛查出的疑点问题进行排查，为进一步检查精准锁定线索。

2022 年医保飞行检查，主要检查以下高值医用耗材（见表2）。

表2　2022 年医保结算费用排名靠前重点耗材

序号	耗材名称
1	血液灌流（吸附）器及套装
2	磁定位治疗导管
3	血液透析滤过器
4	大血管（≤7mm）封闭刀头
5	弹簧圈
6	冠脉导引导丝
7	切割球囊

---

① 国家医保局、最高人民检察院、公安部、财政部、国家卫生健康委：《关于开展医保领域打击欺诈骗保专项整治工作的通知》，http：//www.nhsa.gov.cn/art/2023/4/28/art_104_10547.html。

② 国家医保局、财政部、国家卫生健康委、国家中医药局：《关于开展2023 年医疗保障基金飞行检查工作的通知》，https：//www.gov.cn/zhengce/zhengceku/202307/content_6892128.htm。

续表

序号	耗材名称
8	可吸收性特殊理化缝线
9	冠脉导引导管
10	止血夹
11	电动腔镜切割吻/缝合器钉仓（钉匣）
12	冠脉血管内超声诊断导管
13	腔镜切割吻/缝合器钉仓（钉匣）
14	冠脉药物涂层球囊
15	骨水泥
16	血液透析器
17	磁定位诊断导管
18	冠脉药物涂层球囊
19	颅内支架
20	等离子刀头
21	乳腺活检装置
22	连续性血液滤过器及套装
23	预充式导管冲洗器
24	颅内支架
25	造影导丝
26	单发结扎夹
27	冠脉药物涂层球囊
28	血管鞘
29	双腔起搏器
30	硬脑（脊）膜补片

资料来源：国家医疗保障局官网。

医保飞行检查是国家医疗保障局成立后启动开展的医保基金监管的有力举措之一，通过全面、细致、专业、有效的检查手段，打击欺诈骗保、维护基金安全、维护老百姓权益。

B.8
医保飞行检查与医用耗材常态化
监管的挑战与对策

段光荣　刘　亮　彭雪莲　李胤翀　邵宇嫣　林家荣*

摘　要： 随着国家医保政策的不断完善和医用耗材的高质量发展，精细化管理的要求越来越高，现阶段医用耗材管理仍是传统仓库存储管理为主的模式，在医保常态化监管和耗材合理使用等方面存在诸多挑战，本文从管理思维转变、多学科协同管理、医用耗材信息化和精细化管理等方面提出了新的思考，探讨深度结合临床业务实现医保常态化监管模式下医用耗材管理全程信息化、可追溯的精益化管理模式。

关键词： 医保飞检　耗材管理　耗材物流供应链　精细化管理

---

* 段光荣，佛山市第一人民医院副院长，教授级高级工程师，研究方向为医院财务经济、运营管理、绩效分配、医保管理、医院信息化、设备耗材、后勤保障等；刘亮，佛山市第一人民医院医疗设备科副科长，工程师，研究方向为医院耗材信息化管理建设、耗材精细化管理、数据化管理、医院的耗材预算管理和绩效考核、医用耗材合理使用与点评；彭雪莲，佛山市第一人民医院医疗设备科耗材组组长，高级经济师，副主任护师，研究方向为医院医用耗材管理；李胤翀，佛山市第一人民医院医疗设备科科员，助理工程师，研究方向为医疗设备的安装验收、日常维护、故障维修、质量控制、计量检验等，医用耗材的进销存管理、采购管理、医用耗材供应链项目推进实施、医用耗材绩效分析和预算管理、医用耗材遴选等；邵宇嫣，佛山市第一人民医院医疗设备科科员，助理工程师，研究方向为医用耗材的日常采购和管理，医院的耗材预算管理和绩效考核等；林家荣，佛山市第一人民医院医疗设备科维修组组长，工程师，研究方向为在用医疗器械质量控制、设备管理信息化构建、医疗设备效益分析等。

一　常态化监管面临的挑战

（一）管理思维转变

一是耗材管理从业人对于医保管理政策不熟悉，对医保飞检要求和检查方法不了解，没有针对性的管理措施。二是耗材管理人员从服务临床、协助采购耗材、做好库存盘点的工作模式，到增加了监管职能，用什么工具、用什么方法、如何监管就成了新的挑战。

（二）加强耗材"进销存"管理

以往对耗材进销存管理的认识重点关注耗材的采购、出库和库存管理，设备科采购耗材出库到科室，定期盘点二级库，在出入库台账上做到进销存一致。但飞行检查不仅关注这一点，同时也关注耗材在临床使用中的进销存管理，耗材使用数量与对应开展项目数量之间是否匹配，实际使用耗材与收费的耗材品牌、型号之间是否一致等问题，这些数据缺乏系统支持、疏于管理都成了耗材管理人员面临的新问题。

（三）医用耗材精细化管理

一是骨科耗材管理难度大，骨科耗材本身型号复杂、数量多，需要一定备货量，多数根据病人情况现场确定使用具体型号，未使用的需要退库处理，骨科耗材的验货、使用收费监管是管理重点。二是打包项目收费中的耗材管理，一类是不可收费耗材的管理，如检验项目的试剂管理、耗损管理、检验项目和耗材消耗成本管理、烧伤科的敷料使用、自主定价收费项目的规范化管理；另一类是打包项目中可单独收费的注射器或者输液管等。

（四）医用耗材信息化建设

医用耗材信息化建设是医用耗材管理的重要抓手，大多数医院的耗材管理都从传统纸质单据的"耗材流程化仓管模式",转变为"信息化管理模式",使用信息系统完成耗材申领、出入库等功能,但如果信息集成化程度低,容易形成信息孤岛,耗材管理系统与业务系统、财务收费系统之间没有数据对接;以领代销和库存盘点不规范,容易造成医院耗材成本虚高,耗材多收费、漏收费、串码收费等情况时有发生,难以管理。一些医院开始尝试使用 SPD(医用耗材物流供应链)管理模式,SPD 系统与业务深度对接,改变了现有业务流程和收费流程,取得了一定的效果,但是在真正利用大数据对耗材进行规范化合化理使用、及时监管和干预、加强医保管理、提高运营效率等方面还在摸索当中。

二　常态化监管的对策

(一)加强多部门多学科的联动

一是成立院级医用耗材管理委员会。对医保飞检中发现的问题提出针对性整改要求,通过委员会完善医用耗材管理相关制度和流程,提供专家意见支持。二是组建跨部门工作小组。医保、物价、医务、设备等多部门形成工作小组,就耗材合理使用定期到临床一线开展调研沟通工作,宣讲医保政策,进行科室医保支付、财务运营数据分析,宣传耗材管理政策和要求,分析与点评超支病组耗材合理性使用,进行病历首页及高值耗材追溯问题分析,科室开展自查分析,查找原因,提出整改意见。三是与医务部和护理部开展专项巡查工作。针对飞检可能存在的问题,举一反三不断规范临床耗材使用和收费习惯,逐步规范临床耗材使用行为,对于一些临床有需要开展却未有收费项目的,及时跟进协调。

(二)加强耗材精细化管理

一是医用耗材准入审批。严格审查耗材准入资料,包括医保码审查、注册证审查,要求提供医保码系统截图佐证,并由耗材部门和医保部门双重复核，避免同厂家同类耗材两个医保编码的混淆。二是完善耗材准入审批流程。在耗材准入环节，将医保飞检中可能出现的一些问题前置审批，准入时由物价部门负责审核该耗材使用的诊疗项目的收费是否合理。

（三）医用耗材信息化建设

医用耗材信息化建设是医用耗材精细化管理的重要工具，同时也是耗材管理模式和业务流程的变革引擎，梳理耗材进销存的各个环节管控要求和数据，为建立耗材长效监管机制提供信息数据基础。医用耗材物流供应链管理模式（SPD 模式）逐渐成为当下耗材信息化管理比较热门的一种方式，该模式将耗材管理和临床业务流程与收费模式深度嵌套，重塑医院内部管理流程，主流的物流供应链合作模式见表 1。①

表 1　主流的物流供应链合作模式

模式	名称	描述
模式一	集配模式的 SPD 平台	公开招标选定一定数量耗材配送商，全院耗材统一按配比集中配送。中标候选人第一名作为项目服务方和主配送商，负责项目软硬件设施，余下按比例分配额度
模式二	分散配送模式的 SPD 平台	公开招标选定一家平台运营及主配送商，中标候选人作为项目服务方和主配送商，负责项目软硬件设施，其他配送商不变
模式三	第三方纯物流配送模式的 SPD 平台	公开招标选定一家纯物流配送服务商，中标候选人作为项目内物流配送服务商，负责软硬件设施，收取一定比例服务费，现有配送商不变
模式四	自主采购系统及配送模式	公开招标软硬件设备，自主招聘院内物流配送人员，现有配送商不变

---

① 杨凡凡：《基于供应链管理模式在公立医院医用耗材精细化管理探索》，《中国设备工程》2024 年第 3 期。

物流供应链管理模式相比传统仓库管理模式的优势明显，详细对比见表2。

表2　物流供应链管理相比传统仓库管理模式优劣势

传统仓管模式	物流供应链管理模式
货票同行,医院资金占用较大	集中配送:提高效率、减少人力成本
真实用量与费用结算存在较大差异	定量监控:精细化管理、实施监控
不能反映耗材成本与医疗收入关系	主动补货:零库存、零损耗,智能管理
低值耗材追溯困难	消耗结算:用后结算、减少资金占压
耗材管理人员日常工作量巨大	管控降耗:数控限用,到科到人
二级库管理及盘点困难	数据分析:大数据分析和预警管理

实现物流供应链管理模式需要SPD运营服务商、管理科室、临床使用科室协同配合，实现耗材零库存管理、高值扫码计费，用后结算等功能（见图1）。

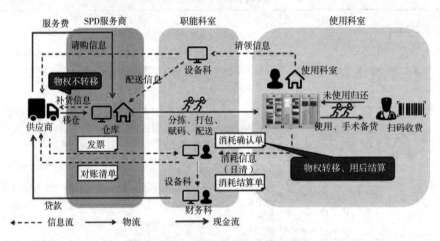

图1　医用耗材物流供应链管理模式

通过信息化实现全院高值耗材一物一码管理，自动化货柜盘点，通过对接手术麻醉系统、医院收费系统，关联手术计费，实现以消定支、"用后结算"，实现日清月结，全程可追溯；低值耗材按照"定数包"管理，手术套包提前备货，检验项目与检验试剂使用比对等方法，解决高值耗材进销存、低值耗材使用与耗损监控问题，实现全程信息化、全程可视化、全程可追溯的精益化管理模式。

参考文献

[1] 史金秀：《医用耗材进销存实时管理政策解读、操作难点与突破》，《中国卫生经济》2021 年第 10 期。

[2] 王步青、韩宁、朱明等：《医用耗材使用精益化监管方法研究》，《中国医学装备》2023 年第 11 期。

[3] 任臻：《SPD 医用耗材供应链管理模式下耗材管理信息化建设的思考》，《行政事业资产与财务》2023 年第 23 期。

[4] 何芳丽、辛红、周建学等：《基于国家医保医用耗材编码的医用耗材全流程监管研究》，《医疗卫生装备》2023 年第 9 期。

[5] 杨凡凡：《基于供应链管理模式在公立医院医用耗材精细化管理探索》，《中国设备工程》2024 年第 3 期。

[6] 陈玉俊、王涛、童贵显：《基于服务型 SPD 模式实现医保集采耗材全流程精细化监管》，《中国数字医学》2022 年第 8 期。

B.9
医用耗材临床使用环节精益化管理探讨

冯世领 周嫱 李瑶*

摘　要： 医用耗材临床使用环节的精益化管理是为了提升管理效率、控制医疗成本、提高医疗质量而进行的一项工作。本文阐述了医用耗材在临床使用环节的管理现状与问题，主要包括耗材准入论证不足、存货管理数据孤岛、计费统计口径差异、注册适用范围偏差、用耗行为欠缺透明、评价预警机制尚有欠缺等问题。这些问题是影响医用耗材整体管理效果的关键因素。针对存在的问题，本文提出了医用耗材在临床使用环节精益化管理的优化措施，主要包括强化临床需求论证的合理性、建立精细化的医用耗材管理系统、实现关键系间的联通和数据闭环管理、将注册证适用范围进行结构化处理、建立基于多系统联通的多维度多层次耗材使用分析功能、建立多部门常态化评价预警机制等，以期在医用耗材临床使用环节重点发力，确保耗材使用的合规性和适宜性，优化医疗成本控制，保障医疗安全质量，为医院高质量发展提供助力。另外，本文还介绍了某医院以临床合理用耗为导向的医用耗材管理实践。

关键词： 医用耗材　临床使用　精益化管理　选型　监控

---

* 冯世领，北京医院器材处副处长，高级工程师，研究方向为医疗设备技术管理、设备资产管理、医用耗材 SPD 精益管理、医工结合；周嫱，北京医院医学工程科高级工程师，研究方向为血透和超声设备的维修、维护及质控工作，安全管理标准制定，妇产科、甲乳疝外科、血液内科、肾内科、生物治疗中心医疗设备维修管理，医疗设备采购论证，固定资产管理，医疗设备管理信息系统建设；李瑶，北京医院器材处科员，研究方向为医院 SPD 运营与医用耗材集中采购结合。

随着国家医改政策的不断深入，各医院对于医用耗材的管理方式也在不断完善。[1] 医用耗材在诊疗过程中扮演着重要的角色，能够提供必要的支持和治疗技术手段。医用耗材的使用与管理直接关系着患者的诊疗效果和安全，也影响着医院的运营状况。因此，推进医用耗材临床使用环节精益化管理是一项十分重要的举措。[2]

一 医用耗材在临床使用环节的管理现状与问题

（一）耗材准入论证不足

医用耗材遴选准入作为耗材在医院生命周期的起点，对后续临床用耗的稳定性、安全性、有效性、适宜性具有重要影响。对耗材遴选准入的前瞻性分析方法主要为基于医院的卫生技术评估（HB-HTA），回顾性分析方法主要为真实世界数据评价（RWD-E），两者结合可以有效地保障医用耗材符合临床需求，保证医疗质量和安全，控本增效。但目前能够对医用耗材遴选准入环节真正做到有效分析的医院不多，评估、评价所覆盖的耗材种类、品规有限，可能导致准入结果与临床需求、临床效果的不匹配，后续可能产生一系列临床使用问题。

（二）存货管理数据孤岛

医用耗材的采购、验收、使用、收费、考核多分属不同部门，多使用不同系统，多个不连通的系统往往会造成医用耗材存货管理的困难。[3]

（1）库存过剩：医院中某些科室可能会存在耗材库存过剩的情况，由

① 朱倩、吴航、徐静晗等：《公立医院医用耗材成本管控模式的探索》，《中国卫生经济》2020年第4期，第81~83页。
② 陈丽云：《基于管理控制的公立医院高值耗材管理内控风险评估实践与思考》，《中国市场》2021年第5期，第158~160页。
③ 王艳丽：《医用耗材精细化管理中存在的问题及改进》，《科学与信息化》2023年第3期，第168~170页。

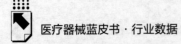

于科室频繁领用耗材或病人流失等原因部分耗材长期闲置或者超过使用期限，造成资源的浪费以及一定的经济损失。

（2）库存过低：医院中某些科室可能由于缺乏准确的需求预测或及时补货机制，耗材消耗过快，库存过低，无法满足患者的使用需求，影响了临床的诊疗效率。

（3）分布不均：由于医院规模大、科室众多，耗材的分布可能存在不均匀的情况。一些常用的耗材可能在某些科室库存十分充足，而在其他科室却供不应求。

（4）缺乏监控：目前很多医院的耗材管理还依赖于手工记录和人工盘点，存在数据准确性低、工作量大、效率低下等问题。由于缺乏有效的实时库存监控机制，难以及时发现库存异常。①

（三）计费统计口径差异

医用耗材整体进销存数据的一致性，是保障医院合规运营、确保医保基金安全的重要前提。但医院用耗流程的复杂性以及领用、消耗、计费、库存等多系统多环节产生的数据没有形成闭环管理，或者部分数据的相关属性发生单点变更，极易导致各环节的统计口径差异，给用耗核查工作带来极大困扰，也伴随着极大的风险。

（1）各环节数据没有形成闭环：物流系统的出库数据、计价系统的收费数据、二级库房的存量数据都出自不同的系统，在统计时由于很难统一口径，偏差较大，这也是医保部门飞行检查易出问题的一个环节。

（2）单点数据变更：不同系统中的数据发生变更时，由于缺乏系统内的变动追溯机制和系统间的联动机制，数据不一致，同样会造成进销存数据的不一致，且更难以厘清差异原因。

---

① 王志粉、颜怀柱、汪瑶等：《医用耗材精细化管理的探索与实践》，《医疗装备》2023 年第 8 期，第 40~43 页。

（四）注册适用范围偏差

由于医用耗材的多样性和复杂性，以及较快的迭代更新速度，临床用耗具有较大的复杂性。为保证医疗器械临床使用的安全性和有效性，医疗器械注册证上注有该耗材的适用范围。在实际使用中耗材特性和临床需求偶尔会产生一些突破，这也是医疗技术和耗材改进的动力之一，但从合规性上看还应注意在适用范围内使用，这是各类检查的重点内容之一。

（五）用耗行为欠缺透明

在常规条件下，术者使用何种耗材、使用多少数量、用耗的规格高低、整体的用耗结构等用耗行为很难明晰显示，导致管理部门甚至是用耗科室本身都对用耗情况欠缺整体认识和数据反馈，从而很难在用耗合理性和适宜性上进行优化，可能会影响耗占比等关键评价指标。

（六）评价预警机制尚有欠缺

医疗机构应对医用耗材临床使用情况进行评价，对异常用耗情况进行预警，这既是保证医疗安全和医疗质量的重要机制，也是符合行风建设要求、控制廉政风险的重要举措。

二 医用耗材在临床使用环节精益化管理的优化措施

（一）强化临床需求论证的合理性

根据医院的分析能力和拟准入耗材的重要性，有针对性地选择实施卫生技术评估及真实世界数据分析，强化耗材遴选准入的科学性。同时，不具备上述论证能力的医院，也可根据自身情况，以临床应用场景为中心，进行临床用耗合理性的评估和评价。

（1）细化申请理由分类，明确临床使用需求。将临床申请新耗材的理由规范、细化，形成性能优势类、新医疗技术需求类、价格优势类、更新替代类、专机专用类等标准分类，相关临床需求和佐证文献对号入座，便于审批。

（2）规范拟申请耗材分类。通过医疗行业分类、药监目录分类、医保耗材分类等医用耗材分类编码，明确耗材种类，便于横向比较和效果评价；同时，明确、细化的分类也便于与在用耗材进行纵向比对。

（3）DRG 指标分析。申请科室提交拟申请准入耗材所涉及的 DRG 病组及相关信息，包括医保报销相关的 CHS-DRG 分组及其支付标准，医疗质量相关的 CN-DRG 分组及其质量标准等信息。

（4）了解合理市场价格。通过阳光采购平台价格区间、近期同行医院价格佐证（发票/合同）等方式，确定拟准入耗材的合理价格区间。

（5）临床使用必要性同行评议。根据专科/通科用耗材，针对性能优势类、新医疗技术需求类拟准入耗材，增加临床使用必要性同行评议环节，加强对临床申请理由的科学性论证。

（二）建立精细化的医用耗材管理系统

通过引入先进的信息技术，建立科室与供应链的连接，实现医用耗材的精细化管理与追踪。[①] 通过借助物联网技术实时监控库存量、消耗量等数据，从而提高数据的准确性，提升管理效率。

（1）确定管理目标和需求：明确医院对于医用耗材管理的目标和需求，例如提高效率、合理配置、降低成本、减少浪费等。根据目标和需求，可以明确管理系统开发和改进的方向。根据医院的规模和需求，选择合适的信息化平台或者软件系统。可以考虑与供应商进行合作开发或者购买市场上已有的耗材管理系统，通过不断改进确保系统功能完备、便于使用且能够满足医院的特殊需求。

---

① 张孟泰：《DRGs 付费背景下我院医用耗材的精细化管理实践》，《中国医疗设备》2022 年第 1 期，第 110~113、117 页。

（2）数据库构建：建设全面的耗材数据库，包括耗材的基本信息、库存情况、消耗记录、采购历史、追踪情况等。数据库应具备良好的结构和灵活的查询功能，支持精细化管理的相关需求。

（3）引入自动识别技术：采用条码、RFID等自动识别技术，实现耗材的唯一标识和快速扫描。通过自动识别技术，可以提高数据采集的准确性，降低人为错误，并为后续的数据分析和监控提供良好的基础。[①] 通过信息化系统可以实现对库存量的实时监控和预警，实现数据的实时传输和共享。系统中可以设置警戒值和自动报警机制，当库存低于或超过设定阈值时，及时提醒相关人员进行补货或调配。

（4）提供决策支持：通过收集医用耗材的使用数据，利用数据分析工具和方法，对耗材消耗模式、趋势和规律进行深入分析，了解耗材的使用情况、变化趋势等，为医院决策者提供可靠的参考依据。整合采购和供应链信息，选择可靠的供应商，确保供应链的可靠性和稳定性，确保采购需求的准确传达和采购决策的准确执行。

（5）加强培训、推广和持续改进：对于医院内部相关人员，通过培训和指导，使员工熟悉和掌握耗材管理系统的操作和应用。同时，通过内部宣传和推广，提高员工对精细化耗材管理重要性的认知。建立定期的评估和反馈机制，鼓励员工提出意见和建议，及时对系统进行改进和优化，不断提升医用耗材管理系统的功能和性能，提升医院整体运营效果。

（三）实现关键系统间的联通和数据闭环管理

实现物流、计费、电子病案、医保等关键系统的联通，实现医用耗材整体进销存数据的闭环管理和临床信息的汇总，在技术上避免统计差异，杜绝多收、审收耗材费用，并可以追溯具体患者、术者信息，实现细化监管。

---

① 陈学斌、奚圆、陈帅等：《低值医用耗材全生命周期 UDI 管理探索与实践》，《中国医药导刊》2020 年第 6 期，第 427~432 页。

（四）将注册证适用范围进行结构化处理

健全、完善物流系统基础数据字典，提升数据质量，在此基础上丰富应用字段，添加准入信息、带量集采信息、多码对照信息等字段，甚至进一步将医疗器械注册证中的部分信息进行结构化处理，添加进数据字典，以便在临床科室领用、消耗等环节进行前置审核和提示，减少超范围用耗的情况，确保用耗合规和医疗安全。

（五）建立基于多系统联通的多维度多层次耗材使用分析功能

建立医用耗材数据统计与分析机制，确保医用耗材使用数据的完整性和准确性，及时发现异常情况并制定相应的管理措施[1]，优化耗材使用情况。

1. 确定关键指标：明确需要进行数据分析和监控的关键指标，例如库存量、消耗量、库存周转率、人均耗材成本、人均耗占比等。根据医院的需求和具体情况，确定合适的指标，并建立相应的数据指标体系。

2. 数据整合：收集和整合医用耗材相关的数据，包括采购数据、消耗数据、收费数据、病案数据、医保数据等，根据管理需求可按照临床专科、DRG 病组、手术医生、耗材单品等维度进行数据组织。确保数据来源的准确性和完整性，同时注意数据安全。

3. 预警值：根据数据分析的结果和实际需求，设定适当的预警值。当指标波动超过预设阈值时，系统能够提示异常值，提高异常情况的发现能力，提醒相关人员重点关注、分析，并采取适当的应对措施。

4. 建立报告与分析机制：定期生成耗材数据的报告和分析结果，为医院的管理层提供决策支持。报告内容应包括关键指标的趋势分析、异常情况的原因分析等内容，有助于医院管理层制定出合理的管理策略。

5. 提升数据分析意识：提高医院内部相关人员的数据分析和监控能力，

---

[1] 毛明新、岳玮、谢峻：《智慧供应链模式在跨地市多院区医院医用耗材管理的应用研究》，《中国医疗设备》2023 年第 3 期，第 113~118 页。

更好地改进医用耗材管理的各个环节。通过开展培训和教育活动，强调数据分析在医用耗材管理中的作用，提高相关人员对数据分析的认识和理解，提升数据分析的水平和应用能力。[①]

（六）建立多部门常态化评价预警机制

以数据分析为依托，建立多部门常态化医用耗材临床使用联合调研、评价和预警机制，由医学工程、医务、医保、财务、纪检监察等部门联合对重点用耗科室进行多维度数据分析反馈和现场调研，技术与管理双管齐下，管理、服务、使用、监督并举，职能部门和临床部门密切沟通、配合，共同找问题、出主意、抓改进。真正实现医用耗材在临床使用环节的精细化管理、全面性监测和持续性优化。

三 案例分析：某医院以临床合理用耗为导向的医用耗材管理实践

在 DRG 医保支付模式和公立医院绩效考核要求下，医用耗材成本已成为医院运营的重要影响因素，建立专门的常态化医用耗材合理使用评价机制是十分必要的。医院要及时监测、评价、反馈、上报医用耗材的临床使用情况及其合理性，以便及时改进、优化医用耗材使用适宜性，加强成本管控，实现提质增效。

某医院建立了由医学工程部门牵头，医务、医保、财务、纪检监察等部门协同的"MDT（多部门联合小组）耗占比联合调研"机制，对医用耗材临床使用情况进行多维度常态化评价；同时依托信息中心完善 SPD、HIS、EMR、DRG 等系统的互联互通，为医用耗材评价工作提供数据基础。

调研方式为职能部门联合小组向临床科室反馈医疗质量、科室绩效、医

---

① 徐岚、郑绍基、张应等：《基于智慧医疗支持下运用 TRM 方法对手术室医用耗材二级库房的管理研究》，《中国医疗器械杂志》2023 年第 2 期，第 220~224 页。

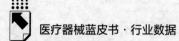

保指标、用耗情况等多维度的数据，并就数据中提示的问题与临床科室进行详细探讨，查找根本原因。同时，各职能部门有针对性地采取相关措施，如宣传行风建设和廉政风险控制要求，结合市场调研积极商谈产品降价，通过数据比对提示医疗质量和科室绩效的可改进环节，解读医保政策和应对经验等，协助、指导科室改善医用耗材临床使用状况和 DRG/耗占比等相关指标。近期，根据耗材使用专业特点，该医院优先进行了共计 13 个临床科室的联合调研工作，发现并改进的临床问题主要包括临床用耗结构优化、进销存一致性问题整改、诊断不全入组不当状况改善、解除急难危重救治顾虑等，颇具成效。后续将稳步推进，做到临床科室全覆盖，重点用耗科室持续关注。

建立一套精细化的医用耗材管理系统是十分重要的，根据临床科室的需求和使用情况，该医院通过不断改进管理系统来合理安排各类医用耗材的库存量。通过与临床科室的密切沟通和定期调整，确保库存供应充足，避免因库存过多或不足而影响临床工作的正常进行。该医院还分析和优化了临床工作流程，结合医用耗材的使用情况，合理安排耗材的配送时间，减少了不必要的等待时间和耗材浪费。同时，通过培训和指导，提高了临床人员对医用耗材的正确使用方法，减少了医用耗材的误用，降低了损耗率。[1]

以医用耗材临床使用精益管理为切入点，助力医院高质量发展。以服务临床为导向的医用耗材管理方法，旨在提高临床工作的效率和质量，提高经济效益，同时确保医用耗材的供应和安全使用。[2] 不同医院的实践案例可能会有所不同，具体的管理方法需要根据医院的特点和需求进行调整和优化。

---

[1] 芦铭、李玉梅、蒋协远等：《CHS-DRG 实施背景下公立医院骨科医用耗材精细化管理探索》，《中国医疗设备》2023 年第 5 期，第 149~155、172 页。

[2] 杨丽晓、陶婷婷、严梦媛等：《新形势下医院医用高值耗材精细化管理研究》，《医疗装备》2022 年第 16 期、第 35~38 页。

B.10
智慧供应链在医用耗材
管理中的应用研究

吴晓东　罗冰洁　王狄佳*

摘　要： 探索医用耗材供应链的智慧化管理，有助于增强医疗机构对医用耗材的监管能力，进一步保障医疗质量与安全。本文梳理了传统医用耗材管理模式及问题，概述了现有国家及省（区、市）医用耗材挂网政策，总结了未来医用耗材挂网政策的趋势走向，并基于前述背景，探讨了进行医用耗材供应信息的平台化、智能化整合的重要性及重点举措。此外，本文结合某些医疗机构的医用耗材供应信息化管理案例进行分析讨论，旨在加快推进医用耗材全流程的信息化管理，实现多平台数据融合共享，促进医用耗材精细化管理水平的提升。

关键词： 医用耗材　供应链　智慧管理　信息化

一　传统医用耗材管理模式问题分析

传统管理模式下，医用耗材大量依靠人工、主观判断进行管理，主要存在以下问题。

---

* 吴晓东，四川大学华西医院设备物资部部长，工程师，研究方向为医学装备与物流供应链管理；罗冰洁，四川大学华西医院设备物资部采供科副科长，工程师，研究方向为医学装备与物流供应链管理；王狄佳，四川大学华西医院助理研究员（管理研究），研究方向为医疗器械管理与评价、卫生政策研究。

（一）依靠手工进行验收、入库、出库、发票审核系列流程工作，存在关键信息录入审核错误等风险，管理效率较低

既往医疗机构的库房管理人员采用纯手工方式记录医用耗材的验收、入库、出库、发票审核等环节工作，将库房备货的每一类耗材的效期、生产批号等进行人工登记，通过人工进行发票审核、效验工作，但随着医疗机构体量的扩大，耗材品规的增多，完全凭借手工方式进行管理，尤其是当同一时段内大批量的耗材需要验收、入库，极易出现耗材关键信息出现错记、漏记情况。同时，纯人工操作模式下，耗材发票核对、支付款项时间拉长，库房管理、发票管理人员的重复性工作量增大，审核效率降低，医疗机构整体管理成本抬高。

（二）粗放型的备货方式，缺乏科学合理的库存、发放管理

为保障临床业务工作正常运转，通常库房人员将尽可能多、尽可能全地对医用耗材进行库存备货，备货数量及品规大多数依据临床科室零散的耗材需求，同时结合库房管理人员的经验来进行粗放式的库存及发放管理，但每类耗材由于其自身使用频率、使用场景不同，该种管理方式缺乏对库存的科学规划，往往造成耗材积压、耗材过期等问题，增加医疗机构运行成本。

（三）临床医护人员手工计费耗材，易出现多计、漏计、误计问题

传统情况下，医护人员需根据患者使用的耗材进行手工计算并纸质登记费用后，在医院信息系统（Hospital Information System，HIS）中操作筛选对应的耗材计费项进行收费，尤其是骨科耗材品种繁多且计费规则、方案复杂多样，单纯依靠手工计费易造成多计、漏计、误计问题，影响耗材的进销存精细化管理。[1]

---

[1] 罗冰洁、吴晓东、雍鑫：《基于五码合一的骨科医用耗材创新管理实践》，《中国医院建筑与装备》2023年第8期，第3~7页。

（四）信息化水平受限，无法进行耗材的全流程追溯管理

按照《医疗机构医用耗材管理办法（试行）》（国卫医发〔2019〕43号）[①]、《医疗器械临床使用管理办法》（中华人民共和国国家卫生健康委员会令第8号）[②]等政策要求，医疗机构应当对耗材使用实行闭环管理，建立进货查验记录制度，加强医疗器械信息管理，建立医疗器械及其使用信息档案，确保信息具有可追溯性。传统管理模式下，由于纯手工登记耗材入出库、计费信息，以及医院资源规划（Hospital Resource Planning，HRP）系统与 HIS 存在脱节、信息传输不准确等问题，无法对应及追溯耗材的使用情况，尤其是植入及介入性的高值耗材，若后续发生患者生命安全事件或医疗纠纷，难以通过信息化手段进行快速追溯，存在管理漏洞，不利于后续使用管理和评价分析。

二 医用耗材挂网政策趋势分析

除传统医用耗材管理模式产生的问题外，近年来，为进一步降低耗材的采购成本，保障医用耗材采购、配送、使用、结算、支付全流程精准、实时、透明的闭环监控管理，国家及各省（区、市）陆续出台并实施了医用耗材挂网采购相关政策文件。医用耗材挂网采购是指符合挂网范围的医用耗材产品通过省级公共资源交易中心医药集中采购平台集中挂网，医疗机构通过省级采购平台阳光采购的行为。现梳理 2015~2023 年由国家颁布的、重点提及的医用耗材挂网采购相关政策文件（见表1）。

[①] 国家卫生健康委、国家中医药局：《关于印发〈医疗机构医用耗材管理办法（试行）〉的通知》，https://www.gov.cn/gongbao/content/2019/content_5442286.htm，2019 年 6 月 6 日。

[②] 国家卫生健康委员会：《医疗器械临床使用管理办法》，https://www.gov.cn/gongbao/content/2021/content_5600085.htm，2021 年 1 月 12 日。

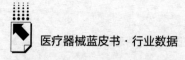

表 1 与医用耗材挂网采购相关的国家主要政策文件

时间	文件名称	文号	相关要求
2023	《国务院办公厅关于加强医疗保障基金使用常态化监管的实施意见》①	国办发〔2023〕17 号	建立健全信用管理制度,对失信医药企业,可按规定在医保目录准入、价格招采信用评价、医药集中采购、挂网资格等方面采取处置措施
2023	《关于进一步推进口腔医疗服务和保障管理工作的通知》②	国卫办医政发〔2023〕11 号	规范口腔科耗材挂网采购。各地要规范落实口腔修复、种植、正畸等耗材省级平台挂网采购,以省(区、市)为单位,或以跨省联盟形式积极开展口腔科耗材集中采购,促进口腔耗材价格公开透明,挤出价格水分
2022	《关于提升完善医药集中采购平台功能支持服务医药价格改革与管理的意见》③	医保发〔2022〕1 号	扩展挂网品种至医疗机构所需要的全部药品和医用耗材,扩大采购主体覆盖全部公立医疗机构,切实提高网采率
2021	《国务院办公厅关于印发"十四五"全民医疗保障规划的通知》④	国办发〔2021〕36 号	到 2025 年,公立医疗机构通过省级集中采购平台采购高值医用耗材金额占全部采购高值医用耗材金额的 80%,医疗机构所需的全部医用耗材均需挂网。建立以医保支付为基础,招标、采购、交易、结算、监督一体化的省级集中采购平台
2020	《国家医疗保障局关于建立医药价格和招采信用评价制度的指导意见》⑤	医保发〔2020〕34 号	基于药品和医用耗材集中采购中的买卖合同关系,依托药品和医用耗材招标采购平台,系统集成守信承诺、信用评级、分级处置、信用修复等机制,建立权责对等、协调联动的医药价格和招采信用评价制度
2020	《中共中央、国务院关于深化医疗保障制度改革的意见》⑥	/	深化药品、医用耗材集中带量采购制度改革。以医保支付为基础,建立招标、采购、交易、结算、监督一体化的省级招标采购平台,推进构建区域性、全国性联盟采购机制,形成竞争充分、价格合理、规范有序的供应保障体系
2019	《国务院办公厅关于印发治理高值医用耗材改革方案的通知》⑦	国办发〔2019〕37 号	建立高值医用耗材价格监测和集中采购管理平台,加强统计分析,做好与医保支付审核平台的互联互通。所有公立医疗机构采购高值医用耗材须在采购平台上公开交易,阳光采购。对于临床使用量较大、采购金额较高、临床使用较成熟、多家企业生产的高值医用耗材,按类别探索集中采购,鼓励医疗机构联合开展带量谈判采购,积极探索跨省联盟采购。对已通过医保准入并明确医保支付标准、价格相对稳定的高值医用耗材,实行直接挂网采购

续表

时间	文件名称	文号	相关要求
2017	《关于印发医用耗材专项整治活动方案的通知》⑧	/	普遍开展以政府为主导、以省（区、市）为单位的网上高值医用耗材集中采购工作。核查各省（区、市）医疗耗材集中采购流程建设、制度建设和有关配套建设
2017	《国务院办公厅关于印发深化医药卫生体制改革2017年重点工作任务的通知》⑨	国办发〔2017〕37号	利用好国家药品供应保障综合管理信息平台，坚持集中带量采购原则，推进实施公立医院药品分类采购，培育集中采购主体，鼓励跨区域联合采购和专科医院开展药品、高值医用耗材等联合采购
2016	《国务院关于印发"十三五"深化医药卫生体制改革规划的通知》⑩	国发〔2016〕78号	规范和推进高值医用耗材集中采购，统一高值医用耗材编码标准，区别不同情况推行高值医用耗材招标采购、谈判采购、直接挂网采购等方式，确保高值医用耗材采购各环节在阳光下运行
2015	《国务院关于城市公立医院综合改革试点的指导意见》⑪	国办发〔2015〕38号	高值医用耗材必须通过省级集中采购平台进行阳光采购，网上公开交易

注：①《国务院办公厅关于加强医疗保障基金使用常态化监管的实施意见》，https：//www. gov. cn/zhengce/zhengceku/202305/content_ 6883812. htm，2023 年 5 月 26 日。

②国家卫生健康委办公厅、国家医保局办公室、金融监管总局办公厅、国家药监局综合司：《关于进一步推进口腔医疗服务和保障管理工作的通知》，https：//www. gov. cn/zhengce/zhengceku/202309/content_ 6903786. htm，2023 年 8 月 25 日。

③国家医疗保障局：《关于提升完善医药集中采购平台功能支持服务医药价格改革与管理的意见》，https：//www. gov. cn/xinwen/2022-01/30/content_ 5671325. htm。

④《国务院办公厅关于印发"十四五"全民医疗保障规划的通知》，https：//www. gov. cn/zhengce/content/2021-09/29/content_ 5639967. htm，2021 年 9 月 23 日。

⑤《国家医疗保障局关于建立医药价格和招采信用评价制度的指导意见》，http：//www. nhsa. gov. cn/art/2020/9/16/art_ 37_ 3580. html，2020 年 9 月 16 日。

⑥《中共中央、国务院关于深化医疗保障制度改革的意见》，https：//www. gov. cn/zhengce/2020-03/05/content_ 5487407. htm，2020 年 2 月 25 日。

⑦《国务院办公厅关于印发治理高值医用耗材改革方案的通知》，https：//www. gov. cn/zhengce/content/2019-07/31/content_ 5417518. htm，2019 年 7 月 19 日。

⑧国家卫生计生委办公厅、国家发展改革委办公厅、工业和信息化部办公厅、财政部办公厅等：《关于印发医用耗材专项整治活动方案的通知》，http：//www. nhc. gov. cn/yzygj/s7657g/201708/133c3bed87cf4afd948ae5d13aed4dc3. shtml，2017 年 7 月 11 日。

⑨《国务院办公厅关于印发深化医药卫生体制改革2017年重点工作任务的通知》，https：//www. gov. cn/zhengce/content/2017-05/05/content_ 5191213. htm，2017 年 4 月 25 日。

⑩《国务院关于印发"十三五"深化医药卫生体制改革规划的通知》，https：//www. gov. cn/gongbao/content/2017/content_ 5163450. htm，2016 年 12 月 27 日。

⑪《国务院办公厅关于城市公立医院综合改革试点的指导意见》，https：//www. gov. cn/gongbao/content/2015/content_ 2868467. htm，2015 年 5 月 6 日。

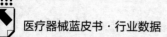

　　国家层面上颁布的医用耗材挂网采购相关政策文件，为挂网采购工作的实施奠定了框架基础。在此基础上，各省（区、市）围绕"十四五"规划要求，结合各省（区、市）实际情况，也分别开展了多批次省际联盟的医用耗材集中带量采购，并积极推进挂网采购的具体执行。

　　截至2023年11月，全国各省（自治区、直辖市）及新疆生产建设兵团均建立了匹配医用耗材国家医保局平台赋码的耗材挂网体系，部分市级如广东省深圳市、湖南省株洲市等在省级耗材挂网体系的基础上，补充自建了医用耗材采购交易平台。同时，结合国家的相关政策要求，各省（区、市）不断完善和健全挂网采购政策，例如2023年湖南省医疗保障局等发布的《关于深入推进医用耗材阳光挂网集中采购的实施意见》（湘医保发〔2023〕43号）①，强调2023年底前，分步完成全省各级各类医用耗材阳光挂网平台向招采管理系统的集中统一，实现医用耗材一个平台挂网、全省覆盖，消除医用耗材挂网采购"碎片化"；河南省医疗保障局颁布的《关于进一步做好医用耗材阳光挂网工作的通知》②，针对耗材挂网流程做出重大调整，一是减少申报环节，二是简化办理流程；江苏省医疗保障局发布《关于进一步优化药品（医用耗材）阳光挂网工作的通知》（苏医保发〔2023〕50号）③，明确指出阳光挂网申报系统全年开放，企业可随时申报药品、医用耗材挂网。医保部门按周进行资质确认，仅对挂网申报类别和申报价格的合规性进行确认，其余申报信息均以企业承诺为准，加快申报产品挂网上市进度。

　　由上述可见，挂网采购是国家系统治理医用耗材、优化医药行业秩序的重要举措，是理顺医用耗材价格形成机制的迫切所需，以政府为主导，各省

① 湖南省医疗保障局、湖南省卫生健康委员会、湖南省市场监督管理局等：《关于深入推进医用耗材阳光挂网集中采购的实施意见》（2023-09-11），https：//ybj. hunan. gov. cn/ybj/first113541/firstF/f2113606/202310/t20231031_ 31807358. html。

② 河南省医疗保障局：《河南省医疗保障局关于进一步做好医用耗材阳光挂网工作的通知》（2023-11-16），https：//ylbz. henan. gov. cn/2023/11-16/2849021. html。

③ 江苏省医疗保障局：《江苏省医疗保障局关于进一步优化药品（医用耗材）阳光挂网工作的通知》（2023-10-11），http：//ybj. jiangsu. gov. cn/art/2023/10/12/art_ 85482_ 11038288. html。

（区、市）医疗保障机构为抓手，全面实行监管平台集中采购、集中结算，实施"招标、采购、配送、使用、结算、支付"的全流程监控管理与阳光运行。未来我国医用耗材挂网政策、规则将综合考虑市场竞争格局、企业生产供应、临床实际需求等持续完善、更新，进一步简化、加快临床急需、创新耗材的挂网程序，挂网准入门槛、挂网周期、医用耗材费用将逐步降低，最终实现医用耗材挂网采购的全面落地。

三 医用耗材供应信息的平台化智能化整合

结合传统医用耗材管理模式产生的问题及近年来医用耗材挂网政策趋势，由于医用耗材供应涉及环节众多，串联整个流程，打通所有环节的信息壁垒显得尤为重要，医疗机构通过构建医用耗材供应信息的一体化平台，整合耗材供应链的关键数据信息具有十分重要的意义。为实现全程对接、追溯，医疗机构可以从以下方面着手，进行医用耗材供应信息的平台化智能化整合。

（一）整合联动，促进医疗机构系统与挂网平台数据互联互通

以四川省为例，根据《四川省医药机构医用耗材集中采购实施方案》（川医保规〔2021〕10号）①，要求对属于集中采购目录的医用耗材，全省医药机构原则上均应通过省药械采购平台进行网上采购，做好网上采购、到货确认、供货评价、备案采购、货款结算等工作，保证实际入库产品价格、数量与省药械采购平台订单价格、到货确认数量一致。为确保采购耗材数据及时准确地上传至挂网采购平台，挂网平台的耗材价格动态变化信息、新增耗材信息等快速同步至医疗机构端，医疗机构需在完善自身采购耗材的挂网平台产品 ID 等信息基础上，依靠信息化改造，打通医疗机构

---

① 《四川省医疗保障局关于印发〈四川省医药机构医用耗材集中采购实施方案〉的通知》，http://ylbzj. sc. gov. cn/scsybj/nc010416/2021/2/19/0f0e89e78eec4e368c050bd5f4f1b716. shtml，2021 年 2 月 19 日。

HRP 系统与挂网平台数据端口，搭建两个平台的关键数据传输通道，使医疗机构采购耗材的数据实时高效地同步至挂网平台，同时挂网平台耗材价格波动及品类增补等信息也可以回传至医疗机构平台，实现信息实时交互。

（二）构建物资编码、医嘱编码、收费编码、医保编码及 UDI 编码的五码合一体系，实现医用耗材精准溯源

医用耗材的主要特征之一为品规繁多，同功能的医用耗材有成千上万个品牌、规格型号，对耗材进行物资编码、医嘱编码、收费编码、医保编码及 UDI 编码的统一整合管理，成为实现耗材全过程数据可追溯的重要基础。通过搭建供应商平台，对院内物资字典进行梳理，进一步规范物资编码、医嘱编码、收费编码的一致性，按照医保标准编码匹配全院计费耗材数据，根据国家医疗器械唯一标识数据库的 UDI 编码数据完善院内耗材的 UDI 信息，构建基于物资编码、医嘱编码、收费编码、医保编码及 UDI 编码的五码合一体系。基于五码合一体系，通过对高值耗材进行"一物一码"的自编码管理和低值耗材的 UDI 编码解析，完成耗材的入库、发放、计费等全过程条码化系统管理和全过程系统留痕，实现超市化的计费模式，取代既往手工验收、入库、计费、出库一系列人工操作的传统模式，有利于提升医用耗材供应链的全流程数据抓取及闭环追溯管理能力。

（三）优化库房管理架构和模式，建立科学自动补货机制

结合临床耗材需求特性，针对性地建立医用耗材供应一级库、手术室库房及临床科室二级库的管理模式。一方面可根据手术术式及类型不同，分类别建立适合该类手术耗材需求的手术室库房，如骨科类手术可专设骨科管理库房，介入类手术可专设介入管理库房，对高值耗材通过"零库存"的管理模式，设置合理的库存安全基数，实现耗材的快速周转，达到既降低库存耗材资金占用，又保障临床需求的管理目标；另一方面，针对量大价低的耗材，建立一级库及面向临床科室的二级库管理模式，主要针对病房及门诊科

室进行补货点基数管理，根据耗材的实际使用情况，自动生成补货单，简化临床护理人员的操作，同时增强耗材的配送及时性。

（四）智慧发票管理，提升支付环节智能管理水平

对于大部分医疗机构而言，医用耗材发票管理均存在付款全流程监管缺乏及效率较低的问题，若医疗机构医用耗材供应体量较大，在有限的人力资源条件下，发票管理的时间、资金成本也都相应增加，将直接影响医疗机构运营效率。基于传统医用耗材付款的全流程环节，目前，"医工+信息+制造"的多方技术已形成气候，设计票据传送装置、进给装置、打印装置等智能元素，形成一套集自动收纳、校验、查询、预警于一体的智慧发票管理产品及运行模式已成为可能。建成一体化智慧发票管理系统后，将进一步整合耗材供应平台信息，大大提高耗材付款的效率，同时，也规避该流程环节中的相关廉政风险，提升发票管理效率。

四 案例分析：多院区医用耗材供应信息化管理案例

随着医联体模式的不断拓展，结合现有国家政策要求，大多数医疗机构分设了多个院区，并采用同质化管理方式，依靠物联网、大数据等信息技术，搭建精益物流管理平台，共同构建医疗机构耗材智能管理体系。以下为西南某大型综合性三甲医院在多院区背景下，医用耗材供应信息化管理案例。

（一）基于综合物联网技术的智能仓储管理，提升多院区内医用耗材精细化管理程度

该医疗机构将各院区涉及使用的医用耗材进行统一管理，使用统一的HRP 系统进行耗材供应全流程管理。由医院本部负责进行全部耗材的字典维护、与挂网平台的对接后，基于五码合一体系，生成唯一且对应的编码信息，并经过 HRP 系统，按照同样的标准、要求，由各院区耗材管理团队分

别负责进行医用耗材订货、存储、配送、对账等流程操作。同时，为提升医用耗材精细化管理程度，提升多院区医用耗材管理质效，该医疗机构对科室二级库医用耗材管理模式进行了信息化探索，实行科室二级库无人值守的智能化管理模式。通过 AI 视觉管理系统、复合重力传感器与电子价签的智能货架等物联网技术，联动院内 HRP 系统及 HIS，确保在科室二级库无人值守的场景下，仍旧达到智能引导、无感上架、即领即走、自动盘点物资等全方位、全流程的智慧库房管理目标，实现了临床二级库医用耗材的全程动态监管，将智能化、自动化管理渗透二级库医用耗材验收、入库、出库、计费、自动补货等溯源管理的每一环节，保障实时精准获取物流数据，有效节省人力及管理成本，使二级库医用耗材管理更加规范、透明及高效，重塑二级库医用耗材使用管理流程，实现二级库医用耗材的闭环管理。

（二）构建骨科植入性耗材单数包装的创新管理模式，方便多院区间数据追溯与管理

在手术室高值耗材方面，对于出厂已有灭菌的产品，该医疗机构运用射频识别（Radio Frequency Identification，RFID）智能货柜，通过张贴、录入、识别 RFID 标签信息，完成耗材入库、领用、计费、出库全流程操作，最大化提升临床医护人员的工作效率，提高耗材的领用准确率，实现高值耗材从库房到患者使用的全过程追溯。

对于出厂时尚未灭菌的部分骨科类耗材的管理，目前大多数医疗机构仍然是按套包的方式进行备货、入库、出库等，未将套包内每一部件进行单独包装，不利于真正实现医保码"贯标"目的且进销存管理过程中计费易出错，难以做到骨科类植入性医用耗材每一部件的使用追溯，难以进行精细化使用分析及成本管控。基于此，该医疗机构基于五码合一体系，以每一部件为最小单位，如每一螺钉、钢板等，在院内进行单独包装，并将赋予的院内自编二维码、合格证及消毒标签逐一粘贴于对应产品外包装上，库房管理人员扫码验收及入出库，临床医护人员扫码计费，实现骨科类植入性医用耗材每一部件批号、效期、使用病人信息的系统留痕，有利于根据追溯信息进行

多院区内的使用管控，同时极大地减轻临床医护人员的工作量，临床只需完成扫码动作，即可实现及时、准确、自动计费，避免了单纯手工计费造成的多计、误计、漏计问题。[①]

（三）借助信息化技术建设应急医疗物资快速响应体系，实现多院区间医用耗材及时调度与响应

应急医疗物资管理在医疗机构后勤保障中占据重要地位，对医疗应急分队在处理突发卫生事件时实施救援的效果及效率有重要影响。为保证应急物资的及时供应，该医疗机构也存储了相关医用、民用耗材。为规范该类物资管理，避免储备量过多导致超效期未使用造成资源浪费及储备量过小导致突发需求时难以供应的问题，该医疗机构运用物联网及 RFID 技术，将信息化手段与应急物资救援管理体系有机结合，建设了一套平战结合的应急医疗救援物资管理体系，以 RFID 技术为突破点，建立了应急医疗物资专用存储数据库，实现应急物资全流程的快速入库、出库、效期管理、自动补货管理等功能，较大程度提高了应急物资的收发流转的效率；同时，基于统一的 HRP 系统，实时精准跟踪应急医疗物资及各分院区医疗耗材库存情况，不仅可实现多院区间应急物资的实时监控和信息共享，而且进一步实现应急医疗物资的可视化管理和快速调度，提升应急物资仓库的管理水平和工作效率，对整个应急医疗救援物资的综合管理发展有重大意义。[②]

---

① 罗冰洁、吴晓东、雍鑫：《基于五码合一的骨科医用耗材创新管理实践》，《中国医院建筑与装备》2023 年第 8 期，第 3~7 页。

② 任斌、赵福占、娄苗等：《医院应急医疗救援物资快速响应管理系统的设计与实现》，《中国医疗设备》2023 年第 4 期，第 102~106 页。

B.11

医疗器械唯一标识（UDI）实现医用
耗材信息化管理的现状和分析

汤京龙　许慧雯　易　力*

摘　要：　医疗器械唯一标识（UDI）作为我国医疗器械监管领域的一项基本制度，是提高监管效能、实现智慧监管的有效手段。2019年国家药监局发布《医疗器械唯一标识系统规则》，并联合国家卫生健康委和国家医保局按照产品风险类别逐步施行唯一标识制度，当前所有第三类医疗器械（包括体外诊断试剂）已经具有UDI。在医疗器械产业链、供应链数字化转型中，UDI作为串联物流、信息流和资金流的有效工具，其重要性已经被各方认可，通过深化唯一标识在监管、医疗、医保等领域的衔接应用，实现医用耗材的信息化、精细化管理，方便临床使用，提升使用效益，确保使用安全。

关键词：　医疗器械唯一标识　医用耗材　医疗器械全生命周期　精细化管理

一　唯一标识实施现状

1.国家政策情况

医疗器械唯一标识制度是监管的重要基础性工作，涉及面广、影响深

---

* 汤京龙，中国食品药品检定研究院医疗器械标准管理研究所标准二室主任，主任技师，博士研究生，研究方向为医疗器械标准管理、医疗器械分类管理、药械组合产品管理属性；许慧雯，中国食品药品检定研究院医疗器械标准管理研究所综合办公室副主任，副主任技师，研究方向为医疗器械标准管理；易力，中国食品药品检定研究院医疗器械标准管理研究所高级工程师，研究方向为医疗器械唯一标识（UDI）的技术和相关基础通用标准的制定。

远，且极具挑战性。2006 年，上海市药品监管部门开展了部分植入性医疗器械编码追溯试点工作。早在 2012 年，国务院印发了《国家药品安全"十二五"规划》，要求"启动高风险医疗器械国家统一编码工作"；2017 年，国务院印发了《"十三五"国家药品安全规划》，要求"构建医疗器械编码体系，制定医疗器械编码规则"。之后唯一标识制度实施进入快车道，相关要求多次出现在国家深化医药卫生体制改革等文件中（见表1），相关要求也由规则制定发展到分类实施和部门间的关联应用。2020 年，国务院常务委员会审议修订通过《医疗器械监督管理条例》①，增设了唯一标识条款，明确规定"国家根据医疗器械产品类别，分步实施医疗器械唯一标识制度，实现医疗器械可追溯，具体办法由国务院药品监督管理部门会同国务院有关部门制定"，为我国分步推进唯一标识制度提供了法规依据。

表 1　唯一标识制度相关国家层面政策文件

成文时间	文件名称	相关内容
2012 年 1 月	《国务院关于印发国家药品安全"十二五"规划的通知》（国发〔2012〕5 号）	启动高风险医疗器械国家统一编码工作
2017 年 2 月	《国务院关于印发"十三五"国家食品安全规划和"十三五"国家药品安全规划的通知》（国发〔2017〕12 号）	制定医疗器械编码规则,构建医疗器械编码体系
2018 年 8 月	《国务院办公厅关于印发深化医药卫生体制改革 2018 年下半年重点工作任务的通知》（国办发〔2018〕83 号）	制定医疗器械编码规则,探索实施高值医用耗材注册、采购、使用等环节规范编码的衔接应用
2019 年 5 月	《国务院办公厅关于印发深化医药卫生体制改革 2019 年重点工作任务的通知》（国办发〔2019〕28 号）	制定医疗器械唯一标识系统规则。逐步统一全国医保高值医用耗材分类与编码。对单价和资源消耗占比相对较高的高值医用耗材开展重点治理
2019 年 7 月	《国务院办公厅关于印发治理高值医用耗材改革方案的通知》（国办发〔2019〕37 号）	制定医疗器械唯一标识系统规则。逐步统一全国医保高值医用耗材分类与编码,探索实施高值医用耗材注册、采购、使用等环节规范编码的衔接应用

---

① 国务院：《医疗器械监督管理条例》（2021-03-18）［2024-04-11］，https：//www.gov.cn/zhengce/content/2021-03/18/content_ 5593739. htm。

续表

成文时间	文件名称	相关内容
2020年7月	《国务院办公厅关于印发深化医药卫生体制改革2020年下半年重点工作任务的通知》(国办发〔2020〕25号)	逐步建立完善药品信息化追溯机制,实现疫苗以及国家组织集中采购和使用药品"一物一码",选取部分高值医用耗材等重点品种实施医疗器械唯一标识
2021年4月	《国务院办公厅关于全面加强药品监管能力建设的实施意见》(国办发〔2021〕16号)	逐步实施医疗器械唯一标识,加强与医疗管理、医保管理等衔接。发挥追溯数据在风险防控、产品召回、应急处置等工作中的作用,提升监管精细化水平
2021年10月	《关于印发"十四五"国家药品安全及促进高质量发展规划的通知》(国药监综〔2021〕64号)	逐步实施医疗器械唯一标识,完善医疗器械唯一标识数据库,加强在上市后监管、医疗管理、医保管理等领域的衔接应用
2022年4月	《国务院办公厅关于印发"十四五"国民健康规划的通知》(国办发〔2022〕11号)	稳步实施医疗器械唯一标识制度
2022年5月	《国务院办公厅关于印发深化医药卫生体制改革2022年重点工作任务的通知》(国办发〔2022〕14号)	分类推进医疗器械唯一标识实施工作,深化唯一标识在监管、医疗、医保等领域的衔接应用

数据来源:https://udi.nmpa.gov.cn/。

2. 唯一标识相关法规

2019年7月,国家药监局联合国家卫生健康委开展唯一标识的试点工作,并于同年8月发布《医疗器械唯一标识系统规则》①(以下简称《规则》),《规则》明确提出,唯一标识系统建设遵循分步实施的原则,分类实施的具体步骤另行制定并公布,之后国家药监局根据试点和当前产品实施的情况陆续发布了相关类别产品的实施UDI的公告,唯一标识制度的相关文件见表2。

---

① 国家药品监督管理局:《国家药监局关于发布医疗器械唯一标识系统规则的公告》(2019年第66号)(2019-08-27)〔2024-04-11〕,https://www.nmpa.gov.cn/xxgk/fgwj/xzhgfxwj/20190827092601750.html。

表 2　UDI 制度相关文件

成文时间	文件名称	内容
2019 年 7 月	《国家药监局综合司 国家卫生健康委办公厅关于印发医疗器械唯一标识系统试点工作方案的通知》（药监综械注〔2019〕56 号）	联合国家卫生健康委开展唯一标识系统试点工作
2019 年 8 月	《国家药监局关于发布医疗器械唯一标识系统规则的公告》（2019 年第 66 号）	发布《医疗器械唯一标识系统规则》，明确唯一标识系统建设的内容
2019 年 10 月	《国家药监局关于做好第一批实施医疗器械唯一标识工作有关事项的通告》（2019 年第 72 号）	部分有源植入、无源植入等 9 大类 64 个品种的第三类医疗器械于 2020 年 10 月 1 日起实施唯一标识制度
2020 年 9 月	《国家药监局 国家卫生健康委 国家医保局关于深入推进试点做好第一批实施医疗器械唯一标识工作的公告》（2020 年第 106 号）	将第一批国家高值医用耗材重点治理清单中的 5 种高风险第三类医疗器械纳入第一批实施唯一标识的范围（9 大类 69 个品种），并将实施日期调整至 2021 年 1 月 1 日
2021 年 9 月	《国家药监局 国家卫生健康委 国家医保局关于做好第二批实施医疗器械唯一标识工作的公告》（2021 年第 114 号）	所有第三类医疗器械（包括体外诊断试剂）于 2022 年 6 月 1 日起实施唯一标识制度
2023 年 2 月	《国家药监局 国家卫生健康委 国家医保局关于做好第三批实施医疗器械唯一标识工作的公告》（2023 年第 22 号）	103 个品种的第二类医疗器械于 2024 年 6 月 1 日起实施唯一标识制度

数据来源：https：//udi. nmpa. gov. cn/。

与此同时，北京、天津、上海、福建等 20 余省（自治区、直辖市）药监部门也联合当地卫健、医保部门发文，共同推进 UDI 实施应用。

3. 唯一标识相关技术标准

为配合我国唯一标识制度实施，国家药监局发布了一系列唯一标识相关的医疗器械行业标准（见表 3），其中 YY/T 1630-2018《医疗器械唯一标识基本要求》和 YY/T 1681-2019《医疗器械唯一标识系统基础术语》为《规则》发布提供了技术保障，YY/T 1752-2020《医疗器械唯一标识数据库基本数据集》和 YY/T 1753-2020《医疗器械唯一标识数据库填报指南》用于指导我国医疗器械唯一标识数据库（UDID）建设和填报。随着实施品种的逐渐扩大，后续的标准内容将主要集中在唯一标识制度的落地和实施中的重难点环节。

表3　UDI制度相关标准制修订情况

序号	标准编号	标准名称	适用范围	备注
1	YY/T 1630-2018	《医疗器械唯一标识基本要求》	本标准规定了医疗器械唯一标识的相关术语和定义、基本原则、产品标识的要求和生产标识的要求。本标准适用于医疗器械唯一标识的管理	2020年1月1日起实施
2	YY/T 1681-2019	《医疗器械唯一标识系统基础术语》	本标准规定了医疗器械唯一标识系统的基础术语和定义	2020年8月1日起实施
3	YY/T 1752-2020	《医疗器械唯一标识数据库基本数据集》	本标准规定了医疗器械唯一标识数据库所涉及的基本数据集的类别、数据子集等相关内容。本标准适用于医疗器械唯一标识数据库的建设	2020年10月1日起实施
4	YY/T 1753-2020	《医疗器械唯一标识数据库填报指南》	本标准规定了向医疗器械唯一标识数据库填报产品标识及其相关信息的基本要求。本标准适用于医疗器械唯一标识数据库的填报	2020年10月1日起实施
5	YY/T 1879-2022	《医疗器械唯一标识的创建和赋予》	本文件规定了医疗器械唯一标识创建和赋予的要求。本文件适用于各相关方实施和应用医疗器械唯一标识	2022年12月1日起实施
6	YY/T XXXX-XXXX	《医疗器械唯一标识的包装实施和应用》	本文件规定了医疗器械的各产品包装级别、包装的唯一标识实施和在供应链中的解析。本文件适用于多级包装医疗器械产品唯一标识的实施和应用	2023年医疗器械行业标准制修订项目(待发布)
7	YY/T XXXX-XXXX	《医疗器械唯一标识的形式和内容》	本文件规定了医疗器械唯一标识的形式和内容、数据分隔符和唯一标识的解析。本文件适用于医疗器械制造商和发码机构实施唯一标识制度,便于供应链相关方在多码并行的情况下正确地识读和解析医疗器械唯一标识	2023年医疗器械行业标准制修订项目(待发布)

数据来源:https://udi.nmpa.gov.cn/。

4. 唯一标识实施现状

（1）总数据量和产品类别占比

截至 2023 年 12 月底，UDID 中共有约 340 万条主数据，其中医疗器械占 96.4%，体外诊断试剂占 3.6%（见图 1）。其中医疗器械类别的产品，按照对应《医疗器械分类目录》的 22 个子目录来划分，13-无源植入器械、16-眼科器械和 14-注输、护理和防护器械产品的数量相对较多。主要原因是，一方面，产品的类型多样，一张注册证下对应的规格型号较多，例如金属接骨螺钉、软性接触镜、注射针等；另一方面，某一特定子目录下对应的注册证数量较多，例如 14-注输、护理和防护器械。

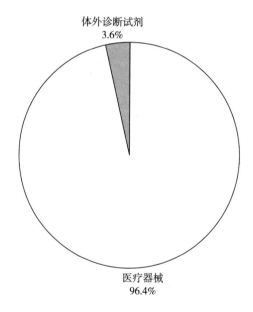

图 1　产品类别占比

注：除另有说明，UDID 中数据统计截至 2023 年 12 月底。
数据来源：https：//udi.nmpa.gov.cn/。

（2）采用发码机构的情况

当前在我国 VDID 中上传发码机构规则的有中国物品编码中心（对应

编码体系为 GS1)、中关村工信二维码技术研究院（对应编码体系为 ZIIOT）和阿里健康科技（中国）有限公司（对应编码体系为 AHM），使用 GS1 标准的比例约为 89.192%，使用 ZIIOT 标准的比例约为 10.805%，使用 AHM 标准的相对较少，仅有不到 100 条主数据，约占总数据条数的 0.003%。

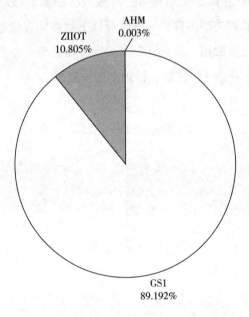

图 2　发码机构占比

数据来源：https：//udi. nmpa. gov. cn/。

（3）医保医用耗材分类与编码的填写情况

将医疗器械唯一标识和医保医用耗材分类与编码衔接应用是当前唯一标识工作的重点也是难点。国家药监局 UDID 和国家医保局医用耗材分类与代码数据库维护分别设置了相对应的字段用于将两者相关联，第二批、第三批实施唯一标识工作的公告也对纳入实施范围的品种在两个数据库中填写相关信息提出了要求，在 UDID 中约有 120 万条主数据填写了医用耗材分类与编码，约占总数据量的 1/3。

（4）UDI 的标识颗粒度

根据《规则》第七条，医疗器械唯一标识包括产品标识（UDI-DI）和生产标识（UDI-PI）。UDI-DI 为识别注册人/备案人、医疗器械型号规格和包装的唯一代码；UDI-PI 由医疗器械生产过程相关信息的代码组成，根据监管和实际应用需求，可包含医疗器械序列号、生产批号、生产日期、失效日期等。UDI-DI 是医疗器械规格型号层面的唯一代码，同 UDI-PI 中的批号和序列号字段联合使用，从而满足医疗器械更精细的识别需求，通过分析唯一标识中 UDI-PI 的组成中生产批号和序列号能够获知当前对医疗器械精细化管理的程度。在 UDID 中，只包含生产批号的主数据约为 165 万条，只包含序列号的主数据约为 12 万条，同时包含生产批号和序列号的主数据约为 160 万条，占比分别为 48%、3% 和 49%。由此可以看出 UDID 中绝大多数产品按照批号生产，但为了企业自身和供应链的识别需求，有近一半的产品注册人/备案人额外添加了序列号从而实现更精细化的管理。

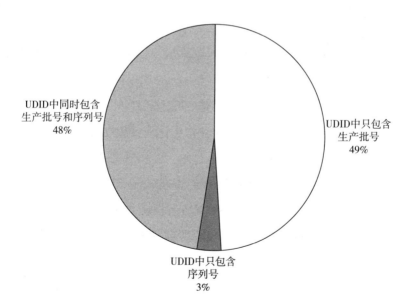

图 3　UDI 的标识颗粒度

数据来源：https://udi.nmpa.gov.cn/。

（5）其他数据分析

在 UDID 中，有近 42 万条主数据对应的产品使用了本体直接标识的方式。按照唯一标识制度的初衷，本体直接标识主要针对可重复使用且每次使用前需要经过再处理的医疗器械，从而解决再处理之后失去原包装无法识别的问题，但当前我国 UDID 中填写该数据项的主要为有源设备和植入器械，而可重复使用的手术器械相对较少。

在 UDID 中包类/组套类产品的数量约为 17 万，占比较少，仅为约 5%。但需要特别关注的是此类产品可能包含多个医保能够单独计价的单元，此种情况是当前唯一标识和医保医用耗材分类与编码衔接应用的难点。

二 UDI 和医保编码的衔接应用

1. 两码衔接的可行性

医疗器械唯一标识和医保医用耗材分类与代码均是针对医疗器械（医用耗材）的信息化编码。从编码的对象来看，UDI-DI 为识别注册人/备案人、医疗器械型号规格和包装的唯一代码，在 UDID 中构建了以最小销售单元产品标识为关键字的产品信息库，建立在产品规格型号层级。医保医用耗材代码基于医保医用耗材分类，由企业依据注册证或备案凭证在医保医用耗材分类与代码数据库维护中填写相关信息，获取相应的编码，当前 27 位码也是建立在规格型号层级；从编码涉及产品的范围来看，唯一标识采取分步实施的方式，但最终的实施范围将覆盖所有医疗器械（含体外诊断试剂）。医保医用耗材标准目前仅针对可单独收费的耗材进行赋码。从维护要求来看，根据第二、三批唯一标识实施要求，已在国家医保局获得医保医用耗材分类编码的产品，应在 UDID 中维护产品的医保医用耗材代码信息；已经在 UDID 中上报 UDI-DI 的产品，应在国家医保局医用耗材编码数据库中填写 UDI-DI 信息。由此可见，虽然唯一标识应用的范围更广，并在产品各级包装上保持唯一，但两种编码都聚焦医疗器械规格型号层面，能够相互关联。

2. 医疗机构医用耗材管理现状

作为使用单位的医疗机构，如何在整个医疗器械产业链的末端更好地应用 UDI 系统，将 UDI 技术融入整个医疗机构内部供应链体系中，在保证产品从生产企业到终端用户的唯一追踪属性，保障医疗安全的同时，大幅提升医用耗材的管理效率，破解管理难题尤为关键。

医疗机构涉及的应用场景包括：集采、首营、资质证照管理、订单、入库、出库、临床使用、收费、医保、追溯、数据分析等。

医疗机构内医用耗材的管理，虽然没有大型经营企业的数量多，不过涉及药监、卫健、医保、集采、财政、税务、海关、市场监督等更多部门，同时也连接着生产、经销、流通企业，有着流程长、环节多、内容广、业务复杂、专业性强等特点。医用耗材管理数据链涉及物资管理系统、收费系统、追溯系统、医保信息网、阳光采购平台及第三方物流平台系统、物流机器人、RFID 高值耗材、IVD 冷链柜等。

医疗机构在医用耗材管理中以 UDI 为基础，建立医用耗材标准数据字典库，以数据流、信息流连接闭环，辅以智能化管理设施、设备，促使医用耗材实物流、资金流形成管理闭环，实现现代医疗机构的医用耗材管理信息化、智能化，在保证医用耗材安全性、有效性的同时，助力提升医疗机构的管理能力，实现降低运营成本的目标。

3. 两码衔接的方式

医疗机构在 UDI 制度实施之前，通过产品的物资编码（最小管理粒度到规格型号）与 HIS 收费编码等应用管理编码建立映射关系。如果医疗机构在其信息系统层面以 UDI-DI 为维度标识医用耗材，可以逐步通过 UDI-DI 取代产品的物资编码，并与应用管理编码建立映射关系。由于 UDI 是贴在产品外包装上，和医疗器械各级别包装的实物保持一致，能够通过扫描产品外包装的 UDI 快速获取产品的特征信息，实现耗材管理的精细化、自动化和智能化。UDI 在各级包装上保持唯一，同一规格型号产品对应多个包装级别的 UDI-DI，如何确定一个 UDI-DI 取代产品原来的物资编码，并与相应的管理编码建立映射关系，是医疗机构进行信息化改造并利用 UDI 关联如医保、收费、病种、操作等系统应用的关键。目前国家药监局的 UDID 中，最小销售单元产品标识 UDI-DI 为关键字，并与国家医保局的医保医用耗材分类与代码进行关联。但医疗机构在医疗器械使用、收费和医保结算环节的颗粒度通常为使用单元，对于部分应用场景会出现最小销售单元包含多个使用单元的情况，建立标准的流程完成数量的转化，有助于进一步提升 UDI 和医保医用耗材分类与代码的衔接应用，将物流扫码和管理环节的记录有机地结合起来，进一步助推三医联动。

4. 当前医疗机构两码衔接的案例

厦门大学附属心血管医院在医院资源规划（Hospital Resource Planning, HRP）系统中，将耗材字典编码、唯一标识、价表编码和医保编码相关联，实现四码映射，在临床使用过程中通过一次扫码，即可实现字典编码调用、库存扣减、计费结算和医保编码展示的同步应用。[①]

首都医科大学附属北京安贞医院通过"UDI 服务公益平台"对医院中的存量数据进行治理和完善，并同国家 UDID 中的 UDI-DI 数据和国家医保医用耗材分类与代码数据库进行对码，实现院内系统 N 个编码与 UDI-DI 码和医保标准码的"N+1+1"映射，建立基于 UDI-DI 的唯一的可在各业务系统中衔接应用的医用耗材主数据字典，为医院医用耗材管理中 UDI-DI 的导入和精细化运营打下坚实的数据基础。[②]

北京大学第三医院，针对医疗服务项目中可单独收费的一次性医用耗材，建立院内耗材编码和 UDI-DI 条码和医保医用耗材分类预编码的关联关系。在物价计费方面，通过产品收费编码实现 UDI 入库信息与收费信息的关联，在医保计费方面，科室使用耗材时扫描 UDI 条码记录，确保产品是经过正常验收途径入库的，在诊疗过程中将 UDI 和患者信息绑定，从而明

① 付磊、杨帆、施禹聪：《基于医疗器械唯一标识（UDI）管理模式的探索与实践》，《中国医疗器械信息》2023 年第 7 期，第 138~142 页。

② 希青、王小蕊、刘晓竹等：《基于医疗器械唯一标识的医用耗材主数据治理研究》，《中国医院管理》2022 年第 11 期，第 79~81 页。

确患者所使用的医用耗材，同时，由于 UDI 码与医保编码已经建立关联关系，通过诊疗过程中及时、准确录入的 UDI 码可以确定医保支付数额，从而避免可能出现的医保计费问题。[①]

5. 推荐的方案

医用耗材的过度使用问题引起了社会各界的高度关注。以 UDI-DI 编码为医用耗材主编码目录核心，映射、关联医保编码、收费编码、项目代码、疾病分类码等分类编码，可以针对医用耗材不同的资金支付特性，实施分类管控，实现医用耗材的精细化管理，保障支出、消耗及收入的平衡，控制损耗避免浪费，实现降低运营成本目标。

围绕原厂 UDI 条码，医疗机构将药监分类、医保编码、装备协会分类等进行关联，为管理决策提供更多维度；与海关报关信息、产品召回信息、不良事件信息、药监飞检信息、供应链物流信息、试剂等冷链信息、商业授权等资质信息关联，实现全面风险管控；与收费编码、检验项目编码、诊疗项目编码（CCHI）、疾病诊断相关分类编码（DRGs）等信息关联，防止跑冒滴漏，实现不同种类耗材的合理使用管控；通过扫描原厂条码的临床使用评价，为动态调整采购目录提供依据，实现了全面闭环管理。通过基于 UDI 的信息化互联互通与数据共享，实现了各环节不同监管主体。

三　UDI 应用的挑战与对策

UDI 制度是一个庞大的系统工程，涉及面广、投入大、影响深远。当前医疗器械产业链供应链数字化转型升级将成为重要的战略方向，作为实现这个战略重要基础之一的 UDI，将成为串联产业链、供应链、信用链的关键。随着唯一标识制度的不断推进，将引起产业经营模式的调整和管理模式的转变，越来越多地得到各方的重视、认同和创新应用。当前所有较高风险的医

[①] 晨曦：《基于医疗器械唯一标识（UDI）实现医用耗材精细化管理的探讨》，《中国医药导刊》2022 年第 9 期，第 909~913 页。

疗器械已经实施唯一标识制度，更多的生产、流通企业和使用单位积极地应用唯一标识开展管理，在制度稳步推进的同时，唯一标识的进一步实施和应用也存在挑战，主要包括以下方面。

1. 从数量到质量的转变

截至 2024 年 1 月，《规则》发布超过 4 年，市面上较高风险的医疗器械均已经实施唯一标识，当前我国 UDID 中的数据量已经超过 300 万条，在不久的将来，更多的医疗器械将开始实施唯一标识。当前阶段，制度推进的关键已经从扩大实施产品的品种范围逐渐过渡到提升唯一标识实施的质量，主要通过以下两个方面。

（1）提升唯一标识创建和赋予的质量

由于我国唯一标识制度采取多家发码机构并行的方式，且唯一标识本身具有可扩展性，其结构组成有多种排列组合的方式，可以使用一维码、二维码和射频标签等多种形式的数据载体，随着唯一标识制度的不断推进，调研显示，实务操作中识读设备系统兼容难的问题普遍存在，一些流通和使用单位仍存在系统不能识别制造商的条码、无法形成条码化管理系统的现象，极大地影响了各方实施唯一标识制度的积极性和高效性，部分流通企业和医院依然通过自编码的形式开展医疗器械的管理，额外增加了实施成本、增加了错误识别的可能性。

为了提升唯一标识创建和赋予的质量，医疗器械注册人/备案人应当根据产品的实际情况和应用需求确定唯一标识的结构组成，严格按照发码机构的规则和标准创建唯一标识，选择适当的唯一标识数据载体并根据相应的载体标准赋码。为提升唯一标识创建和赋予的质量，国家药监局制定发布了医疗器械行业标准 YY/T 1879-2022《医疗器械唯一标识的创建和赋予》，能够在一定程度上解决当前存在的问题，但质量的提升一方面还需要发码机构的指导，更重要的是注册人/备案人最终将制度落地。

（2）提升 UDID 数据的质量

唯一标识制度的核心在于通过扫码的方式快速获取医疗器械产品的相关信息，高质量的数据是制度成功实施的重要保障，如何准确地填写相关的数据是全球各国实施唯一标识制度普遍存在的问题。

我国医疗器械行业标准 YY/T 1753-2020《医疗器械唯一标识数据库填报指南》以及我国医疗器械唯一标识管理信息系统中的数据填报说明能够在一定程度上指导医疗器械注册人/备案人开展数据填报工作，但仅仅通过以上文件的指导还不足以确保高质量的数据填报。从机制保障上看，对于UDID 中的部分字段，例如 UDI-DI 相关字段、分类编码、医保医用耗材分类与编码等，可通过设计字段校验或者和其他数据库关联的方式，提升数据填写的准确性；在填写方式上，由于医疗器械种类繁多，对于某些类型的产品，例如医疗器械包、大型有源设备以及其组配件、IVD 产品等，注册人/备案人填写的时候可以参考其他企业的填写情况（UDID 对公众公开），结合自身医疗器械的特点进行填写；在反馈机制上，由于下游供应链会通过UDID 获取其需要的信息，能够通过建立流通企业和使用单位在器械的使用过程中发现问题的反馈机制，提升数据的质量。

2. UDI 应用中数据的采集和整合

唯一标识是我国医疗器械领域的一项基本制度，其成功实施的关键在于整个医疗供应链中的各相关方都在各自的业务流程中使用唯一标识，因此在规范唯一标识的创建、赋予以及提升 UDID 数据质量的前提下，如何通过扫码快速地获取唯一标识和关联信息并将其同供应链中各方自身的业务流程结合起来是当前 UDI 制度实施中面临的挑战。

唯一标识作为医疗器械的"身份证"，由医疗器械的注册人/备案人在源头赋予，贯穿产品的全生命周期，同时唯一标识作为"物码"，是贴在医疗器械的包装上的，和医疗器械产品实物保持一致。正是因为具备以上特点，唯一标识能够和体现供应链各相关管理需求的分类码绑定，例如医疗器械分类编码、不良事件代码、全国卫生行业医疗器械、仪器设备分类与代码等，在实际业务流程中通过扫描唯一标识快速地采集唯一标识，并以维护的关联关系快速准确地获得所需要的数据。目前，医疗机构 UDI 实施过程中主要存在三个问题。一是由于信息化供应商普遍对 ISO/IEC 15459 及发码机构的系列标准不熟悉，不清楚如何按标准进行发码机构的判断和解析部分发码机构的不可见分隔符，普遍采用"模板法"来进行 UDI 扫码和解析，费事费力，而且大多只兼容 GS1 条码，导致医院扫码获得感不强。二是医疗机构的耗材产品数据原来分散在各个系统，不同系统升级支持 UDI 系统的程度不一，很多系统未按 UDI 系统的规定来增加包装层级数据，导致多层包装的产品到医疗机构反馈扫码后找不到或者只能拆到最小包装来扫码。三是部分医疗机构在 UDI 系统实施前，实施了内部物资精细化管理系统，如 SPD 等，选择了加贴自定义编码的形式解决标识码问题，在 UDI 实施后，又认为必须有序列号才方便管理，继续使用自定义编码，导致供应商或配送商需要额外贴码，并与 UDI 进行关联，增加了成本，而且容易出错，无法实现 UDI 一码到底、全程追溯的优势。2023 年医疗器械行业标准制修订项目《医疗器械唯一标识的形式和内容》（已报批，待发布）主要是指导供应链各相关方规范地实施和解析唯一标识获取所需要的信息，促进数据的采集和整合，能够帮助打通整个医疗供应链。希望医疗机构在该标准发布后，组织供应链和系统服务商，要求其尽快按照此标准、ISO/IEC 15459 及发码机构的系列标准，升级改造相关系统，全面支持 UDI 系统，真正发挥 UDI 系统的优势，实现降本增效。

3. 唯一标识在监管中的应用

2013 年 IMDRF 发布了《医疗器械唯一标识指南》[①]，旨在在全球层面上协调各国唯一标识制度的实施，除我国外，美国、欧盟、韩国、沙特等国家和地区也已相继发布了唯一标识的法规，全球唯一标识实施不断推进。对医疗器械进行精确的标识，能够在医疗器械的流通和使用过程中无差别地识别产品，满足各相关监管部门的需求。根据 IMDRF 文件，全球协调的唯一标识系统，能够服务于监管：医疗器械的可追溯性，尤其是针对现场安全纠正措施；在流通和使用环节，充分识别医疗器械；识别不良事件中的医疗器械；减少医疗差错；医疗器械数据的记录和纵向采集。具体到各个国家和地

---

① International Medical Device Regulators Forum（IMDRF）：UDI Guidance，（2013 - 12 - 09）[2024 - 04 - 11]．https：//www.imdrf.org/sites/default/files/docs/imdrf/final/technical/imdrf-tech-131209-udi-guidance-140901.pdf。

区，例如美国希望通过实施唯一标识减少医疗错误，欧盟希望通过 UDI 制度实施提升医疗器械的可追溯性。提升唯一标识在监管中的应用可以通过以下几个方面。

在制度层面，在监管各相关环节对医疗器械的记录要求中增加唯一标识的内容，例如美国 FDA 在发布《医疗器械唯一标识最终规则》的同时对联邦法规第 21 章（Code of Federal Regulations Title 21，21CFR）做了相应的适应性修订[①]，例如医疗器械标签、报告、质量体系法规、器械追溯要求等，我国也在《医疗器械监督管理条例》配套规章的制修订中加入了唯一标识相关内容。

在系统建设层面，通过将医疗器械唯一标识整合入监管相关系统，能够达到互联互通服务于监管的作用，例如欧盟建立的欧洲医疗器械数据库（EUDAMED），其中包括角色注册、唯一标识、证书、公告机构、临床评价、警戒和市场监督等相互联系的模块和 1 个公共网站，唯一标识模块是其中非常重要的一个环节；我国在国家医疗器械不良事件监测信息系统中也包含相应字段，能够通过唯一标识快速精准地识别特定的医疗器械。

在应用层面，唯一标识作为医疗器械监管领域的一项基本制度，是在当今信息化时代利用数据服务于监管的基石。唯一标识的出现促进了利用真实世界数据对医疗器械进行监测和安全有效性的评价，美国建立了国家卫生技术评估系统（the National Evaluation System for Health Technology，NEST），将唯一标识应用于护理点（point of care）能够有效提升系统中数据的质量。[②]

4. 唯一标识制度实施中的各方职责

唯一标识制度贯穿产品全生命周期，各相关方都会在各自的业务流程中接触到唯一标识，实施和应用唯一标识的侧重点会有所不同，唯一标识作为一项基本的制度，应用广泛，如何在满足法规要求的情况下结合自身的需求

---

① 易力、余新华：《美国医疗器械唯一标识（UDI）系统实施进展》，《中国医药导刊》2019年第 9 期。

② Achieving Unique Device Identifiers in Real World Data Sources: A Playbook for Health System Unique Device Identifier Implementation at the Point of Care. https://nestcc.org/wp-content/uploads/NESTcc-UDI-Playbook_11-15-2022.pdf.

应用唯一标识是当前行业普遍存在的疑虑。根据 IMDRF UDI 应用指南，拟建立唯一标识系统的监管机构负责确定唯一标识作为全球标准的基本监管要求和愿景，发码机构负责根据相关国际标准定义通用的唯一标识规范，注册人/备案人负责按照发码机构的规范为其医疗器械创建和维护唯一标识。其他相关方和用户不断提高唯一标识作为关键标准的潜力，从而在流通和使用过程中充分识别器械。在我国，以下是唯一标识制度实施中各方宜考虑的因素有以下几个。

监管部门：通过顶层设计，系统规划，制定唯一标识相关制度，引导行业实施，建立 UDID，供公众查询。

注册人/备案人：结合自身产品特点和供应链的需求，按照法规、标准要求实施唯一标识。

发码机构：指导医疗器械注册人/备案人按照其标准要求实施创建和赋予唯一标识，供应链相关方按照其标准要求正确地解析唯一标识。

经营企业：在产品验收和出入库环节应用唯一标识，实现产品在流通环节可追溯。

医疗机构：通过将唯一标识和自身系统中的相关字段做映射，在临床使用、支付收费、结算报销等临床实践中应用唯一标识。

其他利益相关方：唯一标识的实施和应用还可能涉及其他利益相关方，例如流行病学家、临床研究人员和专业协会人员，如果将唯一标识集成到器械评估方法中可以提高临床和研究数据的准确性，研究人员很容易看到 UDI 对提高研究数据质量的价值。①

---

① IMDRF UDI WG. Unique Device Identification System（UDI System）Application Guide，http：//imdrf. org/docs/imdrf/final/technical/imdrf-tech-190321-udi-sag. pdf.

附录一
2023年医疗器械不良事件监测分析

王玲　燕娟　许先兴　李尧*

摘　要：　医疗器械不良事件监测是上市后监管的重要技术方法之一。通过不良事件监测、开展安全性评价能早期发现相关产品的临床使用情况及产品存在的不合理风险，通过采取相应的监管措施，及时管控风险、处置相关产品、减少危害。我国和欧美上市后医疗器械不良事件监测，均体现了医疗器械全生命周期监管的理念、强调了注册人/制造商在医疗器械风险防控过程中的主体责任，但在具体实施过程中有所不同，吸收借鉴国际先进监管理念和经验，有利于促进我国医疗器械监管和产业发展。国家药监局不断加强医疗器械法规制度建设，强化全生命周期监管，促进产业创新和高质量发展，更好地满足新发展阶段人民群众对高质量医疗器械的应用需求。

关键词：　医疗器械　不良事件　风险监测　风险评价　政策法规

党的十八大以来，在以习近平同志为核心的党中央坚强领导下，各地区

---

* 王玲，国家药监局药品评价中心（国家药品不良反应监测中心）医疗器械监测和评价一部部长，主任技师，研究方向为医疗器械不良事件监测评价、药品不良反应监测评价、药物滥用监测、软件设计开发、数据挖掘技术；燕娟，国家药品监督管理局食品药品审核查验中心检查一处检查员，中级工程师，研究方向为医疗器械产品监督抽验、医疗器械生产企业体系检查（GMP）、医疗器械产品临床试验检查（GCP）；许先兴，国家药品监督管理局药品评价中心办公室评价员，副主任药师，博士，研究方向为医疗器械上市后监测与评价；李尧，江苏省药品不良反应监测中心医疗器械化妆品监测科科员，副主任药师，研究方向为医疗器械不良事件监测。

各部门以习近平新时代中国特色社会主义思想为指导，深入学习贯彻习近平总书记全面依法治国新理念新思想新战略，加强党的集中统一领导，统筹推进各项工作，一批关系国家重大战略部署的法律法规制定出台，一批法治建设重要领域和关键环节改革举措取得重大进展，一批事关全面依法治国全局的制度设计、理论创新、实践创新成果正在形成，全面依法治国实践迈出新步伐。

党中央、国务院一直高度重视医疗器械质量安全，近年来围绕深化医疗器械审评审批制度改革和加强监督管理能力建设等做出了一系列重大决策部署。面对改革持续深化、产业快速发展和人民群众健康需求日益增长，国家药监局不断加强医疗器械法规制度建设，强化全生命周期监管，促进产业创新和高质量发展，更好地满足新发展阶段人民群众对高质量医疗器械的应用需求。①

一 我国医疗器械不良事件监测政策概述

医疗器械不良事件监测是其上市后监管的重要技术手段之一。通过不良事件监测、开展安全性评价能及时准确地发现相关产品的临床使用情况及其存在的不合理风险，通过后期处置，能及时管控风险和处置相关产品。

（一）我国医疗器械不良事件监测有关政策法规

2017年10月，中共中央办公厅、国务院办公厅发布《关于深化审评审批制度改革鼓励药品医疗器械创新的意见》（厅字〔2017〕42号），围绕鼓励创新、加快审评审批、加强全生命周期监管，明确医疗器械上市许可持有人须对医疗器械设计开发、临床试验、生产制造、销售配送、不良事件报告

---

① 国家药监局医疗器械注册管理司、医疗器械监督管理司：《我国医疗器械监管法规制度体系日趋完善》，《中国医药报》2022年6月1日。

等承担全部法律责任，提出建立上市许可持有人直接报告不良事件制度等系列要求。①

为适应新形势需要，更好地满足公众的实际需求，国务院第119次常务会议审议通过新修订的《医疗器械监督管理条例》（以下简称《条例》），并于2021年6月1日起正式施行。②《条例》提出医疗器械监督管理应遵循风险管理、全程管控、科学监管、社会共治的基本原则，充分吸收审评审批制度改革成果，全面实施注册人、备案人制度，创新监管手段，加大处罚力度等。《条例》明确国家建立医疗器械不良事件监测制度；明确监管机构及监测机构责任；强化医疗器械注册人、备案人不良事件监测主体责任，要求注册人、备案人加强医疗器械全生命周期质量管理，对研制、生产、经营、使用全过程中医疗器械的安全性、有效性依法承担责任，明确注册人、备案人应当履行上市后研究和风险管控义务，明确注册人、备案人应当建立医疗器械不良事件监测体系，配备与其产品相适应的不良事件监测机构和人员，对其产品主动开展不良事件监测，向医疗器械不良事件监测技术机构报告调查、分析、评价、产品风险控制等情况。

近年来，我国坚持"科学评价为基础、风险管理为主线、服务患者为中心"的发展理念，扎实开展医疗器械不良事件监测工作，相关法律法规体系、监测体系、信息化系统等方面不断完善。2018年8月13日，国家市场监督管理总局和国家卫生健康委员会联合发布《医疗器械不良事件监测和再评价管理办法》③（以下简称《办法》），将医疗器械不良事件监测工作的法律层级从规范性文件提升至部门规章，从制度层面进一步明确医疗器械不良事件监测和再评价的监管责任和医疗器械上市许可持有人主体责

---

① 王者雄：《加强医疗器械上市后监管，保障公众用械质量安全》，《中国食品药品监管》2019年第11期。

② 中华人民共和国国务院令第739号《医疗器械监督管理条例》（2021-2-9），https：//www.gov.cn/gongbao/content/2021/content_5595920.htm。

③ 国家市场监督管理总局、国家卫生健康委员会：《医疗器械不良事件监测和再评价管理办法》（2018-8-13），https：//www.samr.gov.cn/zw/zfxxgk/fdzdgknr/bgt/art/2023/art_4b69cde387db4c4fa4465aad987157e0.html。

任；坚持风险管理原则，强化监管手段和技术措施；规范和细化工作要求，重新设计了工作程序；增加法律责任章节，提升强制力、约束力和震慑力。①《办法》于2019年1月1日实施，之后根据《办法》相关要求，国家药监局陆续出台了《医疗器械注册人开展不良事件监测工作指南》②《医疗器械定期风险评价报告撰写规范》③《医疗器械注册人开展产品不良事件风险评价指导原则》④《医疗器械注册人备案人开展不良事件监测工作检查要点》⑤。

2023年，国家药监局启动医疗器械警戒试点工作，探索建立医疗器械警戒制度及其运行机制，将会在法制化国际化道路上迈出新的步伐。随着全球医疗器械产业迅速发展、贸易往来增多，广大公众对健康产品的安全性日渐关注，吸收借鉴国际先进监管理念和经验，增强国际监管话语权，有利于提升我国医疗器械监管水平、加快我国医疗器械产业走出去的步伐，有利于促进我国医疗器械监管和产业发展。⑥ 从全球角度看，医疗器械监管法规存在趋同、协调与信赖的机遇和挑战，监管规则的协调与统一尤为迫切。⑦

---

① 国家药品不良反应监测中心：《医疗器械不良事件监测工作手册》，2021。
② 国家药品监督管理局：《国家药监局关于发布医疗器械注册人开展不良事件监测工作指南的通告》（2020-04-10），https://www.nmpa.gov.cn/xxgk/ggtg/ylqxggtg/ylqxqtggtg/20200410153001855.html。
③ 国家药品监督管理局：《国家药监局关于发布医疗器械定期风险评价报告撰写规范的通告》（2020-07-02），https://www.nmpa.gov.cn/xxgk/ggtg/ylqxggtg/ylqxqtggtg/20200702155401886.html。
④ 国家药品监督管理局：《国家药监局关于发布医疗器械注册人开展产品不良事件风险评价指导原则的通告》（2020-11-27），https://www.nmpa.gov.cn/xxgk/ggtg/ylqxggtg/ylqxqtggtg/20201127173533191.html。
⑤ 国家药品监督管理局：《国家药监局综合司关于印发医疗器械注册人备案人开展不良事件监测工作检查要点的通知》（2021-04-09），https://www.nmpa.gov.cn/xxgk/fgwj/gzwj/gzwjylqx/20210409150341111.html。
⑥ 王兰明、袁鹏：《国际医疗器械监管法规协调的进展与趋势》，《中国食品药品监管》2020年第7期。
⑦ 徐景和：《坚持开放、合作、稳健、共赢，积极推动全球医疗器械监管趋同、协调与信赖》，《中国食品药品监管》2023年第8期。

（二）欧美医疗器械不良事件监测概况

美国是全球最早开展上市后医疗器械安全性监测工作的国家①，从 1984 年开始实施医疗器械不良事件监测，要求所有可能导致严重伤害的器械、儿童用器械、植入人体 1 年以上的器械、医疗机构外使用的维持生命的器械开展上市后监测。FDA 将医疗器械不良事件报告分为强制性报告和自愿报告。其中，强制性报告，由制造商、进口商提交，包括医疗器械导致或可能导致死亡或严重伤害的报告，还包括再次发生导致或可能导致死亡或严重伤害的故障报告；自愿报告则鼓励患者、医疗保健专业人员、消费者主动提交；FDA 明确了豁免报告原则，即经具有医学评价能力的专业人员分析认为不良事件再次发生不会导致死亡或严重伤害的可豁免报告。FDA 采取各项措施督促并指导制造商开展监测，制造商按要求向 FDA 提交过渡性、总结报告，经 FDA 专家团队审核通过则风险信号终止或上市后监测计划完成，当评价认为存在重大欺骗或不合理且有严重风险时，FDA 可提出禁用要求。②

欧盟 MDR 2017/745 法规③要求医疗器械生产企业计划、建立、实施、维护和更新上市后的风险管理体系，在该体系下医疗器械生产企业应当主动收集医疗器械不良事件、分析医疗器械全生命周期内的质量、性能和安全相关数据，通过收集及评估相关数据对医疗器械的风险进行监测、评估及持续性改进。在欧盟新版医疗器械法规 MDR2017/745 医疗器械警戒章节中，医疗器械上市后风险评估控制以上市后监管计划为基础，医疗器械生产企业应当按监管计划收集医疗器械不良事件、对不良事件进行分析评估，需要采取措施的应积极按照法规要求上报并形成上市后监管报告。医疗器械不良事件

---

① 李新天：《美国医疗器械不良事件监管法规的解读》，《江苏药学与临床研究》2004 年第 S1 期，第 17~19 页。

② 王晓瑜、柴雄：《国内外医疗器械不良事件监测制度的比较》，《医疗装备》2022 年第 17 期，第 37~39 页。

③ The European Parliament and the Council of the European Union. Medical Device Regulation（EU）2017/745［EB/OL］.（2017-04-05）. https：//eur-lex. europa. eu/ legal-content/EN/TXT/PDF/? uri=CELEX：32017R0745.

报告及上市后风险评估控制通过警戒体系实现，其内容包括：严重不良事件报告、趋势报告、定期总结报告、定期安全性更新报告、现场安全纠正措施和现场安全通知等。

医疗器械风险与其设计、生产、运输、储存、使用等密切相关，如何减少不良事件重复发生、降低风险危害、保障公众用械安全，一直是各国监管部门关注的重点。欧美和我国上市后医疗器械不良事件监测，均体现了医疗器械全生命周期监管的理念、强调了制造商/注册人在医疗器械风险防控过程中的主体责任，但在具体操作层面有所不同。如，在不良事件报告方面，欧美聚焦高风险医疗器械的安全性监测及研究，我国报告主渠道是医疗机构，按照可疑即报原则、无豁免报告条款，报告范围更为宽泛；在监测方式方面，美国积极推进各相关方参与主动监测，建立主动监测系统以更积极主动地识别潜在的安全风险，与自发报告相结合、利用多来源数据加强医疗产品监管；在信息公开方面，美国向公众开放 MAUDE、MedSun、召回等多个数据库信息，不良事件监测信息比欧洲、我国更为透明。

二 2023年全国医疗器械不良事件监测概况

2023 年，我国医疗器械不良事件监测工作继续贯彻"四个最严"总体思路，严格按照《条例》和《办法》有关要求，不断完善监测评价制度体系，积极开展宣传培训，深入探索监测评价新方法、新工具，稳步推进医疗器械警戒制度试点工作，进一步提升了风险预警和处置能力，为推动医疗器械上市后监测评价工作高质量发展奠定了坚实基础。全国医疗器械不良事件报告数达到 86.72 万余份，比上年增加 24.81%（见图 1）。医疗器械不良事件监测系统基层注册用户数量持续增长，达到 41.5 万余家，比上年增长 4.43%。其中注册人 34711 家，比上年增加 9.68%，占用户总数的 8.36%；经营企业 246184 家，比上年增加 4.83%，占用户总数的 59.30%；使用单位 134263 家，比上年增加 2.43%，占用户总数的 32.34%（见图 2）。

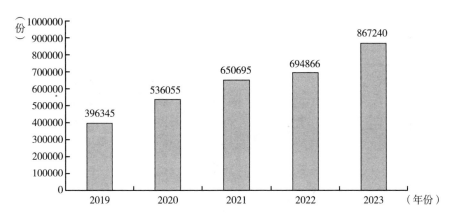

图1　2019~2023年全国医疗器械不良事件报告数量

数据来源：国家医疗器械不良事件监测数据。

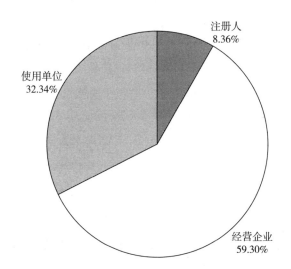

图2　2023年医疗器械不良事件监测系统基层注册用户情况

数据来源：国家医疗器械不良事件监测数据。

　　2023年，全国百万人口平均医疗器械不良事件报告数达到615份，较2022年增长24.75%（见图3）。全国绝大多数省（自治区、直辖市）医疗器械不良事件报告覆盖率已达到100%，反映了我国医疗器械不良事件监测工作实现了较为均衡的发展态势。

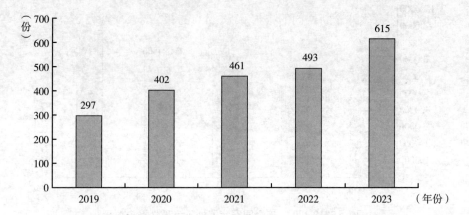

图3　2019~2023年全国每百万人口平均医疗器械不良事件报告数比较

数据来源：国家医疗器械不良事件监测数据。

按照报告来源统计，2023年收到的医疗器械不良事件报告中，使用单位上报775173份，占报告总数的89.38%；注册人上报18717份，占报告总数的2.16%；经营企业上报73000份，占报告总数的8.42%；其他来源报告350份，占报告总数的0.04%。

按照事件伤害程度统计，医疗器械不良事件死亡报告159份，占报告总数的0.02%；严重伤害报告64859份，占报告总数的7.48%；其他报告802222份，占报告总数的92.50%。对于伤害程度为死亡的医疗器械不良事件报告，国家药品不良反应监测中心督促注册人开展调查、评价，并及时进行了处置。在目前完成分析评价的报告中，尚未发现不良事件与涉及医疗器械存在明确相关性，后续监测中也未发现上述事件涉及产品风险异常增高的情况。

按照医疗器械管理类别统计，涉及第三类医疗器械的报告320171份，占报告总数的36.92%；涉及第二类医疗器械的报告418628份，占报告总数的48.27%；涉及第一类医疗器械的报告59691份，占报告总数的6.88%；未填写医疗器械管理类别的报告68750份，占报告总数的7.93%。

按照医疗器械结构特征统计，涉及无源医疗器械的报告556792份，占报告总数的 64.20%；涉及有源医疗器械的报告 235307 份，占报告总数的 27.13%；涉及体外诊断试剂的报告 6378 份，占报告总数的 0.74%；未填写产品结构特征的报告 68763 份，占报告总数的 7.93%。

按照使用场所统计，2023 年收集到的医疗器械不良事件报告中使用场所为"医疗机构"的报告 785064 份，占报告总数的 90.52%；使用场所为"家庭"的报告 67112 份，占报告总数的 7.74%；使用场所为"其他"的报告 15064 份，占报告总数的 1.74%。

按照医疗器械分类目录统计，2023 年收到的医疗器械不良事件报告涉及医疗器械分类目录中的所有类别。其中，报告数量排名前十的医疗器械类别见表1。

表1　2023 年医疗器械不良事件报告数按器械分类目录统计前十名

单位：份，%

排名	产品分类	报告数	占总报告数百分比
1	140000-注输、护理和防护器械	395241	45.57
2	070000-医用诊察和监护器械	82457	9.51
3	090000-物理治疗器械	54061	6.23
4	080000-呼吸、麻醉和急救器械	47195	5.44
5	220000-临床检验器械	46817	5.40
6	060000-医用成像器械	32036	3.69
7	100000-输血、透析和体外循环器械	24205	2.79
8	020000-无源手术器械	19457	2.24
9	180000-妇产科、辅助生殖和避孕器械	18554	2.14
10	200000-中医器械	12853	1.48

数据来源：国家医疗器械不良事件监测数据。

三　输液泵产品风险事件处置分析及启示

（一）输液泵风险概况

输液泵是一种能够精确控制输液滴数或输液流速，保证药物能够速度均匀、药量准确且安全地进入人体内发挥作用的仪器。2022 年，国家药品监督管理局药品评价中心发布的 61 条警戒快讯中有 6 条涉及输液泵，相关产品因软件问题、错误报警、流速过快、组件制造等问题存在液体输送风险而被发起召回。美国食品药品监督管理局（FDA）将输液泵常见器械问题汇总为软件错误、人为因素（通常与使用说明书、售后培训和用户界面相关的错误使用）、组件损坏、电池故障、报警功能异常以及输液精度不准确等。[1] 2022 年，美国急救医学研究所（ECRI）发布的《2022 年十大医疗技术危害》表明，输液泵的设计缺陷、使用人员的错误操作、使用不当及清洁方式不当等因素会导致输液泵故障，使得患者暴露在危险情境中。[2] 因此，如果输液泵在使用时发生器械故障，可能引起风险事件。

（二）输液泵风险事件处置分析

1. 风险事件处置

对于输液泵产品风险事件的处置分析尤为重要。事件发生后，相关医疗机构首先要做的是立即停止临床使用，确保患者安全，并按照《办法》的要求，由专业人员进行信息收集、及时上报和调查评价，采取必要的控制措施。当医疗器械上市许可持有人获知风险事件时，可以组织技术人员赴医疗机构开展现场调查，包括对输液泵的外观检查、操作记录的审查以及与使用人员交谈，了解操作过程中是否有不符合操作规程的行为，还可以通过模拟操作来重现故障发生时的情境，以便更准确地找出可能的操作误区。同时，除了考虑操作因素外，还需要评估输液泵的使用环境是否符合要求，以及清洁和维护是否得当。在现场调查的基础上，持有人可以进一步对输液泵的设计开放文件、生产记录、出厂检验记录和维修记录进行回顾审查。同时，还

---

① 胡志帅、牛惠芳、郑冬雁等：《输液泵常见故障类不良事件的原因及风险性》，《医疗装备》2022 年第 11 期，第 35～37 页。

② Emergency Care Research Institute. Top 10 Health Technology Hazards for 2022 ［EB/OL］.（2022-02-24）. https：// www. ecri. org/2022hazards.

可以将返厂的故障设备进行拆解，对其内部结构进行检查，以便发现可能的设计缺陷或损坏的部件。

2.风险事件分析

持有人对输液泵风险事件开展原因分析时，可以选择 GB/T42062[①]中罗列的风险分析技术，如趋势分析、故障树分析、失效模式影响分析或危害分析及关键控制点，具体如下。

趋势分析，通过对输液泵相关的数据进行统计和比较，识别出可能的风险模式和异常情况，例如某一特定型号的输液泵在特定时间段内出现了异常的故障率增加，表明可能存在潜在的设计或制造问题。

故障树分析，通过分解输液泵运行过程中各子系统组件的相互作用和发生单一故障的可能性，明确输液泵整体失效的根本原因。

失效模式影响分析，通过比较输液泵最有可能发生失效故障的组件，评估产品失效模式及其对患者安全造成的影响。

危害分析及关键控制点，通过分析设计、生产和使用输液泵过程中的关键风险点，识别、评估和控制关键危害点，并采取措施以降低风险。持有人还可以结合已发表的文献资料、用户反馈、历史不良事件报告、同品种召回公告等途径，获取输液泵有关的风险信息，适时开展主动监测，通过收集和分析真实世界数据，对产品风险—获益情况进行综合研判。

（三）输液泵风险事件工作启示

1.上市许可持有人

上市许可持有人作为医疗器械产品质量安全的责任主体，应当建立监测体系，主动开展不良事件收集和上报，识别和评估产品风险，采取纠正和预防措施，尽可能减少输液泵易损件的故障发生率，如流量传感器、管路接口、控制面板等；还可以从输液泵的程序设计、适配兼容性，仪器自

[①]　国家标准化管理委员会：《医疗器械风险管理对医疗器械的应用》（GB/T42062-2022），中国标准出版社，2023。

检、压力传感等角度开展上市后研究，不断提高输液准确度；可在产品标签或操作手册的注意事项中，重点警示临床严格选择输液所用医疗器械的规格、适配品牌，或专用管路。需要注意的是，由于管路堵塞、空气栓塞等故障，即使输液泵的报警功能发挥了安全防护作用，但已造成药物输液剂量的过度或不足、药物治疗的提前或延迟，从而导致或可能导致患者死亡或严重伤害。因此，此类风险事件即使未出现明显的伤害表现，也需要及时报告。

2. 医疗机构

随着输液泵在 ICU、CCU 和常规临床科室中的应用越来越多，使用单位需要运用信息化、智能化手段，以提升输液泵安全风险管理能力。[①] 可参考《在用输液泵质量管理技术指南》[②]，结合输液泵产品说明书有关注意事项、警示以及提示性内容，建立输液泵维保制度，定期对输液泵的外观、触摸面板、电池和控制界面进行检查，定期校准在用设备的指标参数。在采购时，可以联合厂家开展理论和实操培训，重点掌握输液泵的组成结构、操作步骤和报警处置，提升操作人员的技能水平、工作责任心和风险意识，确保输液泵运行的安全性和稳定性。医疗机构还需要对输液泵常见的风险事件加强培训，了解常见的设备故障表现，建立科学合理的报告标准，如输液速率过快、输液中断、空气栓塞、漏电流等危险情况导致伤害的严重程度判断标准，从而实现真实、完整、准确地报告不良事件，减少漏报和误报现象，并配合持有人开展的现场调查。对于超过使用年限或经检定存在质量问题的输液泵，医疗机构应予以报废处理。[③]

---

① 国家药品不良反应监测中心：《在用设备质量管理技术指南（医疗机构）》，《有源医疗器械警戒技术和方法研究成果汇编》（2023 年第二册），2023 年 11 月。

② 国家药品不良反应监测中心：《在用输液泵质量管理技术指南》，《有源医疗器械警戒技术和方法研究成果汇编》（2023 年第二册），2023 年 11 月。

③ 江明尹、王道雄、韩宝江等：《基于真实世界数据的输液泵临床使用不良事件风险分析》，《医疗卫生装备》2022 年第 10 期，第 67~71+87 页；刘欣欣、李永辉、王芳等：《674 例输液泵不良事件回顾性分析》，《中国医疗设备》2020 年第 3 期，第 145~148 页。

附录二
2023年医疗器械上市后的监管

叶岳顺　孟佳颖　曹星　袁瑶　甄辉*

摘　要： 随着各地支持和保障医药产业高质量发展相关政策出台，医疗器械产业规模不断扩大，如何确保产品质量安全可靠，上市后监管显得尤为重要。自国家集中带量采购后，社会普遍关心集采品种降价的同时，也更加关注医疗器械的质量。为加强医疗器械产品质量监管，国家药监局每年组织包括集采品种在内的监督抽检，各省级药监局也会组织辖区内的监督抽检，确保公众用械安全。本文通过梳理2023年的国家级及各省份监督抽检的统计数据，分析抽检品种质量状况、高频次不合格品种的重叠性以及集采品种抽检布局等情况，归纳发现的问题并提出建议。

关键词： 监督抽检　质量状况　集采

* 叶岳顺，浙江省医疗器械检验研究院业务受理部主任，高级工程师，研究方向为医用激光、非激光光源领域的产品检验及标准化和医疗器械产品注册及监督抽检方向的管理；孟佳颖，浙江省医疗器械检验研究院业务受理部业务受理，中级工程师，研究方向为医疗器械企业送检业务受理、送检资料初审和医疗器械上市后监管、医疗器械生产质量管理体系建设；曹星，浙江省医疗器械检验研究院业务受理部主管，研究方向为医疗器械检验项目数据标准化，业务数据分析及数据利用；袁瑶，浙江省医疗器械检验研究院业务受理部监督抽验主管，研究方向为医疗器械质量监督抽查检验工作，包括国家级抽检、省级抽检、市级抽检、执法办案类等；甄辉，浙江省医疗器械检验研究院党委书记、院长，教授级高级工程师，研究方向为医疗器械研发、生产、咨询、检查、监管、审评、不良事件监测、检验等。

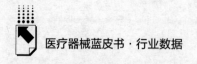

一　引言

2023 年，我国医疗器械产业稳健成长，截至 2023 年 12 月 31 日，国内共有医疗器械生产企业 4.2 万余家，第二、三类医疗器械首次注册共计 1.49 万余件，产值约 1.3 万亿元。国家部委及省级相关部门陆续出台支持和保障医药产业高质量发展相关政策，国内市场需求强劲，为产业发展提供有力的支撑，医疗器械产业规模将不断增长、发展质量也会稳步持续提升。与快速发展的市场相比，医疗器械行业的监管能力也有相应提升，监管工作持续落实。把最严谨的标准、最严格的监管、最严厉的处罚、最严肃的问责落到实处，确保人民群众用械安全。监督抽检、监督检查以及不良事件监测是医疗器械上市后监管的重要手段，而监督抽检是现阶段使用最频繁的手段。通过上市后医疗器械产品的各类监督抽检，发现不合格产品或违反相关说明书的产品，及时采取控制措施，化解相关风险。

自 2018 年《国家组织药品采购试点方案》出台以来，2023 年已是国家集采的第 5 个年头，开展了三批高值医用耗材集采。国家药监局每年都部署开展集采工作中选医疗器械专项监管工作，实现对国家集采中选企业和中选品种全覆盖抽检，切实保障集中带量采购中选品种质量安全。本文整理 2023 年国家级及各省份监督抽检的统计数据，分析抽检品种质量状况、高频次不合格品种的重叠性以及集采品种抽检布局等情况，归纳发现的问题并提出建议。

二　抽检整体情况

2023 年国家级监督抽检发现不合格 106 批次，涉及产品数量 29 种。品种涉及青少年近视相关、防疫类、风险等级高以及国家集采的医疗器械，以第三类产品为主。2023 年各省级监督抽检 4642 批次，涉及省（自治区、直辖市）24 个，产品数量 189 种。品种涉及有量大面广、防疫类的医疗器械，以第二类产品为主，第三类产品为辅，部分为有因抽检或跟踪抽检。

三　抽检品种质量状况分析

（一）国家级监督抽检情况分析

1. 有源医疗器械、无源医疗器械、体外诊断试剂不合格批次情况

通过数据统计，国家级医疗器械监督抽检涵盖品种分为有源医疗器械、无源医疗器械、体外诊断试剂（IVD）三类。2023年国家级医疗器械监督抽检有源医疗器械不合格42批次，占总不合格批次的39.62%、无源医疗器械不合格56批次，占总不合格批次的52.83%、体外诊断试剂不合格8批次，占总不合格批次的7.55%。由此可见，国家级监督抽检中无源医疗器械不合格检出数量高于其他医疗器械（见表1、图1）。

表1　2023年国家级监督抽检中有源医疗器械、无源医疗器械、IVD不合格批次分布情况

单位：批次

抽检年份	IVD	无源医疗器械	有源医疗器械	总计
2023	8	56	42	106

注：由众成数科公开搜集各省（区、市）药监局医疗器械监督抽检信息公告，数据截止时间为2024年3月5日（2023年的抽检数据可能尚未完全公布），下同。

2. 有源医疗器械、无源医疗器械、体外诊断试剂不合格品种情况

在2023年国家级医疗器械监督抽检不合格产品品种数占比方面，有源医疗器械的不合格品种数占比最大，占全部不合格品种数的45%，比无源医疗器械的不合格品种数稍多，体外诊断试剂的不合格品种数占比最小，仅占17.24%（见表2、图2）。

表2　2023年国家级监督抽检中有源医疗器械、无源医疗器械、IVD不合格品种分布情况

单位：个

抽检年份	IVD品种数	无源医疗器械品种数	有源医疗器械品种数	总计
2023年	5	11	13	29

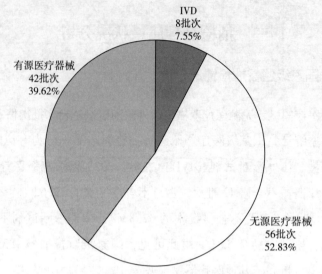

图 1   2023 年国家级抽检中各品种不合格批次占比

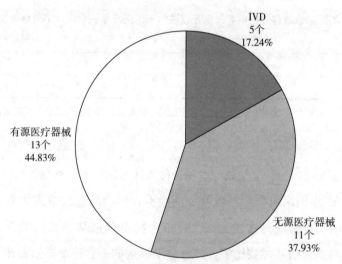

图 2   2023 年国家级监督抽检中各品种不合格占比

据统计分析，2023 年国家级医疗器械监督抽检不合格批次较高的细分品种有物理治疗贴、物理治疗仪、体外诊断试剂、接触镜、输液器械、口腔科治疗器械、透析（辅助）设备、心电图机、洗胃机、气管插管、清洗消毒器（见图 3）。

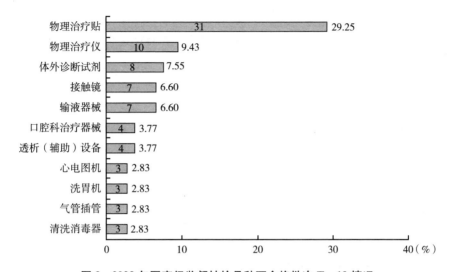

图3　2023年国家级监督抽检品种不合格批次Top10情况

注：图中的百分比指该品种不合格批次占当年总不合格批次的比例。

3. 国家级医疗器械监督抽检不符合项排名

表3为国家级医疗器械抽检不符合项排名情况，2023年医疗器械国家级监督抽检批次数排名前十的不符合项目分别是"药物添加"、"电气安全"、"标记"、"报警信号"、"准确度"、"指示器"、"透光性能"、"输入功率"、"放大率允差"、"材料"、"插口"和"尺寸"。其中批次数最多的不合格项目是无源医疗器械的"药物添加"项目，该项目主要是物理治疗贴产品的性能指标。有源医疗器械的不合格项目种类最多，在排名前十的不符合项目中，有6项为有源医疗器械的检测项目，体外诊断试剂的不符合项目集中在"准确度"一项。

表3　国家级医疗器械抽检不符合项排名

单位：项

不符合标准规定项	合计	有源医疗器械	无源医疗器械	IVD
药物添加	32	0	32	0
电气安全	7	7	0	0

续表

不符合标准规定项	合计	有源医疗器械	无源医疗器械	IVD
标记	7	7	0	0
报警信号	6	6	0	0
准确度	6	0	0	6
指示器	5	5	0	0
透光性能	5	0	5	0
输入功率	4	4	0	0
放大率允差	4	4	0	0
材料	3	0	3	0
插口	3	0	3	0
尺寸	3	0	3	0

4. 医疗器械抽检不合格批次数省份排名

根据2023年国家级医疗器械抽检不合格产品的生产企业属地（进口产品则对应国内代理人属地）分布，不合格批次数排名前十的分别是河南省、广东省、江苏省、山东省、上海市、安徽省、深圳市、江西省、浙江省、河北省、天津市、湖南省（见图4）。

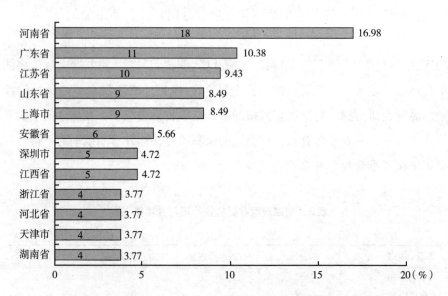

图4　2023年各省（区、市）所属企业国家级监督抽检情况排名

（二）省级监督抽检情况分析

1.省级医疗器械抽检不合格品种数省份排名

为加强医疗器械质量监督管理、规范医疗器械质量抽查检验工作，国家药品监督管理局负责组织国家医疗器械质量抽查检验工作，省级药品监督管理部门负责组织本行政区域内的省级医疗器械质量抽查检验工作。据统计，2023年全国省级医疗器械抽检不合格品种数较多的省份有广东省、辽宁省、浙江省、贵州省、宁夏回族自治区、广西壮族自治区、江苏省、四川省、河南省、江西省（见图5）。

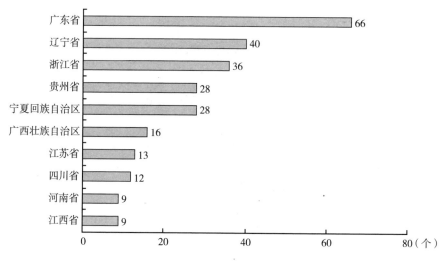

图5　2023年全国省级抽检品种数Top10情况

2.省级监督抽检无源医疗器械、有源医疗器械、体外诊断试剂批次占比情况

根据2023年全国各省份已公布的医疗器械省级监督抽检数据，在产品抽检批次占比方面，有源医疗器械和体外诊断试剂的抽检批次数比较接近，无源医疗器械的抽检批次数明显多于另外两类医疗器械；在产品品种数占比方面，无源医疗器械和体外诊断试剂的抽检品种数相近，有源医疗器械的抽检品种数明显少于另外两类医疗器械（见图6、图7）。

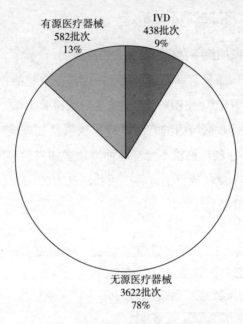

图6　2023年省抽产品批次占比

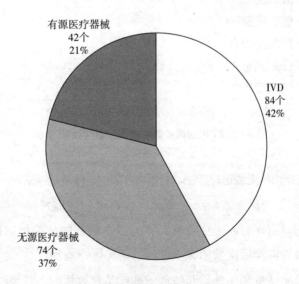

图7　2023年省抽产品种类占比

3. 省级医疗器械监督抽检不合格占比情况

在2023年省级医疗器械监督抽检产品不合格批次占比方面，无源医疗器械抽检的不合格批次占比最大，占全部省级医疗器械抽检不合格产品批次数的84.87%，远多于另外两类医疗器械，体外诊断试剂的不合格批次数占比最小，仅占0.37%，与国家级医疗器械监督抽检的结果基本一致。在不合格品种数占比方面，省级医疗器械监督抽检与国家级医疗器械监督抽检的表现有所区别，在省级医疗器械监督抽检中无源医疗器械的不合格品种数占比最大，而国家级医疗器械监督抽检中不合格品种数占比最大的种类是有源医疗器械（见图8、图9）。

4. 省级医疗器械监督抽检不符合项排名

根据全国各省份省级医疗器械监督抽检不符合项排名情况，2023年医疗器械省级监督抽检不合格批次数排名前十的不符合项目分别是"无菌""细菌过滤效率""口罩带""密合性""温度特性""外观""压力差""标记""检出水杨酸甲酯""微生物指标"。其中批次数最多的不符合项目是无源医疗器械的"无菌"项目，无源医疗器械的不符合项目种类最多。在排名前十的不符合项目中，有9项为无源医疗器械的检测项目，有源医疗器械的不符合项目集中在"标记"一项，体外诊断试剂无不符合项目（见表4）。

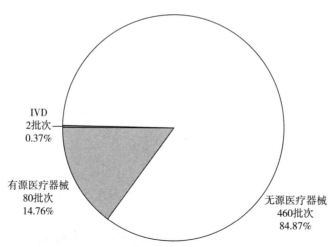

图8 2023年省抽产品不合格批次占比

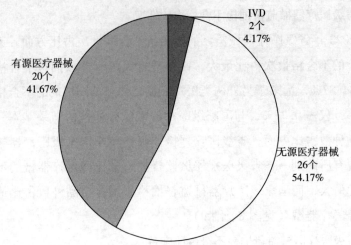

图 9　2023 年省抽产品中各品种不合格占比

表 4　省抽医疗器械抽检不符合项排名

单位：项

不符合标准规定项	合计	有源医疗器械	无源医疗器械	IVD
无菌	82	0	82	0
细菌过滤效率	53	0	53	0
口罩带	50	0	50	0
密合性	41	0	41	0
温度特性	33	0	33	0
外观	29	0	29	0
压力差	24	0	24	0
标记	20	20	0	0
检出水杨酸甲酯	19	0	19	0
微生物指标	19	0	19	0

5. 医疗器械监督抽检不合格品种批次数排名

2023 年全国范围内省级医疗器械监督抽检不合格批次数前十的品种分别是"口罩""防护服""物理治疗贴""体温计""口腔义齿""物理治疗仪""涂抹及吸液材料""敷料""手套""制氧机"。其中不合格批次数最多的品种是"口罩"，省级医疗器械监督抽检不符合项批次数前十的指标中，有多项为"口罩"的性能指标（见图 10）。

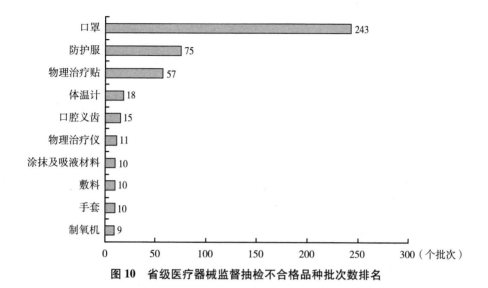

图10 省级医疗器械监督抽检不合格品种批次数排名

6.省级医疗器械监督抽检品种批次不合格率及检测情况

通过对比全国各省（区、市）省级医疗器械抽检品种分析，可以发现各省（区、市）省级医疗器械抽检品种略有重合。以品种涉及省份数大于等于5为界，2023年省级医疗器械抽检品种批次不合格率较高的有：口罩、防护服、物理治疗仪、制氧机、体温计、分析仪器、物理治疗贴，其不合格检出情况详见表5。

表5 2023年省级医疗器械抽检重合率较高品种及检测情况

单位：个，%

抽检品种	抽检省份数量	抽检批次	不合格批次	不合格率
口罩	22	879	243	27.65
防护服	15	260	75	28.85
口腔义齿	9	256	15	5.86
物理治疗仪	9	45	11	24.44
敷料	9	168	10	5.95
手套	9	233	10	4.29
制氧机	9	54	9	16.67
体温计	8	127	18	14.17
分析仪器	8	36	8	22.22

续表

抽检品种	抽检省份数量	抽检批次	不合格批次	不合格率
雾化器	8	60	6	10.00
体外诊断试剂	8	438	2	0.46
物理治疗贴	7	185	57	30.81
扩张器	7	61	3	4.92
输液器械	7	249	1	0.40
注射器	6	294	1	0.34
血氧仪	5	98	9	9.18
接触镜	5	27	3	11.11
避孕套	5	42	0	0.00

　　从抽样批次不合格率来看，以不合格检出率高于20%为界，2023年省级医疗器械抽检重合率较高且不合格检出率高的品种有：手术衣、采样器具、中医治疗贴、超声手术设备、外固定及牵引器械、胎心仪、口腔科治疗器械、涂抹及吸液材料、物理治疗贴、防护服、口罩、验光仪器、高频手术器械、物理治疗仪、分析仪器、医用软件，详见图11。

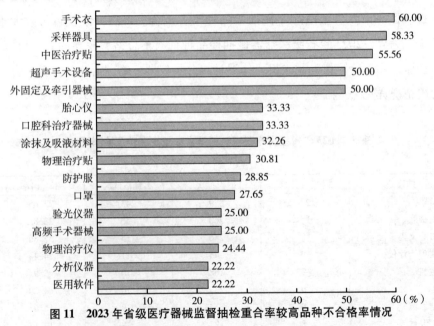

图11　2023年省级医疗器械监督抽检重合率较高品种不合格率情况

注：图中的百分比指该品种不合格批次占当年该品种总批次的比例。

7. 省级医疗器械监督抽检各省（区、市）不合格率情况

根据各省（区、市）开展的省级医疗器械监督抽检情况，统计出部分省份的不合格检出率较高。由于个别省只公开了不合格数据，因此该部分只统计公开全部数据省份的不合格率。以不合格检出率高于2.00%为界，2023年不合格检出率高于2.00%的省份有山东省、辽宁省、广东省、浙江省、贵州省、宁夏回族自治区，详见图12。

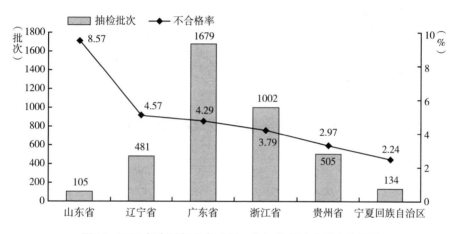

图12 2023年全国部分省（区、市）监督抽检不合格情况

数据来源：由众成数科公开搜集各省药监局医疗器械监督抽检信息公告，整数据截止时间为2024年03月05日（2023年的抽检数据可能尚未完全公布）。

8. 省级医疗器械监督抽检各省（区、市）重合企业的不合格情况

为了更加充分地利用监管资源，更加高效地发挥监督抽检服务医疗器械监管的作用，各省份开展省级医疗器械监督抽检的环节覆盖生产（进口代理）环节、经营环节、使用环节等。因此，抽检对象除各省份属地内的注册人（进口产品代理人）产品外，还存在属地为其他省份的注册人（进口产品代理人）产品。通过对各省份重合企业的数据分析，发现部分企业的产品在部分省份抽检中均有被检出不合格。以抽检省份数不低于3个省份为界限，根据属地监管原则，2023年全国省级医疗器械监督抽检重合企业被检出不合格的产品涉及河南省29家企业81批次，山东省9家企业25批次，

江西省 5 家企业 5 批次，广东省 3 家企业 9 批次，安徽省 2 家企业 18 批次，湖北省 2 家企业 2 批次，湖南省 2 家企业 4 批次，江苏省 2 家企业 2 批次，广西壮族自治区 1 家企业 4 批次，河北省 1 家企业 2 批次。

9. 国家级医疗器械监督抽检不合格批次高品种的省级医疗器械监督抽检中的表现

2023 年国家级医疗器械监督抽检不合格产品抽样批次数排名前十的品种有"物理治疗贴""物理治疗仪""体外诊断试剂""输液器械""接触镜""口腔科治疗器械""透析（辅助）设备""洗胃机""清洗消毒器""气管插管"，其中"洗胃机"与"清洗消毒器"不在各省（区、市）省级抽检的品种范围内，详见表 6。

表 6　国抽不合格率高批次品种在省抽中的表现

单位：%，个

国抽情况		省抽情况			
抽检品种	抽检批次	抽检批次	不合格批次	不合格率	开展抽检省份数
物理治疗贴	31	185	57	30.81	7
物理治疗仪	10	45	11	24.44	9
体外诊断试剂	8	438	2	0.46	8
输液器械	7	249	1	0.40	7
接触镜	7	27	3	11.11	5
口腔科治疗器械	4	3	1	33.33	2
透析(辅助)设备	4	86	0	0.00	2
洗胃机	3	0	—	—	—
清洗消毒器	3	0	—	—	—
气管插管	3	66	5	7.58	4

其余 8 个品种，从省级医疗器械监督抽检批次数看，抽检批次最多的是在国家级医疗器械监督抽检不合格产品抽样批次数前十品种中排名第三的"体外诊断试剂"；国家级医疗器械监督抽检不合格产品抽样批次数最多的"物理治疗贴"的省级医疗器械监督抽检批次数在这八个品种中排名第三，详见图 13。

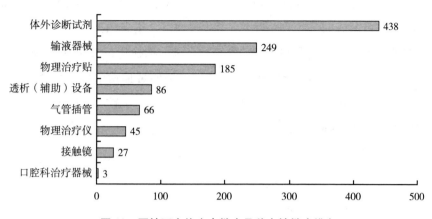

图13　国抽不合格率高批次品种省抽批次排名

从省级医疗器械监督抽检不合格率看，不合格率最高的是在国家级医疗器械监督抽检不合格产品抽样批次数前十品种中排名第六的"口腔科治疗器械"，不合格率达33.33%，但全国目前公开的省级医疗器械监督抽检数据中，该产品的省级医疗器械监督抽检仅有3个批次。"物理治疗贴"的省级医疗器械监督抽检不合格率排名第二。"透析（辅助）设备"在省级医疗器械监督抽检中未发现不合格，详见图14。

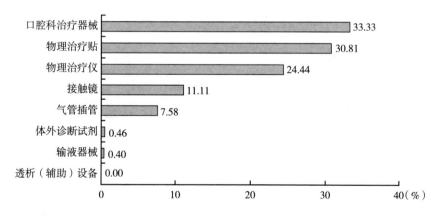

图14　国抽不合格率高批次品种省抽不合格率排名

从省级医疗器械监督抽检涉及的省数看，在表6中国抽不合格批次数前十品种中排名第二的"物理治疗仪"，在国抽不合格高频抽样省份中有9个省份的省级医疗器械监督抽检中包含该类品种的抽检；在表6中排名第三的"体外诊断试剂"，有8个省份的省级医疗器械监督抽检中包含该类品种的抽检；在表6中排名第七的"透析（辅助）设备"在省级医疗器械监督抽检中仅被2个省份抽检。详见图15。

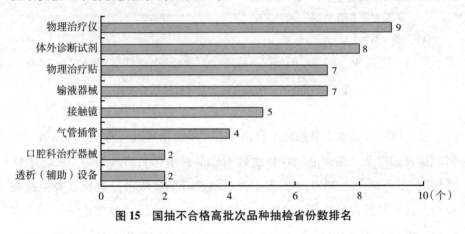

图15　国抽不合格高批次品种抽检省份数排名

（三）与国家级医疗器械监督抽检不合格品种重合的省级医疗器械抽检品种在省级医疗器械监督抽检中的质量表现

在与国家级医疗器械监督抽检不合格品种重合的省级医疗器械监督抽检品种中，被抽检省份数最多的产品是"防护服"，有15个省份的省级医疗器械监督抽检包含了该产品，"防护服"的省级医疗器械监督抽检不合格批次数多达75个，不合格率高达28.85%；"手套"被9个省份纳入省级医疗器械监督抽检，但这两个产品都不是国家级医疗器械监督抽检不合格产品抽样批次数前十的品种；"物理治疗贴"为国家级医疗器械监督抽检不合格产品抽样批次数最多的产品，在省级医疗器械抽检中，有7个省份都抽到了该类产品，不合格批次为57个，不合格率达30.81%，详见表7。

表7　国抽、省抽重合品种的省抽情况

单位：%，个

抽检品种	抽检批次	不合格批次	不合格率	抽检省份数
防护服	260	75	28.85	15
手套	233	10	4.29	9
制氧机	54	9	16.67	9
物理治疗仪	45	11	24.44	9
体外诊断试剂	438	2	0.46	8
分析仪器	36	8	22.22	8
输液器械	249	1	0.40	7
物理治疗贴	185	57	30.81	7
接触镜	27	3	11.11	5
气管插管	66	5	7.58	4

（四）医疗器械集采品种抽检情况（专题）

1.省级医疗器械集采抽检分布

集采全称是集中带量采购，指的是医院药品和医用耗材采购不直接联系企业，而是将需求的数据报送到省（区、市）平台，平台采用一定的模式统一集中采购，借此采购到在符合质量和安全的情况下价格最低的药品和耗材。集中带量采购在增进民生福祉、推动三医联动改革、促进医药行业健康发展等方面发挥了重要作用。目前，国家组织高值医用耗材集采不断取得突破，地方药品和高值医用耗材集采全面推开。经检索，2023年广东省、辽宁省、浙江省、宁夏回族自治区对集采品种开展了省级医疗器械抽检。广东省开展了5个品种101批次集采抽检，占其省抽品种的7.58%、占其省抽批次的6.02%，辽宁省开展了3个品种6批次集采抽检，占其省抽品种的7.50%、占其省抽批次的1.25%，浙江省开展了2个品种20批次占其省抽品种的5.56%、占其省抽批次的2.00%，宁夏回族自治区开展了1个品种3批次集采抽检，占其省抽品种的3.57%、占其省抽批次的2.24%，详见表8。

表8　省级医疗器械抽检集采情况

单位：%

抽检省份	抽检品种数	集采品种抽检数	集采品种占比	抽检批次数	集采品种抽检批次数	集采品种抽检批次数占比
广东省	66	5	7.58	1679	101	6.02
辽宁省	40	3	7.50	481	6	1.25
浙江省	36	2	5.56	1002	20	2.00
宁夏回族自治区	28	1	3.57	134	3	2.24

2. 全国省级医疗器械监督抽检中集采品种占比

在2023年全国各省份的省级医疗器械监督抽检中，纳入国家集中采购的医疗器械品种有7个，占省级医疗器械监督抽检总品种数的6.60%，分别是"冲洗器械""骨科植入物""球囊导管""穿刺器械""辅助器械""高频手术器械""动静脉穿刺器"，总抽样批次数130批次，占省级医疗器械总抽检批次数的2.80%，其中抽检批次数占比最高的集采品种为"冲洗器械"，详见表9、表10。

表9　集采产品在省级医疗器械监督抽检中占比

单位：个，%

省抽品种数	集采品种数	集采品种占比
106	7	6.60

表10　集采品种抽检批次在省级医疗器械监督抽检中占比排名

单位：批次，（%）

集采品种	抽检批次	占比
冲洗器械	56	1.21
骨科植入物	35	0.75
球囊导管	27	0.58
穿刺器械	6	0.13
辅助器械	4	0.09
高频手术器械	1	0.02
动静脉穿刺器	1	0.02
总　计	130	2.80

四　发现问题并建议

（一）抽检品种多样性方面

综观2023年部分省级抽检品种，除防疫产品之外，更多品种聚集在物理治疗类设备或耗材。以第二类产品为主，但品种重合率依旧比较高。有省份涉及高值耗材或第三类产品，但数量不多且这些品种中涉及的进口产品比较少，更多地都是国内产品，从产品的分布来说可能存在不合理性。建议省级层面在制定品种时，基于本省的产业布局，可更多考虑本省的生产企业，尤其是第二类创新产品，制定抽检规划，在一定时期内完成全覆盖。一方面做到省级监督抽检是国家级监督抽检的补充，另一方面通过抽检发现本省企业可能存在的问题，并优化监管方式。

（二）省级集采重视性方面

国家集采开展以来，社会层面关注度高，人民群众受益匪浅。近几年来，省级层面出现独立集采或省级联盟集采，纳入集采的品种越来越多。在社会普遍关心降价的同时，医疗器械质量也备受关注。国家药监局制定集中带量采购中选医疗器械质量监管工作方案，对国家集采中选品种全覆盖抽检。而省级层面，对于纳入集采品种的抽检，从2023年省级抽检数据来看规模不大，品种数量少，抽检量也不多。建议各省级在制定年度监管计划中，参照国家制定的工作方案，既要实现各层级中选企业全覆盖检查，又要做到中选品种全覆盖抽检。

五　结语

通过对抽检发现的医疗器械质量风险点进行总结归纳，做好抽检质量结果的分析和运用，掌握产品质量安全发展趋势，开展好后置处理及有因跟踪抽检。对集采中选医疗器械持有人和生产企业实行"一企一策、一品一档",进一步强化针对性监管。同时,对省级独立集采、省际联盟集采的医疗器械中选产品实行清单管理,纳入省级抽检,从而确保产品上市后的质量安全。

参考文献

［1］李晓、张欣涛、郝擎等:《2019 年国家医疗器械监督抽检产品质量状况分析》,《中国医疗器械杂志》2021 年第 1 期。

［2］路云、谢博扬、唐璋淳等:《国家高值医用耗材集采的规则和趋势分析》,《中国医疗保险》2023 年第 5 期。

后　记

本书是继 2023 版《中国医疗器械行业数据报告》之后的第四部关于中国医疗器械行业数据的报告，旨在通过对医疗器械各环节的数据调查、整理、分析，为医疗器械各相关方特别是使用者与研究者提供支持。

与前三部报告相比，第四部报告为了使报告内容更加翔实，在医疗器械的种类与各环节的划分上采取了更为细致的展现方式。医疗器械注册审批数据主要来源于国家药监局《2023 年医疗器械注册工作报告》及相关公开数据；医疗设备售后服务数据来源于《中国医疗设备》杂志社组织的 14 年中国医疗设备行业数据问卷调研；耗材市场情况、医疗器械国际贸易数据由广州众成数科平台整理汇总。同时，将国家药监局药品评价中心（国家药品不良反应监测中心）和浙江省医疗器械检验研究院分别负责编写的 2023 年医疗器械不良事件监测分析、2023 年医疗器械上市后的监管情况分析单独作为附录，补齐了医疗器械全生命周期各环节的数据。

在本书编写过程中，我们深深体会到医疗器械数据之庞大，尽管我们努力做到内容翔实，但仍可能挂一漏万，敬请各位读者提出宝贵的意见和建议。

经过辛苦筹备与编撰，本书即将出版之际，本蓝皮书编委会感谢所有给予我们鼓励与帮助的朋友，尤其感谢中国药品监督管理研究会王宝亭副会长的支持与鼓励，衷心感谢每位编者的辛勤付出，同时向本书的所有参与者表示衷心的感谢！

最后，感谢中国药品监督管理研究会医疗器械监管研究专业委员会、中国非公立医疗机构协会临床工程分会、中国研究型医院学会临床工程专业委员会、首都医科大学生物医学工程学院、北京医药行业协会、中国技术交易所、北京智慧医疗技术创新联盟、健康报社等对行业数据调研活动的大力支持，感谢《中国医疗设备》杂志社 124 个相关编委会对调研活动的积极号召，感谢 18000 多名中国医疗设备行业数据研究员对调研活动的积极参与！

金东

二〇二四年二月十四日

Contents

I Consumables Registration and Approval

Abstract: In 2023, the State Food and Drug Administration continued to deepen the reform of the medical device review and approval system, innovative products continued to emerge, and high-quality development accelerated; Continue to strengthen the review, approval and quality supervision of epidemic prevention and control products to ensure regular epidemic prevention and control; Strengthen Class II product registration, Class I product filing and clinical trial management; The reform of classified management has been continuously promoted, the management system and operating mechanism have been continuously improved, the classification rules and classification catalogs have been revised in a timely manner, and the regulatory efficiency and industrial development have been effectively improved. In 2023, the national and provincial (autonomous region, municipality directly under the central government) drug regulatory authorities approved a total of 20819 first class medical consumables for initial filing within the country, and 537 imported first class medical consumables for initial filing; 9526 Class II medical consumables were first registered domestically, 168 were first registered for imported Class II medical consumables,

1598 were first registered for Class III medical consumables domestically, and 266 were first registered for imported Class III medical consumables. From 2022 to 2023, in addition to the increase in the number of domestic approvals for category I medical consumables, the number of approvals for the remaining categories of medical consumables showed a downward trend. Among them, the number of domestic and imported second and third categories of medical consumables has declined significantly.

Keywords: Medical Consumables Registration; Medical Consumables First Registration; Medical Consumables Record; Industrial Innovation; Localization

Ⅱ   Consumables Market

B.2   2023 China Medical Consumables Market Category Data Analysis Report   *Zheng Ke, Chen Yongchao and Wang Zheng* / 115

Abstract: Medical consumables are an indispensable material basis for medical institutions to carry out medical work, and are expendable medical devices with limited use times. Medical consumables can be divided into two categories according to their value, namely high-value consumables and low-value consumables. In this paper, 12 types of high-value consumables such as non-vascular interventional therapy materials and orthopedic materials, and 5 types of low-value consumables such as traditional Chinese medicine materials and basic health materials are selected to present the development status of high-value and low-value medical consumables in China from multiple dimensions such as the import countries and quantities of medical consumables, the quantity and distribution of domestic products, and the number and distribution of registrants. By the end of 2023, a total of 258847 medical consumables in China have entered the medical insurance consumables category, of which 173823 high-value consumables and 85024 low-value consumables. In terms of product types, 30262 imported products, mainly from the United States and Germany, the sum of the two accounted for 48. 5% of the total number of imported products; 228585 domestic products, mainly concentrated in Jiangsu, Guangdong, Beijing, Shandong and Zhejiang provinces, the sum of the five accounted for about 60% of the total number of domestic products. In terms of registrants, by the end of 2023, a total of 11448 registrants of medical consumables had entered the medical insurance consumables classification catalogue, and the top three provinces in terms of the number of registrants were Jiangsu, Guangdong and Shandong. In terms of registration certificates, domestic products in the medical insurance consumables classification catalog obtained a total of 62138 registration certificates, of which 19391 were high-value consumables and 42747 were low-value consumables.

Keywords: Medical Consumables; Product Registration; Medical Device Import; High-value Consumables; Low-value Consumables

Ⅲ Global Trade in Consumable

B. 3 Analysis of Import and Export Trade of Medical Consumables
in China in 2023   *Yang Li, Chen Jiayi and Lin Kaixu / 204*

Abstract: With the implementation of the domestic and international double cycle strategy, China's medical device enterprises actively "go out", layout overseas markets, accelerate the process of internationalization. Based on the statistics of domestic listed medical device companies that have disclosed overseas revenue, the proportion of overseas revenue in the past three years has continued to remain at more than one-third. In addition, with the deepening of China's "Belt and Road" strategy and the economic development of countries along the "Belt and Road", the demand for medical devices along the Belt and Road countries has gradually expanded. In 2023, China's total foreign trade in medical consumables will be 59. 47 billion US dollars, of which imports are 30. 22 billion US dollars and exports are 29. 25 billion US dollars. In 2023, China's exports of medical consumables declined seriously, and there was a small trade deficit. In terms of trading partners, the United States, Germany and other developed countries are still the main trade objects of China's import and export of medical consumables.

Keywords: Medical Consumables; International Trade; In Vitro Diagnostic Reagent; Foreign Trade Policy

Ⅳ Consumables Industry Policy

B.4 Volume-based Procurement Policy Analysis of
Medical Consumables

Zhou Jun, Zhou Xin, Chen Fuqiang, Qian Hong, Xu Lu,
Zhang Hui, Hu Wenjing, Shan Qijun and Zhang Wei / 214

Abstract: In order to attain the objective of controlling procurement costs, reducing medical expenses and improving medical quality, a set of policies have been published by government, such as volume-based Procurement policy. From 2019 until 2023, all regions across the country have accelerated the coverage of volume-based procurement and expanded the inclusion of varieties. At present, the work has entered a new stage of normalization, institutionalization. This paper introduces the development history and policy requirement of sunshine online procurement and volume-based procurement, and analyzes changes of price and market supply situation, aiming to form the industry consensus and further provide high-quality services to the people.

Keywords: Medical Consumables; Sunshine Online Procurement; Volume-based Procurement

V Consumables Data Application Management

B . 5 Management and Control of Key High-value
Consumables Under the Background of Performance
Appraisal in Public Hospitals

Abstract: The ability and efficiency of medical service in public hospitals are the key to measure the effect of national medical reform and the hospital's social responsibility. The new key high-value medical consumables income ratio introduced in the core index of Performance Evaluation of public hospitals is an innovative measure to control the cost of diagnosis and treatment and improve the level of medical service. According to the national policy, the hospital established scientific management system, strict selection and evaluation, standardized procurement process, effective use of supervision and analysis of feedback. As a representative of public hospitals, China-japan Friendship Hospital has realized the standardization of high-value consumables management by means of scientific, information and intelligent management measures in recent years, make full use of high-value consumables to maximize the effect of diagnosis and treatment and the efficiency of medical costs, and promote the continuous improvement of hospital disciplines and clinical level of diagnosis and treatment.

Keywords: High-value Medical Consumables; Performance Evaluation of Public Hospitals; Cost Control

B . 6 Analyzing Normalized Supervising Politics' Trends of
Social Security Fund Applications

Abstract: The National Social Security Fund is the "money for illness" and "money for life-saving of the people, and the CCP Central Committee and the State Council have always attached great importance to the safety of The National Social Security Fund. Since 2019, the National Medical Insurance Administration has dispatched a total of 184 flight inspection teams to investigate 384 designated medical institutions, and discovered suspected illegal and irregular use of relevant funds of 4. 35 billion Yuan. This article will review the relevant policies and laws or regulations on the supervision of Social Security Fund announced over the past five years, and analyze policy trends.

Keywords: Social Security Fund; Supervising; Politics

B.7　Present Situation of Medical Insurance Flight Inspection and
Main Problems Investigated and Dealt With

Duan Guangrong, Zhou Quan, Hu Ranyan and Xu Jianmei / 276

Abstract: Medical insurance flight inspection is organized and implemented by the National Medical Security Administration, which does not inform designated medical institutions of the use of medical insurance funds in advance and conducts random supervision and inspection directly on site. Starting from 2022, the medical insurance fund flight inspection work plan clearly focuses on the key areas of social concern for the use of medical insurance funds to carry out flight inspections. Currently, the issue of high-value consumables in orthopedics, cardiovascular medicine, hemodialysis and other fields is more prominent. This article analyzes the current situation and work plan of medical insurance flight inspections in depth, and explores the main problems of medical insurance flight inspections and medical consumables investigation. It plays a role in cracking down on fraud and insurance fraud, continuously consolidating the high-pressure situation of fund supervision, regulating medical behavior, reasonable fees, and striving to make good use of the people's "life-saving money" to effectively maintain fund safety. At the same time, it has also promoted the sound management system of medical insurance funds in medical institutions, improved the standardization and efficiency of the use of medical insurance funds, and provided valuable reference and basis for further strengthening the supervision of medical insurance funds and regulating the use of medical insurance funds.

Keywords: Flight Inspection; Flight Inspection; Supply Chian Management

B.8 Challenges and Strategies for Medical Insurance Spot Checks and the Normalized Supervision of Medical Supplies

Duan Guangrong, Liu Liang, Peng Xuelian, Li Yinchong,

Shao Yuyan and Lin Jiarong / 282

Abstract: As the national medical insurance policies continue to improve and the demand for high-quality development in medical use increases, the requirements for refined management are becoming higher. Currently, the management of medical supplies still predominantly relies on traditional warehouse storage management models. This presents numerous challenges in aspects such as normalized supervision by medical insurance and the rational use of supplies. This paper introduces new thoughts on shifting management mindsets, multidisciplinary collaborative management, and the informatization and refined management of medical supplies. It discusses the implementation of a fully informatized management system for medical supplies under the normalized supervision model of medical insurance, aiming for a traceable lean management model deeply integrated with clinical operations.

Keywords: Medical Insurance Spot Checks; Medical Consumables Management; Supply Chain for Medical Supplies; Refined Management

B.9 Discussion of Lean Management of Medical Consumables in Clinical Usage *Feng Shiling, Zhou Qiang and Li Yao / 288*

Abstract: The lean management of clinical use of medical consumables is a work carried out to improve management efficiency, control medical costs, and improve medical quality. This article elaborates on the current situation and problems in the management of medical consumables in clinical use, mainly including insufficient evidence of consumables admission, isolated inventory management data, differences in billing statistics, deviation in registration scope, lack of transparency in consumption behavior, and insufficient evaluation and warning. These issues are the key factors affecting the overall management effectiveness of medical consumables. In response to the existing problems, optimization measures for lean management of medical consumables in clinical use have been proposed, mainly including strengthening the rationality of clinical demand argumentation, establishing a refined medical consumables management system, achieving connectivity and data closed-loop management between key systems, structuring the scope of application requirements to provide pre consumption prompts, establishing a multi-dimensional and multi-level consumables use analysis function based on multi-system connectivity Establish technical and management measures such as a normalized multi departmental joint research and evaluation warning mechanism for key consumption departments, in order to focus on the clinical use of medical consumables, ensure compliance and suitability of consumables, optimize medical cost control, ensure medical safety and quality, and provide assistance for the high-quality development of hospitals. This article also introduces the medical consumables management practice of a certain hospital guided by clinical rational consumption.

Keywords: Medical Consumables; Clinical Use; Lean Management; Selection; Monitor

B. 10 Application Research of Intelligent Supply Chain in Medical Consumables Management

Wu Xiaodong, Luo Bingjie and Wang Dijia / 297

Abstract: The exploration of intelligent supply chain management for medical consumables contributes to the enhancement of medical institutions' supervision capabilities over such consumables, thereby ensuring the quality and safety of medical treatments. This paper reviews the traditional medical consumables management model and problems, summarizes the existing national and provincial policies of medical consumables with online procurement, summarizes the future trend of medical consumables with online procurement policies, and based on the above background, discusses the importance of platform and intelligent integration of medical consumables supply information and key measures. In addition, this paper analyzes and discusses the information management cases of medical consumables supply in some hospitals and medical institutions, aiming to accelerate the information management of the whole process of medical consumables, realize multi-platform data fusion and sharing, and promote the improvement of the fine management level of medical consumables.

Keywords: Medical Consumables; Supply Chain; Intelligent Management; Informatization

B.11 Current Situation and Analysis of Medical Device Unique Identification (UDI) for Information Management of Medical Consumables　*Tang Jinglong, Xu Huiwen and Yi Li* / 308

Abstract: Unique Device Identification (UDI), as a basic policy in the field of medical device supervision in China, is an effective means to improve regulatory efficiency and achieve intelligent supervision. In 2019, the National Medical Products Administration issued the "Rules for Unique Device Identification System" and implemented the policy in a stepwise manner in conjunction with the National Health Commission and the National Healthcare Security Administration according to product risk categories. Currently, all Class III medical devices (including in vitro diagnostic reagents) bear UDI. In the digital transformation of the medical device industry chain and supply chain, UDI, as an effective tool to connect logistics, information flow, and capital flow, has been recognized by all parties for its potential. By deepening the application of UDI application in regulatory, hospital, reimbursement and other fields, it achieves the digital and refined management of medical consumables, facilitates clinical use, improves usage efficiency, and ensures safety.

Keywords: UDI; Medical Consumables; Lifecycle of Medical Devices; Refined Management

Appendices I

2023 Medical Device Adverse Event Monitoring Analysis

Wang Ling, Yan Juan, Xu Xianxing and Li Yao / 325

Abstract: Adverse event monitoring of medical devices is one of the important technical methods for post-marketing regulation. Through adverse event monitoring and safety evaluation, clinical use of related products and unreasonable risks can be found early, and relevant regulatory measures can be taken to timely control risks, dispose of related products, and reduce hazards. China and Europe and the United States after the listing of medical device adverse event monitoring, all reflect the concept of medical device lifecycle supervision, emphasis on the manufacturer/registrant in the medical device risk prevention and control process of the main responsibility, but in the specific implementation process is different, absorb the international advanced regulatory concepts and experience, is conducive to promote China's medical device supervision and industrial development. The State Food and Drug Administration continues to strengthen the construction of medical device regulations and systems, strengthen the whole life cycle supervision, promote industrial innovation and high-quality development, and better meet the people's application needs for high-quality medical devices in the new development stage.

Keywords: Medical Devices; Adverse Events; Risk Monitoring; Risk Assessment; Policies and Regulations

Appendices II

Post Marketing Supervision of Medical Devices in 2023

—Supervision and Inspection

Ye Yueshun, Meng Jiaying, Cao Xing, Yuan Yao and Zhen Hui / 337

Abstract: With the support and guarantee of high-quality development policies for the pharmaceutical industry in various regions, the scale of the medical device industry is constantly expanding. It is particularly important to ensure the quality, safety, and reliability of products through post market supervision. Since the national centralized procurement, society has generally been concerned about the price reduction of centralized procurement varieties, while the quality of medical devices has received much attention. To strengthen the quality supervision of medical device products, the National Medical Products Administration organizes annual supervision and sampling, including centralized procurement varieties. Provincial drug regulatory bureaus also organize supervision and sampling within their jurisdiction to ensure the safety of public use of equipment. This article analyzes the quality status of inspected varieties, the overlap of high-frequency unqualified varieties, and the layout of centralized procurement varieties by organizing statistical data of national and provincial supervision and sampling in 2023. It summarizes the problems found and puts forward suggestions.

Keywords: Supervision and Inspection; Quality Status; Collective Procurement

社会科学文献出版社

皮 书

智库成果出版与传播平台

❖ 皮书定义 ❖

皮书是对中国与世界发展状况和热点问题进行年度监测，以专业的角度、专家的视野和实证研究方法，针对某一领域或区域现状与发展态势展开分析和预测，具备前沿性、原创性、实证性、连续性、时效性等特点的公开出版物，由一系列权威研究报告组成。

❖ 皮书作者 ❖

皮书系列报告作者以国内外一流研究机构、知名高校等重点智库的研究人员为主，多为相关领域一流专家学者，他们的观点代表了当下学界对中国与世界的现实和未来最高水平的解读与分析。

❖ 皮书荣誉 ❖

皮书作为中国社会科学院基础理论研究与应用对策研究融合发展的代表性成果，不仅是哲学社会科学工作者服务中国特色社会主义现代化建设的重要成果，更是助力中国特色新型智库建设、构建中国特色哲学社会科学"三大体系"的重要平台。皮书系列先后被列入"十二五""十三五""十四五"时期国家重点出版物出版专项规划项目；自2013年起，重点皮书被列入中国社会科学院国家哲学社会科学创新工程项目。

权威报告·连续出版·独家资源

皮书数据库
ANNUAL REPORT(YEARBOOK)
DATABASE

分析解读当下中国发展变迁的高端智库平台

所获荣誉

- 2022年，入选技术赋能"新闻+"推荐案例
- 2020年，入选全国新闻出版深度融合发展创新案例
- 2019年，入选国家新闻出版署数字出版精品遴选推荐计划
- 2016年，入选"十三五"国家重点电子出版物出版规划骨干工程
- 2013年，荣获"中国出版政府奖·网络出版物奖"提名奖

皮书数据库

"社科数托邦"
微信公众号

成为用户

　　登录网址www.pishu.com.cn访问皮书数据库网站或下载皮书数据库APP，通过手机号码验证或邮箱验证即可成为皮书数据库用户。

用户福利

- 已注册用户购书后可免费获赠100元皮书数据库充值卡。刮开充值卡涂层获取充值密码，登录并进入"会员中心"—"在线充值"—"充值卡充值"，充值成功即可购买和查看数据库内容。
- 用户福利最终解释权归社会科学文献出版社所有。

数据库服务热线：010-59367265
数据库服务QQ：2475522410
数据库服务邮箱：database@ssap.cn
图书销售热线：010-59367070/7028
图书服务QQ：1265056568
图书服务邮箱：duzhe@ssap.cn

社会科学文献出版社 皮书系列
SOCIAL SCIENCES ACADEMIC PRESS (CHINA)
卡号：611519833584
密码：

S 基本子库
SUB DATABASE

中国社会发展数据库（下设 12 个专题子库）

紧扣人口、政治、外交、法律、教育、医疗卫生、资源环境等 12 个社会发展领域的前沿和热点，全面整合专业著作、智库报告、学术资讯、调研数据等类型资源，帮助用户追踪中国社会发展动态、研究社会发展战略与政策、了解社会热点问题、分析社会发展趋势。

中国经济发展数据库（下设 12 专题子库）

内容涵盖宏观经济、产业经济、工业经济、农业经济、财政金融、房地产经济、城市经济、商业贸易等 12 个重点经济领域，为把握经济运行态势、洞察经济发展规律、研判经济发展趋势、进行经济调控决策提供参考和依据。

中国行业发展数据库（下设 17 个专题子库）

以中国国民经济行业分类为依据，覆盖金融业、旅游业、交通运输业、能源矿产业、制造业等 100 多个行业，跟踪分析国民经济相关行业市场运行状况和政策导向，汇集行业发展前沿资讯，为投资、从业及各种经济决策提供理论支撑和实践指导。

中国区域发展数据库（下设 4 个专题子库）

对中国特定区域内的经济、社会、文化等领域现状与发展情况进行深度分析和预测，涉及省级行政区、城市群、城市、农村等不同维度，研究层级至县及县以下行政区，为学者研究地方经济社会宏观态势、经验模式、发展案例提供支撑，为地方政府决策提供参考。

中国文化传媒数据库（下设 18 个专题子库）

内容覆盖文化产业、新闻传播、电影娱乐、文学艺术、群众文化、图书情报等 18 个重点研究领域，聚焦文化传媒领域发展前沿、热点话题、行业实践，服务用户的教学科研、文化投资、企业规划等需要。

世界经济与国际关系数据库（下设 6 个专题子库）

整合世界经济、国际政治、世界文化与科技、全球性问题、国际组织与国际法、区域研究 6 大领域研究成果，对世界经济形势、国际形势进行连续性深度分析，对年度热点问题进行专题解读，为研判全球发展趋势提供事实和数据支持。

法律声明

"皮书系列"（含蓝皮书、绿皮书、黄皮书）之品牌由社会科学文献出版社最早使用并持续至今，现已被中国图书行业所熟知。"皮书系列"的相关商标已在国家商标管理部门商标局注册，包括但不限于LOGO（▨）、皮书、Pishu、经济蓝皮书、社会蓝皮书等。"皮书系列"图书的注册商标专用权及封面设计、版式设计的著作权均为社会科学文献出版社所有。未经社会科学文献出版社书面授权许可，任何使用与"皮书系列"图书注册商标、封面设计、版式设计相同或者近似的文字、图形或其组合的行为均系侵权行为。

经作者授权，本书的专有出版权及信息网络传播权等为社会科学文献出版社享有。未经社会科学文献出版社书面授权许可，任何就本书内容的复制、发行或以数字形式进行网络传播的行为均系侵权行为。

社会科学文献出版社将通过法律途径追究上述侵权行为的法律责任，维护自身合法权益。

欢迎社会各界人士对侵犯社会科学文献出版社上述权利的侵权行为进行举报。电话：010-59367121，电子邮箱：fawubu@ssap.cn。

社会科学文献出版社